THE COMPETITIVE ADVANTAGE OF NATIONS

国家竞争优势

上

■［美］迈克尔·波特◎著 ■ 李明轩 邱如美◎译 ■

中信出版社
北京

图书在版编目（CIP）数据

国家竞争优势（上）/（美）波特著；李明轩，邱如美译．—北京：中信出版社，2012.8（2024．7重印）
书名原文：The Competitive Advantage of Nations
ISBN 978–7–5086–2936–0

I. 国… II. ① 波… ②李… ③邱… III. 国际化–竞争–研究–世界 IV. F114

中国版本图书馆CIP数据核字（2011）第145375号

国家竞争优势（上）
GUOJIA JINGZHENG YOUSHI (SHANG)

著　　者：[美] 迈克尔 · 波特
译　　者：李明轩　邱如美
策划推广：中信出版社（China CITIC Press）
出版发行：中信出版集团股份有限公司（北京市朝阳区东三环北路27号嘉铭中心　邮编　100020）
（CITIC Publishing Group）
承 印 者：北京通州皇家印刷厂
开　　本：787mm × 1092mm　1/16　　**印　　张**：32　　**字　　数**：600千字
版　　次：2012年8月第2版　　**印　　次**：2024年7月第20次印刷
京权图字：01–2007–3170
书　　号：ISBN 978–7–5086–2936–0 / F · 2395
定　　价：88.00元

THE COMPETITIVE
ADVANTAGE OF NATIONS

· 献给·德博拉 ·

第一篇　理论篇

菱形的钻石体系以四大关键要素为支撑点，彼此环环相扣，组成动态的竞争模式；在这场不得不打、不能不赢的竞争力圣战中，波特的这套理论将为政府与企业描绘出实际可行的升级进程。

第二篇 · 产业篇

四个优势国家、四个优势产业，我们看到“提升竞争力”可以是百年大计，也可以是无心插柳；而今，瞬息万变的国际竞争中，又添加了一股隐形的经济力量——服务业。21 世纪的新企业，即将进驻全世界的每一个角落。

第三篇 · 国家篇

在经济繁荣的漫漫长路上，有的国家扶摇直上，有的国家起起落落；在产业界奋力攀向生产巅峰、追求高品质的过程中，"国家"这不可缺席的一员，到底该扮演什么样的角色？而落入繁荣瓶颈的国家如何才能避免富裕后的贫瘠空洞，是本篇八国案例带给我们的思考。

领略波特的剑气

作为波特教授的虔诚信徒，能够有机会为中文版的《国家竞争优势》写一篇推荐性的文字，实在荣幸之至。我接触波特教授，大概经历了三个层次。先是观其言，再到进其楼，最后是见其人，也可以算是一段追星的经历。

记得还是20世纪90年代初期，我在北京图书馆首先见到了波特教授的《竞争战略》和《竞争优势》，那是与这位大牌教授的最先“接触”。隔着大洋先闻其言，但坦率地讲并没有什么特别之感。然而，后来随着中国的市场竞争越来越激烈，我参与中国企业的竞争分析日渐增多，这两本书的妙处也被反复地感受到。照钱钟书先生的说法，吃了好吃的鸡蛋，心中自然而然地对波特教授这只“下蛋的母鸡”充满了敬意。

1996年春天，我第一次访问哈佛，那是我的“朝圣”之旅。虽然斗胆，却没有在办公楼里见到波特教授。不过，从朋友口中听到学校对他的种种特殊待遇，比如交钱不教课云云，神乎其神，于是心更向往之。当时，我甚至还在办公楼下对着外墙留影为念。今天想来，绝对属于追星般的疯狂。

我真正见到波特教授本人，是在2001年。那时，我在哈佛商学院参加PMD项目，这一次待的时间比较久，将近三个月。所以，有机会见到波特教授两次，并听到他宣讲宏论。后来，清华与哈佛合作了高级经理人培训课程，我也忝列在教授组内，与波特教授共同在第三个模块中教课，这是令我无尚自豪和光荣的事情。

波特教授是哈佛商学院精心打造的拳头产品。熟悉其历史的人大概都知道，在他成长的早期，哈佛商学院给予了他种种特殊栽培，这也正是哈佛这样的名校不同于其他学校的地方。当然，波特教授也特别争气，他在大量案例基础上所建立的分析框架和方法，无疑从80年代开始，便成为了哈佛仅有的几大招牌之一。波特的成果承袭了浓重的哈佛传统，无论是在产业经济学方面，还是在案例分析方法上，都是如此。这一点，他不同于同为哈佛大师的詹森教授和卡普兰教授。可以说，今天的波特已经作为战略研究领域的"风清扬"，飘逸潇洒，供人仰望。

波特教授的出版物有书、有论文、有案例，可以说是著作等身。其代表性的理论成果包括：1980年的《竞争战略》，1985的《竞争优势》，1990年的《国家竞争优势》，论文集《竞争论》，以及2000年之后关于经济发展的微观经济基础，以及竞争力评价方面的几篇重要论文。了解波特教授的学术思想，我看最好要沿着其研究成果的脉络一点点入手，只有这样，才能准确地对他的一些重要学术观念加以把握。所以，我建议本书的读者如果有时间和兴趣，最好也将波特教授的其他著作找来，一同研读。

波特教授的成名作是1980年的《竞争战略》。该书对于战略制定进行了前所未有的审视和分析，极具震撼力。这本书的分析直接基于70年代后期的竞争环境，处处充满杀气，刀刀见血，实用性极强，读来过瘾，很像是在看一个刀客表演刀法。该书对于竞争策略与环境之间关系的强调，以及"五力分析"模型，已经跨越时代，成为了经典。5年之后，同样成为经典的是"价值链"的概念。依据这样的工具，波特教授将《竞争战略》中所阐述的要点进一步深化，帮助企业探讨如何获得持续的竞争优势。这就是1985年出版的《竞争优势》的核心内容。我个人以为，在后一本书中，刀客在成熟，我们不仅见到了更加勇猛的招式，也看到了某种令人佩服的雄浑内力。

然而，故事到这里并没有结束。1990年的《国家竞争优势》让波特教授再次登上了一个高点。如果我们把前面的两本书比做一个善战刀客在搏杀的话，《国家竞争优势》实际上是把镜头一下由一个局部放大到了整个战场，地理因素被引入到竞争分析当中。当刀客不是一个人，而是一群人的时候，面临着跨国竞争，究竟该怎样制定每一个点上的竞争策略，以及该如何协调不同地区的竞争活动，这就是《国家竞争优势》，也就是本书关注的焦点。在这样的视角下面，竞争已经不仅仅是企业的事情，国家和政府也被牵扯进来，政策（这其实也是一种“战略内容”）开始变得至关重要。波特教授要回答“一个国家怎样可以在经济上获得成功”这样一个重大的问题。

我多年来一直有个挥之不去的感触，就是通过《国家竞争优势》这本书，波特教授开始从一个刀客变成了一个剑侠。虽然与前面两本著作相比，《国家竞争优势》所讨论的话题更加广阔，书的厚度也远胜于前，但波特教授的驾驭能力却似乎更加轻灵和得体。而且，换刀为剑，看似藏锋，实际却更加大器。也正是凭借着这柄宝剑，波特教授才在近十余年来得以在更高的层次上游走江湖，传道布阵，为各个国家和地区增加它们的区域竞争力出谋划策。所以，在我的心中实际上有两个波特：一个是早年的刀客波特，一个是后来的剑侠波特。当然，在我看来这两个波特同等重要，没有任何厚薄比较的意思。

言归正传。在《国家竞争优势》这本书中，波特教授提出的中心问题是：“为什么基于特定国家的企业，在特定的领域和产业获得了国际水平的成功？”（英文版，第18页）波特教授从以下三个方面展开分析，来试图回答这一问题。第一，为什么有些国家能在国际竞争中取胜，而另外的国家却失败了；第二，为什么某些国家可以成为它在一个产业领域的国际竞争中取得持续胜利的大本营；第三，我们应该怎样帮助不同的企业和政府选择更好的竞争策略，以及更合理地配置和使用自然资源。

为了有效地解析上述问题，波特教授再次为我们建立了一个简洁实用、高度概括的模型，就是本书中的“钻石模型”。事实上，波特的每一部重要论著，都有一个核心的逻辑模型。这些模型也显示了他的逻辑天分。我常常会对我的研究生们讲，判断你自己是否适合作研究，是否逻辑能力足够强，读波特的书是最好的办法。波特的模型5分钟就可以弄懂，看上去简单至极，但其实是只有逻辑天分极高的人才可以画得出来。

波特教授将“五力分析”和“价值链”框架中的重要概念有机地应用到“钻石模型”当中，所不同的是主题变成了“国家竞争优势”。“钻石模型”包含了4个相互关联的重要因素：（1）生产要素，（2）需求条件，（3）相关产业与支持性产业，（4）企业战略、企业结构和同业竞争。围绕这个框架，波特教授通过考察不同国家、不同产业的经验，得出了非常独特、有启发的结论或观点。下面，我们择要作些陈述。

第一，　一般认为，一个国家的要素条件往往与自然资源有关，但波特教授却坚信“那些最重要的要素是创造得来而不是浑然天成的”。于是，增加国家竞争优势的最重要因素就不应仅仅盯着国家中仅有的自然资源，而是要凭借对初级生产要素进行升级、改良的速度。在创造性资源的内容中，最为关键的是知识和人力资源。因为这二者更新换代的速度极快，所以需要积极和严格的更新方法，以保证一国经济持续健康地发展。

波特教授认为不利的生产要素，即劣势，往往可以刺激某些产业或企业通过持续创新来得以解决，进而促进一国的经济发展，但要素富足型的国家却常常因为动力不足而不能获得竞争优势。波特常常会给出意大利钢铁制造商和荷兰花卉产业的例子来说明他的这个观点。同样作为证据的是，受空间所困的日本企业创造出了“即时生产”的竞争优势。由此，波特教授建议大家“应该学会如何化劣势为优势，而非一味依赖充沛的资源和舒适的环境来发展竞争优势”。

第二，波特教授认为内行并且挑剔的本土顾客是获得竞争优势的第二个重要的影响因素。在他看来，市场规模的大小没有高质量的顾客重要，内行并且挑剔的客户才是企业追求高质量产品、优质服务的力量源泉。比如，由于瑞典具有世界上最坚硬的岩石，所以，瑞典人对钻孔设备的要求近乎苛刻，这一特别的国内需求催生出瑞典具有世界水准的钻头制造及其相关设备产业。同样，讲究并且见多识广的日本音响设备消费者，期望得到最新、最好的款式，这就刺激了日本厂商为满足消费者对新机型的需求而快速改善产品、不断推陈出新。对于波特教授的这个观点，我非常赞同。一个值得我们由此出发进行深思的例子是：中国有着世界上最大的手机消费群体，消费者在某些方面的要求也比较苛刻，但为什么我们无法形成有持续竞争力的手机研发与制造行业呢？

第三，波特教授关于“集群”的观念也是非常有启发的，对于发展中国家，我以为尤其如此。波特教授认为，产业集群就像一个紧密联系的系统，可以促进企业在纵向和横向之间通过积极的互动和交流来推动和鼓励对方进行持续的产业升级和创新。特别是在文化相似、地理位置接近的时候，企业之间经常性的接触和交流会帮助它们抓住机会、发现和应用新的技术方法，实现显著的集群效应。意大利的瓷砖行业是书中提到的例子，而我国浙江民营企业发展的“集群”现象，也是明证。有关这一点，我建议有兴趣的读者可以找波特教授后来发表的文章《经济发展的微观经济基础》一读，相信会使这种观念在本书的基础上得以深化，获得更多的启发。

第四，“钻石模型”的最后一点也是最关键的要素是“企业战略、企业结构和同业竞争”，值得深思。波特教授断言，“强大的国内竞争者是一项难以衡量的国家资产”。他认为，激烈的国内竞争会激发竞争者强烈的取胜欲望，使所有参与者更高效、更节约，最后使他们能够更好地应对国外的竞争者。并且，国内对手之间的竞争更关键的是体制效率的竞争。我这里要评价的是：中国的经验实际上在一方面已经很好地证明了波特教授的上述观点，但从另一个方面，中国的同行竞争经验也提出了一些需要进一步研究分析的新情况。比如，大家都没有核心技术，都面临着非常严峻的国外竞争者和短期生存压力，于是，价格竞争成为了首选，当然也成了一条不归路。这值得我们在阅读本书时深思。毕竟，我们阅读大师经典的目的，还是为了解决我们自己国家的发展问题。

总之，波特教授的《国家竞争优势》是一本重头著作，一部巅峰之作。自这本书之后，波特教授就开始像一位职业教父，整日游走于大型企业或者政府部门之中。波特的名气，也一天天地大过了哈佛商学院，他甚至不用按部就班地在学校里教书。与波特名字连在一起的，也往往是他的研究所或咨询公司，而不仅仅是哈佛大学，虽然波特是哈佛商学院在近100年时间里仅有的四位被授予“大学教授”（University Professor）荣誉头衔的人之一。

近来读到李零教授的《丧家狗》，这是一本正正经经地解读《论语》的专著。在李教授看来，孔子是“一个好古敏求，学而不厌，诲人不倦，传递古代文化，教人阅读经典的人”，“一个四处游说，替统治者操心，拼命劝他们改邪归正的人”，但他“颠沛流离，像条无家可归的流浪狗”。在为如何写这篇推荐序而烦心时，我看到李教授对孔子的描述，一下子就想到了波特教授。我以为，波特教授虽然与孔子远隔万水、相距千年，无法相提并论，但他的工作却像极了孔子，以劝说和建言为业。然而，与孔老夫子完全不同的是，波特风光至极，所到之处都是鲜花、掌声和无数请求合影的崇拜者。我第一次见到波特教授，就是这种场面。而他张嘴闭嘴就是什么州长、总统，或是巨型公司的总裁，显然尽是他的座上宾。所以，如果说波特教授今天的生活像个执剑的大侠，他也是个一路踏着鲜花的“侠客”。同一职业，境遇如此不同，不由得让我感叹时空差别的曼妙。

宁向东

清华大学经济管理学院教授

《国家竞争优势》的核心理论

在《国家竞争优势》（1990年版）一书中，我力图解释在现代的全球经济下，何为一国经济持续繁荣的源泉。虽然本书定位于国家层次，但它的分析框架完全适用于对地区、州和城市等级别的分析。与一般的理论和政策主要着眼于经济增长和繁荣的宏观条件所不同的是，我的分析主要立足于经济发展的微观基础。现有的大多数文献着力于政府在经济发展中的核心角色认定，而我更强调公司所起的关键作用。

钻石理论的概念

我认为国家的财富主要取决于本国的生产率（即单位工作日所创造的新价值，或是单位投入资本所得到的回报）和一国所能利用的单位物质资源。国家或者地区竞争环境如何，与其生产率的增长密切相关。我们可以用由四类要素组成的钻石来形象地描绘竞争环境的组成，下文统称为"钻石理论"。钻石理论揭示出在某一区域的某一特定领域影响生产率和生产率增长的各因素，诸如信息、激励、竞争压力、制度与协会、基础设施、人力与技能库等。

比较优势与竞争优势的区别

本书力图揭示以下两个概念之间的关键区别：竞争优势与比较优势。比较优势理论长期以来在国际竞争分析中处于主流和主导地位，而我则力主竞争优势应该是一国财富的源泉。比较优势理论一般认为一国的竞争力主要来源于劳动力、自然资源、金融资本等要素的投入，而我认为这些投入要素在全球化快速发展的今天，作用在日趋减少。一国的竞争力不可能由其国土的大小和军队的强弱来决定，因为这些因素与生产率大小没有直接的关系。取而代之的是，国家应该创造一个良好的经营环境和支持性制度，以确保投入要素能够得到高效使用和升级换代。

早在20世纪80年代中期，在任职于里根总统的产业竞争委员会时我就逐渐认识到，错误地理解比较优势与国家竞争优势是经济发展产生问题的主要根源。仅仅靠使用现有的资源或者组织更多的资源是不足以保持经济繁荣的，更不用说仅仅把国家的财富重新在不同的利益集团进行分配了。

钻石理论告诉我们，竞争力与国家繁荣并不是一个零和游戏。许多国家既改善了生产率又同时增加了国家的财富。但是如果措施不当，一国的财富将很难继续维持。如果一国由于不当的政策、投资不足或者其他原因而不能确保生产率的改进，则本国的工资和国民收入就很难保持，更难以继续增长。

在现代全球经济下，繁荣是一国自己的选择，竞争力的大小也不再由先天继承的自然条件所决定。如果一国选择了有利于生产率增长的政策、法律和制度，比如提升本国所有国民的能力，对各种专业化的基础设施进行投资，使商业运行更有效率等，则它就选择了繁荣。与此相反，如果一国允许破坏生产力的政策存在，或者技能培训仅为少数人服务，或者仅靠家庭背景或者政府的妥协才能成功，则该国就限制了本国的财富积累，也即选择了贫穷。虽然战争和无效的政府会破坏繁荣，但战争和无效的政府在民主国家却是受制于本国公民的集体行动。

集群与竞争力

一国的生产率和竞争优势需要专业化。在《国家竞争优势》一书里，我引入“集群”概念。集群即指在某一特定区域下的一个特别领域，存在着一群相互关联的公司、供应商、关联产业和专门化的制度和协会。地缘经济学和区域科学文献早就认识到公司集聚现象的存在，但对集群的认知范围还比较狭窄，并没有把这种现象和国际竞争力的成长联系起来。在现代全球经济下，投入要素可以从许多不同的地区获取，运输成本的降低也使许多公司再也没有必要把公司设立在原料来源地或者大的市场所在地。这种公司集聚现象和复杂的公司竞争战略存在着密切的联系，现在还没有被我们所认知，因为在一个地点变得越来越不重要的时代，这种现象的确是一个很矛盾的问题，发人深省。

《国家竞争优势》力图去缩短人们对公司集群现象的认知差距。本书的分析显示，集群不仅仅降低交易成本，提高效率，而且改进激励方式，创造出信息、专业化制度、名望等集体财富。更重要的是，集群能够改善创新的条件，加速生产率的成长，也更有利于新企业的形成。地点在竞争复杂的情况下所扮演的强有力角色与全球化趋势是不一致的，因为全球化抛开了人为的贸易和投资壁垒，从而使传统投入要素的产地变得不再重要，公司也就没有必要设立在原料或者市场附近，而更应该选择有利于公司生产率增长的地域。

政府与公司的新角色定位

《国家竞争优势》提倡政府和企业在追求竞争力提升和繁荣时应该扮演新的、具有建设性和行动性的角色。对政府而言，对无政府主义和干预的既有区分已经过时。政府的首要任务是要尽力去创造一个支撑生产率提升的良好环境，这意味着政府在有些方面（比如贸易壁垒、定价等）应该是尽量不干预，而在另外一些方面（诸如确保强有力的竞争、提供高质量的教育与培训等）则要扮演积极的角色。政府不应该是钻石理论要素的一个组成部分，但政府对钻石理论的每一个要素都会产生或多或少的影响，这种影响是理解政府与竞争之间关系的最佳方式。

政府可以用许多方式来改善企业经营环境，但切不可限制竞争，或者人为地降低安全和环境标准。因为政府在这些方面的“帮助”实际上只能阻碍公司创新，延缓生产率的改进，从而也影响到竞争力的提升。

过去人为地分割社会政策与经济政策的做法应该抛弃，因为二者共同决定有效的竞争环境。健康而受过良好教育的公民，在一个安全的环境下工作，对生产率的改进是非常重要的。钻石理论认为，一个国家的制度环境，诸如中学、大学、标准制定机构、消费者协会、职业协会或者法律系统等，对本国的竞争力提升扮演着积极的、富有建设性的角色，因为所有这些因素都为较高生产率的增长或多或少地创造了条件。

对公司而言，《国家竞争优势》传递了这样一个关键信息：一个公司的许多竞争优势不是源于公司内部的决定，而是源于公司之外，也即源于公司所在的地域和产业集群，这方面的理论为公司提供了未来的行动指南。有关这方面的分析在过去的管理学文献中却被忽略了。私营部门应该与政府一道，在集体财富（信息、专业化制度、名望）或者是公共设施建设上，扮演积极的角色。《国家竞争优势》也认为各种产业组织协会和商会在公共设施提供等方面，应该扮演一个积极主动的角色。

从一个更广泛的层面来讲，政府和企业在国家生产率提升上应该相互依赖、积极对话、清除障碍、降低不必要的成本，共同创造合适的投入要素、信息和基础设施。在许多国家都存在着公司与政府间的紧张、不信任现象，以及政府的家长式作风等，这些现象都不利于生产率的增长，是公司经营的一个隐含成本。

从理论到实践：本书思想的传播与根源

思想的扩散和传播是一个漫长的过程，通常需要数十年，特别是当一个理论与现行主流的传统背道而驰的时候。《国家竞争优势》正是这样的一个理论。《国家竞争优势》摒弃传统的宏观分析方法，从微观角度对竞争力和经济发展展开分析，这与主流的分析方法是相悖的。

钻石理论在发达国家的运用情况

我个人一直有一个根深蒂固的想法：真正的社会科学不应该仅仅停留在理论上，还应该应用到实践中去。在这本书出版之前，我个人有幸参与了新西兰（1989 年开始）[1]、加拿大（1990 年）[2] 和葡萄牙（1991 年）[3] 等几个领先国家的经济政策评述。这三个国家富有建设性的改革和争论还在继续进行。[4] 本书主要以 10 个领先的工业化国家的发展作为分析对象，在本书出版之后我们又与其中的瑞典、丹麦、瑞士、德国和韩国等国家展开了对话。[5] 除此之外，还有一些其他的发达国家和地区使用过本书的钻石理论来对本国的发展展开分析（我没有亲自参与），这些国家和地区主要包括：挪威[6]、芬兰[7]、荷兰[8] 和中国香港[9] 等。许多州、省或者自治区也进行了类似的分析与研究[10]。还有一些其他发达国家和发展中国家，也在政策制定过程中使用了本书所讲述的理论和方法，虽然它们可能并没有设立正式的研究项目。

钻石理论在发展中国家的相关研究与应用

《国家竞争优势》的理论运用同样扩展到了许多发展中国家。为了加深对早期经济发展阶段的了解，我与同事们还进行了一项有关印度的研究，以加深对发展中国家经济发展的理解。[11] 本书也帮助百慕大、玻利维亚、波扎那、保加利亚、爱沙尼亚[12]、哥伦比亚、萨尔瓦多、秘鲁、南非、鞑靼斯坦、委内瑞拉[13]等地进行了许多类似的国家竞争力研究项目，这些项目大部分受本书的理论激发而成。

集群理论及其应用

集群已经成为促进经济发展的一种新的思维方式。目前已有许多以集群为基础的相关提案，从州层次到国家级的都有，主要有：（1）国家级的分析：摩洛哥、挪威、荷兰、哥斯达黎加等；（2）地区级的包括美国以下几个州：亚利桑那、加利福尼亚、康涅狄格、马萨诸塞、明尼苏达、北卡罗来纳、俄亥俄、俄勒冈，还有墨西哥的奇瓦瓦、西班牙的加泰罗尼亚、英国的苏格兰、加拿大的魁北克等地区。

钻石理论在城市与大城区的应用

《国家竞争优势》的理论目前也同样开始运用到城市和大城区。[14] 我还把这个理论扩展运用到内城贫困区经济发展问题的解决上。[15] 我认为内城区的问题不仅仅是一个社会问题，还是一个经济问题，经济发展战略只有与其他一系列的项目互补才能起作用。与一般人认为内城对企业发展极为不利的观点不同，我认为应该重新界定我们的思维，围绕着大城区经济中内城的潜在竞争优势做文章。这方面的研究促成了一系列对美国城市的研究项目，并且还与城区发展的最新问题保持积极的对话。[16]

钻石理论与区域集团发展

最后，《国家竞争优势》理论还同样适用于一些邻近的区域集团。大多数的区域性战略，例如，南锥体共同市场（Mercusor）、北美自由贸易协定（NAFTA）主要集中于放开区域内的贸易和投资，这是很有价值的目标行动。钻石理论所提供的系统分析框架，可以对此问题进行解释。为什么通过邻国间的合作可以提高生产率？因为钻石理论告诉我们，通过跨国界运输体系间的相互联系、海关程序的相互协作、相似的公共安全改进战略等可以产生强大的外力，从而给成员国经济的发展带来益处。从1994年起，我就一直与中美洲有关国家的领导们一起讨论有关该地区的经济发展计划问题。[17]后来，我又在中东开始了一个新的研究项目，这个项目的主要参与者包括埃及、以色列、约旦和巴解组织等。尽管这个地区有着不稳定的政治剧变，但这个研究项目还一直在继续进行。事实上这个项目可以说是在验证这样一个假设：依靠经济力量可否形成共同行动的基础。结果究竟如何，我们仍拭目以待。

本书理论在其他领域中的应用

在理论和学术界，人们现在已经接受了竞争力就是生产力的定义，并且已有越来越多的人开始认识到地域的重要作用。《国家竞争优势》对地缘经济的重新复兴起了一定的推动作用。

如前所述，把本书所讲述的理论运用到国家、省、市等不同层次上的文献已越来越多。还有一些相关文献也逐渐增多，并且结果很鼓舞人心，这就是关于对《国家竞争优势》的前提假设进行统计学检验方面的文献。[18]集群方面的有关文献也越来越多，1997年还举行了两次有关这个主题的国际会议。[19]市场营销方面的学者也开始探讨地点与营销之间的关系。[20]世界银行也已经把集群作为其核心发展战略。[21]还有一些文献是关于竞争力和环境质量关系方面的，这些文献结果显示二者是可以相容的，所有这些问题的探讨，追其原因，大部分还是来自于本书的思想。还有一个很有意思的研究问题，即：在发展中国家，企业与政府该用什么样的方法，去创造一个合适的环境，使国家的竞争力得以顺利地提升。最后，下面的一本书也是受本书的理论启发而写成的，即迈克尔 · 费尔班克斯与斯特斯 · 林赛的专著《海中耕耘》（Plowing the Sea）[22]，此书主要讲述把竞争力的新理论运用到发展中国家所存在的问题与障碍。这是一个很重要的研究领域，有待进一步研究。

弹奏共鸣和音：为什么本书出版后反响强烈

《国家竞争优势》出版后引起诸多反响与关注，究其原因，可能有几下几点：

与时代共鸣

此书刚好成书于竞争日趋激烈的时代，几乎每一个国家都存在着竞争问题。随着贸易壁垒的拆除，市场的放开，苏联的解体和中国1992年的加速改革，许多国家正在把关注点从国际政治方面转移到改善本国公民的福利上。毫无疑问，这种发展趋势直到今天仍在继续。

一个国家或地区，无论富足、贫困或者分散在地球的何处，都在寻求提高竞争力的良方。《国家竞争优势》刚好提供了一个系统而可行的分析框架，通过这个框架可以更有效地理解和改善竞争力问题。本书之所以特别受政府和企业界的欢迎，是因为它们一直在寻求有关竞争力方面的指导，但以前的理论对此问题并没有专门的论述。

微观层面的分析填补了空白

许多专家学者从宏观角度来探讨竞争力和经济发展问题，并且已得出了很多结论，但人们同时也逐渐认识到这些宏观改革虽然很必要，但并不充分。微观层面的问题与宏观层面的问题至少一样重要，甚至可以说更重要。因为微观层面主要由公司战略的性质、制度环境、基础设施和政策等组成，这些因素构成了一个公司进行竞争的基础环境。本书主要从竞争力的微观基础层面来展开分析，填补了这个领域的研究空白。书中提出这样一个问题：下一步是什么？在宏观经济稳定和调整之后我们该做些什么？这些问题是许多政府面临的一个中心问题。

为政府和公司提供强有力的分析工具

本书提供了一套分析方法，力图缩小政府和企业界对竞争力问题所产生的认知差距。本书还提出一套丰富而又清晰的竞争方法，并且为公司提供了一系列有相当诱惑力的思想和案例。从政府层面来讲，目前盛行的产业政策问题是有争议的，思想界的主流所提出的用国家干预来取得竞争效果的做法是很不妥当的。产业政策是建立在一个高度简化而又有问题的竞争力假设之上的，这些假设认为规模和开支对竞争力起决定作用。在产业政策盛行的国家，比如法国、日本和韩国，许多问题已经开始出现，这些问题促使人们开始怀疑：产业政策是否真的有效？产业政策的核心内容（诸如扶持目标、补贴和公司间的合作活动等）是否真的起作用？

《国家竞争优势》反对产业政策。所有有生产率的集群都支持繁荣。国家应该放弃重点扶持某些特别产业的做法，取而代之的应该是对国家目前现存和刚出现的集群一视同仁。政府不应该参与到竞争的过程中去，政策的主要角度应该是改善生产率成长的环境，比如改善企业投入要素和基础设施的质量和效率，制定规则和政策来促使企业升级和创新。而产业政策却是尽力去扭曲竞争力，重点关注于一些特别的地域而不是一视同仁；钻石理论则力主除去所有限制生产率提高的因素。产业政策认为国际竞争力是一种零和的观点，而钻石理论则认为竞争力是一个正和的观点，一国如果能够提高生产率，并且变得更加多产和有创新力，则该国的市场将逐步扩大，国家将由此走向繁荣。

独特的集群分析

本书也为企业经营环境如何改善提供了一个建设性对话的基础。集群的概念被证明是特别有用的一个概念。集群既是一种经济发展的思考方式又是引起变革的一种手段。与传统的产业或者部门所不同的是，集群主要关注生产率和跨公司之间的联系，而传统的观点则是关注国家干预和补贴。集群为政府组织、公司、供应商和当地的制度与协会等提供了一个具有建设性和可行性的共同舞台。

有待进一步研究的问题

《国家竞争优势》的再版是一个重要的里程碑。虽然本书的出版产生了热烈的反响，但本书的内容依然很复杂，篇幅还是很庞大。之所以在书中引入许多案例和国家背景分析，主要是基于以下的想法：如果没有这些案例和国家背景分析，本书的可信度就可能大打折扣。本书也可能被别人误以为是激情之作。尽管如此，作者还是希望有更多的读者关注此书，本书的再版也希望引起新的读者的注意。

作者最新的研究方向与研究问题简介

毫无疑问，在写作过程中，还有许多东西有待进一步的研究和思考。我最近的工作主要集中在以下几个方面：

第一，对本书的结论作更进一步的实证分析。通过对一国或者国家间的资料进行更详细的整理，来验证钻石理论。例如，最近我的一篇有关日本的研究报告显示，当地公司间的竞争强度对其国际竞争力会产生强有力的影响。这项研究建立在对日本更具代表性的产业群体进行抽样的基础上，并且以市场份额的变动来进行定量计算。结果显示，一个产业中存在的卡特尔组织有害而无益，它不是提高而是阻碍竞争力的发展。而传统的比较优势理论很难对此问题进行解释。[23] 我希望随着类似的统计分析证据越来越多，《国家竞争优势》的理论将变得更具说服力，从而让更多的学者接受本书的一些观点。

第二，对集群进行理论分析和实证研究，是我的一个新的研究方向。通过对集群作更进一步的了解，我们可以采取适当的公共政策和民间行动，共同促成生产率的提高与发展。

第三，发展中国家问题研究。我目前特别关注发展中国家面临的新挑战，即它们如何从单纯依赖便宜的劳动力和自然资源的恶性循环中走出来。

第四，城市、州、国家和区域集团在竞争力提升中的角色与作用。

第五，《国家竞争优势》与公司战略研究之间的关系。很明显，地域影响产业结构和竞争优势。在产业层次上，激烈的竞争可能会削减利润，但却可以推动当地的竞争者超越外国竞争对手。在公司层面上，最近的战略文献显示，公司的许多资源和技能事实上取决于公司所在的地域环境。地域的集群、公司间的关联、产品的互补性等存在着密切的关系。在未来的核心战略理论中，地域应该占有一席之地。

最后，由于经常与政府和企业界领袖们在一起工作，我对以下问题产生了强烈的兴趣：为什么拥有同样的知识和水平，有些国家和地区却可以产生有利的变革，而另外一些国家却不能？这些问题的答案既有可能来自于对竞争力和地域影响的重新认识，也可能来自于客观政策和微观分析的结合。只有把它们看做一个整体，才能够真正地把握问题根源，这也正是《国家竞争优势》所追求的根本目标。这个领域的研究很宽广宏大，需要更多的人加入进来，而我自己的研究只不过是这个宽广研究领域的一小部分。

政府层面存在的问题与未来行动指南

在本书出版以后的数年间，我一直都在对这些问题进行反思。特别是当我多次与政府和企业界领袖进行交谈和一起工作时，我一而再再而三地被思想的力量所折服：思想是结果的真正决定者，有什么样的思想，就会有什么样的结果。“二战”后，正是由于对竞争力和繁荣的错误理解，才导致数以百万计的人陷入贫困；而目前，也正是对形成竞争力高低的真正原因缺乏了解，才使我们前进的步伐被大大地放慢。这种误解不但存在于公司，更存在于政府。

在政府层面上，有关竞争力的讨论还仅仅集中于宏观政策，而实际上真正限制一国进步的却是微观经济问题。政府为了提升所谓的“竞争力”错误地进行货币贬值，这一做法显示的是一国政策的失败而不是成功。政府想通过补贴来吸引外国投资，但这种建立在补贴基础上的投资对于国家却是无益的。一个国家真正的问题应该是本国的发展环境问题，而这些问题却无人问津。发展环境才是一国生产力水平的真正决定因素，但许多国家的政府却错误地以为只要签订几个贸易协议，加入几个地区协定，本国的生产率就能得到改善。果真如此，国将不国！

公司层面存在的问题与未来行动指南

在公司层面也存在着对全球化的很深误解。许多公司仍然认为，通过采取外包形式等就可以解决公司的竞争力问题。它们把全球化仅当做是自己的问题，并没有有意识地去改善公司所处的经营环境。地域环境对公司发展很重要，公司可能正是由于地域的选择错误，才导致生产率的发展减慢，阻碍了公司进一步创新的能力。公司有时也往往希望政府能够帮助它们来改善生产率，但这种“帮助”却是有百害而无一益的。

越来越多的国家在经历经济平稳和贸易自由化之后都会遇到类似的问题，而公司在发展中也只能越来越多地面对日趋激烈的竞争。我们需要进一步澄清各级政府应该扮演的真正角色。

我希望本书能成为业界领袖的一个强有力的工具，帮助他们澄清问题，明白该做什么，不该做什么。如能发挥这样的效用，我也就心满意足了。

从国家环境看产业竞争力

为什么有些社会团体、经济组织或国家能够做到既进步而又繁荣？自从人类的历史出现政治、经济、社会等机构后，这个问题就一直吸引着学者、企业和政府的注意。从人类学、历史学、社会学、经济学到政治学等不同的领域，我们一直都在努力研究各种成功和失败的个案，希望借此了解决定成败的关键。

近年来，这类研究的焦点转到了"国家"之上，并以普遍被称为"竞争力"（competitiveness）的一种标准进行研究。从第二次世界大战以来的几十年间，由于国际化竞争的程度大为提高，许多国家和企业之间也有重大的势力消长。政府和企业因此不可避免地卷入一场激烈的争论，到底应该怎么做才能提高竞争优势。

过去，我一直对于"国家竞争优势"这个问题持保留态度，我的研究主要也在于了解企业。对我而言，产业竞争的本质及竞争战略原理，才是研究的核心。因此，在我早期的研究中，如 1980 年的拙作《竞争战略》，主要谈的是产业结构，以及产业间如何选择最有力的竞争地位。在 1985 年的《竞争优势》里，我提出了一个可以了解企业竞争优势来源的架构，并对如何提升企业的竞争优势进行了讨论。而在 1986 年的《全球产业竞争》（Competition in Global Industries）里，我将前述的理论架构延伸到国际竞争的挑战中。虽然国际化的竞争战略是国家竞争优势研究的一部分，但是在前述几部著作中，我研究分析的主要对象仍然是产业和企业；在此理论架构中，政府虽然发挥一定的作用，但却相当有限。

何谓“竞争力”

当里根总统任命我为直属白宫的产业竞争力委员会（Commission on Industrial Competitiveness）成员时，我开始改变自己的想法。这个委员会由企业家、劳工领袖、学术界人士和前政府官员组成，目的是考察美国的竞争力。这个委员会花了一年多的时间，讨论美国是否需要“产业政策”，最后从政治角度提出一份考虑周密、能够平衡各方观点的研究报告。

我个人在这段期间认识到，各界对“竞争力”的定义还缺乏共识。对企业而言，竞争力意味着凭借全球化战略在世界市场中竞争的能力；许多国会议员则认为，竞争力指的是国家在进出口贸易上实现顺差；有些经济学家又有另一套说法，他们认为，竞争力意味着根据汇率变动作出调整，形成低廉的单位劳动力成本。由于各方对竞争力的认识不同，大家花了不少力气讨论究竟是否有竞争力的问题。最后这个委员会的报告由于没有达成共识，故影响甚少，也没有促成实际行动。对于竞争力的辩论仍在继续，迄今还没有消退的迹象。

然而，不论采用哪一种竞争力定义，一个更严重的问题是，目前还没有一个普遍被接受的理论来解释竞争力。国家和企业的特征虽然很多，却未能被加以区分或统一。此外，许多对竞争力的解释是根据假设而来，和实际竞争之间又隔了一段距离。这也导致这些理论不被大家接受，对我而言，要把这些众说纷纭的观点，以及自己在跨国企业工作、研究和实际的经验加以整合，实在是一件困难的事。

然而，一些主张以企业战略和政府政策来提升竞争力的建议，同样有缺失。这些建议是从它们所各自定义的竞争力出发，既不一致，也不清楚。从我长期研究、熟悉企业运作的角度观察，这些建议反而对生产力有害无益，起相反的作用。

我之所以讨论这些问题，是因为我逐渐确信，在企业竞争的成功上，国家环境确实扮演了关键角色。而有些国家所提供的环境似乎比其他国家更能够刺激产业进步和升级。我相信，由于“国家”这个因素可以凸显竞争优势是如何被创造并得以保持的，所以了解国家在国际竞争中的角色，对企业和政府部门都有益处。

本书中，我的重心在于了解：什么是国家的竞争优势？在一些特殊产业里，国家的哪些特征有利于提升本国竞争优势？对公司和政府有何意义？这套理论的核心是单个产业的竞争战略原理。熟悉我之前工作的人应该对这些理论不会感到陌生，尽管我们可以识别出适用于许多产业的国家特征，但过去的经验却告诉我，这些特征在实际竞争中往往由于特定的产业环境、选择及结果而显得并不突出。

从复杂面看竞争

尽管从总体经济视角来了解如何获得竞争的成功可以给人以许多启迪，但在这本书中，我决定选择一个不同的切入点。我的理论从单个产业和竞争者切入，而后逐渐发展到一个经济实体，从汽车、传真机、会计师事务所、滚珠轴承等个别产业的竞争优势得失来看成败。国家会影响到它的公司在某些特定产业的成功，而数以千计个别产业的竞争结果，又能折射出这个国家的经济状况和进步能力。虽然从产业的表现来推出整体经济的表现，我们必须避开一些思维上的陷阱，但我相信，应用此方法，将丰富我们对一国经济进步原因的认知。

这本书并不是要将竞争抽象化，而是力图把握现实竞争复杂而丰富的内涵。我试着将影响企业行为和经济进步的诸多因素整合在一起，但所获结果相当复杂，可能无法令喜欢寻求简单答案的人满意。然而我相信，简化的答案往往会把问题内部一些重要的部分掩盖掉。

本书的理论涉及多个领域，虽然其核心是竞争战略理论，但也应用到像技术创新理论、地缘经济学、经济发展学、产业经济学、国际贸易理论、政治学、工业社会学等方面的知识。这种学科整合是以往比较少见的。

由于我研究的主题涉及大量的学科文献，很难列出一份完整的文献清单，我也不能提供有关这个主题的全面的学术回顾，但我还是尽可能列出一些在不同领域内与本研究相关的前人的研究观点和有影响的人物。

为了要发展出一套完整的国家竞争优势理论，并且将它与实际情况结合，我设计了一个能包含多种形态的国家，并能清楚呈现它们内部产业竞争的研究计划。我认为，如果研究重点只放在一两个国家或有限的少数产业上面，我们很容易将一些特例误认为一般性通则，这是相当危险的。因此我所选择的10个国家，其特点与经济形态具有相当大的差异。

本书的理论性质和我所采取的方法使本书成为一本厚厚的大部头专著，这使我感到很遗憾。不过，由于理论必须以事例验证，同时也要为企业人士与政策制定者提供实际的应用参考，本书布局的复杂实有必要。为了协助读者建立阅读本书需要的理论基础，第一篇是理论介绍的部分，我也提供了相当多关于竞争战略原理的概要。第二篇讨论产业，我以 4 个具有代表性的产业个案，以及在国际竞争中日渐重要的服务业（但是过去的研究却经常忽略）来解释竞争理论的实际应用。第三篇谈的是国家，将竞争理论应用到 8 个我们所调查的主要国家（未包括新加坡和丹麦）。这一部分丰富而详细地介绍了产业如何在国际舞台上成功，并带动国家的经济进步，进而改变国家的经济形态。一方面，竞争理论充分解释了各国的经济是如何在战后由盛而衰，或是由弱而强的情形；另一方面，由各国情形归纳出来的通例，使得竞争理论可以进一步分析国家的经济应该如何往前发展。第四篇谈的是应用，在这部分里，企业与政府将可参考如何将竞争理论应用在它们的战略和政策上面。本书的最后一章谈的是如何用这套理论来识别一些会支配各国经济未来发展的问题。

如何阅读本书

读者可以视个人的需求而选读不同的篇章。我建议绝大多数的读者应该先看前面 4 章，至于详细程度，则根据个人的背景或对这个理论的兴趣而定。有兴趣了解产业发展过程及其与竞争理论关系的读者，应该阅读第二篇。因此，企业领导人不可不读第二篇，而一般读者则应至少略读其中内容。因为，第二篇提供了几个重要的案例，可以帮助读者了解一个国家的产业形成并在国际上竞争成功的过程。这也是本书后续章节主要参考的框架结构。

至于第三篇，读者可根据个人的特定兴趣，从我所讨论的国家中挑选出一些来。所有读者都至少应该阅读第 7 章的前半部分和第 9 章的结论部分。第 7 章介绍本书在描述各国时所使用的研究方法和结构，第 9 章的结论部分则是将所调查的国家依类型比较。读者也可以看看相关国家的经济情形，顺便了解竞争对手国家的状况，以及一些原本并不清楚的国家。当读完这些后，所有的读者应该阅读第 10 章，这一章是把研究的材料延伸为理论，解释一个国家的经济如何进步，所讨论的是各国面对的重要议题。这部分在第 13 章有更完整的介绍。

第四篇主要是为企业领导人和政策制定者提供相互沟通的参考架构。在第11章中，企业领导人可以了解到如何以竞争理论制定公司战略。关心或参与公共政策制定的读者可以参考第12章。第13章则列出各国在追求经济进步时将会面对的主要课题，读者可以依据个人需要，选读适合的主题。由于这一章所讨论的是如何以竞争理论识别国家经济进步的限制与障碍，因此读者不但可以从讨论他们本国的问题中受益，而且也可以了解其他国家在不同环境下所面临的问题。本书的结论则包含作者在这个研究中的一些心得。

另外，本书提供了基本的论据和实证结果。学者和研究人员可以从文献中找到参考依据（有关理论的技术评论及同前人研究的关系，详见注释）。本书的研究方法在第1章和第7章，以及附录I中，都有详细介绍。

必须强调的是，本书的目标并不是针对单一特定国家进行解释，而是提出一个可以更广泛解释国家竞争优势的原则。在这里，我努力排除美国人看世界的偏见，至于成效好坏，就必须由读者自行判断了。我也希望读者不要单就第13章分析各国所面对的问题而断章取义。我必须申明，在进行这项跨国研究中，我对特定国家特定议题的了解，绝不会比相关领域的专家深入。我也不认为我能完全了解其在政治上与社会上的复杂作用。本书绝不是为各国所面临的问题提出政策指导，而是要提出能包含各国特色但又普遍适用的思考原则。我希望，不同背景、持不同观点的读者都能借助这本书的理论观念，在他们感兴趣的领域里进一步得出特定的含义。

变局中的国家优势

我在写这本书的时候，世界局势正面临激动人心和异乎寻常的变化。这段期间最著名的趋势有关1992年的欧洲经济共同体、加拿大与美国的自由贸易协定、英国一揽子新政策提议、日本和德国的税制改革、美国引人争议的新贸易法案，以及东欧各国在社会和政治上的巨大变动，所有这些事件都对经济发展造成难以估计的影响。

不过，本书的目的并不是要直接分析这些重大时事的影响，而是要提出一个可以理解这些事件本末的理论。事实上，本书历史研究的发现之一就是，尽管国际化的程度越来越高，但决定国家竞争优势的几个要素，其重要性反而比我最初设想的更加稳定。许多原理都是独立于时事之外的。因此，在这本书中，我会介绍如何用竞争理论来解释1992年欧洲共同体（当年，欧洲共同体更名为欧洲联盟）的发展，但是若要完整分析当前欧盟的发展，则应留待其余的专业人士来探究。

可能有人会认为本书的某些观点有争议。我也并不力图回避这些争议，而是以充分的证据提出一个强有力的理论。当本书完成时，我必须说明其中的见解与传统的自由派及保守派立场相左，这些立场与对待问题的观点往往是他们特殊哲学立场的写照。我发现严谨的反托拉斯法、严格的健康与安全法规、倡导人力资本上的大量投资等观点与传统的自由学派的立场一致。但我的证据却强烈质疑复兴病态产业的政府干预，限制竞争的管制、限制进口，对长期资本收益课税的政策。我相信仍有少数读者无法认同我的发现，但我依然希望这本书具有充分的说服力。

跨国研究

没有来自各方的协助，这本书势必无法完成。本书所进行的是一个标准的全球研究，它所探讨的是广泛的国家和产业，以及激烈的国际竞争。我们的研究小组自1987年在哈佛大学成立，开始讨论计划的原始构想与指导原则。这个小组共有24位成员，分别来自9个国家。在他们当中，韩国小组和日本小组竞争激烈，每天还比谁收工的时间更晚；瑞典小组和丹麦小组不断讨论彼此的相似和差异之处；而德国、瑞士、意大利的研究人员则交换他们国家如印刷机、包装机械等产业实力的数据资料。所有的成员在一套共同的研究方法下，通过对其他国家的认识，而更了解自己国家。

这个计划的总协调人是迈克尔·恩赖特。他协助建立并组织了整个项目，并且花了一整年的时间在各国穿梭、对各国的研究成果进行指导。整个研究过程中，他不但是重要的咨询对象，而且在我准备手稿的阶段，也出力甚多。类似这种规模的研究，绝不能缺少像恩赖特这种优秀的研究人员。目前恩赖特已获得哈佛的博士学位并在相关领域继续他自己的研究。

设在哈佛的项目研究小组除了进行英国部分的研究，同时也指挥、推动整个研究中各个阶段的工作。我必须感谢全凯红小姐（音译）在整个研究中的积极投入，以及威廉 · 麦克莱门茨、托马斯 · 洛克比、托马斯 · 韦森以及木神原真理、艾丽斯 · 希尔等人的协助。

此外，本书对各国的调查研究和结论，一大部分来自当地研究小组的贡献。这些国家的研究小组负责人都具有卓越的见解和充分的活力。日本小组是由一桥大学的竹内宏教授领军，成员包括小林宽司、冈本浩、劳赫瓦格和远山亮子。瑞典小组是由斯德哥尔摩经济学院国际商业研究所的厄尔扬 · 瑟尔文教授带领。赞德是主要研究人员，他也在哈佛大学从事过一段期间的学术交流。其他成员包括：吉勒摩、伦德奎斯特和英厄拉 · 瑟尔文。韩国小组的负责人是首尔大学的赵东成院长，成员包括崔澈、钟因哲、金东宰、金九淑、金叔明、高大元、李承淑、南浩长、南基闵、吴奎硕和严朱澈。丹麦小组的负责人是帕德，协同计划召集人是哥本哈根商学院的默勒和汉森两位副教授，其他成员包括拜尔、达伦、达伦格森、霍瓦尔德、詹森、弗雷德里克 · 约恩森、尔里克 · 约恩森、许恩、克维斯加德、斯特兰德斯可夫、彼泽森、彼得森、米勒和托马森。瑞士部分的研究主要是由当时就读圣加伦大学博士班的蒂森负责，协助他的包括恩赖特和巴塞尔大学的博尔纳教授，韦德也出力甚多。

范德林先生不但在德国研究方面贡献良多，还在本书的数据分析上扮演重要角色。范德林目前正继续将该理论应用到他在圣加伦大学研究联邦德国经济的博士论文中。迪康柏对瑞士和德国的研究也有所贡献。滕蒂除了主持意大利的部分研究外，对整个研究计划也提供了相当多的创见。如前面提过，恩赖特对德国和意大利部分下了很大的工夫。在英国研究方面，重要部分是由我本人和恩赖特主持，菲利普提供了许多帮助。此外，我们对这些国家的研究，也因当地出版刊物的详细介绍而得到不少帮助。

另一方面，我必须感谢哈佛大学商学院在研究期间的大力支持与协助。学校不但为这项大型研究计划提供优良的环境，并帮助我们与全球各大企业和研究机构直接联系。商学院的麦克阿瑟院长是我多年的好友兼咨询对象，我必须特别感谢他。另外，哈佛研究教育处主任勒尔斯克及他的助手们，给我们提供了许多经费上的资助，而壳牌公司基金会也赞助了研究经费，在此一并表达感谢。

在各国进行研究期间，我们也得到当地机构的合作与协助，他们不但帮忙联系该国的政府官员及企业主管，安排我们会面，为我们提供该国基础建设的数据资料，有时还提供财力上的支持。这些机构的名单如下：

丹　麦　哥本哈根经济与工商学院、亨里克 · 帕德协会
德　国　德意志银行
意大利　安博思集团
日　本　通产省、一桥大学、日本兴业银行
韩　国　首尔大学
新加坡　经济发展委员会
瑞　典　斯德哥尔摩经济学院国际企业研究所
瑞　士　巴塞尔大学、圣加伦大学、瑞士联合银行
英　国　《经济学人》杂志
美　国　哈佛商学院

在这些机构中，有些人是我必须特别提出来感谢的。他们分别是德意志银行的佛斯勒夫和比尔旋泰因博士，安博思集团的安博思与劳诺，通产省的麻生渡、河野博文、安延申和福川伸次，日本兴业银行的黑泽洋、八并笃美、建部直也，一桥大学的今井研一教授、野中郁次郎，新加坡经济发展委员会的菲利 · 姚与谭清南，斯德哥尔摩经济学院的林德院长与赫德隆教授，瑞士联合银行的赖因博士、施韦策博士，《经济学人》杂志的戈登、彭南特-雷。另外资料库公司、意大利瑞希拉社会中心对该国数据的提供、德国尼可斯多夫企业协助我们与德国企业进行接触，在此一并致谢。

我也感谢很多哈佛大学的同人，他们不吝时间，为本书提供了许多宝贵的批评和指正意见。他们当中除了恩赖特已经提到，我也要谢谢卡夫、柯林斯、达姆斯、盖马瓦、麦克劳、泰德罗和约菲。另外，我要感谢博尔纳、克雷格、马丁、罗林森、施瓦茨、施瓦勃姆、斯通和托马斯。

其他对本书提供宝贵意见，我要借此致谢的人士还有：博恩、小钱德勒、约瑟夫 · 福勒、马克 · 福勒、戈登、哈扎德、克尔曼、莱萨德、内森、奥尼达、布平、萨隆和索尔特。为了这本书，我们分别在西北大学、麻省理工学院、斯德哥尔摩经济学院、苏黎世大学、日本通产省、日本结构改革论坛、德国经济顾问委员会举行多场研讨会。丹麦政府更为此项研究组织了一次特别的政策论坛。哈佛大学发表了有益的评论，另外如战略管理学会、计划论坛等团体也提出了建议，在此一并致谢。此外，美国总统成立的产业竞争力委员会和竞争

力顾问会议，也在经济政策事宜上给我提供了相当宝贵的知识。

本书能够完成，其实还必须感谢数百位企业负责人、劳工领袖、学者、顾问、产业专家、银行家和政策制定官员。他们不但接受访问，付出宝贵的时间，并对自己的国家和产业提出卓越的见解。他们当中有些人甚至愿意对项目研究或特定国家提出更详细的评论。限于篇幅，无法将他们的大名一一列出。

要主持这种大型跨国研究，并完成篇幅如此庞大的书，是件具有高度挑战的事。我必须感谢我的助理波尔，她自始至终监控整个计划的进行，并对规划、进程安排、协调开会、准备稿件，乃至编辑工作尽心尽力。我也必须感谢在编辑校对和设计图表上帮忙的扎卡尼诺、科纳罕及埃斯蒂斯。

另外，为使这本书在论点上更清晰，自由出版社社长葛立克和编辑们给我许多建议，启发我不少灵感。而华莱士、安克尼两位详细地对这本书的全文进行校对，而赫斯特进行了终审编辑，他们都是我必须在此致谢的。

最后，我要把这本书献给我的妻子德博拉。她在这个计划一开始时就已参与进来，并陪伴我到各国考察，不时向我提供建议，为我打气，如果少了她，我不可能有今天的成绩。

01 新典范时代

迈克尔·波特 从国家的层面来考虑时，"竞争力"的唯一意义就是国家生产力。

国家与产业竞争力的关系，也正是国家如何刺激产业改善和创新的关系。

在全球各种竞争场合中，为什么有的国家成功、有的国家失败？这似乎已经成为当代最热门的经济话题。“竞争力”更是每个国家从产业界到政府，人人关心的主要议题。

比如说，越来越多的美国人质疑：为什么美国的经济会长期衰退，而其他国家则在国际贸易中日日超前？日本与韩国[1]虽然被视为产业发展成功的样板，但在它们国内，各方同样为了“竞争力”的问题而辩论不休。而前苏联与其他东欧、亚洲的社会主义国家，为了调整它们的经济体系，开口闭口谈的还是“如何提升国家竞争力”。

“竞争力”虽然一再被提起，但是很多时候，大家却问错了问题。

如果问问题的目标是为了找出企业发展或国家繁荣的关键因素，那么我们更应该问：国家为什么能够成为产业在国际竞争中成功的基础？或是换别的说法：为什么有些国家的企业能在某些领域里创造并保持竞争优势？为什么某项产业里的许多领先者，通常都出现在同一个国家？

德国为什么是全球印刷机产业、高级轿车、化工产业的集中地？瑞士为什么是世界重要的制药公司、巧克力食品与贸易业的基地？美国为什么能在个人电脑、软件、信用卡、电影等产业中独占鳌头？意大利的企业为什么可以在瓷砖、雪靴、包装机械以及工厂自动化设备方面表现强势？而日本企业又为什么主导了家用电器、照相机、传真机以及工业机器人等产业？

这一连串的“为什么”，应该如何解释呢？

对于必须在国际市场中竞争的企业而言，这些问题的答案很明显。企业必须了解，它的发展限度与所处国家的优劣势息息相关。国家也是企业在国际上创造或保持竞争优势的决定因素。国家经济若要繁荣，企业是不可少的关键因素，因为它的生产力决定了国家的生活水平，同时也形成企业改善效益与提高效率的能力。然而，对于有意在特定产业领域内追求竞争优势的企业来说，生产力的优劣似乎又与国家环境有关。

不过，我们却缺乏国家会影响企业的有力解释。多少年来，学术典范对为什么某些国家的产业能够拥有国际竞争优势的原因着墨不多。早期经济学家如亚当 · 斯密（1723~1790 年）与大卫 · 李嘉图（1772~1823 年）等，虽然早在 18 世纪已开始讨论国家进出口贸易的形态，但是一般都认为，这些理论并不足以解释现况。今天，跨国企业如雨后春笋，在出口的同时又利用海外子公司角逐国际市场，完全改变传统的国际竞争形态，也使过去解释国家出口的传统理论遭到质疑。对于这些现象的新解释虽然不断出现，但没有一个能够充分说明：为什么有的国家能够发展特定产业出口贸易，同时又以海外投资方式与其他国家竞争？为什么有些国家的企业能长时间保持其竞争地位？

本书的主要任务就是解释一国的经济环境、机构与政策在产业竞争优势中所扮演的角色，并找出一个国家可以维持产业竞争优势的那些因素。本书的第一篇是根据对 10 个国家、上百种产业的历史研究，归纳出“钻石体系”(Diamond, determinants of national advantage)，以分析国家如何在特定领域建立竞争优势；第二篇则是以这个理论解释国家如何在一些产业中发挥它的竞争优势；第三篇也是应用这个理论，对比产业成功与失败的形态，分析产业形态的变迁，进而建立起一个能解释国家整体经济优势的完整架构；最后，在第四篇，这个理论将进一步应用到企业战略与国家政策上。本书的最后一章是讨论所研究的国家在未来的经济发展中会面临的重要议题。

在此之前，我必须先解释为什么过去有关“整个国家”竞争优势的理论缺乏说服力，以及探究“国家”竞争力的努力如何走错了方向。企业创造并维持竞争优势的能力，不仅关系到它的生存战略，更是企业促成国家经济繁荣的关键。本书将分析当前论述产业竞争的主流观点中有哪些地方还不够完整，而且有关的修正理论也没有抓住要害。最后，本书将以根据事实所作的研究，为读者提供思考的新方向。

相矛盾的解释观点

国家竞争力的盛衰一直是个热门话题，但各家的说法之间却经常相互矛盾，更缺少放诸四海而皆准的理论。[2]之所以会形成这种现象，问题在于各家对国家竞争力的“定义”模糊不清。这一点，从很多国家不停争辩本身是否拥有竞争优势这一点就可以看出。

有些人把国家竞争优势看成是由汇率、利率、政府赤字等变量所驱动的总体经济现象。但是有赤字问题的意大利、日本与韩国，面临货币升值压力的德国、瑞士，以及实施高利率政策的意大利和韩国，这些国家的生活水平仍然在快速提升。

有些人则认为国家竞争优势源自廉价与充沛的劳动力。然而如德国、瑞士或瑞典等国家，不但薪水高，而且劳动力还长期不足，经济依然繁荣。日本经济过去由廉价充沛的劳动力起家，现在同样面临了劳动力不足的问题，但它的企业却能借着自动化取代人工，延续了国际竞争优势。高薪下的竞争力似乎代表一个更合理的国家目标。

还有一派的观点把竞争力与国家资源丰富与否画上等号。不过，近来贸易表现突出的国家如德国、日本、瑞士、意大利和韩国，都是资源有限、必须依赖进口原料的国家。更耐人寻味的是，相对于一些资源丰富的国家，资源不足的韩国、英国和德国反而较为繁荣。

也有很多人将竞争力的源头指向政府政策。评论者将政府的产业目标、保护政策、奖励出口以及补贴等手段视为国际竞争力之钥。这样的论点主要是根据对日、韩等国家，以及对汽车、钢铁、造船与半导体等少数大型产业的研究而来。不过这样的观察并没有扎实的调查资料佐证。例如，第二次世界大战后的意大利，政府产业政策的影响力相当薄弱，但是意大利的出口增长率一度仅次于日本，高居世界第二位，该国的生活水平也不断提升。

政府干预通常只在次级产业中才比较有效，而且即使在有强势政府的日本和韩国，干预成效也不是很好。在日本，传真机、复印机、机器人和高新材料等重要产业中，政府的影响力很微弱；通常被认为是政府主导成功的日本缝纫机、钢铁、造船等产业则已过时老去；而日本政府从 1971 年开始积极推动的航空业以及 1978 年开始的软件工业，一直未能跃升到国际领导地位。韩国政府野心勃勃地投入化工、机械等产业，但是成绩同样不佳。环视各国，政府强力介入的产业，绝大多数无法在国际竞争中立足。在产业的国际竞争中，政府固然有它的影响力，但绝非主角。

最后，有关国家竞争力还有一种流行的说法，即认为它是缘自各国管理模式之间的差异。20 世纪 80 年代的日本式管理受到举世瞩目，正如 20 世纪五六十年代的美国管理模式曾经辉煌一时。[3]但是这类解释也有它的问题。因为不同的产业需要不同的管理方式，适用于某类产业的管理方式移植到另一种产业上，结果可能是一场灾难。在意大利，小型、私人与松散的意大利家族企业构成制鞋、纺织与珠宝等产业的骨干，成为这些产业创新与发展的动力温床，每年为该国带来数十亿美元的出口值。这种产业模式如果应用到德国汽车业、化工业或是瑞士制药业、美国航空业，结果会不堪设想。美国式管理尽管被批判得体无完肤，但美国企业在全球的软件、医疗器材、消费日用品等产业及服务业中依然称雄，而在日式管理的彻底执行下，日本的化工、消费品或服务业在国际市场上却毫不起眼。

这一种论调也无法解释劳资关系。工会在德国和瑞典都非常强大；在法律保障下，德国工会代表可以参与管理，瑞典工会甚至参与董事会决策。虽然有人认为工会的强势抵消了产业竞争力，然而瑞典与德国的企业、产业乃至于国力仍然遥遥领先于许多国家。

我们可以清楚地看到，这些关于国家竞争力的讨论，并不能提出令人满意的解释，更没有哪一种说法能说清楚产业与国家在国际竞争中的关系。它们表面上似乎各自成理，但其实都经不起进一步的检验。竞争优势显然来自于更广泛也更复杂的力量。

当我们解释这些相互矛盾的说法时，还有一个前提有待考察：一个国家必须具备哪些条件才能被称为“有竞争力的国家”？国家竞争力成为人们的口头禅，但这个名词的定义却很粗糙。一个有竞争力的国家，它的产业与企业是否都必然富有竞争力？这种说法如果成立，似乎没有一个国家符合标准。接下来我们在本书中可以看到，在日本，绝大多数的产业与企业竞争力事实上远落后于国际上的领先竞争者。一个有竞争力的国家，是否意味它的汇率必须使该国产品的价格能在国际市场上竞争？我想大多数人会同意，战后的德国与日本，尽管长期持续地面临强势货币与升值压力，但并不妨碍其国民生活水平的提升。产业向高价位的国外市场靠拢，似乎是更合理的国家经济目标。

一个有竞争力的国家，是否意味着本国应有大量的贸易顺差？我们都知道，瑞士的贸易收支只是勉强持平，意大利则经常出现贸易赤字，但是它们的国民收入却在持续增加中。另一方面，许多贫穷国家的贸易收支虽然保持平衡，但绝不是其他国家会有兴趣仿效的对象。一个有竞争力的国家，是否意味它在全球出口贸易中的比重增加？经济繁荣通常紧随出口增长而来。然而，许多国家在出口稳定或减缓时，人均国民收入仍在快速增长，显示了这套说法仍有不足之处。同样，一个有竞争力的国家，是否意味着它创造就业机会的能力比较强？国民就业虽是国家经济的重大课题，但是“就业型态”似乎又比“就业机会”本身更重要，像是低工资高就业对国民所得的帮助显然就不大。最后，国家竞争力是否意味着一国的单位劳动成本低于其他国家？墨西哥与印度以低工资压低了劳动成本，但是它们的产业模式对其他国家的吸引力并不大。劳动成本的确与一些产业的特性有关，但是它与国家经济繁荣间的关系并非绝对。[4]

先问正确的问题

要同时合理地解释国家为什么富强而企业为什么蓬勃，首先就要从“正确的问题”着手。我们必须注意，在谈经济繁荣时，“国家竞争力”这个名词本身并没有意义。国家经济的基本目标是为人民带来高水平的生活。要实践这个目标并非依赖模糊不清的“竞争力”一词，而是借助运用劳动力与资本等国家资源所得到的生产率[5]；生产率又是每单位劳动力与资金的产出价值，并且由产品的质量、特性（这两者决定产品价格）以及生产效率[6]来决定。

生产率是人均国民收入的源泉，因此也是决定一个国家长期生活水平的关键。人力资源的生产率表现在他们的薪水上，资本的生产率则是根据投资人的回报而定。[7]国民的高生产率不仅带来高收入、更多休闲时间，它也创造政府税收，改善公共设施，进而提高生活水平。高生产率同样也使得企业有能力达到健康保险、社会福利、平等工作权利和环境保护等社会标准。

因此，在国家层面上，“竞争力”的唯一意义就是国家生产力。国民生活水平的提升，需要企业不断提升和创造符合时代需求的生产力。本书的任务就在于了解高生产力是如何产生的。国家经济的升级需要生产力的持续提高，而企业生产力的提高则必须借助提高产品质量、增加产品特性、改善产品技术和提高生产效率等方式。以德国为例，由于企业不断创造产品的差异性，引进自动化技术提高单位工人的产出，因此这个国家的生产力持续提升达数十年之久。产业分工有助于提高生产力，企业之间的竞争也会走向更精细的产业环节。同时，经济升级要求现有产业在生产力提升过程中，吸收高素质的人力资源，才能应对不断变化而复杂的产业竞争。[8]这些现象都说明竞争力与廉价劳动力或汇率优势之间并无必然关系。[9]因为生产力所追求的，是能够支撑高薪与高价位国际市场的竞争力。

假如没有国际竞争，一个国家的生产力是可以单独评估的。但是国际贸易和海外投资一方面带给国家提升生产力的机会，同时也形成一股力量，使得该国不能稍有懈怠，就算不能持续增加生产力，至少也要维持同样的水平。国际贸易使得一个国家不必分散力量精通各种产业或各项服务业，只要专注在该国企业生产力较强的产业上，对于生产力不如外国竞争对手的产品与服务改以进口解决，继而全面提升本身的生产力。因此，在生产力的提升因素中，进口、出口是同样重要的。

企业到海外投资同样可以提高国家生产力。当企业把生产力较弱的项目转移到其他国家或针对市场需要到当地设厂，进而加速渗透国际市场时，同时也增加了出口、创造海外利润并增进本国的国民收入。日本在过去10年间，先把装配层次简单的电子工业转移到韩国、中国台湾地区和中国香港，近年来又转移到马来西亚和泰国，就是很好的例子。

没有哪一个国家能在所有产业中所向无敌，或是只出口不进口。每个国家的人力与资源都有一定的限制，理想的状况是把资源应用在最有生产力的领域。有竞争力的产业在出口上获益，将带动国内劳动成本的提高、投入资本的增加，但也使其他产业的竞争力相对降低。这个过程造成德国、瑞士和瑞典等国家的成衣产业员工的薪水待遇，随所处产业环节的竞争力不同而有明显的差异，部分竞争力强的企业更以高薪出名。[10] 有竞争优势的产业在出口扩张的同时，也会影响到该国的汇率变动，使得竞争力相对低的产业在出口上更是捉襟见肘。[11] 毕竟，纵然是在发达国家，也并非家家企业都有竞争力。

就国家经济繁荣而言，具有竞争力的产业扩张出口，缺乏竞争力的产业则出走，增加进口该国生产率不佳的产品与服务，基本上是一个比较正常的做法。因为如此一来，该国将借由国际竞争带动国内生产率的提升。[12] 这个做法也意味着，当国家经济升级时，就必须放弃一些不具竞争力的产业与市场。[13] 如果政府以补贴、保护或其他形态的干预手段来强行维持这类产业的生存，只会减缓经济升级的速度与国家整体生活水平的提升。[14]

当然，国际贸易与海外投资对国家生产率的影响也可能是负面的，因为在国际竞争之下，每个产业唯一的生产率指标就是要胜过外国对手。某项产业的生产率如果高于本国其他产业，将可以吸引它所需要的人力和相关资源。但是，如果这项产业不能和外国对手竞争，它不仅无法出口，而且在进口货的威胁下，在本国市场的生存都成问题。在美国，汽车工业无论在平均薪水与个人产出方面都高于其他产业，但是因为它的生产率不如日本和德国汽车工业，甚至被韩国汽车工业的低工资所抵消，结果经历了贸易赤字越来越大（以及大量工作流失）的惨痛教训，同样的肉搏战事实上不断出现在各种产业与商业活动中。[15]

如果生产率较高的产业失去国际竞争力，那么这个国家维持生产率成长的机能就会受到威胁。同样，精密制造等需要高生产率的产业活动，如果在比较过本国和其他国家的工资、环境等成本因素利弊后，选择赴海外投资生产，也会影响到本国生产率，并形成工资下跌的压力。如果出现这种现象的产业和生产活动在该国占很大比例，那么该国的货币便可能出现贬值压力。货币贬值会使进口货更贵，降低该国产品在国外市场的价格，海外投资活动也将减少，进而导致整体国民生活水平下跌。[16] 因此，若要了解各国经济繁荣与否的关键，首先就要认清为什么各国之间有些能在先进产业和需要高生产率的产业活动中竞争，有些则不能。

前述讨论也点出了为什么贸易盈余或贸易平衡并不代表一个国家有竞争力。一个国家如果以低工资与弱势货币扩张出口规模，但同时又依赖进口精密高层次产品，纵使创造贸易顺差或贸易平衡，该国的生活水平也无法提升。理想的发展模式是，一个国家有能力出口高生产率的产品，并进口其国内生产率偏低的产品，因为这种方法可以使国家生产率全面提升。[17]日本所展现的正是这种模式，进口原材料和简单的加工零件，出口高生产率产品，以贸易分工提高生产率。同样，创造就业机会也不等于国家竞争力，因为只有高生产率的工作才能转换为较高的国民所得。国家生产率对经济繁荣的重要性即在于此，若不考虑这一点，只是一味追求贸易顺差、货币贬值或廉价劳动成本等，都会出现副作用。

当产业的生产率提升带动国家生产率提升时，该国的出口增长就等于国民生活水平的提升；换言之，如果这类产业因为缺乏国际竞争力，导致出口下挫，就对该国经济提出了警示。一般而言，国内高生产率产品的出口表现，比全国整体的出口表现重要。国家整体出口纵使趋缓，只要高生产率产品的出口能持续增长，这个国家的生产力成长依然可以持续下去。

因此，争辩什么是国家的“竞争力”，基本上是走向了错误的方向。我们应该要先认识生产率的决定因素以及生产率的增长情形；接下来，我们必须从细处着手，针对个别产业与产业环节的表现来了解竞争力，而非针对整体经济的表现。在解释经济生产率增长时，我们注意的是，一个国家对劳动力素质的重视和对技术进步的需求；不过检验这些广泛与一般性的因素并不能有效地引导企业规划策略、左右政府制定政策，而且也不符合我们主要的研究题旨。[18]我们想问的是：重要的、有商业价值的实用经验与技术是如何被创造出来的？哪些需要创造了这些技术和经验？这个问题只有对特定产业进行全面的观察才能得到解答。例如，具有高度专业能力的人力资源，是产业在现代化国际竞争中最重要的因素，这些人才的培养不只靠着一般的教育体系，更与产业竞争的过程密切关联；如同一项成功的产业技术，它的发展过程往往是为了胜过特定的竞争对手，因此企业会在特定产品上进行数以千计的生产流程设计与改善。前述国家生产力升级的基石正是高竞争力的产业人才与技术发展。

产业竞争优势

因此我们要解释的是，为什么某一个国家的企业能在特定产业中胜过它的国外竞争对手。国际竞争通常包括了出口与经营海外子公司，我们在此特别着重在以高科技与高水平人力资源为主的精密产业中的成功例子，高科技以及高水平的人力，正是提供国家生产力持续增长或激发高生产力潜能的两大因素。

企业要在国际竞技场中获胜，它的竞争优势不外是以较低的生产成本或与众不同的产品特性来制定最佳价格。企业要想持续这种竞争优势，就必须日复一日地提供高质量的产品或服务，或提高生产效率，这些努力都将直接转换成生产力的提高。

如果我们仔细观察任何国家的经济就会发现，能在国际竞争中脱颖而出的产业，通常有各不相同的竞争优势，而且这些优势都集中在特定产品或产业环节上面。[19] 德国出口的汽车常被视为是高档车种，而韩国的出口主力则是零部件和零件；全球的维生素市场上，丹麦产品偏重天然维生素而非人工合成维生素；日本在机床市场上以电脑数位控制的综合加工机见长，而意大利则在个人使用、特殊用途的皮革切削机与烟草制造机等市场保持领先地位。国际贸易的成长造成产业分工和专业化，如果各国政府不再保护缺乏竞争力的产业，各国之间的市场位置势必会因竞争力的强弱而有更大的差异。[20]

更重要的是，很多产业或特定的产业环节中，真正拥有国际竞争力的竞争者，往往出现在少数几个国家。国家的影响力通常是针对特定产业或产业环节，而不是个别企业。如前面的例子所显示的，各国有影响力的产业通常是多家企业组成的群体，而非由两家公司独挑大梁。而这些在国际竞争中的领先产业，不但只出现在少数的国家，甚至还集中在这些国家的某个城市或地区。另外，根据我们的案例研究，产业与国家之间的关系通常很稳定，一个国家的重要产业发展历史少则数十年，多则超过一个世纪。这些产业的成功有些是因为它的功能性大于商业意义（如太空行业），有些是受到政府的补贴或保护（如电信业、汽车业），这类的成功模式与在开放式的国际竞争中所获得的成功并不相同。我们的研究重心偏重在国际贸易中可以自由竞争的产业和产业环节。因为从它们的发展中我们才可以看到，特定产业的国际竞争中，国家如何发挥强而有力的影响力，而这样的影响力不仅对企业甚至对整个国家的经济繁荣，都是值得重视的。

传统的产业成功理论

长期以来，有关产业为何能在国际贸易中成功的解释很多，“比较优势”(comparative advantage) [21] 是最古典也是经济学家深信的一种理论。亚当 · 斯密在经济学上的地位就在于他提出了比较优势的概念——在国际上，一个国家的出口要有竞争力，就必须有相对较低的生产成本。到了李嘉图时代，比较优势的概念被进一步强化。他认为市场力量会引导国家资源应用在生产率比较高的产业，即使该国能以低成本生产某些产品，但它仍可能决定进口该项产品，而将产能用在生产更高优势的产品上面。正如我前述的讨论，绝对与相对优势两者都是贸易的必要条件。

在李嘉图的理论中，贸易是因为国家之间的劳动生产率有所差异而产生的。[22] 他把这个“差异”归因于各国由于无法操控的环境或气候不同，所以会偏好某些产业的发展。李嘉图的观点虽然正确，但是他对贸易理论的专注与本书的主题不符。进一步发扬比较优势理论的是赫克歇尔（Eli F. Heckscher，1879~1952 年，瑞典经济史学者）与俄林（Bertil Ohlin，1899~1979 年，瑞典经济学家），他们的观点假设在各国的技术水平相等的情形下，生产方式会决定于土地、劳动力、天然资源与资本等“生产要素”的差异。[23] 每个国家在比较自己与其他国家在生产要素上的差异后，会选择发展条件最佳的产业，出口比较优势高的产品，进口比较优势低的产品。[24] 例如，韩国的劳动力充沛、劳动成本低，出口比重大的是成衣与装配电器等劳动力密集型产品；而天然材料与矿脉丰富的国家如瑞典，拥有的铁矿石具有含磷少、冶炼出的钢铁质量佳等优点，因此钢铁工业成为该国的强势产业。

以生产要素的比较优势决定生产形态确实有它直接的说服力，成本因素也在很多国家考虑产业的贸易形态时扮演一定的角色。俄林等人的观点承认政府可以通过政策工具的干预，全面或局部地改变生产要素的优势。[25] 此说一出，各国政府不论对错地提出一连串改善生产要素比较优势的政策。最明显的例子就是政府降低利率、压低工资、贬值货币、提供补贴、特许某些设备折旧、针对特定出口项目提供融资等。在特定的时空中，这些政策工具各有一定的效果，目标通常锁定在协助本国企业将生产成本压低于国际竞争对手上。

渴求一个新典范

不过，越来越多的例证显示，生产要素的比较优势并不足以解释丰富多元的贸易形态。[26] 例如，朝鲜战争结束时的韩国，资本奇缺，却建立了出口导向的钢铁、造船、汽车等资本密集型产业。相反，美国虽然拥有充沛的资金、杰出的科学家以及技能熟练的工人，但是在理当强势的机床、半导体、精密电子产品等市场上却节节败退。

如果我们放宽视野来看，可以发现全球大多数的贸易是发生在资源相近的工业发达国家之间的。同时，相关研究也显示，国际贸易中有相当比例的产品，其生产条件颇为相似。显然，生产要素的比较优势法则并不能解释这些贸易形态。而跨国企业与它海外子公司之间大量的进出口贸易现象，更超出生产要素的比较优势法则。

更重要的是，越来越多的人意识到，生产要素的比较优势法则对很多产业来说根本就不实际。[27] 生产要素比较优势法则的假设不考虑经济规模，认为技术具有普遍性、生产本身没有差异性，连国家资源也被设定。这个理论还假设资金与熟练的工人不会在国家之间流动。[28] 然而，绝大多数产业的实际竞争行为却几乎与这些假设无关。生产要素的比较优势法则只能解释贸易的各种形态（例如它对平均劳动力与密集资金的说法），而无法应用于国家在个别产业的进出口表现。

更令企业对生产要素的比较优势法则失望的是，“比较优势法则”是一个全然静态的概念。这个理论只强调企业影响政府政策，却未考虑到在企业活动中，改善技术、发展产品差异性等战略的角色。因此绝大多数的经理人会认为，这套理论远离了他们关心的问题、缺乏指导的功能，事实上并不奇怪。

转变中的竞争趋势

生产要素的比较优势法则之所以能在 18、19 世纪风行一时，与当时产业还很粗糙、生产形态是劳动力密集而非技术密集有关，当时的贸易活动更显示国家资源与资金还处于发展中的状态。像美国当时扮演造船业的盟主，原因之一是木材供应丰富。这段期间的主要贸易产品如香料、丝绸、烟草和矿产等的生产地区也限制在单一或极少的区域。

今天，生产要素成为产业重要的考虑因素，除了依赖天然资源的产业外，只剩那些依靠初级劳动成本，或是技术单纯、容易取得的产业。例如，挪威与加拿大的铝业发达，一大原因是拥有充沛水力发电的地理条件；韩国能在国际建筑工程市场崛起，则是因为它拥有薪水低、纪律性强的工人。

然而，有更多的产业现象却无法用生产要素的比较优势法则来解释，特别是需要精密技术或熟练工人的产业或它的相关产业，而这两种类型的产业又正是国家生产力中最重要的部分。讽刺的是，正当生产要素的比较优势法则逐渐成形之际，工业革命却革掉了这个理论的一些前提。当第二次世界大战后越来越多的产业走向知识密集形态时，生产成本的角色反而大不如前。

技术的变迁 越来越多的产业不照比较优势理论的模式发展，这背后的因素很多，像规模经济的扩大、产品的差异、各国消费者对产品的需求不同等，而技术的演进则是最普遍与持续影响的一项因素。传统高科技与低科技产业的界线，正被微电子、精密材料与信息系统等应用广泛的科技打破。不同国家的企业在产业技术的应用层次上也很难区别。

企业往往以技术发展新产品与新流程，弥补资源不足的问题。技术的影响力，如果不是完全淘汰传统生产要素，至少也可以相当程度地减轻这些因素的阴影。例如，弹性的自动化系统带来种类繁多和数量不定的生产方式，减少了许多产业生产中的劳动因素；掌握高超的技艺也比当地低廉的工资更加重要，所以在 20 世纪 80 年代，制造商的生产线通常是往高工资而非低工资的地方移动，此举同时也达到接近市场的效果。事实上，对材料、能源以及其他资源的需求依赖已大大递减，许多材料由新的合成物所取代，现代的材料如工程塑胶、陶瓷、碳纤维以及应用在半导体上的硅，都是从成本低廉、容易取得的原材料中制造出来的。

由于技术扮演的角色日渐凸显，因此在很多产业中，企业对资源的需求反而比不上对技术、效能、效率的需求。比如说，在炼钢工业的除磷技术尚未开发前，瑞典低磷的铁矿曾让该国一度保持相当的竞争优势，而除磷的技术问题一解决，瑞典在这方面的竞争优势即顿时丧失。

足以比拟的资源条件 全球绝大多数的贸易发生在条件相当的发达国家中，但许多发展中国家现在的经济发展也不容忽视，这表示它们拥有可与发达国家相抗衡的条件。曾经以劳动力高水平称霸的美国已好景不再，原因之一就是，发展中国家有很多产业的劳动力同样受过教育并具备工作技能。绝大多数制造业需要电信、道路、港口等基础建设的配合，发展中国家同样具备了这些条件。[29] 传统上有利于发达国家的资源条件，正在现代化的过程中渐趋普及。

全球化趋势 很多产业的竞争已经实现全球化。国际化竞争也不只出现在制造业，还包括服务业。企业的全球化竞争战略涉及全球化的销售、全球化的资源与材料的考虑，以及从成本角度来考虑在各国进行的生产活动，它们也与当地企业进行跨国联盟，以提高本身的竞争力。

产业的全球化解决了企业依赖单一国家资源的问题。全球化之后，原料、元件、机器设备以及许多服务的获得，也使得比较优势产生了新的意义，像先进的运输设备就降低了交易与货物的成本；又如，本土的钢铁工业不一定是采购钢铁的有利条件，当政府政策或压力鼓励采购成本昂贵的国产钢材时，它甚至可能对产业竞争有不利的影响。

另外，资金流向国际上信用好的国家，这也使产业发展不再受限于本国资金的投资环境。例子之一就是前面提过的韩国，它在20世纪50年代资金匮乏的窘境下，依然发展出钢铁、汽车、半导体等资本密集型产业。发展韩国产业的资金事实上在更早时也带动了英国、美国、瑞士和瑞典等国家。[30] 全球化趋势下，即使国家之间的特殊技术交流仍有障碍，跨国企业还可以通过在当地设立子公司解决。

尽管传统生产要素正不断变化，贸易活动却依然存在。这个矛盾与接下来要讨论的一个重要观点有关；国际竞争成败的关键在于，竞争者是否能有效应用所在地的生产要素。

比较优势的退位

产业竞争中，生产要素非但不再扮演决定性的角色，其价值也在快速消退中。以生产成本或政府补贴作为比较优势的弱点在于，更低成本的生产环境会不断出现。今天以廉价劳动力看好的国家，明天可能就会被新的廉价劳动力国家取代。由于新科技的快速发展，以往被认为不可能的、不经济的资源异军突起，同样也让以传统资源见长的国家，一夕之间失去了竞争力。谁能想象黄沙遍地的以色列竟然能成为高效率的农业生产者？同样，成衣、电子产品等成本敏感的产业，由于竞争压力越来越重，领导人也更换频繁。

以劳动力成本或天然资源为优势的产业，往往是资金周转率低的产业。这类产业的进入门槛不高，所以是许多国家优先考虑的产业发展项目，同时也引来了很多的竞争者以及过多产能的投入。当越来越多的市场新进入者加入进来时，它们随即会发现，除了优势不断消逝之外，还会因资产的投入而被套牢。

发展中国家很容易掉入这种陷阱。它们几乎一窝蜂地在生产成本与价格上竞争，其开发计划更是以成本导向的新产业为基础，无法逃脱生产成本的限制。

因此，这类国家时时处在失去竞争力的威胁中，年复一年面临薪水与资本周转的问题。它们有限的利润完全得仰仗国际经济的波动。[31]

如果比较优势不足以解释产业强国的大多数产业现象，那么运用政策来影响比较优势只会使得产业发展效率更低。若是劳动力成本不足以左右产业的命运，政府强加管制产业的薪水水平就没有什么意义了。当产业竞争的是质量、产品开发的时效与特性而不是价格时，就算政府会扶持产业，事实上也起不了多少作用。[32]

“规模经济”行不通

各界虽然普遍认为比较优势理论不足以解释贸易问题，但取代或补充比较优势理论的观点却又有相当多的分歧。规模经济理论就是其中之一。这种观点指出，一个国家的企业如果能达到一定产量，成本就可以压低，出口就有竞争力。规模经济理论撇开了其他因素，专注于市场占有率，它也可以应用到需要大力研发的科技或依赖产能降低生产成本的市场漏洞中。规模经济的支持者认为，能善加利用这些漏洞，一国的产业就能争取有利的出口地位。[33]

对一些强调比较优势的产业，规模经济理论确实有它的重要性。然而，这个理论并没有回答我们所关心的国家竞争优势问题：哪些国家的企业能发展规模经济？规模经济可以应用到什么样的产业上？

理论上，全球竞争中，任何一个国家的企业都可以通过向全球销售来发展规模经济，但企业似乎无意真的这么做。产业在实际运作的时候都未必遵循这套理论。[34] 规模经济理论认为庞大的内需市场是促成规模经济的重要条件，但是像意大利企业称霸五金器材市场、德国公司领先化工业、瑞典企业称雄采矿设备、瑞士企业在纺织机市场表现强势等，它们当中没有一个拥有强大的内需市场以支撑这些产业成为世界盟主。即使在大国的内部，规模经济与产业竞争优势的关系也是相当薄弱的。日本国内有 9 家汽车厂相互竞争，国内市场被分割得支离破碎，但是企业借助海外市场找到规模经济的条件。[35] 类似的道理同样可以用来解释任何形态的不完全竞争市场。

“技术差距论”（technology gap theory）是另一种试图超越比较优势理论来解释贸易问题的观点。在李嘉图的理论中，贸易是基于国家之间劳动生产率的差异，他的理论是从广义的角度看待技术差异。所谓的技术差距论就是根据这个观点衍生的。[36] 依照这个理论，各国的产业出口是基于它的企业具有精湛的技术，当技术普及后，差距就会缩小，出口竞争力也就降低。

比较优势的核心确实在于技术的差异，不过，不论是李嘉图的说法还是技术差距论，都没有回答国家竞争优势的问题：为什么会出现生产率与技术的差距？哪些国家的企业能获得技术上的优势？还有，为什么有些国家的企业能保持产业技术优势达数十年，而不像技术差距论所预言的，随着技术扩散普及就丧失领导地位？

另一种有争议的说法是，国内市场带动贸易竞争力。弗农（Raymond Vernon）的“产品周期理论”最能表达这样的观点。[37] 弗农认为美国之所以能成为许多产品的开发者，是因为其国内有市场需求。[38] 美国企业研发了新产品，在产业还在发展阶段时就开始出口，进而根据海外市场的需要进行海外生产。最后，随着技术普及，海外子公司与外国企业的产品又回销到美国。

“产品周期”概念是一个动态的理论，认为国内市场会影响产品的创新。不过，对国家竞争力而言，这个说法仍然有很多不足之处。弗农本人也承认，美国现在已不再是先进产品的市场支柱，连过去是否称得上也有疑义。更根本的问题是：为什么企业能在特定国家发展特定的新产业？假如几个国家同时出现需求（这种现象在今日很普遍），情况又是如何？为什么一个技术落后或内需市场不大的国家，反而能成为国际竞争的主角？为什么一些国家的产业能持续领先创新，而不是随着技术标准化就不再风光？为什么有些国家的企业能在一个产业上维持竞争优势，其他则不然？[39]

最后，新兴的贸易理论则是根据跨国企业的兴起而发。跨国企业的国际竞争力不只在出口，更在海外投资，它们的崛起显示贸易不再是国际竞争的唯一形式。跨国企业到许多国家制造产品并销售，结合各地贸易形势而分散制造。最近的评估显示，跨国企业与它海外子公司之间的贸易占国际贸易总量中相当高的比重，发达国家相当多的进口来自它所属跨国企业的海外子公司。因此，评估一个国家的产业优势，已不限于它的生产出口，而是跨国企业是否以母国作为发展基地，例如，在欧洲及其他地区广设分公司的IBM、DEC、惠普以及其他美国公司。

这种跨国企业状态反映了企业朝国际化发展的战略。[40] 它与天然资源的多寡无关，最常出现在重视产品差异与研发密集的产业。在这类产业中，成功企业的技术与经验通常也可以出口，只要有适当的环境，就可以制造生产，因此常被称为无国界的企业。

事实上，跨国企业已经是产业成功之路上不可缺少的踏脚石。然而，过去对跨国企业的研究，偏离了主要的问题。因为能在特定领域或产业上独领风骚的跨国企业通常由母国的总公司发动，所以我们应该问的是：跨国企业如何在特定国家的特定产业发展独特的技术与经验？为什么有些国家的跨国企业能建立并维持竞争优势，其他则不行？

为什么他们能，我们不能

为什么有些企业具备国际竞争优势？决定条件在于企业所处的国家能否在特定领域中创造或保持比较优势，这也就是一个国家的竞争优势。

产业的国际化与跨国企业的形成，看起来好像与国家影响力背道而驰。乍看之下，企业似乎超越了国家，国家在企业国际竞争优势上的角色似乎越来越弱。然而，我们研究的结论却与这种观点相反。一些较早的例子显示，一些特定产业或产业环节有集中在少数几个国家的趋势，竞争优势也可以持续数十年。因此，只要所在国家能提供企业竞争的优势，来自各个国家的企业再形成策略联盟，终将成为国际上的盟主。

产业竞争优势的创造与持续应该说是一个本土化的过程。竞争的成功更源自各个国家的经济结构、价值、文化、政治体制以及历史的差异。事实上，国家在全球化产业竞争中的角色不减反增。尽管在国际竞争下，国家对企业的影响似乎不如过去，但是当保护壁垒排除后，以产业技术与现场经验为支柱的国家，重要性将大为提高。

因此，在建立任何新的国家产业竞争优势理论之前，必须摆脱大多数的传统论点。第一个原因是，企业拥有不同于以往的各种战略，而且正充分地应用这些战略。新的理论必须能解释：在某些特定产业中，为什么有些国家的企业能比竞争对手有更好的战略。

其次，成功的国际竞争者通常整合了进出口贸易与海外投资两种手段，而大多数过去的研究则只偏重其中一项。一个新理论因此必须能解释：为什么一个国家能同时成为产业出口国与海外投资的总部？[41] 这个问题关系到很多出口与海外投资的基本条件。

国家是企业最基本的竞争优势，原因是它创造并延续企业的竞争条件。国家不但影响企业所制定的战略，也是创造并维持生产与技术发展的核心。[42] 通常，根据技术发展的复杂程度，企业会在不同状况的国家进行不同性质的活动。[43]

企业通常将绝大多数的生产作业、核心技术以及先进的经验技巧放在母国。这种特点也会带动相关产业的发展，进而使得整体经济受惠。一个产业竞争力强的国家，通常也是出口顺差的国家。

若与企业在母国的发展相比较会发现，企业的国籍其实是次要的。即使是外资企业，如果它能像本地企业一样，在当地维持有效战略、不断创新并保持技术竞争力，当地经济也必然会因此而获益。[44] 因此，一个国家能持续并提高本身生产力的关键在于，它是否有资格成为一种先进产业或重要产业环节的基地。

新的竞争优势理论必须从比较优势的观念提升到“国家”竞争优势层面。它必须解释为什么有些国家的企业能够以“国家”为媒介获得竞争所需的全部条件，而非如比较优势理论所考虑的有限因素。大多数贸易理论把成本、产品差异等看成贸易条件。[45] 新理论则需要能够反映市场区分、产品差异、技术差异与规模经济等更丰富的竞争概念。先进产业与其环节的核心是质量、特色与新产品创新；更重要的是，由于生产流程与生产效率可以降低成本，因此这方面的技术也压低了生产成本与经济规模等条件。我们必须了解，为什么企业在有些国家就是比在其他国家更能创造优势，并且能提高生产力。

因此“动态与不断进化的竞争”是建构新理论的前提。传统思潮大多把静态的成本效益和生产要素具象化。技术变迁或被视为外部因素，或被放在研究的范围之外。熊彼特（Joseph Schumpeter，1883~1950 年，德裔美国经济学家、社会学家）在几十年前就注意到竞争是不均衡的。由于新的产品、新的区域市场、新的生产流程出现，因此商业竞争的面貌是会不断改变的，每个时间点上，快速的进步一直在取代静态的效能。不过熊彼特和其他学者一样，没有进一步追问下去：为什么有些国家的有些企业，创新能力比竞争对手强？

所以，新的国家竞争优势理论必须把“技术进步”和“创新”列为思考重点。[46] 我们必须解释国家在技术创新过程中的角色。技术创新需要有形资产、人力资源和研究发展的持续投资，因此我们也必须解释为什么有些国家的研发活力充沛，有些则不然？问题就在于，一个国家如何提供企业比竞争对手更快速的创新和进步的产业环境。从广义的层面来看，技术的进步会带动经济增长，这也是一个国家经济进步的一大原因。[47]

从静态的观点看商界竞争，一个国家的生产要素是固定的，企业努力发挥这些固定条件以获取最大回报。但是，在真实的产业竞争中，创新与变革才是基本因素。与其受限于静态的资源，呆坐着计算最大回报，企业更应该关心如何开发新产品、如何使新流程获得最大的回报；与其在固定限制下作规划，企业更应该改变限制条件成为竞争优势；与其在固定的生产要素中部署资源，企业和国家更重要的课题是提升生产要素的质量、提高生产率、创造新的生产要素。[48] 由于生产要素是流动的，所以可以利用全球战略取得优势。效率与效能则是使用传统生产要素的中心思考，解答了这些问题之后，就可以知道为什么有些国家能成功地发展出一些特定产业了。

最后，由于企业是竞争优势创造过程的主角，所以在国家竞争优势的理论中，绝不能不分析企业行为。要检验一个理论是否正确，就要看这个理论是否同时适用于政策决策者、经济学者以及企业经理人。按照企业经理人的观点，绝大多数的贸易理论都过于理论化而不实用，因此新理论必须能为企业提供如何规划战略的前瞻观点，以期成为更有效率的国际竞争者。这也是本书的期望。

跨国探索竞争优势

为了要调查国家如何在产业的竞争中展现优势，以及竞争优势对企业战略与国家经济的启示，我主持了一项长达 4 年、涵盖 10 个重要贸易国家的研究，它们分别是：

- 丹　麦　　• 新加坡
- 德　国　　• 瑞　典
- 意大利　　• 瑞　士
- 日　本　　• 英　国
- 韩　国　　• 美　国

这个名单包括了美国、日本等世界上工业领先的国家，以及从国土面积、政府产业政策、社会文化、地理与区域位置各方面互有差异的其他国家。而亚洲国家的表现越来越受世界瞩目，因此日本、韩国和新加坡成为我们研究的对象。列举的欧洲国家中，小国如瑞士、瑞典，则是因为它们惊人的贸易表现而入选。受到时间与资源的限制，这项研究的范围只有上列的10个国家。不过，在1985年时，这10个国家的贸易总和占了全球贸易的一半。表1–1是这10个国家的基本资料。

这项研究集中在精密产业及其关联领域的发展与竞争优势的延续，因为这些产业是国家得以发展并维持高生产率的关键。因此本书所选择的也分别是在某些产业上已有卓越成就或是具有高度发展潜力的国家[49]，像是代表新兴工业国家的韩国和新加坡就是因为具有高度发展潜力，所以被囊括在此次研究中。在发展快速的新兴工业国家，其政府政策与产业成就的模式往往不同于传统工业国家。[50]韩国在产业升级与竞争力方面更是名列新兴工业国家之首。

绝大多数有关“国家竞争优势”的研究，往往只针对单一国家的表现或仅就两个国家相互比较，日本更常被当做比较对象。[51]不过我的研究发现，一般关于国家竞争优势的研究往往失真，甚至可能方向上存在偏差。当加入了第三国或第四国资料之后，原本两国之间比较研究的结果常常缺乏说服力。例如，比较美国与日本时，日本的大型研究计划通常被视为支撑它竞争优势的重要因素。然而，在多方比较之后，德国和瑞士虽不发展大型研究计划，却不妨碍它们在各种产业中持续竞争优势。同样，本文随后会讨论到，日本大型研究计划的重要性往往与我们过去的想法不同。[52]由于每个国家的处境不同，这项研究将把特殊情况排除在国家竞争优势的建构条件之外。

参与这项研究的研究人员超过30位，他们当中绝大多数是被研究国家的学者，但是使用的研究方法已经统一。本书前言部分所列的赞助企业与机构尽量涵盖各种层面，例如政府机构方面包括了日本通产省，民间金融机构如德意志银行，教育机构如斯德哥尔摩经济学院国际企业研究所，以及媒体方面的英国《经济学人》杂志。这些机构提供了重要的基础资料，并协助联系当地企业与相关单位，以便进行一些当地的研究工作。

表 1–1　本书所研究的十大优势国家的经济和人口特征

	丹麦	德国	意大利
1987 年人口数量（百万人）	5.1	61.2	57.3
土地面积（平方英里）	16 638	96 030	116 324
1987 年人口密度（人数/平方英里）	307	637	493
1987 年国内生产总值（GDP），以 1980 年的价格和汇率为准（单位：10 亿美元）	77.2	899.1	525.9
1950~1987 年的国内生产总值年复合增长率，以 1980 年的物价为准	3.2%	4.6%	4.5%
1950~1987 年的工业生产年复合增长率	2.5%[e]	4.6%	5.3%
1950~1987 年的人口复合增长率	0.5%	0.7%	0.5%
1950~1987 年的劳动力年复合增长率（以雇用人数计算）	1.0%[a]	0.8%	0.1%
1987 年人均国内生产总值，以 1980 年的美元价格为准	15 137	14 691	9 178
1950~1987 年的年均国内生产总值的年复合增长率，以 1980 年价格为准	2.7%	4.0%	3.9%
1950~1987 年的生产力年复合增长率（雇员人均国内生产总值）	2.4%[a]	3.8%	4.4%
国内投资净值（扣除折旧后的固定资本占国内生产总值的百分比），1950~1987 年平均值	11.6%	11.8%	10.9%
出口值占国内生产总值百分比（1987 年）	25.2%	26.2%	14.7%
进口值占国内生产总值百分比（1987 年）	25.1%	20.3%	16.5%
1987 年失业率	8.1%	8.9%	11.9%
1951~1987 年平均失业率	6.4%	3.5%	5.4%

资料来源：国际货币基金组织，《国际金融统计年鉴》(*International Financial Statistics*)，1988 年 9 月。

国家经济研究局（National Bureau of Economic Research），《外贸制度和经济发展：韩国》(*Foreign Trade Regimes and Economic Development*：*South Korea*)，1975 年。

经济合作与发展组织（OECD），《历年统计》(*Historical Statistics*)，1960~1986 年。

联合国出版的《统计年鉴》(*Statistical Year Book*）和《统计月刊》(*Monthly Bulletin of Statistics*)。

美国劳工部，《实际国内生产总值的比较数字》(*Comparative Real GDP Figures*)，未发表的资料。

日本	韩国	新加坡	瑞典	瑞士	英国	美国
122.1	42.1	2.6	8.4	6.5	56.9	243.8
145 870	38 279	240	173 732	15 943	94 251	3 679 192
837	1 100	10 833	48	408	604	66
1 370.6	62.8[h]	15.3[h]	140.5[h]	114.4	628.7	3 301.3
7.2%[a]	7.9%[a]	8.3%[b]	3.0%	3.2%	2.5%	3.2%
9.7%	14.1%[a]	9.7%[f]	3.3%	2.6%[b]	2.2%	3.8%
1.1%	2.0%	2.6%	0.5%	0.9%	0.3%	1.3%
1.4%	3.2%[c]	3.6%[e]	0.6%[b]	0.2%[e]	0.3%	1.7%
11 225	1 528[h]	5 885[h]	16 726	17 600	11 049	13 541
6.2%[a]	5.7%[a]	6.5%[b]	2.6%	2.2%	2.2%	1.9%
5.9%[a]	5.8%[c]	4.8%[e]	2.3%[b]	1.2%[e]	2.2%	1.4%
17.6%	14.7%[g]	NA	11.0%	13.7%	7.7%	7.1%
10.7%	39.0%	143.9%	27.9%	35.6%	19.6%	5.6%
6.9%	33.8%	163.3%	25.5%	37.2%	23.0%	9.5%
2.8%	3.1%	4.7%	1.9%	0.8%	10.5%	6.2%
1.7%	5.0%[d]	4.1%[e]	2.1%	0.3%	4.7%	5.7%

注：总体经济指标系根据不同组织、依不同方法所搜集的资料数据而拟定。在此提供的指标尽可能根据标准一致的资料来源和方法，以便进行比较。在此运用1980年的物价和汇率列出相关数字。虽然以不同年份的资料或汇率所作的比较有时会有差异，但各国之间的排名并未有显著变动，除非要求绝对精确的计算，例如人均国内生产总值。采用购买力平价汇率使美国在绝对年均国内生产总值上领先其他国家，但是它在战后时期的人均国内生产总值的增长率，仍然如同其雇员人均国内生产总值的增长一样排在末位。

a. 1955~1987年　b. 1960~1987年　c. 1963~1987年　d. 1961~1987年

e. 1970~1987年　f. 1966~1986年　g. 1955~1985年　h. 1985年

NA=欠缺资料

描绘优势版图

在这项研究中，被选中的国家都从两方面来着手此项研究。第一部分是通过既有的统计数字、出版信息以及深度访谈，找出各国具有国际竞争优势的各类产业，了解这些竞争优势的表现。我们对产业的了解包括农业、工业和服务业。传统的研究大多排除服务业，但是有鉴于它在国际竞争中的角色越来越重要，我们特别将它纳入研究范围内。我们也尽量利用访问、收集到的资料与各种出版物，以克服目前服务业数据不齐全的难题，继而建构它在国家竞争优势中的位置。

我们研究的最小单元是一个定义明确的产业，或是产业的重要环节。这是考虑到所谓的国家优势正朝一些产业或是产业环节竞争的趋势。这也反映出各国的竞争优势实则源自于个别拥有的独特资源。[53]

我们定义“国际性成功”的标准是：一国产业是否拥有可与世界级竞争对手较量的竞争优势。由于保护政策、政府补贴、不同的会计核算方式以及与邻近国家进行边界贸易等情形，一般的竞争优势的衡量标准有误导之嫌。同样，国内市场的利润、产业或产业龙头的规模大小、出口量大小等，也都不是可靠的指标。要以统计数字正确衡量竞争优势，着实是件极具挑战性的任务。

因此，我们选择国际竞争优势的衡量标准是根据下列两个观念而建立的：能对多国持续进行出口贸易；或是在母国发展资产与技术，并借以进行海外投资。全球战略既不能缺少海外投资，也不能缺少出口贸易，两者皆是衡量国际成功的必备条件。[54] 例如，瑞士制药业与美国日用消费品产业（如清洁剂），它们在国际市场上的力量甚至远超过贸易数据的表现。实际上，贸易与海外投资也经常是同时进行的。本书附录I中会详细介绍我们如何定义产业竞争优势。[55]

另外，企业与国家的关系方面，我们以当地人持有的本土公司或是能独立运营的外资子公司为准。例如，在研究意大利的雪靴企业时，只问该公司是否在意大利研发、制造，而不问持有者是外国或当地本土企业，因为这项表现最后是归到意大利的国际竞争优势，与企业主是哪一国人并无关系。反过来说，假如一国的产业主要依赖海外制造，那么这个国家并不被视为在该领域上具有竞争优势。

我们也选择1971、1978和1985年这三个时间点进行观察，并整理出各国有国际竞争实力的产业轮廓。[56] 一个稍具规模的国家，产业可能达数百种以上，而每个国家中有竞争实力的产业，其形态也是不规则的，因而更重要的是去解释一个国家具有竞争优势的产业属于何种形态，以及这种形态的发展演变。[57] 事实上，在整个选择过程中，我们也发现一个国家有竞争优势的产业，彼此之间往往有关联性，因此在第 7 章，我们将提出一个产业关联表，呈现了一个经济体系中各个成功产业之间的关系。[58]

剖析成功产业的发展史

本书研究的第二部分，则是借着回顾一些特定产业的竞争历史，来了解创造竞争优势的动态过程。根据第一部分有关国家的国力调查，表 1–2 列出我们选择的 100 多种产业或产业体系，并对它们进行详细研究。此表以外的产业我们其实也有过基本的涉猎。

被选为各国样本的产业，有它本身的竞争优势，也代表这个国家在特定产业经济上的竞争优势。以丹麦为例，乳制品代表它强而有力的农业加工产业，食品添加剂和农业机械业则代表它在农业上游的竞争优势，家具业则是代表家居系列产品的产业优势。美国方面，我们以广告业、制造/工程业、废弃物管理业来代表服务业的竞争优势，民航机、商用空调设备代表制造业的竞争优势，软件业代表电脑产业的主导地位，注射器材、医疗设备代表医疗产业，清洁剂产业代表日用消费品产业，电影业代表娱乐产业，农业化学业则代表美国在化工领域的强势，以及美国大规模农业的主要力量。这些被研究的产业都占该国总出口量相当大的比例。在日本、德国和瑞士，优势产业占全国出口的 20%；在韩国，优势产业的出口占全国出口的四成以上。

这些产业也是 1985 年各个被研究国家的国际竞争优势较强的产业。在此之后，它们当中有些继续稳健成长，有些则维持原状或开始走下坡。它们当中不乏当代国际最著名的产业成功故事（例如，德国的高级轿车与化工产品、日本半导体产业与录像机产业、瑞士的银行与药品制造业、意大利的纺织品和制鞋业、美国的民航机与电影业等）。

由于我们的目标是通过这些产业呈现国家整体的经济特色，并避免重复以往研究只注意杰出产业表现的偏差，因此我们也选择一些知名度不高但具有高度竞争优势的产业进行研究（像韩国的钢琴业、意大利的雪靴业及英国的饼干业）。一些与传统理论相矛盾的产业，我们也予以注意，例如，在内需市场不存在的情况下，日本的英文打字机不但出口旺盛，而且还进行大量的海外投资。

我们在本书中暂且撇开高度依赖自然资源的产业，因为它们的竞争优势问题比较适合用传统理论解释，而且已不是先进经济体系的中心。不过，在自然资源产业转换成技术密集型产业（如新闻出版业或农业化学产业）后，它们就成为我们研究的产业对象。

为了解国家竞争优势在特定产业发展中的动态过程，我们尽可能回溯该产业发展的历史（例如，德国餐具业和意大利纺织业的发展时间都长达数世纪之久，美国的电脑软件与日本的工业机器人产业也有几十年的历史），借以认识一个产业为何以及如何在一个国家生根、成长，它的企业又是在何时、以何种方法发展出国际竞争优势的，以及这些国家竞争优势持续或丧失的完整过程。[59] 这些产业史研究或许不是历史学者巨细靡遗的大作，但是它为我们提供了了解产业发展与国家经济发展的新视野。

我们从全球产业生态出发，每个案例都包含对该项产业赢家与输家的研究。我们检视不同国家、不同企业的竞争优势形态，观察它们的转变。因此，各个国家最具竞争力的对手之优势也随之显现。例如，为什么德国与瑞士的印刷机产业能保持竞争优势，而美国却每况愈下，日本则渐有收获？当一个涵盖层面较广的产业同时也是数个国家的重要出口产业，或各国企业分别在某项产业的不同环节中获得国际肯定时，我们则扩大对这项产业的研究范围，并了解各国企业在这个产业中的专长。以包装机械业为例，我们同时研究它在德国与意大利的发展，但也观察瑞士、瑞典的相关产业，以及美国与其他国家在这方面缺乏竞争优势的原因。

被选择代表每个国家的产业都是当时或过去强势的产业，或者被视为该国成功产业的范例。研究一个国家一度辉煌如今却已褪色的产业，不但使我们能从各国的案例去了解这些企业不能转战其他产业的理由，也可以从横切面的角度观察到，每个国家的经济体系与该国成功和失败产业的关联。同时本书也收录了企业与国家竞争优势消长的清晰实例，使得这项研究远比过去一般性的研究具有更宽广的研究范围。

表 1–2　产业个案研究

丹　麦

- 农业机械
- 大楼维修服务
- 工程顾问
- 乳制品
- 食品添加剂
- 家具
- 发酵工业
- 药品
- 专业电子产品
- 电子通信设备
- 废弃物处理设备

德　国

- 汽车
- 化学产品
- 餐具
- 眼镜镜架
- 联合收割机
- 光学仪器
- 包装、瓶装设备
- 笔和铅笔
- 印刷机
- 橡胶、塑胶制造机械
- X光器材

意大利

- 瓷砖
- 舞厅、剧院设备
- 家用电器设备
- 工程/制造
- 工厂自动化设备
- 制鞋业
- 包装与装填设备
- 雪靴
- 毛织品

日　本

- 空调
- 家用音响
- 汽车音响
- 碳纤维
- 合成丝织品
- 传真机
- 叉车
- 微波和卫星通信设备
- 乐器
- 光学元件和仪器
- 工业机器人
- 半导体
- 缝纫机
- 造船
- 轮胎、卡车
- 打字机
- 录像机
- 手表

韩　国

- 成衣
- 汽车
- 建筑
- 鞋类
- 钢琴
- 半导体
- 造船
- 钢铁
- 旅行用品
- 录影、录音卡带
- 假发

新加坡

- 民航业
- 服装
- 饮料
- 修船
- 贸易

瑞　典

- 汽车运输船
- 残障用通信产品
- 环境控制设备
- 重型卡车
- 矿业设备
- 白报纸
- 冷藏船
- 凿岩机
- 复合地板
- 收银机

瑞　士

- 银行业
- 巧克力
- 糖果糕饼
- 染料
- 防火设备
- 货运业
- 助听器
- 温度控制设备
- 保险
- 轮机
- 纸品制造机械
- 药品
- 检测设备
- 纺织机械
- 贸易
- 手表

英　国

- 拍卖业
- 饼干
- 化学制品
- 糖果糕饼
- 发电设备
- 保险
- 药品

美　国

- 广告业
- 农业化学
- 民航机
- 商用冰箱和空调设备
- 电脑软件
- 建筑设备
- 清洁剂
- 工程/建筑
- 电影
- 病人看护设备
- 注射器材
- 废弃物管理服务

广义的竞争优势

这本书是介绍为什么国家能成功地发展某些产业，以及它们对企业和国家经济体系有什么意义的。研究所得的观点与概念，将可以迅速应用到国家以下的政治或地缘性机构。成功的企业通常集中在国家的某些城市或省份。以美国为例，得克萨斯州的达拉斯是房地产企业的大本营；石油业与相关维修设备业则集中在休斯敦；连锁医院则围绕田纳西州发展；地毯业则在佐治亚州达尔顿市；慢跑鞋业在俄勒冈州；活动房屋制造商在印第安纳州爱卡特市；迷你电脑业在波士顿。这些地方为相关产业提供了一个丰沃的发展环境。而说明这些产业集中在某些地理位置的现象，也对国家竞争优势提供了一个重要的解释。事实上，从地方政府到州政府，该地的政策本身就扮演了强化国家优势的角色。

比起国家（或地方政府）的角色，我们还应该注意到更广泛的因素。这本书真正要探讨的是“环境”对一个企业竞争优势的长期影响，更广义地说，是探讨“组织之间，为什么有的能够蓬勃发展，有的则在竞争之途上败阵”。企业的环境除了包括它的地理位置，还包括历史传统、生产成本和市场需求。然而，要认清企业的环境，我们还应进一步看它如何训练管理人才与劳动力，以及这个企业的早期或最重要的顾客特性有哪些。

我们已经相当了解所谓的竞争优势，以及竞争优势如何被创造，又在何种情况下丧失。但所知仍有限的是，为什么一个企业能正确选择某地作为发展基地以强化它的竞争优势，为什么某些企业会积极追求最适当的环境。这项研究将为这类有趣的问题提供一些启示。

以往对国家经济成功的解释，往往过于单纯化、简单化，并在遇到无数的例外情况时，仍对这些过于单纯的说法深信不疑。越来越狭隘的理论分工更加强了这样的观点。不过，许多研究者逐渐认清，在不同领域中研究国家经济，都各有它的限制。有关国家经济的研究必须要跨越不同的社会变迁、观察更多变量之后，才能了解一个复杂且不断发展中的体系。要做到这一点，数学模型有它变量上的限制，统计学则受制于有限的数据资料，因此需要其他形态的研究来加以补充。

这也是我在这项研究中所持的态度。我的理论要整合许多变数并使它们容易被了解，而不是只专注于几个重要项目。上百个案例研究的整理非常麻烦，也不是一般的统计分析所能处理。为使国家经济体系更容易被了解，我也列上某些令人感伤的失败案例。因为笔者坚信，不这样做不足以了解如此复杂而重要的主题。尽管如此，错误与不足之处仍在所难免，不过我相信这项研究已经尽可能标明可以强化国家竞争优势的有关变数，以及它们在形成体系时的一些重要运作方式。

我的目标是，协助不得不放手一搏的企业与政府选择更好的战略、更有效地分配国家的自然资源。我发现如果企业缺少改善与创新的战略、缺乏竞争的意志、缺乏对所处国家环境的了解与改进之道，那么它就不可能达到最终的成功。“全球化将淘汰国家基地”是个错误的命题。一味避免竞争的战略同样虚幻不实。

政府方面则必须设定适当的目标并追求生产率，这是经济繁荣的两大柱石。政府必须认真对待像诱因、努力与竞争等可以提高生产力的关键要素，而非依赖经常听到的补贴、集体研发或“短期”保护政策等看似有效、实则降低生产率的做法。政府最适当的角色是，推动并挑战产业升级，而非提供使产业逃避进步的“扶持”。各国纷纷重新检讨经济结构时，就是选定适当竞争战略的良机。国家的经济繁荣不必借着剥削压榨其他国家，因为各国可以在一个开放竞争与创新的世界中共存共荣。

随着全球竞争的脚步加速，有些人开始谈论国家角色的消逝。事实上，国际化与自由化使国家的重要性不减反增。国家之间的特征与文化差异，非但不会受到全球竞争的威胁，反而会被证明是企业在全球竞争中成功所不可或缺的部分。认清国际竞争中国家崭新与不同的角色，将是后续研究的一个重要课题。

THE COMPETITIVE ADVANTAGE OF NATIONS

第一篇 理论篇

菱形的钻石体系以四大关键要素为支撑点，彼此环环相扣，组成动态的竞争模式；在这场不得不打、不能不赢的竞争力圣战中，波特的这套理论将为政府与企业描绘出实际可行的升级进程。

02 迈向优势国家之路

迈克尔·波特 没有哪一个国家能在每个产业中所向无敌，或是只出口不进口。
每个国家的人力资源都有一定的限制，最理想的状况是把资源应用到最有生产力的领域。

企业是国际市场竞争角逐的主角。因此，必须先了解企业如何创造、保持它的竞争优势，才能明白国家在竞争过程中的地位。[1]同时，现代化的国际竞争正重新定义着国家的角色。企业不只在一国之内发展，还各自有一套全球竞争战略，进驻多个国家。企业的全球战略和它的竞争优势可以说是关系十分密切。

竞争是不分国界的，因此，这一章将从最基本 的企业竞争战略开始讨论，特别是企业如何在全球竞争中强化竞争战略，因为从这些战略的原则中，我们将可以看出哪些国家特征与竞争有关。

从竞争战略谈起

一般而言，分析竞争的基本单位是“产业”，因为产业（包括工业、服务业）是由一群企业以产品生产或服务[2]直接进行竞争的。像传真机、聚乙烯、长途运输卡车以及塑胶成型机械等产业，彼此应用的资源通常很类似，也可能有相当的关联，甚至在客户、技术、营销渠道上也都有近似之处。不过，在实际竞争中，它们必须拥有独到的竞争优势。真正的商场上，产业领域的界定只是凭借程度上的差异。

很多关于产业竞争或国际贸易的讨论，常把“产业”定义得十分笼统，例如银行业、化工业或机械业等。但这些粗糙的产业分类对商战实务并没有意义，因为不同产业的资源或竞争优势本来就有很大的差异。以机械业为例，它至少包含几十种明确的相关产业，像织布机、印刷机等，每一种都有它独到的成功因素。

产业本身就是决定竞争优势是否见效的竞技场。企业凭着竞争战略尝试在所属产业中建立竞争地位，维持经营。然而，并没有一套放诸四海而皆准的竞争战略，我们只能针对特定产业与个别企业的技术和资产，拟定追求成功的经营战略。

大体上，企业选择竞争战略的考察标准有二。第一项是企业所属的产业结构。不同产业在竞争上的差异可能就很大，也不是所有的产业都能提供同样的持续获利机会，比如制药和化妆品产业的平均获利极高，但是服饰业和钢铁业就完全相反。第二项考察标准是企业在某一产业中的定位。一个产业不论其平均获利高或低，总有部分环节比其他环节更赚钱。

若将这两种标准分开来评估，都还不足以左右企业选择竞争战略。以获利高的产业为例，企业若选择了不正确的竞争定位，可能还是无法有效获利。[3] 此外，产业结构和竞争定位是不断变动的。产业的吸引力可能随时间而消长，成为阻碍新进企业的障碍或促使产业结构发生改变。竞争地位反映着竞争者之间一场永无停止的争斗。

虽然产业能决定企业的方向，但在另一方面也可以说，企业能塑造所处产业的吸引力和竞争力。成功的企业不仅回应它所处的环境，也尝试以本身的好恶来影响环境。当产业结构改变或出现新的竞争优势条件时，往往也造成竞争地位的变动。日本的电视机产业能在国际市场独占鳌头，是因为它能推出精密、便携式电视机品种，不同于市场上的既有产品，并以半导体技术取代真空显像管。因此，如果一个国家的企业能抢占有利位置，适时察觉、回应产业的种种变化，就有机会取代其他国家的竞争者。

产业结构五大作用力

要建立起竞争战略，就要先认识产业结构和它的演变过程。从国内市场到国际市场，任何产业竞争都包含下列5种竞争因素：（1）新加入者的威胁；（2）替代产品或替代服务的威胁；（3）供应商的谈判力量；（4）客户的谈判力量；（5）与现有竞争对手竞争（见图2–1）。[4]

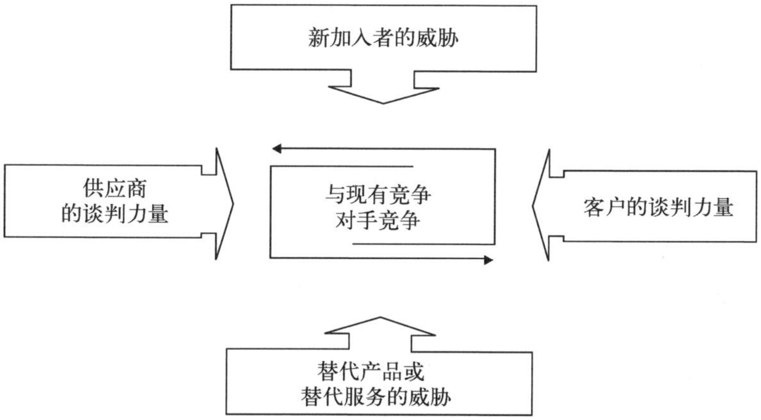

图2–1　决定产业竞争的5种竞争力量

这5种竞争因素的影响力大小会随产业不同而有所不同，但都多少对产业的长期获利能力有决定性的影响。因为像饮料、大型电脑、资料库、出版服务、制药和化妆品等产业必须同时注意这5种竞争因素，企业的投资回报率也相当可观。橡胶、铝、合金制品、半导体和迷你电脑等产业，通常只关注一种或一种以上的竞争因素，因此很少能维持长期的高获利。这5种竞争因素之所以能决定产业获利能力，是因为它们关系到企业的产品如何标价、必须担负的成本及在该产业中竞争所需要投入的资本。新进企业的威胁会限制产业的整体赢利，因为它带来新的产能，企图分食市场，使各家利润降低。有实力的客户或供应商也会为自身的利润而讨价还价。激烈的竞争更导致广告、营销费用、研发等竞争成本增加，而企业牺牲利润、降低售价的做法，都在吞食产业利润。同样，高度替代性的产品对客户的诱惑较低，不但限制了价格的制定，也会吃掉产业的整体利益。

这5种竞争因素也分别代表“产业结构”的功能，或说是支撑产业经济与技术发展的重要力量。以客户因素为例，便是企业的客户数量、每一个客户所担负的销售额（风险），以及某项产品是否符合客户本身的成本估量（这可能会影响到价格敏感度）等变数作用后的结果。[5]新进企业造成的威胁则依品牌忠诚度、经济规模、营销渠道等进入障碍的难易度而定。

每种产业都有它独特的产业结构。以制药业为例，这个产业的特性包括：需要庞大的固定研发成本、研发能取代现有特效药的新药相当耗时、客户不在意价格差异、供应商的影响较少等。而且，由于现有制药公司各有各的利基，彼此之间的火药味不浓。这诸多因素都使新进者的进入障碍相对提高。此外，这个产业的竞争并不借用有损产业利润的降价战略，而是借由投资更多资本在研发上等其他因素，而专利制度也保护了企业，避免了因竞争而不惜仿效的情况。因此，制药业的产业结构一直有利于企业赚取利润，并使制药业的投资报酬率较其他重要产业更高。

在产业发展的过程中，产业结构虽然属于比较稳定的一环，但仍会随时间而改变。许多欧洲国家的营销渠道正处于逐渐合并中，客户也因此随之强化。就企业的竞争战略而言，产业趋势是产业结构的影响源头。企业可以依据它的战略去“影响”这 5 种竞争因素的消长。像民航业自从引进资本额高达数亿元的电脑信息系统后，新企业就更难打入这项产业。

产业结构对企业的国际竞争尤其重要。首先，不同产业的成功条件不同。在服饰等分工明确的产业里，竞争所需的资源和技术就与商用飞机制造业不同。一个国家可能为某些产业提供了较佳的竞争环境，但这些环境不一定也有利于其他产业。

其次要考虑的是，产业结构是否完整关系到生活水平的高低。有吸引力的产业需要较高的劳动生产率与可观的投资回报率。这些产业的新进企业面临的主要障碍包括技术、专业技能、便捷渠道和品牌声誉。一国的生活水平高低往往关系到该国企业能否成功进入具有吸引力的产业结构。评断一个产业的吸引力高低，更应该依据它的产业结构表现，而非一般行政主管和决策者所强调的产业规模大小、成长速度、高级技术等指标。事实上，许多发展中国家在制定产业发展的目标时一意孤行，在产业结构不具吸引力的产业上耗费精力，反而浪费了国家有限的资源。

为什么在企业的国际竞争中，产业结构扮演了举足轻重的角色？另一个原因是：“结构的改变”是一国企业进入新产业竞争的绝佳机会。以日本的复印机企业为例，它们以原本不被看好的小型复印机为主力，成功地挑战了施乐和

IBM等美国企业的市场主导地位。日本企业的战略包括：以经销商取代直销、改变生产程序、大批量生产而非分批出货、调整定价（以买断而非资金密集的复印机出租）等新的销售方式。这些新战略排除了进入复印机产业的障碍，并破解了既有市场主导者的优势。因此，国家如何以本身的环境条件引导本国企业的竞争方向，或促使企业注意产业结构变化并适时回应，是探求国际竞争成功模式的中心课题。

与众不同的产业定位

企业在回应和影响产业结构的同时，还必须在产业中选择适当的位置。以巧克力产业为例，美国公司如好时（Hershey）、M&M's巧克力公司等都着重在少数几类产品上，进行大量生产和大宗营销，并以形式一致的巧克力棒为主打产品。而瑞士企业像瑞士莲（Lindt）、史宾礼（Sprüngli）、托杰（Tobler/Jacobs）则通过有限且专业的营销渠道，销售高价位的高级产品。瑞士的巧克力企业生产数百种不同产品，采用最高级的原料，讲究慢工出细活的制造过程。这个例子显示，企业定位不仅关系到产品本身或所追求的顾客群，还涉及所有的竞争层面。

其实企业定位的核心就是“竞争优势”。长期而言，成功的企业通常比竞争者更有持久的竞争优势。竞争优势一般可以分成两类：“低成本竞争优势”和“差异型竞争优势”。当企业能以较低的成本竞争时，它比竞争者更能有效率地设计、生产及营销产品，而当产品价格相差不多时，成本越低也就表示利润越高。韩国的钢铁和半导体制造企业就是以这种战略对抗外国竞争者的。它们以极低的成本，雇用低工资、高生产率的人工，再加上国外供应商的先进生产技术，生产出极具竞争力的产品。

而企业采取差异型竞争的目的在于为客户提供独特而优异的价值，经由产品的质量、专业功能或售后服务等方面表现出来。德国的机床业就是采取差异型的竞争战略，强调优异的产品性能、可靠度和满意的服务。差异型竞争优势能使产品卖个好价钱，进而提高获利，从而与竞争者抗衡。

不论是属于这两种竞争优势中的哪一种，都能转换成比竞争者更高的生产率。第一种情形中，企业若是只专注在某产品上，不论是在花费还是在资源上，都会比竞争者更经济。而第二种情形中，当企业具备差异型竞争优势时，每单位产品的获利率就相对提高。因此，企业的竞争优势直接关系到国家收入的高低。

同时具备比竞争者更低的成本及明显的产品差异虽然有可能，但也有其困难。[6]因为当企业为了差异而追求产品的质量、优异功能或良好服务时，就免不了要大量投资。如果借改进技术或生产方式来达到降低成本和强化产品差异的双重目的，经过一段时间之后，竞争对手的仿效又将迫使企业在两条路线中择一而行。

即使企业已经优先选定一种竞争优势，它仍然必须全面保持警觉，才能确保战略的成功。所以走低成本路线的企业必须维持产品的基本质量和服务，才能避免陷入价格战，而抵消了成本的优势。至于着重产品差异的企业也要注意，与竞争者的成本差距不宜过大，以免能接受产品高价格的顾客太少。

企业定位的另一个重要因素是“竞争范围”，也就是企业在所属产业内的目标有多广泛。竞争规模包含：产品的类别、营销渠道、客户类型、产品销售区域，以及可能相互竞争的相关产业。

竞争规模的重要性与产业的部门分工特性有关。几乎所有产业都有多样且区分明显的产品、多重选择的产品渠道，以及不同类型的顾客群。产业环节分工是为了满足不同的需要，因此一件不打广告的简单汗衫和一件经服装设计师精心设计的T恤衫，售价会大不相同。企业处于不同的产业环节，需要不同的战略、不同的能力，甚至依赖的竞争资源也不同。[7]常见的情况是，甲国的企业可能在产业的某一层级成功（如中国台湾以平价皮鞋称雄），乙国的企业则在其他层级成功（意大利以高级时髦皮鞋著称）。

竞争范围之所以重要，是因为企业可借着参与大规模的全球竞争，或与相关产业竞争，建立互动关系而拉开战线，取得竞争优势。以日本索尼为例，它就是以全球市场为舞台，将品牌、营销渠道和专业技术共享，推出各式各样的电子产品，并以此获得优势。不同的产业之所以能产生互动关系，原因是彼此在竞争过程中具有可以共享并有利于竞争的重要生产活动或技能。

即使在同一类产业中，每家企业也会根据自己的战略选择不同的竞争范畴，这种细分现象在世界各国是很普遍的。企业不外乎选择在产业间拉开战线，或专注在某一环节中加强纵深。在包装机械业中，德国企业的产品种类多，而意大利企业则走专业、适合个人使用的产品路线。汽车业里，美国和日本的知名大公司以车款多样取胜，而德国宝马和奔驰侧重高性能汽车，韩国的大宇和现代汽车则以中、小型车为主。[8]

根据竞争优势的类型和规模，我们可以组合出几种基本的“一般性战略”，也就是在某项产业中能脱颖而出的几种途径。在图 2–2 中，每一种基本战略都是不同本质考虑下的竞争概念。以造船业为例，同样建造巨轮，日本企业根据“差异化战略”供应各种类型的高价位船舶，而韩国造船业则采取“成本领先战略”，虽然船舶类型一样多，但不走最高级标准，原因是韩国企业讲求以更低的成本造船。知名的北欧造船业则采取“专业型的差异化战略”，专门制造破冰船与游艇等特殊用途船舶，这类船舶由于需要专业技术，价位也高，符合北欧昂贵的劳动成本。至于未来被看好的中国造船业，则发展“低成本战略”，供应最单纯的标准形式船舶，成本和定价甚至比韩国企业还低。

竞争优势

竞争规模	较低的成本	重视差异化
广泛的目标	成本领先战略	差异化战略
狭窄的目标	低成本战略	专业型的差异化战略

图 2–2　一般性战略

很明显，没有哪一种一般性战略可以同时适用于所有产业，但不同的战略却可以同时在同一产业的各环节共存，并且各擅其长。企业选择战略时虽然受限于所属的产业结构，但是没有一项产业可以仅靠单一战略成功。由于市场细分和优先考虑的差异，一般性战略也可以有它的多样风貌。

一般性战略的概念强调，竞争优势是每一种战略的核心，而企业必须有果断的决策力才能达到争取竞争优势的目的。当企业决定采用一般性战略时，它必须先设定竞争优势所在与将来能够达到的规模。

企业最容易犯的严重战略错误是“夹在中间”，或妄想一网打尽所有战略。这种情况会导致企业一事无成，因为不同的战略之间会相互冲突。造船业中就有这样的例子。西班牙和英国的造船业正在逐渐衰退，原因是它们的成本比韩国企业高，但又不像日本企业的产品能独树一帜，甚至不能在某一段产业层级中明确地定位（像芬兰专门发展破冰船），所以无法形成自己的竞争优势。这两个国家的造船业缺乏竞争战略的结果，是企业必须依赖政府订单而生存。

竞争优势何处寻

企业的竞争优势是在整合并组织各种活动的过程中展现的。一般而言，企业经营可以区分为几类活动，像业务人员利用电话谈生意、维修人员负责修缮、研究人员开发新产品或规划生产流程，以及财务人员致力提高资金效益等。

同样，企业也是通过种种生产管理活动，为客户创造价值。企业所创造的最终价值，通常是以客户愿意支付其产品或服务的总和来评估。企业是否赚钱就必须看它所创造的最终价值能否超过本身业务的总成本。要在激烈竞争中赢得优势，企业必须为客户提供更具竞争力的价值，像是比竞争对手更高的效率（表示成本较低），或以独特方式创造更高的客户价值、更好的产品价格（即建立差异，细分市场）。

与企业相关的竞争活动可以归纳成如图 2–3 的几种类型，我将它们称为“价值链”（value chain）。价值链中的活动都有利于企业强化客户价值。它们可以大致分为基本活动（包含生产、营销、运输和售后服务等），以及支持活动（包括物料供应、技术、人力资源或支持其他生产管理活动的基础功能）。企业的活动离不开物料采购、人力资源和技术整合，更依赖财务与行政管理等的基础功能。

战略的作用在于指导企业从事各种交易活动，并组织完整的价值链。企业的各种活动会因所属产业不同而有竞争优势的差异。对印刷机产业而言，技术发展、装配（运营的一部分）、售后服务的表现关系到企业的成功，而生产过程不复杂、售后服务近于零的清洁剂企业，则把广告视为操纵胜败的关键。

企业若要拥有竞争优势，就必须找出新的运作方式，采用新的工作流程、新的技术或不同的原料。日本牧田公司（Makita）能成为能源设备产业中的佼佼者，是因为它率先以新颖而且便宜的材料制造零件，并以单一工厂生产型号标准的产品且畅销全球。瑞士巧克力业的出类拔萃在于它能发明新的产品配方（如牛奶巧克力），使用不断搅拌的凝炼技术等新方法提升产品质量。

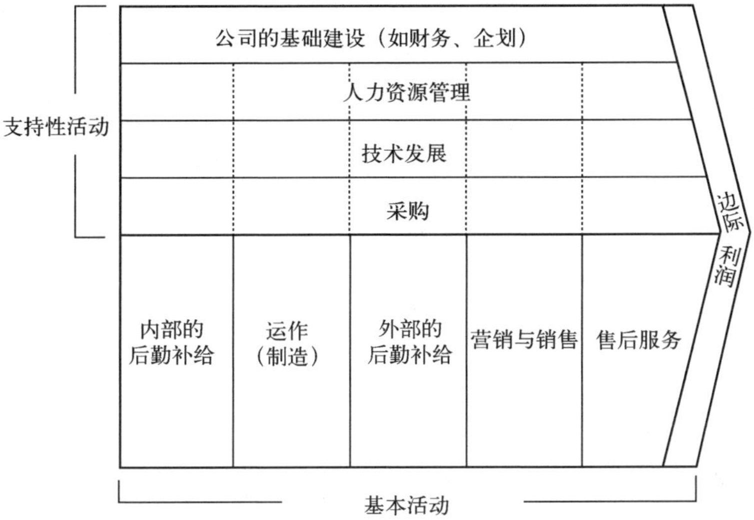

图 2–3　价值链

有必要事先认清的一点是，企业能表现的价值远超过内部生产经营活动的总和。企业的价值链是一个由许多“联系点”连接的网络，这些联系点的作用通常可以影响企业进行各种活动的成本高低或效益大小。例如，当产品采用高成本的设计、昂贵的零部件，达到更完美的质量时，一个好处也随之而来——售后服务的成本降低了。企业必须针对这些互动现象发展它的竞争策略，才能产生竞争优势。

价值链的联系点若要发挥功能，就需要各种活动相互配合。比方说，企业要达到零库存，它需要生产管理、出厂作业和相关服务活动（如装配）的合作无间。良好的协调不但使货品准时送达，也减少了不必要的成本。相互配合的活动不但能减少成本，而且有助于更有效地监控管理，以小成本的个别活动弥补大成本活动的损耗。此外，密切配合的生产运作也是降低时间成本的重要方法，对企业的竞争优势也愈显重要。像产品设计和推出时间的配合，订货、送货作业的协调，都可以省下相当可观的时间成本。

企业要发展竞争优势，必须先审慎管理价值链中的各个联系点。许多价值链中的联系点并不明显，竞争对手也不容易觉察。企业若想借由管理联系点获得好处，必须有精细的组织以供协调，还要有解决内部利益冲突的能力，但能同时兼具上述两者的企业并不多。日本企业就很擅长应用联系点，它们习惯在新产品的开发步骤中找出各部门之间的交集，以减少开发时间，并使生产流程更为合理化，并小心谨慎地检验产品质量，以减少售后服务所需的成本。

为了发展竞争优势，企业更需要将价值链看成一个系统而非个别活动的总和。因此当它要改善竞争位置时，就得从重建价值链开始，像重新进行业务分类、重新排定优先顺序或抽掉某些效果不佳的活动以取得大幅改善。一个很好的例子是意大利的五金企业。它们借由改变制造方式并发展全新的营销渠道，成为20世纪60~70年代全球五金业的主要出口企业。相机产业中，日本企业推出单焦广角镜头相机，同时更采用自动化批量生产，率先推行大量营销，使其品牌成为世界性的领导者。

事实上在产业竞争中，企业的价值链附属于一个更庞大的体系之下，这个庞大的体系即是所谓的“价值体系”（见图2–4）。价值体系包含满足企业价值链的上游供应商（提供价值链所需原料、零件、设备和采购等服务）、完成价值链活动的营销渠道与找到最后的客户。当然，由价值链提供的产品又成为客户所在价值链内的物料，并纳入客户的生产管理系统。

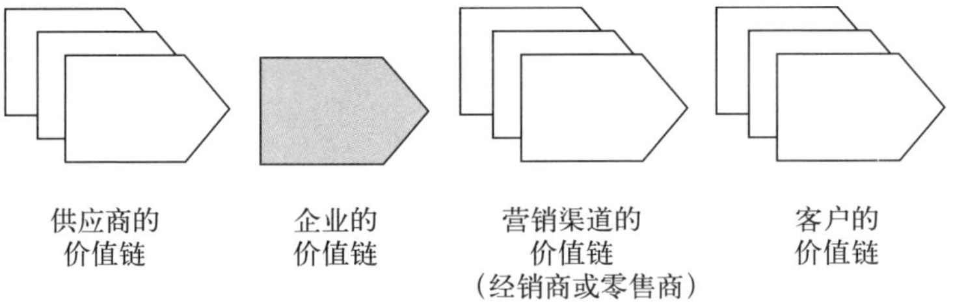

图2–4　价值体系

这套体系能否有效运用，关系到企业到底能不能建立竞争优势。联系点不仅连接公司内部的各种活动，还能形成企业和供应商、经销商之间的相互依赖效果。企业借联系点的有效扩展或协调，可以向外延伸触角，创造竞争优势。例如，适时的少量多次进货作业可以降低企业的管理成本，并减少不必要的存货，这种方式最典型的例子是日本企业首创的工厂“样板制”作业。从上游物料供应到下游营销渠道，经由协调整合后所开创的利润契机，借着供给、订货程序、研发、售后服务和许多其他的活动环环相扣。联系点的效果将使企业和上下游的供应商、营销商全部受益。[9]我们只要看企业是否能与当地物料供应及市场合作无间，就可以知道这个国家的产业竞争实力。

价值链也是企业了解成本优势的工具。[10]成本必须和竞争者相比较才有意义。一般来说，企业可以在很多方面反映它的成本优势，但很多经理人只认定狭义的制造成本才是成本。事实上，真正的成本控制高手也会注意产品开发、市场营销、售后服务的成本。因为他们会从价值链的角度来思考成本概念，以取得生产体系和上下游活动最密切配合时的成本优势。

价值链也会提高企业在客户心中的特色。在与竞争对手较劲时，如果企业能降低成本或提高客户所获得的好处，提供竞争者所无法提供的服务或产品，那就算是创造了差异性的价值。这种“有特色”的结果基本上来自企业所提供的产品、联系服务和其他足以影响客户行为的表现。企业和客户之间有很多接触的机会，每一个机会都代表一种差异表现的可能，最明显的接触就是企业的产品对使用者的影响。为洗衣而买洗衣剂、为写程序而买电脑，这类产品的价值是最表层的，但是产品对客户的影响其实更复杂。例如企业必须掌握零件库存量，随时应付客户产品故障时的维修替换需求。企业的合作厂商若有任何举动，也会影响到自己的客户。例如，供应商的工程师团队可以协助设计符合客户需求的产品。企业和客户间高度的沟通配合是与竞争者拉大差距的潜在资源。

国家的竞争优势就是建立在各种产业必须各有其差异的前提上。不同国家的企业有不同形态的客户关系。以需要售后服务的产业为例，瑞士、德国和瑞典的企业与客户的配合度较高，而日本、美国的企业则走上标准化产品的路线。

价值链也有助于我们更深入了解竞争优势的形态与可能产生的规模。规模之所以对企业很重要是因为，它会影响企业的活动、表现和价值链的运作。当企业以某一段产业环节为发展目标时，它可以依据特定环节的各种需求，提供精致而低成本的服务；反过来说，拉大战线的做法则使企业吸收到更多进入相关产业的竞争经验。德国化工业中，拜耳（Bayer）、巴斯夫（BASF）和赫斯特（Hoechst）的产品竞争虽然横跨多种产业，但有许多产品的销售网络、生产设备其实相去不远；日本索尼、松下、东芝等消费电子公司在电视机、音响和录像机等相关市场竞争，它们的竞争优势同样是来自使用相同的销售网络、采购渠道、标准技术等。

有些企业具有竞争优势的一个重要理由是：它们会针对不同的产业环节、市场纵深程度和产业关联等条件，选择一个和竞争者不同的规模加以细分。以瑞士助听器产业为例，该国公司把力量集中在重度听障病人需要的高倍率产品，因此摆脱掉美国和丹麦企业的纠缠。另一种常见的竞争优势则是，当其他竞争者还在国内市场厮杀之时，有远见的企业已经深入国际市场，塑造更完整的竞争优势。这些情形都可以说明，母国在企业发展的规模方面，确实扮演着举足轻重的角色。

以创新扭转劣势

当企业找寻新的竞争优势时，最重要的行动是“创新”。[11] 这里的创新是从广义的角度来看，包括改善技术和改进操作方法。在产品的改善和流程的改进中，新的营销观念、新的促销手法和新的规模中，都可看见创新[12] 的影子。创新者不但时时留意改善的可能，并且会左右变化的速度。很多创新是来自平时的积累，而非一夜之间诞生。创新有赖于经验的沉淀而非技术突破，它的观念不一定最为新颖奇特，一般人很容易忽略。因此学习型组织的重要性不亚于正规的研发工作。此外，创新的产生离不开对知识和技术的投资，所以有形的资产和人为的努力都是不可或缺的条件。

若是竞争对手无法迅速察觉新的竞争趋势，最先发动创新的企业可能因此改写彼此的竞争态势。形成这种退步局面的可能因素很多，比如自满、迟钝、缺乏弹性、动机不清。当瑞士的手表业面对美国天美时（Timex）廉价、损坏即弃的手表加入竞争时，处境有些进退两难，害怕跟进之后会伤害瑞士表所坚持的高质量和精准形象，而既有的产业形态也不适合大量生产廉价表。由于缺少有力的回击点，瑞士表业想要转败为胜也很难。不过，除非创新者能彻底扭转竞争态势，不然也有可能遭遇原本领先者的迎头痛击。

一旦陷入国际竞争中，创新就必须同时考虑国内及国外市场的需求。瑞典沃尔沃汽车、阿特拉斯 · 科普柯（Atlas Copco）、AGA等车种抓住一般人对产品安全的考虑，因而抢先推出以安全第一为口号的产品。如果企业过于拘泥于国内市场的需要，将对创新思考有害，而且产品在国际市场成功的速度也会趋于迟缓。

当产业结构的发展出现断层或突变时，也可能引发新的竞争态势。这类产业变迁有时已经存在但未被注意到。以下就是造成竞争优势改变的最典型的因素：

1. 新技术：技术变迁引介出新的产品设计概念、新的市场营销手法、新的生产和运输方式、新的相关服务等，这是战略创新的前兆。当技术改变使新产品的前途看好时，甚至可能诞生一种新的产业。以X光机为例，由于德国首先发明这种技术，所以德国在医疗影像产品上取得领先地位。但是当新科技出现取代传统技术后，旧有公司的领导地位随之受到威胁。日本企业正是借着电子科技的异军突起，争取到与德国、美国在医疗影像产品市场上竞争的一席之地。

只关心传统技术的企业很难察觉新科技的重要性，要想有所回应更是难上加难。例如：以真空管技术为主的美国无线电（RCA）、通用电气和GTE公司等美国电子公司，虽然试图打入半导体的领域，却没有一家成功。相反，以半导体技术跨入电子业的德州仪器，由于组织形态、员工态度和管理制度都跟得上这项科技的发展，因而发展顺利。

2. 客户需求转变或新需求出现：当新的客户需求出现或需求的优先顺序发生重大改变时，也是修改或创造竞争优势的好时机。目前具有优势的企业由于安于既有的价值链，往往钝于察觉客户的新需求，要不然就无法满足客户需求。像美式快餐业的流程截然不同于传统餐厅，它之所以能崛起并风靡全球，拜赐于许多国家的消费者越来越重视用餐的便利和质量，而且传统餐厅无法及时迎合这些需求。

3. 新的产业环节出现：当产业内部进行重组或出现新的环节时，也会带来创造竞争优势的机会，可能会有新的客户群出现、新的生产方式问世或改以某一客户群为新目标。叉车产业就是一个很好的例子。日本企业首先察觉到市场缺乏一般用途的轻型叉车，因此改从建立标准化设计和自动化流程下手，集中精力发展轻型叉车。这个例子也显示，抓住新的产业环节通常是改变传统价值链的机会。既有竞争者要调整资源加以回应，往往有其不足之处。

4. 压低上游成本或增加获得途径：当劳动力、原料、能源、运输、通信、媒介和设备等条件出现绝对或相对的成本变化时，也会牵动竞争优势的消长。因为一旦上游产业出现新状况，企业改变对上游的传统依赖方式或发展出新的上游合作形态，勇于创新或寻找新条件的企业就能获得竞争优势，而墨守成规的竞争者只会被传统资源套牢。

典型的例子是各国之间劳动成本的相对变化。当工业化国家的工资上扬时，如韩国等拥有相对廉价劳动力成本的亚洲国家，就在国际市场中崛起。近年来，由于传统通信和运输的成本大为降低，企业就能在管理和组织形态上运用全球化生产体系或国外人才，进而产生竞争优势。

5. 政府法令规章的改变：政府调整生产标准、环境控制、进口限制或贸易障碍等法令规定，也会刺激产业创新并产生新的竞争优势，如果既存的产业领导者仍循着传统规范的状态发展，竞争优势很快就会消失。美国保险企业会成为全球金融市场自由化下的赢家，在于美国的自由化领先各国，而美国企业早已经熟稔自由化下的竞争方式。

提早行动利用结构变化

企业的竞争优势，与它是否能先知先觉、大胆行动并运用这些可以产生竞争优势的条件有关。在许多产业中，行动快的企业，竞争优势可以持续数十年。像拜耳、赫斯特、巴斯夫、山德士（Sandoz）、汽巴嘉基（Ciba-Geigy）等德国和瑞士的公司，从第一次世界大战后就开始在国际上建立起领先地位；高露洁、宝洁、联合利华等则在20世纪30年代开始成为清洁剂的国际盟主。抢先投入的公司因为没有竞争对手，得以及早发展规模经济、降低成本、建立品牌形象、发展客户关系、拓宽营销网络、选择最佳原料与设备配置，并发展其他产业关系等，这些都是早期开发的产业曾享有的优势。抢先投入也使企业将创新转换成组织的持久性竞争优势。抢先投入的企业虽然在技术创新上会被后来者模仿，但仍占有组织文化上的竞争优势。

对于重视经济规模或品牌忠诚度的产业，抢先投入的好处最大。壕沟阵地一旦完成，竞争者几乎没有进一步挑战的机会。抢先投入的企业长久与否，与随后产业结构的改变是否会抵消它原先的优势有关。很多消费日用品，像牙膏肥皂（宝洁）、M&M's的糖果、瑞士莲巧克力、雀巢和百事可乐等，由于客户品牌忠诚度高，技术即使没有突破，仍能稳坐领先地位达数十年。

产业结构若发生巨变，就可以为动作快的企业制造新机会。以手表业为例，20世纪五六十年代，大量生产、大量销售和广设营销点等趋势出现，天美时和宝路华（Bulova）等美国企业因此取代了瑞士在传统钟表店的优势。随后，全然不同于机械表的电子表问世，又给日本的西铁城（Citizen）、精工（Seiko）以及后来的卡西欧（Casio）跃居前列的机会。如果企业抢搭某一波技术和产品的潮流列车，通常就无力应对更新的一波浪潮，因为它的资产和技术已受限制。

感知创新　追求创新

在创新过程中，信息的角色也很重要。企业必须拥有竞争者所没有的信息，或能对信息作新的诠释，引发创新的思考。有时候，创新的信息来自于市场营销或研究发展的投资，至于有没有人能洞察先机，则要看创新者能否超脱传统智慧或既有成规的干预。

创新者通常也被既有产业界视为“外人”，而创新则可能源自一些缺乏传统背景的新型公司，或是被视为离经叛道的企业。企业的创新能力也可能来自外行而且是外聘而来的高级主管，因为新官上任，他们反而比较敢于尝试或寻找机会。创新也可能发生在企业多元化后所获得的新资源、新技术或其他产业的竞争观点。创新的产生也可能受到不同国家的不同环境、不同竞争方式所影响。

往往，这些“外来者”有更好的机会去感受创新的契机，他们也以不同的专业和资源创造新的竞争形式。有创新能力的企业领导人通常对社会的脉动或尚未成形的概念有敏锐的洞察力，他们既不是传统产业中的精英分子，也不是萧规曹随的盲从者，这些特征使他们的企业敢向成规挑战、勇于投入新的竞争。

创新常常是无数努力的结果。企业若具有新的竞争优势，那么在面对障碍时，就能坚毅不屈，不轻易放弃自己的想法，这种耐力就有点像是对宗教的狂热。如果从结果来推论可能的原因，创新通常来自压力、时效性或对手的挑衅。怕输的恐惧通常比希望成功的期许更具催动人心的力量。

能创新的企业通常不是产业内部的佼佼者或大公司。原因之一是，很多创新其实并不需要复杂的技术，因此大公司的研究发展规模虽然极具威力，却无法发挥多少用处，即使是大企业内部的发明家也常是其他产业空降过来的新人。[13]

至于为什么有些企业能找到新的竞争方式，有些则在原地踏步？为什么有些企业能比同行抢先行动？企业重新调整方向的动力从何处而来？狂热忠诚的创新力量又是如何发生？这些有趣的问题将是下一章要说明的重点。简单地说，这些问题的答案不外乎：企业要掌握正确的发展方向，拥有适当的资源和技术、面对改变压力的能力。国家环境在这些条件上都扮演了极为重要的角色。事实上，当产业界需要“空降部队”时，国家必须有能力支持，才能防止已成形和新萌芽产业中的企业不会一遇外国对手就一蹶不振。这种支持能力也会影响到国家本身的繁荣。

竞争优势可长久

竞争优势的持续力取决于三项重要条件。第一个是特殊资源的优势。对竞争优势的持续力而言，资源的重要性有层次之别。低层次优势如廉价的劳动力成本和便宜的原料等，是很容易被模仿取代的，竞争者可以找寻新的廉价生产环境和资源来复制这类竞争优势，或直接投入战场，即可使原有的竞争优势丧失。以消费电子产品为例，日本的成本竞争优势被人工成本更低的韩国和中国香港所取代，后者又被新起的马来西亚和泰国所取代，日本消费电子公司因此循着这个模式在海外人工便宜的地方进行生产。低层次竞争优势还包括以竞争者也能获得的技术、设备和方法发展规模经济，这是一种成本优势。这种规模经济通常会因为新的生产技术或方法出现而遭到淘汰。新的产品设计问世也同样可以扼杀这种成本优势。

高层次的竞争优势则包括高级技术的所有权、在单一产品或服务上的差异，这是一种营销时积累的品牌信誉或客户关系的持续，是比较稳固牢靠的竞争优势。高层次的竞争优势通常有一些特征。首先，就是企业要获得更先进的技术与能力，像高级专业人才、内部技术能力、与主要客户保持密切关系等。其次，高层次竞争优势通常是借由长期积累并持续对设备、专业技术、高风险研发、营销的投资而来。[14] 广告、营销、研发等会创造许多有形无形的资产，表现在外的就是公司信誉、客户关系与丰富的专业知识。一般而言，能抢先行动的企业就表示它比同业更早投资发展相关领域，竞争者必须投下相同甚至更多的资源才能复制同样的优势，找到切入的机会。最后，最长久也是最扎实的竞争优势是，不断投资上述各项目，并使有关特征表现得更好，进而培养出自行发展的动力。当企业快速而持续地在科技研发、市场开拓、全球服务网络以及新产品推出等方面投资时，通常会使竞争者更难以招架。[15] 高层次竞争优势不仅使企业永续生存，同时也与高生产率互为表里。

生产成本的优势通常不如产品差异有价值。因为任何新型而低廉的资源，或更简单的生产方式一旦问世，都会使原来以成本优势领先的企业地位尽失。例如，低廉的工资可能有碍企业追求更高的效率。这与以产品差异为重的竞争所产生的优势完全不同。此外，新的产品设计方式，或其他形式的产品差异也会淘汰成本上的优势。

企业持续竞争优势的第二项重要条件是：竞争优势的种类与数量越多越好。如果企业只靠一种竞争优势维持竞争力（如拥有廉价的材料或低成本的产品设计等），其竞争对手就可以集中火力在这些领域，以期打成平手或后来居上，因此长期领先的企业多半会经由价值链发展多样化的竞争优势。以日本小型复印机业为例，它们拥有先进的产品造型、制造成本低的弹性制造系统、触角广泛的营销网络、产品质量稳定等筹码。如此多样的优势自然拉开与竞争对手间的差距。

第三项也是最重要的一项：竞争优势的持续力是一种持续的改善和自我提升。假如一企业把盟主宝座久放在既有的竞争优势上，迟早会被别人取而代之。企业要保持竞争优势，本身必须成为一个不定向的飞靶，在竞争者赶上旧的优势前已发展出新的优势。要做到这一点，首要的任务是毫不松懈地改善公司的既有竞争优势，以更高效能的方式善用设备或提供更坚实的客户服务，都将使竞争者难以迎头赶上。

就长期的角度而言，永续的竞争优势有赖企业将其资源优势从层级的提升与扩张，转变为形态上的优势。日本汽车企业正是借此模式成功。它们最初以廉价的人工成本发展式样简单的平价汽车打入国际市场，当劳动力成本还能维持优势时，产品已经开始往高级路线蜕变。随后日本人大量投资兴建现代化工厂以掠夺经济规模，进而展开技术创新，成为发明零库存生产技术和提升生产率的先驱。这次转型使得产品质量更佳，维修率降低，客户满意度优于别国的竞争对手。近年来，日本汽车企业已成为高级生产技术的代言人，而且推出款式新颖、价位不凡的品牌车。

企业的永续竞争优势必须时时求变。无论处于何种产业，企业本身必须能引导而非坐视产业的走向。企业更需要在竞争者最可能侵入的地方进行加强式投资。如果生物科技是制药业研究发展的一大威胁，希望维持既有竞争优势的制药公司就应该及早发展更强的生物科技能力。若一企业的竞争优势开始衰退，该企业内的上下员工通常会有得过且过的心态，一方面指望别人新发现的科技不管用，另一方面又拒绝为上门的新客户群调整改变、漠视新出现的营销网络。

企业要保持既有的优势地位，必须适时放弃现有的优势以成就更高层次的新优势。韩国造船业能成为新的国际造船业盟主，其作出了一连串的改善（大规模扩建造船坞、采用新造船技术以降低劳动力成本与提高生产率、改造更复杂的船舶等过程)，不但降低了韩国对传统竞争优势——劳动力成本——的依赖，且在人工成本仍具竞争优势时就开始为升级作准备。韩国的例子说明，企业升级与放弃传统竞争优势是个两难的选择。然而如果企业不愿意为升级而经历一场彻底的阵痛阶段，自然会有竞争者愿意尝试并取而代之，本书随后也将讨论国家环境与国民性格对企业行为的影响力。

许多过去成功的企业如今无法保持竞争优势，理由就是它们无法面对自我淘汰的阵痛和困境。毕竟，“自满”是人类与生俱来的天性。而另一个因素是，由于传统的竞争形态根深蒂固，企业内部即使有足以挑战沉苛的新信息，也往往被搁置一边。当相信传统战略的气氛逐渐形成整个公司的文化时，若有人提出改善的建议就会被整体视为不忠。[16] 享受到成功滋味的企业通常重视稳定性，难以预测的事绝不轻易尝试，所以会全心全意保卫现有的表现，任何改变的观念也因为层层考虑而遭到封杀。在这些公司中，除非旧的竞争优势已经确定成为明日黄花，否则新的战略很难受到重视。但是，当旧的竞争战略已经僵化、旧企业受到传统投资的束缚日渐加深或产业结构开始改变时，没有历史包袱的小公司或新加入的企业往往就成为创新者和新的领导者。

企业的战略调整能力与它的技术、组织模式、专业设备和信誉等条件是否能突破限制以因应新形态的竞争有关。事实上，酝酿竞争优势最重要的是靠各种专业的整合，但是企业要重新界定价值链不但困难重重而且所费不赀。大企业因为讲求规模竞争，也不敢轻易调整战略。此外，战略调整的过程通常会在某一段时间出现财务损耗与过渡期的混乱，有时甚至会有小幅度的退步，不得不调整组织规模。相比之下，没有传统战略羁绊的企业在采用新战略时所耗费的成本较低，组织调整的困难度也较小。这是为什么创新者通常是“产业新手”的道理。[17]

企业必须认识到，有时许多为了延续竞争优势所采取的行为其实违反了企业的天性。能克服迟钝反应与升级障碍的企业，通常是那些有强大竞争压力、客户需求或受技术威胁的企业。绝大多数的公司是被迫改善，而非主动求变的。改革的压力通常来自企业的外部环境而非内部。

要持续竞争优势，权威式管理的企业并不管用。企业也必须敏锐地注意竞争对手的威胁并采取对策。国家环境能对企业产生多少改善的催化作用，对企业是很重要的主题，这将在以下几章的篇幅中讨论。

全球竞争

一般性竞争战略可以适用于企业在国内和国际市场的竞争。不过，要了解国家在企业的竞争优势中所扮演的角色，分析那些已经参与全球化竞争的产业是一个很好的切入点。要做到这一点，前提是必须先了解企业如何从国际战略中创造竞争优势，而它的母国对这种竞争优势又有什么强化效果。

产业的国际竞争形态会因产业性质不同而变化。第一种国际竞争是本土化多国竞争形态，因为每个国家都是一个独立的战场。这种类型的产业可以在许多国家中看到，例如韩国、意大利、美国都有银行业，但各国银行间的竞争却必须在各目标国内进行，一家银行在甲国的信誉、名气、客户数量和有形资产，与它在乙国的成功与否并无必然关系。它们的竞争优势是根据各国国情来定义的。这种产业在本质上是一连串本土产业的集合体，因此被称为“本土化多国产业”。这一类的产业竞争包含各种形态的零售、消费食品、大宗物资、保险、理财、初级金属制品以及腐蚀性化学品等产业。

另一种则是所谓的“全球化产业”。在这类产业中，企业在甲国的竞争态势会明显影响到它在其他国家的竞争态势（反之亦然）。全球市场就是它们的竞争战场。竞争优势则是全球网络活动总和后的成果。[18] 要从事这种类型的竞争，企业必须结合在母国所创造的竞争优势和全球化的成绩，包括规模经济、满足国际客户群的需求与服务能力、全球品牌知名度。这类产业像民航飞机、电视机、半导体、复印机、汽车和手表业等，是从第二次世界大战后才开始趋向全球化。

国家竞争优势或国际竞争力的问题并不存在于本土化多国企业这一端。因为这种类型的企业每个国家都有，它们的竞争观点也是从本土的角度来考虑，国情不同更使外商很难取得竞争优势。这些产业的国际贸易程度若非相当有限，就是根本不存在。这种情形下，外商的角色会比较消极，或是几乎得全面授权给当地子公司。由于国家主导当地绝大多数的竞争规则，因此对当地企业而言，工作机会、员工和研发部门的地点选择都不成问题。像金属制造业和零售业就绝少提到国际贸易的问题。

全球化产业的情况则正好相反。整个世界就是各国企业国际化竞争的主战场，结果也将影响到国家的经济繁荣。企业要培养在全球化产业领域的竞争能力，需要在国际贸易和投资两方面大量下注。

全球化企业无论在哪一个产业环节中，都必须借国际竞争追求与发展优势。这种产业环境甚至可能特别符合某个国家的内需市场，因此本土企业可能大有发展。不过，全球化产业单把目标定在国内市场是很危险的，即使是母国市场也是一样。

规划全球战略　确立竞争优势

全球战略是企业在全球整合观点下，将它的产品卖到许多国家。[19] 跨国企业如果只是针对各国彼此独立没有关联的市场，并不等于拥有全球战略。欧洲企业如ABB集团、飞利浦等，以及通用汽车、国际电话电报公司（ITT）等美国企业，就是因为长期局限在各地独立的市场，所以它们的竞争优势正日益减弱，并任由其竞争者取而代之。

在全球竞争战略中，企业的市场是由许多国家形成的。这种市场的可观规模有助于弥补企业在研发先进生产技术上的庞大投资。它所面临的问题是如何管理全球销售活动的价值链，并随各地情形弹性调整这条价值链。

全球观点的战略提供了两个方向，可以使企业在建立竞争优势的同时，也抵消国内的不利因素。第一个方法是全球化企业可以在各国之间扩张以服务全球市场；第二个方法是通过全球化企业的能力来整合它在各国间的个别活动。[20] 价值链中的活动大多与客户息息相关，所有的营销举措、建立营销渠道和售后服务等活动，重点都在客户身上。以日本市场为例，企业必须在当地设置业务代表或代理商，以方便为日本客户提供售后服务。其他的活动可能也为了降低运输成本或汇率差价，而配合客户的所在地分公司。在许多服务业里，产品、渠道及服务营销必须越接近客户越好。企业通常必须随所要开发的市场到当地设点并配置相关资源。

而生产制造、技术发展、后勤供给等支持活动，通常可与市场分离，最后挑选出最合适发展的地点。在企业的全球战略中，这类条件常常需要考虑全球状况。为了争取全球市场，企业可以到某一个国家设厂并扩充经济规模，而不一定要在母国内部进行。

因此，全球化战略的抉择要领可以归纳成以下两个考虑方面：

- **形势**　价值链的每一项活动应在哪一个国家或在多少国家同时进行？

以索尼或松下生产录像机为例，它们应该把生产主力放在日本，还是到美国与英国设立装配工厂？

- **协调** 如何整合协调各国的不同活动？例如，不同国家是否可以应用相同的品牌或相同的营销方式？还是应由各国分公司根据当地情况自行设定品牌或营销网络？

在本土化多国竞争中，跨国企业的各国子公司拥有高度自主权，总公司也放手让当地子公司自行管理。在全球化竞争中，企业若想在国际市场争取更多竞争优势，就必须以全球的宏观视野发展本土活动，并大力整合各国间的差异。

沙盘推演 善用地利

企业在规划国际市场活动时，会面临以下两大抉择：(1) 选择集中精力到两个国家或分散力量到多个国家；(2) 选择在哪些国家从事哪些活动。

集中式战略 有些产业的竞争优势是借着在某国进行生产，再将生产出的元件或产品出口到国际市场。这种做法是因为当地环境有利于规模生产。例如，若一地的适应力强，经济规模适当，或某地环境的协调能力较强，就比较适合集中式战略。以集中式或以出口基地发展全球化战略的产业包括：民航机业、机械业、材料业及食品业等。这类产业的基地通常就是企业的母国。

同样，有些国家适合产业发展集中型全球战略，有些则不然。在韩国和意大利，企业采用集中型战略的情况很普遍，它们大多在母国生产，到海外只从事营销。日本的产业形态则是当前全球化产业的范例；它的企业快速向外发展，根据需求进行海外采购和组装等动作。当国家本身鼓励这种国际化战略时，产业表现必然会受其影响，最后又回馈到国家竞争的成功。

分散式战略 有些产业则采取分散投资方式以建立竞争优势（也可能是为了克服母国的不利因素）。分散投资包括在海外直接投资（FDI，foreign direct investment）以享有当地运输、通信的便利，或减少库存成本、避开汇率、政治和供给的问题，进而分摊风险。

分散式投资也适用于强调产品差异的环境，因为这种做法可以缩短市场的适应学习期，减少对单一工厂的依赖，研究部门也不必负责各式各样的产品。企业采取分散式投资的另一个重要动机是：让产品顺利打入当地市场，表现企业配合当地客户的诚意，并对当地市场的需求迅速作出反应。这种做法也使得企业通过海外子公司的回报，积累对不同国家的产业信息和专业经验。

政府可以通过关税、非关税障碍及政府采购等方式，推动企业进行分散式投资。政府通常希望企业在当地市场进行整个价值链的活动，因为这将大大提升企业对当地的贡献，而不只是满足当地市场而已。[21] 最后，分散式与集中式投资有时也有相辅相成的效果。例如，企业可能为了安抚某国政府，而将装配生产线设在该国，以换取该国同意放开由其他地区进口零部件的限制。

至于企业到底应该选择集中式还是分散式投资，则取决于本身的运作。在卡车业中，沃尔沃、宾士和绅宝–斯堪尼亚（Saab-Scania）等几家公司通常把研发部门放在母国，装配线则分散在好几个国家。这种组合是根据产业特性而变化，也可以进一步应用到各产业环节。

下面的例子可以说明这些观点。在矿业的相关产业中，瑞典企业便呈现出高度分散式的投资战略，这方面的客户也特别重视供应商在当地的技术支持和协助，地方政府拥有或介入矿产开发的情形几乎在各国都会发生。基于政治考虑，一般的政府多倾向于交给本土企业而非外国人经营矿产。瑞典企业如斯凯孚（SKF，制作钢珠轴承）和伊莱克斯（生产家电用品）则因为各国政府的压力、产品需求不同，并为了接近客户，以利于营销、提供服务等考虑，也倾向于高度分散式的外国投资战略，并由海外子公司独立运作。瑞士的贸易、制药、食品和染料等产业，同样倾向于分散式投资经营。家庭消费品、医疗、电信及其他服务业，则是因为要寻求海外直接投资，也走全球分散式经营路线。

地点选择战略 企业投资的第一个考虑是选择地点。企业的第一个投资活动通常是在自己的国家。不过，在全球化战略考虑下，企业也可以根据需要，在不同国家选择最有利的组装、研发和元件制造据点。

地点的优势通常反映在个别活动中。国际化企业在不同地方发展不同活动，以积累优势。因此，一个企业可能在美国硅谷进行基础研发，在印度写软件，并到中国台湾制造元件。

分散式生产的根本理由是成本。企业到中国台湾或新加坡发展装配业，是因为当地人工供应充沛，质量高、工资低。资本也可以视哪边条件好而向哪边借贷。以投资额高昂的半导体产业为例，日本NEC公司曾因为日本银根吃紧，而转向欧洲借贷。事实上，全球竞争正使这种分散式经营方式逐渐风行，许多美国企业把生产线放在远东地区，像美国磁碟机工业即全部到亚洲生产。日本缝纫机、运动器材、电子零部件或其他产业，早年一起到韩国、中国香港和台湾等国家和地区投资并彼此竞争，如今又转至泰国生产制造。

近年来，跨国企业到各地进行的本土化活动，不仅是到当地生产以缩减成本，而且延伸到在当地成立研发部门，运用当地高级人力，增进与当地核心顾客的关系。德国塑胶机械企业、瑞典监视仪器公司纷纷在美国成立电子控制研发部门，正是最好的例子。钢珠轴承业盟主——瑞典的斯凯孚——为了接近客户，更以德国作为主要的生产部门和研发基地，以保持它们和许多德国知名机械企业、汽车企业的接触。

有时候企业也会碍于情势而不得不到当地投资。像装配生产线、市场营销部门或售后服务部门的进入，都有助于提高企业对该国客户服务和运营效率的能力。一个很好的例子是冷冻空调产业，美国的开利（Carrier）或特灵（Trane）莫不广泛在海外设立据点，以满足当地客户需求，增加服务效率。

企业选择地点时也会受政府要求的影响。例如，时下日本汽车、汽车零件和消费电子产品等众多企业广在美国和欧洲设厂的现象，就反映出欧美国家对进口产品设限的问题。与日本或德国企业的举动比较，早在第二次世界大战前，美国、瑞典和瑞士的许多跨国企业，就已基于同样理由，为排除贸易障碍、降低运输成本而采用分散式经营的模式。

分散式经营通常不易整合，力量也无法集中，因为各地的管理者都希望拥有权力和自主性。很多分散式经营的企业，由于无法发挥集中和协调的能力，竞争力正日渐衰退。

有关企业选择经营地点的问题绝不仅止于此。对企业而言，最好的地点应该是能形成企业基地的环境，尤其是能提供发展战略、研发、精密质量的制造能力。不过，如果要把企业选择地点的动机解释清楚，则已超过本书范围。

各地协调　合纵连横

企业的另一个重要问题是如何有效协调不同国家的经济活动，设计出有竞争优势的全球战略。协调包括信息流通、责任分配和联合作战。协调的好处很多，积累不同地点的知识和专业经验便是其中之一。假如一个企业的德国工厂运作成熟，其相关经验就可以帮助总公司管理在美国和日本的工厂。每个国家都有它的独特之处，因此决策者在判断产业活动时应该收集到各方信息和比较评估的基础。

企业在积累各国信息时，不应只限于生产和技术方面，还要包括客户需求和营销战略。真正具有远见的企业在整合全球营销网点时的用力最深，因而能防微杜渐，在产业有所变革前就得到早期预警、进行协调，同时产生符合市场特殊需要和经济规模等效果。例如瑞典的斯凯孚在各国分厂生产不同规格的滚珠轴承，经过汇整，每个海外子公司都能为客户提供规格齐全的轴承产品。

协调良好的分散式经营也使企业能轻松应对生产成本和汇率的变动。例如提高低汇率分厂的生产量，有助于降低整体生产成本。20 世纪 80 年代后期，日元面临持续升值的压力下，很多日本企业就从这一方面下工夫。

协调也会强化跨国客户对企业差异的认知。如果企业的营销网络遍及全球、产品完备，则企业的品牌知名度会提升，对跨国客户的吸引力也会更高。这种协调能力也是企业与外国政府谈判的筹码，因为企业可以随时扩大投资或紧缩在当地子公司的活动。

最后，跨国协调会形成企业优于竞争者的弹性。一个跨国企业可以选择在何处以何种方式迎战竞争对手，借此吸引对手的资金和对手在其他国家的发展能力。IBM、卡特彼勒机械（Caterpillar）和日本对手的战争，正是以进军日本而收到保护其他战场的效果。若只看重母国市场的数个竞争者，不但缺乏弹性，而且视野过于狭隘。

各国客户需求和各地商业条件的差异是协调的两大绊脚石。毕竟，能在甲国行得通的事未必适用于乙国。产业如果无法克服这类问题，就只能算是本土化多国产业。

协调各地的好处虽然显著，但是在协调海外子公司时也会遇到很大的困难，那就是如何在全球战略的架构下，处理复杂的组织、语言及文化上的差异，掌握精确可靠的信息等问题。另一个难处是，如何将各个海外子公司的管理阶层结合成整体的作战实力。基于海外子公司间会依各地工厂的年度管理绩效相互竞争，所以在德国的分公司不见得愿意把它最新突破的生产技术通知美国分公司。这一类组织沟通的问题显示，企业的海外子公司通常把在其他国家的分公司视为竞争对手而非伙伴。在跨国企业内部，开诚布公的情况并不多见。[22]

网点优势和体系优势

若进一步分析成功的跨国企业，可以发现其竞争优势可分成两大类：一是网点优势（location-based advantage），指企业因所在网点（或国家）而茁壮成长；另一种竞争优势则是源自于该企业在全球各地架构的网络体系，即体系优势（system-based advantage）。

企业若以国家或某一网点作为发展基地，它的优势可能是因为网点本身具有特殊的战略意义。跨国企业可以母国为基础，入侵国际市场，也可以借海外网点的优势，强化总部或抵消原有的不利之处。

体系优势则考虑企业的全球经营能力、所有设备的应用比例，以及它对国内外网点的协调能力。例如工厂和研发单位的功能比较中性，就可以不受地点限制。

企业只有巩固了本国市场后，才能再向外竞争，跃升至国际舞台。企业有了母国市场做基础，本身才具有一定的竞争优势。但是在真正的竞争情境中，企业必须具有能组合母国总部、海外网点的特殊能力及全球网络才能获胜。这些条件事实上又回头协助企业持续在母国市场的升级和竞争优势，并减轻母国市场的弱点。两股力量之间是相互强化的。德国生产光学仪器的蔡司（Zeiss）、玻璃业的Schott公司就是以它们在世界市场上的占有率，强化在德国当地的研发能力，进而提升母国公司竞争优势的。

事实上，企业若没有经由国际竞争而延伸拓展在母国既有的优势，其竞争实力将不堪一击。母国市场优势、以海外网点发挥特殊功能、建立全球运营网络并非单独存在的，这些要素对企业扬威国际的关系互为依赖，缺一不可。自从全球竞争成为风潮之后，大众注意力也集中在体系优势和海外网点优势上。其实，企业最重要的竞争优势还是母国市场优势。这也是以下几章会反复讨论的主题。

攻占全球市场

全球战略没有绝对的模式，完全要看企业如何在全球竞争中选择网点、如何协调各地，这样可以组合出成千上万种不同的战略。绝大多数的全球战略包括了进出口贸易与海外投资的整合，从甲国出口产品并从乙国进口零部件，反之亦然。海外投资则反映出分散式生产和营销。贸易和海外投资是互相依存而非取代的关系。

产业环节的差异也可以从企业的全球战略中看得出来。以润滑油为例，汽车润滑油大多是本土化多国经营的竞争形态。每个国家的驾驶标准、气候条件、法律、油品与添加剂的混合比例都不同，再加上决定胜负关键的销售渠道、设置方式在各国又有不同的标准，说明这是一种强调规模经济而且运输成本偏高的产业。本土多国型企业像美国的快克速达公司（Quaker State）和宾州石油（Pennzoil），以及让各国子公司拥有高度自主权的英国跨国企业嘉实多（Castrol），一直是市场上的盟主。但是船舶专用的机械润滑油则是一种全球化产业，在大洋中自由航行的船舶，每次靠岸都需要相同的油料供给，因此这类产品的品牌形象是全球一致的。业内佼佼者如壳牌、埃克森、英国石油等也是全球化企业。

旅馆业是另一个例子，这一行有很多也是本土化多国竞争形态。由于各国的环境不同、需求不同，协调效果也有限度。然而，以商务出差为主的豪华旅馆则是全球化竞争的产业。著名的如希尔顿、万豪和喜来登等，虽然到各地投资，但是均以全球一致的店名、装潢、标准化服务、全球订房系统等争取营销优势，服务于足迹遍布全球的商旅人士。[23]

产业在全球化的趋势下，上下游形态也会出现很大的差异。像炼铝业的上游如铝土和铝锭是全球性产业，但下游的半成品如铸造、压铸，则一直维持本土化多国经营的形态。原因是铸造业的运输成本高，各国需求不同，又需要密切的客户服务，因此规模经济反成次要。一般而言，原料和零部件比成品更适合全球竞争。

由于全球化的模式会因产业、国家的不同而有相当多的变化空间。宝马公司就根据这个观点而专攻高性能轿车，而日本的丰田、五十铃和日野（Hino）等公司则在小型货车上下工夫。

当其他竞争者只注意产业层面而忽略点的服务时，企业就可以抓住机会，针对特定产业环节，以全球为市场参与竞争，因为这样可以拓展该产业环节的需求量，如果只以一个国家为市场，成本又不切实际。这种竞争战略也可能创造出一个新的产业部门。以高价位商务旅馆为例，全球化是唯一可行的国际战略，因为它的全球化优势只出现在这个产业层级中。

企业的全球视野只是开始全球化战略的第一步。当企业在某个产业环节中踏出全球化的第一步时，必然是因为它在国内市场已占有独特的优越性。像汽车工业、叉车工业和电视机产业等，日本企业是先从小型零部件建立桥头堡，然后再扩张生产线取得全球竞争地位，而不是一开始就以最终产品进入市场。

小型企业通常比大公司更有国际竞争的条件。在国际贸易中，中小型企业也有相当比例的贡献。德国、意大利和瑞士等国家尤其把竞争焦点放在小型产业的小环节中，如芬兰、荷兰的跨国企业通常也采取相同的战术。德国万宝龙则以高价位钢笔打入全球市场。另外，几乎所有的意大利皮鞋、服饰、家具企业也都选择特定的领域进军国际市场。

中小型企业也倾向采取出口导向战略与有限度的海外投资，它们正逐渐成为中型规模的跨国企业。像丹麦、瑞士和德国有不少针对特定领域发展的中型跨国企业。但在资源有限的情况下，小型企业若要渗透海外市场、了解海外客户的需求、提供售后服务，必将面临一些挑战。每个产业对这些问题又有一套不同的解决办法。其中像意大利是借重代理商或进口商，而日本和韩国则利用经销商或贸易公司。另一种方式则是通过行业协会建立共同的市场基础、筹办展览和共同进行市场研发工作。丹麦的农产品企业就是借合作取得出口的成功范例。近年来，小型企业更以和外国公司结盟的方式进行全球竞争。

产业全球化长路漫漫

产业必须朝全球市场迈进，因为技术、客户需求、政府政策、国家基础建设等方面的变化，会使各国企业的竞争态势有相当大的差距，也使全球竞争战略的重要性日增。以汽车业为例，日本汽车的优势来自于它的质量和生产率、各国对汽车的需求越来越相近、美国提高燃料价格、运输成本大幅降低等原因。

创新的战略也可能开启新一波的全球竞争。赢家找出了切实可行的竞争战略，通常也成为这个产业的全球新盟主。例如，一个企业可能因生产标准化而大幅节约能源，此举所节省的成本又使它有富余投资在设计上，进而满足各国市场对产品创新的需求。大型电话交换机产业就表现出这种特色。由于技术的突破，这个产业的产品架构可以利用模块化软件和较为廉价的升级成本，北方电讯（Northern Telecom）、NEC和爱立信等公司便以这种方式成功打入外国的电信系统市场。如果企业能开发适用全球的新产品、新的营销观念，或将现有产品翻新而应用到全球市场，那么它就可能成为赢家。一次性塑胶注射针管即是一例。美国企业不仅在这方面的开发技术领先全球，加上新产品的运输成本低于玻璃针管，因此开启了以单一工厂供应全球市场的竞争契机。

产业的全球盟主通常从母国市场的优势发迹，这种优势可能是特殊的产品设计、优秀的质量、新的营销观念或较低的成本等。然而，企业若要追求永续的成功，绝不能满于现状。母国市场优势只是登上国际市场的阶梯，再以国际市场的经济规模和知名度强化母国市场的竞争力。假以时日，良好的海外网点抵消了原本母国市场的弱点，竞争优势才有后续力。

即使国内市场的竞争惨烈，企业的全球战略仍有加强和提升竞争力的意义。松下、三洋、夏普及其他日本消费电子产品制造商就是很好的例子。它们最早竞相削减式样简单的便携式电视的成本，等进军国际市场之后，国际市场的经济规模降低了制造成本，而全球销量又进一步协助它们更积极地投入市场营销，更新设备、研发新产品，并获得独门技术。因此日本企业很早就从低廉成本的竞争领域毕业，并以世界级生产流程，生产多功能电视机、录像机和其他电器产品。今日，韩国的竞争者如三星、金星（Gold Star）正如同过去的日本企业，以成本为竞争重心，以廉价的劳动力成本生产较简单的标准化产品。

对国际竞争者而言，无论在本国还是国际市场上，低层次的成本竞争优势都不稳定，也容易丧失，这种情形尤其是成衣业的写照。全球化的竞争者可以在国外设立生产网点，甚至可能因此威胁到本国的生产成本等优势。瑞典重型卡车企业如沃尔沃和绅宝，几年前就把生产线转移到巴西、阿根廷等国家。企业单凭生产成本一项优势就在产业中称霸的时代已经过去，因为这种领先地位太容易被国外资源或海外生产等方式取代。利用生产成本优势取得领先地位的可能性只有一个，企业必须能避开该产业的主战场，进入一般人忽略的产业环节，或使用最新技术在国际市场中竞争并不断升级，才能持续这种优势。下一章也将讨论在企业开始竞争、发展全球战略能力、持续升级潜力等方面，国家所扮演的角色。

起步越早　优势越久

对企业而言，市场不分国内、国外，一旦产业结构有所变化，谁能抢先进入就能提高竞争力。能想到新战略并付诸行动的企业经常也能成为产业的全球领导者。例如民航机业的波音公司、汽车业的本田公司、电脑业中的IBM和胶卷业的伊士曼柯达公司等。美国和英国能够在各种消费日用品中称雄，也是因为它们抢先开拓了全球市场。

抢先行动的好处可以在全球竞技场中看到。动作快的企业可能先发展全球网络，进而建立商誉、规模并累积经验。这种优势即使无法永久保持，至少也能持续数十年。尽管英国的产业竞争力正持续下跌，但这个国家的烟草业、威士忌和瓷器业仍遥遥领先已持续达一个世纪，原因就在于这些企业很早就已拓展到全球的规模。这种情形同样可以在德国的印刷机行业、化工行业，美国的饮料业、电影业、电脑业，及其他产业先进的国家中看到。

前面介绍过国际竞争态势的变化因素。当产业结构改变、新加入者以一日千里之速发展新产品或新流程时，原本领先的企业如果不能顺势因应，它们的国际商誉、经济规模和营销网络等优势也将丧失。以照相机和工程卡车等产业为例，大量生产的技术取代了传统生产方式，日本就取代了原先的盟主，后来居上。另外，领先者忽略的产业环节，也会成为后进者突破的缺口。像意大利企业注意到居家用品的好处，便以大量生产方式制造组合式或标准化产品，并贴上零售商的标签出售，结果使得它们成为欧洲室内家具业的霸主。产业的后来者利用产业结构的变迁乘机而起，所凭借的优势就是：一抓住新趋势就行动。不过，企业的应变能力常与国家的影响力有关。就是因为一些国家能提供产业这一方面的刺激与督导，使它们成为全球领导者。

如果希望一方面坚持传统战略、一方面还能维持领导优势，那企业就得靠“运气”，祈求产业一直不要发生变化了。真正的领先优势通常要靠随时觉察产业环境的变化，以保持创新能力。本书接下来将会详细探讨这种产业态度与国家特征的关系。国家竞争优势的核心就是一股推动企业持续竞争地位的力量。

非敌即友　结盟并进

所谓的“战略联盟”（strategic alliance），是执行全球化战略的一个重要工具。在产业界，不少人认为，企业若要跨出固有领域，最快的方式就是利用并购。本书所指的“结盟”[24]则包含投资、授权、长期合作，或与其他企业之间建立关系等方式的组合。结盟现象在汽车、民航机、飞机发动机、工业机器人、电子消费产品、半导体和制药行业上最明显，一般产业也不少见。

同一产业内的跨国结盟是全球竞争的方法之一。这些企业可以找一个合伙公司分工负责价值链中的各种活动。问题是，当企业与企业结盟时，本身的特色也随之变化。企业发展史上，发达国家的企业会和落后国家的企业结盟，主要是为了迎合后者的市场。今天，发达国家之间基于区域和全球化需要，彼此建立产业联盟的情形也越来越频繁。结盟的目标也从单纯的市场需要延伸到更多的功能需要。例如，美国汽车企业全部和日本甚至部分韩国企业结盟，合作生产美国汽车。

产业联盟可以为企业带来一些好处。其中之一便是通过共同营销、共同生产零部件或组装既定规格的产品，建立经济规模或学习相关经验。第二个好处是接近当地市场，获得所需技术，或符合该国本土化规定。通用汽车和丰田汽车的结盟——新联合汽车制造公司（NUMMI，New United Motor Manufacturing, Inc.），即是从通用的角度出发，目的在学习日本汽车业的专业技术。联盟的第三个好处是分摊风险。许多制药公司以共同开发新药或相互授权的方式，降低本身研发失败的风险。最后，高明的竞争者会利用产业结盟来改变竞争的游戏规则。例如全球化趋势中，企业将技术授权给其他竞争者，推动产品标准化。结盟一方面可以保持本身的独立性，还可以减少巨额的并购成本，能抵消生产成本过高或技术落后等缺点。

跨国合作　步步为营

然而，结盟也可能使战略无法贯彻，并造成一些组织结构上的问题。最常见的问题是在刚开始时，原先独立运作的合伙公司发现双方目标的差异和冲突，不得不协调，但耗费在协调上的时间与精力就妨碍到本身全球化战略的执行能力。尤其当对方活力十足或竞争优势较佳时，今天的合伙人很可能就成为明天的竞争对手。日本企业在很多产业上的表现正是如此。另外，合伙双方都希望从结盟中得到好处，因此结盟关系并不稳定。很多结盟的失败就是因为利益冲突的问题无法解决。企业满怀希望地走上结盟之路，但是随即因关系恶化而分手，或是落入被并购的局面。

结盟也是应付产业变迁的一项工具。当产业的结构改变或竞争热度升高时，束手无策的经理人往往利用结盟以求自保，因此结盟成为共同面对不确定性并在行动中提供自我安慰的凭借。通常是第二级的竞争者或后起直追者才会利用结盟的手段。因为结盟可以帮助企业实现希望，打击和孤立领先者，但结果却可能是被迫合并或卖掉自己的公司。

结盟并不是万灵丹。企业竞争优势的终极目标是希望能针对需要优势的领域发展内在的能力。长期而言，全球的领先企业很少是依赖合作伙伴的资产或基本技术而在产业中称雄的，它们本身都具备相当的实力才能昂首国际。

最成功的企业结盟都有非常明显的特色。像IBM、制造胰岛素的诺和工业(Novo Industry)、佳能等国际企业领袖在使用战略联盟时多倾向缩小合作范围，并从特定国家市场或特定技术上考虑。联盟有强化、延伸本身竞争优势的功能，但是未必能创造出竞争优势。

国家环境推波助澜

全球的产业竞争战略原则，事实上凸显了国家在产业国际竞争中的角色。企业必须了解，由于产业结构和竞争优势等因素会随产业种类而有所不同，不同产业需要不同的战略思考。即使在同一产业中，企业还可以根据所期望的竞争优势或产业环节，选择不同的战略。

不过，战略是离不开环境的。当国家环境有助于某些产业发展适当的战略时，国家便会随企业而兴盛。企业的竞争优势更与国家环境息息相关，像企业能否自由运作、特定技术人力的供应、本地市场需求、本地投资者的目标等因素，都与国家脱不了关系。大环境的各种行为必然会影响到企业发展战略的难易。[25]

对企业而言，改进和创新、寻找更好的国际竞争方式、持续提升产品和流程，是保持精密产业竞争优势的唯一方法。如果国家能提供这样的环境，产业一旦获益，国家也会成为最终受益者。此外，创造竞争优势需要崭新的竞争观念与冒险尝试的勇气与意愿。如果环境能协助企业觉察环境变迁，找出新战略并付诸行动，国家的富强亦能随之而来，反之则是走向衰弱。

长期而言，企业若要保持既有的竞争优势，一定要使产业条件升级，也就是要不断在精密技术、技巧和方法等方面进行投资。当产业拥有修正战略的能力与资源时，国家也将连带受益。如果企业停留在模仿或静态的竞争概念中，它的产业地位必然不保。

持续的竞争优势需要持续的改善，这绝不是件轻松的事，做起来更是困难重重。如果产业环境能具有克服惰性的压力与推动改善、创新的力量，国家也将成功。反过来说，企业一旦停止自我提升，该国国力也将开始走下坡路。

如果产业的母国市场比国外市场更进步，并在国际市场的需求出现之前就展现改进与创新的能力，那么该国的国力必然会随产业的优秀表现而强盛。同样，企业要在国际市场竞争成功，就必须有能力转化母国市场的竞争优势。这也说明了为什么本国市场的优势可以强化企业在国际市场上的表现。不论企业是被迫还是被鼓励而纷纷走上国际竞争舞台，这个国家的国力必将随之越来越强。要找出影响国家竞争优势的各个关键要素，就必须将各种情形、要素逐项讨论。

03 钻石体系的四大要素

迈克尔·波特 国家是企业最基本的竞争优势，因为它能创造并保持企业的竞争条件。国家不但影响企业所制定的战略，也是创造并延续生产与技术发展的核心。

国家常常是在企业努力创造、持续全球竞争优势的过程中逐渐现身，发挥功效的。然而，在这个过程中，国家所扮演的角色相当复杂。首先，国家的竞争优势与以下几个前提有关：

1. 竞争的形态会随不同的产业及产业环节而改变。因此，国家对企业竞争力的影响必须放在一个产业或产业环节中来看，而非广义地囊括所有“产业”。研究方式也不是依赖广泛、单一的劳动成本或经济规模，而是依各种产业不同的竞争资源来评断。由于发展产品的条件会随产业性质而有所不同，因此企业与国家环境的关系远比单纯的成本差异更重要。

2. 跨国企业的价值链不一定全放在母国。全球竞争虽然可能改变企业母国的角色，但不意味着母国将丧失它的竞争优势，因此，我们研究的重点不在于探究为什么一个有国际竞争优势的企业会从母国出走，而是为什么这个国家被跨国企业选为竞争的“基地”。在这里，基地的定义包含了企业在此制定竞争战略、开发核心产品和生产流程、研究最关键的技术，基地也是企业的母国整合本身优势、朝向全球发展的舞台。

3. 在国际竞争中，企业的竞争优势来自改善、创新和升级。企业在技术和管理上的创新包含了新产品、新流程、新营销手法、新客户群等。长期的努力对创新的催生效果绝不亚于灵机一动。[1]

企业一开始要掌握竞争优势，是通过不断主动改变竞争优势的基础。要做到这一点它就必须迅速改善以保持领先。这表示企业不仅要更有效地保持现有优势，而且要随时间持续扩大并提升竞争优势，也就是要往更精密的产业环节发展。企业若要创新和升级，就必须先觉察产业的变迁趋势，并全力以赴。

熊彼特在几十年前就强调过，竞争是一种丰沛的动能，经济竞争的本质不是为了平衡，而是为了无止境的变化。因此，改善和创新也绝非一劳永逸的事，而是一个永无止境的过程。对企业与国家而言，今天的任何一个优势可能很快就会被超越或淘汰。因此国家与产业竞争力的关系，也正是国家如何刺激产业改善和创新的关系。[2] 我们必须分析解释，为什么一个国家能提供产业快速持续改善和创新的环境，并使它能摆脱国际竞争对手的纠缠。基本上，创造并保持竞争优势绝非一蹴而就。换句话说，我们必须了解国家环境如何帮助企业克服惰性和依赖保护的心态。

最后，要建立竞争优势，单凭察觉一个新的市场需要或新科技是不够的，更重要的是，企业必须能更果敢地抢先运用这些条件。产业结构转变时，新的结构往往颠覆原本领先者的优势，并给予迅速行动的企业绝佳的竞争机会。要讨论国家竞争优势，我们也必须解释为什么有些国家的企业在回应国际市场的需求时，能以行动敏捷而著称。

本书不仅承认各个国家之间有不同的竞争优势，同时还要合理解释它们之间的“不同”之处。一般而言，贸易的条件来自经济规模、技术领先和独特的产品，拥有这些条件的企业就有出口能力。[3] 问题是，前述条件只是竞争力的结果而非原因。更关键的问题在于，哪一个国家的企业能拥有这些条件。有些国家的企业拥有高级技术能力、能够生产高质量产品并能抓住客户需求，但我们的问题是：这些能力究竟是如何形成的？

钻石体系打造国家优势

一个国家为什么能在某种产业的国际竞争中崭露头角？答案必须从每个国家都有的 4 项环境因素来讨论。这些因素可能会加强本国企业创造国内竞争优势的速度，也可能造成企业发展停滞不前（见图 3–1）：

1. 生产要素——一个国家在特定产业竞争中有关生产方面的表现，如人工素质或基础设施的良莠不齐。

2. 需求条件——本国市场对该项产业所提供产品或服务的需求如何。

3. 相关产业与支持性产业——这些产业的相关产业和上游产业是否具有国际竞争力。[4]

4. 企业战略、企业结构和同业竞争——企业在一个国家的基础、组织和管理形态，以及国内市场竞争对手的表现。

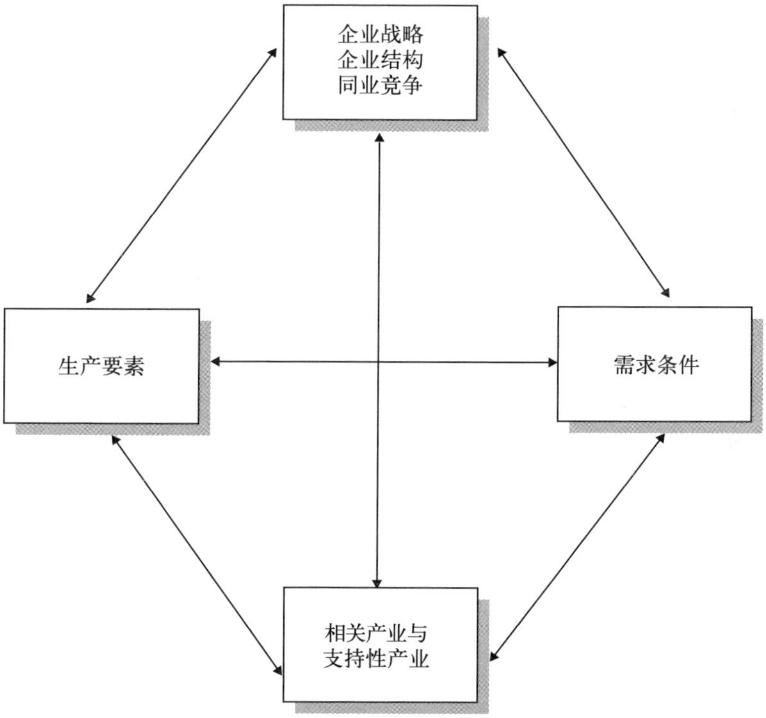

图 3–1　国家优势的关键要素

这些单一或系统性的环境因素都关系到企业的产生与竞争模式，例如企业是否能拥有资源和技术以在产业中形成竞争优势；能否取得相关信息以捕获商机和趋势，并妥善运用本身的资源和技术；能否建立管理者、经营者、员工的共同目标，并促使员工发挥竞争力；以及最重要的，推动企业持续投资和创新的压力。[5]

企业对国家的责任感，通常是因为母国环境能提供快速积累形成的技术和资源，进而使得企业获得竞争优势。[6] 企业竞争优势的增加也要依赖母国提供更多有关产品和流程的信息与洞察力，而经营者、投资者与员工也必须持续投资所属的产业，拥有强烈使命感。最后，一个国家能成功发展某项产业，是因为该国环境的活力与挑战力最强，促使这项产业中的企业持续升级并扩大它的优势。

由上述4项关键要素形成的“钻石体系”，关系到一个国家的产业或产业环节能否成功。但是这并不意味只要是属于该国的企业就都能成功。事实上，即使在最有活力的国家环境中，资源和技术也不是平均分配使用，部分企业的失败是必然的。然而一旦能够在一国之内脱颖而出，则必然会成为国际竞争中的赢家。

钻石体系也是一个双向强化的系统，其中任何一项因素的效果必然影响到另一项的状态。以需求条件为例，除非竞争十分激烈，可以刺激企业有些反应，否则再有利的需求条件也不一定形成它的竞争优势。而当企业获得钻石体系中任何一项因素的优势时，也会帮助它创造或提升其他因素上的优势。[7]

对于高度依赖天然资源或技术层次较低的产业而言，可能只需具备钻石体系中的两项因素就能得到竞争优势，但问题是，这样的优势通常会因产业的快速变化或其他国际竞争者的先发制人而无法持久。即使是以知识密集型产业为核心的先进经济实体，也必须先贯通钻石体系内部的各项因素，才能保有其竞争力。拥有钻石体系中的每一项优势，不一定等于拥有了国际竞争优势。要能将这些因素交错运用、形成企业自我强化的优势，才是国外竞争对手无法模仿或摧毁的。

在国家环境与企业竞争力的关系上，还有“机会”和“政府”等两个因素。产业发展的机会通常要等基础发明、技术、战争、政治环境发展、国外市场需求等方面出现重大变革与突破。“机会”通常非企业或政府所能控制。这些“机会”因素可能会调整产业结构，为一国的企业超越另一国企业提供机会，因此，机会条件在许多产业竞争优势上的影响力不容忽视。

构成整个竞争力拼图的最后一片是政府。各层次的政府部门在这方面的影响力，最容易看到的就是政策对钻石体系造成的作用。比方说，反托拉斯法有助于国内竞争对手的崛起，法规可能会改变国内市场的需求情形，教育发展可以改变生产要素，政府的保护收购可能会刺激相关产业兴起等等。漠视经济政策对国家优势的影响，正如过度夸大或过度贬抑国家与企业的关系，都是不切实际的。

本章将探讨，钻石体系中的各项因素分别会对企业在某个产业内追求竞争优势造成什么样的影响，结合起来又会造成什么影响。下一章将研究这些因素如何相互影响，并形成一个动力系统。[8]

产业是研究国家竞争优势时的基本单位。一个国家的成功并非来自某一项产业的成功，而是来自纵横交织的产业集群。一个国家的经济是由各种产业集群所组成，这些产业集群弥补并提供竞争优势（当然也可能造成竞争劣势），反映了经济的发展。至于国际竞争中的国家经济发展，将会在稍后的篇幅讨论。

生产要素：互通有无的根本

每个国家都拥有经济学家所称的生产要素。生产要素如人工、耕地、天然资源、资本与基础设施等是任何一个产业最上游的竞争条件。各派经济学者对生产要素的用语也许不同，但这是探讨经济学与贸易理论的前提，也是横贯本书的重要概念。

贸易理论通常以生产要素为基础。根据贸易理论，每个国家有不同的生产要素，国际上之所以会有贸易活动，就是因为每一个国家会出口本身生产要素相对充沛的产品。[9]以美国为例，由于它拥有广阔的土地和可耕地，因此它成为了农产品大宗出口国家。

国家的天然条件明显地在企业竞争优势上扮演了重要角色，像近年来的泰国就是以低工资缔造快速成长的制造业竞争力。不过，生产要素的角色通常还有更深层的意义。大多数产业的竞争优势中（尤其是对先进经济体中最根本带动生产率的产业而言），生产要素通常是创造得来而非自然天成的，并且会随各个国家及其产业性质而有极大的差异。因此，无论在任何时期，天然的生产要素都没有被创造、升级和专业化的人为产业条件那么重要。更有趣的是，不虞匮乏的生产要素可能会反向地抑制竞争优势，而不能提供正向的激励作用。因为企业在面对不良的生产环境时，才会激励出应变的战略和创新，进而持续竞争成功。

细分资源类别

要了解生产要素与国家竞争力的关系，最直接、最有意义的方式就是观察产业竞争。生产因素通常被广义地细分成土地、劳动力和资本，因此很难看出它与每一个产业竞争优势的关系。[10] 事实上，生产要素可以被归纳成下列几大类：

- **人力资源** 要考察工作量和技术能力、人力成本（含管理层），同时也考虑标准工时和劳动伦理的表现。人力资源又可以作金字塔形的分类，像是工匠、电子工程博士、电脑程序员等不同的劳动层次。
- **天然资源** 这个范畴包含先天资源的充沛与否、质量优劣、土地价格、水力、矿藏、林产、水力发电、渔场及其他有形资源，例如气候与国家的地理位置、面积。一个国家和其他国家间的地理位置关系会影响到它对市场、供应、运输成本、文化与商业间的适应性。例如瑞典的产业就长期受到比邻的德国的影响。全球同步通信的发展趋势也使得国家的时区位置变得更重要。英国由于介于美国和日本之间，因此它的金融业可同时面向美、日两国从而获益甚多。
- **知识资源** 一个国家在科学、技术和市场知识上的发展，也会关系到产业产品和服务的表现。知识资源来源于大学、政府研究机构、私立研究单位、政府统计部门、商业与科学期刊、市场研究报告与资料库、行业协会及其他来源。一个国家的科学与相关知识资源可以再细分为金字塔形的学科层级，例如专业音响、材料科学和土壤化学等。
- **资本资源** 每个国家金融产业的资本成本、可运用的资金总额有很大的差异，可以通过信用贷款、抵押贷款、垃圾债券（junk bonds，指高风险、转让频繁的股票）和风险资本（venture capital，又称创业资本）等形式运作。一个国家的资本市场以及使用它的形式，又受到国民储蓄率和资本市场结构的影响，因此随各国国情而有所不同。金融市场的全球化，以及巨额资金在各国间流动的情形，使得各国在资本方面的条件日趋一致，不过，各国在资本资源上的实质差异仍然存在，并且可以辨认区分。
- **基础设施** 像运输系统、通信系统、邮政和快递、付款、转账、健康保健等都属于基础设施的内容。它们的形态、质量和使用成本都会影响到竞争。基础设施也包含如房屋供给和文化机构等因素，因为它们会影响到这个国家的生活质量以及人民工作、居住的意愿。

这些生产要素通常是混合出现的，每个产业对它们的依赖程度也随产业性质而不同。在有些产业中，企业只要能掌握低成本或独特高质量的生产形态，就能巩固竞争优势。如新加坡位在中东和日本的航运中途点，自然成为修船中心；瑞士境内拥有拉丁语、法语、德语三个语言区，因此具有能够处理复杂语言的文化能力，使得它在银行、贸易和维修等服务业上占有特别优势；德国和瑞士因为拥有充沛的光学技术工人，因此光学相关产品能蓬勃发展。一般比较优势理论所讨论的，就是这种国家内部产业和生产要素上的竞争。

然而，这些资源还有更复杂的一面。上述生产资源是否与竞争优势有关，要看它们被应用时所发挥的效率与效能。这又与企业在应用生产资源与技术（包括流程和工厂事务）时如何抉择有关。[11] 事实上，光是技术一项，若有不同的选择，就可能大大改变某些资源的价值。专业人才与高水平的人力可以应用到各种产业上，因此，这些人力资源在哪里使用反而比如何使用更重要。单看国家是否有这些资源并不足以解释竞争的成果。事实上，任何一个国家都有一些资源是完全未被开发或使用不当甚至是错置的情形。通过钻石体系中其他关键要素的影响，将可以看出生产要素配置得当所产生的国际竞争效果。

如前所述，今天绝大多数新兴工业国家和发达国家在基础设施方面的资源应用已成果显著，受过中高等教育的劳动人口也比较充沛。以韩国为例，其国民就业率几乎达百分之百，全国有近 200 所大学。同时，产业活动的全球化，也使得一些传统的国内生产要素重要性降低，现代的跨国企业可以通过采购与海外设厂方式取得本身所欠缺的生产资源。产业活动全球化绝不仅是为了取得生产要素而已，更重要的目的是，提高生产要素的应用以增进本身的竞争优势。

最后，生产要素中的人力资源、知识和资本是可以在各国间流动的。高级技术人才正如科技知识般高度流动，这种人才流动随着国际通信的发达而更显著。[12] 当一国任凭它拥有的人力资源等生产要素离去时，这一部分生产要素也就不成为该国的优势。能有效应用这些流动的生产要素、提高本身生产率的国家，通常也是国际竞争中的赢家，这一点可在讨论钻石体系其他关键要素时清楚地看出。

初级生产要素的没落

要了解竞争优势中生产要素所占的重要性，必须先将生产要素分门别类。生产要素基本上有两种分类方式。第一种分类方式是将它们分为初级生产要素（basic factor）和高级生产要素（advanced factor）。初级生产要素包括天然资源、气候、地理位置、非技术人工与半技术人工、资本等；高级生产要素则包括现代化通信的基础设施、高等教育人力（如电脑科学家和工程师），以及各大学研究所等。

一个国家的生产要素中只有极少数是先天得来的优势，绝大多数必须通过长期技术开发，而且每种生产要素所需的投资情况又有极大的差异。初级生产要素和高级生产要素的区别在于，前者是被动继承的，或只需要简单的私人及社会投资就能拥有。但是在国家或企业的竞争力上，这类生产要素的重要性已经越来越低。

初级生产要素已不再重要，主要是因为对它们的需求减少，供给量却相对地增加，而且跨国企业已能通过全球市场的网络取得这些生产要素。因此，初级生产要素的回收周转速度减慢，其地理位置也不再重要，薪水压力则使得缺乏技能的工人身价日降，不论这些人工所属的国家有无竞争力，都无法担保他们在就业市场中的地位，这些考虑又让初级生产要素的重要性更为下降。初级生产要素的没落正说明了，一些企业为压低生产成本而在各国分工活动的贸易现象。但这部分理论还不足以解释为什么大多数产业仍以母国为基地。[13]

在以天然产品或农业为主的产业（像林业或黄豆业），以及对技能需求不高或技术已经普及的产业而言，初级生产要素仍有其重要性。公寓或学校等民间建筑业就是一个例子，韩国因为人工成本低、纪律佳，因此一度成为国际建筑产业的一员。然而，当其他发展中国家以更低廉的人工（意大利则改用印度等地的外籍人工）迎战时，韩国的优势随即消失。结果是，韩国建筑业在中东市场一蹶不振，迅速走下坡，这也说明初级生产要素本身的浮动不定。

高级生产要素对竞争优势的重要性就高多了。企业若要以独树一帜的产品或独特的生产技术等换得高层次的竞争优势，非得借此高级生产要素不可。高级生产要素不如初级生产要素普遍，原因是它需要先在人力和资本上大量而持续地投资。作为培养高级生产要素的研究所或教育计划，本身就需要更精致的人力资源和技术。想由国际市场或海外子公司取得高级生产要素也很困难。如同创新能力，高级生产要素是融合在一个公司的产品设计和发展过程之中的。当高级生产要素是由母国发动并且切实符合企业的整体发展战略时，它的价值也很高。

对许多产业而言，高级生产要素的重要性不容置疑。以丹麦为例，若不是有精密的发酵科技为基础，丹麦无法成功发展出发酵工业。丹麦各大学所培养出来的家具设计师更是该国家具工业的骨干。美国在电脑软硬件方面的人才和技术，不但使得它在电脑业上称雄，同时也提升了其金融服务业和电子医疗产业的竞争力。从 20 世纪 50 年代开始，日本对产业界投下比同期其他国家更多的工程师人才，他们对日本产业竞争力的重要意义绝非当时低薪的日本人工所能比。

但必须注意的是，高级生产要素仍必须有初级生产要素作为基础。例如国家要培养博士级的生物学家，先决条件是发展大学相关领域的科系和研究生院，这也意味着初级生产要素虽然缺乏持久力，但是它的数量与素质却是创造高级生产要素所不能缺少的基础。

生产要素的第二种分类方式是根据它们的专业程度。一般性生产要素（generalized factor）包括公路系统、资本、受过大学教育而且上进心强的员工，它们可以被用在任何一种产业上。而专业性生产要素（specialized factor）则限制在技术型人力、先进的基础设施、专业知识领域，及其他定义更明确且针对单一产业的因素。专门研究光学的研究机构、化工业专用码头、汽车模型设计群或是凭借风险资本而创业的软件公司等都属专业性生产要素。[14] 一般而言，前述高级生产要素多半有专业化的倾向，但也有例外的情形，例如，专业的高级电脑程序设计师现今已普遍适用于很多一般产业中。

专业性生产要素提供产业更具决定性和持续力的竞争优势基础。一般性生产要素虽然能提供最基本的优势，但是这些优势很多国家都有，效果相对不甚显著。如劳动力密集的装配业等依赖一般性生产要素的产业，往往很容易在海外找到更理想的基地。

专业性生产要素要求更明确、通常风险也更高的私人或社会性资本。很多例子显示，专业性生产要素是由一般性生产要素发展出来的，这也使得它们更为难得。越精密的产业通常越需要专业性生产要素。拥有专业性生产要素，产业也会产生更高级的竞争优势。专业性生产要素通常能经由整合而达成创新。

一般来说，企业的母国基地比海外据点更需要专业性生产要素，而专业性生产要素到了海外，也不容易发挥作用。外商若想在当地培养专业性生产要素或高级生产要素，也比本地企业困难。例如，在日本，外商要找到高级日本工程师或使用大学研究成果的困难程度远大于日本企业。

一个国家想要经由生产要素建立起产业强大又持久的竞争优势，则必须发展高级生产要素和专业性生产要素。这两类生产要素的可获得性与精致程度也决定了竞争优势的质量，以及竞争优势将继续升级或被超越的命运。以光学产业为例，德国企业能持续在光学产品上改善与提升质量，就是靠当地大学的光学物理研究计划成果，以及相关技职教育所提供的高级技术工人。

反之，当国家把竞争优势建立在初级与一般性生产要素时，它通常是浮动不稳的，一旦新的国家踏上相同的发展阶梯，也就是该国竞争优势结束之时。[15]了解生产要素的复杂，事实上也解释了前面提过的矛盾问题：当一个国家的企业要保持它的国际竞争优势时，它应该主动摆脱当时的初级生产要素优势。至于用什么方式刺激企业主动摆脱对初级和一般性生产要素的依赖，是接下来必须讨论的重要问题，钻石体系中的其他关键要素也可以提供一些解答。

生产要素优势有它重要的动力特征，像知识、科学或产品改善等高级生产要素的标准就是持续发展的。例如一位1965年时的电子工程师，其所掌握的识在20世纪90年代几乎被完全淘汰。这位工程师只有不断接受培训和充实知识，才能在专业领域中继续发展。长此以往，现场生产线的问题可能需要硕士或博士程度的训练才能解决。

专业性生产要素也是一个持续的过程。今天的专业性生产要素到了明天就成了一般性生产要素。在过去，一个大学毕业的电子工程师就是一个专业因素，能够让他发挥的产业领域也不多。今天，几乎各式各样的产业都需要这样的生产要素。这种生产要素的专业性会随时间而丧失的情况，在科学领域最为明显，原因是科学知识正不断出现更细的分支。人力资源、基础设施甚至资金来源也同样面临这种现象。[16]

生产要素如果不能持续升级和专业化，它对竞争优势的价值就会越来越低。知识与技术型人力资源虽是提升竞争优势的两大条件，却也是贬值最快的两个条件。这也指出，在任何一个时间点上拥有的生产要素优势，并不足以成为国家持续成功的理由。

如何创造生产要素

生产要素的另一个重要区别在于它们是自然而成的还是由国家主动创造出来的。专业性和高级生产要素通常是创造出来的。一套完整的国家电信系统或培养为数众多的微生物学家，是靠点点滴滴的投资换得的，包括个人追求技术的进步、企业对竞争的要求，甚至社会机构或政府重视社会公益与经济发展等都可以算是投资的一部分。[17] 有助于创造生产要素的环境包括公私立教育机构、技职训练计划、政府与民间研究机构，以及社区医院和港务局等基础建设。当全球的生产要素标准普遍提高之后，借生产要素发展竞争优势绝不能再一蹴而就，而必须持续投资，并以提升质量、避免被淘汰为目标。[18] 要刺激专业性与高级生产要素的发展，有待国家对环境中最不利的部分进行最大、最持续的投资。

产业表现卓越的国家经常也是创造生产要素或提升必要生产要素的高手，因此，能拥有高级研究环境的国家，其竞争力也将提高。[19] 对国家而言，能创造出生产要素的机制远比拥有生产要素的程度重要。它们之间的差别将在稍后的篇幅举例说明。

进一步观察，若要创造对产业有利的生产要素，民营部门绝不能缺席。专业性与高级生产要素对创造竞争优势有举足轻重的影响力，企业也必须认清它在产业竞争中最有利的位置。但政府在投资生产要素时，往往偏重初级和一般性的项目，例如投资研究基础科学。基础科学也许是创新科技商业化的种子，但是除非产业界能将有关的研究成果转换应用成产品或服务，否则基础科学不会形成竞争优势。若是政府创造高级、专业性生产要素的动作不能和产业界衔接，或是因为政府本身组织庞大、对外界需求反应慢、无法认识某些产业的特定需求，则往往使投注在创造生产要素上的努力以失败收场。由企业、行业协会或个人共同大力投资创造生产要素，才是催生国家与产业竞争优势的主力。

因为不同国家投资不同的生产要素，因此所架构的环境也有多样的质量与形态。比如说，丹麦的两家糖尿病教学研究医院，分别由诺和工业与诺德胰岛素公司两家世界级胰岛素大公司投资拥有（两家公司现已合并为诺和诺德制药公司）；德国技术职业教育专门针对印刷、汽车组装、工具制造等领域发展；在美国，到处可见的农学院通过农会组成产学网络，进而带动农业科技的进步；另外，无以计数的研究计划和教育课程也带动了美国电脑科技的发展与进步。

这种环境上的差异，也会延伸到产业中。日本就偏好将生产要素的创造环境建立在民间部门，而瑞典则是公共机构的比重较高，意大利有许多创造环境是非正式的，并且蕴藏在家族之中。一个国家生产要素的创造机制，必须回溯到这个国家的历史传统、政治与社会价值功能上，而这些因素多少会限制一国可以竞争的产业种类。

没有一个国家能完全创造或提升所有形态的生产要素。在诸多的生产要素当中，哪些是必须提升或创造的、如何进行才有效率等问题，则与内需市场的情形、相关产业表现、企业发展目标和竞争对手等钻石体系里的其他关键要素有关。即使是政府的投资方向也同样深受这些关键要素的影响，这也显示出一个国家的高级与专业性生产要素，不仅是形成该国竞争优势的成因，也是竞争优势出现后的附带效果。

不利的生产要素

一个国家的竞争优势其实还可以从不利的生产要素中形成。在狭义的国际竞争中，竞争优势是源自于丰富的资源，并将科技视为外部条件。然而，在实际竞争中，丰富的资源或廉价的成本因素往往造成资源配置没有效率。[20] 另一方面，人工短缺、资源不足、地理气候环境恶劣等不利因素，反而会形成一股刺激产业创新的压力。国家汇率持续升值也会产生相同的效果。[21] 不利的生产要素使企业的竞争优势升级，并持续下去。由此看来，狭义的竞争劣势甚至可能成为形成竞争优势的源头。

意大利的钢铁业就是个很好的例子。产业面临资金成本与能源成本过高、本地资源缺乏等问题，由于国有钢铁企业集中在南部，靠近海港，民营钢铁企业如Gruppo Lucchini等就被迫聚集在北部伦巴底省的布雷西亚。当地世界一流的小型炼钢炉技术就是在成本高、距离海港远、国有运输系统欠缺效率等不利条件下产生的。布雷西亚钢铁企业的小型炼钢厂，不但成本和能源消耗量较低，还能回收废钢再次提炼。这种技术也使得当地的钢铁企业能以小规模生产、接近客户与应用废料等优势而获利。意大利钢铁企业如达涅利公司（Danieli）等，不但是最重要的小型炼钢厂，也是全球小型炼钢炉的设备供应商。

一般性、初级生产要素的竞争优势（如本地原料或半技术型人工）通常会被创新流程所取代淘汰。生产自动化将使得人工无用武之地，而新材料更将取代传统资源的优势。[22] 此外，创新通常也有降低成本的效果。它所形成的高级生产要素对降低产品不良率、提升产品质量方面的价值，更是难以估量。

企业可以利用创新来弥补基础设施、材料或劳动力形态等方面的劣势。创新对产业的影响，不但有提高资源利用的意义，更重要的是，创新会使产业摆脱初级生产要素的限制，向升级之路发展。当企业解除不利的生产要素所带来的威胁时，会努力寻求更高级的优势（如科技授权、以自动化设备发展规模经济等），而使竞争力更持久、更有可能抬高产品价格；与此同时，升级和专业化的压力也会使企业加速培养高级人力资源和发展基础设施。

这种效应也可以用体育运动来说明。如瑞典等著名的弯道滑雪国家，本身并没有适合建大弯道滑雪道的高山环境，于是它们因地制宜，把小山丘和小滑道设计得更有挑战性，选手们的技术水平便因而提高。

因此，生产要素中不利部分的作用，必须先看产业界如何应对、改进才能判断。企业创新的途径很多，其中变数也不少。然而，创新一旦出现，就会改变现有状态。[23] 当企业集中力量持续创新时，成果会越来越多，尤其可以减轻原先可能构成的严重压力。

对企业而言，利用创新弥补本身弱点所得的成效，远大于增加新的优势。企业创新的重点往往在于改善不利的生产要素，因为不利的生产要素是看得见的瓶颈，也是明显的威胁，更是为了提高竞争地位亟待克服的问题。这些不利的生产要素也会刺激企业寻找新的解决办法。而贯穿本书的主题就是：如何化劣势为优势，而非一味依赖充沛的资源和舒适的环境来发展竞争优势。

不利的生产要素也会刺激企业脱离成本竞争等初级生产要素，寻求高层次的竞争优势。换句话说，充沛的环境资源会使企业在小康格局中自满，延迟引进先进科技的速度。这两者最后的差距就在于由生产率提升所产生的竞争优势上。[24]

环境太舒适固然会造成企业不求进步，然而不利的生产要素太多，同样会使环境成为逆境，使生产活动瘫痪。因此，一个企业应选择性地逐渐改善它所面对的不利生产要素，而非试图一次完成全面改造。进步和创新的最佳环境组合是：企业面对的压力适中，环境条件利弊参半，并有步骤地处理它所面临的不利因素。

对企业竞争优势而言，不利的生产要素如果能化成使企业认清环境的信号，就已经算是有所贡献。因为，如此一来，企业会及早面对问题并积极地进行改善，并将效果扩散开来。第二次世界大战后，瑞士可能是全球第一个出现人工短缺但又极力排斥引进外国劳动力的国家。这种情势逼迫瑞士的企业必须及早应对，它们努力提高员工的生产率、产品的附加价值、寻找更长远的市场和产业环节。当瑞士努力改善本身竞争劣势时，其他国家还未出现人工短缺的现象，也就不再把注意力放在这方面。

本地企业的生产成本高于外国竞争对手，是产业竞争中最常见的不利因素。很多产业都遭遇过地价昂贵、工厂不易取得土地等不利状况。日本产业为了克服这些困难，创造了零库存和其他节省生产空间的工艺流程，而奇迹般地解决了库存量的问题。跟生产成本过高的情形一样，匮乏的生产要素、不易取得的资源、生产要素的使用方式受到严格限制等现象，通常也会刺激产业的创新与应变能力。

企业改善不利生产要素的动力，主要受制于它对问题的注意和努力。因此，假如企业能比其他国家竞争者更早感受到成本因素的变动趋势，就会走上创新的途径。当本地企业面对明显且快速的成本变化或自知条件不如人时，也会努力创新改革。

最后，企业即使在成本上绝对优于其他国家的竞争者，仍应该努力创新，改善生产相关成本的不利之处。例如，本地的工资虽然比其他国家便宜，却占生产成本的比重过高，企业可能还是应该选择放弃或避开需要廉价人工的产业，这种情况在意大利的产业中就曾出现。意大利的产业不但是全球自动化生产程度最高的国家之一，同时也是重要的自动化设备出口国。

本书所调查的产业中，企业选择性地克服不利生产要素的情形相当普遍，这也是它们争取到竞争优势的一个重要过程。例如20世纪以来，德国的巴斯夫和赫斯特长期研发人工靛青染料，目的就是克服该国不生产天然靛青而由外国进口原料、使得成本过高的不利因素。英国因为可以从所属殖民地进口廉价的靛青原料，所以没有成本压力，对于创新的意愿就相对较低。这也可以看出，原料的缺乏常是一个国家产业创新的原动力。

创新的另一个动力来源是人工匮乏、工资过高，或难以解雇等问题。德国、瑞士、瑞典、日本、意大利等国都有这些问题。终生雇佣制或不得随意解聘员工的限制使这些国家的企业不敢轻易扩充人力，偏好自动化作业。它们也快速朝向更独特的市场细分迈进。

气候和地理环境上的不利情形也会刺激企业创新。瑞典的企业在修建房屋方面有强大竞争力，部分原因是该国建筑工作天数较其他国家少，建筑工人的薪水又奇高无比；这些问题都使得企业重视高效率的建筑方法。另外，瑞典和日本因为处于国际市场边缘，它们的企业也在物流系统上特别下工夫。

然而，要使不利的生产要素转换成创新的动力，还需要其他竞争要素的配合。例如产业要创新，企业必须有充分的人力资源，再加上国内市场需求的配合。忠诚和永续经营的产业目标是另一项先决条件。如果企业经营缺少对产业的忠诚度，抱着捞一把就走的态度，就不会认真面对不利的生产要素，更不会用心创新。同样重要的是，国内的竞争气氛会刺激企业追求更长远的优势，以超越本地竞争者。

面对不利的生产要素时，钻石体系的其他部分往往也会影响产业的抉择：到底是应该花时间改善现有的不利因素，还是用偷懒方式、干脆到国外去寻找较好较便宜的资源？美国消费电子企业面临当地人工成本增加的窘境时，就把产品、生产线和工厂通通搬到中国台湾和其他亚洲国家和地区。这个做法虽然化解了人工成本的压力，但是对提升竞争优势的意义并不大。相较之下，日本的竞争者同样有国内市场竞争激烈并趋于饱和的难题，但是日本是通过自动化来减少劳动成本，因此淘汰了低层次的产品零部件，改善了产品质量，日本企业进而在美国对手已放弃的美国本土设立装配厂，成功地攻下竞争对手的大本营。

荷兰虽然不在本书研究的 10 个国家之内，但是荷兰的鲜花业却充分表现出化劣势为优势的转换效果，很值得提出来讨论。[25] 荷兰这个国家虽然长年低温、湿寒，但是每年出口的鲜花价值高达 10 亿美元，成为全球第一大鲜花出口国。

荷兰的竞争力源自该国鲜花企业能化不利的生产要素为竞争优势。这些花卉企业发展温室，培养新品种花卉，并找出节约能源以及其他能延续花卉产业竞争优势的技术。创新过程中，荷兰企业利用当地丰富的天然气资源，充分化不利因素为竞争条件。由于气候恶劣，荷兰的花卉企业没有遵循传统改善耕作技术的思考方式，而是特意在提升产品的竞争优势上下工夫，它们强调钻石体系中各个关键要素的配合，发展花卉培育、包装、运输等方面的支持产业。例如该国有施普伦格中心、阿勒斯米尔研究院等研究机构，也有高效率而完整的花卉处理和空运网络[26]。荷兰一年四季鲜花需求不断，带动了企业家投资花卉业的兴趣；单是在荷兰，就有 10 家拍卖公司，而种植企业、营销人员、对市场竞争的推波助澜、专业温室设备的出口等条件，又反过来推动该国花卉业在技术上的升级。

需求条件——产业冲刺的动力

国内需求市场是产业竞争优势的第二个关键要素。本书所研究的每一种产业几乎都可以看到母国市场的影响力。内需市场借着它对规模经济的影响力而提高了效率。[27] 不过，内需市场更重要的意义在于它是产业发展的动力，它会刺激企业改进和创新。这可以从以下 3 点看出：(1) 国内市场的性质，如客户的需求形态；(2) 国内市场的大小与成长速度；(3) 从国内市场需求转换为国际市场需求的能力。后两点又是第一点的延伸。从竞争优势的观点来看，国内市场的质量绝对比市场需求量更重要。

在产业竞争优势上，国内市场的影响力主要通过客户需求的形态和特征来施展。[28] 这种市场特征会影响企业如何认知、解读并回应客户的需求。国内市场与国际市场的不同之处就在于企业可以及早发现在国内市场中的客户需求，这是外国竞争对手所不能及的地方。[29] 产业或产业环节的竞争优势也是从这里产生。同样，如果国内市场的客户要求较多，本地企业会在市场压力下努力改善和创新，形成更先进的竞争优势，进而成为这个国家的产业竞争优势。这种市场与竞争力的微妙关系，就在各国不同形态的内需市场中表现出来。

全球竞争乍看之下似乎减少了国内市场的重要性，实则不然。国内市场深深影响了企业认知与诠释客户需求的能力。导致这种情形的原因有很多。[30] 第一点是注意力。企业对周遭需求的注意力是最敏感的，所需的成本也最低。新产品开发部门或研发计划的负责人作决策时，很少会考虑本地市场以外的需求。企业的产品如果能在本地市场取得成功，它所获得的自我肯定与掌声也是最多的。此外，国内市场的客户压力是企业最直接的压力，而文化和地缘的一致又使彼此间在沟通过程中可能造成的误差降到最低。

但国内市场的重要性不只在吸引企业的注意力而已。了解客户的不二法门是接近客户，而国内市场除了为企业提供对客户更多更充分的认识、行动上更多的自信外，还可以让客户与公司的技术主管、管理层直接面对面沟通，以便充分掌握客户的处境等。[31] 如果企业是和外国客户做生意，可能很难有这些好处，因为如果企业的决策层与当地无法融合也不熟悉当地客户群，即使该公司在当地的分公司获得充分授权、完全本土化，其仍会遭逢一项困扰，例如，如何把当地市场的变化和客户需求的状态充分传达到总公司。基本上，产品是根据母国市场的需求而设计的，所有的考虑都指向母国市场。[32] 在产业的国家竞争优势中，母国市场的客户形态具有关键性的意义。企业若无法掌握母国市场的损失，就无法完全靠出口来弥补。本国市场要能产生国家竞争优势，还必须具备以下 3 项特色。

细分市场需求的结构 第一个条件是需求的结构，也就是市场需求呈现多样细分。在绝大多数的产业中，市场需求可以被细分。以民航机产业为例，它的产业结构可以分成很多环节，从飞机的规模大小到航线长短等，本身结构相当复杂，而且与环境关系十分密切。其中有一些产业环节会显得比较有国际市场。

因此，当一个国家的内需市场和国际市场的主要需求相同，而其他国家却没有这样的条件时，这个国家的企业就比较容易获得竞争优势。瑞典能在远程高压电传输设备产业中领先全球，原因就是该国的钢铁、造纸等能源密集型产业与发电厂所在地、人口密集的南部地区距离甚远。地理特色刺激了瑞典在这个产业环节中的需求。

很多人认为，产业的竞争优势应该与它的国内市场大小有关，因为市场会影响规模经济的大小。[33] 然而，国内市场对某个产业环节的需求量，不必然与这个产业的国家竞争优势相符。而企业的国内市场规模就算不大，照样可以进军国际市场，撑出规模经济来。[34]

细分市场需求之所以重要，是因为它能调整企业的注意方向和优先发展顺序。比较大的产业环节通常比较早受到注意。换句话说，企业对比较小、比较不吸引人的产业环节，无论在产品设计、制造与市场营销等方面，都会推后发展顺序。这种现象在新崛起或正在发展中的产业里尤其明显。抢先进入的企业往往把注意力放在标准型产品上，努力满足市场的成长需求。企业也会忽略利润较低的产业环节，例如，技术层次较低、需求过于特殊难以配合，或不可能借附属的服务中获得利润的产业环节。因此，这一类产业环节通常很容易被外国竞争者抢占；即使外国企业没有前来角逐，国内企业终究会放手让国外企业来填补这类市场的需求。

空中客车在民航机产业中的崛起就是个很好的例子。空中客车的航程短、载运量大，它的设计基本上是为了满足美国波音公司等传统航机企业所忽略的市场环节。欧洲地区因为各国首都距离近、航空公司少、航程短，因此需要较高载运量的飞机。相反，美国的大都市之间距离较远、载运量比较分散，所以一两百个位子的民航机就可以符合美国航空公司的一般需求。因此，欧洲国家联合开发的空中客车公司，正是美国民航机企业视为次要的产品环节。

另一个例子是微波通信设备。日本多山，使得微波通信比传统铜线电缆通信更有吸引力。因此，第二次世界大战后的重建时期，当其他受战火波及的国家还把注意力放在传统电缆制品上时，日本电话电报公司已倾全力发展微波通信。日本的国内需求也使得微波技术在日本站稳脚跟，进军国际，取得竞争优势。同样的情形也出现在建筑设备方面；日本和其他发达国家不同，它的建筑业普遍使用水力挖掘机，因此在国际市场上，日本水力挖掘机的竞争力已远超过美国卡特彼勒公司，卡特彼勒虽然号称建筑设备业的盟主，但是一直忽略了水力挖掘机方面的产品。

市场细分结构的重要性说明了一项事实：小国根据本身需求所努力发展经营的产业环节，即使只算是大国的次要产业市场，照样可以为小国带来产业上的竞争力。瑞士的企业在隧道开挖工程设备上的竞争力长盛不衰，因为这个产业在全球市场上虽然不起眼，但是对多山的瑞士而言，却是非常重要的产业。同样，瑞士企业根据该国矿业的地质条件努力发展，也在矿场凿岩机方面居全球领先地位。美国则因为石油和天然气的相关产业规模庞大，而自然会形成对探测石油、天然气所需的轮转式采矿设备的需求。小国如果能建立某个产业环节的实力，通常会继续采取国际化的竞争战略，因为一旦放眼全球市场，相关领域中竞争经验丰富的可能就是它们自己。

如果国内市场的各个产业环节能联结起来，也会为国家带来竞争优势。企业如果能成功地将国内市场中需要高度工程或开创技术的产品与服务结合起来，就算是获得了进军国际市场的基石。例如，空调设备的机型必须随着气候条件而设计，美国能够在这个领域中称雄，原因是美国的本土气候复杂，几乎各种类型的气候都有。拥有丰富的国内市场经验，美国空调企业要打入其他国家的市场，自然是事半功倍。

当产业环节联合成更大的产业部门时，该国产业会因此产生更先进的竞争优势。整合过的产业环节会指引本地企业提升竞争优势的路径，企业也会认清自己在该产业中最有持续力的竞争位置。

欢迎内行而挑剔的客户　与产业环节的结合情形相比，本土客户的特质又更重要。假如本土客户对产品、服务的要求或挑剔程度在国际上数一数二，连带会激发该国企业的竞争优势。这个道理很简单，只要能满足这些难缠的客户，企业就可能满足其他发达国家的客户需求。而企业与这类客户在地理和文化上的相近，使得企业更容易察觉新的需求，并与发展创新密不可分。假如客户本身也是企业，更会创造出彼此共同开发的机会。这些都是外商公司难以追赶的地方。

内行而挑剔的客户是本国企业追求高质量、完美的产品造型和精致服务的压力来源。以日本为例，由于音响是社会地位的象征，日本消费者对音响器材的选购十分讲究，他们信息丰富、货比三家，而且要最新、最好的款式。制造商为了迎合消费者对质量的期望而快速改善产品，为满足消费者对机型的需求又密集推出新产品。[35] 因此，挑剔型客户既有助于维持企业的竞争优势，更是创造竞争优势的动力。当企业长期被刺激着不断改进、不断开发新领域时，势必会迫使它们在流程上的竞争优势升级。

环境特色也会造成客户对某些产品特别苛刻。美国高密度的公路网和分散的人口，为独特的重型柴油发动机车辆提供了表现的机会，也造就了康明斯发动机、卡特彼勒机械和底特律柴油公司在国际上的竞争力。日本能以轻薄安静的家用空调打进国际市场，则是因为日本夏季炎热、潮湿，住房狭小，根本不可能接受庞大嘈杂的空调，再加上节约能源的考虑，日本空调企业成为了省电的回转式压缩机的先驱。类似情况也可以在日本其他产业中看到。企业在国内市场的压力下，不断朝生产“轻薄小巧”的产品努力，结果日本产品因为多具有轻便、精致、多功能的特性而容易被国际市场接受。

有时，产业界的客户因为要改善自身的竞争缺点，也会对其支持性产业施加压力。美国石油产业就是个很好的例子。美国本土因为探油热潮而被密集钻探，比邻而设的油井和油田使得连续的钻探困难度极高。这种困境就形成了美国石油钻探器材业的一大压力，它们一方面要减少客户在特殊地形上的钻探成本，一方面又要保证当地地形能够复原。这些压力使它们的技术已接近完美境界，也因此能在国际上持续占有强有力的竞争地位。企业协助该国客户克服缺点，可以为双方建立相关的竞争优势。

影响本国客户会有特殊需求的因素很多，像地理环境、气候、天然资源、税制、法律规范和社会标准等都是可能的原因。以欧洲为例，当地对汽油课以重税的结果，使传统的汽车发动机被高马力、低替换率而更省油的发动机取代。当市场从垄断或高度规范的状态转为各家竞争的局面时，客户对产品的要求也会增加，因为竞争压力使他们更注意发展新产品和降低更多成本，并将这股压力转嫁到供应商身上。以美国高度民营化、分散式的医疗保健系统为例，激烈的竞争是美国医疗器材供应商不断创新和持续竞争力的源泉。公用事业的民营化过程通常也会刺激企业更大胆地向上游采购。

挑剔型客户通常是最终买主，但也可能只是下游经销商[36]。以美国为例，眼镜行业组成强有力的网络系统，刺激了当地隐形眼镜企业朝降低成本、创新服务、快速推出多类新型产品等方向努力。意大利的情形也一样。和其他国家不同的是，意大利当地的皮鞋、服装、家具、照明等产业，大多数会将产品送到专卖店销售，因此各专业店的零售商督促制造商持续推出成本更低、样式更新、价格更便宜的产品，成为一股主要的压力。

一个国家是否有这种挑剔型客户，可以从这个国家的国民偏好观察而得。早在第二次世界大战前，日本人就以拍照记录旅游和家庭活动出名，因此他们可以算是挑剔的照相机顾客，今天日本相机业才会有领先全球的实力。日本的制笔产业出名，是因为日文难以用机器打出，重要文件多是手写，书法又是他们教育和文化中的重要一环。在这么多条件配合下，日本企业自然成为全球制笔工业中的创新者和佼佼者。

同样，如果了解德国人会在星期天没有速度限制的高速公路上驾驶爱车，追求无拘无束的感觉，自然能领会"自由人享受自由速度"这句响亮的广告对该国驾驶人所透露的信息。而美国人对体育、电影、电视、录像带等大众娱乐的狂热，使上述产业能够在全球各地独领风骚。英国人以园艺出名，他们的园艺器材业则是世界一流；意大利人讲究服装、食品和跑车，其相关产业也驰名国际。国民偏好通常刺激产业的规模并引发产业的国际竞争力。这种国民偏好不仅是国家产业具有高度竞争力的原因，有时也是产业竞争力带来的效果，这方面的因果关系将在第 4 章中进一步分析。

预期需求 如果本土客户的需求领先其他国家，在未来可能带动各地同类型的需求，这也可以算是本土企业的优势。如果本土需求先反映出市场上的客户偏好，则是一种敏锐的预告指标。本土需求之所以重要，是因为它能协助企业掌握新产品信息与走向，而且这个持续的过程可以刺激企业的产品不断升级，增长面对新形态产业环节的竞争能力。有时候，预期需求（anticipatory demand）可以算是挑剔型客户带来的好处之一。由于挑剔型客户通常也是首先尝试新产品、新服务的人，因此会带动其他地区的相同需求。

例如，由于日本政府的大力宣传，加上法令的规范，日本消费者很早就重视到节约能源的问题。日本企业因此被迫面对这种趋势，极力改善产品的能源效率。其他国家则要到第一次能源危机后才警醒到问题的严重性。在这方面表现最差的是美国，能源成本更是被漠视。

但这所有的前提是：本地客户必须能以客观公正的态度挑剔产品，才能真正带动产业的国家竞争力。假如客户是爱用国货的死硬派，反而会降低本地企业的竞争优势。如果国内需求无法快速反映新的需要（尤其是精密层次的需要），该国企业反而会因此而处于不利的局面。

有时候，这种预期需求可能会因该国政策或社会价值而起，进而成为其他地区的共同需求。例如，瑞典一向关心残障者，这促成该国的相关产业达到了世界的一流水平。此外，一国的本土需求若是超前或落后于世界趋势，部分原因与它的文化是扩张型还是内敛型有关。因为美国人对便利的需求符合全球各地的趋势，连带造成美国的快餐、家庭用品和其他产业在国际上的成功。美国人对信用的重视，又形成美国运通卡、威士卡、万事达卡、大来卡（Diners Club）等信用卡公司、读卡的信息技术产业横扫全球。北欧人对社会福利和环境的重视超前于美国，并且与今天各国的需要相吻合，因此丹麦、瑞典的环保企业（尤其是在污水处理设备方面）已成就卓著。

生产要素有时也在需求时机上扮演一定角色。传统依赖进口能源的丹麦，因为气候条件和政府支持开发新能源，很早就研发出风力发电，相关产业因此很早就成为生产及出口风力发电机的强棒。

较其他国家领先的法规制度也会有助于形成竞争优势。以瑞典为例，该国的森林和矿产位于地形崎岖的北部，因此很早就开放生产大马力的重型卡车，以使北部开采的原料能经得起长途颠簸的运输。这是该地法律充分反映当地价值和需求的典型例子。当其他国家取消对卡车体积、吨位的限制规定时，瑞典生产长程、耐久、重型卡车的绅宝、沃尔沃因而优先取得国际竞争力。

需求规模和成长模式

本土的预期需求可能催生产业的国家竞争力，而市场规模和成长模式则有强化竞争力的效果。在讨论国家竞争力时，我们讨论过母国市场大小的问题，不过关于这方面众说纷纭，没有明显定论。[37] 有些学者认为，从规模经济的角度来考虑，母国市场越大越有竞争力，但也有些学者持相反论调，认为母国市场越大，越不利于企业的进出口活动，因为大型内需市场相对降低了它与其他跨国企业间的竞争力，像瑞士、瑞典、韩国，甚至日本都是在国内市场不够大的压力下才发展出口的。[38] 因此，母国市场规模似乎不如其他的市场需求因素那样，可以提供确切的竞争力关系。

母国市场规模　如果说大型的国内市场对产业的竞争力有利，是因为这会鼓励企业大量投资大规模的生产设备、发展技术、提高生产率。不过，必须特别注意的是，除非保护主义或禁止出口的闭关浪潮卷土重来，否则跨国企业在大规模生产和研发上的投资，不会只是为了迎合母国市场需求，因为跨国企业通常是把许多国家当销售对象。瑞典和瑞士有很多世界级产业也证明：高度国际化的企业可以从许多别国的市场积累本身的规模经济。

具有规模经济的产业所面临的最重要的问题是：到底哪一个国家的企业可以抢先生产出既能满足国内需求，又能符合国外市场需求的产品？这个问题涉及其他竞争要素，尤其要探讨国内市场的功能问题。毕竟，对某些产业而言，国内市场规模有其重要意义。在服务于本地市场时，本国企业通常比外商多一些语言、法规与文化亲和力等地缘条件（这也造成外商不得不本土化的趋势）。照顾本地大客户的偏好是企业投资的一大动力。对企业而言，国内市场在感觉上更真实、更容易预测。因此，尽管本地企业已具有对外的发展能力，但对掌握国外市场的自信心总不如对国内市场有把握。我们的研究也发现，在产业发展的初期阶段，企业的投资决定多从照顾国内市场的角度出发。

对某些产业或产业环节而言，国内市场规模和国家竞争力更是息息相关。这些产业通常需要大量研发、大量生产，并且是技术差距大或具有高度风险的产业。由于地缘因素，这些产业的企业觉得投资国内市场时比较有安全感。

然而，除非其他国家对相关产品或产业环节有相同的需求，否则大型国内市场不见得有助于产业在国际上的竞争力。以美国农机业为例，美国丰富的农业资源和农地面积，导致农业联合收割机产业的崛起。但是美国和其他国家在地形、气候、法令规定，甚至农家结构上的不同，导致适合大型农场使用的美式联合收割机并不受欧洲国家欢迎。美国农业机械业虽然试图把触角延伸到欧洲市场，但德国克拉斯公司（Claas）却以体积较小、效率较高、适合在欧洲复杂地形工作的联合收割机反击，终于成为欧洲农机业盟主。举另一个例子来说，商用客机强调市场规模，而美国企业正是因为美国市场地广人稀，才会向国外拓展。

有时候，小国如能善加发挥本身的环境条件，照样能在特殊产品的规模上称王。芬兰生产的破冰船和具备破冰力的货轮数量，就与这个国家本身的市场规模不成比例。芬兰造船业在世界造船业的总吨位上并不起眼，但是凭借其气候条件、贸易导向及掌控俄罗斯市场的门户位置，再加上针对特殊功能船只设计的船坞等基础建设，和芬兰海运业对破冰船质量的严苛要求，芬兰造船业最终得以在这个领域中举世闻名。

国内市场规模有如一把双刃剑。一方面具有激励企业投资、再投资的动力，因此是产业国际竞争力的一大优势；另一方面，庞大的国内市场所带来的丰富机会，也可能导致企业丧失向外拓展的意愿，这就形成了不利于国际竞争的因素。因此，必须把国内竞争者的其他竞争要素放进来一并考虑，才能看出市场规模对产业竞争力的可能利弊。

客户的多寡 国内市场的客户越多，对产业竞争力的帮助就越大；反过来说，如果国内市场被一两家大客户垄断，则对产业的竞争力有害而无益。因为客户的数目多时，每家客户都有其产品需求，并且有彼此竞争的压力，这种情形很容易促成市场信息快速流通，并增加创新点子。相反，若市场只被一两家大客户垄断，那么供应商虽然有好看、量大的订单数字，但却缺少创新的动力。

同样，有限而强大的客户使买卖双方的谈判空间缩小，进入市场的门户封闭。产业的脉络、投资风险与进入障碍的降低，还是要靠众多客户之间的竞争。

母国市场的需求成长　在竞争优势中，国内市场需求的成长率和市场需求的规模，是一体的两面。产业的投资率可以反映出市场规模的成长。快速的内需成长，可以鼓励企业投资、勇敢而果断地引进科技、更新设备，并兴建更大型、更有效率的厂房。[39] 反之，如果一个国家的市场成长趋缓，企业的扩张也会趋于保守，并担心引进新技术会造成现有设备、人力的闲置。不过，当产业科技发生重大改革、企业需要更强的信心才能投资新产品或新设备时，快速的内需成长更凸显其重要性。

我们可以看看意大利五金工业的例子。比起其他欧洲国家，意大利的五金工业到了第二次世界大战后才开始发展。但是在短短10年间，却已经成为欧洲五金产品出口大国。原因之一是20世纪50年代的意大利，五金产品的需求蓬勃。五金市场的快速成长率使企业纷纷投资大规模、自动化的工厂，生产个人用小型五金制品，再贴上公司的标签，走进国际市场，建立品牌的营销网络。另一方面，欧洲其他国家的五金企业却受制于既有设备及稳定的内需市场，对扩张持保留态度，不愿彻底改善整体生产方式。此外，意大利企业的成功也是因为根据本国消费者的偏好，生产低价位但精致的小型五金用品——这个产业环节向来被其他国家的竞争者所忽略，意大利才能乘隙而入。因此，在思考产业竞争力时，内需成长必须和需求的组成内容同时考虑，才能呈现竞争优势的意义。

日本是另一个因强势的国内需求而带动其余很多产业发展的例子。比起美国和其他原本领先的欧洲国家，日本的钢铁、轮船、叉车等产业能够后来居上，都是因为经过了快速的国内市场成长期。当日本企业在急速成长期大量投资最新自动化设备时，西方的企业却满足于已饱和的内需市场和既有的设备，而缺乏汰旧换新、更上一层楼的意愿。

国内市场的预期需求 本国市场最先对某项产品或服务产生需求，会使本国企业比外国竞争对手更早行动，发展该项产业，进而产生满足其他国家客户需求的能力。[40] 及早发现需求的竞争优势是，企业可以因此抢先建立大量生产设备并累积经验。此外，本地客户对产品需求的形态改变也是一个很重要的变数，因为这种改变会促使企业成长，产生竞争能力，一旦产业环节逐渐明朗、投资直接进入后，竞争优势便开始建立。然而，要再一次提醒的是，就竞争优势而言，国内市场的素质绝对比规模重要。因为国内市场的产品价值必须能转换成国际上的需求，先发现需求的效果才能成为企业的竞争优势。

美国国防预算正是分析国内市场先后需求与产业竞争力关系的例子。美国许多先进产品的第一个市场经常与国防用途有关，美国举世无双的庞大国防预算也是美国企业的一大优势。但是国防需求成为产业竞争优势的前提是，它必须能呼应往后美国和海外的民间需求，企业的投资和技术能力才能转换成民间的实际用途。以喷气机为例，波音公司之所以能成为世界民航机的盟主，与美国空军采购它第一架喷气运输机有关，后来民用707运输机就是同一形式的飞机。波音 747 的情况也是一样，它原本是依军事用途设计，但在大型军用运输机竞标时，却败给洛克希德公司的C5A。所幸后来波音 747 转为民用客机，依然大有收获。

然而，并非所有产业都像美国航空业这么幸运。以电脑控制机床为例，美国军方和民间的需求差距很大，企业能转换利用的经验就有限。反观日本，由于企业与政府技术没有这种差距问题，因此双方集中力量发展一般用途的电脑数控机床，很快就成为这个领域的领先者。

对美国企业而言，国防需求究竟是一种动力或是阻碍，还是必须归结到"需求内容和技术性质能否转换成商业用途"的问题。在这方面，每个产业的情况并不相同。依目前发展趋势来看，军事需求和商业需求的相似与重叠处正在逐渐减少。

国内市场提前饱和　与国内市场的预期需求同样重要的是，国内市场可能会提前或突然饱和。母国市场的预期需求虽然给企业提早行动的机会，不过它的提前饱和则迫使企业继续创新和升级。一个饱和的国内市场会带给企业高度的压力，迫使它们降低售价、创新产品造型、加强产品功能，并在推出新一代产品时，增加更多客户购买的诱因。市场饱和强化了竞争的冲突，强迫价格更为合理，并淘汰最差的企业。能够存活的本地企业通常不多，但是它们的体质较强，创新能力也较佳。

国内市场饱和所带来的另一个影响是，企业将被迫从本土走向国际市场，以维持成长或消化丰沛的生产能力。在本书的研究中，无数产业都是在本国市场饱和后才开始国际化的。美国和日本在这方面的表现最为突出，其他国家或多或少也都有相同的经验。例如，意大利的建筑业者能成为国际上成功的竞争者，与第二次世界大战后意大利国内的建筑市场突然饱和的刺激有关。[41]

如果国内市场饱和、国外市场需求展开的时间能正好衔接，产业的竞争优势便格外显著。因为这种形式会带给本地企业强烈的出口动机，而同时间的外国竞争对手却无力因应自身的市场变化。许多产业的盟主就是利用这种时机奠定了领导基础。

在第二次世界大战后崛起并成为世界盟主的美国建筑业就是个绝佳的范例。大战期间，美国建筑业因军需计划而大量扩充设备。战后的美国本土基础设施完好如初，而其他国家却是在瓦砾中亟待重建，再加上马歇尔计划，美国建筑企业几乎是在没有敌手的情况下大肆向海外扩张。到了 70 年代后期，世界经济回升，由于美国电子产业反应迟缓，蓄势待发的日本半导体产业因此获得突破的契机。当时，美国企业将注意力放在传统的二极管技术上，日本企业则斥巨资发展金属氧化物半导体技术，终于取得领先的地位。

消费电子产品是另一个范例。日本消费者对质量、功能特别挑剔，而喜欢的产品形式又差不多，造成日本消费电子产品生命周期短、市场饱和快，因此日本企业一方面必须更努力开发新一代产品，现有跟不上潮流的产品则刚好可以输往需求晚一步的海外市场，旧货新卖。日本业者善用快速饱和的国内市场与轻薄小巧、多功能的新产品，轻易地在海外市场淘汰外国对手。

如同预期需求的市场，提前饱和的市场能帮助企业产生竞争力的前提是，市场需求的各要素必须能引导企业生产符合国际需求的产品。

开拓海外商机

内需市场的特征是国家优势的根源，而市场的大小、开拓模式则会借助投资、时机和进取心来强化这种依附在内需市场下的优势。不过，还有一种形态的国内市场也对竞争优势有帮助，就是国内市场的国际化，可以自然而然地将该国产品和服务推往海外。

机动性高的跨国型本地客户　假如某国的客户是跨国企业，机动性高，该地的供应商会因此受益，因为这类客户身兼本地客户及海外客户，只要能巩固这一类型的客户群，就相当于在国外市场中打下基础，获得忠实的顾客。更重要的是，通过跨国企业客户的协助，本地企业可以在风险降低的情况下打造海外知名度。这种关系可以从美国旅馆业、租车业、信用卡公司与旅游产业共同获利中看到，快餐业的情形也相同。

另一种说法也可以解释跨国型客户所带来的附加好处。历史悠久的跨国企业通常倾向将重要的采购、服务活动放在母国，因为母国具有容易联系沟通、风险少、方便掌握上游产业效率等条件。这种倾向就为上游产业提供了提前发展海外市场的动力。

挖土机产业是个很好的例子。美国的卡特彼勒机械走向国际化，缘于美国在建筑、矿产和伐木等产业拥有世界性的影响力。同样，生产大马力发动机的康明斯发动机，因为有美国石油钻探、矿产、建筑等产业的提携而在国际市场崛起。美国的汽车零件业随汽车工业打进加拿大、欧洲等地区的市场，而近年来，日本的汽车零件业也随日本汽车的出口而国际化。

国外需求的影响 另一个利用国内需求来带动国际需求的方法，是将国内需求转移到外国客户身上。最常见的情况就是，利用外国客户前来培训观摩的机会。培训过程中，外国学员接受了本地的产品和价值标准，回国后通常会引介并继续使用相同的产品或价值标准，因此产生推广效果。美国代训外国医生就达成了这种效应，因为美国企业提供医疗代训所需的器材设备，往往就随着这些外国医生不断扩张它们的国际版图。

这种示范效益也反映在竞争激烈但价值标准相同的科技社群中。科技研发的领先国家通常是其他国家科学界竞相超越的目标，领先国家在研发过程中使用的设备和程序，往往随着论文在期刊上发表，或在科学家的讨论中向国际科技社群传播。显微镜就是个很好的例子。蔡司等德国企业能在国际上称雄，部分原因是它和世界一流的德国科学家之间的合作关系。当世界一流的产业中出现旗鼓相当的竞争局面时，外国竞争者也会引进相同的设备和流程，以跟上竞争步调。

以示范效果协助本国产品出口的途径还有很多，像通过移民潮带动国外市场对母国特定产品的认识与需求；发展旅游事业，使外国游客亲身前来体验本国的产品风貌。不过，这些示范效果的前提是，本国需求必须更先进、更精致，否则不会形成预期中的竞争优势。

此外，国家之间的政治联盟或历史渊源也会使本地的需求跨疆越界。这种效应会深入被影响国家的立法制度、生产或技术标准，以及消费偏好。英国产业的竞争力，绝大部分源自它在1800年到1950年间经营殖民地的成功。今天，国家与国家之间的结盟或经济援助也能达到相同的效果。像日本和意大利就善于运用海外援助来带动企业在国外的生产和服务。不过，一个国家如果过于依赖外商，将降低改进和创新的压力，不利于培养自己的竞争优势。

需求条件的交互作用

至此，我们应该可以清楚地看到，国内市场的各种条件可以彼此相互强化，并在产业的各个演化阶段中，发挥其特有的重要性。电视机产业就是个很好的例子（见“电视机产业的内需市场”）。

国内市场最大的贡献在于，它为企业提供发展、持续投资与创新的动力，并在日趋复杂的产业环节中建立企业的竞争力，例如挑剔型的当地客户、可以带动其他国家的需求、快速成长的市场以及提前饱和的市场等，都会促使企业提升竞争力。

比起从市场规模而来的短暂优势，由上述条件产生的竞争优势更具决定性、更能长久延续。这些条件当中，有些可以帮助产业在一开始建立优势，有些则帮助产业强化或保持既有的竞争力。

钻石结构的其他关键要素也会影响到国内市场的竞争优势。比如说，缺少强而有力的国内竞争对手时，不论内需市场再大，市场成长速度再快，企业仍可能产生自满心态而不肯加紧投资。若少了相关产业的支持，企业又可能无力回应国内市场客户的需求。钻石体系内的力量是整个系统互动而生的力量，各关键要素无法单独发挥其影响力。

电视机产业的内需市场

电视机产业的例子足以说明：一个产业的市场需求条件是前后关联而又相互强化的。与率先发明电视机的美国相比，日本的电视机工业发展较迟，而且由于当时日本的国民收入不高、居住空间狭小等因素影响，所以一开始就朝体积轻薄小巧、可携带，甚至使用后可以收起来的机型发展。这种走向截然不同于美国市场的偏好，美国企业受市场影响，致力设计大体积、大显像管，甚至造型如家具的电视机。因此，日本电视企业宁愿付大尺寸显像管的专利费，甚至必须向美国购买大型显像管，也仍将研发主力放在美国电视机企业所忽略的轻薄型电视上。

随着电视机从客厅摆设品变成生活必需品，轻薄短小的机型逐渐广受世界欢迎，加上前面提到的，日本消费者在选购消费电子产品时的丰富信息与挑剔态度、日本市场容易提前饱和，迫使日本企业一再在产品质量、造型、价格等方面更认真地下工夫。

因此，当美国电视机企业还沉迷于该国市场的利润时，日本企业已经在国内市场饱和的压力下，努力降价、开拓海外市场，进而在20世纪80年代末，成为全球的电视机产业王国。日本电视机产业的竞争优势，主要是在产品与众不同的特色上。

相关产业与支持性产业：休戚与共的优势网络

形成国家竞争优势的第三个关键要素——当这个国家和其他国际竞争对手比较时，能提供更健全的相关产业与支持性产业[42]。日本机床产业能够在国际上称雄，是因为日本的数字控制器、马达、相关零部件产业也是世界一流；瑞典在钢珠、刀具等钢制品的强势地位，来自该国专业炼钢产业的成就；瑞士企业在刺绣机械方面的名气不亚于它们的刺绣产品业。图 3–2 进一步显示，全球驰名的意大利制鞋业背后包含了形形色色的相关产业的竞争力。在很多产业中，一个企业的潜在优势是因为它的相关产业具有竞争优势。因为相关产业的表现与能力，自然会带动上下游的创新和全球化。像一个国家的半导体、电脑软件和贸易等产业就会影响到许多其他产业的表现。

一个国家因为相关产业彼此牵动而刺激竞争力是很平常的。瑞士制药业的成功与它的发酵工业在早期就取得国际竞争优势有关；日本的传真机工业能够称王，必须回溯到它在复印机上的杰出表现；而日本的电子琴产业能领先全球，同样离不开它在音响器材、消费电子产品类所展现的能力；图 3–3 显示了意大利制鞋业中的相关产业在竞争力上所展现的关联效应。

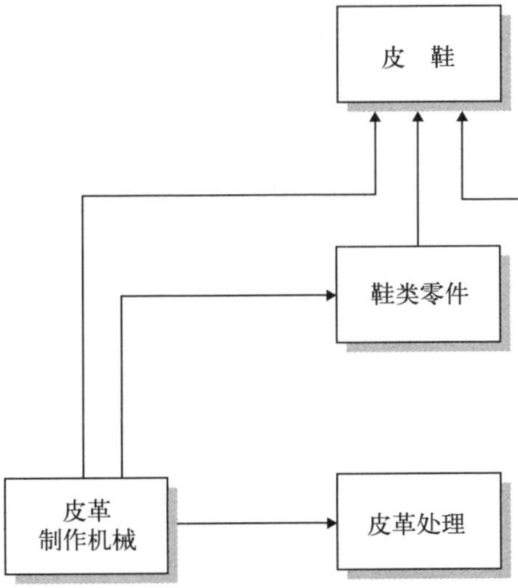

图 3–2　在国际市场上成功的意大利鞋类供应商产业

其他产业同样有这种由供应商的竞争优势促成相关产业受益的机制，这部分是本书接下来要探讨的重点，相关产业与其他关键要素的互动将在第 4 章讨论。

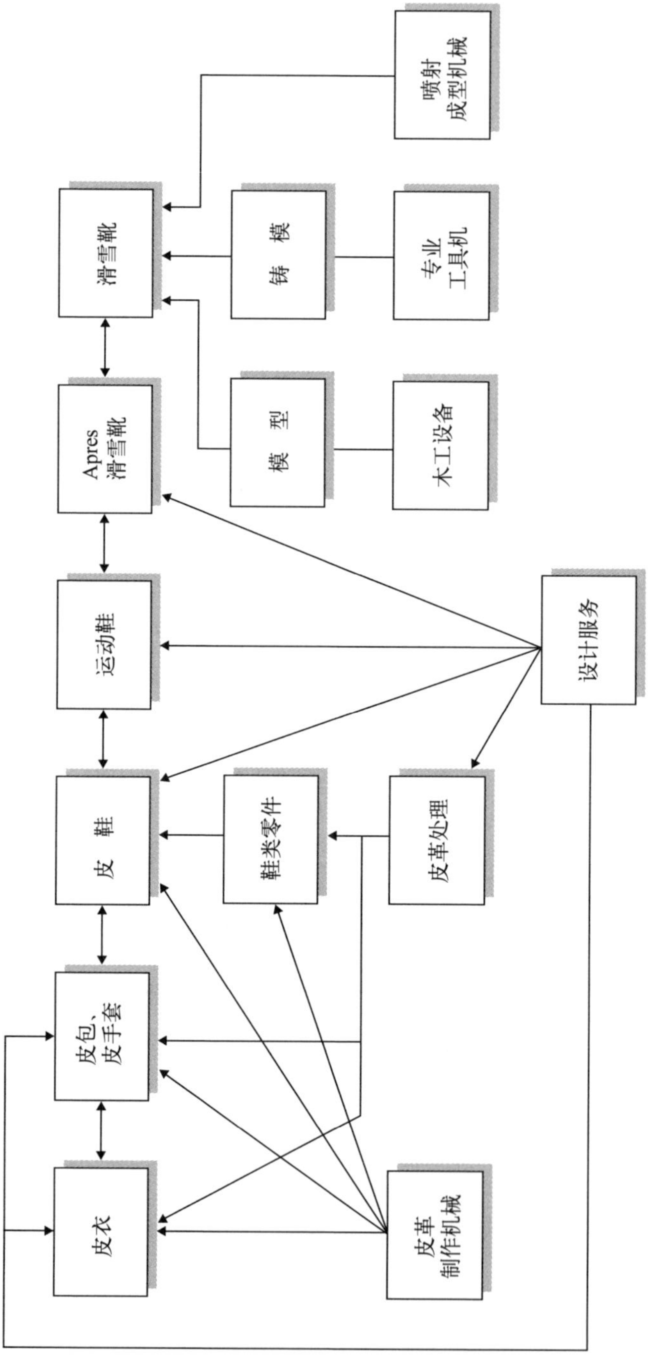

图3–3 在国际市场上成功的意大利鞋类相关产业

由上而下的扩散流程

当上游产业具备国际竞争优势时，它对下游产业造成的影响是多方面的。首先是下游产业因此在来源上具备及早反应、快速、有效率，甚至降低成本等优点。意大利能持续金、银首饰业的主国地位，部分原因是意大利的珠宝加工机械产业产量达全球 2/3，该国同时也是稀有金属再加工设备方面的领导者。因此，意大利珠宝企业一方面在取得最新设备上毫无困难，同时，设备供应商为满足本地客户的需求也激烈竞争，客户就可享受到更合理的价格与更高的服务效率。

不过，假如下游的相关产业缺乏有效应用相关产业的能力，单靠上游企业的竞争力，不足以形成该国在这个产业的国际竞争力。因为在国际竞争中，零部件、设备和其他相关性与支持性活动可以在国际市场中寻找替代的来源，比较重要的还是企业如何运用它们。

发展相关产业除了可以使应用元件、机械设备等支持更容易取得外，本土相关产业还有更重要的一项优势——能持续与多方合作。前一章已经提过，企业和供应商形成的价值链对竞争优势的意义。这种价值链的建立，需要借助各供应商的资深管理人员密切合作，并通过实质活动才能养成。假如供应商是外商，即使到客户所在地设有分公司，还是很少能替代本地的相关产业。

本国供应商是产业创新和升级过程中不可缺少的一环，这也是它最大的优点所在。因为产业若要形成竞争优势，就不能缺少世界一流的供应商，彼此之间也必须维持紧密的合作关系。在这种合作关系中，一方面供应商会协助企业认知新方法、新机会和新技术的应用；另一方面，企业则为供应商提供新点子、新信息和市场视野，带动供应商自我创新，努力发展新技术，并培养新产品研发的环境。企业和供应商之间的交流与共同解决问题的关系，也会使它们更快、更有效率地克服困难。当供应商成为各下游企业之间信息传递的渠道时，整个产业的创新步伐也会迈得更加迅速。当供应商是同属一国的企业时，这种正向效应最大。

意大利产业就有很多这样的情形。以皮鞋业（参见图 3–2）为例，意大利的皮鞋制造商会定期与皮革商会面，讨论新的鞋样和制造技术，顺便了解上游的新皮料和染整技术。皮革商则在沟通过程中掌握了市场流行趋势，作为接下来规划产品的基础。然而，这个例子也提醒了我们：竞争优势与本土供应商之间并非理所当然就配合得这么天衣无缝。这类竞争优势需要企业与本国供应商共同配合形成，这一主题也会在下一章一并讨论。

事实上，与外国供应商相比，本国供应商的稳定性较高。这是因为本地市场更真实、较容易预测，甚至在成功之后所带来的社会地位对本地供应商的激励效果也较大，而企业与供应商在文化和地缘上的一致，也使得它们的管理人才和技术人才背景相近、设备和信息网络的发展更相容，进而降低沟通和执行时的成本。[43]

供应商本身的实力也是它与企业型客户关系的一个重要参考。如果供应商有世界一流的实力，不断朝提升竞争优势的过程发展，就能提供本国客户所需要的最新技术。供应商若能打进国际市场，它对市场的洞察力就更强，提供的客户信息也会有更高的参考价值。若禁止本地供应商服务于国外的竞争者，只会逼迫企业走向毁灭之境。因为靠民族情感或兄弟情谊“掳获”而来的供应商，对企业改善和升级的帮助不大。

即使下游产业不在国际上竞争，只要上游供应商具有国际竞争优势，它对整个产业竞争优势的影响仍然是正面的。广告媒体就是个很好的例子。电视、广播和杂志等大众传播媒体大多属于本土型多国涉足的产业，全球化的脚步比较缓慢。不过，美国长期发展创新能力高和经验丰富的媒体公司，并积极进行多媒体的整合，下游产业因此受益良多。例如，美国在世界一流的本土广告公司的带动下，营销企业通常敢尝试最新的营销手法，而这些新的媒体营销模式又很快扩散到世界各地。先进媒体对市场营销企业的重要性，又可以从一个反面的例子中看出：德国和瑞典对广告的限制很严格，因此这两个国家的企业必须到其他国家学习营销技术，而它们在消费产品上的国际竞争力也不高。如果缺乏进步的民间媒体做后盾，一个国家想要发展具有国际竞争优势的消费品产业，实有先天的困难。

不过，因为产业的上游有很多创意不高的部分其实可以在海外取得替代品，所以国家不必苛求国内所有的供应商都具备国际水平。而有一些基本的科技虽有应用范围，但只占每一种产业中的一小部分，也可以考虑采用进口资源。例如瑞士和德国的助听器、塑胶喷射成型机，都是产品项目繁杂的产业，而企业根据本身对先进电子技术和电脑软件工程的需求，不约而同地在相关技术较强的美国成立分公司，以争取竞争优势。这种现象显示，德国和瑞士的企业不把自己局限在本国上游现有技术，而是灵活地思考哪里有发展竞争优势所需的关键技术。当下游产业已健全发展而且具有举足轻重的地位时，母国上游产业的不足之处，并不构成明显妨害。

相关产业内的“提升效应”

竞争力强的产业如果有相互关联的话，也会有“提携”新产业的效果。因此，有竞争力的本国产业，通常也会带动相关产业的竞争力，因为它们之间的产业价值相近，可以合作、分享信息，甚至在电脑、设备和应用软件等方面都能互补。这种关系也形成相关产业在技术、流程、销售、市场或服务上的竞争力。例如，复印机产业和传真机产业的技术大部分是重叠的，连使用的零部件和下游配销系统也几乎相同。在世界各国，产业带动相关产业竞争力的情形很普遍，表 3–1 就是一些参考例子。

表 3–1　10 国具有国际竞争力的相关产业

国　家	产　业	相关性产业
丹　麦	酪品、酿酒	工业用酵粉
德　国	化学制品	印刷油墨
意大利	照明设备	家　具
日　本	照相机	复印机
韩　国	录放机	录像带
新加坡	港口服务	修　船
瑞　典	汽　车	卡　车
瑞　士	药　品	香　料
英　国	发动机	润滑油、减震器
美　国	电子测试和测量器材	病人看护设备

图 3–4 更详细地说明，日本产业集团如何因彼此的关联性而产生竞争力。日本在人造纤维工业的长丝合成织品上独占鳌头，可以回溯到过去它一直发展纯丝织品和大量出口仿丝织品的产业历史；而碳纤维产品能迅速表现出竞争力，是因为碳纤维技术与人造纤维技术很接近，甚至有不少竞争企业同时涉足这两种产业。而且，日本虽然不是全球纺织机械的盟主，但日本企业制造梳理长纤

维的喷水式织布机的技术却领先全球，这种国内相关产业相互提升竞争力的情形是很正常的。

正如本地供应商和下游企业的关系，有国际竞争力的产业提升相关产业的竞争力后，彼此在信息和技术方面的交流增加，它们的交流成本也因地缘的关系和文化上的一致而低于外商。产业的“提升效应”（pullthrough effect）会使企业认识更多新机会，也让有新点子、新观念的人获得机会投入这个产业（见第 4 章）。

相关产业中的本地企业通常并肩行动，有时还因此结盟。[44] 以润喉糖著称的瑞士利口乐公司（Ricola）长期利用生产巧克力的托杰公司的营销渠道，在国际市场扩张。在瑞典，生产凿岩机的山特维克公司（Sandvik）和矿场机械的阿特拉斯 · 科普柯公司不断利用正式、非正式的机会合作，建立营销联盟，更是历史悠久。当国内的产业竞争力相互关联后，又会加速它们上游产业的发展。

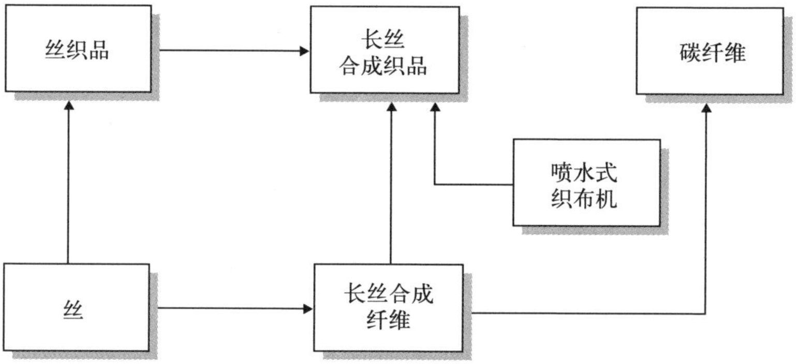

图 3–4　日本在纤维和织品方面的相关产业

若一个产业在国际市场中竞争成功，将提升其互补产品或服务的需求。例如，美国电脑业横扫国际市场，连带打开了电脑外围设备产业、资料库产业和软件业的国际空间。当一个国家的服务业走上国际化时，必然带动该国相关产品的销售量，反之亦然（详见第 6 章）。当企业间建立互为表里的关系之后，其产品和服务的成本效益可能也是最高的。因为当其中一方向客户推荐另一方的产品或服务时，它是以本身的满意经验为基础，并确信所推荐企业的表现不会伤害到自己的产品信誉。产业发展出互补产品的亲密关系时，可以同时提升双方的业绩。

提升效应通常与产品的互通技术比例的高低有关。不过，提升效应最强的时机通常是在产业生命周期的初始阶段，受益最明显的是那些行动快的企业。例如，英国能成为贸易强国，与它在世界贸易刚发展时就采取行动、参加许多国家的基础设施建设有关。而英国人迄今仍维持着贸易服务业的竞争力，更是与这层历史的渊源息息相关。

如果想成功地培养一项产业的国家竞争优势，最好能先在国内培养相关产业的竞争力。这种竞争优势主要建立在产业的创新能力或分享相关经验上面；以前面提过的传真机产业为例，日本在传真机问世前，已经是复印机、办公设备、照相器材、通信器材方面的产业大国，这些产业也提供了发展传真机所需的主要技术。

不过，无论是本地供应商还是相关产业，都必须与钻石体系的其他关键要素搭配。若掌握不住先进技术、国内市场无法及时反映市场变迁，或缺乏强而有力的本土竞争者以激发斗志，就算供应商的水平世界一流，它对下游企业竞争优势的贡献仍然相当有限。电视机产业就是个很好的例子。美国虽然在半导体产业领先全球，但是电视企业专注于发展大尺寸电视，忽略了整个世界趋势，更缺乏改善技术和自动化生产的压力，上游供应商的竞争力终究于事无补。

企业战略 · 企业结构 · 同业竞争：最后的三角习题

在国家竞争优势对产业的关系中，第四个关键要素就是企业，这包括该如何创立、组织、管理公司，以及竞争对手的条件如何等。企业的目标、战略和组织结构往往随产业和国情的差异而不同。国家竞争优势也就是指各种差异条件的最佳组合。本国竞争者的形态，更在企业创新过程和国际竞争优势上扮演着重要角色。

国家环境会影响企业的管理和竞争形式。每家企业的管理模式虽有不同，但是和其他国家比较之后，依然会显现出其民族文化的特色。以意大利具有国际竞争优势的企业为例，它们大多是中小型规模、私人经营，甚至具有家族渊源的公司。在德国，许多公司的高层主管必须具备技术和工厂经验，企业的组织和管理呈现明显的层次化。这种现象也使得企业管理模式成为研究国家竞争力的热门学问。美国式管理曾一度是学界研究的主流，但是自 1980 年后，日本式管理取而代之。

不过，管理模式并非通则。产业成功的前提是，企业必须善用本身的条件、管理模式和组织形态，更要掌握国家环境的特色。例如照明、家具、制鞋、毛纺、包装机械等有国际竞争优势的意大利产业，大多由经济规模较小、以合作代替结盟的企业所组成，避开标准化、利润低的产品，战略上则力求遵循满足各种客户的不同需求、开发造型特殊的产品。这些企业讲求个人创意，因此能不断发展新产品，抓住市场趋势，并且具备随时调整的弹性。

德国的情况则正好相反。该国的企业中，具有工程和技术背景的高层主管比较喜欢发展系统化的产品，改善流程，并避免尝试高风险的竞争。这种特征使德国在光学、化工、综合加工机等需要高度技术和重视工程的产业上非常成功。由于德国产业重视复杂、精密加工和完善售后服务的产品，因此管理结构也服从高度的纪律。至于消费型产品和服务方面，因为需要高超的市场营销技巧，必须能迅速推陈出新，所以德国人不甚在行。一些关于日本的研究则发现，与其他国家相比，日本产业在管理和操控生产线时，擅长在劳资之间建立牢固的合作关系。[45]

民族文化对管理模式的影响，也反映在教育、训练、培养领导人才、团队与组织的关系、个人创造力、决策方式、企业和客户关系、公司内部的合作能力、对国际化的态度，以及劳资关系等方面。[46]它们对竞争优势的影响因不同的产业形态而各有利弊。[47]其中最重要的一项可能是劳资关系，因为它与企业的改善和创新能力有关。

民族主义对企业管理和组织形态的影响，很难找出通则，其中比较重要的层面包括：人民对权威的态度、人际交往的形式、员工对主管的态度、主管对员工的态度、社会对个人或组织行为的规范，乃至于专业标准等。这些文化源自于教育系统、宗教和社会的传统、家庭结构，乃至于其他无形但具有独特意义的民族特征。意大利的小型企业和家族企业，就反映了当地人反对权威的观念。意大利人强调高度的个人主义，真正能产生约束力的是家庭或家族。因此，直到今天，意大利人还保留着紧密的家庭结构，多半也喜欢在家庭附近活动。家庭成员同在一家公司工作是很平常的事，新公司的成立往往也是为了配合子女的创业需求。[48]

第 2 章中曾提到，推进企业走向国际化竞争的动力很重要。这种动力可能来自国际需求的拉力，也可能来自本地竞争者的压力或市场的推力。另一个重要条件则是管理者的态度；例如管理者对旅游的态度，就是民族特性对国际观或国际化的影响因素之一。在瑞士和瑞典，旅行是当地人生活中的一部分，而且已经形成传统。本书所研究的一些瑞士产业中，部分企业的创办人甚至是在国外生活或受训后才回国创业，因此当它们的企业要发展海外子公司时，第一个考虑的必然是当初所住过的国家。另外，瑞士和瑞典的企业很懂得如何规划需要长期发展的产业、如何培养这类产业的国际竞争优势，在与外国政府和客户接触时，也能很有技巧地维系良好关系。

形成企业国际观的另一个因素是当地人对外语的态度。乍看之下，日本人在学习西方语言时好像困难重重，而且日本文化也不是外向型文化。但日本企业还是能够实现国际化，原因是日本人拼命学外语，在背后驱动这种学习态度的正是国内市场饱和与同业竞争者带来的压力。

政府政策也会影响企业的国际化。政府管制外汇或限制外国人投资就是最直接的一种。长期以来，意大利政府对外汇或外资的限制很严，结果导致意大利企业很少能在外资竞争激烈的产业中成功。然而，政策工具也可以成为一些产业国际化的推动力。瑞士和瑞典的中立国角色，使得该国企业在发展政治相关产业的国际渠道时，阻力大为减小。此外，有些国家的政府通过政策控制企业管理阶层的国籍比例也会影响企业在海外发展的能力。

设定发展目标 各国不同的发展目标，也会影响到企业和劳资双方的工作意愿。[49] 如果一个国家能将发展目标和本身竞争优势充分结合，产业成功的希望将会很大。比方说，持续投资是很多产业维持竞争优势的条件之一，假如国家能激励人民对产业的忠诚与奉献，也会培养出国家的竞争优势。

企业目标 影响企业发展目标的因素包括股东结构、持有人的进取心、债务人态度、内部管理模式，以及高层资深主管的动机等。上市公司会反映一个国家的资金市场特色，像各国资金市场对持股人条件、地方税制，以及周转率的标准都不同，甚至对公司持股人或债务人介入公司事务的态度也不同。[50] 在德国和瑞士，公司股票大多由公司长期持有，很少买卖，银行通常是大股东，它们控制董事会，并主导公司的投资战略。另一方面，政府又规定长期投资可以抵税，鼓励小股东不做短线交易。当地法律也允许公司设立准备金，应付不景气时的需要，因此避免董事会的经营政策受每天起落的股价影响。在这种运作方式下，公司每年的获利虽然不会太高，但是处于产业成熟期的企业，也不担心在研发和设备更新上的资金来源。

美国则是另一种极端类型。企业股票大多由投资人拥有，企业本身则专注每年、每季的股票升值，短期效益模糊了企业长期发展的方向，投资人追逐行情看涨的股票，每一季都要看到利润的增长。在美国，公司股票则是反映竞争优势的工具，买进卖出的频率也十分惊人。而且，由于长期持股的所得税率与短期交易一样，交易手续费也低，则又缩短了投资人的股票持有时间。这种类型的市场基本上是鼓励效率和交易的。

另一方面，因为董事会不干预管理事务，美国企业的股东对公司的直接影响力很低。改善公司运营不良的唯一有效方式就是撤换经理人。经理人在活跃的股市和撤换的压力下，对公司的股价也特别敏感。和其他国家比起来，美国专业经理人的最大诱因是企业规模和红利多寡，后者又与企业每年的赢利表现有关。由于专业经理人在同一个位子所待的平均时间不长，红利逐年增加的例子也不多。在投资人影响力有限的情况下，企业也很难扭转发展趋势。笔者在研究中也发现，基于前述理由，发达国家当中，美国是最重视投资回报率的国家。

不过，美国除了前述资金市场与企业形态外，已同时开发了先进的风险资本市场，后者在其他国家则比较少见。在美国的风险资本市场中，新兴高科技产业和成长中的企业就很容易吸收到资金，这对创业人的帮助很大。而投资人也给予这些产业中的企业较宽裕的亏损期限，有时甚至超过 5 年以上。生物科技产业就是个很好的例子。在过去 10 年间，美国生物科技公司赚钱的例子不多，但仍吸引了数十亿美元的民间资金投入这个产业。

与美国资本市场相似的是英国资本市场，而瑞典和日本的资本市场则较接近德国和瑞士的模式。在瑞典和日本，包括银行在内的大型集团是产业长期投资的主力，这与德国银行本身就是长期投资人的角色相同。另外，意大利的产业发展中，资本市场的重要性比较低，国际化成功的企业大多是由私人经营。韩国虽然在资本市场中的发展落后，但是韩国政府在资金流动上扮演了重要角色。一般而言，韩国政府的政策倾向于长期支持重点产业。

在国家环境与产业竞争优势的关系上面，投资人对企业和管理模式的影响虽然很显著，但私人企业本身发展目标的影响力也不能忽略。这方面的情形事实上更复杂，如何激励员工持续不懈就是个很重要的课题。一般而言，企业家对产业的投资时间比较长，共享荣华忧患的意愿也比较高，而且会从不同的利益角度去考虑投资。在我们的研究中，许多具有国际竞争优势的企业就是由私人或类似蔡司镜片、诺和公司、嘉士伯研究中心（Carlsberg Institute）等机构所主持。它们成功的原因来自股东可以有效控制股票，利用赢利转而增资。这种持续投资与对该产业的忠诚态度，合理解释了它们在相关领域的成功。

另一个影响企业目标的因素是债权人的态度。每个国家对债权人同时持有公司股票的规定并不相同。以日本、德国、瑞士为例，它们的法律允许债权人控股，因此债权人可以直接在董事会中决定企业运营的方向。而银行经常身兼企业大股东和债权人的双重角色，因而对公司的考虑往往着眼于长期的良性经营，而非短期的利益表现。

企业股东结构、资本市场特色、运营模式对国家竞争优势的影响，主要表现在两大方面。第一大方面是，它们会影响这个国家的企业在寻求资金时的态度，对风险性利润的评估、投资时间的长短，以及投资回报率的考虑。一个国家的资本市场也会影响产业的发展趋势。由于每种产业的性质都不相同，资本市场的形态必然对有些产业特别有利，并对其他产业不利。

举例来说，在德国和瑞士，大环境使得风险性资金需求较少，而必须大量持续投资的产业则较有发展机会。美国的资本市场条件有利于高风险性的新兴产业，美国投资人的态度又使像服务业等年年有高收益率的产业容易生存。美国能在电脑、软件、新型服务业等新兴产业表现卓越，或在消费品、特殊电子产品等不断有新手加入国内市场竞争的产业中维持强大竞争力，就是这个道理。不过，当产业日趋成熟或光彩不再时，资本市场的压力与重视短利的经营模式，相对使得美国企业缺乏持续改善和创新的资金。一般而言，步入成熟期的美国企业往往走上并购、多元化经营非相关产业等可以快速影响规模、绩效或吸引投资人注意的道路。[51]

第二大方面是，资本市场的影响随产业对资金的需求程度而定。例如，一个国家的资本市场可能效率落后，但因为私营企业发达而照样弹性十足，原因是影响竞争优势的还包括钻石体系中的其他关键要素。

个人事业目标 个人的事业进取心也会影响产业发展的强弱。产业竞争力也离不开个人的努力动机和工作态度。

奖励是提高个人努力和进步意愿的一个重要因素。但是，奖励因素也受到社会价值观和税法的相互牵制。瑞典的个人所得税非常重，因此个人努力就不只是为了财富，还有追求职务和社会地位的目的。这种动机使他们的决策谨慎，对风险的态度保守，注意力只集中在某一些产业。美国情况截然不同，除了薪水和升迁诱因之外，还以入股、分红来奖励表现优异的人才。这种奖励模式使一些产业相当成功，但是碰到需要密切合作与长期经验积累的产业，就未必能见效。

事实上，各国人民对财富的观念也不一样。对于美国人来说，财富是个人事业最主要的诱因，而瑞典人则很少为薪水多寡而跳槽。瑞典在人才流动频繁的产业上，竞争力就不强。

另一个影响个人事业目标的因素是劳资关系及员工对企业的向心力。很多产业需要靠持续的投资、技术升级与密切合作，来创造长期的竞争优势。为了做到这点，劳资之间往往实行终身聘用制。在劳资关系功利化的国家，强调个人表现的产业较容易出头，例如金融类与专门的服务、电影、娱乐、电脑软件、集成电路等先进科技产业。职业、技能训练也影响个人对事业目标的态度，进而反映到产业的竞争优势上。德国人不管劳资多寡，通常把一生的精力放在同一个专业领域，这使德国企业的技术不落人后，产业的技术深度也必然与日俱增。另外，个人事业目标也受乡土偏好影响。本书研究的国家中，意大利人的乡土情结，常使他们以打一场保卫圣战的态度经营产业。影响个人事业目标的最后一种因素是冒险精神。前面提过产业创新过程中，“外来者”的因素很重要，原因即在于“外来者”比较敢冒险。个人的冒险精神也受到历史传统、社会价值或对财富的态度所影响。在德国、瑞士、新加坡等国家，失败被视为是个人的灾难。其他国家的人则把失败看得比较淡。每个国家进入一个产业时所采取的战略，也反映出该国人对失败的态度。

移民是典型的外来者。他们通常比本地人更敢于冒险，因此在美国、英国、瑞士等移民人口占相当比重的国家中，新企业自然占了产业的相当比例。

民族荣耀与使命感所带来的诱因 最后，民族荣耀或使命感也会影响产业精英、持股人和资金的走向，进而带动特定的产业发展，因为这种荣誉感会使产业心甘情愿地投注无穷的精力。一旦某项产业成为受敬重的行业或该国的代表，这项产业的优越地位也会带动竞争优势的提升。

无论国家规模大小，精英永远是相对稀少的资源，而一个国家的成功也需要通过教育引导精英选择最具竞争优势的工作。假如国内的优秀人才都投入科学和工程领域，对经济的影响力将难以估计，因为这些高级人才将会带动产业创新。当一个产业是该国第一优先的发展目标或具有崇高的社会地位时，优秀人才必然蜂拥而入，并且以极高的忠诚度努力工作。

以美国为例，受到苏联抢先发射斯普特尼克人造卫星（Sputnik）的刺激，美国的一流人才纷纷投入太空科技，相关企业也在商业以外找到更高的成就动机——民族荣誉感。另一个例子是德国的化工业。早期德国科学家在化学理论领域的不断突破，使得化工业在第二次世界大战前一直是德国优先发展的产业，并且在短时间内取得惊人的成就。直到今天，化工业依然是德国人心中的骄傲。日本的钢铁业和消费电子产业能有今天的成就，同样与第二次世界大战后，举国上下全力投入发展有关。

产业竞争优势和民族骄傲之间的因果关系是很复杂的。有时候，一个当初未受注意的产业突然在国际上成功，它在本国的地位自然水涨船高，人民对它的认同进而又形成持续该项竞争优势的动力来源。

一国发展的优先目标也会通过非产业部门影响到产业，并产生提升竞争力的效果。日本产业在举国上下节约能源和改善质量的风潮下，积极在省电特性和产品质量上下工夫，抢先发展这些方面的技术，对日本在国际上的成功贡献很大。

历史传统、地理特色或社会结构等，都可能是一个产业成为民族骄傲的因素。当举国注意力集中在某一产业时，这股力量的涟漪效应非常可观。不过，假如民族的注意力与产业无关，或观念偏执，产业受到的打击也很大。英国的传统社会中，教会、公共服务、军职和教职的地位很高，制造业相对被贬低，这种心态使得英国制造业一直为无法吸引第一流的人才而苦恼。

如果把视野再拉远一些，社会心理则是另一种形成民族荣耀的因素，这种“英雄崇拜”对一个国家的产业竞争优势影响甚巨。例如，意大利人就很崇拜服装和家具的设计师，瑞士的银行家和制药企业的地位崇高，美国人则对会计师和电影、流行音乐、职业运动员等娱乐产业心向往之，而以色列人一致尊敬国家最需要的农业人才和军人，这些受欢迎的产业刚好在各国也是表现最优秀的产业。民族情感对企业竞争模式的影响事实上不亚于市场的需求程度。产业的竞争优势也在一流人才不断投入的过程中建立。

保持忠诚度的重要　个人和企业追求的目标会反映出一个社会的资金和人力资源对职业、劳动价值、企业和产业的忠诚与投入程度。经济学家一般认为，资源是流动的，会快速由一个产业移到另一个产业，以追求最大利益。本书的研究则发现，这个论点太武断。事实上，为逐利而快速流动的资源很少能形成具有国际竞争力的产业。

传统市场决定论的瑕疵是，它假设一个产业资源所使用的生产率是一定的，因此，资源必然向回报较高的产业流动。现实环境里，产业创新所带动的生产率通常高于资源的重新配置。同样，专业知识和经验建立后，还将带动升级和竞争的持续力。这种创新模式需要人力和资金的持续投资。

本书研究的各国产业中，投资人或员工对企业或产业的忠诚度越高，产业的竞争优势就越大，进而与钻石体系的其他关键要素形成良性互动。保持优势也意味着，即使回报少、有风险，所有可能资源还是应该持续投入主要结构的再调整工作。创新是获利率下降时最不可少的补剂。因此，产业在面对困境时，只要有改善和创新的可能，就不该轻易选择“放弃”。相对地，若一遇到困境，资源就开始在产业间流动，那么该项产业想在国际竞争中脱颖而出的机会就微乎其微了。

意大利的毛纺业是个典型的例子。当其他国家的毛纺业面对新兴工业国家竞争而相继放弃时，意大利的企业反而继续投资、带动技术升级、维持竞争地位。企业这里对产业的忠诚度是借着历史传统、家族化企业经营以及乡土色彩等因素。

当然，并不是每次努力都能带来预期的成功，企业更不乏失败关门的例子，人力资源和技术可能该来而迟迟未来。这些现象反映了事业忠诚度不是企业竞争的万灵丹。问题是，缺乏对事业的忠诚度而妄想成功，同样是不可能的。

企业多元化经营的形态是反映资源配置和产业忠诚度的指标。企业对产业是否忠诚，要看它是否能认真地专就本行或相关领域发展。因为企业触角即使延伸到本行相关的产业，员工受激励的程度仍大于不安。假如企业一味朝不相干的领域进行多元化经营，这个国家的产业竞争优势更是不进反退。因为这种情况显示，母公司对子公司的战略只是榨取利润，而非为了增强竞争优势的投资。[52]

当然，为了促进经济升级，避免资源陷于无止境的消耗中，资源流动有其必要性。不过，资源流动时又要持续竞争优势的前提是，资源重置必须以实战经验为基础。资源重新配置的原则是调整而非放弃。唯有如此，资源才可能在重组或重新定位之后，产生新的生产率，而非陷入管理人员士气沮丧、工会强力反弹的恶性循环。

垄断非长久之计

笔者在实证研究过程中发现，创造与保持产业竞争优势的最大关联因素，是国内市场强有力的竞争对手。这项发现也挑战了很多传统的经济学观念，诸如：国内市场如果竞争太激烈，资源会过度消耗，妨碍规模经济的建立；或者，最佳的国内市场状态是由两家企业独大，以规模经济和外商抗衡，并促进内部运作的效率化，还有一些观念则认为，国际型产业并不需要国内市场的竞争对手。[53]

但是，本书所研究的10个国家里，强有力的国内竞争对手普遍存在于具国际竞争力的产业中，即使小国如瑞士和瑞典也不例外。[54] 单一产品的产业是如此，强调规模经济的产业也不例外，像瑞士制药业中就有罗氏（Hoffmann-La Roche）、汽巴嘉基、山德士，瑞典的卡车汽车产业有绅宝、沃尔沃，德国化工业有巴斯夫、赫斯特、拜耳等，以及美国的电脑业和软件业。这种国内竞争现象又以表3–2所列的日本产业最为激烈。[55]

表3–2　1987年日本下列产业的竞争企业数

空调设备	13	摩托车	4
音响设备	25	乐器	4
汽车	9	个人电脑	16
照相机	15	半导体	34
汽车音响	12	缝纫机	20
碳纤维	7	造船	33**
建筑设备	15*	钢	5***
复印机	14	合成纤维	8
传真机	10	电视机	15
叉车	8	卡车和公共汽车轮胎	5*
机床	112	卡车	11
大型电脑	6	打字机	14
微波设备	5	录像机	10

资料来源：实地访问；《日本工业新闻》、《日本工业年鉴》，1987年；矢野经济研究所（Yano Research）的《市场占有比例事典》（*Market Share Jiten*）；各研究者的预估。

* 表企业数因产品领域而不同。最少的是生产推土机的企业，只有10家；生产铲土机、吊车和铺柏油设备者有15家；日本特别擅长的水压开凿机，则有20家企业。

** 表示其中有6家企业的年出口量超过1万吨。

*** 为集团企业。

这些例子推翻了“产业的全球盟主必然是两家垄断国内市场的大企业”的观念。国际竞争中，成功的产业必然先经过国内市场的缠斗，迫使彼此进行改进和创新。海外市场则是竞争力的延伸。对国家竞争优势而言，整体产业规模的重要性不在个别企业规模之下。

我们的研究也发现，放眼国内没有竞争对手的“超级明星企业”，通常并不具有国际竞争力，因为它往往是政府补贴和保护下的产物。[56]像在太空工业、电信工业等国内市场一家独大的企业中，政府介入的痕迹明显，而且扭曲了竞争的局面。

从产业竞争优势的观点看，国内市场竞争对手之所以重要，并非是它激励了静态的效率，而是它能提供企业改进和创新的原动力。企业在国内市场成群厮杀为该国所带来的好处，远超过它与外国企业的对抗。在一个封闭的经济体系中，垄断市场的企业获利很高，但是到了全球竞争中，面对从开放产业环境来的竞争对手时，垄断型企业或卡特尔组织（企业集团）可能不堪一击。

与所有竞争者一样，国内竞争者会创造企业进步和创新的压力。这种竞争更会使企业彼此竞相降低成本、提高质量和服务、研发新产品和新流程。企业没有永久的优势，但是竞争者的压力会使它时时有落后的忧患意识及超前的欲望。[57]

另外，技术等其他形式的竞争也会使国家竞争优势更能持久。德国许多产业不降价竞争，而在产品性能、造型和服务上比赛，这对保持产业竞争优势的帮助极大。

国内市场竞争之所以重要的理由还有很多，其中之一是：对企业而言，激烈的国内市场竞争是显而易见的压力，自我的改善也迫在眉睫，其他竞争者的成功不但证明了进步不是口号，还会吸引更多竞争者投入这个战场。

国内市场的企业竞争也常常超出经济利益本身，演变成情绪或面子之争。企业无时无刻不在较劲，自然把这个产业引领到国际上的成功。本书所研究的产业中，有很多企业视国内竞争者为它的最大劲敌。自身的尊严使公司的管理者和员工密切注意其他竞争者的动向，加上媒体报道和投资分析报告经常比较企业之间的表现，也使国内竞争不再只注意市场占有率的高低，而进入白热化的人才争夺战、技术突破，甚至自我吹嘘之中。外国竞争对手所受到的待遇正好相反。企业往往以理性判断外国竞争对手的举动，外商所带来的刺激或压力也不那么显著，因为外国竞争对手纵使成功，给人的感觉也比较遥远，或者可以用一句“不公平竞争”就带过去。自家人竞争就没有借口可言。

激烈的国内市场竞争不但强化了本地优势，更加重了企业以出口追求成长的压力。当产品需要以量取胜时，本地竞争者会相互影响把目光移往国外，以获得更大效能和获利率。以德国铅笔业为例，居第二位的施德楼公司（Staedtler）因为第一位的辉柏嘉公司（Faber-Castell）刻意围堵，很早就走上国际化，它在国际市场上的成功，又刺激辉柏嘉公司随之国际化。少了国内的竞争对手，企业常沉湎于国内市场而无意向外观察。

同样，本国市场竞争者越强，企业国际化的成功机会越大。如果没有本国市场的实战历练，企业想击败强劲的外国对手，事实上很困难。假如DEC公司能守住它与IBM、数据通用（Data General）、Prime、惠普之间的战争，它与欧洲公司如西门子、ICL、布尔机械（Machines Bull）等的竞争也不会那么艰苦。国内竞争会造成一些企业破产、竞争者合并的现象，但整个过程是为了洗炼真正的强者。

这种竞争不但会产生创新的压力，也提供了一条竞争优势升级的新途径。本国竞争者会使国内竞争优势的条件淡化，无人能在成本因素、本国市场地缘、上游供应商关系、进口原料成本等方面占到便宜。比如说，韩国企业在国际上以廉价劳动力和便宜的资本竞争，但是在韩国国内，彼此的处境完全相同。这种情形驱使一个国家的企业寻求更高层次及更具持续力的竞争优势。企业必须找到更适合的技术，才能建立规模经济，建立自己的国际营销网络，或是比邻街的竞争者更有效地运用本国资源。由于大家的起跑点相同，竞争激烈的本国市场可以协助企业摆脱对低层次优势条件的依赖。如果少了本地竞争者，企业往往仅就现成的本国竞争资源发挥或（更糟糕地）滥用这些资源。

区域特色浮现 另外，由国内竞争过程所形成的竞争优势会使整个国家的相关产业受惠，而不是哪一家企业所能独享的。由一群国内竞争者激发出各式各样的产品和服务的战略，不但有助于创新，更能形成防范外国产品侵入的保护网。如果外国竞争者无法长驱直入，本国产业优势将会更持久。当竞争者互相激发好的点子并改进本身缺点时，整个产业的创新能力就会逐渐成长。人才在企业之间的流动，又带给企业模仿对手长处的机会，同样有助于相关产业在信息和技能方面的流通和整合。企业垄断信息和技能的阶段结束时，也正是整体产业进入良性快速创新的时期。这类产业信息通常较少在国外流通，原因是外国公司仅知其然却不知其所以然。[58] 当创新不再只是个别企业的独门武器时，这个国家的产业也迈入比外国竞争者更快的进步期，进而带动企业获利能力的提升。

在国内竞争下，城市和区域的特色会浮现，进而强化国家的竞争优势。这种现象普遍存在于世界各国。例如，意大利的珠宝业大多集中于阿雷佐和瓦兰扎波两个城市；在当地，数以百计的珠宝商集中在某几条街上。瑞士的巴塞尔是制药的重镇，德国索林根和日本的涩谷则是餐具业中心。另外，日本的摩托车业、乐器业集中在滨松，美国波士顿市的128号公路因迷你电脑企业云集而举世闻名，纽约麦迪逊大道更是全球广告业的心脏。这些城市的午餐时间，一家小餐馆里可能就同时有几位同业者光顾。他们亦敌亦友地交换着市场的流言，信息飞快地流通，每一家企业因此都必须加紧脚步才能维持本身的竞争优势，整个产业也随之活力十足，把缺少这种环境的外国竞争者远抛在后。

国内市场竞争可以创造竞争优势，同时也协助企业克服生产要素的不利部分。当一群本国竞争者被迫各显神通以求生存发展时，政府的干预、妨碍创新的政策会引起业界的反弹。当一个国家只有两家大企业竞争时，情况刚好相反。企业发展的主要障碍反而是补贴、市场保护、封闭式上下游关系等各种伤害活力的“协助”，因为这些协助并不能引导出企业的创新和竞争优势（见第12章）。

国内市场的激烈竞争也会促使政府建立更公平和超然的立场。因为政府订单不再是市场的保证，每家企业的各式国际竞争战略也会向保护政策开火。政府若能致力于打开国际市场，投资增强本国条件，形成有竞争力的网络，对产业的影响会较为有益。

这种环境现象不只存在于商业竞争，在艺术、科学或运动等领域中同样也见得到。当一个城市成为艺术家云集、科学家比赛或运动员竞技的环境时，往往能形成该国在特定时空中的辉煌文化。以网球为例，20世纪60年代的澳大利亚和80年代的瑞典在网球运动上的实力横扫全球无敌手，原因是一群年轻而富潜力的选手彼此相互挑战并带动整体的技术水平。在这两个国家里，一位网球选手的成功吸引了更多年轻人的仰慕跟进，而他们在各国公开赛上的杰出表现，又带给后进者“有为者亦若是”的勇气。

强劲的良性国内市场竞争与随之而来的长期竞争优势，事实上是外国竞争者无法复制的。本国竞争可以化劣势为优势，刺激挑剔型客户的出现、建立进步与有创意的世界级供应商系统。这种强化效果一旦形成，竞争优势所需要的本地供应商体系、充沛的高级人力资源及钻石体系的其他部分自然能水到渠成（见第 4 章）。

批量生产未必取胜 日本是把国内竞争效应发挥得淋漓尽致的国家。激烈的商场内战使企业把市场占有率视为优先目标，获利率反而退居第二位，因此企业无时无刻不在为超越对手努力。这样的竞争反映在日日消长的市场占有率、报纸电视的显著报道，甚至大学生就业排行榜的排名上。日本企业推出新产品和新工艺流程的速度着实令人吃惊。

国内竞争的企业数目随产业规模而定。产业不同，竞争所需的企业数自然也不同。不过，产业规模会随创新带来的竞争优势而扩大，如前面再三提到的，产业龙头不一定就是创新的发动者。[59] 企业规模一旦变大，自然会依循惯例运作，经营也倾向保守。相较过去，20 世纪 80 年代与 90 年代的技术发展也已不在量的方面下工夫。

比起拥有庞大市场的国家，小国的发展之道是完全开放市场和采取全球化战略。[60] 尽管产业成熟时，竞争企业的数目会有递减的趋势，但是当产业刚启动时，竞争企业的数目应该越多越好，因为它们所带动的国内竞争是一项难以衡量的国家资产。[61]

必须注意的是，竞争者多并不代表产业竞争力就大。若是企业之间的竞争手法拙劣，反而会抵消本国的竞争优势。[62] 同样，国内竞争必须和钻石体系其他的关键要素结合，否则未必会成功。英国的胰岛素产业就是个很好的例子。英国的胰岛素市场，主要是由威康（Wellcome）和伯兹（Boots）两家公司供应。但是一方面，胰岛素并非这两家公司的主力产品，加上英国严格控制健康保险支出，使健康保险局成为市场上唯一的客户。这两家企业因此不但未能成为世界级的企业，其中伯兹还在 80 年代初期就退出这个产业。

竞争者之间必须能以确定的模式进行合作，才能减少重复或避免为了规模经济而厮杀，不然就会妨碍到国家竞争优势的发挥，因为合作会阻碍企业朝多元化方向发展，压抑创新诱因，并会减缓产业革新的速度。本书第 12 章将讨论竞争者之间应该如何进行贸易或其他方面的合作。

新兴商业形态 国内的密集竞争与新的商业形态会产生新的竞争者。新的商业形态会带动创新，是提升产业竞争优势不可缺少的条件。新的市场需求往往暴露出老公司反应迟钝或疲于应对的窘境，也给新兴企业适时加入、填补空当的机会。如前面介绍的，新兴的企业往往是产业的外来者，它们敢以突破传统的方式竞争。新的商业形态更是各种竞争条件的整合结果（见第4章），例如，竞争会延伸到上游供应商或其他相关产业。一般而言，每一部扬威国际的产业史中都少不了新形态竞争者对这个产业的影响。

国家的产业竞争优势和新形态商业的关系密切。形成新形态商业的力量有两种。第一种是出现新企业。新企业的产生可能源自现有产业的扩散效应，由供应商或客户的离职员工创业形成，或由大学的实验室、专业培训班产生。每个国家形成新企业的模式并不相同。

产业扩散效应是形成国内市场竞争的主要来源。一般而言，市场上充满了受到挫折或雄心勃勃的员工，他们由于理想无法实现，毅然离开东家，就近自组公司，这种例子层出不穷，循环不已。这种产业动力通常是良性的。它会带动更多的竞争，释放出创造力，让可能因抵触企业现行战略或惯例而无疾而终的新产品、新工艺流程浮出水面，也迎合了新的市场需求与过去被忽略的产业环节。

扩散效应的过程会随国情、产业发展阶段的不同而不同。[63] 不过，有国际竞争力的产业无不经历这个过程。通用自动化公司（GA，General Automation）是许多美国迷你电脑公司的老祖宗。数据电脑就是通用自动化的员工自行创业的例子。数据电脑公司的员工又自行创立数据通用公司。而在超级电脑领域中，今天的世界盟主克雷研究所（Cray Research）萌芽于早期的领先公司数据控制公司（Control Data）。而位于意大利博洛尼亚的近200家包装机械公司，若追溯它们的发展历史，都直接或间接地与ACMA这家老字号企业有关。

产业内要出现新的企业，需要依赖各种竞争条件的运作和搭配，大前提是市场上的技术人才和高级人力资源必须来源充沛。不过有志创业却缺乏资金的人也需要风险基金适时地拉他们一把。当市场需求出现时，会有更多人被吸引到这个产业里，个人创业动机也连带推波助澜。当这个产业已成为本国人民骄傲的象征时，又将吸引更多一流人才的投入。另一方面，研究发展的角色也不容忽视。在美国，新点子往往是由大学或研究所的实验室想到的。但在日本，新点子通常来自大企业的研发人员的团队合作。至于客户、上游供应商和关联产业，则成为新企业的人力和智囊团。

形成新企业的第二股动力是公司内部的多元化经营。依这种方式组成的新公司一般没有资金上的困扰。[64] 当企业由本身的领域跨到相关产业时，这个国家的产业竞争优势会连带增强。企业内部发展的多元化经营通常是由彼此关联性最强的部分开始。在现实状态中，企业不可能筹足所有资源才开始行动，但是就近发展多元化可以使企业本身的知识和资产转移较为顺利，进一步强化既有的竞争优势。由企业内部主动多元化，也是提升国家竞争优势的有力方式。

企业的多元化，除了受本身目标的影响外，也与组织特色有关。韩国、日本、德国都很流行企业多元化经营，因为这些国家在创业和资金取得上有历史传承的包袱。以日本为例，因为生产率方面的提升使得人力精简，企业希望能为多出来的员工安排新职，但旧有的习惯并不鼓励企业并购别家公司，因此企业不得不从内部继续发展扩张。这就是为什么在日本，新公司的诞生一般由企业主导的原因。美国在民生用品、服装、医疗产业等几个领域也倾向由公司内部多元化的发展模式。不过，由于市场资金容易取得，一般美国企业在转换目标时，未必与企业的核心领域有关。

钻石体系的功能之一，就在促使产业内部形成多元化的新企业，这部分将在第 4 章有更多的讨论。

机会角色：可遇不可求

当国家竞争优势的各种关键要素改变时，产业的竞争环境也会发生变化。在本书研究的产业成功史中，“机会”是一个很重要的角色。作为竞争条件之一的机会，一般与产业所处的国家环境无关，也并非企业内部的能力，甚至不是政府所能影响的。可能形成机会、影响产业竞争的情况大致有下列几种情形：

- 基础科技的发明创新
- 传统技术出现断层（例如生物科技、微电子科技）[65]
- 生产成本突然提高（例如能源危机）
- 全球金融市场或汇率的重大变化
- 全球或区域市场需求剧增
- 外国政府的重大决策
- 战争

引发机会的事件很重要，因为它会打破原本的状态，提供新的竞争空间。这些事件使得原来的竞争者优势顿失，创造了新的环境。凡是能取代旧势力、满足新需求的企业，就能获得现身的空间。微电子科技出现后，美国、德国在传统电机产业的优势纷纷被打破，日本及其他国家的企业却乘此机会加入竞争。全球海运需求量突然大增，带给韩国造船业与日本对手一决雌雄的机会；而西方国家对中国香港、日本的成衣进口处处设限，无形中使得新加坡成衣业蓬勃发展；冷战期间，美国对中国大陆的经济制裁与禁运，则是韩国假发制造产业领先全球的重要契机。

引发机会的事件也会影响到钻石体系各个关键要素本身的变化。例如，当材料成本或汇率发生重大变化时，产业发展固然会出现危机，但同时也是推动产业进行创新的大好时机。战争会加快本地科技投资的脚步，但也是客户关系等需求条件的障碍。德国化工业及制造阿司匹林的拜耳制药公司，因为第一次世界大战德国战败，丧失了该公司在海外市场的资源和商誉；美国、英国、瑞士等战胜国家的化工业则因此戏剧性崛起。到了第二次世界大战时，瑞典和瑞士坚持不结盟的中立态度，使得这两个国家的产业在海外通行无阻，大有收获。

对不同国家而言，“机会”所造成的影响有好有坏。两次石油危机对依赖进口石油的国家造成了深远的冲击。战争对战胜国和战败国的影响也不相同。身为战败国的德国、日本、意大利可能也是第二次世界大战后，产业发展最成功而且在国际市场上最有收获的国家。[66] 国家如果重视引发机会的事件，往往会先发制人，并且妥善面对问题。因此，由于日本在能源成本上有其弱点，石油危机对日本的最终影响是促成它产业的升级，大步迈向节约能源的境界。

引发机会的事件虽然会影响到产业的竞争优势，但是国家的角色并非完全消极被动。国家的钻石体系如果健全，往往能化危机为转机，原因是环境本身具有寻找资源、产生新优势的能力。压力也会促使企业更努力地去争取新的资源。

当发明奇才遇上企业家精神

国家优势的核心是“发明”和“企业家”。有人认为发明和企业家只是一种随机条件，想象力丰富的人到处都是，若单靠发明就能成功，任何地方都可以孕育出世界级的产业。这些人认为产业的诞生要靠运气。

不过，我们的研究却显示，企业家和发明并不是从天而降的。在这里把机会列入考虑并不代表产业的命运无法预测。例如，数十家美国企业在医疗技术和医疗服务产业上的表现可以归功于环境的优势。这种环境上的特色，甚至吸引外国企业到美国发展医疗产品。

在有些产业中特别容易看到企业家、发明等因素的地域关系，因为有些国家对相关产业的需求比其他国家强。国家本身的状态又会影响到高级人才和知识方面的培养。这些变数又影响到上游产业所提供的必要服务和新加入企业的机会。依此类推，机会的背后事实上是国家环境差异的结果。事实上，要预测哪一个公司或哪个人比较可能创新并不容易，还不如预测哪一个国家适合创新更实际可行。

发明有时候必须与国家的特征一并考虑。加拿大是发明胰岛素的国家，但是加拿大本身缺乏胰岛素的内需市场，基础科学的整合能力不足，产业中的相关企业也是零星分布，因此无法把领先推出的发明转换成能够在国际上竞争的产业。一个国家的产业要有竞争优势，还是要靠环境中的钻石体系。因此，丹麦、美国等具有胰岛素市场需求的国家，很快就赶上了加拿大，而且建立起强有力的胰岛素产业。

政府角色：干预与放任的平衡

国家竞争优势的最后一个因素是“政府”。政府一直是产业在提升国际竞争力时的热门话题。不少人认为，政府即使不是时下产业国际竞争中最重要的条件，至少也是必要的考虑条件。持这种论点的人最津津乐道的例子就是日本和韩国的政府政策与该国产业的关系。

因此政府这项变数在国际竞争中，也会影响到前面提过的其他四项关键要素，它们之间的系统关系可以参考图 3–5。

事实上，政府与其他关键要素之间的关系既非正面，也非负面。政府的补贴、教育和资金市场等政策会影响到生产要素，对国内市场的影响也很微妙。一方面，政府制定本地产品规格标准之后，必然会影响到客户的需求状态；另一方面，政府本身也常常是该国市场的主要客户之一。这些角色使得政府既可能是产业发展的助力，也可能是障碍。

政府也有很多影响上游和相关产业环境的方式。它可以规范媒体的广告形式或产品的销售活动方式。它拥有的政策工具如金融市场规范、税制或《反托拉斯法》等，又会影响企业的结构、战略和竞争者的形态。

另一方面，政府的政策也受到环境中其他关键要素的影响。比如说，本地竞争者的数目多寡会影响政府对教育的投资态度（见第 4 章）；国内市场如果对某项产品需求强烈时，也会导致政府提前规范先进的标准。

这种错综复杂的互动关系在产业上看得最清楚。日本政府因为该国的传真机市场需求强劲，因此提前采取了一些有利于传真机产业发展的措施。例如日本的法院承认传真文件的合法性。日本也是全球最早将传真机和电话线路连接的国家之一。这些措施都有助于建立传真机产业的竞争优势。然而，如果国内市场的早期需求被政府扭曲，导致反常发展，政府就限制了本地企业的国际市场。在这类情况中，政府的影响力就是负面的、封闭的。例子之一是意大利，由于意大利政府的政策影响，该国市场处于保护的封闭形态，它的金融业便一直无法在国际上竞争。

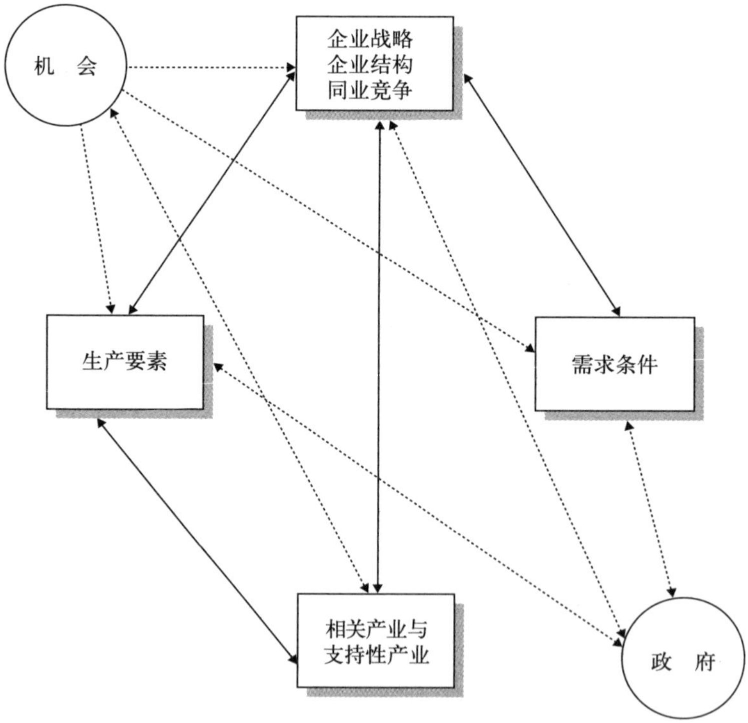

图 3–5　完整的钻石体系

产业创造竞争优势的过程中，政府的角色是正面还是负面，要看它对钻石体系的影响，它的意义也要根据公共政策的表现加以观察。因此，政府政策的成败效果，必须参照其他关键要素的状态加以考虑，而非绝对的。比如说，当产业在科技层面保持领先时，政府如果试图贬值货币以制造有利的成本条件，会很容易引导产业走上以规模取胜的竞争领域，相对忽视了社会压力和技术创新等条件，进而失去克服传统生产要素的意志。因此，货币贬值事实上延缓了产业的升级动力，无法在价格敏感的市场上保持长期后续力，最后落得竞争能力全失。检讨结果，可能是政府当初试图协助企业减轻改善和创新的压力过大，结果却适得其反。

政府政策的影响力固然可观，但也有它的限制。[67] 产业发展如果没有其他关键要素的搭配，政府政策再帮忙，也是扶不起的阿斗。若政府政策是运用在已经具备其他关键要素的产业上面，就可以强化、加速产业的优势，并提高企业的信心，但政府本身并不能帮企业创造竞争优势。这个问题将在第 12 章详细讨论。

解剖“关键要素”

本章特别强调产业若要建立国家竞争优势，必须先能善用四大关键要素，加上机会、政府角色，彼此互动。通过这些关键要素，我们可以评估国家环境对产业竞争的可能效果，它们也会引导企业创造并保持本身的竞争优势。钻石体系由四项关键要素组成，可以反映出一个国家各条件的状态，也可以评估该国如何创造并转化这些力量，使之成为企业的竞争优势。这四项要素是分析竞争优势必备的工具。

钻石体系中的每个关键要素都是相互依赖的。因为任何一项的效果都是建立在其他条件的配合上面。假如一个产业缺少充沛的高级人才，空有挑剔型的本地客户，也无法满足客户需求，市场本身也无法带动产业发展先进的产品。同样，如果竞争形态不健康、企业缺乏持续投资的目标，环境中不利的生产要素就无法激励出创新的动力。一般而言，一个产业的任何一项关键要素出问题都将伤害它升级的潜力。

每个国家的社会与政治的历史背景、整个社会的价值观，也都会影响到产业的竞争优势。例如，价值观会渗透到社会形态的各个层面中，该国的企业组织形态和管理者的事业目标，也离不开既有价值标准的规范。历史传统也会左右一个国家对积累产业技术的态度，或该发展何种结构形态的研究机构才有利于竞争。这些现象通常被称为一个国家的文化，它不可能脱离经济面独立存在，它与经济因素更是互为表里。像日本的劳资和谐就不只是一个文化现象，维系劳资和谐文化的是企业终身雇佣制度。这套深具凝聚力的制度又是第二次世界大战前后，劳方通过对资方艰苦的抗争而促成的。

文化因素之所以重要是因为它会展现在关键要素上面，进而加强环境与企业的关系。文化的演变需要很漫长的时间，外国竞争者无法模仿复制，因此它对竞争优势的影响力非常重大。每个国家都有不同于其他国家的社会价值和政治历史，这也是为什么国家在许多产业竞争中，扮演重要角色的理由。本书在第三篇将会继续讨论这方面的问题。

一般产业史或关于国家盛衰分析的文章中，很流行讨论“领导人的角色”，本书却很少提及这个议题。这么做并不是刻意抹杀领导人的重要性，而是希望提醒读者注意，领导人和很多变数一样，并不是独立于产业竞争优势的关键要素之外。国家环境的状态、挑战和机会是每个领导人必须面对的事，但是每个国家关键要素的功能作用，会使各国领导人所关心的问题有所不同。日本成功的领导人如松下幸之助、索尼的盛田昭夫在消费电子产品领域，戴上他们的桂冠；美国企业家如IBM的托马斯 · 沃森，发明超级电脑的克雷，小型机之父、DEC的创始人奥尔森、苹果电脑创始人乔布斯等，则在电脑业享有荣耀。他们正是产业受到环境特色影响后寻找本身竞争优势的例子。领导人要成功，需要洞察先机，预备迎战的武器。这一方面已有不少讨论。

事实上，领导人的定义是：他们比别人更了解也更相信竞争优势的关键要素；领导人相信动态和变革的重要；他们不肯受制于客观环境，相信自己能改变看似理所当然的结果；他们所站的位置能见人所未见，而且有勇气付诸行动；当两家企业所面对的环境相同时，领导人的因素将是决定成败的关键。

本书把钻石体系的各个关键要素分别描述分析，不过要再三强调的是：钻石体系是一个互动的体系，它内部的每个因素都会强化或改变其他因素的表现。下一章主要讨论的是一个产业如何应用这种动力，强化本身的竞争优势。换句话说，当竞争优势的关键要素逐渐消失时，产业本身的竞争优势也同时在退化。

04 竞争力的启动

迈克尔·波特　在竞争优势中，最重要的部分并不是静态的效率，而是企业充沛的活力。

在前一章，我们描述了钻石体系中的各个关键要素如何互相强化、限制，或形成国家竞争优势的消长。钻石体系当中，单一要素所能达成的效果通常与其他要素在发展当时的状态有关。[1]例如，国内的人力资源如果不能支持企业创新，空有挑剔型客户未必就能成为企业发展高品质产品的动力。国家优势的关键要素联系在一起，构成一个复杂的体系。在体系内，国家的各种特征会影响到竞争的成功。这是一个动态的体系，其中的各个部分彼此相互牵动。产业要保持既有的竞争优势，同样有赖于关键要素的互动、强化，方能形成其他国家难以仿效的产业环境。在国家优势上，建立完整的产业体系，远比产业的片面表现重要。

本章将进一步讨论各个关键要素如何形成国家竞争优势的动力系统。在钻石体系各关键要素的互动中，“国内市场竞争”和“地域上的产业集中”这两大现象对启动钻石体系的影响尤其深远；前者的重要性在于它会推动整个钻石体系的升级，后者的重要性在于它加速了钻石体系内部各要素之间的互动。

在国家经济中，钻石体系会形成笔者所称的“产业集群”，也就是一国之内的优势产业以组群的方式，借助各式各样的环节而联系在一起，而不是平均分散在经济体中。产业集群是相关产业的紧密结合。例如，意大利有四成以上的出口是靠食品、服装和家用品等三大类产业集群，而运输、林业产品、金属等产业集群则占了瑞典总出口的五成以上。由于各个关键要素的运作和互动，我们可以看到强有力的产业集群是如何发展的。同时，这个架构也可以解释各个产业的盛衰存亡之道。

钻石体系内的关系线

产业的竞争优势，是国内各关键要素彼此长时间强化而衍生出来的。在此过程中，各要素之间的因果关系逐渐模糊，如果一定要用图形表示，它们之间的相互关系也许可以用箭头表现。但在现实中，它们之间很少只是单向关系。

生产要素的培养模式

当国家的生产要素与国家竞争优势关系密切时，通常特别容易受到其他关键要素的影响。例如，每个国家在运输系统、中学教育等方面的情形都不同，这与政府公共政策走向、投资比重、预期标准，以及研发机构的参与程度都有关系。这类一般性生产要素虽然不足以创造一个国家的高级产业，但是高级和专业性的生产要素却不得不以它们为基础。因此，持续投资一般性要素是国家经济进步最基本的条件。

不过，真正重要的竞争优势必须借由高级、专业性、具有创造和提升动力的生产要素才能达成，例如拥有世界一流的复合材料研究机构。

要拥有这样的生产要素，投资过程会变得很复杂。如同一般性生产要素，各国经济对专业性生产要素并非均衡投资，而是随社会或个人的关注形成产业间的明显差距。例如，人口不过500万的丹麦竟然有11家农业大学、在发酵技术和生物科技举世闻名的嘉士伯研究中心，以及好几个专业家具设计机构。[2] 当德国化工业在19世纪后半叶与20世纪前半叶建立它的优势时，举国上下对化工领域的关注也超过其他产业领域。直到今天，德国在化工方面的大学课程仍然是最经典的，拥有威廉皇帝学会，就是后来的马普学会，还有最顶尖的化工科学期刊。企业界制定了无数的职业技术训练计划，对这方面的生产要素也有不少贡献。同样的情况也出现在前一章所介绍的荷兰花卉业。比起其他产业，荷兰在花卉培育、包装和运输等方面的专业研究机构数量几乎可以说是“多如过江之鲫”。

国家应该从哪里着手来创造、提升它的高级和专业性生产要素呢？这涉及其他要素对国家竞争优势的影响程度。图 4–1 显示了各要素之间的影响关系。

观点一：国内的同业竞争不可忽视 从图 4–1 中可以看出，也许是国内竞争对手的影响力是最大的。一群本地企业彼此激烈竞争，往往会带动专业基础建设、加速流通的市场信息，而相关科技与专业人力资源也会快速发展。企业因为害怕落后，必然会单独或以同业公会的方式进行专业条件的投资。本地企业竞争也会带动当地学校和大学开设专业的课程，政府也会投资支持设立技术学院和培训中心，实行校企合作、产教结合的计划，创立专业的产业经济期刊、市场情报组织，以及政府和其他机构的相关投资。丹麦的农业大学、专业家具设计项目与德国在化工部门的大幅投资，都说明了这种产业活动趋势。此外，

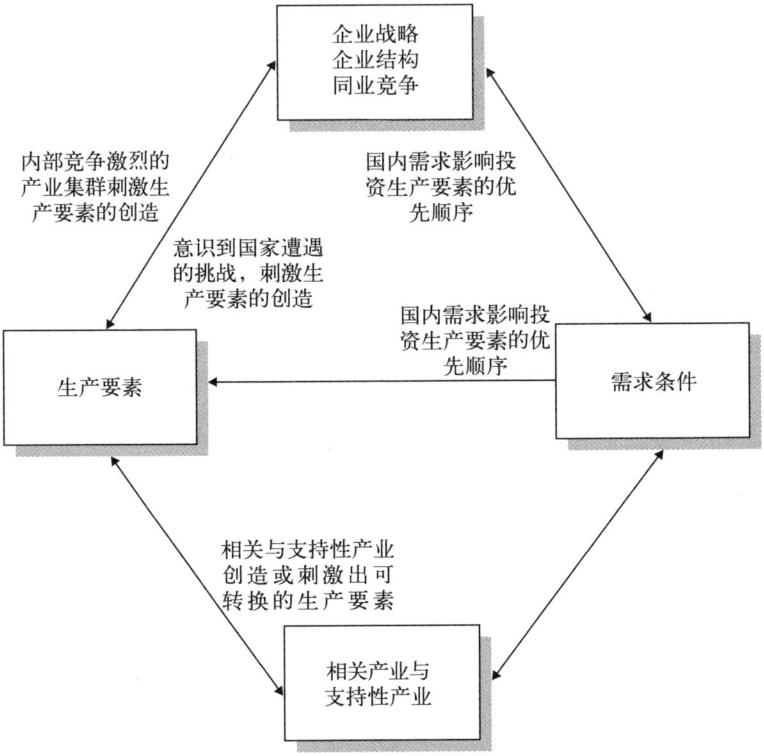

图 4–1　影响生产要素创造的情况

当企业在本国市场上捉对厮杀时，本地谋职者会主动在更专业或更高级的培训中自我充电。整个社会，从个人、机构到政府部门的注意力都集中于此，这个产业本身便成为代表国家实力或优先发展目标的结果，产业的生产要素也加快了创造的速度。[3]

当所有的竞争对手主要集中在某一城市或区域时，生产要素的效应会更显著。一个典型的例子就是纽约市环绕华尔街的大学、资料库和研究机构的密集程度。德国南部应汽车工业需求，产业所在地有 4 所大学研究所专门研究汽车。加州大学戴维斯分校处于加州酿酒业的心脏位置，它的情况亦如此。由于与酿酒企业密切联系和沟通，戴维斯分校成了世界最顶尖的酿酒研究学府，这种组合使当地近年来不断出现创新的酿酒技术。

独大的企业固然对地方的贡献颇大，不过，如果能有一群企业相互竞争，对地方产生的刺激更大。因为本地企业间的竞争会产生扩散效应，与当地学校、研究机构和信息媒介、信息产业建立关系。竞争会推动生产优势，而企业之间的竞争不但凸显了这个产业的重要和潜力，也引来更多人的关心，还将降低对更专业的设备和技术的投资风险。[4]企业竞争激烈，自然会产生支持者，以及对高级人才、专业设备、计划和信息的需求，企业在寻求更专业的生产要素时，同业竞争会使彼此讨价还价的空间减少，上游的供应来源也会扩增。产业界的竞争也会提升政治力量对相关产业的支持，凝聚共识，投资于相关的重大项目。

激烈的国内竞争组群对生产要素的建立很重要，且时时可见，但绝不是自动形成的。本地企业必须经常察觉提升各种生产要素的需要，积极投资，刺激它们的形成。有活力的国内市场竞争可以鼓励企业不断体验环境，客户所施加的压力也会逐渐升高。

观点二：相关产业相辅相成 相关产业则会影响各种生产要素的结构和形成的比重。相关产业的运作会刺激专业性生产要素的创造和升级，这些因素通常是可以转换的。例如丹麦食品工业和酿造工业的训练课程、专业人员、对生物学方面的研究能力，同时也是形成该国胰岛素、工业酵粉和食品添加剂等产业的优势来源。

当几种产业组成产业集群时形成的共同的供应、技术和环境条件，也会促使政府、教育机构、企业和个人对生产要素和产业动力投入更多的资金。专业化的环境建设被扩大、形成扩散效应时，又会进一步造成供应增加与生产要素的质量提升。有时候，随着产业集群专业化基础建设的逐渐完备，一些全新的产业因此而发达蓬勃。美国就有这种相互强化的例子。美国拥有世界最强的大型电脑、迷你电脑、个人计算机软件和集成电路产业，这种相辅相成的情况造成公私立研究机构群起，争夺软件人才和研发课程的市场。大量的优秀人才、知识和技术中心，以及环境条件会提升信息产业的竞争力，甚至带动其他产业对信息科技的重视。

观点三：需求条件　需求状况是另一个影响专业性生产要素的来源。当国家或地方市场对某项产品具有大量超额的需求或需求态度特别挑剔时，往往会导致社会或民间对相关领域的投资。应运而生的就是高级而专业化的生产要素。例如瑞典、挪威等依赖海运的国家，自然而然地会充分发展海洋地理学和船舶学方面的专业研究机构和教育课程。像在美国，国防相关科技本质上是政府和民间投资的一大重心。本地的精细需求会使政府主动投资创造相关的生产要素，也会集中个人和企业投资的注意力。

国家的生产要素需要经过很长的投资时间才能看出效果。但是其他关键要素会对教育、研究等领域发展专业生产要素有延续和加乘的效果。假以时日，各国的投资方向和投资额上的差异，会扩大为同一产业生产要素的差异。

需求组合，千变万化

一个产业的国内市场需求条件会反映该国的人口、气候、社会规范以及经济体内其他产业的性质。它与其他关键要素之间的关系是密不可分的（见图4–2）。

这其中，对需求影响最大的可能还是本地竞争形式。前文提过，企业投入了高度的忠诚和注意力在国内市场中，竞相在营销上砸钱，而且凭借产品价格来争取或维持市场占有率，产品必须抢先上市，还要有系统地延伸以提供多样选择。这些国内市场竞争基本上是建立产业自发性的不二法门。当国内市场的基本需求被挑起，其不但会迅速扩张，随之而来的市场饱和又会引发更具攻击力的国际化活动。酿酒工业就是个很好的例子。意大利和法国因为拥有挑剔的饮酒民族和庞大的国内需求，自然成为重要的产酒国家。

产业与需求的关系，也可以从饮料业看出。美国的人均饮料消耗量是全世界最高的国家。在激烈的市场竞争中，可口可乐、百事可乐、七喜等企业是驱

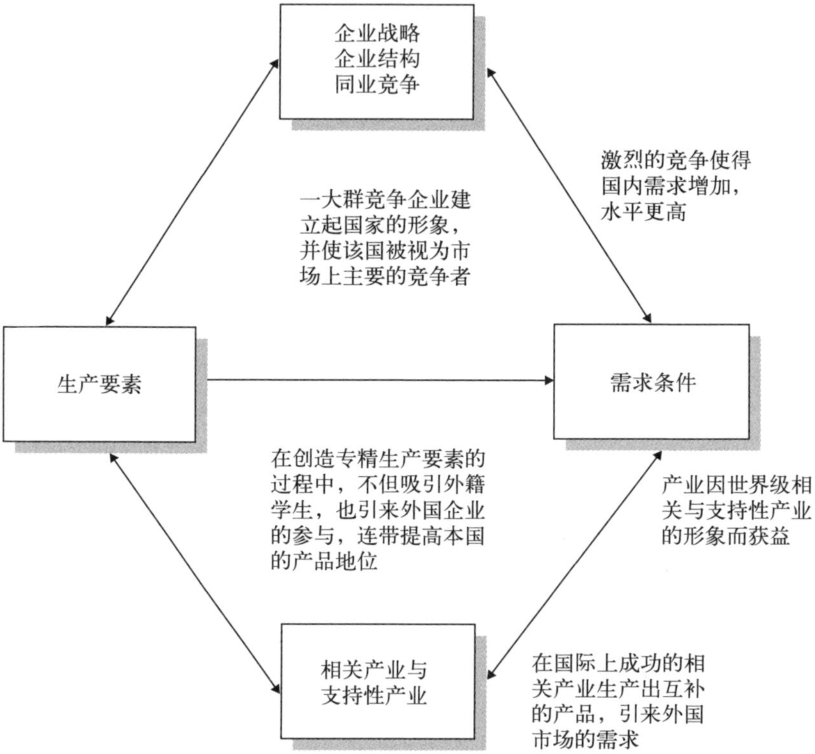

图 4–2　国内需求条件的影响力

动主力。这些企业虽然也在世界各国竞争，但是最激烈的战场还是在美国本土。这种现象的形成，部分原因是前一章提过的地缘性和范围因素。不过，企业斥资打广告，抢先在国内市场推出新产品，连带扩展了市场的需求。由饮料工业和其他产业的情况可以看出，激烈的国内市场竞争不但刺激了国内市场需求，同时也通过产品和营销的创新，创造了新的市场需求。

活跃的国内市场竞争也会提升国内市场的水平，当地企业彼此激烈竞争，会产生教育客户的效果。客户因此更敢于开条件、要求更高，他们的角色也更明显。以家具和制鞋业为例，意大利的国内市场的品位不断提高，原因是几百家意大利企业不断以飞快的速度推出新产品，这些产品不见得都会出口，更少有厂家在海外设厂的情形。但是由于它们在本国市场厮杀竞技，意大利的消费者眼界更宽，绝不迷信名牌；在其他国家，竞争较温和的制造商则只能提供少数几个选择，质量也不够高。同样，由于意大利本地企业的产品大多铺货到零售渠道，高水准而专业的零售商又使制造商之间的竞争提前引爆，不待最终的消费者来反映。在意大利，零售商为了争取顾客而教育消费者、提供完整的产品系列，同业竞争至此已经白热化。这样的产业一旦走上国际竞争，本地市场的优势会马上反映在国际市场的竞争力上面。

激烈的国内市场竞争也会吸引国外市场的需求。一国的产业在国内市场激烈竞争时，会为该国在国际上打出名声。其他国家的客户必然将该国的相关产品列为可以考虑的采购品种。毕竟，该国企业的厮杀竞争将会降低外国客户采购时选择不足的风险。彩妆笔就是一个好例子。一般国家的化妆品企业要找新的眉笔时，往往会到德国纽伦堡考察，因为当地拥有一群世界级的铅笔制造商。[5]

相关产业也会强化一个产业的产品国际化需求，方式之一就是利用品牌知名度的转嫁。20 世纪 50 年代和 60 年代的瑞士表，赋予了其他瑞士产品精致化的形象。而 80 年代的消费电子产品中，“日本制造”（Made in Japan）的字样几乎就是质量和精致的象征。当有竞争力的产业“提升”相关产业的产品时，同样可以改善内需市场的条件。

生产要素——特别是可以创造出生产要素的动力——也会影响国内市场的国际化。当国家能把高水准的生产要素力量和一些产业结合，往往会吸引外国学生和企业前来学习，也顺道带来产品和服务的外国需求。前一章曾提到外国医生到美国受训就是最佳例证。

相关产业与支持性产业的发展

国家要有雄厚、具国际实力的相关产业，同样需要其他竞争要素的表现配合，图 4–3 说明了它们之间的轻重关系。

一个产业的生产要素——尤其是能创造出生产要素的动力——会影响到相关的产业发展。因为生产要素所创造的技术、知识和科技具有扩散效应，与它相关的产业也会获得好处。

关联产业的专业化、深度化程度必须凭借产品在国内市场需求的成长与规模来提高。[6] 如果国内市场需求旺盛，关联产业必然会蓬勃发展，以填补产品发展的需要，取代进口，产业内部的组织和运作也更有效率，更切合实际。讲求效率的本国上游供应商通常是尾随着下游产业一同成长。

发展相关产业时最重要的影响因素是本国的市场竞争。对国家而言，一群

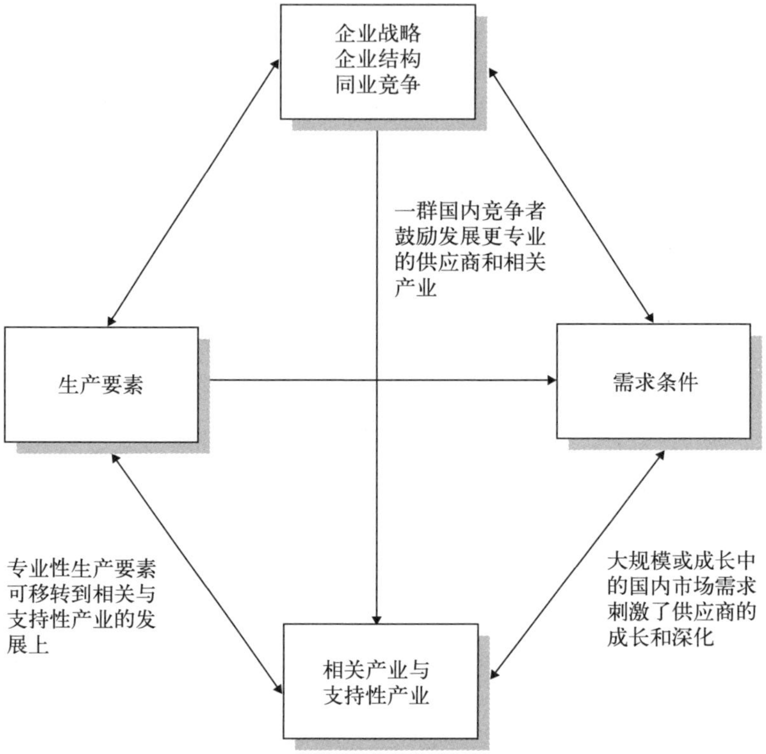

图 4–3　相关产业发展时的影响力

营销全球、在国际上有充分竞争力的企业会带动上游供应商的国际化。像世界级的日本半导体企业就是日本制作半导体生产设备企业国际化的主要动力。

当企业缺乏竞争者时，它们必须大费力气才能引起设备、仪器、服务等方面的供应商的注意。因为这些供应商通常也是其他产业的关联产业，若产业的国内市场出现竞争，上游的产业也会主动配合，创造符合下游产业需求的产品和服务。一旦上游供应商增加，它们还会发展更专业的服务项目。以美国好莱坞为例，由于当地的电影和电视传播业比较发达，使得特技效果、道具服装及财产保险等行业云集，这些关联产业的质量和地缘优势又使得影城更有竞争力。

拥有国际竞争力的产业也会挑战并推动本国供应商的进步。供应商的下游客户竞争激烈，他们在供应商身上施加压力，所以供应商必须不断创新和进步，否则将被取代。另外，供应商借助地缘之便，促进研发合作与信息交流，从而跟随客户在海外经营的步伐，加速自己的国际化。

强有力的国内市场竞争，不但有助于上游产业的发展和升级，还会带动上游产业之间的竞争。当企业拥有国际竞争力时，通常会打入上游供应商的产业。而且当员工离职、出去创业、自行生产零部件、机器或发展服务活动时，又会形成产业的扩散效应。

国内的市场竞争可以提升本国上游产业的表现，若只是一家企业独大，是无法达成这种效应的。激烈的国内市场竞争，会降低供应商与下游活动之间的风险，提高它与客户的谈判空间，进而导致更多新企业跃跃欲试、投入更多资金、迈向更专业的境地。[7]此外，每个客户的需求必然有所不同，这又扩大了供应商的技术领域，并激发它们的潜力、加快创新的步伐。最后，国内客户中，有人进行逆向整合，有人发动一波波攻势，扩散效应不断出现，不断地在创造新的竞争形式。

下游产业带动上游产业国际化的例子比比皆是。以丹麦为例，出口导向的奶酪品与渔业带动了至少包括食品加工设备、渔船、船体维修业、无线电通信等几十种产业的发展。它们当中不少在国际上已有竞争实力。顶尖的德国化工业则引导出与化工相关的泵、量表和控制设备等世界级产业。在美国，电子业早期在全球独领风骚，使得上游的测试仪器产业迄今仍在世界称王。

积极的国内市场竞争也会引发相关的产业活动并抢占国际竞争的战略位置。以日本照相机企业为例，小型复印机产业是它们多元化的起步，这种转换凭借的是光学技术以及现成的国际营销网络，并且缩短了登上新产业世界盟主的过程。其他像意大利的机床制造商转战工厂自动化领域，韩国电视机企业则走入录像机领域，都是基于相同的理由。

国内同业竞争的影响

国内产业结构同样受到其他关键要素的影响，比较会受影响的是国内竞争企业的数目、技巧和战略（见图 4–4）。

当国内客户寻求多样化的产品来源并愿意尝试新公司时，这种需求条件会刺激国内市场竞争。若上游技术不难克服，上游表现又关系到本身发展，一些高度挑剔的客户会基于战略因素而亲自加入竞争，日本的工业机器人产业就是很好的例子。川崎、松下等许多日本早期领先的工业机器人竞争企业，本身也是使用机器人的主要客户，它们一开始设计机器人，目的是为了自己的使用需要，随着经验日趋成熟，它们自制自用的产品便进一步走进了市场。

这个例子显示，挑剔的客户一旦进入市场，可将原先挑剔的客户态度、使用经验转化为竞争优势。要回应这样的竞争对手，原本的企业必须更加努力，这也会使整个产业升级。挑剔型客户、离职员工也会带来相同的扩散效应。另外，当一个产品能很快掀起市场旋风时，它也会刺激客户、新加入的企业、多元化经营的企业采取应对措施。

相关产业的表现会直接、间接地影响到新产业的出现。当下游企业或相关产业往上游发展时，它会带动国内产业结构的投资和创新。成功的上游供应商则常常进入下游产业。以瑞典为例，山特维克公司是由特殊钢材转攻上游采矿业，而斯凯孚是由特殊钢材进入下游的滚柱轴承产业。基础好的上游企业往下游发展时，可以凭借技术、资源、品牌知名度、营销网络和技术经验等竞争优势，使得下游产业的竞争态势大变。

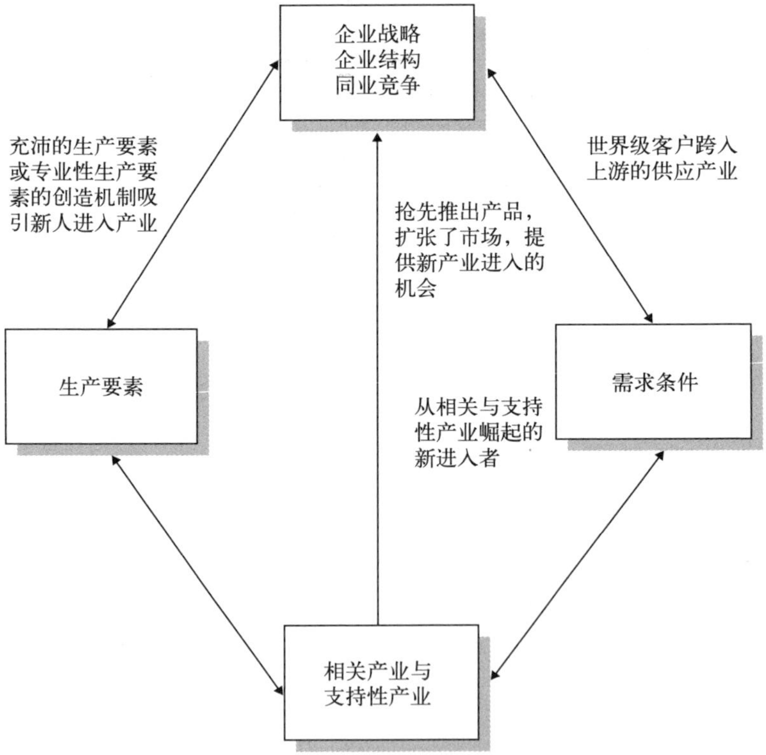

图 4–4　国内市场竞争的影响力

上游供应商进入下游产业时，也会为新产业带来竞争优势所需的垂直整合。同样是产业的新加入者，垂直整合的本国企业对新产业的忠诚度较高，若它们在其他国家创业，也许就不会这么投入。垂直整合后的企业之所以为了战略考虑向上下游扩张，是因为上下游的产业与本身息息相关，它们甚至把既有的品牌形象也拿来作为赌注。因此，整合后的企业决策谨慎，不太会计较短期获利能力。

成功的上游供应商即使自己不进入下游产业，也仍然是扩散效应或产业新鲜血液的主要来源。因为当上游产业的员工发现新机会和新技术时，往往会辞去原职，自己跳入下游领域竞争。他们成为上下游产业之间的转包商，降低了产业之间的门槛。像日本强劲的零件供应商就使得缝纫机、汽车音响等产业的新人辈出。

同样的理由也可以解释，为什么相关产业的竞争优势会引来新面孔加入该产业。一个有竞争力的产业通常会时时留心相关产业的动态。以意大利为例，集中在蒙特贝卢纳区域的雪靴产业，是当地登山鞋产业的原动力。某一产业要踏入相关产业的时机绝非凑巧，它的多元化通常是在产业本身出现饱和或走下坡之际，因为这类趋势使所有竞争者同时面对相同的问题，因此一大批企业不约而同地往相关产业转进，模仿只是整个过程的附带动作。

由其他相关产业跨行而来的产业新鲜血液，正如由上游供应商或下游客户转进的企业，因为本身已有独到而且可供转换的技术班底，对国家发展出竞争优势有格外重大的意义。以日本为例，日本的许多电脑企业是由消费电子领域转入的。这些企业也许在台式电脑的表现上并不起眼，但在最近兴起的轻薄小巧、液晶显示的笔记本电脑上却大有收获。因为日本的消费电子企业本身具有独特又可转换的技术，而这些领域并不是美国或欧洲竞争者所擅长的。

当种类不同的供应商和相关产业的企业纷纷加入一个新产业时，所产生的竞争优势最为惊人。它们会带来各种新的竞争方式，表现精彩纷呈。因为无论是上游供应商还是相关产业，一旦投入新领域，就等于是以既有的成就孤注一掷。当日本办公用品企业进入传真机产业时，它们为了保护品牌形象和利用既有营销网络，一开始就提供一系列的传真机型供客户选购，以期击出漂亮的商场安打。

由专业性生产要素的运作所吸引到的产业新面孔，多半为不曾创业过的人，并不是旧产业的延伸。他们大多是从世界顶尖的研究所、学校和教育机构中出来，自组企业。像美国的生物科技产业就是由顶尖大学的科学家自组公司所建立起来的。

独享“外部经济”

前一章提过，国内企业的竞争越普及，越能使国家在相关产业上形成国际竞争优势。敌我过招是进行改进和创新的唯一方式，当企业卷入竞争大战之后，会自然而然地被刺激去创造像挑剔型客户、精明型供应商等关键要素，因为唯有如此，才可能建立竞争优势。本章也将进一步理清国内市场竞争的扩散效应对其他关键要素的影响，如：

- 凭借扩散效应刺激新的竞争。
- 创造、吸引生产要素。
- 扩张并提升国内需求。
- 带动并促进上游和相关产业升级。
- 引导政府政策提高效率。

广义的国内竞争与一个相当重要但常被忽略的经济学概念有关，这个概念就是“外部经济”(external economy)。所谓外部经济指的是，由产业环境或一群企业活动所产生的利益。在古典经济理论中，科技扩散、专业化利益会导致外部经济出现。因此，每一个企业的规模可以很小，但是整个产业的实力却很坚强。[8]

一国若能形成外部经济，最核心的力量就是竞争。竞争的重要性也远超过一般的想象。外部经济是在创新和竞争优势的升级过程中逐渐形成的。由于企业投入某个产业进行竞争，加上个人、相关产业在相关领域的投资和研发，将改善整个国家环境，促成企业多元化，提供诱因鼓励产业进一步加速创新。[9]外部经济不是只对某单一产业有影响，它会延伸到这个产业的关联产业中。另外，地理位置的邻近也对外部经济的强度有所影响。绝大多数的外部经济效益是无法跨越国界的，这又使得外国企业想要获取这种外部经济更是困难重重，即使外商在当地国家另设子公司都未必有效。

组成动态系统

国家能不能创造国际竞争优势，与它是否能在钻石体系内占得优势有关。由于每种产业的成功条件都不一样，资源的有限也使国家不可能朝各种产业全面发展。正常的情况下，一个国家可能在某些产业上大有斩获，却在其他产业上一筹莫展，甚至在同一个产业中，国家也可能只在某个环节中特别强势，却在另一个环节上毫无竞争力可言。

在解释一个国家的某些产业为什么最成功时，很难找一个适当的切入点，因为各个关键要素之间的关系很复杂，它们既会相互作用，又有自我强化的效果，导致因果关系模糊。当钻石体系重新建构时，原本有利于某类产业发展的环境可能转而对另一类产业有利。钻石体系是动态的，产业因此也需要持续进化以回应环境中的改变。如果产业不能做到这一点，也就是它走下坡路的开始。

钻石体系的重要性也随产业性质而有所不同。原材料加工、标准化或低技术导向的产业对钻石体系的依赖，就不如高级、精密型产业。对天然资源加工或低技术层次的产业而言，单凭生产成本就可以决定它们的成败。标准化、以价格为导向的产业部门，也因为产品的规格和面貌已经定型，只要能通过专利授权取得所需技术或直接引进国外设备，竞争能力也不会比别人差。这样的产业情况对一个国家刚起步的产业发展而言，往往具有相当不错的竞争前景。

但强调改善与创新能力的高级、精密型的产业，很少是依赖单单一项竞争优势就能成功的。这种类型的产业通常需要好几种关键要素彼此作用、自我强化，才能成为有国际竞争力的产业。一国的企业如果缺少了挑剔型客户、强有力的供应商，它在创新的步伐上就远不如拥有这些条件或其他获得有利关键要素协助的外国竞争者。同样，如前一章所强调的，每一个关键要素的表现通常与其他要素的状态有关。日本的消费电子企业能满足挑剔型客户的需求，与该国高纪律和高素质的劳动力与工程师、持续的大量投资、激烈的国内市场竞争等因素有关。此外，最好能在钻石体系中多找到几项优势，因为在关键要素的互动过程中，产业竞争会产生新信息、新技术和新的竞争对手，进而导致创新的步伐加快，竞争形态也会更上一层楼。如果企业只靠一项关键要素竞争，除非能由此衍生出其他关键要素，否则连维持经营都会有困难。

不过，国家的国际竞争优势倒也不需要具备所有的关键要素，即使在高级、精密型产业中也不例外。像日本的打印机产业，其国内市场的需求事实上很低。

而瑞士的瑟伯勒斯公司（Cerberus）在没有国内竞争对手的情况下，照样是火警侦测系统中的赢家，在国际上数一数二。当国家明显缺乏某一类型的竞争要素时，还是有可能成功，因为通常其他的竞争要素可能特别杰出，产生补偿作用。再以日本打印机产业为例，兄弟公司（Brother）当初就是从缝纫机产业走向多元化经营的。该企业一开始就具有可转移的技术、有效率的零件供应商、高质量但廉价的劳动力、已然建立的营销网络。随后有一些消费电子企业加入了缝纫机产业，其中几个还同时有意发展办公室自动化产品，结果导致国内竞争更加白热化。与日本企业的情况相比，美国和欧洲的竞争对手情况正好相反。欧美的竞争者数目有限，生产技术离自动化还有一段距离，嗅不出竞争的火药味。因此，尽管欧美国家具有国内市场的优势，结果却让在相关产业有专业优势的日本打印机企业打赢了这场战争。

这不是说国内市场需求不重要。当第二次世界大战结束时，日本由于缺乏外汇，所以把有限的外汇都用在进口粮食和原料上面，根本没有多余的外汇进口外国打印机。不过，日本企业可不能没有外文打印机来处理国际贸易信函、与驻日美军进行书面沟通。这类需求的数量虽然不算大，却是日本打印机产业发展的契机。结果证明，惯于制造精密机械的兄弟公司等缝纫机企业就是利用这个角度切入打印机产业的。不过，日本打印机能成为有国际竞争优势的产业，仍少不了其他四个关键要素相互紧密的作用。

瑟伯勒斯公司的例子则说明关键要素的相互补充效果。瑟伯勒斯公司的创办人原本是苏黎世理工学院的物理研究人员，他自行创业后，重点就放在了电离子的烟雾侦测器上。尽管这一行并没有国内竞争对手，瑟伯勒斯公司仍然努力创造市场压力以激励自身的进步。瑞士的民族性以保守出名，而瑞士的银行、旅馆、化工等产业也相当重视防火设备，这使得瑞士成为全世界防火设施最普及的国家，于是与防火相关的器材（如自动灭火系统、保全警卫、各种性质的火警侦测器）组成了这个产业的国内竞争动力。瑟伯勒斯公司因此加强了产品的市场营销，拉近了产品与客户需求的关系，游说地方政府加强防火管制，争取保险公司将防火设备列为保费评估的标准之一。

小国因为缺乏国内市场，往往也会开放市场而引来国外竞争对手，或以全球化战略诱导本国企业到其他国家挑战外国竞争对手。这两种条件，瑟伯勒斯都具备。但是在国内市场完全没有竞争的情形下，若想让产业具有国际竞争优势，并不容易。比较常见的情况是，企业会努力成为相关产品领域的国际盟主，来补偿国内市场竞争不足的问题。这时，企业可以选择借重外国更有利的生产要素，或吸引国外客户、供应商的支持与注意等全球化战略。

有些竞争优势的关键要素（如某产品的挑剔型客户或是某个相关产业），往往只与特定的产业需求有关。但也有一些关键要素适用的范围比较广泛。像瑞士人的语言能力、日本过于挑剔的客户、美国在软件方面的优势，这些情形对产业竞争优势就有普遍的正向推动效果。如果一个国家确有其优越地位，而那些应用广泛的要素普遍存在于许多产业中，那么任何单一关键要素对国家经济的贡献就显得很小，没有特别的意义。甚至，如果国家所具备的都是这些泛泛的竞争条件，它的优势可能还不如集中力量在某些专门、专业化产业环境的表现上。

国家如果要在绝大多数的产业上成功，不但需要应用广泛的关键要素并将其充分组合，这些关键要素还必须落实到一些专业化的产业领域中。以传真机为例，日本企业不但具有高质量、重纪律的劳动力和高度自动化的生产能力等广义的优势条件，还必须加上它本身对传真机产品的独特需求（例如日本的电报通信发展较迟，而且跨国公司对国际通信有强大需求），攸关这个产业存活的相关产业（例如小型马达、照相机、复印机、办公自动化设备等）。美国虽然具有一般技术的基础研究优势，但是相关研究成果却因为其他关键要素不存在，无法变成竞争优势，市场也就一再受挫。

资源升级，优势持续

竞争优势能够持续，靠的是资源的扩大和升级。在关键要素中，有些对持续力的影响比较大。例如在生产要素的创造上，传统生产要素就不如专业、卓越的研究机构来得重要。另外，像快速创新、抢先行动、加大压力等形成优势的动力条件，往往比生产成本、大规模国内市场等静态优势更有价值。因此，需求的内容往往比需求的规模更重要，密集的国内市场竞争也比企业是否具有国际观更迫切。

国家缺少两个关键要素，尚不会妨碍它寻求竞争优势，但是要建立最强韧的竞争优势，各关键要素之间就必须相互联结和强化。在国际竞争中，每种关键要素都是可以被复制的；例如，外国竞争对手可以通过在海外生产发挥生产成本上的优势，或凭借开拓其他国家战场，以建立市场规模，无须受限于母国市场。更重要的是，没有一个国家能拥有独一无二的关键要素。不过，一旦各关键要素联结成一个环环相扣的系统，国家的竞争优势就将锐不可当，因为要组成系统化的竞争优势不但耗时，而且困难重重，但之后就绝无被复制仿效之虞。系统内部各关键要素之间的互相依存与强化更是升级的来源，这样的系统很难被移植到其他国家运作。一个国家建立了系统性的竞争优势后，还会有继续延伸的效果。系统性竞争优势一旦出现，国家整体产业的进步速度往往比竞争对手快很多。

关键要素之间的互动，使得仅依赖部分关键要素的个别产业，及需要完整关键要素的国家都能建立并保持竞争优势。产业有竞争力，国家自然会有竞争力。企业竞争能否快速带动供应商自我提升？教育机构与其他生产要素的创造动力能否应对产业界出现的挑战？客户的挑剔态度需要花多少时间才能养成？可以创造出生产要素的机构、供应商和客户又将催生多少新秀？

系统互动的效率也与关键要素的状况有关。例如，国家形成新企业的能力，离不开个人、机构和企业对变化的回应能力。企业、客户、供应商和研究机构因地域而集中，所造成的影响力更是不言而喻。

这个道理也表现在国家长期扩大、提升产业的能力上。各国拥有的关键要素其实都差不多，谁能抢先发动整个钻石体系和效能，它的竞争优势就比其他国家多。

跨国企业的主战场如果是在母国以外的国家，即使已完成海外据点的建立，并且有一套运作良好的全球战略，也并不表示它就能轻易在该国复制母国的钻石体系。因为外国跨国公司必须面临协调成本和信息偏差的赌注，远不及当地企业就近应变的灵活。相形之下，当地企业的主战场在母国市场，更能具体地感受市场变化的压力，对当地客户的感觉也更敏锐，这种优势还可以延伸到它和该国供应商的沟通上面，形成更有利的生产动力，吸引更多当地企业加入竞争。面对这种内战的外国跨国公司，不但必须以海外子公司的市场当做核心市场，还要调整它的全球战略、研发方向，全面配合海外子公司的需求。

产业的集群现象

一个国家的经济体系中，有竞争力的产业通常不是均衡分布的，它们的产生将在第三篇详细说明。钻石体系的基本目的就是推动一个国家的产业竞争优势趋向集群式分布，呈现由客户到供应商的垂直关系，或由市场、技术到营销网络的水平关联。

丹麦就是个典型的例子。图 4–5 显示了丹麦具有国际竞争优势的产业之间有何关联。该国其他没有列出的产业，如家庭用品产业（日用品到家具）与医疗保健产业（药品、维生素、医疗器材等），其实也同样呈现集群的现象。通过技术和原材料的关系，医疗保健产业集群事实上又和农业产业集群产生联系。

瑞典的化工产业虽然不突出，但是从纸浆、造纸、木料加工、锅炉、传送带、纸浆制造机、控制设备、造纸机和纸张烘干机等一系列产业形成的产业集群竞争力，又使得它成为应用纸浆和造纸所需化工材料的高手。意大利最重要的产业集群则在时装、家具和食品等领域。每个国家的产业集群数目也许随国家的大小而有不同，但是产业集群并不因此画地自限。以德国为例，它的重要产业集群在化工、金属加工、运输和印刷机等领域。当产业集群形成时，一个国家无论在最终产品、生产设备、上游供应及售后服务等方面都会有国际竞争的实力。这种产业集群的现象每个国家都有。以不在本书研究范围的以色列为例，它的主要产业集群是在农业（谷物、化学肥料、灌溉系统及相关农机设备）和国防两方面。[10]

将在本书第三篇详细讨论的各国竞争优势形态，都是以产业集群的面貌出现的。这种相关产业集聚一起的现象十分普遍，这显示出它是产业发达国家的核心特征。[11，12]

国家竞争优势的关键要素会组成一个完整的系统，是形成产业集群现象的主要原因。在一个互动的过程中，一个有竞争力的产业带动并创造了另一个产业的竞争力。这样的过程离不开挑剔型客户对产品和服务的需求。面对这样的形势，产业会把压力转嫁给上游供应商，并带动上游企业的竞争优势。[13]美国能够在消费日用品上称雄，必须回溯到它在广告业上的卓越成绩；日本有坚强的半导体产业做基础，因此它的消费电子产品能快速应用各种集成电路，形成产品的竞争特色。同样，美国因为掌握了逻辑芯片的竞争优势，下游产业如电脑工业、电信器材工业和国防电子工业等的竞争优势亦稳如泰山。近年来，日本汽车工业在全球市场告捷，连带使得日本的汽车零件业在国际上迈开脚步。当本国市场拥有一流的下游产业时，它不但对本国的上游供应商形成帮助，也会带动上游产业向海外发展。今天，日本汽车零件企业就随着汽车产业到国外设

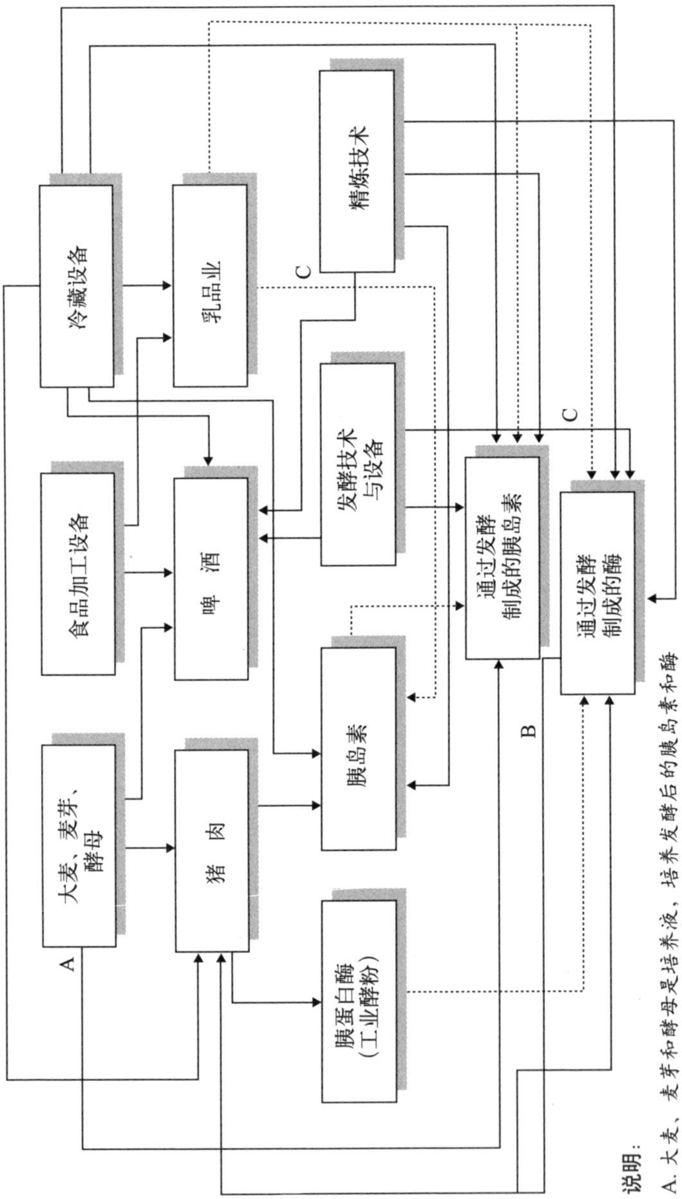

实线=供应关系

虚线=一般技术或元件

说明：

A. 大麦、麦芽和酵母是培养液，培养发酵后的胰岛素和酶

B. 清洁剂酵粉的最初需求来自屠宰场

C. 胰岛素和酵素制造商由乳品产业取得技术熟练的劳动力

图4-5 丹麦经济中具有竞争力的一部分产业集群

厂，并建立起海外零件工厂的体系。

一个国家上游产业的竞争优势，同样有助于它的下游产业发展国际竞争力。上游产业所提供的技术，可以转化成下游的创造力，它本身也可能跳进来加入下游产业的竞争。当一个产业具有国际竞争优势时，它的技术转移，通过与现有企业联手，或因扩散效应的关系，还会创造新的相关产业。

一旦产业集群形成，集群内部的产业之间就形成互助关系。它的效应是向上下左右、四处展现的。凭借新的谈判筹码、扩散效应及企业的多元化经营，激烈的产业竞争气氛往往会由一个产业扩散到另一个产业。产业集群中，当产业转入另一个产业时，其研究发展观念的刺激、新战略、新技巧的移植，都会激发这个产业的升级。由于信息的流通更顺畅，创新的气氛随供应商和客户的关系快速地扩散，自然形成了产业集群内的关联，因此也带来新的竞争观念和新的机会。新人与新智慧出现新的组合，硅谷的崛起就是个很好的例证。

产业集群也帮助产业克服内在的惯性与僵化、破解竞争过于沉寂的危机，进而将这些现象转为升级的竞争。它会使产业不断进行多元化尝试，使信息流通的速度加快，使新的思考观点不断冒出，而上游、下游或相关产业的扩散效应则不断产生。产业集群的角色是促使一个国家内部的“外行人”跳入产业内发展新形态竞争。经过这些新加入者的刺激，这个国家的产业才不会在国际的创新竞争中落后。

完整的产业集群也会放大或加速国内市场竞争对生产要素的创造力。当一群企业在彼此互相牵连的关系中，目标一致地投资于科技、信息、基础建设和人力资源，就必然会产生外溢效应。产业集群本身就有鼓励专业化和投资的效果。不同产业的企业通过同业公会的撮合而共同进行开发，是很平常的事，政府和大学对相关领域的注意力也会提高。随着产业受重视的程度增加，更多有才华的人士会被吸引而加入进来，壮大产业集群的实力，而整个国家在相关产业的国际知名度也将开始上扬。

产业集群的竞争力大于各个部分加起来的总和。在产业集群中，有竞争力的产业提升另一个产业是正常趋势。它的扩张方向是由产业集群内部普及到全国。两个例子可以说明这种情形。日本的模式一般倾向于水平式发展，企业基于发展目标和内部创业的需要，相关产业常常是它扩张的第一步。但在意大利，产业集群则有垂直深化的倾向。原因是新公司从老东家脱离，多半是朝更上游的供应商或更专业的利基领域发展。由公司内部来多元化经营的情况比较少见。

产业集群出现后，为寻求最大的生产效益，一个国家的经济资源会自动远离单打独斗的产业，改向产业集群集中。而一国产业的国际化程度越高，资源流向这个产业集群的速度也就越快。

无论个别产业还是产业集群，都是凝聚国家竞争优势的基地，这一点是政府制定政策和企业制定战略时要特别注意的。[14]

集群内的交互作用

客户、供应商和关联产业之间保持流通的需求和技术的信息，是国家钻石体系和产业集群的运作基础。如果每一个产业都能保持这些信息的流通且同时拥有积极而持续的竞争环境，它所呈现的竞争优势就必然强而有力。前面曾描述互动作用产生竞争优势的理由，但没有解释它是如何发生的。互动作用之所以重要，是因为国家内部的企业之间并不必然地会进行有效的互动，只能说它比跨国企业的情况好些。但是，一个国家产业集群内的企业，不但彼此互有差异，有时利益甚至是相互冲突的。例如，供应商和下游买主之间存在着价格和利润的冲突。双方这种不透露底线和实情的情形会导致信息流通时的限制和偏差。[15] 和外国竞争者交手时，虽然本土企业充分的互动能产生数倍的力量，但还无法缓和本土企业彼此间的议价空间。

因此本书观察了各国及其产业间的差异，希望了解产业集群的功能。拥有国际竞争优势的国家，通常也会支持产业集群内部的互动。这种有效率的互动尤其可以在一些产业或产业环节中看到。例如瑞典的矿业和采矿设备业的关系，就形成了持续国家竞争优势的有力标准。

产业集群内顺畅的互动机制会促使信息的流通更顺畅，缓和经济利益的冲突，为垂直或水平联结的公司创造合作与信任的空间。[16] 以下就是一些例子：

促进信息流通方面

- 由旧时军中战友或母校校友所建立的人际关系
- 由属于相同的协会或科技社群建立的关系
- 因地缘而发展出来的社区关系
- 同一产业集群内的商业同业协会关系

- 由相同社会规范和行为价值观所形成的关系

目标来源一致或产业集群内的相容[17]

- 企业间有家族或姻亲关系
- 产业集团内法人共同持有所形成的关系
- 企业持有人的股份
- 跨部门的管理人
- 爱国心

关联企业的良性竞争　日本是产业集群运作良好的例子（参见第8章）。日本的产业集群受环境形态的带动。日本的大财团或企业集团，有一部分是第二次世界大战前的财阀，另一部分则是很多企业彼此相互投资所形成的松散组合。每个集团的支撑核心是银行，例如住友银行或三菱银行。

一般人认为，日本的企业集团才是决策的发动者，而集团内部的各家关联企业则会相互提供市场。实际上，不论是扮演核心角色的银行，还是集团内部的各企业之间，彼此间的影响，并非如外界想象的那么大，共同执行战略的机会也没那么多，但是它们之间的互动却使得产业集群的功能充分发挥。由于彼此间的关系，企业会相互咨询甚至共同合作，一起进行技术上的研发工作，并交换市场情报。以光纤产品为例，同属住友集团下的NEC和住友电缆（Sumitomo Cable）就多年长期合作，共同开发光纤技术。NEC的专长是电子，住友电缆的专长则在光纤和电缆，它们的合作是将两种不同的竞争优势合而为一。[18] 日本企业流行的多元化经营也使每家企业像八爪章鱼般往垂直关系的上下游或水平关系的相关产业延伸，彼此之间既是竞争又是合作的关系。由于它们是同一组织的延伸，关联企业之间在信息的流通和技术的转移上，比起并购的情形好得多。

日本产业集群还有很多良性的机制。其中之一是大企业内部相互投资所形成的利害与共关系，另一点是企业之间的地利之便。另外，他们的人际关系也有助于产业集群的发展。日本人的校友、学长、同辈等关系是非常亲密的，他们每年一度的同学会可以延续几十年不间断。这种关系对沟通信息和技术交换的帮助非常大，也同样受到政府的支持。在日本，同业公会通常不仅包含产业本身，还包含它的供应商产业。

日本产业集群还点出了一个很重要的观点，当关联产业有互动情形出现时，个别产业内部的竞争仍然未曾停歇，而且十分激烈。供应商和客户之间照样会激烈地讨价还价，因为每个产业都有为数甚多的竞争者和强大的竞争压力。

意大利的产业集群虽然与日本不同，但是运作的动力是完全一样的。意大利产业集群的联结力量主要来自家族企业的关系。它们在地理上的集中特别显著，很多产业的大本营就在一两座城市里。瑞士模式的产业集群则是以另一种方式运作。瑞士男子都被列为后备军人的制度形成了特殊的人际关系。而在瑞典，金融集团的高层经理人会兼任其他要职，也可以算是发动产业集群的有利因素，这种兼任情况在德国更为显著。

在日本、瑞典和意大利，产业集群的内在互动机制通常很强。相较之下，英、美两国的产业内部互动就很弱（详见第 7~9 章）。[19] 不过每种产业都有它的特性。要了解国家竞争优势就必须更深入地观察产业的各个部分。有趣的是，美国产业集群运作最好的是医疗保健和电脑等产业，因为科技社群的关系克服了美国经理人之间的敌我意识。这种关系也使得该国医疗保健等产业成为全球最强的产业。

因地缘而集中

在很多产业集群或具有国际竞争力的产业中，竞争者往往集中在某个城市或地区。例如，绝大多数的意大利羊毛纺织企业就集中在两个城市。几乎大家都知道意大利产业的地理集中性很强，事实上这种现象在其他国家也很普遍。[20] 英国的拍卖业集中在伦敦某几条街上，而瑞士三大制药公司都在巴塞尔市，丹麦风车企业的大本营是海宁市。美国也不例外，广告业的圣地是纽约麦迪逊大道，大型电脑公司如数据控制、克雷、宝来（Burroughs Corp., 后与 Sperry 合并为优利系统公司）以及霍尼韦尔的总公司都设在明尼苏达州明尼阿波利斯市，制药企业如默克（Merck）、欧美史克（Smith Kline）、美国氰胺（American Cyanamid）、施贵宝（Squibb）、贝克顿–迪金森（Becton-Dickinson）和巴德（C. R. Bard）集中在东北的新泽西州、费城一带，一般航空企业在堪萨斯州的威奇托市，迷你电脑企业则在波士顿。

图 4–6、图 4–7 显示了意大利和德国部分产业的地理集中现象。当国内市场的竞争对手打成一团时，供应商会开始在其竞争外围落脚，共同对付重要而

又挑剔的客户。如此一来，这个城市和区域就形成了这个产业独特的竞争环境，产业信息交流、透视敌手及互动强化的机会不断出现，阿尔弗雷德 · 马歇尔（Alfred Marshall，1842~1924 年，英国经济学家）曾形容，在这些地域“连空气中都闻得出产业的味道”[21]。这种现象也许不能在每个产业的身上都能看到，但是对世界一流的企业而言，就地与竞争对手厮杀是竞争过程中不可或缺的先见之明。[22]

相互强化国际竞争力的产业会出现地理集中性，通常是因为一个国家的钻石体系中，各个关键要素都具有地理集中性。客户、竞争者和供应商的集中可以提升效率和促进专业化。[23] 地理上集中之后又加强了创新和进步的影响力。企业对邻近的竞争者自然会有心向往之的情绪，而在产业集群附近的大学则很容易感受到产业的需求和变化，并将其反映在课程和研究的调整上。企业相对地也会主动赞助或支持学校的相关活动。供应商时常需要与客户沟通和合作、选

图 4–6　意大利各大产业地理位置集中的情形

择落脚地点，因此也不得不迁就地利之便。供应商培养了客户的品位和挑剔的个性，又带动了信息的流通、需求与技术的结合，对产品性能与服务也随之精益求精。[24] 对产业而言，地理集中性就好像一个磁场，会把高级人才和其他关键要素吸引进来。

地理集中性也会鼓励产业新手的出现。企业的扩散效应最容易在原发公司的附近出现，因为创业的人住在那里，早已建立了良好的人际关系。而从供应商、客户或相关产业中冒出的新人，优先考虑的切入点必然也是产业主战场的所在之处。

图 4–7　德国各大产业地理位置集中的情形

地缘因素还会使信息和活动更集中，除了加速一个国家的产业内部信息流通的速度、将创新的信息扩散出去之外，由于地缘之便所形成的特殊沟通模式（如面对面沟通），无形中也减缓了产业内部消息走漏的速度。距离越近，就越能轻易看得到、摸得着竞争对手的举动，企业自己会选择利害相关的进步方式，如果再加上面子输不起的考虑，就混杂成一种有别于纯粹经济分析的努力行为。地理集中性也会使产业集中的过程与产业集群内部的互动更完善。[25] 它会使产业集群内部从需求到限制的各种不平衡情形提早曝光。因此，地理集中性使得各个关键要素的功能充分发挥，使钻石体系成为一个活的系统。

城市和区域的竞争优势

不过，如果客户、供应商或竞争者本身并未国际化，产业集群的运作也会有其长期性的隐忧。

地理集中性的效应引发了一个有趣的问题：研究竞争优势时，国家是否为最佳的划分单位？尽管不同产业往往会有其不同的地点选择，但真正构成竞争优势的条件通常与整个国内环境都有密切关系。至于为什么某些城市或地区会发展出某产业，基本上与当地客户是否属于挑剔型客户、能不能产生独特的生产要素、能不能形成强大的上游供应商等问题有关，归根结底也就是要问：钻石体系到底能不能具体化？这个理论很容易应用到城市、地区与产业发展的关系。[26] 例如，伦敦能成为英国的精华所在，是因为该城市的需求是最高级的产品和服务，并且具备了相关的产业集群、高级人力资源等条件。

即使两地间从文化、政治甚至成本等方面看似差异很小，地理因素还是很重要，美国就是一个很好的例子。美国各地尽管在语言、文化、法律、通信运输、货币和资本市场等条件都差不多，各州之间也没有关税壁垒，产业分布仍然有其地理集中性。

一国内两地的关键要素间差异比较小，若是和国外的地点相比，差距就比较大。每个国家有其不同的税制、法律、资本市场特性和成本因素，这些都是构成不同国家之间的地点的差别。国家在社会和政治上面的价值观念一旦形成，很难改变，它们又会与有形的制度法规结合，影响竞争优势的消长，而不适当的政府政策更可能导致产业发展开倒车，因此种种情形都说明了中央和地方政府在产业成功中的重要性。

事实上，如果政府降低通信和交通的成本，减少关税壁垒，提高国际竞争程度，会有助于当地产业的创新，因为本地企业会在这样的环境中磨炼出对外界市场更强的渗透力。当国际化使得传统生产成本问题越来越容易解决时，发达国家的竞争优势便转而依赖信息和技术上的差异、创新的速度。这些条件必然与当地环境有关。这种趋势很矛盾，但也是事实。随着越来越激烈的全球竞争，本国市场的角色非但没有因为越来越激烈的全球化竞争而降低，它的重要性反而在提高中。

美国的情形更说明了一个事实：国与国之间即使进行文化交流，也不能克服彼此之间竞争基础上的差异。欧洲共同体的发展曾经引发各界的激烈辩论，忧心者认为欧盟的整合将削减各国的竞争优势，但支持自由贸易观点的人则认为整体的竞争优势将不减反增。无论如何，讨论这个问题必须先有一个基本的认识，地理环境的竞争优势纵使可能跨越国界（如德国南部与瑞士德语区相连而成的特殊区域），不过，从竞争的观点来看，欧洲想要成为“一个国家”的可能性实在不大。欧洲纵使整合为一，每个国家在需求、创造生产要素和其他关键要素上的差异也仍然会存在，彼此间仍旧会以竞争之姿相对。

竞争型产业的诞生与成长

钻石体系虽然可以反映出国家在产业竞争优势上的持续力，但是它并非在一开始就以完整的面貌出现。一个产业在开始时可能是受某一项关键要素的刺激，加上机会的推波助澜，才逐渐有规模；不过一旦建立起来，其余竞争者就会闻风而来，其他关键要素也开始产生效果，并且累积优势，形成产业发展的潜力。

在实际运作中，可能触发一地产业竞争的关键要素通常有三种。第一，由生产成本因素为一个产业提供在国际上生存所需的基本竞争优势，它也可能形成一个产业集群的原动力。瑞典的特殊钢产业离不开该国储藏量丰富而且含磷低的铁矿。就地取材（尤其是天然资源），经常是产业发展的第一把利器。

当产业继续往高层次发展时，最早进入的竞争者也开始寻求各种创造专业性生产要素的方法。竞争企业可以根据母国市场目前或可预见的需求，展开专业人才的培训，加强这个行业的知识和技术深度。针对产业作研究的大学也会培养出一些人才，形成产业中新的竞争者。在外商公司服务的本国员工一旦学会别人的专业知识后，也会自创公司，为母国作贡献。有时候，独一无二的地位也会使以国际市场为主的产业在本国形成。以丹麦为例，托普索公司是由一位顶尖的应用化学教授，带着一批由他训练的学生创办的。他们研究石油化学工业需要的各种催化剂，尽管丹麦本国对这种产品的需求量很小，但该公司却是国际市场上最主要的供应商。

第二，相关产业也会激发产业竞争力。意大利的雪靴产业起源于该国东北部山区的攀岩和登山鞋业。工厂自动化产业则是由机床业发展而来。日本的轻型卡车业则脱胎于卡车工业。轻型卡车的企业当中，有些是其他关联产业的延伸，有些则是由离职员工自行创业，成为轻型卡车业的开拓者。

第三种形成竞争型产业的关键要素是需求条件。满足一个地方的基本或独特的需求，是当地企业出现的主要原因。美国的空调设备产业能在 20 世纪初萌芽，主要是为了满足美国湿热的东部地区气候。随着经济的成长，国民收入的提高，原本有钱人才能享受的空调设备也开始平民化，这个产业也就有更多的发展空间。瑞典的矿产则孕育了采矿设备业的发展。另外，美国能成为超级电脑产业最成功的国家，是因为政府在国防和科技方面都有超级电脑的需求。

在发展中国家，产业的形成往往靠初级生产要素或特殊而强烈的本地需求。在发达国家，可能形成新产业的来源就很多。它们通常会来自相关产业，也可能从技术学院或大学研究室中诞生。发达国家催生新产业的因素已不再只看需求量，而是为满足市场中一些产品或产业环节的先发需求、特殊需求或高标准的需求。

此外，新企业也可能是在意外的机会中产生。企业家可能是灵光一现，想出了新点子，科学家的重大突破也可能同时在好几个国家出现。这些因素都与产业条件没有必然关联。这类情况并非不可能。不过一个产业的诞生通常有迹可循，并且与本书所列的每一个关键要素都有关。如本书前面提到的，预测钻石体系与一个产业诞生过程的关系，绝对比从“企业家精神或发明”来分析产业发展更准确。

每一个关键要素不仅决定能否催生一个有竞争力的产业，同时也关系到其他各项关键要素是否存在或能否被创造。要使产业不停滞在萌芽期，国内竞争对手这项要素绝对不可或缺。垂直或水平的扩散效应也将为产业注入国际竞争的潜力。在竞争的刺激下，企业又会脱离对早期优势的依赖，引导产业往更高层次的形态发展。

一个产业要持续其竞争优势，就必须具备多元化的基础，并能持续累积。这种情况对于靠初级生产要素起家的产业尤其重要。本书前面提过关键要素如何彼此强化并扩大优势。假如产业形成的过程中缺少了激烈的企业竞争，或缺少高级人力与技术，产业竞争优势就会中途“熄火”，无法达到原先被看好的目标。

如果一个国家同时拥有好几项竞争关键要素，或是能很快将所有的要素组成有力的体系，那么该国的竞争持续力绝对被看好。以传真机产业为例，日本不但拥有特别强大的国内市场需求，还有一批已经具有国际竞争力的相关产业。如果本国除了初级生产要素外，其他要素并不存在，那么企业在获取技术、增加资产、进入高层次的环节竞争等方面也会备感辛苦。这个产业发展竞争持续力所需的时间也会比较长。

以汽车工业为例，日本从 20 世纪 50 年代开始出口汽车，直到 70 年代后期才取得国际竞争中的重要地位。这个产业的成功，早期是靠日本的低工资、廉价钢铁、国内需求等特征。企业靠这些基础全力发展一般外国竞争者所忽略的精致耐用的小型车，以满足日本消费者对产品造型、表面瑕疵、基本功能的挑剔。从 60 年代开始，日本汽车工业遭遇工资上涨、劳动力缺乏、新的竞争者加入等的威胁，迫使它们进一步发展世界一流的生产流程、更通畅的物料零件的供应关系，并通过相关产业的地理集中性，节省运输成本。近年来，日本汽车厂有更多力量发展不同的车型，又使它们成为这个产业的创新者。整个过程中，竞争优势各项关键要素的相互强化，反而使当初这个产业之所以形成强大竞争力的因果关系不再那么明显了。

当钻石体系内部的各项关键要素开始发挥作用、相互强化、形成累积效应时，一个国家的产业可能在短短几年或几十年间，就得到可观的进步和创新。产业发展过程中，扩散效应会促使新手不断加入，撑开这个产业的各个环节；供应商为了满足下游需求，也会更积极应用产能和资源，快速改善生产流程和技术；客户的要求更是随着产业的竞争态势而更加挑剔、更加细致。这些浪潮会不断刺激产业的升级，直到基本技术已满足不了现实的需要，或产业本身的限制开始出现为止。

如日本汽车产业的例子显示，每个国家的产业竞争优势最早是从一两个环节发动的。价格因素通常是发动的扳机。如果要提高竞争优势的层次，企业必须进入到更高级的环节竞争。要做到这一点就与需求优势、关联产业的精密程度、生产要素的创造机制等国家环境有关。耐人寻味的是，竞争优势的持续，往往需要当地企业抛开它们最初赖以成功的基础条件，才可能走向升级之路。要做到这一点，激烈的国内市场竞争是不能避免的。

企业弃守部分产业环节，有时可能是一种良性的升级动作。要克服不利因素的羁绊，企业必须不断地脱离标准化、简单技术和削价竞争的产业环节。此外，改善和创新的动作也会改变不利的生产成本因素。当企业持续朝高级精密技术、产品特色的环节发展时，这个产业已算是进入创新的过程。反之，产业如果在高级或精密化的产业环节中丧失竞争力，它的前景就有危机。这类问题正在美国的机床、陶瓷等产业中出现。

在产业发展中，机会所发挥的功能是：帮助产业升级或加速对国际市场的渗透力。强劲的需求浪潮、上游材料的价格变动或重大技术变化等形成机会的事件，往往使原本领先的产业顿失优势，新秀于是获得后发先至的机会。日本的电视机企业就是借着彩色电视淘汰黑白电视的机会，抢先进入需求大增的美国市场的。

当产业随钻石体系而发展、变化、积累时，竞争优势的基础也会不断调整。图 4–8 显示了意大利雪靴产业的发展过程。这个产业的前身是皮革业，后来发展为本地的徒步旅行鞋业，第二次世界大战后强劲的国内需求刺激了它的规模，1956 年，意大利科尔蒂纳丹佩佐举办的冬季奥运会又带来更大的刺激。由于意大利拥有充沛而熟练的制鞋工人，家庭式工厂如雨后春笋般出现，并集中在意大利北部以徒步旅行鞋业为主的蒙特贝卢纳市。激烈的竞争迫使企业更加努力，以满足本国消费者对精致的快速滑雪鞋的需求。当美国小公司开发出塑胶底的滑雪鞋时，抓住机会的意大利企业又推出具有国际竞争力的产业——塑胶喷射成型机。当这些产业的国内市场趋于饱和、设计和制造规模也趋于成熟时，它们便开始国际化，并形成全球驰名，既有地理集中性，又有产业集群结构的意大利雪靴产业。

抢先进入这些过程的国家，通常具有抢先建立经济规模、稳定的客户关系及品牌知名度等优势。更重要的是，抢先行动的产业具有最早发展国家钻石体系的机会。钻石体系是产业朝高层次竞争优势发展的动力，也会减少后进国模仿的机会。一旦一个国家建立起产业的庞大竞争体系，别国便要花相当高的成本才能与其竞争。

国家竞争优势的产生过程也必须回溯到历史层面，其中的因果关系更是复杂难辨。一粒产业竞争力的种子，可能是因机会而播下的。其他国家虽然在当时也可能有相同的环境，但产业竞争力是以一种内在的动力进行自我发展和建构的，它的各个关键要素要不断发展，互相强化，产业才能不断扩大并且活力十足。哪个国家最早出现这种过程，该国的竞争优势就发展得最快。

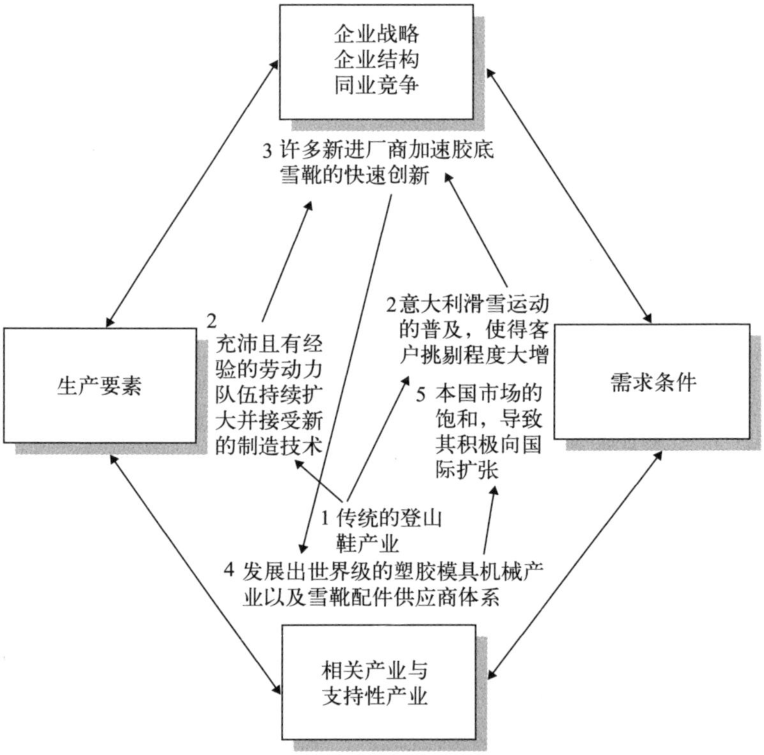

图 4–8　意大利雪靴产业的国家优势演变情形

产业集群的良性循环

一个产业的发展过程中，通常会引发其他具有竞争力的新产业，进而连成产业集群。因此，国家经济的动力远超过个别产业的动力。这股动力也是经济发展的主力。

由于不同的企业形态和经济功能，每个国家发展产业集群的途径也不同。以意大利为例，推动产业发展竞争力的动力包括：挑剔型消费者对产品的需求标准、活力十足的产业环境、频繁的个人创业导致市场竞争激烈、下游产业又带动供应商体系的竞争力。这一类型的产业集群因此会垂直深化，这都有赖于上下环节的紧密衔接、专业化机械产业和零部件产业的配合。

日本的产业集群则是另一种发展模式。企业为了鼓励员工创业并面对快速饱和的国内市场，往往主动进入上下游和相关产业的领域。需求条件与竞争对手的压力也形成日本企业持续投资和创新的动力，使得新产业的竞争力顺利产生。在日本，有竞争力的产业集群通常呈水平式发展。其他国家的产业集群形态则介于意大利和日本模式之间。

前面提过，产业集群形成之后，会引发个别产业的发展浪潮。产业集群内部相互强化的作用也会导致经济的创新和国际竞争的能力。今天的日本消费电子产业就是个很好的例子。创新的浪潮由电视机、计算器和音响等传统产业引发，扑向便携式电脑、传真机等新型产业，然后又回流到传统产业，形成新的良性循环。

当经济发展、资源朝有生产率的产业移动时，某些产业集群的竞争力难免相对减弱。不过，各国要维持它在某些产业集群上的竞争力，必须回归到各国在关键要素上的差异。生产率最低、技术层次最低、产品特色最少的产业或产业环节，往往是第一个失去竞争优势的产业。与其他国家相比较时，价值链中相对利益较低的活动也会移到国外进行。

以服饰为例，英国的许多服饰企业因为人工成本因素而丧失了国际竞争力，但其纤维制造企业却依然一枝独秀，因为这些企业具有抢先行动和稳定的客户关系这两大优势。纤维制造企业很早就与全球客户建立起紧密的联系网络，发展出规模经济，甚至到海外投资生产，因此能够应付这个产业所需的色彩变化、快速服务、价格便宜等特征。这些企业因为在重要环节上独树一帜，所以无惧于英国当地工资高涨的不利因素。英国纤维制造产业的经验显示，一个已成气候的产业即使缺少一项关键要素，仍然可能保持它的竞争力。不过这种一枝独秀的产业，通常附属于发展历史比较久的产业集群。

当产业趋于成熟、创新的步调趋缓甚至停止时，竞争优势的关键要素又会回到最基本的生产成本的竞争上。不过，只要能将不利因素转为有利因素，就可以引导这个产业再往上爬。一个产业在国家经济中的规模可能缩小，但只要精密环节的竞争力能够得以维持，并保持自我竞争的形态，它就处于健康的状态中。

有些产业分析家认为，技术总是会流动的，因此生产成本才是国际竞争中最重要的关键条件。不过，技术在各国间流动虽然使模仿的时间缩短，但一心仰仗国外技术的企业一定会落在人后。更重要的是，发展技术所产生的优势绝不是抄袭技术所能比的。企业引进国外技术并加以消化、改进的能力，更与本国钻石体系的表现有关。竞争优势是一种持续增加的产业功能，展现在外的是企业对知识、技术的创造和应用，以及产业竞争力的提升。信息科技、新材料和生物工程等新科技不但会带动创新的浪潮，甚至能促进各种产业从里到外的变化。这些技术开拓出新的市场，使得所谓的传统产业和夕阳产业的饱和不过是一场虚惊。

在意大利，制鞋、家具、成衣等俗称的传统产业就表现出浴火凤凰的经历。当许多发达国家把这些产业移到发展中国家生产时，意大利的企业应用该国客户前瞻的需求特性，以及现代化的生产流程，使国家的竞争力持续增强。[27] 瑞典的五金、卡车和钻探设备等产业，同样是到了成熟期的时候才再次焕发青春。

产业进化过程中也隐含着丧失竞争优势的风险。企业引导产业转型的力量来自于国家的钻石体系，例如，挑剔型客户、技术创新、高级人力资源、激烈的国内市场竞争、经济规模、品牌知名度和国际营销网络。这些方面的竞争优势一旦建立，可以持续几十年不衰，其中的不利因素也可以借创新过程弥补，或是通过到海外生产抵消成本。

然而，如果在产业的发展过程中，钻石体系的各项关键要素不再能支撑或刺激产业的投资与创新，该国的产业竞争优势就会丧失。形成这种现象的因素很多，可能是产业没有察觉到改变的需要，可能是因为投资不足，无法达到提升效果，也可能是受制于现有资产、技术与过时的竞争模式，因此在变动过程中不得不把优势拱手让给后来者。以下将分别讨论一些造成竞争优势丧失的原因。

生产要素的恶化　生产要素恶化的可能原因很多，最麻烦的就是生产要素的创新和升级速度落后。当甲国某一产业的专业化人力资源和科技水平相对落后于乙国时，它的竞争优势就会衰退。另一种常见的情况是生产成本的提高。

当生产成本提高时，如果企业因此加强创新努力，抢进更精密、高级的产业环节，或走向国际化，就有助于保持竞争优势。不过，改善和创新不可能解决一个产业所有环节成本升高的问题。以机床产业为例，发达国家势必将简单的机型转移到中国台湾等新兴工业地区。如果企业在面对成本增加的问题时，并未朝提升本身竞争优势的方向努力，不但它本身的竞争优势会很快丧失，长期下来，国家的经济也会被拖累。

国内需求跟不上国际步调 如果一个国家内需市场的需求步调与其他发达国家不一致，也会危害到它的竞争优势。因为市场发展的步伐不一致时，客户会把企业引导到错误的方向，或使企业无法跟上正确的潮流，而新的产品造型、流行趋势、新的安全环保条件、新的营销渠道等的出现速度也会变慢。当全球的汽车市场趋向省油、多款式的小型车时，美国人还是偏好大型车，这就延误了美国汽车企业的反应能力。当一个国家的产业该开放而未开放或制定不合理的本地规范以便保护自己人时，也会影响到本地需求与竞争力的关系。

本地客户太温和、不够挑剔 当外国客户比国内客户更挑剔时，国内企业要维持竞争优势是很困难的。以工厂自动化为例，早期的美国客户一度是最挑剔的需求者，促进了该国自动化大规模生产技术的蓬勃发展；不久后，日本、德国或意大利的企业随之创新流程，积极应用像机器人、弹性制造系统等更先进的自动化技术。与日、德、意等国的中小企业自动化需求比较，美国自动化设备的企业对市场需求的调适有其困难，因此逐渐走上了下坡路。最明显的例子是，电子零件装配和制造半导体的自动测试设备产业。在这方面，日本企业不断根据客户需求进行改良创新，逐渐击败了美国成为领导者。

本国客户太温顺的可能原因很多。客户会因竞争者减少而生发自满心态。贸易壁垒也会减缓创新的步调。政府规范更可能扭曲国内市场的需求。不论是哪一种原因，当本国客户不能再提供企业创新的压力时，这个产业要在创新的竞赛中战胜外国竞争对手是很困难的。

技术变化导致不利因素出现或相关产业出现缺口 技术变迁具有重新洗牌的效果，也是后起之秀超越老字号的契机。一个国家的企业如果过分偏重某类技术发展，很可能在技术突变时，立刻陷入困境。有时候，由于新科技导致生产要素改变，也会造成人力资源、相关知识，甚至基础设施跟不上的空白。预先调适的外国企业很可能因此崛起，掌握竞争的优势。

技术变化也会形成应用电脑软件、生物科技、新材料或电子零部件的新产业环节。原本没有这些技术的国家就将陷入苦战，已具备这些技术条件的国家则一跃而左右大局。以医疗影像产业为例，日本能成为强有力的竞争者，是因为它以电子关联产业的实力弥补传统X光器材的不足，这也是新一代医疗影像器材的发展趋势。

当新的产业科技经过整合后发展到了可以应用的程度时，它对传统竞争优势的威胁也升到最高。反之，假如新科技对产品的影响层面尚有限、应用也不广泛时，企业还可以从海外引进技术以获得改进。例如，德国和瑞士的光学仪器企业，近年来就努力通过海外子公司引进先进的电子技术。这些企业能够成功，关键在于电子光学还不是一个整合成功的技术，有限的市场规模打消了电子企业挤入这项新科技的念头。

所设定的目标限制了投资程度 企业和管理人员的发展目标，会反映在研发、市场营销、信息、设备等方面的投资比例上。另外像国内资本市场形态、企业所有权结构、税制、经理人薪资的诱因、社会价值和规范等，也会影响到企业的投资规模。

如果产业的发展目标没有持续的投资支持，它的竞争力必然不如把目标和投资当成大事的外国竞争对手。若投资人对企业的基础投资报以嘘声，这个产业必然会在技术和生产率方面落后。如果控股公司对旗下企业的态度是以利润挂帅，它的竞争优势可能昙花一现。如果高工资会减少劳动力改善环境的意愿，那企业对教育训练的投资也会降低，而劳资之间常常满足于维持现状。如果产业新人类只想一步登天，本身却缺乏产业忠诚度，他们大概也只会利用财务管理来投机赚钱，结果将无可避免地延缓产业改善和创新的步伐。

企业推动自我调整的弹性 企业要认清危机并不困难，真正的挑战在于它能否克服妨碍进步的障碍。这类障碍通常也是企业内部的问题。例如，防御型的经营管理模式通常使人容易自满，行动也比较僵化。这种思考下的管理战略和组织形态往往跟不上新的外在形势。强大的工会将抵制企业创新既有的流程，更全力反对企业到海外投资以取得新科技或较为有利的生产要素。本地的法规可能冻结产品的形态，妨碍新技术的产生。天天沉湎于过去光荣的气氛，更会造成有能力的人踌躇不前，最后导致产业缺乏与外国竞争的新鲜血液。

任何产业都会不自觉地以过去的成功否定现在的努力。以丹麦的家具业为例，这个产业大部分的优势在于它的设计能力。但目前市场却偏好在传统设计风格上添加现代化的色彩，可惜的是丹麦家具企业或设计师一直不肯顺应这股潮流。

企业无法创新不一定是它已经自满或内部行事已成惯例，而可能是它的现有条件无法满足创新所致。对产业而言，固定成本的改变会牵动整个内部组织、设备结构、人员训练等领域，假如企业过去偏重某项战略和技术，就只好眼睁睁地看着没有类似包袱的竞争对手超前而去。传统价值和资产的没落，是具有传统竞争优势企业的最大考验。

创新虽然是创造利润的工具，很多企业却因为短期的投资损失或组织变革的麻烦，延迟了它们在资产上的创新。美国的半导体企业一直不肯放弃二极管技术，因而延迟了它们对金属氧化半导体技术的投资，也给了日本企业超越的绝佳机会。保守的态度可以使现有技术被充分应用，但就长期而言，却未必能一直领先。企业要保持竞争优势，就不能满足于现有技术，而应该在别人还未行动前，抢先行动。这么做也会引起内部竞争的压力、客户需求的升级，企业在投资和制定目标时也能更贴近产业的方向。

国内竞争者停战　造成国家竞争优势衰退的最常见也最致命的原因是本国市场的竞争消失。因为它会造成企业改善和自我调整能力的大幅衰退。企业团结对外，可能是争取或维持竞争优势的方式之一，不过团结若是过了头，演变成一两家公司主导全局，以集团占有市场、垄断信息交流与结盟等现象将随之出现。20 世纪 50~60 年代的瑞士钟表业就是很好的例子，当时这项产业因为过分强调垂直整合的企业集团，造成了本身产业结构的僵化。

本国竞争衰退的另一个原因是，当产业走上成功的巅峰时，经理人便希望能避免一些“过度激烈的竞争”，这样一来市场好像会比较容易预测一些。而企业间的并购、秘密协定摧毁了原有的创新环境。当企业试图以现有财力打压竞争对手时，它就不会想作新的尝试。德国的相机工业正是在国内竞争者逐渐消失并自认为高枕无忧的情况下，被日本取而代之的。

产业的力量壮大后，往往会寻求政府的干预或保护，这同样也导致了竞争的衰退。[28] 有实力的产业通常已有相当的政治后盾，而要它们避免滥用这些政治力量并不容易。当它寻求政治力量保护或试图阻止竞争者加入时，这个产业的进步和创新速度会相对减缓，造成竞争力的衰退。这种情形一旦出现，产业就会要求政府提供更多的保护而陷入恶性循环之中。

优势衰退的盲点

如同竞争力的提高，竞争力的衰退也有它的内在惯性。发动这种惯性的力量通常和顾客的忠诚度消失、企业只看利润不重投资的现象有关。但是竞争力一旦开始衰退，整个钻石体系会同时反向运作，而且很难刹车叫停。例如，国内竞争停滞后，市场客户和供应商的“品质”也开始下降。缺少下游的压力，上游的成本自然提高，无论技术、创新或营销渠道都会不进反退，整个产业的问题将不断扩大深化。

如果技术出现突变或客户需求大幅变化，产业丧失原本的竞争力是很自然的事。这种情形发生时，马上会有外国产业迅速冲上来填补空缺。日本的电视机和照相机产业正是因此而崛起领先的。不过对原本领先的国家而言，丧失竞争力的过程通常很缓慢，也很难察觉。美国钢铁业就是经过几十年的衰退才完全退出战场的。对那些拥有品牌知名度、在流程和产品技术上长期累积下来的经验、已在全球铺设营销和售后服务网络的先发型产业，这种失势的时间会拖得更长。假如客户在采购上比较保守或更换产品会使风险升高，优势衰退过程的时间又会更长。不过，面对外国竞争对手时，缺乏创新能力的产业通常会先放弃最没有兴趣的产业环节，转而加强客户需求最稳定的产品领域。这种做法使它们在短期内仍然保持获利，但却看不见自己在研发、设备、营销等方面投资不足的危机。

很少有产业能在失去竞争优势后，还能重回领先宝座。竞争力衰退的速度通常很慢，而且受到贸易保护或竞争比较不激烈的环节又更不容易感觉到这种衰退。但即使如此，很少有产业能恢复原本的实力。许多政府的振兴方案最后都以失败收场，因为它们并未对症下药，而且没有考虑到关键要素的特征。以日本为例，它的政府曾提出无数振兴方案，但很少能把出问题的产业推回国际舞台。政府可以通过法律和政策工具，使得资源流向它所期许的产业，但这并不能改变企业的态度和错误的做法。

在众多试图卷土重来的产业中，中低价位的瑞士表是个比较成功的例子。不过这个产业本身规模不大，而且瑞士为了再次戴上成功的桂冠，耗时长达30年。30年前，当瑞士表业的竞争力开始走下坡路时，它的销量还漂亮地增长过一段时间，然后就每况愈下。[29] 斯沃琪（Swatch）是瑞士表重新扬眉吐气的关键，企业在设计上的创新、使用塑胶表面和表带以及自动化生产的方式是制胜的关键。这些做法是瑞士手表企业在几近绝望时置死地而后生的做法。值得一提的是，斯沃琪的成功又与精工表等日本企业全力抢攻石英表及其技术，而忽略塑胶表的空间有关。

被孤立的集群

自满与内向被动会造成国家丧失竞争优势，缺乏挑战与压力则使企业不再重视市场趋势和新的技术与流程。这些现象出现时，从企业到国家不但对竞争优势的辞旧迎新缺乏兴趣，也迟疑不敢以攻代守、不敢发展全球市场以弥补本国生产要素的不足。即使硬着头皮走上了国际舞台，也只想借力使力，借用其他国家的优点来维持本身的竞争力。企业因缺少竞争对手而傲慢自大，也无意牺牲眼前利润换取更有利的竞争条件。关键要素的特性与关系足以说明，国家环境如何使企业沦入败地而不自觉。

当产业集群的地理集中性很显著时，它本身也隐含着自我崩溃的因子。当竞争者衰退或客户不再挑剔时，地域化的产业集群往往有向内看、与大环境隔离的趋势，假如产业集群内部的企业国际化程度不高而彼此依赖程度很高时，这个问题会更加恶化[30]；如果供应商的主要客户清一色是国内企业，那么企业、客户和供应商的沟通将了无新意。历史上，英国刺绣产业所在的雪菲尔德、棉纺业的兰开夏[31]，正是由盛而衰的鲜明例子。美国底特律是比较新的案例。

内向型的产业集群在应付结构变迁或重大机会时的能力相当薄弱。更重要的是，一个国家产业集群的资产、技术、战略等能力通常只对某些产业才有效。在这一类型的环境中，企业想要渐进成长扩大并不困难，但是却缺乏即时应变或突破创新的能力。当产业结构出现重大变化时，产业集群的优势往往亦随之易位。

产业集群解体

当一个国家的重要产业失去竞争优势时，它会影响到产业集群中的其他产业。自满的态度是有传染性的，当一个产业降低它对精致和质量的需求时，这种态度也会影响到相关产业。本地供应商一旦失去对竞争优势的讲究，下游产业的工艺水平、信息、上进心也都连带被削弱。这种竞争力消失的后遗症一直要到本地生产成本高于国外竞争者、客户纷纷掉头而去时才会显现。

如果产业集群内部依赖创新的产业丧失其优势，其所属集群内的相关产业会纷纷脱离、解散。以瑞典为例，当造船业的优势不再时，它影响到代理商、海洋工程、钢铁等一连串产业的衰退。在这个产业集群中，焊接、船舱防火工程、船舶起重机等产业能够继续维持强有力的竞争地位，因为它们很早就建立了国际竞争优势，具有自我调整的能力。

最脆弱的产业集群内部多半缺少国际化战略，也没有国际分工行动。换句话说，如果产业集群中，绝大多数的企业或产业只负责供应一两家国际大公司所需的产品，一旦龙头企业出问题，整个产业集群就会出现危机。以英国为例，当格拉斯哥附近的造船业失去竞争力时，它的上游供应商产业也普遍出现问题。产业集群的竞争优势要能持久，其内部的产业必须国际化。和英国造船业的情况比起来，瑞典在造船方面的产业集群就因国际化程度较高，受到冲击的影响程度也较小。

同样，即使产业集群正在解体，那些原本就面对激烈竞争、具有国际观和国际客户的产业，往往可以避开这种骨牌效应，因为原先在国外的竞争力可以抵消国内环境的不利气氛。持续力比较强的还有抢先走上高层次竞争优势的产业（如英国的烟草业、威士忌酒业、糕饼业），它们之所以能在国际上屹立不倒，是因为它们已有家喻户晓的品牌、以全球为市场的营销网络，而且产品技术和客户口味的变化不大，使得竞争者很难超越。

所以，国家环境形成的产业集群同时具有正反两面的效果。应用得当，它会成为经济升级的动力，产业集群也会扩大和加深，应用不当的效果则刚好相反。[32]这种惯性一旦寄生在体系内，它对经济衰退所造成的影响相当深远。原本较具优势的产业固然可以将生产成本和资源应用的优势转到其他的产业，问题是整个大环境却是朝资源配置不当、低生产率的方向进行。除非全新或高生产率的产业突然出现，否则很难挡住竞争力崩溃的表现。国家不是奋力向前就是日渐落后，想要维持现状是很困难的。

纵观“钻石体系”

钻石体系攸关国家竞争优势，它的核心是“投资”和“创新”。产业具有国际竞争优势，它内部的产业必须具有能力，也有意愿从事改进和创新，进而创造和保持本身的竞争优势。这里所指的改进和创新，尤其和企业投资、研发、学习成本、先进设备、教育培训等活动有关。

企业要取得领先的地位，首先要改变原本思考和使用资源条件时的观念。例如，企业应该去发现被忽略的市场环节、设计新的产品造型、改善原本的生产流程等。企业要保持本身的竞争优势则需要更进一步地改善和创新，目的是为了扩大和提高资源本身的竞争力。这可以从更先进的产品、流程、市场战略和售后服务等方面着手。

这些都和一个国家的钻石体系，以及其关键要素彼此互动的状态有关。钻石体系会提升企业和产业的改革速度，影响它的发展方向。[33]钻石体系也说明了企业为何必须持续投资的道理。[34]这种观点可以回溯到李嘉图以生产率决定价格的古典理论，因为贸易是由生产率的差异形成的，其中又可以细分成技术、贸易质量及竞争方式的差异。

在国家通过钻石体系取得竞争优势的整个过程中，信息的获得与诠释居于核心地位。国家的竞争优势在于它能提供渠道，引导企业察觉改革和创新的机会，并且及早进入正确方向去运用本身的资源条件。整个过程中，企业可能首先集中力气在改良产品、寻找最佳的流程上面，例如，以弹性自动化对抗大批量生产自动化，开发被忽略的市场环节。一个国家要想成功，就必须能帮助本地企业掌握机会、展望未来。从这个观点来看，不利的生产要素仍有其价值，因为不利的生产要素显示出可能会广泛影响竞争力的问题，及早预警。同样，将本地需求延伸为全球需求，也是国家必须特别重视的。

安于现状不会产生竞争优势，竞争优势的本质和持续力有赖于企业积极化解不利因素、建立强有力的本地客户、迎合挑剔型客户的需求、应对市场的提前饱和、在国际上有强势的供应商、在国内有激烈的市场竞争等状况。压力和竞争更是企业改善和创新的泉源。[35]一个国家的企业能否成功，关键在于压力和竞争条件能否同时出现，比如精细的国内需求、高度发展的上游产业、专业性生产要素等。

这种情形可以比拟成生物的进化。进化论认为，特定时空环境的生物通过优胜劣汰的方式生存下来。在国际竞争中，企业追求改进和创新的竞争力和持续力，也是长时间应对外界变迁所形成的。每个国家都有它最适合企业创新的区域环境，都市亦然。用生物学的说法，习性使物种得以生存并拥有颇具弹性的适应能力。这使它们比其他物种进化得更早因而更强大。

在生物进化论中，环境会迫使生物种类不断分化。如果把生物种类的衍生看成是以不同方式应对环境的话，这一规律同样可以适用于竞争中的多元化发展。本书再三强调，企业的多元化并非是它的本质，而是由环境刺激出来的。钻石体系和产业集群都是培养企业多元化的源头。产业集群主要的功能之一就是加速创新的速度，使企业有更广的发展空间与方向。

本章说明了关键要素是如何形成系统动力、自我强化的钻石体系，进而带动国家竞争优势的。这种动力体系会使竞争优势诞生、进化、升级并持续发展。关键要素的影响力和强化力也会导致产业集群的出现，形成产业的地理集中性。这种相互影响、相互强化的能力，也会带动国内各产业集群之间互动的机制。[36]

竞争优势与它的持续力离不开历史环境。它可能来自于已经存在的产业、研究机构、影响产业发展的社会价值或重大事件导致的变化。造成机会出现的事件也许与关键要素的关系比较低，不过机会一旦出现，产业是进步还是倒退，都与关键要素当时的状况有关。[37]

钻石体系除了可以解释一些产业如何成功，还可以成为预测产业未来走向的工具。一个国家的关键要素如果处于有利的状态或正在开发中，我们可以预期这个国家即将获得竞争优势并繁荣强盛。而当一个国家正失去某些关键要素时（例如客户的挑剔性格不再、国内需求跟不上国际需求的步伐、上游产业缺少技术创新能力、研究机构的兴趣与产业需求脱节），这个国家未来的优势也会出现问题。行踪缥缈的机会固然会影响到产业的起落盛衰，但是钻石体系对国家的影响力更显而易见。钻石体系甚至可以预测当机会出现时，一个产业能否乘势而起、竞争力大增。[38]

要更全面地了解国家竞争优势，我们需要以具体实例来印证理论，并从产业和国家两个层面去看。因此，接下来第二篇将竞争优势理论与实际的产业发展结合，探究两者的关系。第 5 章会先介绍德、美、意、日四个国家的四种领先产业；第 6 章则进一步讨论在国际竞争上越来越受重视的服务业。在本书第三篇，竞争优势理论将扩大研究本书所选择的国家、其成功的产业形态，以确定钻石体系与国家经济的互动关系。

THE COMPETITIVE ADVANTAGE OF NATIONS

第二篇 产业篇

THE COMPETITIVE ADVANTAGE OF NATIONS

四个优势国家、四个优势产业，我们看到“提升竞争力”可以是百年大计，也可以是无心插柳；而今，瞬息万变的国际竞争中，又添加了一股隐形的经济力量——服务业。21世纪的新企业，即将进驻全世界的每一个角落。

05 案例分析

迈克尔·波特 每个国家社会与政治的历史背景、整个社会的价值观，都会影响到产业的竞争优势。

由关键要素构成的国家优势是一套自我强化的系统，它会使国家具有迅速又能持续的环境创新能力。但是环境因素互动的因果关系很复杂，必须从产业发展中，看出竞争优势的关键要素到底有哪些关联、如何才能运作。事实上，钻石体系的运作，必须通过长期密切地检视一国产业的发展过程、如何实现并维持成功，才能真正了解。

本章就要介绍四个国家各居全球领先地位的产业案例，以及它们的历史演变。这些产业都具有国家竞争优势的代表性，但产业结构各不相同，所处的国家环境也不同，发展时间也有早晚之别。[1] 德国的印刷机产业早在 19 世纪就已经是成功产业的典范；美国的医疗检验设备产业则是在 20 世纪 30~40 年代崛起；意大利的瓷砖业在 20 世纪 60 年代成为全球盟主；日本的机器人产业发展时间虽然最短，但在竞争力方面已打遍全球无敌手。

这四种产业各有各的特色，形成竞争优势的资源也不同，彼此的发展路线也没有什么关联。但是它们的成就来得毫不侥幸，发展过程也十分类似。它们说明国家的竞争优势，是靠环境中的各个关键要素互相作用而来。

1440 年，古登堡在德国首先发明出印刷机，不过直到 19 世纪，德国企业才在印刷机产业扬眉吐气。[2]1990 年时，领先全球的德国印刷机制造商如 K&B（Koenig & Bauer，科尼希–鲍尔公司）、曼–罗兰（MAN-Roland）、海德堡印刷（Heidelberger Druckmaschinen）以及阿尔伯特–弗兰肯塔尔（Albert-Frankenthal）已经坐享近百年的霸业。德国的印刷机占了全球产量的 35% 左右。1985 年时，德国的印刷机出口比重达到 50%，出口到世界上 122 个国家。[3]

案例一：德国印刷机

细述百年霸业

20 世纪 80 年代末，印刷技术主要分成三大类：凸版印刷、凹版印刷和平版印刷。1985 年，平版印刷约占印刷机产业的 80%（见表 5–1）。凸版印刷机和平版印刷机可以再分为两大类型：单张式与轮转式。单张式印刷机的机型较小，标准规格，差别在单张喂纸的能力。一台黑白双色单张印刷机的价格通常在 8.5 万美元左右，而六色、高自动化的单张印刷机约 55 万美元。[4]轮转式印刷机直到 19 世纪末才问世，这一类型的印刷机体积庞大，构造复杂，每组价格高达 7 000 万美元左右。它们通常用于报纸和杂志的印刷作业，并依照客户指定功能订做，从下订单到出货的时间长达 2~3 年。

表 5–1　1985 年间各类印刷机的全球销售额（单位：10 亿德国马克）

平版印刷		9.5
单张式	5.0	
轮转式	4.5	
非平版印刷		2.5
（照相凹版、丝印、凸版印刷）		
合　计		12.0

资料来源：各家公司主管。

对客户而言，采购印刷机是一项大手笔的资本投资，考虑的条件因此包括：产能、可靠性、售后服务、印刷质量（解析度）、功能复杂度、能否具备客户指定的功能、保养是否便利、是否容易操作、交货时间长短等。其中最重要的是可靠性，因为大多数印刷厂绝不允许拖延时间。像报纸就是靠准时出报才能竞争，因此制造商必须能提供一天24小时、一年365天的维修服务。客户除了注意可靠性外，也因为印刷机的使用年限一般长达20年，所以在引进新机型时，态度也相当谨慎。此外，与其他产品相比，印刷机各机型的生命周期通常是以10年为单位来计算，效能的重要也明显反映在客户的成本结构中。因此，若是其他的变数都没有太大的差异，客户才会认真考虑印刷机的价格问题。全球的印刷机需求虽然有周期性，但是仍处于稳定成长的状态中。

从第二次世界大战后，平版印刷技术大量取代凸版印刷技术。平版印刷机的整体印刷质量较高，速度较快，成本也较低。平版印刷机早在20世纪20年代就开始商业化，不过直到战后才因单张纸印刷机大受欢迎而开始起飞。20世纪60年代末，由于单张纸印刷机市场的淘汰更替已接近完成，轮转式平版印刷机成为新一波的主流。由于报纸印刷带动需求，截至20世纪80年代末，轮转式平版印刷机的市场需求仍然旺盛。

近几十年来，一些有关印刷机的相关技术也在发展中。20世纪80年代初，印刷机多半是双色或四色印刷，多色印刷技术处于方兴未艾的状态。另外，电子控制正开始取代机械操作，电子遥控供墨系统在20世纪70年代问世，而以电脑根据不同的印刷需要、控制上墨程度与质量检测的技术也在1990年发展完成。这些电子技术又带动照相制版等印刷前置技术的创新。

二人公司

古登堡的家乡有悠久的酿酒传统，他设计印刷机的灵感可能来自当地压榨葡萄的技术。[5]不过，直到19世纪初，古登堡木版印刷机的改变仍不大：纸张由人工输送，每次印一面，每台印刷机需要两位以上的印刷工人操作。

工业革命使印刷机产业的盟主易人，英、美两国成为当时的新盟主。从18世纪开始，英国以铅版或铁版取代传统的木版，它在这方面的设计能力也是当时全球最进步的。现代印刷机的先驱弗雷德里希·科尼希（Friedrich Koenig），当时是莱比锡一家仍以古登堡印刷机进行排版印刷的印刷厂学徒。他虽没有学位，但曾在莱比锡大学旁听，进修机械和数学等课程。[6]

学徒期间的科尼希已经找出许多传统印刷机的缺点，并提出许多改善设计的建议，由于乏人问津，因此被迫于1806年迁居英国寻找支持者。当时的英国是全世界工业最先进的国家，印刷工人的工资也比较高，这些条件也提供了英国印刷厂改善印刷机质量和采购新式印刷机的诱因。[7]另外，英国在提高印刷机产能的蒸汽发动机方面，也有最先进的技术。大约1803~1804年间，肯特郡的布赖恩 · 唐金（Bryan Donkin）发明了第一台自动造纸机，并马上加以推广，使得印刷纸的质量标准化。[8]这也是科尼希发展高速印刷机不可缺少的辅助条件。因为自动造纸机降低了纸价，提高了报纸发行量，进一步促使印刷厂改良印刷机。对印刷机制造商来说，当时的英国提供了市场需求、相关产业的支持能力和切入机会等优势。

1809年，科尼希和一批伦敦的印刷厂和出版企业签约，由这些人出资支持他发明新式印刷机。这一点也印证了本地客户往往是支持上游产业新秀的重要因素。

在科尼希的研发过程中，他遇到安德里亚 · 鲍尔（Andreas Bauer），鲍尔也是一个移居伦敦的德国光学和精准技工。在他们两人的合作下，1812年印刷技术取得了突破，设计出第一台以滚筒取代平版的轮转式印刷机。英国伦敦的《泰晤士报》马上订购两台。[9]两年后，这一型K&B印刷机每小时可印1 100份报纸。科尼希与鲍尔两人随后又推出以蒸汽发动机带动的双面印刷机，这台印刷机只需要一位印刷工人操作，却可同时进行两面印刷。单是一个学徒的印刷量就超过25个使用传统印刷机的工人。[10]

K&B公司的业务因为新式印刷机的成功而蒸蒸日上，但是他们与同是客户也是出资人的英国人之间的冲突已日渐加深。站在英国资方的立场，他们并不希望K&B把印刷机卖给竞争者（其他出版商），更不希望这款机器卖到国外。经过长时间的争议，1818年，科尼希和鲍尔决定离开英国。

返回祖国，落地生根

K&B公司的新落脚处是德国巴伐利亚一带的小镇欧伯瑟。科尼希等人决定返回德国，不单因为德国是他们的祖国，另一个重要原因是，当时的英国正逢经济不景气，印刷机市场逐渐衰退。[11]但是为什么选择几乎没有工业可言的欧伯瑟镇，则是由于受到巴伐利亚国王的支持，他当时正准备吸引工业企业到当地投资，因此主动协助K&B买下当地一个荒废的修道院作为工厂，另外还提供初期的财力支持、前10年免征所得税、前10年提供市场保障、必要原料和设备进口免税、公司员工早期不必从军等优惠条件。K&B的经营，联邦政府并不加以干预。

对科尼希而言，欧伯瑟镇的条件是利弊互见。除了政府的诱因外，当地工资也只有英国的三分之一，其他成本也都比较便宜。然而，在当地要取得原料很困难，而且几乎没有技术熟练的工人。当时的德国，比较高级的技工大多属于同业工会，K&B对人工的要求也遭到强大的工会抗拒。经过一段时间的冲突后，科尼希只留下一个英国领班和一个德国铁匠，并将其他工人解聘。他决定改在学徒中寻找工人，并以在职训练的方式自行培养员工。[12]

1819 年，K&B完成了它在德国制的印刷机，客户仍然是早期的东家——伦敦《泰晤士报》。[13] 不过，K&B的第二台机器终于卖给了德国人，第二台印刷机在 1822 年完成，安装于柏林。而以后几年中，K&B的印刷机销售给德国的汉堡、奥格斯堡，丹麦的哥本哈根及一些法国的印刷厂。

K&B除了生产印刷机外，也积极发展相关产业。1827 年，它成立了一家造纸厂，因为德国的印刷机产业要能生根，大前提是本地必须要有高质量、规格统一的印刷用纸。因此，它以德国印刷厂的财力支持，从英国人唐金那里买来设备，自己展开造纸的产业。

德国印刷机产业起步的困难虽然与它日后的举世闻名不相称，但是它发展为产业盟主的过程却是相当典型的。19 世纪 30 年代，科尼希遇到了好几个本国竞争对手，还包括一家奥地利竞争者，这些人即使不是K&B的离职员工，也与K&B有密切关系（见图 5–1）。产业的扩散效应使得德国中南部成为印刷机产业发展的竞争战场。

曾担任K&B领班的默勒在 1836 年创立黑默公司（Helbig & Müller）。在K&B工作期间，默勒有很多创新的点子，但却因要求入股分红被拒绝而远走维也纳自行创业。默勒设计的印刷机因为改善了性能，标准化程度更高，大受市场欢迎。在黑默公司担任过两年技师的希格，则在 1840 年到柏林创办了另一家公司。

另外，1840 年在奥格斯堡成立的，目前以多元化经营并在德国印刷机产业中领先的曼氏机械公司（全名为奥格斯堡–纽伦堡机械公司，是德国生产机械种类最多的公司），创办人虽然与K&B无关，但是这家公司在创办 4 年后转卖给科尼希的侄子赖兴巴赫和赖兴巴赫的妹夫，这两个人都曾在K&B工作达 20 年之久。1845 年，赖兴巴赫开始推出黑默印刷机的改良型机种，并在 1872 年率先推出德国第一台轮转式印刷机，从此成为轮转式与单张纸平版印刷机改进创新的重要一员。到 1898 年，这家公司与纽伦堡一家机械企业合并，才成为完整的曼氏企业。

米勒–约翰尼斯堡公司的前身则是由曾在黑默公司服务过的机械技师克莱因在 1848 年所成立。到了 1861 年，曾在K&B工作 10 年后又转到赖兴巴赫公司工作过的安德里亚 · 哈姆（Andreas Hamm）与安德里亚 · 阿尔伯特（Andreas Albert）联手成立阿尔伯特–弗兰肯塔尔公司（位于德国南部巴登–维尔茨堡区的弗兰肯塔尔市）。

海德堡印刷机公司是哈姆的兄弟在 1850 年成立的。海德堡公司倾全力发展单张纸印刷机，后来也进入轮转式印刷机的市场竞争。1914 年，这家公司因为发展海德堡蒂格尔印刷机而声名大噪，那是第一台全自动送纸、每小时印刷量高达 2 600 页的单张纸印刷机，而且在高速印刷过程中仍能保持良好的印刷质量。

蒂格尔机型卓越的质量和表现，使得海德堡公司在 1926 年成为第一家具有印刷机生产线、全球营销和服务网络的公司，并且因此建立难以匹敌的优势。到 1985 年海德堡公司不再生产蒂格尔印刷机时，一共卖出了 16.5 万台，其中还有一台陈列在日本神户的神社中。

这些德国印刷机企业在 19 世纪末已是世界市场的领导者。第一次世界大战后，它们之间首度出现渐进的合并动作。像K&B在 1921 年买下摩得林高速印刷机公司，并和法施公司（Faber & Schleicher，1871 年在奥芬巴赫成立的印刷机公司）签署了合作协定。

大约在同一时间，德雷斯德纳高速印刷机公司并购了莱比锡高速印刷机公司成为普兰塔公司。几年后，法施公司（后来随畅销机种之名更名为罗兰）和普兰塔合作，普兰塔借机完全脱离凸版印刷机并走向单张纸平版印刷机。1926 年，它一度想并购罗兰，但没有成功。

到了 20 世纪 30 年代，德国印刷机产业已有 6 家大厂，分别是海德堡、曼氏、罗兰、K&B[①]、阿尔伯特–弗兰肯塔尔、普兰塔，它们坐落在方圆 150 英里

① K&B后来陆续并购了阿尔伯特–弗兰肯塔尔公司、莫托公司、普兰塔等，组成高宝企业集团（KBA，Koenig & Bauer-Albert Group）；而曼氏则并购罗兰，组成曼–罗兰企业；海德堡与美国的哈里斯（Harris）合并成海德堡–哈里斯公司。——编者注

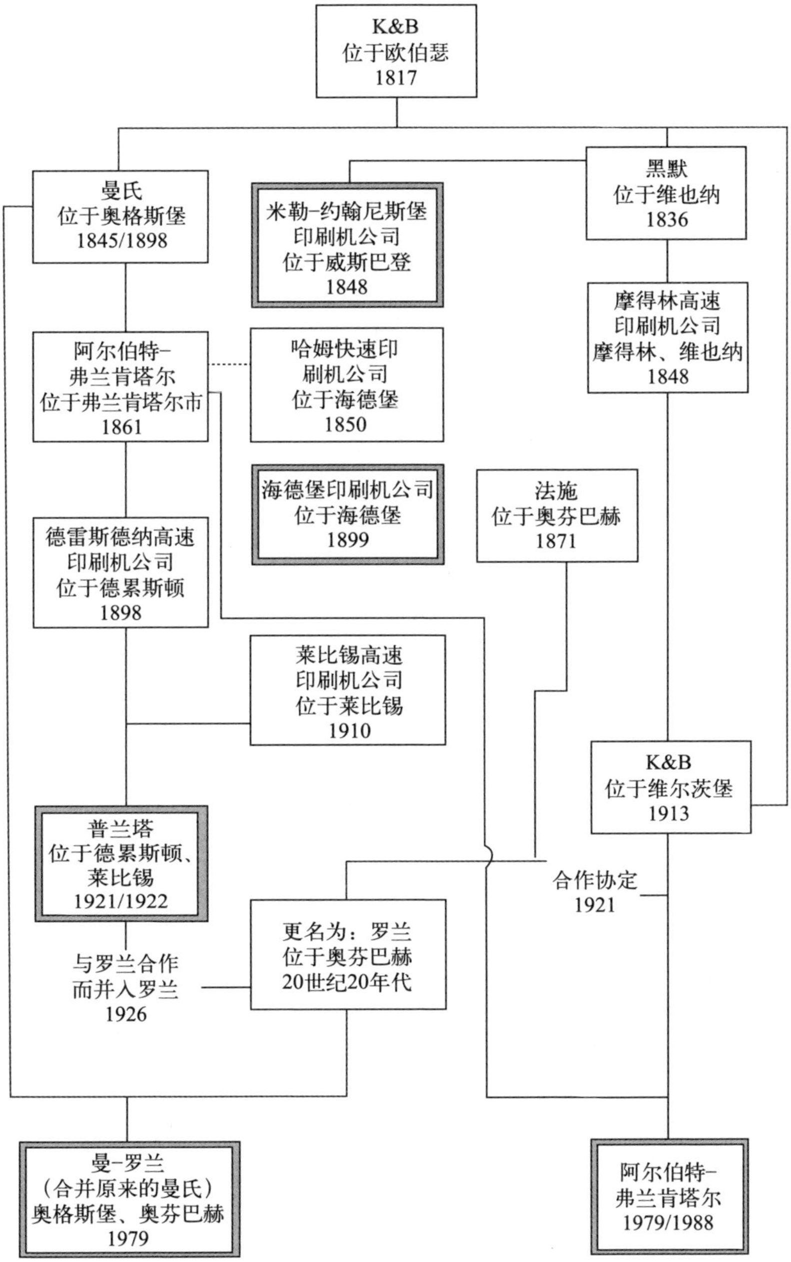

图 5–1　德国印刷机产业的关系图

区域内（见图 5–2），这些印刷企业保持着它们的领先优势达数十年之久。

图 5–2　世界顶尖印刷机制造商所在地

成功的竞争战略

在全球印刷机产业中，海德堡公司是中小型单张纸平版印刷机的领先者，它也是德国利润最高的企业之一。罗兰和位于德国东部的普兰塔都把重心放在单张纸印刷机上，曼氏与K&B则集中精力在大型轮转式报纸印刷机上，阿尔伯特–弗兰肯塔尔公司则以凹版轮转式印刷机知名于世。

德国印刷机企业的产品竞争战略各有不同。不过在高质量、具稳定性、高性能和准时交货等最主要的条件上，却样样具备。产品售价虽然比其他国家同等级的产品高，不过都有领先进入国际市场和出口导向等特征，使这些企业的全球服务网络兼具深度与广度，并建立难以磨灭的国际信誉。除了两次世界大战期间销售受挫之外，德国印刷机业的国际地位一直很牢固。

这些印刷机企业的研发活动主要是在德国境内进行。主要产品也是由德国人自行研发。20 世纪 80 年代初，K&B 与曼氏开始在美国设厂，进行印刷机的装配作业，另外，K&B 与日本住友重工也建立了战略联盟关系，目的在于打入困难度极高的日本市场。其他德国企业也有类似的结盟战略。

过去一个世纪以来，德国印刷机企业一直是改良印刷机质量和技术的领先者。他们的能力早在这个产业发展时就已经出现，而且持续不懈。例如，20 世纪 60 年代，阿尔伯特–弗兰肯塔尔公司首先推出全球第一台可以印刷 8.5 英尺宽纸张的印刷机，这个纪录在 1985 年被打破时，破纪录的还是阿尔伯特–弗兰肯塔尔公司，印刷宽度高达 9.8 英尺[14]。K&B 虽然是全球最大的轮转式报纸印刷机企业[15]，但到了 80 年代初，它也推出每小时 15 000 张、全球最快速的单张纸平版印刷机，创下新纪录[16]。

尽管如此，德国市场也是全球印刷机市场中竞争最激烈的战场。在全球印刷机产业最具竞争力的企业中，近半数是德国企业，它们在国内市场的竞争标准远超过客户的需求，它们不只在订单数量上竞争，也在吸引大学毕业生、技术突破上竞争。它们的竞争多半是集中在机器性能而非价格上。这也反映了德国客户的特点。从第二次世界大战以来，德国对外国印刷机所征的进口关税非常低，每个企业都必须不断改善产品，以面对实际存在或可能出现的外国竞争势力。

专业化才有竞争力

德国的印刷机企业能够在产品和制造技术上持续领先，与它们在人力资源和技术方面的专业培养有关。德国印刷机制造商都有专为工人而设的完善训练制度，以及针对新进工程师而设的训练课程。大企业更有专属的职训中心，成立时间达数十年，专门培养印刷机方面的专业人员。例如，K&B 的职业学校成立于 1870 年，阿尔伯特–弗兰肯塔尔的职业学校成立于 1873 年，曼氏的职业学校成立于 1911 年。[17] 这些职业学校也获得了德国政府的认可，并且被纳入了正式的职业技术教育体系。此外，大环境也为印刷机产业提供了丰富的工程人才。德国大学在实习技术方面以严谨著称。机械工程课程更是首屈一指。印刷机企业要吸收机械工程师，可以就近到亚琛、达姆施塔特、布伦瑞克等地的大学寻找。

另外，印刷机企业也和大学直接合作进行研究计划。由一群大厂支持的德国印刷机研究协会于 1955 年成立。这个协会的主要目标是发展物理、化学、电脑程序等印刷技术的基础科学，并提供印刷机的实验环境，以提升工程师技能。[18] 该协会也协调赞助达姆施塔特技术大学与其他研究机构进行相关研究。

德国印刷机企业的专业水平虽然不断提升，但同时它们也必须面对高成本的压力。[19] 与其他竞争对手的国家比较，德国的薪水和社会福利都相当高，工作时间相对而言就比较短，这些不利于竞争的要素促使德国企业不断改善生产流程、开发先进的技术设备，德国马克的强势与升值又进一步强化了这一趋势。因此，当世界各国都在寻找自动化和提升印刷质量的门路时，德国印刷机产业提供了一个强调符合客户需求的高产量、高质量模式。

高标准的内需市场

德国印刷机产业的创新方向和速度主要来自内需市场的刺激。在市场规模上，德国的印刷机市场大约居全球第六位，远落在美、日、英及其他国家之后。[20] 但是比市场规模更重要的是，德国市场对产品的挑剔程度举世无双。

对印刷机的挑剔主要来自消费者，即报纸、杂志、书籍的读者。德国人向来关注印刷品质量。如果一个德国人读报纸时被油墨弄污了手，他会打电话到报社抗议，这在其他国家很罕见。是德国读者迫使德国的印刷企业采用高质量印刷机的。

德国印刷厂对印刷机质量的要求也很高。由于工资昂贵，印刷企业必须寄望高生产率的设备来减少人工需求。印刷机中有一部分技术会用到有毒材料，因此在技术标准、设备安全和污染控制规定方面也非常严格。这些规定都刺激该国企业在技术上求进步，并期望其他国家也能在法规上跟进。

对产品更挑剔的源头是印刷工人。在德国，印刷工人的职业技术教育历史悠久，从事这一行的人也自信所受到的训练是全球最佳的。早在 20 世纪 20 年代[21]，德国就有印刷技术专业学校。在那里，印刷工人可以学到单张纸、轮转式、弧面式（弹性凸版）等各式印刷机、包装机，甚至壁纸印刷、孔版印刷等技术。与美国印刷工人只有在职训练相比，德国的印刷技术教育可说是非常完整的，高素质的德国印刷工人对机械或技术创新的接受度也比较高。

德国对印刷机的贸易也有积极的研究，而这些研究又使印刷机产业得以扩散发展。德国的印刷企业也组成了专门的研究机构，全名是德国油墨与制版技术研究协会（FOGRA）。FOGRA的研究重点在标准化和照相制版等领域，同时也积极进行与大学间的合作研究。1985年，斯图加特大学应FOGRA要求，研究照相凸版轮转印刷机的滚筒，目的在于找出最有效率的滚筒设计。[22]

对美国和欧洲国家而言，由于两地报纸和折页机的尺寸并不相同，为了达成交易，不得不先修改机型规格。美国的印刷机企业因为坐拥庞大的本国市场，它的折页机要输往欧洲一直有困难。而且，美国因为消费者对印刷质量的要求较低，又缺乏熟练的工人，印刷机设计以操作简易为主，这使得美国产品一碰到欧洲高标准的规格就一筹莫展。反观德国，印刷机企业要自我调整以适应美国标准就比较容易。德国因为国内市场有限，企业很早就被迫走向海外市场，适应外国客户的不同需求。

德国印刷机业的集群现象

德国的印刷机产业与其他强势产业很早就建立关系。扮演桥梁角色的是与印刷质量关系密切的造纸机产业。福伊特公司与它的子公司德里斯是全球印刷业的领先企业（见表5–2）。另一家再生纸机制造商是祖埃维，它的股东是瑞士人但在德国设厂。[23] 德国造纸业和印刷业能够扬威国际，关键在于机械设计师之间良好的沟通。

表5–2　德国印刷相关产业中的竞争者

公　司	地　点	创办时间	1985年的年收入（百万德国马克）
造　纸			
费尔德米勒	杜塞尔多夫	1885	2 980
霍尔茨曼	威森巴哈	1883	633
尼古拉斯纸厂	达　蒙	1862	719
赞　德	贝吉施–格拉德巴	1829	838
造纸机			
福伊特、德里斯	海登汉姆/迪伦	1867/1885	1 005
祖埃维*	拉芬斯堡	1856	300
印刷油墨			
巴斯夫	路德维希港	1865	1 000**

（续）

公　司	地　点	创办时间	1985 年的年收入（百万德国马克）
米夏埃尔胡贝尔油墨公司	慕尼黑	1765	115
哈特曼印刷油墨公司	法兰克福	1905	100
西格威克油墨公司	锡格堡	1905	250

* 为瑞士的祖尔策尔公司所拥有。

** 为印刷油墨和相关产品的收入。

德国在造纸业上的强劲竞争优势，也有利于德国印刷机产业的表现。德国造纸企业有费尔德米勒、霍尔茨曼、尼古拉斯纸厂以及赞德等。如果没有造纸企业和造纸机械企业合作，发展出每秒造纸 35 英尺的速度，今天的全球用纸量不可能快速增加。

德国油墨产业的世界竞争优势，也是印刷机业的重大助力。人造墨水是染料业的衍生物，在合成印墨尚未问世前，印刷机使用的油墨大多由印刷厂自行调制。1880 年，拜耳在实验室发明人造靛青，使德国在印墨科技上领先各国。20 世纪初，德国化工业的赫斯特和巴斯夫将这项实验室的突破成果变成商品。[24] 今天，巴斯夫旗下的米夏埃尔胡贝尔、哈特曼以及西格威克等都是世界级的印刷油墨供应商。[25]

另一个与印刷机业有重要关系的产业是制版业。20 世纪上半世纪世界最主要的制版机是莱诺整行铸排机和莫诺铸排机。它们都发源于美国。莱诺铸排机是 19 世纪 80 年代，德裔美国人莫根特勒在美国发明的。到了 1885 年，美国人兰斯顿发明了单字排铸的莫诺铸排机。尽管这两家领先企业都是美国公司，但它们都在德国成立了强大的子公司，并配合已形成完整集群的德国印刷机产业，在德国研发重要的新产品。更有趣的是，1980 年初，莱诺公司将总部搬到德国的埃施伯恩，反映出企业为了追逐最有利的钻石体系而不惜迁移，在产业界，这种现象也越来越普遍。[26]

竞争地位一变再变

瑞士一直是印刷机的出口国，它主要的印刷机制造商如伯尔尼的威发机械厂就是欧洲第三大卷筒纸平版印刷机制造商。威发公司因为距离德国不远，实际上已融入德国印刷机业的集群内。如同德国竞争对手一般，威发印刷机具有高质量和技术创新等产品特征，视德国为主要市场，当它攻下曼氏印刷机公司所在的奥格斯堡市场时，它的骄傲自然不在话下。

在其他的印刷机出口国方面，英、美两国则是处于出口衰退的状态。英国在 1975 年出口的印刷机还占全球市场的 9.2%，但是到 1985 年，出口就降到全球的 5.9%。贝克沛金斯是英国唯一一家重要的印刷机公司，它生产的轮转式平版印刷机主要供应规模不大的英国报业市场。美国曾是世界第二大印刷机出口国，1975 年，它所出口的印刷机占全球市场的 19.7%，但是到 1985 年，比例却滑落到 3.9%，当年美国进口印刷机还造成 3.3 亿美元的贸易赤字，也是全球各国中最高的。

美国在 20 世纪 70 年代初，还有好几家够规模的单张纸印刷机制造企业。但是到 1988 年，只剩下制造轮转式印刷机的哈里斯公司[27]和它的竞争对手戈斯–罗克韦尔。即使如此，这两家印刷机企业都还是集团下的分支企业。与欧洲的机器比起来，美国制的印刷机操作简单，功能相对比较粗糙，死机频率较高，质量也较差。面对外国对手大举入侵，美国企业并未全面溃败，原因之一是美国市场对纸张尺寸和折页机规格的要求与一般的标准较不一样。

与此同时，日本则是印刷机产业中升起的新星。在印刷机产业的国际竞争舞台上，日本是个后来者；直到 20 世纪平版印刷机可以印刷日本字后，日本才出现印刷机产业。日本的印刷技术起步慢，原因是日文是由数千个汉字组成。这也是为什么中国早在古登堡之前就发明印刷术，但是现代印刷术却是欧美国家后来居上的原因。

日本因为印字技术不普及，正式文件都需要印刷，本国市场对平版印刷的需求相当高。从 20 世纪 70 年代末，日本大量引用平版印刷后，国内需求逐渐与国际需求连接，连带开启日本印刷企业通往国际市场发展的大门。在 1985 年，日本出口印刷机占全球市场的 19.1%，比 1975 年前的 2.9% 大幅提高。这段期间，日本在印刷机的进出口贸易方面，也由赤字变成 2.96 亿美元顺差，仅次于德国，在全球居第二位。

日本印刷机产业的主力是小型单张式平版印刷机。领先企业是小森，竞争者包括三菱、秋山、良明、富士和住友，后者是 K&B 在日本的合作伙伴。日本印刷机的机电性能较佳，这与日本在电子工业方面的优势有密切关系。

弹性凸版印刷是80年代兴起的最新式印刷技术，它在报纸印刷市场中很受欢迎。又名合成塑胶版印刷的弹性凸版印刷结合了早期的凸版印刷技术、水性苯胺印墨和取代传统铅版的弹性橡胶版等优点，使印墨不会附着于纸张表面，增加了安全性，问世后首先被引用在食品包装物的印刷方面，它的报纸印刷质量虽然不如平版印刷，但是投资和操作成本相对较低。

美国在20世纪70年代末80年代初，开始应用弹性凸版印刷，是使用这类印刷机最主要的国家。[28]1988年，德国也已成为弹性凸版印刷机最重要的供应国，主要供应企业则是K&B。K&B与德国最主要的包装机械企业W&H合作，并由后者供应弹性凸版印刷的基本组件。这也显示出具有强大竞争力的德国包装机械业，在技术创新上对印刷产业体系的贡献。

德国印刷机产业在1988年，尽管面临工资居高不下、马克持续升值的威胁，仍然能保持产业持续成长与国际市场成功的优势。大多数的印刷机企业更有创纪录的利润。印刷机制造商也成为德国利润最高的企业之一。

但是，高利润也预示了德国印刷机产业未来可能的隐忧。从70年代开始，德国印刷机产业的成员因并购而不断减少。K&B在1979年拥有阿尔伯特-弗兰肯塔尔公司49%的股份，并于1988年成为它的最大股东。这两家公司也同意合作发展生产计划。另外，1979年，曼氏与罗兰已合并为曼氏企业。成熟产业内部含有合并的诱因，但德国印刷机产业的并购已发展到本国竞争对手面目模糊、价格竞争也不存在的程度。相较之下，日本印刷机产业的领头企业小森虽然在1987年试图买下包括哈里斯公司的母公司——美国国际集团——结果失败，但是日本印刷机产业的威胁正在明显升高。

回顾与展望——再创竞争气氛

德国印刷机产业是一个产业竞争优势持续超过160年的重要案例。这个产业的早期历史显示，技术和人力资源的国际流动并不是最近新起的现象。这种流动性强调了一个很重要的事实：国家环境是吸引或吓退世界级产业形成的有效因素。

科尼希可以说是使德国印刷机产业萌芽的种子，他之所以对印刷机产生兴趣，原因不过是他受过训练并且担任过印刷工人。为了寻求发展，他被迫远走英国——当年印刷机产业的钻石体系中最有利的国家，但是当英国的投资者和客户以抑制产业成长来保护本身利润时，这种消极态度又把他驱回祖国。他最初选择欧伯瑟镇为设厂地点，是因为政府的干预与保护作用在产业发展初期发挥了很大作用。当地政府为德国印刷机产业具有竞争优势创造了良好的环境，更重要的是由K&B所引出的一连串变化过程；一大批以K&B为直接或间接目标的竞争对手随之出现、专业化与符合特殊要求的生产活动开始发展并持续扩大。随着德国印刷机市场的成长，高标准和挑剔的德国印刷工人与消费者刺激企业不断创新，企业也有化阻力为助力的能耐。随着德国市场的扩张，这种对印刷机质量的期许和提升生产力的努力也扩散到全世界，加上德国境内其他关联产业（如造纸业、造纸机业、印刷油墨业、排版业等）同步进行创新，终于使得德国的印刷机业实至名归地登上世界盟主的地位。

印刷机产业是一门复杂的产业，它的产品开发、生产和服务，无不需要高度的技术能力和团队组织作战，这也正是德国本身的长处。群集在德国南部的印刷机企业，彼此相互竞争，使得国内市场的竞争不但直接刺激了产品创新，同时也提高了环境中的生产要素与关联产业的优势。

瑞士的印刷机厂威发能够成功，原因是它融入德国印刷机产业集群，成为了其中的一部分。其他国家的印刷机企业无法挑战德国的优势，因为它们缺少钻石体系的基本条件。美国的国内市场对印刷机质量的要求很低，英国的印刷机产业不但缺乏竞争对手，强势的工会又长期禁止企业进行研发创新，连带伤害到市场对产品质量的需求。被迫成为这个产业后来者的日本则有本国需求与国际市场不一致的问题。与它们比起来，德国不但没有前述缺点，反而享有最早建立全球品牌知名度、全球销售服务网络以及忠诚客户等优势。

集群发挥效用

印刷机产业所显示的不只是钻石体系如何运作，还包括产业集群的效应。德国能够在这个领域中享有独一无二的地位，不光是印刷机产业一枝独秀，其他如印刷业、造纸技术、造纸机械、制版系统、印墨业及包装机械业等，各个都有独当一面的国际竞争优势。包装机械业会成为印刷机产业集群的一环，原因是弹性凸版印刷机的问世。这种现象说明，德国印刷机械的产业集群是相互强化、共同成长的。它们之间的联系紧密，在某些方面还建立了正式的合作关系。

印刷机产业也给了我们一个启发性的观点。当德国钻石体系的各个关键要素充分发挥它们的作用时，成本因素在印刷机产业的角色相对变得微不足道。类似的情形也出现在各国的光学产品、餐具、纺织机、采矿机、广告公司、电影等产业上面。虽然第二次世界大战后的全球化趋势有降低成本的效果，尤其是节省了基础原料的取得成本，但是国家竞争优势要持续超过一世纪，则需要比成本因素更多的条件，以今天的情形而言，成本因素的重要性更是大不如前。

德国印刷机产业虽然在 80 年代出现历史上难得的高利润，但是它失去世界主导地位的红灯也亮起来了。日本的印刷机产业能在短短 10 年间，从无名小卒一跃成为领先者之一，靠的是消费者对印刷质量的挑剔，而且日本市场偏好的平版印刷机在性能要求上领先于其他国家。日本的印刷企业目前正在有利的钻石体系中竞争。另一方面，弹性凸版印刷机是由美国而非德国发展出来，这又凸显了德国市场的需求已不再代表世界市场需求。

德国印刷机产业更大的危机是，德国本地的竞争正在消退，不再支持创新。当一项产业因货币升值而坐收利润，又取得市场的主导地位时，它就很可能失去戒心，作出错误的判断，这一点在德国印刷机业上看得最清楚。在印刷机产业中，行动越早，优势越大，德国一开始就是靠率先开发轮转式印刷机才建立起它的霸业，但缺少了强劲的国内竞争对手，德国企业可能认为它们仍然持有市场优势，而任凭这种支撑竞争优势的力量快速流失。

案例二：美国的医疗检测仪器[29]

医疗检测仪器的应用层面很广，像测量心律、脉搏、血压、体温和呼吸频率的仪器等都有。从第二次世界大战后，美国企业在医疗检测设备产业称霸，除了惠普是其中的佼佼者外，另外还有好几家美国公司也都是国际化的竞争者。估计在 1988 年间，美国在医疗相关器材方面的出口顺差达 7 640 万美元，但事实上不少美国公司已在海外设有分公司和生产线，所以美国在这个产业的实力远高于进出口数字的表现。[30]

医疗用看护器主要是检查病人在特定期间的生理状态，以便在出现生理异常时，提供紧急用药的参考。这种检测通常是将侦测器放在病人体内或皮肤表面上进行。检测仪器会选择处理检测目标的状况，以图形或数字显示在屏幕上。现代化的医疗检测仪器还附带警告系统，当受检人的情形超出常态或设定的接受值时，警告系统会主动通知医护人员。医疗检测仪器也可以配备记录仪器，将资料印成报表。最先进的检验仪器使用微处理器技术，可以在瞬间计算出病情发展的趋向。先进的医疗检测系统允许弹性的采购和使用，这也使得系统型的检测仪器市场走向价格竞争。

在 20 世纪 80 年代中期，全球医疗检测仪器的市场大约有 10 亿美元。美国就占了 1/2，欧洲需求量约占 1/3，剩下的市场则散布世界各地，其中又以远东地区的需求量较高。

产业史转折不断

欧洲是当代医疗技术的发源地，19 世纪时就发明出检查心脏功能的方法。1905 年，荷兰人埃因托芬发明了弦线电流计式心电图机。它虽然庞大笨重，但能以电波将心脏的情形记录在片子上。这个设备是心脏研究领域的一大突破，不过它的笨重与昂贵限制了市场的发展。

英国的剑桥仪器公司继埃因托芬之后，也推出了心电图仪。20 世纪 20 年代初，剑桥仪器公司在美国成立了分公司，而美国的桑伯恩公司也开始生产类似产品在美国销售。这种最早期的设备每套超过 1 000 美元，研发重点在于如何使仪器便于携带，容易使用。20 世纪 20 年代末，便携式的心电图仪问世。但这个产品仍有 50 磅（1 磅约合 0.053 6 公斤）重，而来自医疗研究部门的需求仍在快速增长中。

20 世纪 30 年代，真空管和放大器的技术问世。由于放大器具有减少仪器体积的作用，而真空管则能使电波信号的传输更有效，美国逐渐取得这个产业的领先地位。桑伯恩公司在 1935 年时，向一位美国的发明家买下在仪器上使用真空管和放大器的专利，再雇一位马萨诸塞州理工学院的学生对原始产品进行改良，同一时间，美国好几所大学也在同步进行相关技术的研究。20 世纪 30 年代末，心电图描记器问世，不过这个产品直到 50 年代才普及。

第二次世界大战使得医疗检测仪器的开发受到更多的注意，战时电子相关产业对电子和雷达波的研究更使这一行业突飞猛进。这种情形使得检测器的技术在美国有了大幅的进步。心电图描记器的技术和相关产品至此算是正式萌芽。

桑伯恩公司在第二次世界大战后发展出一种新的测量方法，就是用热针头熔解白纸的外层涂料，并在仪器上呈现资料。这一新技术的显示试纸无须经感光处理；与传统技术相比，这种直接记录的系统还有一个优点是，它是记录在有弧度的表面上。1948 年，桑伯恩公司一举推出包含单波段、双波段和四波段的检测记录系统，明显领先还停留在电流计和其他传统记录技术的英国剑桥仪器，也让剑桥仪器从此丧失了在市场上的地位。

第二次世界大战后，美国市场同时出现好几家新公司，它们大多在医院或医学院附近成立。一个最突出的例子是马丁 · 沙伊纳创建的医疗电子公司。沙伊纳的本行是电子工程师，1947 年他曾在美国的电子物理实验室（Electrophysical Labs）研究开发利用阴极射线管检测心律的新一代心电图描记器。电子物理实验室是专门制造心电图描记器的企业。当沙伊纳与纽约的贝尔维尤医院的亚伦 · 希梅尔斯坦医师合作发表关于阴极射线管的检测产品报告后，这项检测器带来的利润让沙伊纳有能力独立门户。因此，他于 1950 年创办了仪器实验室这家企业，5 年后才改名为医疗电子公司。

沙伊纳的另一项创新同样也是美国相关产业支持下的产物。这个创新就是应变计式传感器。这个产品最早是由美国斯泰瑟姆仪器公司研发，用来研究飞机金属的材料。20 世纪 50 年代初，沙伊纳就是以这种传感器测量血压，为量压技术带来了重大的改进。

美国市场，空间无限

电子技术对战后医疗业的影响可分为研究设备、医疗检测产品、诊疗仪器和治疗设备等四个领域。美国在这四个方面都扮演着显著的角色，但个别的市场成长速度则快慢不同。20 世纪 50 年代兴起的医学研究器材业是后来 20 年蓬勃发展的医疗检测仪器市场的先头部队。这四个领域各有各的竞争企业，不过企业跨领域竞争的现象也很普遍。

绝大多数医疗检测仪器是由 20 世纪 50 年代的研究热所产生的。这些成果大多由美国企业创造，也反映了同时期美国对医学研究和医疗服务的重视（见图 5–3）。当时美国政府的医学研究预算是各国中最高的，这笔预算主要是通过美国国家卫生研究院和各大学进行的。这也促使全美各医学中心率先兴起对先进医疗保健器材的需求。

美国政府支持医学研究对医疗检测仪器业的发展具有多重帮助。由于医疗仪器处理的是疾病或诊疗上的专业知识，过程必须十分精确，医学研究人员通常也会主动参与新产品的研发工作。医药公司在推出新药前，也需要精密复杂的检测设备，以观察新药的临床生理反应。

从 50 年代中期起，医疗检测仪器市场的需求从研究领域往外扩充到护理方面。除了依照研究人员特殊需求而定制的研究器材外，大量标准化产品的需求也开始出现。美国再一次领先了这一波浪潮，成为需求最大、要求也最苛刻的市场。

首先掀起需求浪潮的是手术室中的检测仪器。这类仪器早期是供麻醉师监控病人情况的。这个市场的供应商中，除了老字号的英国剑桥仪器外，头一批跳进来的几乎都是美国公司，包括美国的医学电子、桑伯恩和科尔宾法恩斯沃斯等公司。医院对手术室器材的要求，除了轻小、容易使用外，还包括防爆、不发出火星等条件，原因是火星会引发麻醉师使用的气体爆炸起火。1957 年，医学电子公司率先开发出轻薄防爆的手术室检测仪器。每台售价 575 美元，不仅比竞争者便宜，而且也比较容易普及，还有新的血压计连带问世。桑伯恩公司在 60 年代初，也争取到美国国家卫生研究院两个心脏手术室和两个神经外科手术室的设备合约。

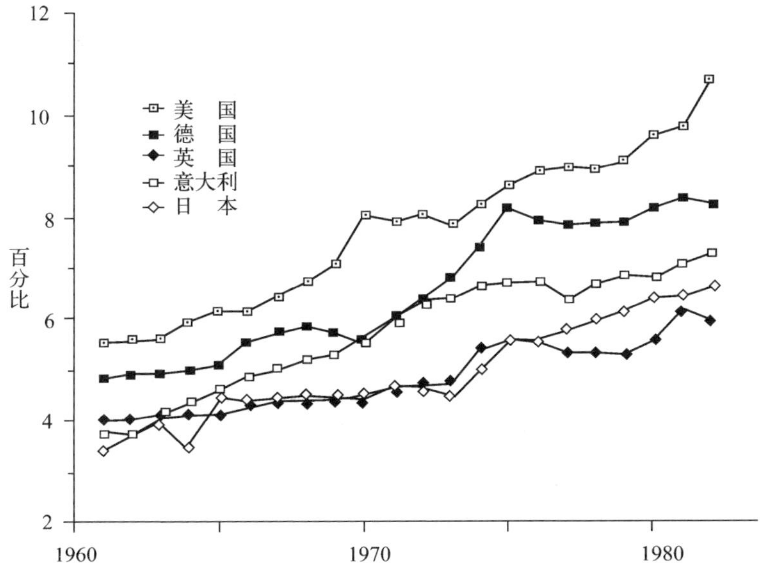

图 5–3　1960~1983 年各国国内生产总值中健康医疗总支出所占百分比

资料来源：经济合作与发展组织（OECD）1960~1983 年保健评估资料。

检测仪器的另一个主要用途是追踪病人极端不稳定的状况。在企业的竞争中，为使医护人员能迅速了解紧急问题的所在，能同时显示四五种人体功能的仪器也被开发出来。这类产品的客户最早是以有临床医学研究的医院为主，很快也普及到一般医院。

50 年代末，固态电子学的发展加上半导体取代真空管，带动了另一波的产业发展。新的技术使医疗检测仪器体积更小，导热更低。固态电子学技术是在美国研究成功的，60 年代的美国医疗检测仪器业自然成为引用这种新技术的先驱者。美国门嫩－格雷特巴奇公司在 1963 年成立，后来更名为门嫩医学公司，在当时它是第一家将固态电子学应用在医疗检测仪器的企业。

同一时期，大家对于监控不稳定病人病情的做法越加重视，美国同样在这个新市场中扮演着领导角色。大约在 1961 年，堪萨斯市的戴医师提出加护病房的概念[31]。这一概念迅速在医院中落实，并引起更多回响，美国政府也推波助澜，主动支持全国几家医学中心成立加护病房监控中心。60 年代，美国医疗检测仪器业莫不投入加护病房监视仪器市场，使设备更精密化，还为病情不稳定的病人增加警报系统配备。可以同时监控 8 名加护病房病人情况的中央监控系统也在 1967 年出现。

此后，医疗检测系统的应用更为普遍，一般的病人也有机会享用这些新科技。医生开始以监视器监控一般病人的病情，以避免危急突发状况。例如，监控仪器已发展到能监视心律不齐的情况，检测仪器也能更准确地判断诊疗效果。当初为加护病房而设计的较复杂的病理监视系统迅速普及，客户训练和维修服务也成为医疗检测仪器产业里极重要的部分。在一些重要的医院据点中，制造商的维修人员可以全天候待命。从 60 年代初开始，这些企业就积极建立销售和服务网络。这个产业对售后服务的重视也成为新进入者的一大障碍。

50 年代，医疗检测仪器产业把销售重心放在医师和研究人员的密切关系上面。不过到了 60 年代，市场焦点则快速集中到与医院的关系上。医院中作采购决策的人通常包括：医师、护理师、行政主管和生物科技工程师，这些人在大多数医院增购电子仪器时，发挥了相当大的作用。

也正因为如此，医疗检测仪器产业在 20 世纪 60 年代呈直线成长。美国因为医院和医师习惯以仪器诊断病情，理所当然成为了这个产业的领导市场。一般而言，美国的医生喜欢收集大量信息以供诊断之用，也更敢提出新的医疗方法。这种喜欢尝试新方法的态度，在心脏研究方面尤其明显，也对医疗检测器材产业形成了更苛刻的要求。

对美国医疗检测仪器产业而言，心脏方面的检测很早就成为发展的重心。与其他国家比起来，美国医学界更是重视心脏保健，这也导致了它对相关检测器材的大量需求。而且，美国的医生也敢大胆采用新技术进行手术（例如用在冠状动脉手术上），使用新的检测仪器。

美国医师在20世纪70年代中期发明的Swan-Ganz导管，就是说明美国领导心脏病学先进技术的绝佳例子。这种导管可以同时量出三个心室和心房的血流状态。美国爱德华公司买下这项技术后，从70年代中期到80年代中期，共计卖出将近100万支这种导管。欧洲因为缺少这种导管技术，在这方面的应用至少落后美国5年时间。[32]

大多数国家对精密医疗检测仪器的需求并不如美国。在拥有全民医疗制度的国家，医院为病人用仪器作检查的情形并不像美国那么频繁，因为复杂而精密的检查不但成本高，而且不是绝对必要。在欧洲，用以检测的仪器通常比较简单，功能较少，而且无法诊断比较复杂的症状。欧洲以外的其他国家，虽然有些高级私人医院可能不惜成本采购最先进、最精密的检测仪器，但绝大多数医院在成本限制下，却宁可采购功能简单的设备。

不过，这种情形在部分市场环节中也有例外。胎儿检查就是欧洲国家非常积极开发的领域。在1968年，德国医生康拉德 · 哈马赫尔向惠普科技德国分公司提出发展胎儿检查仪器的构想，这个计划很快就由惠普科技的德国分公司实现了。同一时间，美国耶鲁的医生爱德华 · 哈恩则创办克迈特公司，成为美国主要的胎儿检查仪器制造商。不过，欧洲对胎儿的电子检查仪器接受程度比较高，原因是欧洲婴儿出生率低，人们普遍关注生育问题。

在美国，医院采购检查设备是相当有自主性的。政府介入这个产业的空间仅止于产品测试。由于医院可以自由决定采购对象和采购项目，因此它们形成了一股强大的压力，迫使企业改进产品和服务。医疗保健市场的激烈竞争，也使得医院愿意在设备上积极投资。一般而言，一个领导级的医院必须具备最好的医生和最好的设备两大条件，而顶尖的医生通常又是最好的设备吸引来的。医生彼此之间也会为了争取病人而竞争，又进一步形成对先进检查仪器需求的刺激和推力。

在美国以外的国家，由于政府在国民医疗保健体系中所扮演的角色较重，设备采购多集中处理，引进新产品的速度也比较慢。医疗产业的竞争几乎不存在。

70 年代初期，医疗检测仪器的基础技术已经逐渐定型，产品的改善方向转向使用的便利性，因此引进了像微处理器、电脑、遥感探测等新技术，其中又以微处理器技术最重要。微处理器能使检测仪器在收集数字信息的同时，还可以计算出测量值的趋势走向。它甚至不再只是提供原始资料，还能提供经过高层次分析的有用信息。微处理器的运用，使得传统上一直在硬件上下工夫的医疗检测仪器，也能通过软件设计改善产品功能，并导致这个产业的产品发展重心大大转变。

1975 年，美国太空实验室公司，首创将微处理器安装在临床监视仪器上的做法。70 年代，美国有关医疗检测仪器的微处理器技术一直领先全球，主要助力来自于它的相关产业——半导体和电脑软件业。美国的半导体企业在微处理器领域可称得上是全球霸主，电脑软件业也领先全球。它们都提供了难以评估的帮助。检测仪器使用的微处理器技术也因此大多是由美国企业所创。

美国医疗检测仪器产业的另一股助力是该国医学实务的国际化。当医疗检测产业还处于萌芽时期时，它与全球各地医学研究人员间的密切关系，有助于后来打开美国产品的海外市场。外国客户偏好选择顶尖医师所使用的仪器，通常也是美国产品。美国医学的先进又吸引更多外国人学习美国的制度、方法和产品，进而导致美国医生惯用的产品也成为海外的需求。另外，从 60 年代开始，尤其到了 70 年代，美国政府为了协助发展中国家提高医疗水平，保留医学院部分名额以鼓励外国学生到美受训，使越来越多的外国学生接纳了美国的医疗体系及美国的医疗产品。

最后一个形成美国市场对医疗检测仪器需求的原因是，美国医学界诉讼不断增多的文化特色。医生为了在法庭上保护自己，诊断时尽可能使用仪器检测患者。在欧洲由于免除了这类诉讼风险，有些人反倒认为医生能更用心地为病人诊断，才是最好、最有用的诊疗方式。[33]

国际化战略稳扎稳打

从 20 世纪 40 年代开始，医疗检测仪器产业的主要竞争者就是美国人。这个新兴产业，除了一些自行创业的小公司外，不少新公司是从关联产业转过来的。以消除心肌震颤的自动减颤器制造商为例，美国光学公司和电子力学公司开始时，先是在生产线上附带制造心电图扫描仪，并逐步往精密的检测描记器发展。企业通常会选择一个特定产品（例如手术室或心脏病相关产品），然后再逐渐扩充领域。

这个产业的国际销售在50年代时还不普遍，往往只是靠偶然的机会促成。一般来说，一个外国的医生可能在实习期间看到一个仪器，或是从另一个医生口中得知某一个产品，进而向美国企业订购。这种情况到了60年代开始改变。一位意大利的医生向医疗电子公司的当地代理商订购一些产品，医疗电子公司在交易完成后，和这家意大利代理商签下了长期合作的合约。在没有大张旗鼓的情形下，这个产业开始踏出海外扩张的第一步。

1961年，元老级的桑伯恩公司与惠普科技合并，为这个产业竖立了里程碑。惠普科技的主力原本放在测量设备，比如示波器等电子产品上。这两家企业的合并使得桑伯恩立即在相关技术，以及国内、国际营销与服务网络上获益。

到了20世纪60年代末，大多数医院开始雇用生物科技人员以应付越来越多的电子仪器方面的需求。这些专业人员喜欢搜罗高质量且记载详尽的产品，并且大多听过惠普科技的名字，因此，这段时期医疗检查仪器市场因惠普的品牌知名度而迅速成长。同样，惠普科技强调产品之间的相容及产品专业化资料的完整，以使客户在维修上比较容易，这些动作都使得惠普科技成为这个产业的盟主。

在快速成长的60年代，不少自行创业的新公司加入了医疗检查仪器产业。这个市场最吸引人的是加护病房监视设备和冠状动脉检查器材两个领域。企业之间因为市场占有率相差不多而竞争非常激烈。新公司如门嫩-格雷特巴奇是由固态电路领域转进，展开这个产业新一回合的研发。同一时期的其他主要竞争者包括：电子力学、美国光学、通用电气、太空实验室以及医疗电子等公司。其中很多是从其他相关产业转入这一行的。以太空实验室为例，这家公司在50年代末成立，最初目标是为了协助美国国家航空航天局（NASA）监控宇航员在太空中的生理状态。但这家公司很快就意识到，医院才是它们产品的大市场所在。这些企业大多设在马萨诸塞州的波士顿、加州或俄勒冈州的波特兰，原因是当地有主要的医学研究中心及密集的电子产业集群。

在60年代末和70年代初，医疗检测仪器已经高度电脑化或系统化，监视器大多与中央系统或大型电脑联网，以便进行信息处理，惠普科技则在这波浪潮转向中大获其利。

1970 年是美国医疗市场的成熟期，也是医疗检测仪器产业向外扩展的起点，企业不再依赖传统口耳相传或在国外设代理商的方式处理海外业务，它们在海外建立营销和服务分公司，或是提高在海外扩展的经费——主要是用在人员训练和业务推广方面。

外敌环视

外国企业进入医疗检测仪器产业始于 60 年代初。与美国竞争对手相比，它们倾向于发展体积较小、功能比较单纯、适合所在地需要的产品。德国的西门子在 1962 年将它的X光部门独立为一个医疗检测仪器公司，同属德国的海力格公司则在 60 年代末进入相关领域。在医疗检测仪器产业的海外市场中，德国因为生物医学研究的悠久传统而占有一席之地。荷兰的飞利浦则在 60 年代末，以它在电子方面的优势进入了这个产业。丹麦的西蒙森与威尔的医疗检测产品则在北欧保持优势，有一些产品还卖给美国的Narco公司，后者是一家早产儿保温箱的制造商。

70 年代中期以前，外国公司的医疗检测仪器在美国市场的表现并不显著，不过，西门子因为在德国市场上的强劲地位，使它逐渐成为这个产业的重要竞争者。[34]1973 年，西门子试图以“欧洲风格”的检测产品打入美国市场，但是因为产品性能过于简单、不合市场需求而没有成功。西门子虽然在X光和电脑等产业有相当的优势，不过并不足以动摇美国竞争者的产业钻石体系。

西门子在 1978 年，再度发动攻击。这一次，西门子首先与马萨诸塞州的安络杰公司（Analogic）建立了合资关系，后者的专长在数据处理上。这项合资行动使得西门子在美国市场上获得了技术和制造上的能力，以及众多的专业人员。[35]美国市场支持创新，而西门子这一次转进美国市场的战略相当成功。西门子合资成立的公司事实上成为它在医疗检测仪器全球战场的大本营，也是研发和制造的基地。1988 年时西门子买下合资公司中安络杰公司的股权。

1970 年，日本企业生产的产品大多数是基本型的单波心脏监控器。到了 80 年代初期，日商日本光电开始朝国际市场进军，目标是在大型显示系统产品中占有一席之地。它试图以遥感探测等创新技术，以及小幅度改变产品设计等方式与当时的产品加以细分。此举虽然小有成绩，但因为没有提供国外市场的售后服务功能而功亏一篑。

日本在无线的遥感探测技术领域上领先于其他国家。主要原因是日本医院希望病床旁边不要有零乱的电线。另外，日本医学界对癌症的重视大于心脏疾病也是原因之一。美国人罹患心脏病的比例较高，而癌症却是日本社会的重大疾病。遥感探测的医疗检测仪器让癌症病人的活动不受限制，因此可以为病人提供更多的活动空间。遥感探测仪器最初由美国的太空实验室公司于60年代末研发推出，不过，日本企业在努力追赶后，已有取而代之成为市场领导者的趋势。

外国医疗检测产品打进日本市场的速度很慢，因为它需要重新经过测试才准进口。日本的药品法不但不承认国外的测试数据，还要求所有外商必须寻求日本代理，才给予产品认证（这项规定在1983年已经废止）。在日本，获得产品认证所需的时间比美国多出两倍。

美国竞争地位的改变

从20世纪70年代开始，医疗检测仪器产业掀起了一波并购风潮，牵涉其中的大多是美国公司。这波并购风潮主要吸引的是一批制药公司，像美国的雅培、贝迪、施贵宝以及瑞士的罗氏等制药公司，纷纷以购买美国既有的医疗检测仪器企业的方式，加入这个市场。

不过，这一波并购行动的结果多半不如预期中那么顺利。医疗检测仪器与电子产业的关系比较密切，甚至大于它和医药产业的关系。虽然这两项产业都与医院有生意往来，但在制造、销售和服务上面的做法大不相同。当医疗检测仪器的产业集群逐渐成形时，制药公司的竞争技巧更不适用。在一些并购案中，医疗检测仪器部门被置于整个企业集团中的次要位置，也导致这些医疗设备企业远远落后于全力投入的竞争者。

图5–4显示，70年代有很多医疗检测仪器企业股权易人。例如，电子力学公司被贝迪买下来，然后又卖给利顿，再被转卖给PPG。医疗电子公司先被霍尼韦尔集团买下，后来又卖给PPG。泰克把它的医疗检测仪器部门卖给太空实验室公司，但后者又被施贵宝买下后再转手给韦斯特马克。在这一易手与合并风潮中，惠普科技是大赢家，它对这个产业始终如一，并且通过相关产业部门掌握交流所得的技术信息。与惠普科技比较，20世纪70年代早期很风光的美国

光学与贝迪两家公司，后来都走了下坡路。如图 5–5 显示，整个 80 年代，惠普科技占据了美国市场的主导地位，并且也占据了全球市场的盟主地位。

图 5–5 也显示，80 年代中期，医疗检测仪器产业中主要企业的全球市场占有率。许多发达国家中都有医疗检测仪器产业，而最主要的生产基地是美国、德国和日本。企业在海外设厂生产通常取决于当地的需求，如惠普科技等美国公司在欧洲有生产工厂，而欧洲最大企业西门子，则在美国生产它的医疗检测显示器。

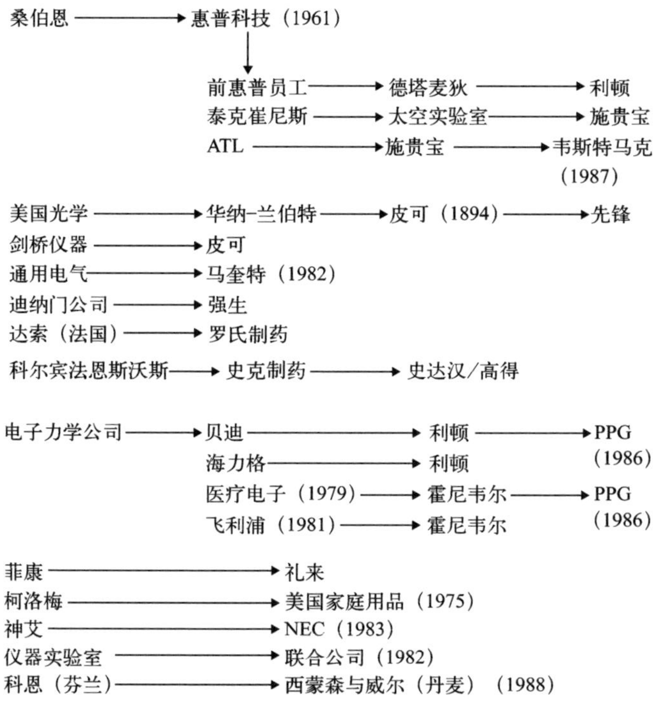

图 5–4　医疗检测仪器产业中的并购过程

半导体、阴极射线管等重要零部件供应商，主要集中在美国和日本。然而美、日两国的检测仪器企业并未出现逆向整合的情况，原因是这些零部件也可以在全球各地取得。对先进的检测仪器而言，软件是最主要的组件，美国就是因为软件工程师供应无虞，才使美国的医疗检测仪器企业具有决定性的优势。

医疗检测仪器在 80 年代的改良创新动作，依然是由美国主导，不过这些动作比较缺乏革命性的变化，改善重点放在更简易的操作方法等方面。例如，一家自行创业的新公司迪纳门，开发出一种套在手上的环状间歇性血压计，另一家公司Nellcor则发展出可以在病人指尖测量血氧饱和度的小型测量仪。这些新产品都运用了微处理器技术。其他在显示器上的创新包括增加液晶数字显示，以使显示器的读数更精准，阅读距离也可更远。这些创新都是为了使产品更容易使用。由于各家产品在造型和性能上越来越相似，产品的差异一般取决于外观的美感。

很多创新产品来自坚持如一的企业或小公司。大企业要集中注意力、在规模不大的新产品环节下工夫或选择高风险的创新构想，通常较为困难。一般而言，当企业有一项创新技术时，它常以收取专利费的方式，允许其他企业参与生产，促使产品标准化，使自己的产品能与其他企业的系统相容。

医学界广泛使用电脑的趋势，也是医疗检测仪器产业发展的一大契机。惠普科技领先开发一种检测仪器，可以将检测数据直接输入电脑，随时提供病人的最新状况和有关数据，这将可取代传统病床尾端的病历卡。这个产业往病理

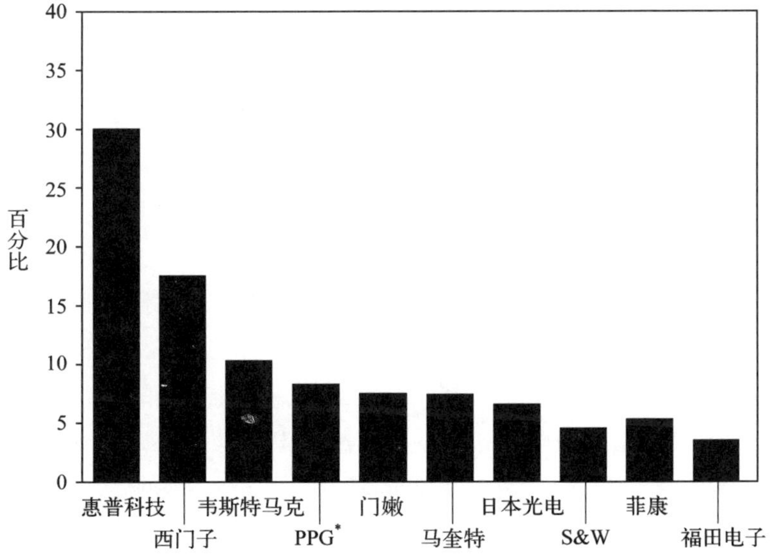

图 5–5　80 年代中期，医疗检测、设备制造商的全球市场占有比例

资料来源：作者的评估。

* 包括所有利顿和霍尼韦尔的并购。

信息管理发展的速度并不快，但是等到传统领域高度成熟饱和后，这将是一大出路。

不过，一个更重要的产业需求正在出现，并且这种现象在美国尤其显著。1980年，发达国家普遍紧缩全民医疗保健开支。在社会医疗保险制度相当普及的欧洲国家，似乎更有理由紧缩政策，执行起来也更容易。第二次世界大战后的欧洲国家在投资发展医疗检测仪器方面比美国保守，这与欧洲医学界严格管制设备采购的制度有关。80年代的景气停滞更加深了这种投资紧缩的现象。日本政府也在80年代初期，重新分配并减少了对医院的财务支持，同样导致了各机构在采购医疗检测仪器时，态度更趋保守。

美国市场的情况也不好，联邦政府在同一时期正试图削减预算，医院则感受到来自保险公司和投资人的双重压力。如全民健康维护组织等形态的医疗保健体系快速崛起，对医院形成了竞争压力。这些压力也影响到医疗检测仪器的采购，强调提高生产率与升级的潜能等条件。

当外国产品与美国产品的相容度越来越高时，低价位的外国产品在美国市场上的普及程度也开始提高。日本光电和其他日本企业采用单机多于组合化的设计，使它们的产品比大多数美国产品便宜了许多。在重视成本的80年代初期，这个产业的成员认为，日本光电的产品稳定性良好，将使它有绝佳机会大举进驻美国市场。然而，日本产品因为缺少足够的市场营销和维修服务能力，在市场的占有率依然有限。[36]而美国公司感受到降低成本的压力，也正努力发展平价的显示器，以舒缓这种威胁。

另一个更激进的变化是闭环控制概念的问世。一个闭环控制系统可以根据病人的生理迹象，调整用药剂量等治疗作业，减少医生贸然作决定的问题。这套系统在欧洲日趋普及，在美国却因为碰到诊断责任归属的问题而难以推广。不过，面临医疗诉讼的威胁，若是监控系统可以降低医生风险而不介入诊断，将对医疗检测仪器及其他医疗研究领域的研发产生重大的影响。

回顾与展望——支持产业不可少

美国成为医疗检测仪器产业诞生与发展的主要国家，有下列几个理由和关键要素。其中最重要的条件除了市场需求，与生产要素及关联产业的辅助配合也有关。美国因为在医学研究上一向领先，刺激了好几类检测仪器的问世。美国也是早期的电子和电机产业的领先者。这些因素带动了技术的转移，培养了大批的电子工程师，并形成一个有助于新公司成立的环境，而争相进入市场的新公司又创造了新的利润和积极的竞争。美国又有如电脑业、检测和计量器材产业等实力强劲的关联产业，为这个产业带来了新的成长，惠普科技就是一个例子。

不过，美国医疗检测仪器产业能成长为世界的盟主，原因是它的市场能抢先反映对精密先进的产品的需求，又有活跃的内部竞争推波助澜。与其他国家的市场相比，美国市场对产品的接受度比较高。美国许多医院和研究人员享有采购自主权，也没有成本上的顾虑，重要的相关产业又为这个产业的持续创新加了一把劲。比如说，美国在 20 世纪 30~60 年代是半导体产业的盟主，直到今天仍然在微处理器上面称霸。另外，美国在电脑业和软件业的主导地位同样意义非凡。

在医疗检测仪器方面，美国企业能够抢先国际化，得力于外国医师在美国接受训练，以及美国医学研究界在国际上的地位。随后当美国市场因激烈的企业竞争而趋于饱和时，这股压力驱使企业致力于出口，接着又以海外设厂方式向国外市场渗透。

和其他医疗相关产业相同的是，美国的大环境为医疗检测仪器产业提供了一个在创新和保持上难以匹敌的优势。和美国企业比起来，西门子是唯一有抗衡条件的外国公司，但一直到它在美国生根发芽后，西门子才能确保它的竞争地位。美国由于具有挑剔的客户、世界一流的上游产业、国内竞争对手以及在生产要素上的投资庞大（尤其是医学知识与专业人才方面），使得美国企业几乎拥有创新这个产业的所有条件。

不过，足以挑战美国这种产业优势的情况也不是没有。例如，美国企业因为并购风潮一波未平一波又起，而发展停滞，如同德国的印刷机产业，多次合并导致活力十足的竞争群消失，创新能力受到腐蚀。另外，美国市场因为缺少对遥感探测和闭环控制系统的需求，因此这些领域的技术已经落后，成本压力也使得美国市场和其他国家的市场日趋相似。日本企业则因为拥有强大的电机产业体系、生产标准化单机的技巧，对美国医疗检测仪器产业形成与日俱增的威胁。不过，如果美国在医疗保健的开支能继续维持一枝独秀、美国市场能维持现在的重要地位，美国企业在先进显示仪器事业的领先地位应该不太可能在很短的时间内发生变化。

案例三：意大利的瓷砖产业[37]

到 1987 年，意大利的瓷砖制造业每年的产值达 100 亿美元，是瓷砖业名副其实的生产和出口王国。意大利瓷砖业的产量占全球总数的 30%，全球出口量的 60%。[38]1987 年，意大利瓷砖业的贸易顺差是 18 640 亿里拉（大约 14 亿美元）。从 1980 年开始显著成长的意大利瓷砖业海外分公司，在 1987 年的出口额达 1 亿美元。

意大利瓷砖业主要集中在萨索洛镇。[39] 在当地，数百家注册公司都与瓷砖业有关。这个地区同时也是全球制釉、珐琅饰品和瓷砖设备业的重镇。

意大利瓷砖主要以美观和质量闻名于世。不过它的生产技术并不亚于设计能力。第二次世界大战以来，全球瓷砖制造技术的主要突破大多来自意大利企业，其中包括可以节省相当多成本的“一次烧成”技术。

一片瓷砖的出炉

瓷砖是具有装饰功能的建筑材料，同类产品中有 60%~65% 是地砖，30%~35% 是壁砖。地砖的设计比较简单，壁砖则强调美观和质量。根据用途，瓷砖的主要竞争对象包括：木材、合成树脂、大理石、地毯与其他建材。

到 1987 年，共有 3 种主要生产瓷砖的方式；首先是“二次烧法”——调配后的黏土经过特殊的设备压平，进入 1 000 摄氏度的窑中烘烤，烧硬。这种维持原色的砖材经过上釉后，再送进窑中烘烤，使釉呈晶莹的流体状附着在砖材表面。

在“单次烧法”中，釉料是直接涂在砖状的黏土上面，然后送入窑中烘烤，使黏土成砖而釉料呈流体状。这种技术所生产的瓷砖因为美感较差，主要是用来生产地砖。

“三次烧法”则是一种高级的工艺技术，它是将二次烘烤后的瓷砖再着上特殊的釉料，画上彩绘，乃至于加入特殊的金属箔片。三次加工法的产品属于高级品，所生产的瓷砖具有高度装饰价值，价格也非常昂贵。

从小规模起家

萨索洛的瓷砖业当初是由相关产业诱发的。从 13 世纪起，萨索洛就有陶器和瓦器的制造业。19 世纪，当地出现了第一批瓷砖产品，主要应用在路标、门牌上和地下墓室中。直到第二次世界大战结束时，当地的瓷砖企业仍然屈指可数。

战后，意大利对瓷砖产品的需求却大量增加。因为战后的重建计划需要大量建材，而意大利本地对瓷砖的需求尤其强劲。一个原因是具有抗热能力的瓷砖适合当地的地中海式气候；另一个原因是意大利传统上偏好石材而不喜欢合成树脂材料或地毯。瓷砖是最接近当地品位的建材，此外，意大利本身缺乏木材，木地板价格昂贵，这又使得瓷砖具有价格上的优势。最后，意大利的建筑坚实，适合粘贴瓷砖，而木造房屋则承受不起瓷砖的重量。

和意大利其他地区相比，萨索洛一地的经济达到小康水平，当地居民是以生活差强人意的农民以及在邻近机械厂工作、待遇尚可的工人为主。这段时期，不少瓷砖厂的老板只要筹集了小额资金并找来一批有经验的工人，就开始建工厂。一个流传至今的笑话是，凑足 4 个人可以打桥牌，只有 3 个人的话就只好开家瓷砖厂，这用来形容当地创业的气氛十分贴切。在当地银行业的支持下，新成立的烧窑厂如雨后春笋般出现在这个地区。公司一旦运作，企业还可以用企业内部的基金作为财务支持。[40]1955 年时，当地共有 14 家瓷砖厂，到了 1962 年，瓷砖厂已增至 102 家。萨索洛以外的地区，出于缺乏产业信息的流通，瓷砖企业要出头并不容易，而 1964 年，意大利瓷砖行业协会在萨索洛成立，全意大利的瓷砖企业都向它登记，成为它的会员。[41]

离萨索洛镇不远的艾米利亚－罗马涅区和摩德纳是法拉利汽车等传统精密工业所在地。它们为萨索洛发展瓷砖产业提供了充沛而且经验丰富的工人。

当意大利的国内市场需求出现并增长时，许多工程师与闻风而来的人都涌进萨索洛找工作。[42] 以 1986 年的意大利瓷砖行业协会理事长为例，他早年是法拉利工厂的技师。1959 年瓷砖业开始蓬勃发展时，他开了一家针对瓷砖企业需要的机械厂，不久之后，他买下一家瓷砖厂，转而生产瓷砖。

克服进口依赖

意大利瓷砖业发展之初，黏土和生产技术完全依赖外国。20 世纪 50 年代，瓷砖的材料是高岭土，但萨索洛本地并没有这种材料，企业因此必须由英国进口。和萨索洛镇本地出产的红土比较，进口高岭土的价格比较贵，但是容易烧制。[43]

在 20 世纪 50~60 年代，意大利瓷砖业的设备大多数也是进口的。窑炉是由德国、美国和法国进口，砖板的平压机则是由德国进口，即使最简单的上釉机也必须依赖进口。这些设备最初是用在食品工业，经过改装后才用到瓷砖生产上。

瓷砖业本身是一项综合了设计、生产和流程管理等方面技术的产业。每种瓷土的物理性质和化学性质都不同，要减少损失并提高产品质量，基本条件是要有纯熟的经验，掌握陶土在流程中的变化。随着生产经验的累积，意大利企业发展出它们的独门绝活，而员工在各公司间流动加上企业比邻而居的地缘因素，又使得相关信息在当地得以快速地流传。

突破困境，集群扩大

根据经验，意大利瓷砖企业学会使用进口设备，以当地的天然气烘烤当地的红土（一般窑炉是以重油为燃料）。萨索洛镇瓷砖厂的技师一旦有所成就，往往就会离开东家，自己成立瓷砖机械厂。在 20 世纪 60 年代中期，意大利瓷砖业已经不再从国外进口设备。1970 年，意大利自制的窑炉和平压机不但在质量上是世界一流，而且开始出口。有趣的是，过去萨索洛的企业进口烧高岭土的窑来生产红土瓷砖，如今外国企业则向萨索洛镇采购烧红土的窑以生产它们的高岭土瓷砖。

由于设备制造商和瓷砖生产商几乎是比邻而居，它们之间也有着异常紧密的关系。80 年代中期，意大利大约有 200 家瓷砖企业。其中 60% 是在萨索洛地区，这个地方也成为了意大利瓷砖设备企业竞争最激烈的战场。[44] 在当地，瓷砖企业采购设备的价格通常比外商要低，它们往往也比外商提早一年取得最新设备。[45] 由于供应商云集于此，萨索洛的瓷砖企业在设备维修和服务上也更快捷便利。在它们之间流通的商业情报更是使双方都受了益。意大利的瓷砖设备业者与生产商同步作业，以寻求设备的改进创新。

随着萨索洛地区瓷砖业不断成长和集中化，这个产业的工程师、生产专家、维修工人，服务技师、设计人员等专业族群也都在不断成长。在当地，新公司很容易就能找到它所需要的专业人才，而制造商要解决生产和设计方面的问题时，就地征询的专家更是多不可数。[46]

意大利瓷砖业在萨索洛形成的地理集中性，连带促成了如模具、釉料、包装材料、运输等供应商和服务业在当地的发展。小型专业化的咨询顾问公司也应运而生，提供瓷砖企业在工厂设计、物料管理、财务、广告和营销方面的服务。由于客户群的地理集中现象，服务业在这里可说是发挥得淋漓尽致。

整个 60 年代，意大利的建筑业持续繁荣，北部地区的经济尤其景气。国内市场需求使得瓷砖业也持续快速成长。在 60 年代中期，意大利是世界各国中最大的瓷砖市场。[47] 到了 1976 年，意大利市场占全球消耗量的 23%。居次位的德国（10%），以及法国（8%）、西班牙（7%）都不能与之相比。[48] 到 1987 年，意大利市场依然是全球最大的市场（见表 5–3 及表 5–4）。

表 5–3　1987 年世界各国瓷砖消耗量

（消耗量以百分比计）

意大利	15.0
巴西*	12.6
西班牙	7.7
德国	7.2
美国	7.2
法国	6.1
日本*	4.9
比利时、荷兰、卢森堡	2.9
英国	2.7
澳大利亚	1.2
葡萄牙	1.0
希腊	0.9
瑞士	0.9
芬兰	0.4
瑞典	0.3
其他欧洲国家*	6.6
其他国家*	22.4
合计	100.0

资料来源：依据意大利瓷砖行业协会提供的数据。

* 为估计值。

表 5–4　1987 年人均瓷砖消耗量

（平方米 / 人）

意大利	3.33
西班牙	2.55
瑞士	1.81
德国	1.54
比利时、荷兰、卢森堡	1.50
法国	1.40
葡萄牙	1.25
希腊	1.21
巴西	1.21
澳大利亚	0.97
芬兰	0.91
英国	0.60
日本	0.52
瑞典	0.39
美国	0.38

资料来源：依据意大利瓷砖行业协会提供的数据。

意大利在对瓷砖的人均需求量上，同样高于世界其他国家。在 1976 年时，意大利平均每人使用 2.68 平方米的瓷砖，其次是西班牙的 1.26 平方米、德国的 1.06 平方米和法国的 1.03 平方米。到 1987 年，意大利平均每人使用 3.33 平方米的消耗量，依然居全球第一。

意大利瓷砖市场也是全球最高级的精细市场之一。专家认为，瓷砖质量最佳的是意大利，其次是西班牙、法国、德国。[49] 意大利的消费者会率先使用新设计的瓷砖。意大利市场需求品位的提高过程是双向强化的。一方面，强大而挑剔的市场对制造方法和设计的改善形成了压力，制造商又形成推动市场消费和要求的良性循环。和意大利情况相反的例子是英国，在当地，瓷砖企业每年生产的瓷砖在造型和形式上几乎一成不变，市场需求也相对停滞不前。

意大利市场对瓷砖产品精细化的需求特征，也延伸到它的下游经销商。在产业的发展过程中，瓷砖是被当成砖块般由建筑材料商买进卖出的。到了需求强劲的 60 年代，意大利出现了瓷砖的专门展示场。因为意大利的建筑翻修业务大多是由建材零售商包办，因此也顺带包办了相当比例的瓷砖销售。意大利对旧屋新建的规定甚严，使得大多数意大利人要改善他们的住家质量时，必须在翻修或改建上面下工夫。

在 1985 年，意大利建筑业（尤其是翻修或小包商工程方面）约 80%是掌握在 7 600 家专业建材零售商手中。建筑公司能掌握的建材市场不过 11%，而直销商所占的部分更只有 9%。意大利的瓷砖零售商通常同时展售好几种品牌的瓷砖，它们对产品的忠诚度也不高。[50] 根据估计，大约 49%的零售商会同时代理至少 10 种品牌的瓷砖，29%的零售商代理 6~10 种品牌的瓷砖，19%的企业代理 3~5 种品牌的瓷砖，代理品牌等于或低于两种的企业只有 3%。[51]

由于瓷砖企业不容易在消费者心中建立起自己的品牌形象，因此常常受制于零售商。在意大利，一般消费者选购瓷砖的条件包括：美感（25%）、造型技术（24%）、价格（21%）、品牌（16%）、设计师（14%），而只有极少数消费者会记得制造商的名称。[52] 意大利的瓷砖展场同时也展示卫浴设备和其他相关建材，使这些相关产业在国际上也充满竞争力。

意大利瓷砖企业为了能在展架上保有一席之地而激烈竞争。由于消费者是以展架上的产品为选购对象，瓷砖企业因此必须努力跟上新造型的风潮或支付大笔促销经费给展销企业。制造商更被迫不断寻找新构想以吸引展商陈列它们的产品。为了拉拢展商、建立消费者品牌忠诚度，意大利企业甚至首开先例，请知名设计师设计瓷砖。在意大利瓷砖业中，制造商和零售商间的互动关系是很罕见的，但也使瓷砖朝专业化与更完美的状态发展。德国和法国随后也走上瓷砖展场的方式，但是其展商都不如意大利的同业强势，原因是这些展商只习惯与某几个生产商维持良好的合作关系。

小镇的瓷砖大战

意大利瓷砖业的竞争可以用肉搏战来形容。萨索洛地区的企业密度极高，因此竞争是一种动态的，未曾稍有停息，企业挖空心思，目的只是在技术、设计和营销等方面超过同业一点点。任何有关产品和流程的创新一发展就会被传开来，其他企业通常在两天内就能掌握创新的信息，几个月内就有仿制的产品推出。因此试图以技术上领先的企业必须不断追赶改善的脚步。同样，在美感设计上，著名的企业每隔一段时间就得更新产品，以保持领先地位。企业的危机感如此强烈，部分原因是意大利对专利和著作权的执行不严格。在德国，瓷砖企业集中度不高，企业机密也能长期保持，企业创新压力因此相对减弱。

意大利瓷砖业的竞争也掺杂了个人的面子与荣誉。企业间比邻而居，公司完全自营，大多数又是家族企业。企业主因此不但要为个人事业负责任，也要为自己的家乡争口气，他们在此地成长，彼此熟识，更是这个镇上的领导人物。

前面提过，意大利瓷砖行业协会的会员大多在萨索洛一地，这个协会也逐渐开始对会员提供如大宗采购、国际市场调查以及法律事务和财务咨询等方面的一般服务。它也出面调解产业与政府或工会之间的问题。瓷砖产业集群不断成长使得协会有能力创造一些生产要素。1976 年，博洛尼亚大学、地区代理商以及不同的瓷砖组织联合组成了“博洛尼亚中央瓷砖协会”，这个协会的职能包括：研究瓷土原料、生产流程、成品的化学性质与机械性质分析等。

优势的升级压力

在 20 世纪 70 年代早期，意大利瓷砖企业在同业竞争和下游零售商的压力下，努力降低人工和天然气的成本。意大利企业相信，它们所生产的每平方米的瓷砖，人工成本比重是全世界最高的。企业估计每赚 2 000 里拉，其中人工的薪水、奖金和社会保险开销就占去一半。[53] 意大利必须从阿尔及利亚和苏联进口天然气，这也使它在成本上不如美国竞争对手（因为在美国，天然气价格远低于国际市场价格）。在基本的生产要素上，意大利企业和其他欧洲同业之间并没有特别突出之处。1973 年的世界能源危机对意大利企业的打击尤其严重。

一个瓷砖企业的标准成本结构大致上包含下面几项：瓷土成本占售价的 35%~40%，燃料成本（主要是天然气）占 10%~15%，人工成本占 20%~30%，以及设备折旧约占 15% 左右。瓷砖制造业是个资本密集型产业，每一块钱的营业额中，投资成本比例就占了 65%。[54]

明显的能源和人工成本压力也导致意大利瓷砖业出现了第二个重大的产业突破。该地瓷砖业发明了将瓷土硬化——输送、上釉等步骤在窑内一次完成的“一次烧”流程。美国在 50 年代末即曾以高岭土进行一次烧的尝试，意大利则在 60 年代初开始进行这项实验。1969 年，萨索洛地区已有 5 家企业使用一次烧法制造红土瓷砖，不过，产品在美感和技术质量上仍然比较差。[55]

持续的竞争终于导致马拉齐公司在 1972~1973 年间改善窑炉设计，取得快速一次烧法的突破。第二次世界大战后，英国首先采用隧道式烧窑，美国、德国和法国随后跟进。[56]隧道式烧窑是一个砖造建筑，大约 45~100 米长，瓷砖由耐高温的底盘载运，自动通过整个隧道完成烧制作业。隧道式烧窑随后被体积更大的霍夫曼式烧窑取代。霍夫曼式烧窑是烤炉造型，炉内分成好几个区间，每个区间都有盖子可以开启置放或取出瓷砖。萨索洛镇的瓷砖企业在 50 年代中期是采用隧道式烧窑，自 60 年代中期开始采用霍夫曼式烧窑。

到了 70 年代初，马拉齐与意大利设备制造商 SITI 合作发明了一种滚转机，它不需要隧道式烧窑的滑动底盘，仍能将瓷砖由入口送到出口。滚转机技术是从玻璃工业流程修改而来，它能大量降低能源消耗，并充分发挥一次烧技术的特色。

快速的一次烧法可减少天然气成本并提高生产率。在 1975 年，原本使用 225 位工人进行二次烧的产品，改用一次烧法只需要 90 人就能完成。[57]生产流程时间也从 16~20 小时降到 50~55 分钟。[58]

快速的一次烧法最初应用在装饰价值较低的地砖生产上。到了 70 年代末，生产流程的改善使一次烧法也能制造装饰用瓷砖。在 80 年代中期，这种生产流程甚至可以用到壁砖的生产上。

在意大利瓷砖业中，由于企业唯恐失去竞争力，一次烧法很快就流传开来。1976 年时，大约有 13%的瓷砖产品是使用一次烧法制成的。1982 年，一次烧法的瓷砖制造比例已占全部产品的 39%，1987 年时更达到 59%。[59]

意大利的设备企业也发现，体积较小、重量较轻的一次烧炉比旧式的二次烧设备更容易出口。80 年代初，意大利的设备企业出口数量首度超过内销。到了 1988 年，设备企业的营业额中，有 75%~80% 是出口所得。

名牌设计师来助阵

在 1958~1961 年间，意大利瓷砖业的国内市场销售量，从 2 150 万平方米增加到 4 410 万平方米，成长率超过 200%。不过从 1963~1964 年间，国内市场成长趋缓，然而瓷砖企业舍弃一般减产做法，改为全力发展出口，这也使得意大利出口的瓷砖从 1958 年时的只占总产量 1.7% 的微不足道，骤增到 1964 年的 16%（见表 5–5）。这段时期意大利瓷砖业的推销员带着产品样本，一个国家接一个国家地对潜在客户进行推销（对象中大多数是建材商），企业也在海外雇用代理商和经销商。

意大利瓷砖市场在 1970 年饱和。停滞的国内市场迫使企业更勤快地扩展海外市场。创新技术虽然有助于提升生产率，但也容易造成产能过剩，有必要更加努力地扩展海外市场。因此，瓷砖出口占总产量的比例从 1971 年的 21.7%，增加到 1979 年的 54%。

企业能顺利大举出口，与关联产业的协助有关。瓷砖企业通常会在国内外专业建筑杂志上刊登广告。意大利的室内设计和装潢杂志本身就拥有大量海外建筑师、设计师和消费者的订户。杂志本身的优势连带着强化了意大利瓷砖的形象。

意大利的家具业也是国际驰名的产业，它们的知名度同样提高了意大利瓷砖的声誉。另外，意大利的大理石、建材、卫浴设备、灯饰、室内用品等产品即使不是全球第一，也算是世界一流，这些产业的形象都有助于瓷砖业的出口。

拓展出口最关键的力量是，意大利企业在 20 世纪 80 年代中期，成功地打入美国等开放型市场，同时也保持住它们在其他欧洲国家的市场竞争地位。要打进美国市场，意大利企业必须克服高达 19% 的运输成本。有些企业为了克服这个障碍，直接在美国投资设厂。例如，马拉齐美国公司于 1982 年在得克萨斯州成立，到 1987 年，它已经是美国瓷砖业第四大生产商。瓷砖企业也获得 ICE（一个类似外贸协会的政府组织）在出口上的协助。不过，ICE 的帮助无论在规模上和营业额上都有限，真正发挥海外促销所需财力和组织力量的还是产业本身。

1980年，意大利瓷砖行业协会以纽约为据点，成立了对美销售的辅助机构；1984年，它再以杜塞尔多夫为据点成立对德促销的机构；1987年夏在巴黎成立对法国的促销据点。它举办的商展地点从意大利的博洛尼亚巡回到佛罗里达的迈阿密，同时大量应用精美的广告促销意大利瓷砖。意大利瓷砖行业协会在1980~1987年间，对美国促销的费用大约是800万美元，集体促销的主要目标是建立意大利瓷砖质量卓越、造型优美的整体形象。这种集体努力扩展海外市场的做法在意大利产业中也是独一无二的。

意大利也是重要瓷砖贸易展的所在地。这个每年在博洛尼亚举行的展会是全球瓷砖业最重要的活动，吸引了大量的外国客户和制造商。以1988年为例，该展会吸引了几乎意大利的所有瓷砖企业，以及大约90家外商参加展示。[60]

穷则思变　探索新路

在20世纪70年代中后期，由于瓷砖企业和设备商合作，意大利瓷砖业获得了另一次重大突破。它们在进料流程上首度以一贯作业取代传统的单窑作业。以当时意大利的平均人工成本低于美国和德国来看，这种尝试似乎不合常理。事实上，美国和德国在各行各业的薪资差异很大，同样是进料作业，美国和德国也允许轮班制。反观意大利，从70年代初开始，政府就严格限制企业要求员工加班或上大夜班，因此雇主被迫只能要求工人每天工作8小时，上大夜班需要另外加薪。由于烧窑一启动就必须24小时工作，冷却后再启动的成本极为可观，这种限制会严重削弱瓷砖业的竞争力。

大环境的不利因素对意大利瓷砖企业而言，是明显而强烈的威胁，这迫使它们向生产流程自动化努力，并使意大利成为第一个采用自动化生产流程的国家。在美国和德国，瓷砖业因为没有类似的压力，自动化生产方面的努力非常有限。

意大利瓷砖业另一个领先的创举是，1976年，皮耶姆首先推出由设计师设计的瓷砖产品。这个创新得力于意大利的设计服务产业。意大利的设计服务业全球数一数二，每年的出口值超过100亿美元。[61]70年代初，马拉齐首先将建筑师和设计师组成团队来设计瓷砖，不过由于设计构想过于抽象而没有引起市场注意。在1976年时，皮耶姆和意大利设计师华伦天奴签约。他设计了一系列的装潢用瓷砖，打着华伦天奴设计的招牌，这种战略成功了。其他企业因此纷纷

表 5–5　1960~1987 年意大利瓷砖产业的生产量和出口表现等数据

年份	企业数量	雇员人数	每家厂商雇员人数	生产量（百万平方米）	每位雇员的生产量（平方米）	总销售量（百万平方米）	国内销售量（百万平方米）	出口（百万平方米）	出口/生产（%）	占全球出口的比例（%）
1960	55	8 906	162	37.8	4 244	37.7	36.4	1.3	3.5	*
1962	115	14 000	122	51.5	3 679	51.5	47.8	3.7	7.2	*
1964	111	14 669	132	34.6	2 359	34.5	29.0	5.5	16.0	*
1966	115	15 450	134	78.9	5 107	78.9	61.5	17.4	22.0	*
1968	179	20 950	117	107.7	5 141	107.7	85.0	22.7	21.1	*
1970	316	30 550	97	150.0	4 910	139.7	104.0	35.7	23.8	*
1972	413	36 500	88	181.0	4 959	167.9	117.0	50.9	28.1	*
1974	465	44 823	96	230.1	5 134	211.2	137.5	73.7	32.0	*
1976	509	48 115	95	255.6	5 312	245.0	153.6	91.4	35.8	*
1978	470	43 650	92	273.7	6 271	267.1	132.6	134.5	49.1	58.6
1979	470	44 650	95	291.0	6 517	310.1	153.0	157.1	54.0	62.3
1980	470	45 880	98	335.6	7 314	330.6	181.2	149.4	44.5	59.2
1981	468	43 642	93	339.0	7 768	309.5	166.2	143.3	42.3	55.1
1982	433	40 708	94	323.3	7 942	303.5	165.4	138.1	42.7	54.2
1983	420	38 000	90	305.0	8 026	306.8	150.0	156.8	51.4	58.1
1984	413	34 469	83	334.9	9 717	329.0	154.7	174.3	52.0	50.7
1985	374	31 500	84	311.0	9 873	314.9	157.3	157.6	50.7	57.1
1986	360	29 303	81	329.0	11 228	323.2	163.0	160.2	48.7	59.1
1987	356	29 500	83	350.0	11 864	350.0	185.0	165.0	47.1	N/A

资料来源：根据意大利瓷砖行业协会提供的数据。

* 表示无法取得比较数据。

向米索尼、费雷、克里吉亚、范思哲等意大利设计师寻求协助。在 1987 年，打着设计师名号的瓷砖已占这个产业总产量的 10%。[62]

意大利瓷砖企业的另一个创举是三次烧法。这是传统工艺美术——手捏陶——的改良。当瓷砖从单一烧窑或传统的二次烧窑出炉后，会上釉，接着烧第三次（通常使用较小的窑炉）。这个创新与意大利首先开发一次烧法有关。当一次烧法问世时，产品外观无论色彩或图案都不理想，因此刺激了技师再次加工的想法。三次烧法通常是由企业转包给小型专业化的窑炉企业。这一类产品在企业的产品系列中属于代表性的精品。在 80 年代中期，萨索洛大约有 60 家小厂专门进行三次加工的业务。[63]

生产过剩的 20 世纪 80 年代

1987 年，意大利瓷砖业年产值 40 100 亿里拉（约 32 亿美元），其中 47% 是出口值。另外，产品当中 58.6% 是一次烧法制成的，28% 是二次烧法制成的，其他 13.4% 则是利用其他各种方法制成的。该年度意大利共有 356 家瓷砖企业。这个数字与 1976 年巅峰时期比较，数量略减。意大利的瓷砖产业本身非常零散，以 1986 年为例，最大的瓷砖厂占总产值仅 5.3%，前 26 大企业合起来也只占总产值的 37.2%。[64]

意大利瓷砖企业共可分为三类。[65] 第一类像马拉齐、艾里斯、西撒西迪萨和弗洛岗石，它们对技术进行大量投资，以改进生产力和提升产品质量或美感。这类企业通常与设备商的关系良好，并携手开发新设备或改善旧机型。在意大利瓷砖业中，这类企业的规模较大并且是以出口为导向。

第二类企业数量不多，包括皮耶姆和亚特斯康克等企业，生产的是强调形象和设计的精致型瓷砖，通常会大笔投资在广告营销和展示陈列上。

第三类企业是由一大批小企业组成，主要在价格上竞争，生存之道是快速模仿改善成功的技术、新的设计造型，尤其是高价位产品的造型。[66]

由于设备不断改进造成生产过剩，80 年代初期的意大利瓷砖业处于严重的价格竞争中。绝大多数以萨索洛镇为基地的瓷砖企业是私人企业，老板本身就是投资人，再加上与地方的关系密切，这些企业即使在产业的困难时期也不放弃追求成功的目标。萨索洛的企业在投资最新型的窑炉上从不迟疑，并拼命发展出口市场。对它们而言，不战而降是无法想象的。

近年来，工资补偿基金对意大利瓷砖产业助益颇多。这种基金是意大利政府为给遭雇主解雇的失业者设立的。意大利本身并没有失业保险计划，但每个失业的人都可以向工资补偿基金申请补助并且都会以专案处理。在 1984 年 3 月，意大利前五十大瓷砖企业解雇了大约 3 500 名员工（该产业近 1/10 的员工数），这些员工因为有工资补偿基金的资助而没有起什么风波。[67] 有些美国企业声称这个补助计划是个不公平的补贴，因为它使得意大利企业能够在关厂、减少员工的同时，依然维持一定的人工成本及设备使用能力。[68] 意大利企业则反驳，这个计划和美国的失业津贴没有什么两样。

西班牙紧追其后

意大利瓷砖业因为持续创新，直到 20 世纪 80 年代依然保持着优势，甚至还能继续开拓市场。西班牙则是世界第二大瓷砖出口国。1986 年，它的出口量占国际市场的 11%。到 1987 年时，西班牙共有 170 家企业，产品有 37% 出口。西班牙能有如此表现，原因包括：它的瓷砖业历史悠久，而气候条件适宜和当地人喜好以壁砖装饰的习惯，导致西班牙人大量使用瓷砖，再加上进口瓷砖的税率也较高，所以本土瓷砖业才有市场可以拓展。到了 1992 年，由于西班牙加入欧洲共同体，关税壁垒已经完全打破。

在消费量上，西班牙是世界第三大瓷砖市场，而产值则居世界第二。观察家评估，西班牙人对瓷砖的品位和挑剔程度仅次于意大利人。在该国，瓷砖零售商超过 1 万家，不过与其他国家不同的是，西班牙的上游制造商中有些也直接投资建专卖店。从 80 年代中期起，西班牙瓷砖还开始在电视和杂志上打广告以刺激内需市场。

在 1980 年之前，西班牙瓷砖业的主要发展障碍是，天然气燃料来源不稳定，所以它们不能采用以天然气为燃料的一次烧技术。当西班牙取得天然气能源后，企业开始大量投资最新的技术，并从意大利购买最先进的设备。在 1987 年时，大约半数的西班牙瓷砖是用一次烧法生产的。

和意大利的红土相比，西班牙的红土含碳成分较低，烧制所需的时间较短，产品缺点也较少。土质好使得西班牙有利于生产大尺寸的瓷砖。另外西班牙企业也在一种一次烧法并同步脱水的生产技术上领先。[69]

约 90% 的西班牙瓷砖是在西班牙北部巴伦西亚附近的卡斯特兰平原生产的。

这个产业的前十大企业生产近40%的产品，其中还有上市公司。不过，即使是前十大企业之间，也会如一般小厂般进行非常激烈的竞争。西班牙在瓷砖业具有明显的内需条件、有利的生产要素等好几项钻石体系的条件。不过它缺少关联产业的互动，而企业之间的竞争程度也不及意大利。因此，西班牙瓷砖业尚未对意大利瓷砖业构成明显的威胁。

德国是世界第三大瓷砖出口国。1986年，德国瓷砖的出口量占国际市场的10.4%。德国瓷砖的利基集中在一些特殊产品上面，企业一般生产性能佳、价位高的瓷砖，具有抗刮、耐磨、耐寒等性质，特别适合北欧一带使用。与一般瓷砖业发展的平板式瓷砖相比，德国企业在生产表面有凸起的瓷砖方面实力也很强。此外，德国也是世界第四大瓷砖市场。瓷砖生产主要集中在前十大企业，使用设备则来自德国本身或由意大利进口。

巴西的瓷砖产业如果走出南美洲，在国际市场上的影响并不显著。1986年，该国出口的瓷砖仅占世界市场的1.8%。巴西企业主要是进口意大利的设备进行生产，它的产品在质量和价位上都不高。[70]

意大利大量出口瓷砖生产设备，是否会反过来因为扶助外国竞争对手而打击本国的瓷砖产业？这个问题在1988年成为意大利人关心的重点。在80年代中期，新起的竞争对手如泰国和韩国都是使用意大利的生产设备，尽管如此，目前还没有一个国家能够在技术或产品种类的完整性上超越意大利。[71]

回顾与展望——有活力的产业团队

萨索洛的瓷砖产业是由好几个条件促成的。当地原本就有与瓷砖相关的产业，促成了这个产业的萌芽。第二次世界大战后建筑业的繁荣，以及意大利人对瓷砖建材的偏好，也刺激了竞争者投入这个产业，再加上当地也具备如资本、人力资源等生产要素，终于形成企业纷纷投入的局面。

由于国内市场的激烈竞争，萨索洛地区的企业便改进进口设备以降低生产成本，适应本地红土材料需求，继而孕育出本土的机械设备并成为全球盟主。同时，这个地区与瓷砖业相关的上下游产业也在成长，并为瓷砖业提供需要的服务，而行业协会也发挥了作用，完善这个产业的基础条件。企业和供应商的地理集中现象，导致企业主之间密集激烈的竞争、快速而进步的信息流通，以及创建了一个基本的研究环境。

意大利本身特殊的情况导致它成为世界上最大，也是最挑剔的瓷砖市场。强势而且对瓷砖内行的零售商是促使企业创新的压力。展示场所和意大利活力十足的家具、摆设品、厨房用具等产业，又促使瓷砖业进一步自我创新。

密集的竞争逼得这个产业必须持续进行重大的创新。第一个创新的“一次烧法”、第一条自动生产流程只是无数新点子中的两个。瓷砖业在生产流程上的创新明显是针对本身的不利因素而进行的。在竞争压力下，意大利企业很早就开始努力解决本身的困难，所采取的途径正是创新。

意大利市场经过60年代的蓬勃发展后，70年代进入饱和期并开始往下滑坡，瓷砖企业随即将目光转向出口市场。整个70年代就是它们成为全球生产和出口盟主的时期。到了80年代初，意大利过剩的生产能力使得意大利企业更积极地出口。它们在海外增加意大利瓷砖高质量的宣传行动，再配合意大利的设计服务、媒体、摆设品等相关产业的优势，使它们既能在产品上有创新，又能取得国际市场上的竞争优势。

当年促成意大利瓷砖业成长的很多优势如今已不存在。瓷砖业的传统已经不是一个资本密集、技术密集的现代产业中可以持续依靠的优势。红土资源虽然可以从本地取得，但也可以从全球各地进口。意大利的天然气大多是进口，而意大利独门的机器设备也已经通过设备制造企业、专业顾问或专业期刊扩散到世界各国。

萨索洛瓷砖业持续的竞争优势并非来自一成不变的光荣历史，而是产业内部的活力和变革。由于本地企业之间的激烈竞争，下游企业的强势和主导力，以及本国消费者重品位的挑剔需求，企业面临着持续创新的压力。私有企业以及对家乡的感情与责任感则又形成企业持续投资、不轻言放弃的产业忠诚度。

意大利瓷砖企业的专业知识能够迅速发展，靠的是它们在生产经验和持续实验上的累积。这个产业集群中已高度发展的上下游关联产业和整体结构也有助于瓷砖企业的竞争。关联产业在世界上的一流地位又使瓷砖业获得进一步强化。最后，地理集中性主导了这个产业的进程。在萨索洛，连空气中都充满了瓷砖业的竞争味道。

萨索洛的瓷砖业代表着一套国家竞争优势的各个关键要素彼此强化的系统。在萨索洛这个全世界最大，也最精细的瓷砖市场中，各个关键要素之间复杂的互动形成了此一地区瓷砖企业得天独厚、外国竞争者难有的优势。外国企业的竞争对象事实上不是哪一家企业，而是一大群企业，甚至是一整套的环境文化。这个系统本身的自然优势几乎是无法复制的，因此也是萨索洛企业最有持续力的优势。

案例四：日本的工业机器人[72]

日本在1987年时，是全球最大的工业机器人生产国和出口国，大约有300家日本企业生产出3 000亿日元（约合23亿美元）[73]的工业用机器人。在80年代中期，日本制造的机器人也占全球市场的50%以上。到80年代末，日本在出口机器人方面仍然傲视全球，产量也还在继续增长中。每年生产的机器人中有20%是出口（产值约690亿日元）。其他有机器人产业的国家包括美国、德国、瑞典和意大利等，不过在产品的深度和广度上，没有一国赶得上日本的水平。

从不抱怨的劳动力

工业用机器人主要应用在工厂中的生产流程和物流中。根据控制的方式，共可分成下列6种类型：

- 人工控制型机器人——整个动作过程需要人员操作的机器人，人员的动作直接反映为机器人的机械行为。
- 预设型机器人——这类型机器人的所有动作都被事先设定，而且不能更改。
- 不连续型机器人——这类机器人的工作指令可以快速更改，强调工作的弹性。
- 教导型机器人——这类机器人根据操作人员的指令，进行学习和执行动作。
- 数控型机器人——以电脑数值控制器操作的机器人，它的性能很像综合机床。
- 智慧型机器人——这类机器人使用人工智能软件，具有自行修正本身动作的功能。

绝大多数的工业用机器人是根据用途而设计的，它们的用途包括：弧型加工、焊接、喷漆、电子零部件的电路板插件动作等。其他种类的机器人，如运送物料、装配或加工型机器人，功能通常比较简单。以电脑程式控制的机器人是根据程式的功能执行各种动作。另外，由机器人组成的自动化生产线，所有规格都必须标准化。

工厂引进机器人的理由包括：提高生产率、提升产品质量、保持稳定的生产状态、执行危险性工作。但是工厂要充分获得机器人所带来的好处，本身也需要很大的改变。许多传统的工厂设计与流程都必须修正，以配合机器人的作业。由于工厂很少为了直接降低生产成本的目的而引进机器人，所以大多数国家在引进机器人的步调上都很缓慢。

设计一个工业用机器人，需要机械、电子、软件系统等各方面的专业知识结合。机电整合过程中，软件系统的开发是一个很重要的部分，同时也是指挥现代化自动工厂各类型机器同步工作最主要的成本因素。

工业机器人的生产过程与一般精密机械相同。它的组件经过铸造后，进行装配，并安装马达和驱动系统以控制动作，然后再装上控制器进行测试，以确定它符合专业化的需求。

他山之石

工业用机器人的发源地是美国，当时的美国是生产技术的世界盟主，也是工资最高的国家。因此乔治 · 德沃尔在 1954 年申请到第一个有关机器人的专利权时，美国联合控制公司在 4 年后就研究出第一台数控型机器人。1962 年时，美国企业如优尼梅生、AMF 推出第一批工业用机器人，它们是今天各类型机器人的原型机。不过，工业机器人直到 60 年代末，才被当成产品来竞争。

日本的第一个机器人是 1967 年由美国进口的。1 年后，日本也开始发展自己的机器人产业，川崎重工和优尼梅生签约，以付专利费的方式生产美国人设计的机器人。川崎重工投入这个领域的原因是，它具备使用及生产的双重角色。这家企业的业务涉及造船、整厂输出，飞机、机床、摩托车、发动机等各种机械零件和设备的制造。1969 年，川崎重工推出第一台在日本制造的优尼梅生型机器人。与此同时，神户钢铁公司也以付专利费的方式向美国学习机器人的设计与生产方式。

机器人走入工厂后，效果并不如预期。工人给它们取了一个绰号——“昂贵的笨蛋”——而且大多数被请出生产线，摆在工厂角落蒙尘。[74]但是，日本人改良了他们从美国引进的机器人。像川崎重工把优尼梅生的机器人作了局部的修改，重新设计，并提高了它的质量。60 年代末，一个进口机器人的平均工作时间不到 300 小时，但在 1974 年，川崎重工改良后的机器人，平均工作时间已提高到 800 小时。次年，更增加为 1 000 小时，超越当年优尼梅生机器人所能达到的 900 小时。神户钢铁则对所引进的机器人进行速度和重量等方面的改进，并将改良后的机器人用于工厂搬运系统。[75]

川崎重工和优尼梅生签约后，其他日本电子和机械企业也开始自行发展机器人的技术。他们当中比较重要的像石川岛播磨重工、日立以及东芝精机，全都是日本机电产业多元化经营的领先企业。

1971 年，距离日本自行发展机器人不过 3 年时间，这些企业举行了一个非正式的会议，决定在次年成立日本工业机器人协会，以为整个产业的发展奠下基础。日本工业机器人协会很快就扮演起推动研发、推广产业、与政府沟通等多重角色。

全天守候机器人

在日本，工业机器人早期主要应用在汽车和五金产业中，日产汽车公司就是早期工业机器人的使用企业。它与川崎重工合作，为对方提供有关的软件信息，协助设计汽车生产线上的机器人，并在 20 世纪 70 年代初成为日本第一家大量安装机器人的汽车厂。机器人最初时的上线遭遇了重重的困难，以至于川崎重工的工程师几乎是全天候地守在日产的生产线上，随时抢修机器人漏油、短路或零件故障等问题。最后，问题终于一一解决，日产工人也开始接纳操作机器人的工作，并能作些简单的维修。[76]日本的汽车产业向来处于高度竞争状态，其他企业因此马上跟进，以免生产技术落在日产之后。

造成日本的汽车和电子产业率先引进机器人的另一个原因是，这些产业快速成长，但是劳动力短缺问题严重。在 1965 年，日本调查得知产业界的劳动力缺口高达 180 万人，这种缺工现象一直持续到 80 年代。另外，工厂的设备生产能力也受到工作形态转变的影响。当收入条件转好时，日本工人对小夜班和大夜班的工作意愿很低。而工业用机器人是解决上述两个问题的重要方式。

1973 年，第一次世界能源危机导致日本的经济衰退，也造成原本就相互竞争的企业更是不惜成本，只求能解决生产能力过剩问题。紧接而来的通货膨胀又造成工资大幅地提升。这些打击在提醒企业成本上的压力。因此日本企业在终身雇佣制维持不变的原则下，谨慎引进新人，以免经济差时人事成本成为包袱。工业机器人则适时达到节约能源和提高生产力的双重效果。

在企业引进机器人方面，日本的工会采取支持而非排斥的态度，这和美国或欧洲的情形不同。日本的工会通常是以公司为单位，因为有终身雇佣制作保障，不会把机器人视为抢饭碗的对手，与机器人共事的意愿也较高。此外，在70年代末和80年代初，机器人在日本产业中快速成长的期间，产业界劳动力不足也是事实，解雇员工的可能性也减少。反观美国和欧洲，由于机器人走上生产线的计划遭到工会的全力抗拒，汽车等产业无法进一步成长。

日本的管理层也比他们的国外竞争对手更重视机器人。在日本，管理层中有很大比例是工程师出身，他们对新技术的兴趣高于美国的管理层。日本的管理层也比较没有短期获利的压力，而能进行长期性的生产决策。一般而言，采用工业用机器人很难在短期间内看到它对生产成本的影响，而日本企业关心的则是机器人在改善质量上的长远效果。

还有一个引进机器人的次要因素是，当时的日本产业正逐渐走向全球制造业王国的地位。这个过程包括：高层次的自动化生产、改进工作流程、强调质量等动作，也就是重新定义传统的生产形态。斤斤计较的日本企业因此成为极为挑剔的机器人使用者，并为这个正在成长中的产业带来持续创新的动力。

日本工业用机器人的加速成长和大量使用，使日本成为世界上最早、最大、要求也最高的机器人市场，这正是这些因素的综合效果。70年代初，日本使用的工业用机器人超过全球总数的60%，已经是世界最大的工业机器人使用国。同年，日本所生产的工业用机器人高达7 200台（产值为141亿日元）。到1978年，机器人生产量增加为10 100台（273亿日元）。1980年，机器人生产量增加到19 900台（784亿日元）。1982年时，机器人生产量再增加为24 800台（1 884亿日元）。1985年，日本的工业用机器人产量已达48 500台（产值超过3 000亿日元）。产量不断增加的同时，机器人性能也不断提升。以1984年时美国和日本使用机器人的情况来看，日本使用的工业用机器人占了全球总数的66%，远远超过北美洲所拥有的14.9%。当时各主要工业国家引进机器人的情形，可参考表5–6。

表 5–6　各国使用工业机器人的情形

国　家	1984 年	1980 年
日　本	67 300	15 250
美　国	14 500[1]	4 700[1]
加拿大	700[2]	250[3]
比利时	775[8]	58[8]
丹　麦	114[13]	38[13]
芬　兰	187[7]	20[7]
法　国	2 700[5]	580[5]
德　国	6 600[4]	1 255[4]
意大利	2 585[6]	353[6]
荷　兰	213[2]	56[1]
挪　威	250[14]	210[1]
瑞　典	2 400[12]	940[9]
瑞　士	110[2]	50[1]
英　国	2 623[12]	371[12]
西班牙	516[12]	284[10]
奥地利	80[11]	
合　计	101 703	23 415

资料来源：日本工业机器人协会，1985 年 7 月。

注：此项数据不包括人为操控机械与固定连续控制机械。

1. 机器人行业协会研究报告
2. 机器人行业协会研究报告（1983）
3. 国家研究委员会（1981）
4. 德国生产技术与自动化协会
5. 法国机器人行业协会
6. 意大利工业机器人协会
7. 芬兰机器人协会
8. 比利时自动化控制技术协会机器人研究
9. 瑞典工业部电脑和电子委员会（1979）
10. 英国机器人协会（1982）
11. 维也纳科技大学（1983 年 3 月）
12. 英国机器人协会
13. 丹麦工业机器人协会
14. MVL（挪威）

在购买机器人的日本企业中，除了大企业外，也有不少中小型企业，原因是日本汽车和机械等产业的中心卫星体系和转包网络，有助于日本工业用机器人的推广。转包制度强调的是弹性、经济和质量改善，这些都是机器人的长处所在。此外，小公司因为工作环境和发展不如大企业，劳动力短缺对他们的冲击更大。因此它们必须依靠自动化才能继续成长。产业专家估计，在 1986 年，日本有 20%的工业用机器人是卖到中小型公司，这个数字还在持续增长中。[77] 与意大利的机器人产业比较，日本机器人产业特别注意到这个环节的发展。

1980 年，日本产业中引用工业机器人最多的是电子业（占总数 36%），其次是汽车业（29%）、塑胶业（10%）、机床和机械业（7%）以及金属工业（5%）。这种分布形态到 1985 年时都没有改变，该年度家用电子产业和汽车业的机器人市场，占全日本机器人销售量的 49%。[78]

同年，日本政府也制定了数项推广使用机器人的政策。这些政策分别是：[79]

- 成立日本机器人租赁公司，以租赁制度协助中小企业普遍使用机器人。
- 通过中小企业金融公司和国民金融公司提供特别贷款，协助中小企业引进机器人，提高人工安全。
- 针对包含电脑设备在内的高级工业机器人等自动化设备，实行特别优惠的折旧办法。
- 由地方政府拟定机器人租赁办法，协助中小公司更新设备。

1984 年，日本政府再推出两项机器人推广政策：

- 由日本开发银行拨款给日本机器人租赁公司，使企业租赁弹性制造系统，能够享受特惠利率。
- 小型企业投资先进设备（尤其是机电设备）可以在报税时申请扣除。

这些政策虽然激励了中小企业引进机器人，但是所产生的效果有限。相关办法中，机器人租赁的对象并不限于日本制机器人，进口机器人也能享受优惠。企业所负担的成本大约只是机器人出贷价格的 1%。另外，折旧办法可以回溯到 1978~1979 年，在这两年业者引进机器人的话，设备折旧率可以高达 25%，依此递减。如果企业在 1982~1983 年度引进机器人，第一年的设备折旧率是 10%。但一般人们认为，这些办法对机器人在产业界中的成长效果有限，机器人产业的成长，主要还是来自供给面的竞争。

夜半的无人工厂盛行

在 20 世纪 70 年代中期，一批新企业加入机器人产业，并引起另一波成长风潮。这一波的成员大多是机器人使用企业以及机器人产业的上游和关联产业。富士通旗下的发那科公司（FANUC）是全球数控机床的生产盟主（产量占全球市场一半左右），也是伺服马达的领导企业。在 1974 年时，它加入生产机器人的行列，最初的目的是想满足该公司的自动化需求。

从数字上看，发那科公司是全日本机器人产量最高的企业。它的产品主要是供应日本汽车产业，其次才是本身使用。它在富士山下的机器人厂是全球自动化程度最高的工厂之一，白天，这个工厂大约有 100 位员工，但是入夜后整厂只有一个警卫，所有工作都交给机器人执行。在发那科的自我评估中，这个工厂如果以传统设备和技术进行生产，投入的资金和人力都将是现有的 10 倍以上。

1971 年开始生产机器人的松下电器，本身是以消费电子产品知名的松下集团旗下的一个厂。松下企业集团在 1967 年就开发出它第一台电器产品自动插件机，并供内部生产线使用。到了 1975 年，松下把机电部门独立出来，发展更精密的机电产品，并于 1980 年推出焊接机器人，两年后再推出装配用机器人。

70 年代后期的新企业中，安川电机公司最有代表性。安川是生产数控系统（CNC）以及马达等重型机电产品的企业。1977 年，这家公司设立了它的第一条机器人生产线，主要是生产弧型焊接机器人，后来也生产供搬运、印刷和装配用的机器人。1986 年，这家公司开始生产自动装配站，并且利用这套技术将零部件组装成该公司最普遍的 L10 焊接机器人。成功后，该公司的策略是将自动装配站列为内部使用技术，以累积更多经验，同时成立一个供客户参考的展示场。在 80 年代中期，安川宣称它是日本市场上最大的机器人供应商。

川崎重工最早是以支付专利费的方式模仿美国的机器人，后来也逐渐形成了它自己的技术能力。1982 年时，川崎重工开始销售 Puma 系列的焊接机器人。1985 年，它与美国的专家科技公司技术合作，发展直接驱动式机器人。它所生产的机器人以用途分，包含点焊、弧焊、切削、输送、搬运、封装、喷漆等多种类型。

1980 年，日本的机器人企业至少超过 130 家，它们大致分成 4 种类型。第一类是电子电机企业，其中如日立、东芝、NEC、三菱电机、安川和富士电机等。第二类是机械企业，包括发那科、丰田工机、小松机械和东芝精机等。第三类是运输业企业，其中如川崎重工、三菱重工、石川岛播磨重工和三井造船工程等。第四类是钢铁企业，包括神户钢铁与大同制钢等。[80]

根据《机械电子产业暂行法》（1971~1978 年）以及《机械情报产业暂行法》，机器人制造企业享有向日本开发银行以低息贷款的资格，不过，很少有企业重视这项优惠条件，原因之一是所谓低息并不比正常利率低多少，而且企业本身的规模都不小，筹措资金的渠道很多。

另外，日本的机器人企业，通常根据它们传统上所专长的竞争项目，采取不同的垂直整合策略。像川崎重工有国防工业的传统，在液压机械方面能力很强，因此生产主力放在液压机械方面，并向外界采购马达、齿轮和小零件。松下电器则生产马达，对外采购齿轮和液压机械部分。发那科则自行生产马达和控制器。

这些日本企业背后也有强劲的关联产业支持。日本是当前全球工业机器人垂直整合技术最完善的领导国，这些技术涉及数控系统、机床、马达、光学感测器、电子零部件及其他电子设备。原因是许多相关产业都已经踏入机器人产业参与竞争。

许多日本机器人企业同时也在机械和电子领域进行着多元化经营。因此，它们不但发展各种工业机器人的专业制造技术，还将技术应用到自己的机器人生产线上。应用技术的不断累积，正是日本机器人产业成功的一大要件。[81]

日本机器人企业在电机和电脑方面的基础，也比它们的国外竞争对手强。美国的机器人企业大多是自行创业，使用者兼制造商或机械设备企业。欧洲的企业主要来自汽车厂，少数例外是ABB集团、Olivetti和西门子。比较起来，日本电子企业基本上要比纯机械企业更能处理精密机电和数控方面的技术。

日本机器人从 1975 年开始出口，起初被当做劣等品。到了 1981 年，出口占产值的比重还是只有 5%左右，因为当时大量的内需市场相对冲淡了企业对海外市场的兴趣。到了 1985 年，日本机器人出口已占产值的 20%，正是日本汽车业和汽车零件业称雄的时刻。

机器人通常是由企业直接卖给客户，营销过程本身就是高度技术导向的，并需要对客户的生产流程相当熟悉。因此，教育潜在客户是不可缺少的营销措施。采购机器人的决策一般由管理层负责。企业也要协助客户正确认识机器人的能力和优势，并介绍其他相关的自动化设备。日本机器人在出口市场的进展缓慢，部分因素是这个产品需要高度的服务能力，必须为客户提供维修、服务和培训等支持。若工业机器人只是客户采购自动化设备中的一项，整个买卖谈判的复杂程度也连带着提高。

许多日本机器人企业愿意与外国公司合作，目的就是培养对国外市场的营销、服务等能力，或借此取得特定的技术。

一个著名的例子就是1982年成立的通用/发那科公司。通用汽车负责这家合资公司的有关软件、营销和市场的部分，发那科则提供机器人与相关的硬件设备，新产品的开发则由双方共同进行。

1986年，大约有20%的发那科机器人是专为通用汽车生产的。此一合资公司在美国的市场占有率高达27%，是全美最大的机器人企业。发那科在1986年，再次与通用电气合作，目标放在发展自动化工厂系统上。

这两项合作计划都反映了一个事实，美国企业承认本身的产品无法和发那科竞争。除了发那科与通用的合作模式之外，日本企业和美国企业的合作模式大多是制定销售协定，也就是由美国公司促销日本的产品。[82] 其他日本机器人企业也还没有在美设厂的行动，所有对美销售的机器人都是出口。

80年代中期，日本机器人产业在美国市场的成绩比在欧洲的表现好。对日本企业而言，它们的销售重点是国内市场，其次是美国市场，欧洲市场只是第三位，而欧洲市场对日本机器人的排斥力也比美国市场要大。

20世纪80年代国内激战

80年代初期，日本机器人企业仍在不断增加。1983年大约有204家，1985年增为279家，到1986年已将近300家。其中大约有100家所生产的机器人是供本身使用。不过，企业之间的竞争还是非常激烈，产业界人士就认为，日本市场是竞争的最佳写照。以残酷的价格竞争为例，1986年时，一台小型装配用机器人大约是三四百万日元，这个价格只有数年前的一半。

由于竞争激烈，日本机器人企业在推出新产品和创新的速度上日渐缩短。一个产品推出后马上会被模仿或被更新的产品取代。例如，美国的专家科技公司在1984年推出全世界第一台商业化的直接驱动式机器人，不到1年，山叶、松下、发那科等 7 家日本企业也推出直接驱动式机器人。再过 1 年，安川、精工电子、精工–爱普生等数家企业，更推出清洁住家用的机器人。

日本企业投资机器人的意愿不但强烈，而且会持续投资，金额还相当高。对日本企业而言，机器人虽然不是旗下各种产业中最大的一环，却是一个主要的成长产业。它们投注在机器人上的研发经费甚至相当于整个机器人部门的营业额。它们大量投资的原因之一是，日本企业集团流行内部采购，机器人部门最先进的产品大多是卖给母公司或集团内部的其他子公司，借以提高整体的技术和生产力。企业真正对外销售的机器人，往往是已经在内部生产线上成功的产品。因此，要评估机器人部门的获利程度究竟有多高是很困难的事。一般来说，它的获利能力比姊妹部门稍低。

集中资源火力的投资也为日本机器人企业创造了一些生产要素。在日本，大约有 180 家大学设有机器人实验室，日本政府也积极赞助有关机器人方面的研究。1983 年，通产省拟出一个 8 年计划，研究可以使用在太空、水下和核能电厂等特殊环境工作的机器人。这个计划投入的经费高达 200 亿日元（相当于每年 2 000 万美元的预算）。

半官方的科学技术局（AIST）电子技术研究所也展开了一项为期 7 年、高达 300 亿日元（相当于每年 3 400 万美元预算）的智能型机器人研究计划。日本顶尖的机器人、电脑和机床制造商都参与了这项计划，并负担半数的研究经费。

日本政府的赞助虽然可观，但如果和企业本身的投资相比，还是略逊一筹。事实上，日本政府在机器人产业的影响力还不如对机床产业的资助程度。

关键的 1988 年

截至 1980 年，日本在机器人产业的领先地位已很牢固。其他国家的企业能在部分产品上成功，主要与国情和偏好有关。美国在 1986 年时约有 70 家机器人企业，前十大业者垄断了 81% 的美国市场。该年度，美国从国外进口近 1.6 亿美元的机器人和相关零部件，占市场总值的 1/4。出口的产值则约 3 370 万美元，主要对象是欧洲客户。[83] 大多数美国企业偏好发展多功能精密而昂贵的机器人。这个趋势与日本机器人大多简单、功能单纯的特征正好相反。

美国机器人产品的走向反映出该国在太空、国防产业上的应用需求，也反映出了软件设计业的强劲能力。1986 年，大多数的美国机器人企业处于衰退状态，它们当中不少转而代理日本进口的机器人。

瑞典工业的机器人领导企业是ASEA（艾瑟亚公司，已并入ABB集团）和以焊接机器人出名的ESAB。ASEA的机器人产量占瑞典市场的70%以上，并在美国、西班牙、法国和日本都设有装配厂。ASEA是全球机器人产业的重要企业，也是少数能打入日本机器人市场的外商；另一家是美国辛辛那提米拉克龙。瑞典机器人产业能在全球扮演重要角色，得力于该国有先见之明，提早推广，以及产业界本身对机器人的需求。ASEA的产品主要是针对汽车和汽车相关产业用途的机器人，沃尔沃和萨博就是该国市场最重要的两大客户。

德国主要的机器人企业包括：Kuka、大众、博世、赖斯、克鲁斯、多尔、莫泰、永恒力等。德国市场中的主要外商包括ASEA、辛辛那提米拉克龙、优尼梅生和挪威的塔勒法。截至1985年底，德国共有8 800台机器人，其中近45%是进口产品。而这些进口产品中，23%是欧洲国家制造，12%是美国制造，另外10%是日本制造。这个市场的最大客户是德国汽车产业，它占了机器人市场销售量的40%。[84] 日本产品在这个市场不受欢迎的原因之一是，日商还没有展开积极的销售行动。此外，像大众、博世等机器人的使用者本身也是机器人的生产商。

在80年代中期，意大利的机器人企业超过50家。以1985年为例，意大利机器人产业的产值约1 110亿里拉，其中出口占了40%（438亿里拉）。意大利的机器人和自动化工厂技术主要集中在都灵和皮亚琴察两个地区。主要领导企业包括：该年度市场占有率达27.3%的科默、DEA（14.2%），以及普利马工业（占10%）。[85]

科默原本是菲亚特的一个部门，70年代末期，它和其他相关部门一起由菲亚特内部独立出来，成为专门经营机床和自动化工厂设备的子公司。由于意大利保护劳动力，菲亚特因此成为全球自动化程度最高的汽车企业。DEA是1963年，由两位菲亚特离职的工程师创立的。它最初的产品是一系列汽车装配线上的自动测量器材，随后也生产装配用机器人。普利马工业则是一群工程师在1977年成立的，其中有部分员工是从DEA离职出来的。

1987年，日本部分机器人市场已经饱和。当时的产业专家估计，日本各汽车厂近90%的装配线已经自动化。而日本电子产品企业必须减少日元升值压力并提高生产率，以便和韩国、中国台湾等地的竞争者抗衡，因为这些地区应用机器人装配电子零件的情形也相当常见。日本市场快速饱和的另一个原因是产业的激烈竞争。当一家企业引进机器人、提高自动化效率时，其他企业也会主动跟进。日本市场的饱和也使制造机器人的企业把目光移向海外，寻找更多的市场机会。截至 1990 年，日本机器人企业的出口虽然仍在成长，但最主要的竞争市场还是日本国内。

日本机器人企业应对市场饱和的另一个对策是，找出原本忽略的地方增加更新、更先进的机器人用途。不少人预测，日本机器人市场的新一波成长必须等到更多产业引进机器人或现有使用者发现机器人的新用途时，才会出现。

机器人的程序语言大多是以英文编写，对英语并非母语的国家而言，有其发展上的天然障碍，所以日本机器人企业在软件方面的表现，也一直落在美国和欧洲竞争者之后。不过，日本企业已不断提升它们软件工程方面的能力。这不但有助于它们发展机器人，更会带动整体生产设备的更新。此外，日本机器人产业的另一波攻势是找出机器人活动的新空间，它可能在水下工作，可能用在建筑业，也可能是高危险性任务的执行者。机器人的应用潜力可以说永无止境。

回顾与展望——政府干预恰如其分

美国是机器人产业的开拓者，早期机器人的主要发明都是美国企业的成绩。从 20 世纪 60 年代开始，日本却成为这个产业的真正主导者。美国与日本的位置交替，鲜活地呈现出徒具研究创新能力却缺乏钻石体系的条件搭配，结果并不能转换成产业竞争优势，实有其理由。

美国机器人企业最早投入这个产业，但许多知名的企业其实是新成立的公司。这反映出美国具有刺激新产业的环境，但大部分的竞争优势到此便即告结束。日本的情况则不然，它的市场需求抢先出现，并享有全球知名度，是高质量的代表。另外，日本人工短缺、工资上扬、日元升值等不利因素，持续扩大了机器人的国内市场需求。在市场需求的作用下，日本机器人企业针对最广泛的一般用途，发展形式简单的机型，美国企业却把发展方向引至功能复杂的机器人，以及较冷门、差异较大的产业领域中。

日本的机器人企业来自各种产业，有些从下游客户转进，有些是上游供应商或关联企业，也有小型的创业公司。但是绝大多数的企业本身也是机器人的使用者，这使得它们因为内部使用上的精益求精，发展出更多的制造技术。

日本机器人产业走到世界领先地位，背后还有各个重要上游产业的支撑。其他国家没有一个像日本般具有完整的机器人产业集群。这个产业集群中，机器人制造商与上游供应商、使用客户间紧密联系，很多时候它们的关系是一体的各个面向，彼此的密切配合也加速了产业的创新。

由于国内市场竞争激烈，日本企业在降低成本、改善产品和开发新市场等动作也被迫加速。在竞争企业众多的情形下，企业不但要改善现有产品，还要不断推出新产品，这种主动的形势也有助于改善强化机器人产业内部和大环境的条件。

国内市场需求旺盛，使得日本机器人企业直到最近才把出口看成是发展目标之一。不过到后来，该国内需市场逐渐饱和，使日本企业出口也越来越频繁。近年来的日元升值，造成日本企业更加努力生产，而日本机器人企业也已留心开发机器人应用的新领域。和日本的表现比较，美国机器人企业还停留在产业发展的第一阶段，注意力只集中在发展先进技术上，至于产业本身对大环境的主导能力则还未体现。

日本政府对机器人产业的发展，影响力相当有限。这也是绝大多数日本成功产业的翻版。对于创新导向的竞争优势，政府应该扮演间接而非直接的角色。以机器人产业为例，日本政府的政策集中在改善国内市场需求状况和刺激生产条件两方面，角色扮演很恰当。

到今天为止，因为大环境充满创新的动力，日本的机器人企业简直看不到任何足以威胁其领先地位的对手。

06 服务业的崛起

迈克尔 · 波特

对企业而言，国家竞争优势不仅是发展竞争力的起点，也是终点。
在创造竞争优势的过程中，一个能在国际上成功的企业绝不是被动的旁观者。

工业产品是最常见的国际竞争形式。各国汽车、录像机和机械工具产业的消长也是国际新秩序的象征。在战后时期，工业产品的贸易比全球国民生产总值的增长速度快，相关数据也显示，在全球贸易中，工业产品占了绝大多数。因此，大多数有关国家竞争优势的讨论都集中在制造业上面。

但是长久以来，在多数国家的经济中，服务业其实也占有举足轻重的地位。事实上，工业革命中很重要的一部分就是金融、运输和通信等服务业的发展。服务业也在世界各地竞争。至少从20世纪初开始，在船务、保险、旅游和其他多项服务业中，激烈的国际竞争就一直在进行。不过整体而言，服务业的产业特点，使得它的国际贸易性质较不明显。

然而，近年来，各国对服务业的态度有了显著的转变。服务业部门已经明显成为所有发达国家经济成果的一部分。各国政府也渐渐把服务业看成一项重要的经济组成部分。服务业的国际竞争更是方兴未艾。大型国际化的服务企业大幅增加，例如美国麦当劳和服务专家公司、英国的盛世长城广告公司和霍利集团、瑞士的爱地亚和丹麦的国际服务系统公司。最近的估计显示，各国政府有关服务业贸易的统计数字，严重低估了这个辽阔的经济领域的国际竞争状况。[1]

和工业的发展情况一样，各国服务业的国家竞争优势形态相当不同。瑞士企业擅长于银行、贸易、物流服务、临时工、保安、咨询顾问和培训服务等。英国企业在保险、拍卖、理财和各类型的咨询顾问中拥有重要地位。瑞典企业是专业船务和环境工程业的领导者。新加坡则在修船、航空、港口与转运服务、印刷等方面实力强大。美国企业则是酒店管理、会计、广告和多种其他服务业的佼佼者。有趣的是，包括德国、日本和意大利等重要的工业国家，虽然都有大规模的国内服务业部门，但能在国际舞台上风光的服务业却寥寥无几。当服务业的国际竞争热度越来越高、变得更专业复杂时，企业或国家是否具有服务业的国家竞争优势，也将是未来重要的课题。

一般而言，我们对服务业的国际竞争所知不多，对为何有些国家能在特定服务业的国际竞争中领先，更是了解有限。因此，本书的研究特别探索与分析10个国家在国际上领先的服务业。本章将先分析支撑服务需求的动力与服务业的竞争优势来源。这两者对了解服务业的国际竞争表现非常重要。然后，再以钻石体系解释国家在某些服务业上成功的理由。钻石体系中的关键要素将进一步协助我们建构服务业竞争的理论，并作为后面叙述国家经济有哪些国际成功形式的重要基础。

服务业抬头

要了解服务业为何越来越重要，并逐渐走向国际化，我们必须真正认清服务业及其在一国经济中的角色。服务业一词涵盖的产业范围很广，它们为客户提供各种不同的服务，但本身并不参与（或只是偶尔参与）任何有形产品的销售。[2]广义上，服务业的对象可以区分为个人、家庭、企业和组织机构。因为所涉层面较广且种类繁多，服务业迄今尚无公认的分类法。大多数的服务业部门经过高度整合而成。不过，如同工业产品，每一种服务业的竞争优势来源都相当复杂，要了解服务业的国家竞争优势就必须从个别服务业的层次进行。

由于服务性质的产业定义不够明确[3]，要从竞争的角度来探讨服务业，就变得更加模糊难以划分。比如说，维修工作若由制造企业的内部编制人员负责，这类员工将被视为工厂雇员，国家收入中也不会有他们劳务收入的记录。同一项维修工作如果是由专门维修的服务公司承包负责，员工和收益皆被计入服务业表现。各国服务业部门的成长数据就有大部分是国家会计部门单方认定的结果。

不过与矛盾的会计问题相比，服务业还要面对一些更重要的课题。要了解服务业在国家经济中的角色及暧昧不清的地位，我们首先必须了解服务在一般企业和家庭中的角色。这时“价值链”则是不可缺少的工具。我们已在第 2 章介绍过价值链如何协助企业获得竞争优势，并进行国际竞争。它的范畴横跨制造业与服务业，如果企业或机构型的客户（如医院与学校）具有价值链，销售服务项目给这些客户的企业也自有其价值链。而规律地执行各种活动的家庭当然也有价值链，那些活动的名称虽然与企业的价值链不同，性质上却有许多相似之处。

服务性质的工作存在于每一家制造企业（与服务公司）的价值链中。仪器维修服务是运营部门的职责，临时工是人力资源管理的一部分。这些服务可以由内部编制人员负责，也可以外包给独立的服务公司。下图 6–1 就是依照它们在客户的价值链中所扮演的角色将服务业进行分类的。

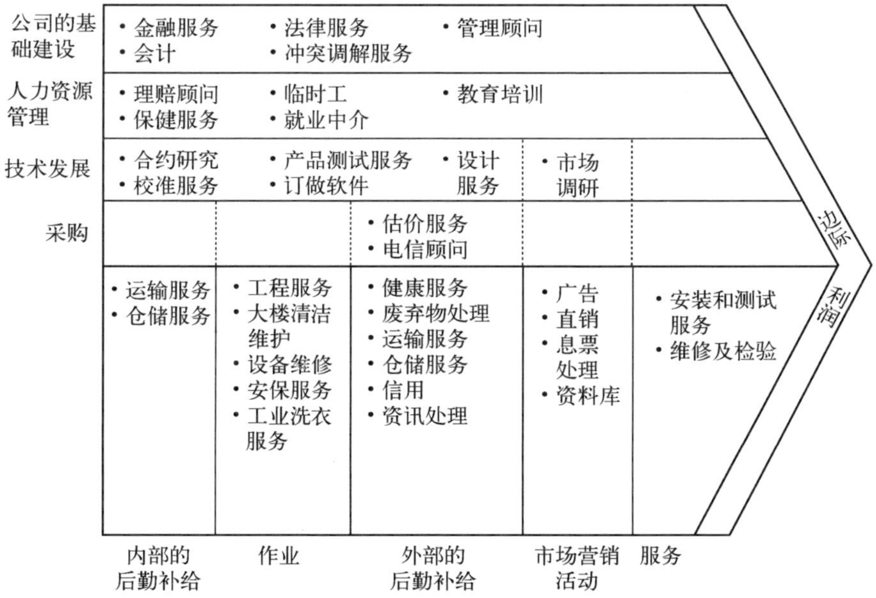

图 6–1　价值链中的工商服务

服务同样深入家庭活动中。典型的例子是餐点服务、汽车修护、休闲娱乐。家庭就和企业一样，同样面临自己动手做或雇用外人来做的选择。例如，车主可以自己换汽车机油，或者把车子送到新式的快速换油中心保养。托儿、报税、理发和交通问题的处理情形也相同。

当前的服务产业部门里，针对企业与家庭需要的服务正在快速成长。它们是由三股趋势促成的，这三股趋势分别是：

- 对服务的需求持续增加，需求也越来越专业化。
- 传统上由内部自行负责的服务活动，逐渐分割给专业的服务企业。
- 公共服务事业民营化，这有时是由前两种趋势造成的。[4]

与这三种趋势同时出现的还有一股逆向的趋势——企业开始将原本分离的服务与商品合而为一或随商品出售。例如，修理服务可以通过产品本身具备的自动诊断功能解决，甚至无须打电话要求维修服务；又如企业将专业分析技术设计成套装软件出售，人们只需购买软件，而不必花钱聘请咨询顾问。

对一些传统的家庭服务业，像洗衣店、美容院和电影院而言，将服务功能制成有形商品出售的趋势，影响确实重大。在很多国家这类服务需求确实正在萎缩，不过总的来说，服务业成长的动力仍大过导致其衰退的力量。

服务需求增加

一般而言，企业与家庭不但需要更多的服务，还要求更专业、更高的服务质量。以家庭为对象的服务业为例，它的需求增加是由多种因素构成的，这些因素全都可以在美国这个全世界最先进的服务业市场中找到，其中有一些也影响了其他发达国家的发展。这些因素包括：

- 财富的增加。
- 渴望更好的生活质量。
- 更多的休闲时间。
- 都市化衍生出某些新兴服务（如安保业）。[5]
- 人口结构改变，儿童和老年人数量增加。
- 社会经济形态改变（如双职工家庭、私人时间紧缩以及共进晚餐之类的全家活动减少)。

• 客户需求精致化，对服务的要求更多且更复杂(如在个人理财服务方面)。

• 科技进步提高了服务质量，或促使全新的服务行业诞生(如在医疗保健、有线电视、个人电脑在线资料库等方面)。

在企业和组织机构方面，由于它们的专业程度日渐提高、日趋国际化，加上管理的复杂，都使它们增加了对服务业的需求。当既有的服务业需求(如广告、会计、咨询顾问、信息系统、银行投资与市场调研等)变得更复杂时，更专业化的服务就会应运而生(例如专业的临时服务、票务代理服务、冲突处理服务)。当企业的价值链中充满了复杂的产品和各式专精的技术时，它必然需要更多设计、运营和维修方面的服务。竞争的国际化又刺激了新的服务诞生，以支持贸易活动和管理国外分公司(如通信和人员培训)。技术和法令的变革也正开启全新的服务领域，例如有毒废弃物的处理和无害检测。

分门别类，无微不至

越来越多的企业和家庭雇用专业的服务人员，来做传统上会自己动手做的事情。[6] 在这方面，美国市场同样领先于各国。由于专业化的服务提供者能够更关注服务质量，并且愿意投资，所以服务业的分化往往使它能更专注于某项服务，提升精细程度。结果无形中造成服务供给的净增加，而非只是变更服务项目所属的会计登记项目而已。虽然部分服务业出现整合的趋势(例如由企业内部编制提供法律服务)，但从整体来说，它们仍占少数。

企业和家庭将所需要的服务项目一一独立的现象，一方面反映出服务分类的必要性越来越高，另一方面也意味着专业化服务提供者比内部编制部门的竞争优势更高。

服务分离势在必行 对家庭而言，财富的增加、生活形态的改变以及偶发的需要等都会促使服务的分化。许多家庭有能力花钱请人专门负责曾经是自己动手做的打扫工作。方便与省时的需求也是人们请人代劳的原因。例如，单亲或双薪家庭因为无力兼顾家务，势必花钱买服务。都市化也造成一些过去在家做的事情变得不太便利(例如洗车)。

企业方面，即使内部员工能将相关事情处理好，忙碌不堪的主管仍不想为一些烦琐的事务伤脑筋。因此，像大楼清洁服务、订货、员工薪酬的给付、直销等行业，正是基于此一需求而发展起来。这些行业都是为了帮企业解决人员招募不易、留不住人、监督困难而管理又耗时等问题。

专业服务优势多 个人和企业逐渐习惯接受外来的服务，也反映出专业的服务业比内部服务供应者更具优势。原因在于专业服务企业的价值链及它的变革过程，往往能提供更高的竞争优势。

大多数（虽然并非全部）服务业所负责的工作是属于劳动力密集的性质，特别是一些较大型的事务，如银行分支机构的运作、会计师事务所的审计业务、清洁维护公司的大楼清洁作业。不过，现今的服务企业也在朝资本密集的方向发展。

专业化服务企业的价值链中最重要的生产要素是信息科技。由于服务性企业利用电脑或电脑化技术的种种功能承担种种事务，因而能更有效地控制经营，并使员工生产率更高；像汽车维修厂配备了具有诊断功能的电脑，会计师事务所应用个人电脑审计，航空公司订位和票务作业多半也已经自动化。信息科技正遍布在服务企业的价值链的每一项事务中。以临时工为例，它们的员工考试和培训就是通过个人电脑和录像带进行的。

服务业的资本密集度和生产率提高，同样依赖于专业化设备的引进，因为先进设备可以带动服务的自动化。例如它们以符合专业需要的车辆和储存容器来运送废弃物，引进工业用清洁机器，以提高大楼维护服务的效率。

新科技的引进既是服务产业结构变革的原因，也是结果，并且影响了许多服务业竞争优势的消长。传统型的服务业经济规模不大，部分原因是它们提供的服务必须在客户所在地或邻近地点进行，工作性质也多半是劳动力密集型。这种情形也造成大部分服务业市场被高度分割、无数小规模的服务企业群聚一地的情况。不过，今天许多服务业正在快速整合中。多元化、大规模的服务企业不断出现在各个领域，像洗衣和干洗、旅馆、医院管理以及殡葬事务。这种现象又加速了服务业竞争的国际化。

多元化服务业的成长 系统化与作业流程的标准化是大规模多元化服务业成长的基础。服务企业能在不同地点有效率地复制出质量一致的服务，主要依赖标准化的环境设备、作业方法和工作流程，引导员工照表操作，并将个别的服务作业任务自动化。[7]影响服务作业系统化的另一个因素是，更精细的专业化趋势。例如市面上除了传统的修车厂之外，还有快速代换机油中心、排气管专业店、传动系统中心以及其他多种汽车专来业保养厂。服务内容包罗万象的咨询顾问公司也提供包括行政理赔、直销、战略与协助选择投资顾问等越来越专业的服务。服务业的专业化使它的价值链更要通过系统化、自动化的流程，以适应精细的服务功能。

通过在许多网点建立标准化的分支机构，多元化的服务企业可以超越单一事业体系，在服务作业流程和支持活动（如资源供给、采购、人力资源管理、技术发展以及基础设施）等方面取得实质的竞争优势。多元化的服务企业替旗下各业务部门集体采购时，也能获得更大的效益。此外，在人员任用、培训和工作激励方面（如创办集中培训学校、编排标准化培训教材和为员工设计职业生涯等），服务业也比较容易达到规模经济。

多元化的服务企业还能够将购置不动产等支持活动的成本，分摊至各个业务部门。它也具备进入大众资本市场的规模和成长潜力。更重要的是，多元化的服务企业有能力花钱进行正式或非正式的重大研发计划，借以将服务作业流程规划成一个流畅的系统，并且开发更专业的技术，这样可以强化服务业在重要服务方面的优势。多元化的服务企业带头改善服务技术，它们所引发的创新绝对不是一般的个别服务企业所能做到的。

多元化的服务企业也有能力发动大规模的地方性甚至全国性的广告宣传。由于在一个特定区域内拥有好几个业务部门，多元化的服务企业在营销、宣传和后勤业务等方面都能达到地域性的规模经济。

以美国沃尔玛为例，它将旗下的特价市场集中在各个区域的仓库附近，使得物流管理的功能比起独立分散的市场效率高且成本低。万豪连锁酒店采用一套共同的食品材料采购和分配系统，供应旗下众多的酒店和餐饮点需要。类似的例子比比皆是。

有些服务业的单一业务可通过增加资本，而开创它的规模经济。另一种扩大规模经济的做法是，克服服务地点与客户所在地相距过远的不利因素。自从服务业将信息科技引进价值链并制造出许多有形产品之后，其后勤作业也因电子通信系统而更有效率，像通过电话线路传输诊断程式来检测产品，有时还能将产品直接修复。这类服务功能意味着服务企业的确可能在距离客户遥远的地方作业。

同样，由于传播科技的发达，远距离资料传输、电子营销和语音服务逐渐普遍。一些无法普遍在各地设站提供的服务就可以集中于一地，同时服务于某地区、某国家，甚至全球各地的需求。例如，临床实验室可以在各地设立分支单位执行检验工作，但需要贵重仪器或专门技术人员的服务则在各大区域的中心站进行。这些因素都导致企业内部服务部门和专业化服务公司之间的差距越来越悬殊。

与企业内部的服务单位相比，专业化服务企业还具备两项强有力的优势：竞争力与专业焦点。服务企业有争取客户的竞争压力，这使它们具备了提高生产率和服务质量的动机。相形之下，附属于企业内部的服务部门则是一个成本中心。它虽然应该与外界的服务企业比赛较量，但实际上却很难产生竞争的压力和动机。

专业化的服务企业通常讲求人员雇用和培训的效率，会运用较好的作业方式，使用较佳的设备，并提供价廉物美的服务。它们将经营管理的注意力集中在特定的服务项目上，对拥有内部服务部门的企业而言，同样的问题不但管理层不太在意，服务部门的员工地位也不高。此外，这类部门还有一些先天限制。它要克服包括硬件设备、公司政策和作业程序等层层障碍，才能达到某项特定服务的要求。随着企业所在地的地价上涨，员工薪水结构和获利计划的考虑，企业编制内的服务部门被迫雇用兼职人员，并遵循不符合服务专业的工作准则。而独立的服务企业则针对服务业务的需要，不断改善价值链的每一部分。

随着企业的竞争压力越来越大，许多企业发现它们无法忍受没有效率或效益的内部服务部门。保留在编制内的服务多半是专利技术、公司专属需要或与其他活动关联较繁杂的项目。等到专业化服务企业变得更专业、通信效率也越高、企业很容易就能接洽到专业服务企业之后，越来越多的企业也认识到与外面的服务企业合作与协调的好处。另外，若是产业的周期拉长，也会促使服务项目脱离企业内部。对企业而言，一些周期性的需求使常设的内部服务毫无效率可言。企业因此只会在有必要的时候，才向清洁维护公司、专业咨询顾问、公关公司和其他服务企业寻求服务。这也使企业得以将一些固定的服务成本转换为变动的服务成本了。

公共服务民营化

促成服务部门成长的最后一个原因是，公共服务事业的民营化趋势。虽然与前两项因素比较，公共服务事业民营化的情形较不普遍，但尽管如此，服务业还是从政府组织内部的一项成本，逐渐转变成民间服务部门的收益。公共服务事业民营化也是最典型的服务分离形式。它的形成是受许多前面说过的力量所影响的。

公共机构缺乏效率是众所周知的。很多国有服务业正准备开放让民间企业加入，使人们享有民营企业不断提升的效率和竞争所带来的好处。这种变化的一个重要媒介是，过去一个世纪以来在许多国家中抬头的保守主义。目前最普遍的公共服务业民营化的项目是：废弃物处理、电子通信、医疗保健、教育乃至监狱和劳教机构的管理等。民营化不但能改善服务的内容、成本和质量，还能促进它们国际化。除了极少数的例子外，国家服务机构传统上是不参与全球竞争的。[8]

处处都是服务的好地方

服务业各种新发展的重要成果是，大多数国家的内部出现了一个大规模且快速成长中的服务业部门，新式的服务业不断诞生，更高水准的服务企业逐渐形成气候。现代科技和新式管理技术正广泛运用于服务业，它们在服务业中的扩散速度比在制造业还快，并引发了争议。服务业的面貌不仅在国家经济中显著地转变，也为它进入国际竞争铺路，奠定基础。

服务业的国际竞争形式很多。第 2 章中有关国际竞争战略的观点，有助于我们了解服务业的国际竞争形态。服务企业进行国际竞争的方式很像制造业企业，不但要在各地市场或全球市场扩展业务，也必须将分散在不同国家的业务加以协调整合。受到服务业本身特性的限制，服务业价值链的许多项目必须迁就客户所在地进行。因此，服务企业通常会在有业务的各个国家设立办事处。像美国四大会计师事务所，它们的总部都在美国，但分公司则遍布全球。而技术发展、培训、采购等支持业务的地点，许多企业也多选在母国进行。

服务业如何向全球迈进

服务业的国际竞争主要分成下列三种形态，但是它们通常被混合应用。[9]

客户以旅行方式在他国购买服务。解决客户所在地服务需求的方式之一，是由客户主动寻找服务性企业协助。这是传统服务业在国际竞争中的主要形态，但在观光旅游、教育事业、医疗保健服务、船舶修复、多国仓储或分销、机场转机服务、跨国企业区域总部及国际组织总部等一些较新的服务中，也可以看见。[10]这类国际竞争的变通方式是，跨国公司将有利于整个企业的服务业务部门设在一个国家，客户将亲临该国应用相关服务。这种安排的理由是，该项服务通常有其独特性，或在当地所需的成本比在自己国家或其他国家低廉，因此即使通过跨国联系需要一些额外的开支，终究还是划得来。

服务企业派遣母国总公司的人员和设备到其他国家提供服务。有些服务可以利用国内的人员和设备，以出差方式满足国外客户需求。像管理顾问和建筑设计等行业，专业人员出差拜访客户，以便收集资料或提交结果。另一个例子是，工程行业的公司往往从母公司派遣一支团队短时间停留国外，负责收集资料、与客户接洽，或监督厂房设备的建造等工作。

此一类型从事国际竞争的服务业，大多不需要与客户经常联系、服务期限比较固定，或客户很容易与远方的服务企业双向联系。保险业就是一个例子，它以电话联系或通过国际中介达成保险契约的协议。例如，英国劳合社就有大部分业务都在海外，但职员和设备几乎都在伦敦或其邻近地区。专业测试服务、电脑程序处理、租赁和理财等行业的国际竞争也属于这种类型。

服务性企业通过国外分支机构网点，雇用当地人或侨民，为该国提供服务。在服务业的国际竞争中，最常见的形态是，企业设立办事处或分支机构为其他国家的客户提供服务。企业采用这种竞争形式时，只有一部分支持活动是在母公司进行，但实际完成服务业务的地方则是在客户的国家。这类服务过程需要与客户持续且密切地接洽，并且希望尽量节省时间和出差成本。当企业采用这种方式时，母国人员奉派出国是为了建立国外分支机构网点，而当地人随雇用和培训的时间增长，所担任的角色也越来越重。这类国际竞争主要出现在会计、广告、酒店、快餐、租车、临时工种和工业用衣物消毒处理等行业，以及船务与银行等传统服务业。

在服务业中，前两类国际竞争形式通常被界定为国际贸易，第三类则视同国外投资。但是它们之间经常只是程度上的差别而已，像测试服务可能是客户带着待测样本前往服务企业处进行测试，也可能是由服务企业派人和设备拜访海外客户，提供所需的服务。

更重要的是，服务业通常会应用混合的形式进行国际竞争，这种情形从整个服务业到特定企业都很常见。以会计业为例，大部分的国外工作是由当地雇用的人员担任，但是有些专业性的问题或特别复杂的项目监督工作，则是由母公司派来的专人负责。同一项服务业里，竞争者也可能灵活应用各种形式。例如在咨询顾问业中，大规模企业通常在国外设办事处，规模较小、专业性较高的企业则派人出国与客户接洽。国际贸易和跨国投资在许多服务业里，是交互作用的，这正如他们在制造业的情形一样。

在服务业的国际竞争中，企业有时也和其他国家的企业结盟。这种做法不可避免地促成跨国服务企业与提供当地服务的地方企业之间的合伙关系。以建筑业为例，美国企业像柏克德和福陆就常扮演有如项目经理的角色，它可能邀意大利和德国企业合伙，负责特定的专业领域，再引进韩国或菲律宾企业，提供大部分的人工和第一线的监工。在建筑业的价值链中，各种不同的服务项目经常是依据各国的竞争优势，在适当的国家间分配。

大多数国际竞争中，跨国服务企业是与地方竞争者共存，并由当地企业获得大部分的营业额。因此，服务业存在各种形式的保护主义。这些进入障碍包括提供差别待遇给予国内企业以对抗外商的优势（像外商会受到不同的法律规定、银行准备金的要求），乃至于完全禁止外商进入某些行业（如日本和美国就不准外商参与某些公共建筑工程）。贸易障碍是第三类国际竞争盛行的原因之一。

服务业的国际竞争经常集中在某些产业环节，这些产业环节通常需要财力配合，集聚了挑剔型客户造成的压力以及特别复杂的服务需求或国际化的需求。像酒店业的国际竞争主战场在豪华商务旅馆上。保险业的国际竞争则着重在财产险、意外灾害险以及再保险上。当企业具有绝对优势或找到当地阻力最少的服务业（和产业环节）时，接下来势必会出现相当激烈的竞争。

国际化竞争的六大驱动力

服务业的国际竞争范围和重要性正在持续增加。专业经营和多元化的服务性企业也正积极寻求国际上的业务。这样的转变和其竞争形态在近几十年间主要是由下列多项影响力所驱动：

- **各地服务需求的相近性。**全球各地的服务需求，纵使不完全相同，大部分也很类似。比如说，虽然地方性条件或规定可能有所不同，但任何国家的企业都需要临时代理机构的服务。当竞争全球化时，许多国家的企业都会需要技艺精湛的商业服务。许多服务的本质也使跨国服务性企业能以相对较低的成本应对当地状况。因此，全球性服务业的企业很少对当地竞争者低头。

- **更机动且信息更灵通的客户。**当世界的信息流通得更迅速、交通运输更便捷、国际旅游更舒适自在时，客户因此也更可能向外寻求世界上顶尖的服务企业，具有世界观的客户也越来越愿意雇用在国内经营良好的顶尖外商，而非一味依靠本地的服务性企业。因为客户知道可以在哪里得到最好的服务，也使得客户自己处于有利的地位。另外，放宽外汇管制也使支付另一国劳务费用的手续更为便利。

- **规模经济和区域市场的兴起。**跨国多元化服务性企业的优势，还表现在国际总部上面。经济规模让全球性服务业的企业能够将技术发展的成本、人员培训的基础建设以及其他活动的成本，分摊至全世界的销售收益上，并且能在采购时享有更大的利益。全球性企业的优势还包括：它可以区分自己与当地竞争者的特色，而在各地服务于跨国客户。它能够以世界性的品牌知名度让当地企业黯然失色。它的专业人员和设备可以更有效地利用，并支持地方上的经营需要，派往各个有需要的国家。

- **服务人员机动性更高。**服务企业的员工出国执行工作，拜访客户的时间间隔缩短，这也提高了企业实现规模经济的能力。要做到这一点，喷气式客机的发达和密集的出差是其中两个原因。

- **与远方客户互动的能力更强。**服务业的企业可以通过电话、资料在线传输、快递包裹及其他方法与外国客户沟通或交换意见。电脑程序处理和测试服务业就是以这种方法进行国际竞争的。由于服务功能的自动化会降低人力成本，一则减少了出差的需要，另外也使它们与远方客户的互动更加方便可行。

- **各国的服务成本、质量和服务种类仍存在明显差异。**各国提供的服务在成本和质量上都有差异。不同国家的服务业发展状态也不相同，这是服务业不同于制造业的一点。大型多元化服务企业在英、美等国要比其他国家先进得多。这些国与国之间的差异会激发客户旅行到最佳地点寻求服务的动机，也促使高级服务企业注意对外国顾客的服务。例如，大型临时工公司最先在美国发展起来，这使美国的服务和人力资源等公司在开创海外经营分支机构网点时取得了先机。

以上这些驱动力使服务业无视重重的贸易障碍，积极争取实现国际化。虽然推动国际上达成降低贸易壁垒的协议行动已纷纷出炉，这一方面的问题仍是关税与贸易总协定（GATT）乌拉圭回合谈判中的一项重大议题。虽然服务业的国际竞争进展速度缓慢，但这股影响力还会持续下去。

服务与制造：唇齿相依

前面的讨论显示，服务业和制造业之间的关系密切。近年来，当一些国家在制造业遭遇挑战与竞争而服务业也渐渐成为国民经济中的重要产业时，它们之间的关联必然受到更多的重视。制造业与服务业的关联之所以会成为一项关注重点，是因为国家无法忍受其制造业在国际竞争上失利。

如果服务业与制造业有关，各国将更担心它的服务业无法弥补制造业的损失。这项争辩其实有一个亟待澄清的盲点，那就是制造业与服务业之间，到底是何种关系？

制造业与服务业的结合对服务业的国家竞争优势关系重大（反之亦然）。它们之间有三种截然不同的形式。

客户/供应商关系 这是一种受到广泛讨论的形式，也是服务商与其客户在价值链上的关系。许多服务业是通过制造业（或服务业）的企业将其内部的服务业务分化出来后才出现的。这种类型具有两层含义。第一层是，如果当地制造业不发达，那么对服务的需求也会很有限，而许多服务业的主要营业额是来自制造业的需求。

第二层是，一个国家制造业的结构会影响到服务需求的形式和数量，以及这些服务的专业程度。例如，如果缺少先进和具有远见的制造业企业，要创办复杂的软件制作公司或专业咨询企业，将会面临后继无力的困境。

服务依附于制成品 第二类制造业和服务业的关系是，一项制成品出售的同时，也创造了相关服务的需求。以电脑销售为例，它会引导客户对程序定制服务、资料传输服务和培训服务等需求。销售一些设备（如电梯）则引发了售后服务的需求。另一个更直接的例子是，国家的任何一项制成品出口时，都将与保险、贸易融资服务和交通运输服务发生关系。

正如第3章所讨论的，当一个国家的制造企业在国际市场成功时，它会协助该国服务业开拓海外市场。本国企业所提供的服务有可能（或感觉上）比较具有成本效益，因为本国的服务公司可能对特定种类的制造商品比较熟悉或曾有过接触。根据这种印象，制造企业通常会积极寻求来自母国的服务企业的帮助。

制成品的销售依附于服务 制造业和服务业之间的第三种关联与第二类形式相反。当服务企业出售如工程或管理咨询等服务时，能够顺便引导客户对设备和其他相关制成品的需求。成功的跨国服务企业因此可能提升该国制成品的销售。这种情形在工程业和重型建筑业很常见。美国顶尖的工程和建筑公司的海外成就，对一些产品销往海外具有重大影响。例如卡特彼勒的牵引机，开利、约客和特灵的暖气、通风设备和空调设备，以及通用电气和西屋的电气设备。瑞典的工程顾问公司也在港口、水塔和地下储油设施等兴建工程中，协助提升瑞典产品，后者也都是瑞典技术能力坚实的领域。[11]

服务业与制造业的这三类依存关系在强度和持久力方面并不相同。对服务业而言，客户与供应商的关系是必要的一种，而另外两类关系的重要性及耐久力则有所差别。当制成品和相关服务之间的技术可以相辅相成，或是同时采购两者较为方便省事时，服务业与制造业的关系最为密切。

制成品和服务间的依附关系最强的时候，多半是在制造业和服务业经历变革的初期。例如，美国电脑出口初期，对相关服务的提升效果，就比现今有力。美国服务业的企业运用美制设备的经验仍比外国企业更有优势，因为设备的装配厂就在美国。然而，当IBM和DEC电脑的硬件兼容程度越来越高时，这项优势也逐渐衰退。

若客户越来越内行而且挑剔，他们就会认为未必只有某一国的服务企业才能服务于该国的产品，除非该项产品很复杂，而且其与服务间的技术关系很密切。不过，捷足先登者的优势经常是由制造业和服务业携手创造的，这种优势即使在两大产业间的关系消退淡化时，仍可以为一些服务业带来好处。

以英国为例，早年贸易大国的历史背景，使得它在很多与贸易相关的服务业上拥有很强的国际地位。像在这种发展过程中所建立的国外基础和品牌代理活动，已成为一些英国服务企业具有持续力的一项竞争优势。

服务业的国家竞争优势远景

就如制成品的表现，各国在服务业上也会展现形态截然不同的国家竞争优势。表 6–1 显示出在服务业的国际竞争中，各国的国际领导者分属何种形态。由于服务业国际竞争的资料非常不完整[12]，所以表 6–1 是综合了多方信息才完成的，其中包括公开的政府统计数字、公司名录、出版文章、实地访谈、地方研究团体的判断等，可以说是灵活应用信息的评估资讯。

美国、英国和瑞士是服务业中具有最多项国际荣誉的国家，即使放眼全球各国，它们的地位依然不变。相反，其他的重要国家如德国、日本和意大利，虽然其国内的服务业市场很大而且也在不断成长，但能真正拥有国际地位的却不多。

基本上，制造业国家竞争优势的各项关键要素同样适用于服务业。[13] 这里并不是要重复前面几章的讨论，而是要强调对服务业特别重要的几个国家特性。以下将继续使用钻石体系来分析两种选定的服务业。

表 6–1　在国际性服务业中所评估的国家竞争优势形态

产业	丹麦	德国	意大利	日本	韩国	新加坡	瑞典	瑞士	英国	美国
食品										
快餐										XX
饮食服务/自动售货机										X
零售										
便利商店										X
专卖店		X							XX	
教育和培训										
中学和大学教育		X						X	X	XX
研究生教育										XX
员工培训										XX
休闲										
娱乐									X	XX
拍卖									XX	
医学										
保健服务								X	X	XX
医院管理	XX									XX
旅游类										
酒店				X					X	XX
租车										XX
航空公司		X				X		X	X	X

（续）

产业	丹麦	德国	意大利	日本	韩国	新加坡	瑞典	瑞士	英国	美国
一般商业服务										
会计									X	XX
法律服务									X	XX
广告									XX	XX
公共关系									X	X
管理咨询		X						X	X	XX
工程/建筑	X	X	X	X	X		X		X	XX
建筑			X		X			X	X	XX
合同研究									X	X
设计服务			XX							
临时工									X	XX
洗衣、服装	X								X	XX
工业清洁（厂房、工具设备）							X			X
安保服务							X	X	X	X
大楼清洁维护服务	X								X	XX
设备维修							X			
废弃物处理										XX
贸易				X				XX	XX	XX
财务										
信用卡										XX
消费者理财										XX
信用										XX
商业/投资银行									X	XX
商业银行				X				XX	X	XX
租赁									X	XX
理财		XX						XX	XX	XX
再保险				X				X	XX	
资讯										
资讯处理										XX
订制软件									X	XX
资讯/资料									X	XX
运输										
航空货运		X								X
机场转运站		X				X		X	X	
船务	X			X			X			
港口服务		X				X				
修船						X				
后勤补给管理								X		
加油站									X	X

生产要素——人才储备不可缺

在服务业的竞争中，生产要素的角色必须依各服务业的国际竞争形式而定。对吸引外国客户主动前往的服务业而言（前述第一类形式），生产要素通常是成功的关键。例如，旅游业对气候和地理环境的依赖很深，教育和医疗保健服务则要靠当地人员的训练和技术。如果服务业务主要是靠母国的设备和人员完成（第二类形式），显然也应对国内生产要素极为敏感。

但是，对于通过海外办事处网络的服务企业（第三类形式）而言，生产要素以外的其他关键要素，可能更具影响力。在第三类形式的服务业竞争中，大部分的雇用人员是当地人。因此，母国公司所发展的技术、科技和服务特色退居第二线。需求因素和相关产业则成为这类服务业成败的决定因素。

而地理位置在一些服务业中亦扮演了相当重要的角色。新加坡修船业实力强劲，与它位居中东和日本之间的重要航线有关。瑞士身处欧洲贸易路线要冲，使它在许多与贸易相关的服务业中获得成功。与一国所处位置类似的因素是它的时区。伦敦之所以能成为全球金融和贸易中心，条件之一是它处于美洲和亚洲之间的枢纽位置。这表示伦敦的服务企业在上班时间能同时与两个地区联系。

一般说来，母国非技术性和半技术性人工的成本，并不是大多数服务业竞争优势的重要来源。劳动力密集的服务业，其人工通常由在其他国家的办事处提供。不过，建筑等服务业仍需要低工资国家大规模输出人工，这就是为何韩国建筑业能在某些市场环节赢得国际性成功的原因之一。

专业劳动力价值高　技术性低的人工对服务业竞争的影响不大，而各国的专业性和技术性人才的储备情形对服务业是否能在国际上竞争的影响则很大。其中商业服务以有关管理战略、工程或科学领域的高度专业人才尤其重要。

许多服务业在向复杂和专业领域发展时的过程显示，能创造高级生产要素的环境对服务业竞争越来越重要。以美国为例，它具有强大的国际会计业、管理咨询业和广告业，主要依赖为数可观的MBA毕业生。这样大规模研究生院水平的商业培训在其他国家则很少见。美国也拥有专业的酒店管理学校，并培训大批的电脑程序设计人员，而庞大的保健相关领域研究也使医疗服务业获益匪浅。英国则拥有一批训练有素但成本相对较低的工程师和其他方面的技术人员，这是为何英国能在工程业、咨询业和承包研究服务上吸引外国客户的重要原因。

一国的语言与人民的语言能力也在很多服务业中扮演重要角色。许多服务需要与外国客户密集地沟通，而不只是公司内部各单位间的沟通。以英语作为母语对服务性企业极有好处，因为世界上很多地方都说英语，其他大部分地方则将它列为第二语言。前面提过瑞士人精通多种语言，这也是为何瑞士能与英、美并列，成为服务业的主要国际竞争者的重要原因之一。新加坡的英语人口也反映出它发展成为服务业中心的潜力。

多元文化的优势 不同文化的互动能力对许多服务业而言也很重要。瑞士人的长处不仅体现在语言能力上，还包括对多元文化的熟稔，这些形成了他们在客户关系上的优势，这正如瑞士政治中立的作用。瑞典虽然在这些条件上与瑞士相同，但在服务业上却不如瑞士成功，原因在于瑞典的产业腹地较小、政府的强势干预（需求条件），以及发展环境不佳（指企业战略、结构、同业竞争）等因素。

如同制造业，劳动力短缺或工资昂贵是激发服务业自动化和升级的媒介。许多服务业正进行新技术的变革，并与信息系统有密切关联。信息科技会减少服务所需的劳动力，并使服务作业人员生产率更高。国家的工资偏高也会促使服务性企业运用这些现代化方法。美国早年就具有这项优势，许多美国服务业迄今还因此受惠。例子之一是，率先借助科技解决接听服务电话和现场操作人员的高成本问题。

然而，过去10年来，相对于外国企业的表现，美国一些服务业却逐渐失去创新的动力，可能因素之一就是劳动人口急剧增加，自动化需求的压力随之减轻。在瑞典，服务工人的薪水与生产工人差不多，并且比平均薪水高。这使得瑞典在一些产业的自动化服务上遥遥领先于英、美两国。无须雇人的全自动加油站在瑞典已经相当普遍。可惜的是，瑞典和德国等政府在服务业扮演重要角色的国家，往往因为政府因素，强化了将这些优势转换为国际地位的动力。

需求条件——成败的关键

对服务业的国家竞争优势而言，需求条件可能是当今最具影响力的一个决定性因素。这种情形与20世纪50年代和60年代初期，需求条件在制造性消费商品中扮演的角色很类似。服务业目前正处于快速成长和进步的阶段。许多新式服务业正在开创，既有的服务业则在重组和变革。需求条件使这个过程进一步深化。捷足先登者为许多传统服务业缔造了可观的国家优势。服务业在这个阶段所面临的变革和结构重组，再次提升了需求条件对国家竞争优势的重要意义。

需求组合 有些国家由于本身的需求特色，使自己成为孕育国际共同服务的温床。会形成这种差异，市场结构是主要的影响力。如果本国市场需要的服务种类或方式也是其他国家的需要，该国将因此得到不少好处。例如，美国因为领土辽阔，商务旅行人口众多，美国的旅馆连锁企业因此学会了如何满足全球市场中差旅人士的需要，成为全世界的领先者。

大多数的服务业要求企业将服务中心或分支机构设在客户附近。服务企业如果将以整个国家为市场范围，它势必要设置多重分支机构网点。因此，若一个国家的人口集中在各网点，那么要在该国发展服务事业，企业很容易从母国获得多元化管理、多定点网络的经验。它们与在自己国家只有少数网点的竞争者相比，在国外新增网点是件驾轻就熟的事。

在酒店、租车、工业专用衣物处理和其他服务业中，美国企业必须在国内先发展稠密的网络，涵盖成百上千的服务中心或网点。一旦它们整合出管理网络的经验，下一步就是建立国外网络。对英国而言，它以前的殖民地就有同样的作用。

如果一项服务业所锁定的市场环节在其他国家只是一个小环节，在该国内却是一个大环节，该国的企业必将在国际竞争上捷报频传，因为它们在这个环节上投注的注意力一定比别国的企业多，而且会更注重创新的速度。意大利建筑企业就是很好的例子。意大利地形多丘陵，开辟道路需要开挖隧道和建造桥梁。承包商因此拥有这方面的完备技术，并在类似的海外项目中极为成功。由于林业是芬兰和瑞典最重要的经济产业之一，林业管理、木浆与纸厂经营的咨询服务也是它们具有国际实力的领域。

对国际型的服务业而言，国内市场需求条件还有另一项比较不直接的影响。这个问题如果倒过来看会更清楚；很多有国际旅游经验的人都会同意，在发达国家中，英、美两国的个人服务水平明显落后于德国、瑞士和日本。但是为什么英、美两国的企业反而在很多服务业中更具国际竞争力？

为什么会形成这个矛盾的现象？各国对“服务观念”的差异是一个重要的原因。[14] 在美国，自助、讲求效率、较低的私人关注、服务人员变动频繁等，基本上就是美国人生活形态与一般社会架构的写照。这些需求特征比起德、日等国认为服务需要高度的个人关注、从容不迫的服务作业以及强调员工在职稳定性的情况，反而更能建立系统化、标准化和品牌形象，并转为对私人和商业的服务。[15] 另外，美国人在本土频繁地旅游和迁徙也有助于服务标准化和建立品牌，使得企业更希望能在任何地方都提供一致的服务保证。

如先前讨论过的，系统化和标准化是大型多元化服务性企业开启经济规模和其他优势的钥匙。这两大要素也使一贯的服务系统可以被成功地移植到另一个国家。麦当劳就能在作小幅修正后，将经营概念重现海外，并训练当地员工照此工作。但是，一家日本百货公司将会发现，它想在其他国家复制在日本时对顾客的高度关注是很困难的。如果只是为了在其他国家复制自己的经营概念，而不得不降低具有本国特色的服务水平，德国或法国的企业家更觉得难以降低服务特性。地中海俱乐部是法国少数几个重要的国际服务性企业之一，它将自己定位在一个强调提供高水平个人服务的产业环节中竞争。

英、美两国的服务性企业在海外的成功，暗示了系统化的服务作业事实上能够满足国外市场相同环节的需要。这些环节属于国外市场小规模、成长型的环节，通常又是英、美国内最大的一个环节。瑞士的条件虽然与英、美两大国刚好相反，但它仍能在服务业上成功，是因为它能锁定需要高度个人关注和客户接触的商业服务。瑞士市场的需求条件也正好符合这种战略。

如果本国具有挑剔型客户，就可以打破前述标准化作业优势的情况。这种客户的需求可以提前反映或预见其他国家客户的需要。本国挑剔型的客户是企业改善服务质量的演练场，也是将进步的服务项目推向海外市场并满足其需求的驱动力量。比如丹麦的国际服务系统公司（ISS）之所以能成为顶尖的国际清洁服务公司，部分原因在于丹麦国内对工业清洁的需要已从单纯的清洁工作，趋向全盘的环境管理。这种需求可以从丹麦规律且密集的环保新闻报道看出该国对环境整体的高度重视。另外，像美国的投资银行已在并购、杠杆收购和重组的理财服务业进行全球竞争，并促使外商加速采纳这样的做法。

当国家拥有具备国际竞争力的制造业和服务业时，它在相关商业服务中也会有最挑剔的需求。意大利是全世界设计服务业的领导者，因为它在时尚、家具和其他高度讲究设计的产品方面亦具有领先的地位。美国有世界顶尖的广告代理商、最先进的广告媒体，这使得美国在市场调研、市场营销等有关的服务业中，成为全世界的领先国家。另一个例子是会计业。在会计方面美国人是最挑剔的客户，原因是美国的会计准则复杂、许多企业地点分散，与其他任何国家相比，更看重财务报表。这些都是美国会计企业成为世界领导者的因素。全世界第一家国际性会计师事务所创建于英国，显示了英国早年在工业上的主导地位，而国际会计业务也随着英国的跨国公司向海外发展。像永道、普华、德勤这几个前“八大”（现已合并为“四大”）的公司都有很深远的英国传统。

商业服务的客户来自各种产业。以会计和广告业为例，它们的客户几乎就是一国经济内的所有产业。一个国家如果有像美国那么广大的产业市场，一定有助于激励商业服务的企业走向国际竞争。

服务需求的规模和时效　各国对特定服务的需求强度差异颇大。本章在一开始就叙述了造成服务需求成长的一些因素。各国在家庭收入、女性劳动力上的表现也有显著的不同，有些国家特别重视便利，有些企业则比较不愿意将内部服务项目分化出去，这些差别都会影响到服务需求会在何时出现。富裕国家对草地保养和快餐服务的需求较高。而女性就业比例高的国家，则对托儿和其他有关生活便利的私人服务有高度需求。

社会和历史因素也在服务需求的强度上扮演重要的角色。比如德国人似乎比收入相同的美国人更少花钱购买个人服务。这可能与德国人经历过长期的经济困难，进而形成节俭性格有关。瑞士人比较不喜欢冒风险，每人所购买的平均保险额也比其他国家的人民多。在美国，提前消费的情形比起其他所有发达国家更普遍，所以美国信用卡公司像美国运通、万事达卡、威士卡和大来卡，自然成为主要的国际竞争者。美国企业也是信用报告和调查方面的领导者。

各国在产业和公司战略上的差异，也会造成它们对商业服务需求的重大差距。由于兼职人工在美国比在其他国家更普遍，因此临时工服务业在美国有广大的市场需求。由于消费产业和本土活动的实力，美国企业花在广告和公关等服务上的金额在国民生产总值中占有很大的比重。另一个关系服务需求的关键要素是，企业向外寻求服务的意愿。有些国家的企业就比较喜欢自己解决服务问题。德国企业聘用顾问、维修和其他领域的服务企业就比英、美两国企业要少，这也可能与德国比较强烈的中央集权传统有关。

选择适当的时机是一国服务性企业国际化的关键。美国曾经是快餐、临时工、医院管理、专业医疗保健服务、管理咨询和财务顾问等新式服务业萌芽的市场所在，目前仍在这些领域占有领先地位。瑞典工厂高度自动化，开启了无人仓储的高标准安全服务，带动了这方面市场的早期需求。如今，瑞典企业也擅长为其他国家提供自动化相关的咨询服务。

服务业和制造业一样，经常在母国市场饱和时转战国际市场。以酒店业和快餐业为例，美国企业就在横扫整个美国市场之际转战海外。当一国的某项产业中出现几家大型多元化服务业的企业时，往往会加速该国市场的饱和过程。

政府的规范也会影响到服务需求。各国在国有服务业的范围各有不同。例如，在美国，医疗保健体系大多属于民营。这套民营体系也使包括医院管理、家庭护理、退休安养中心、外科诊所和健身测试诊所等各式各样的新式医疗保健业能比其他国家率先发展。美国企业也开始将其中部分行业推向国际市场。另一方面，在瑞典、意大利和德国，官方机构在服务业上具有相当的主导力，相关产业很少推广国际业务。

政府的法令规定也直接影响到一些服务业的需求，这也显示出政府在服务业国际竞争力上的角色。例如，政府制定的污染标准会决定危险废弃物清运、清洁服务以及环境检测服务的需求，税法会导致租赁业盛行的程度。政府政策不但可能决定新式服务的需求量，并将决定相关需求出现的时机和复杂程度。

国内服务需求的国际化　对许多服务业而言，国内需求能否国际化非常重要。如果本国有相当数量的消费者经常前往外国旅游，服务企业将因此获得一项难得的竞争优势。在这种优势下，公司建立海外网点的机会便能随即显现，并在国外市场享有忠诚的客户。在这方面，美国的旅馆业、租车业和信用卡公司就一直是个受惠者，快餐业和金融服务企业（如美国运通）也获益匪浅。当日本的旅游人口越来越可观时，日本餐厅和旅馆业就有希望到国外大力发展。

这种说法同样可以解释本国产业中跨国企业繁衍的情况。跨国企业在海外经营的头几年，偏好与来自母国的服务业公司合作，其中的好处包括：沟通容易，能彼此体谅及降低合作风险。如此一来，也提升了母国服务性企业在国外市场的需求，加大了进军海外的早期诱因。这种做法曾影响了美国的会计师事务所、广告代理商、公关公司和咨询公司，也多少影响了瑞士的银行业者。英国人借由大英帝国的基础和澳大利亚、加拿大、南非等国家和地区维持密切的关系，获得了相当大的好处。在许多日趋跨国经营的日本企业的提升下，日本银行与建筑企业目前也向国际舞台迈进。

保护主义的盛行使得跨国客户成为服务业中很重要的客户群。当地的服务性企业通常为数众多，并且善于运用政治势力。所以，服务企业如果能在国外市场拥有母国的忠诚顾客，它在国外生存发展竞争将立于不败之地。

如果一国能将它的文化、工作方式和规范输出至国外，也有利于该国服务性企业的国际业务。法律服务业就是一个很好的例子。美国律师事务所在国际上毫无疑问是领导者。美国在国际法律事务上规模最大的贝克 · 麦肯思律师事务所在 1985 年时即拥有 26 家国外分公司。全球规模最大的 8 家律师事务所当中，美国企业就占了 5 家，英国企业有两家。另外，在全球前二十大律师事务所当中，有 11 家是美国企业，而 5 家是英国企业。美、英两国企业能在国际上成功，部分原因在于它们会随着客户走到海外，开拓市场。[16] 但是，它们在海外竞争中占了一些优势，因为许多国际商业和财务转移业务当初是根据美国或英国的法令签订的，对这两个国家的服务企业无疑是开了方便之门。

相关产业与支持性产业——提升效应依然如故

如同制造业的情形，当服务业的相关产业具有国际竞争优势时，它们会孕育出其他的服务业，这种情形就和制造业提升相关制造业的情形一样。与信息科技相关的产业就是许多服务业中最重要的一组支持性产业。美国拥有世界级的电脑公司、应接不暇的顾客与套装软件经销商，这样的优势也转移到自动化程度相当高的美国服务业。

当国家能在商品或其他服务方面形成相互依赖的国家优势时，也会开启一些服务业的需求。有国际竞争力的产业对相关服务业具有三方面的好处：可以提供母国挑剔的客户、创造国外的需求市场、提升相关的服务业。

近年来，服务业的多元化趋势已逐渐展开。在美、英等国出现的大型国际服务性企业正开始在相关领域中取得优势。强势的服务企业进入新行业之后，也带来了它们在系统化方面的优势。当国内产业结合的脚步加快时，下一个会采取的步骤就是海外扩张。

如酒店业的龙头万豪酒店同时也正在空中餐饮和其他食品与接待等相关事业中，获得全球领先地位。年收入超过 5 亿美元的丹麦国际服务系统公司正从医院清洁服务朝工业专用衣物处理等领域在国际上寻求一席之地。该国服务业当前所处的发展阶段中，基础坚实的大型服务性企业是创造国家优势的一大力量。

企业战略、企业结构、同业竞争——行行出状元

各国的服务性企业在组织运作上也有一些差异。瑞士企业擅长处理一些重视信任、需要特别谨慎的项目，或是当事人之间复杂的协议谈判（如贸易事务）。美国企业则精于系统分析技术的相关领域（如咨询顾问业），或必须迅速解决问题的产业（如广告业）。

服务业的声望也随各国情形不同而有显著差别。有些国家的重工业和技术性职业吸引了最优秀的人才，服务业只有敬陪末座。但是，在美国情形刚好相反，任职于咨询顾问公司或在华尔街工作的人，则享有相当高的声望。许多最聪明干练的人才也为服务业所吸引。在英国，咨询顾问、拍卖以及近年来的金融服务等服务业也是为社会所接受的，然而很多一心要出人头地、挤入上流社会的年轻人，兴趣却不在这些产业。

当国家能提供不受限制且强劲有力的竞争环境时，就算是在培养世界级服务业的沃土。过去美国"四大"会计师事务所之间的竞争、为数惊人的瑞士银行，以及阵容庞大的英国保险公司（伦敦劳合社是由多家松散结盟但仍相互竞争的公司所组成）就是最好的例证。大多数服务产业的竞争集中在对细节的注重、不断引进新式服务变革、即时回复客户的需要等方面。国内的竞争对手仍是这类产业爬升的重要因素。

但若是国内缺乏有效的竞争，该国的服务业将很难在国外成功。以证券业为例，日本的四大竞争者——野村、大和、山一、日兴——依靠法律限制新进者，并按规定抽佣金赚取超额利润，加上日本产业对金融服务并不挑剔等情况，这四大证券商充分享受着母国市场被庇护的地位。但就算它们愿意以低成本资金、承担大额损失的做法换取日本企业的国外业务，它们要在国际竞争中站稳脚跟仍然有一大段长路要走。

从小规模起家 成功的服务产业通常是由小型企业逐步成长所形成的，而非大规模的新进者能一蹴而就。当企业很容易设立新公司并为市场接纳时，就表示该国已具有在服务业上发展的优势。如果企业有能力对所属的服务事业再投资（很多服务业所需的原始资本并不大），并将它变为多元化企业，同样也有利于该国服务业的发展。一般而言，服务业是从创业投资基金和股市等资本市场中获益最大的一个产业领域。美、英两国都具有这方面的优势。

由于服务业的公司规模较小，产业结构能有所细分，这两项优势使政府较

容易介入。各国普遍订有保护小企业或影响小企业活动的法律规定。如果这些规定会限制服务业引进科技、延缓或限制新式服务业的开发、妨碍地方服务业发展成为全国性服务业、禁止外来竞争，或压抑国内竞争，那么这些法律规定就扼杀了该国在相关服务业中产生国际竞争优势的可能性。

意大利虽然很想开发新的商业模式，但是法规却造成许多服务领域无法进一步拓展。意大利的法规对开设新网点、营业时间等活动有种种限制。此外，它的货币政策也限制了许多重要的外资进入服务业。德国和日本的服务性企业虽然面对相同的难题，但是程度上不及意大利严重。

自由而有弹性的竞争环境 这也显示，国家必须为它的服务业提供自由而有弹性的发展空间。英国能成为一些保险行业的世界领导者，原因之一在于该国制定的法规得宜。伦敦劳合社可能是全世界在开拓产品时受到监管最少的保险机构。该机构通常能自由设定费率和设计新的保险种类，而外国企业则受制于当地的标准并需要依法取得核准，这种差异使伦敦劳合社成为了数十年来该国保险业的唯一创新力量。[17] 瑞士贸易商也因类似的灵活性而受益。服务业要在国际上成功，就需要一个能将公司暴露于开放的国际竞争中，而不是一味禁止国际竞争渗入本国环境。

从政府在服务业中扮演的角色，我们可以看出这个产业的发展成绩如何。当政府在服务业中的角色重并且直接介入时，该国服务业的国际地位通常不高。政府大力介入服务活动的国家像意大利、德国和瑞典，在国际性服务业中的地位最弱。

服务业与产业集群

服务业是整个产业集群体中不可或缺的一环。竞争性的服务业有助于孕育或提升供应商和客户所属的产业，而竞争性的制造业也会刺激相关的服务业在国际上取得成功。意大利的设计服务企业为国外客户设计汽车、鞋类、服装和其他多种产品，它们的实力是发轫于意大利在这些领域的强大制造业。

在这里举一个绝佳的例子，显示服务业在全国的产业集群中是多么的重要。瑞典的专业船务业企业擅长制造汽车运输船，或是运送汽车往返于欧洲、北美洲和亚洲之间的特殊船舶，这方面它们可以算是世界级企业。它们的成功是瑞典其他多项国际级产业共同孕育和强化的结果。在瑞典，商业船务本身就有悠久的传统，但是为了适应国内昂贵的工资成本与亚洲市场的竞争形态，它的船务业必须依靠精湛的船坞技术与专业化船舶的实力，朝更专业化的形态发展。但真正促使船务业能面面俱到的关键是瑞典两家扬名国际的汽车和货车制造企业——沃尔沃和萨博。沃尔沃与萨博早期输出许多产品到各国，使瑞典的汽车运输船企业成为新式、专业船舰的先发积极投资者，并成为相关产业的领导者。另一个在汽车运输船方面领先的国家则是以出口为导向的日本。

在服务业与产业集群的竞争力方面，有另一个例子可供参考，就是美国的广告业。美国投注于日用消费品产业上的广告量，可谓世界之冠，这也使得相关企业成为广告服务的挑剔型客户。在美国广告业的发展中，广告代理商除了曾在第二次世界大战后，随美国日用商品企业前往世界各地发展外，美国本土更致力于发明传播媒体，建立了悠久的传统；例如，美国是最先引进电视的国家，并且是早期电子营销的主要市场。传播媒体的民营制度、公司的经验丰富，以及多年前就开始在电视台和广播电台上自由播放广告等情形，再次强化了美国广告代理商的地位。

服务业的产业集群和制造业情况一样，也有地理集中性。例子之一是伦敦的金融服务和相关产业，而美国波士顿则汇集了诸多形式的咨询顾问和软件公司。服务业和制造业的产业集群都会与专业学校合作，要不然就全力投入特定领域具有实力的大学研究计划。

力量足以左右国家经济

对各国而言，服务业的国际竞争力能否像制造业的国际成就那么有价值，一直是个争议。这些争议大多针对必须走入外国发展的第三类服务业竞争形式而言。这个问题与政府公共政策的走向（见第 12 章）有关，但是服务业与国际经济发展的关系绝对是可以肯定的。许多服务业为国家经济带来了希望，不但能提供高效的生产率，而且只需要花很短的时间。与现代科技关系密切的国际服务业更需母国具有高技术的工人和管理人。定制软件、咨询顾问和工程服务只是其中的几个例子。许多服务业（如无破坏性的检测）以尖端科技操作，还与其他高科技产业的成功息息相关。与制造业投资规模较小的海外市场相比，能在国际市场成功的服务业其实更能吸引外国资金的流入。

此外，服务业也是形成产业集群时不可或缺的一部分，产业集群形成的过程则是创造国家竞争优势的核心。服务企业提供其他产业所需的技能、技术和支持，国家若是欠缺具有实力的服务业，其国民所得将逐渐受到侵蚀，而其他产业的竞争地位也会节节落后。第二次世界大战后，许多服务产业的特点和国际化的情形已显著改变，服务业绝不是传统刻板的观念认定的低科技和国内产业。[18]

同样，国家的制造业即使再强大，如果服务产业普遍缺乏竞争优势，仍将严重阻碍国家生产率的提高，日本和瑞典等国就处于这种状态。在各国的就业市场中，服务业都占有重要比例，若是在发达国家，这项比重会更高。如果服务业的生产率受到抑制、法律规定严格、国有制度或其他种种因素造成限制，就意味着一个国家对人均收入的束缚。政府开放服务业进入国内和国际竞争的意义不仅在于提高生产率，还希望能释放稀有人力资源，因为这些可贵的人力可以分散至其他或更具生产率的产业服务。以瑞典为例，劳动力短缺问题限制了有竞争力的制造企业在瑞典的扩展，但瑞典有绝大部分的人力资源却被闲置在该国相对欠缺效率的服务业中。

服务业大战来势汹汹

许多服务业的国际竞争原则可以借助特定的案例研究加以说明。在最大规模的贸易服务业中，我们以工程业和建筑业的例子来解释，规模较小但受到高度瞩目的拍卖业则可以呈现其他重要课题。

从工程建筑业谈起[19]

工程服务业主要负责工厂的作业流程、厂房设计和公共工程。工程顾问公司有时也扮演建筑监督者的角色，建筑服务业则参与实际兴建。工程和建筑服务有时会由同一家公司提供，但多数情况下它们是分别由不同的企业负责。

与建筑作业有关的工程服务（如与小型工厂、仓库、办公楼和住宅等相关的业务）多半属于比较简单的案例，其国际竞争的意味也不浓。然而，从第二次世界大战后，这个产业中有关大规模的专案和复杂的工业厂房设备等方面就出现高度化的国际竞争。

美国第一　美国企业一直是工程业和建筑业的主要国际竞争者。1987 年，美国企业在前 250 家国际承包商的工程业务当中占 24.5%，遥遥领先于日本

(13.4%)、意大利（12.4%)、法国（11.6%)、英国（10.7%)、德国（8%)、韩国(2.8%)、荷兰（1.9%)、瑞士（1.6%）及土耳其（1.1%)。[20]

美国的大型工程与建筑企业发轫于20世纪30年代，主要是兴建国内工程。当时美国境内的需求条件对工程和建筑产业极为有利。由于美国本土几乎具有各类型资源的开发产业及许多有国际竞争力的制造业，因此美国工程与建筑业得以接触到难度最大的项目，客户对多种厂房设备的需求也十分殷切。美国本土在气候、地形和其他建筑条件上的变化极大，又为建筑与工程企业提供广泛且多样的学习环境。战后，大量的重建活动更使企业的规模和专业程度快速扩大和提高。

在第二次世界大战结束前夕，美国几家大型公司如柏克德、凯洛格等，已经是多种大型工程的设计、管理和建造的高手。它们更利用战后重建的机会吸收了不少工程科系的毕业生、海军工程队与陆军工程队的人员。比起其他国家的建筑业企业正忙于彼此协调或合作，美国企业间的竞争可说是相当激烈。

抓住战后重建的机会　战后初期的百废待兴是美国工程和建筑企业进军海外的一个动力。当欧洲和亚洲许多国家面临大规模的重建工作时，美国的产业基础却大致完好。由于其他国家的工程和建筑企业若非规模太小不足胜任，就是工作量已到极限，美国企业因此获得进入国外市场的机会。美国企业因为具备先进的生产流程与成熟的建筑管理技巧，很快就成为国际工程和建筑业的主角。

美国企业同时也为其他美国企业设计和建造它们的海外工程，这些美国企业同样是基于国外需求的增加而在快速国际化。比如美国的矿产和林产公司就是重量级的国外投资者。另外，美国对友邦大规模的援助计划同样也有帮助，因为这些援助有时直接关系到美国企业的承包合同。紧接着，美国工程和建筑企业也刺激了本国商品的国际销售业绩，其中像卡特彼勒的推土机、奥的斯电梯的升降电梯，以及开利的空调设备更是居功至伟。

美国在工程和建筑业方面的主导地位一直延续到20世纪70年代初期。在60年代初期，其他国家的工程与建筑企业其实已开始建立规模、培养专业技术。这些国家的重建工作也陆续完成，国内市场则日趋饱和，如意大利、德国、法国和北欧等国家的企业因此开始寻求出口市场，并打开一些国际利基市场。

70年代来临时，日本的工程和建筑业企业开始在国际市场上扮演重要角色。

它们的优势来自于该国钢铁等产业开发出来的先进工程技术。日本企业的海外工程许多是针对该国企业的国际市场活动，也可能是由日本企业提供资金，或拥有部分所有权的国际开发项目。这段期间，许多国际工程项目是由日本企业发起的，目的是为确保原材料能顺利取得。

诸国高手齐聚 当时的国际市场已经是群雄并起的局面，来自德国、意大利、日本和北欧的工程企业与建筑企业，个个都能在需求条件有利的产业环节中表现出色。这些产业环节之所以有利，一方面是因为客户有国际竞争力，一方面可能是因为当地需求较严格。比如北欧的企业擅长建造纸厂、水坝、桥梁、港口和水力发电等厂房设备；意大利企业则根据该国险恶且变化多端的地形所汲取的经验，专门发展道路和军事防卫工程。德国企业精于建造化学和冶炼厂。日本企业则在兴建钢铁厂、船坞、防震建筑、铁路、地铁和其他大众运输系统、水坝（日本电力主要依赖水力发电），以及水上活动设施等方面称雄。[21]

能在工程与建筑业上成功的国家，也需要技术人员和其他因素的配合。以意大利为例，它在民间工程业方面有坚强的传统与教育体系。意大利企业在非洲和中东国家特别成功，一则因为这些国家在地理位置上与之邻近，另外，意大利的帝国殖民色彩不那么强烈，所以在国外较受欢迎。意大利的企业家是很好的谈判者，旧时拜占庭的意大利式法规环境也使他们在与发展中国家做生意时，能得心应手地处理错综复杂的问题。他们也很容易适应人生地不熟的环境，更懂得积极利用政府支持发展中国家的机会，提高对意大利产品和服务的需求。

从 70 年代起，韩国、菲律宾等一些发展中国家和地区的建筑也开始在国际建筑业中崭露头角，其中最积极的是韩国企业。它们从韩国战后的国内重建中起步，并从美军基地相关的大型工程案中学习技术。越战时，韩国人协助越南美军的经验成为它们进入国际市场的踏脚石。韩国与其他发展中国家的工程与建筑企业之所以能进入国际市场，是因为它们能充分运用意愿强但薪水低的人力的优势。韩国企业就经常担任发达国家企业的分包商，并渐进地掌握了较简单的技术，开始管理复杂度较低的工程项目，俨然是接班领导者的模样。对韩国企业而言，中东战争带来了基本军事设施的建筑热潮，实在是一个意外收获。但中东形势和缓之后，相对也伤害了韩国企业尚未超越初级优势的竞争力。

基本上，工程业和建筑业的发展与竞争阐释了服务业的国家竞争优势中，提前的需求、需求浪潮、先进的本土客户、严格的本地需求条件等因素的重要。

它们也显示了服务业和相关制造业间的关系，以及国内高度竞争的推力。成功的国家大多具备完善的工程教育体系。然而，除非企业是来自低薪水的国家，否则生产要素的决定性并不大，尤其当经济低迷时，过于依赖低薪水优势的产业会因此衰退。一国能走到高级竞争领域（例如美国企业纵使成本偏高仍能维持强有力的地位），靠的还是国内有利的“钻石体系”。不过，当其他国家的企业（如日本）有其他产业的国际竞争力支持时，仍可能对美国的竞争优势产生重大威胁。

拍卖业风潮

在服务业中，工程业和建筑业属于巨型产业，它们的国际营业额几乎可以和任何制成品匹敌，但是大多数的服务业（或制造业）则走向专业化的路线。例子之一便是拍卖业，这是另一种服务业产生国家竞争优势的情况。拍卖商经手交易的收藏品，范围相当广泛，从画作和其他艺术品到家具、珠宝和瓷器都有。有些拍卖商自己收购收藏品，然后以拍卖的方式卖出。有些拍卖商如知名的英国国际级企业则只担任中介，代理客户的拍卖工作，再按惯例从交易双方赚取中介佣金。拍卖商通常会备妥目录、宣传拍卖会活动、保管收藏品并实际主持拍卖。先进的拍卖会不仅有现场出席者，还会有来自世界各地的客户，以事先出价的方式参与，或在拍卖活动进行时通过电话连线和远方的客户竞价。

英国的独特艺术 在全球拍卖业中，主导者是英国的拍卖企业，或一些在英国创办并设有总部的企业。苏富比、佳士得、飞利浦与宝龙是前四大公司。它们每年获利超过 10 亿英镑，绝大多数交易是英国以外的买主。除了苏富比是美国投资集团向原英国创办人买下的企业（总部仍在英国）外，其余三家都为地道的英国企业。苏富比、佳士得与飞利浦也在其他国家开设办事处和展厅，而且在世界各地举办拍卖会。宝龙的活动虽然只在伦敦一地，但由它举办的拍卖会往往吸引了世界各地的客户和收藏家。与其他国家规模较小并仅限于国内活动的拍卖企业相比，英国企业就代表了国际拍卖业的世界舞台。

英国曾经是一个财富傲人的国家，国内也聚集了数量庞大的美术收藏品。不过，英国拍卖产业的竞争力并非来自其国内需求。这种情形也同样出现在拥有艺术传统的法国与意大利。不过，美国的艺术传统并不长，却是采购艺术品的最大势力。日本人更在 80 年代末期成为国际拍卖会中的重要客户。

英国拍卖业的传统可追溯至数世纪前。更重要的是，当其他国家以怀疑眼光看待拍卖活动时，它在英国却一直被当成是一种光荣、受尊重的交易方式。

因此，早在20世纪初，英国就已经有数以百计的拍卖商。激烈的竞争也造成领导级的英国拍卖商很早就自诩为商业行为的中间人，而不像其他国家的拍卖商为了追求更高额的利润，亲自参与收购珍藏品。英国拍卖商为了降低资金条件，并未收购珍品，也希望借此原则尊重客户与卖方立场。[22] 当英国国内收藏品因为遗产税太高而定期在各拍卖会中出售时，配合此需求的英国拍卖商便迅速培养它们的专业能力与声誉。

然而，收藏家愿意将收藏品送到英国委托拍卖，除了是相信英国拍卖商的声誉外，也与大英帝国早期的快速扩张有关系。伦敦正是因为大英帝国的发展而成为汇集全球各地奇珍异品的市场。英国拍卖业的另一个优势是母国的地理位置。英国邻近欧洲大陆，并且处于美国和亚洲之间，这使得伦敦具有世界中心的吸引力，也强化了伦敦的重要，成为拍卖世界的核心。

用好价钱赢得地位　拍卖业在英国吸引了高水平的人才参与。在英国社会中，商人声望并不高，但从事与艺术相关的拍卖业却备受尊重。英国的大学教育系统在工程与商业等实务领域并不积极，却提供很扎实的艺术培训。英国当地庞大的博物馆和画廊系统，则提供拍卖业鉴定和估价收藏品所需的专家。

英国拍卖业另一个成功的因素是英国较松散的法律规定。在法国、意大利等国家中，艺术品的进出口不但管制严格，还得课以重税。[23] 法国的拍卖人甚至有准公务员身份，而且一定要由法国人担任重要的拍卖职务，将拍卖从商品估价中分离出来。法国拍卖商虽然因此拥有一个舒适、受保护的生存空间，但在国际竞争上并不成功。

英国的情况正好相反。英国与拍卖业相关的法律可能是全球最不严格的国家之一。拍卖品进出口的行政程序不多，也没有交易增值税。唯一的例外是珠宝拍卖必须课重税。因此珠宝拍卖赋税低的瑞士才会成为全球珠宝拍卖业的中心。英国拍卖商则通过瑞士办事处进行珠宝拍卖，仍然是瑞士拍卖市场中强劲的对手。

古物新卖　英国拍卖业的竞争力能够长期不衰，更重要的原因是企业本身拥有悠久且积极的创新记录。在拍卖业中，如估价、国际交易、活跃的公关和强有力的市场营销等特征都是英国人首创。英国本土的高级技术人才、先进的本土客户及懂得利用拍卖活动的高手，加上宽松的法律等，也有助于拍卖企业的创新。最重要的是，英国拍卖业具有“四大”伦敦企业之间的高度竞争。特别是苏富比与佳士得数十年来一直企图击败对方，任何创新手法很快就被仿效，而且拍卖人之间挖空心思，只为争取出售大型不动产和收藏品的权利。慵懒乏味的英国人遇上了拍卖事业，可是一点也不含糊！

拍卖业展现了生产要素在现代化服务业竞争中的微妙角色。拍卖业要有竞争力，需要极为专业的人才、艺术专家组成的核心团体、博物馆和民间的庞大艺术收藏、引人造访的世界中枢位置。这些因素，英国拍卖业通通具备。另外，需求条件和国内市场的竞争也有推波助澜的效果。

拍卖业也充分表现出法律规范和保护战略对服务业经营方式与竞争的影响。如同保险与医疗保健等服务业，拍卖业的发展再度证明：政府严格的规定和保护政策固然可能会消除国家的顾虑，但无形中也会削弱服务业的国际竞争力。这种情形在制造业更是屡见不鲜。

最后，拍卖业也是相当重视时机的一项产业，因此越早行动，越能巩固优势。英国拍卖商以老店的声望吸引这个市场中的一流客户，也尽心尽力为提供收藏品的卖方寻求高价。即使英国富甲天下的时代已成过眼云烟，拍卖业等随英国全盛时期而兴起的产业仍以强势有力的国际地位，展现英国深厚的竞争力。

THE COMPETITIVE ADVANTAGE OF NATIONS

第三篇 国家篇

THE COMPETITIVE ADVANTAGE OF NATIONS

在经济繁荣的漫漫长路上，有的国家扶摇直上，有的国家起起落落；在产业界奋力攀向生产巅峰、追求高品质的过程中，“国家”这不可缺席的一员，到底该扮演什么样的角色？而落入繁荣瓶颈的国家如何才能避免富裕后的贫瘠空洞，是本篇八国案例带给我们的思考。

07 战后的赢家

迈克尔·波特　战后的产业史，是一页创造富足而非消费富足的历史。它强调的不是一个国家享有多少优势条件，而是着重于国家如何转换不利的生产要素。一时的国家困境，往往会转化为一股创新求变的力量。因此，引导企业和国家不断进步的，是外在的压力与挑战，而非风平浪静的生活。

仔细观察工业化国家的经济，会发现它们所具有的国家竞争优势有明显的差异。德国在化学、各式各样的生产机械和高性能汽车方面，不但长期屹立不倒且居领导地位。瑞典则在特殊钢铁、重型车及采矿设备领域，有杰出表现。瑞士在贸易、纺织机械、制药及巧克力等方面，表现过人。意大利则擅长毛织品、皮革制品及机器人。美国则在清洁剂、医学器材及民航机方面见长。这些国家的竞争优势差异并非全是新气象，有些国家的竞争优势，早在一个世纪前就出现了，并将这项优良传统持续至今。

国家竞争优势不但表现在特定产业中，甚至是存在于某些产业的特定环节，而非在整个产业部门里出现。这些林林总总的国家竞争优势差异与日俱增，随着竞争的国际化，无论是制造业还是服务业，越来越多的产业面临全球最强劲的竞争对手；长期下来，成功和失败的竞争形态就变得更为明确了。[1]

影响一国生产力的关键要素，可以从经济形态的成功和失败中窥知其要，因为关键要素是一个国家在复杂的产业和产业环节中的竞争能力。至于国家的经济是否繁荣，不仅与它在某个时点上的表现形态有关，更重要的是该国产业长期自我提升的能力。因此，一个国家的经济繁荣，是该国产业竞争优势扩张和提升的结果，亦即产业界在现有基础上，达到更广泛和深入的竞争优势。这种发展趋势，促进了生产力的提高，也在越来越专业的新兴产业环节和整个产业中，奠定了有利的竞争基础。产业升级促使生产力提高，并且维持充分就业；反之，如果经济无法繁荣，其后果将导致现有的产业生产力下降，一些高生产力产业也将丧失竞争地位。结果首当其冲的便是工资问题，也因此而延缓人均国民收入的增长。

自第二次世界大战之后，工业国家的竞争优势形态出现了大幅度的转变。德国虽然在战火中耗尽心力，但很快就夺回工业发电机的重要地位，并且享有持续繁荣的经济。情况相同的日本则向美国挑战，企图争夺工业国家的龙头地位。崛起中的意大利，也是国际竞争中不容忽视的一股势力。韩国经济也正在快速成长中，几乎就要继日本之后跃居先进工业国家之列。尽管前述的几个国家正处心积虑地想改写经济版图中的地位，但面临挑战的瑞士与瑞典，仍继续保持数十年来享有的高人均国民收入和低失业率的荣耀。至于一度主导多项高级产业的美国，却因这些后起之秀的竞争而丧失不少优越地位。英国则是疲于解决产业长期委靡不振和国民收入增长停滞不前。

表 7–1 是评估本书所研究的国家其战后经济效益的有力指标，这些资料显示出各国经济增长的明显差异和重要位置的变动情形。这些数据也是讨论个别国家竞争优势表现的背景资料。

国家竞争优势形态的变化，挑战了任何简化的比较优势概念。在以精密产业制胜的国家中，日本与德国都是从战后满目疮痍中起步的。当时这两个国家不但资金匮乏，连试图打进国外市场的销售人员也遭到排斥。然而德国克服了人力成本高涨、每周工时缩短与马克升值等问题，重新取得并维持了在许多高端产业的领先地位。虽然日本几乎没有天然资源，而且孤立的地理位置更加延长了供给线，另外还面临美元贬值、日元升值的走势震荡，与邻近区域国家间的关系又十分紧张，但这些却无法阻碍它跃升为世界上主要的产业国家。

瑞典和瑞士的国内市场小、工资高（就社会福利和收入分配而言），但是

表 7–1　列入研究的 9 个国家在战后的经济表现评量表

1950~1987年国内生产总值的实际年复合增长率（以1980年的物价为准）									
国家	1950~1987	1950~1955	1955~1960	1960~1965	1965~1970	1970~1975	1975~1980	1980~1985	1985~1987
韩国	7.9%[1]	–	3.3%	6.5%	12.6%	8.8%	7.7%	7.6%	11.4%
日本	7.2%[1]	–	8.5%	10.0%	11.0%	4.3%	5.0%	3.9%	3.4%
德国	4.6%	9.4%	8.3%	4.8%	4.2%	2.1%	3.3%	1.3%	2.1%
意大利	4.5%	6.0%	6.6%	5.2%	6.2%	2.4%	3.8%	1.6%	3.0%
丹麦	3.2%	1.9%	4.6%	5.3%	3.7%	2.0%	2.5%	2.4%	1.1%
瑞士	3.2%	4.9%	4.3%	5.2%	4.2%	0.8%	1.7%	1.4%	2.5%
美国	3.2%	4.4%	2.2%	4.8%	2.9%	2.3%	3.3%	3.0%	2.9%
瑞典	3.0%	3.3%	3.4%	5.2%	4.1%	2.6%	1.3%	1.8%	2.0%
英国	2.5%	3.0%	2.5%	3.2%	2.5%	2.1%	1.7%	1.8%	3.3%
1950~1987年人均国内生产总值的实际年复合增长率（以1980年的物价为准）									
日本	6.2%[2]	–	7.5%	9.0%	9.8%	2.9%	4.0%	3.2%	2.9%
韩国	5.7%[2]	–	0.3%	3.6%	10.0%	6.8%	6.1%	6.0%	10.0%
德国	4.0%	8.3%	5.7%	3.5%	3.6%	1.7%	3.4%	1.4%	1.9%
意大利	3.9%	5.3%	6.0%	4.2%	5.6%	1.8%	3.5%	1.4%	2.8%
丹麦	2.7%	1.1%	3.9%	4.5%	3.0%	1.4%	2.3%	2.5%	0.9%
瑞典	2.6%	2.6%	2.8%	4.5%	3.3%	3.2%	1.0%	1.7%	1.7%
瑞士	2.2%	3.7%	2.8%	3.4%	3.1%	0.1%	1.8%	1.1%	2.0%
英国	2.2%	2.8%	2.1%	2.5%	2.0%	2.0%	1.6%	1.6%	3.0%
美国	1.9%	2.7%	0.4%	3.3%	1.7%	1.2%	2.2%	2.6%	1.9%

（续）

1950~1987年人口的年复合增长率									
国家	1950~1987	1950~1955	1955~1960	1960~1965	1965~1970	1970~1975	1975~1980	1980~1985	1985~1987
韩国	2.0%	1.1%	3.0%	2.8%	2.4%	1.8%	1.6%	1.5%	1.2%
美国	1.3%	1.7%	1.8%	1.5%	1.1%	1.0%	1.1%	1.0%	0.9%
日本	1.1%	1.4%	0.9%	1.0%	1.1%	1.5%	0.9%	0.7%	0.6%
瑞士	0.9%	1.2%	1.5%	1.8%	1.1%	0.7%	−0.1%	0.2%	0.5%
德国	0.7%	1.0%	2.4%	1.1%	0.7%	0.4%	−0.1%	−0.2%	0.1%
丹麦	0.5%	0.8%	0.6%	0.8%	0.7%	0.5%	0.3%	−0.1%	0.2%
意大利	0.5%	0.7%	0.6%	0.7%	0.6%	0.7%	0.4%	0.3%	0.2%
瑞典	0.5%	0.7%	0.6%	0.7%	0.8%	0.4%	0.3%	0.1%	0.3%
英国	0.3%	0.2%	0.4%	0.7%	0.5%	0.2%	0.0%	0.1%	0.3%
1950~1987[3]年劳动力总生产力增长率（每位雇员人均国内生产总值的年复合增长率）									
日本	5.9%[4]	–	6.3%	11.0%	9.2%	3.8%	3.8%	3.0%	2.5%
韩国	5.8%[5]	–	–	–	8.8%	4.6%	4.6%	5.7%	6.6%
意大利	4.4%	6.1%	6.4%	5.7%	6.8%	2.1%	3.0%	1.4%	2.8%
德国	3.8%	6.4%	5.2%	4.2%	4.4%	2.7%	3.0%	1.9%	1.2%
丹麦	2.4%[4]	–	3.2%	3.5%	3.6%	1.7%	1.7%	1.8%	−0.6%
瑞典	2.3%[6]	–	–	4.4%	3.5%	1.7%	0.6%	1.6%	1.7%
英国	2.2%	2.1%	2.1%	2.4%	2.8%	2.0%	1.7%	2.4%	2.0%
瑞士	1.2%[7]	–	–	–	–	1.5%	0.7%	1.3%	1.8%
美国	1.4%	2.9%	1.2%	2.5%	0.9%	0.7%	0.5%	1.0%	0.5%

（续）

1950~1987[8]年的制造业生产力增长率（制造业每位雇员产量的年复合增长率）

国家	1950~1987	1950~1955	1955~1960	1960~1965	1965~1970	1970~1975	1975~1980	1980~1985	1985~1987
日本	7.96%	12.03%	8.77%	6.93%	12.59%	4.10%	8.04%	5.68%	2.76%
意大利	5.14%	7.39%	4.84%	5.32%	6.85%	1.16%	5.84%	4.83%	4.83%
德国	4.30%	7.58%	5.48%	4.65%	5.03%	3.07%	3.39%	2.71%	0.04%
瑞典	3.30%	1.69%	3.90%	5.71%	5.03%	2.78%	0.87%	3.95%	1.46%
丹麦	2.97%	1.34%	2.90%	4.76%	4.19%	5.64%	3.27%	0.50%	−1.14%
英国	2.81%	1.77%	2.16%	2.76%	3.25%	2.24%	0.88%	5.84%	4.99%
美国	2.63%	2.87%	0.77%	4.96%	0.46%	2.68%	1.82%	4.48%	3.79%

1950~1987年失业率（每时期的平均值）

瑞士	0.3%	0.8%	0.4%	0.0%	0.0%	0.1%	0.4%	0.7%	0.8%
日本	1.7%	1.3%	1.4%	1.3%	1.2%	1.4%	2.1%	2.5%	2.9%
瑞典	2.1%	2.4%	1.9%	1.5%	1.8%	2.2%	1.9%	3.0%	2.3%
德国	3.5%	7.4%	2.9%	0.5%	0.8%	1.4%	4.1%	5.5%	6.8%
英国	4.7%	1.6%	1.8%	2.5%	2.9%	3.8%	6.1%	11.2%	10.7%
韩国	5.0%[9]	–	–	7.9%	5.5%	4.2%	4.0%	4.1%	3.5%
意大利	5.4%	9.6%	6.8%	2.9%	3.4%	3.4%	4.1%	5.5%	7.6%
美国	5.7%	3.9%	5.2%	5.4%	3.8%	6.0%	6.7%	8.2%	6.5%
丹麦	6.4%	9.8%	8.3%	2.8%	3.4%	4.0%	6.4%	9.7%	8.1%

（续）

国内投资净值（固定资本总投资额－固定资本消耗量占国内生产总值的百分比）各时期的平均值[10]

国家	1950~1987	1950~1955	1955~1960	1960~1965	1965~1970	1970~1975	1975~1981	1980~1985	1985~1987
日本	17.6%	12.9%	16.7%	20.7%	20.2%	21.2%	18.5%	15.3%	14.4%
韩国	14.7%[11]	–	5.6%	7.7%	18.0%	16.1%	21.8%	20.9%	–
瑞士	13.7%	9.1%	12.6%	18.4%	15.3%	16.4%	11.0%	13.2%	14.7%
德国	11.8%	10.5%	13.9%	16.1%	13.8%	12.7%	9.8%	8.0%	7.0%
丹麦	11.6%	9.9%	10.0%	13.1%	13.7%	13.4%	13.2%	8.0%	10.9%
瑞典	11.0%	11.1%	12.5%	13.4%	13.6%	11.7%	9.3%	7.2%	7.1%
意大利	10.9%	9.9%	12.6%	13.6%	11.4%	11.6%	9.4%	8.5%	9.0%
英国	7.7%	6.2%	7.8%	9.5%	10.3%	9.7%	7.1%	4.5%	5.2%
美国	7.1%	9.3%	7.9%	7.3%	7.8%	6.6%	6.8%	4.6%	5.1%

注：

1. 1955~1987 年；2. 1955~1987 年；3. 麦迪逊在 1987 年的统计数字显示，针对生产要素的总生产力所作的比较与劳动力生产力的比较结果近似；4. 1955~1987 年；5. 1963~1987 年；6. 1960~1987 年；7. 1970~1987 年；8. 其他国家在这方面的评量数据无法取得；9. 1961~1987 年；10. 这些数据若扣除兴建住宅方面的投资仍不影响各国的排名顺序，但是百分比则显著降低。11. 在 20 世纪 80 年代，美国的净投资比例降到接近零，也有几年出现负数的情况。

资料来源：国际货币基金组织；经济合作与发展组织的《国际金融统计年鉴》；联合国的《经济展望》和《历年统计》；美国劳工部的《统计年鉴》、《国家报告》、《统计月刊》；《实质国内生产总值的比较数字》和《每小时产出索引》（未公开刊行的数据）

这两个国家一直是重要的贸易国家，并且孕育出许多顶尖的跨国公司。意大利虽然有一个欠缺效率的官僚政府，基础设施也发挥不出功效，人工法律的限制更是严格，但它的经济依然繁荣。尽管韩国遭受过战争的重创、国家资源稀少、长期受日本威胁，以及庞大的国防成本也是沉重的包袱，但韩国的经济仍在蓬勃发展中。

事实上，我们可以看到，战后的产业史，是一页创造财富而非消费财富的历史。它强调的不是一个国家享有多少优势条件，而是着重于国家如何转换不利生产要素。在特定情况下出现的国家困境，往往会转化为一股创新求变的动力。因此，引导企业和国家不断进步的，是外在的压力与挑战，而非风平浪静的生活。

国家经济的表现方式

本书第三篇的讨论可分成两个方面。首先，竞争优势理论将实际应用于解释国际市场上重要国家产业的成败类型。这部分的讨论仅限于本书所研究的 10 个国家中的 8 个。丹麦和新加坡虽在书中引为案例，但只在第 10 章中略加描述。[2]

其次，第三篇将探讨这些国家从战后迄今，产业升级的原因及其程度，并先后在本章和第 13 章中，评估这些国家的产业持续升级能力。探讨一国经济是否能升级的一项重要指标是，它的产业或产业环节在国际上成功或失败的形态为何。有利于国民收入增长的经济形态，是朝向更精致且更有生产力的产业环节发展，并在需要先进科技和技术人力资源的产业中，增强其地位。一国的世界出口量提高，可以视为经济升级的征兆之一，但竞争地位的取得或失去，又远比平均出口额更为重要。这部分已在第 1 章有所讨论。

本篇在分析各个国家的经济时，首先介绍该国在 1985 年所有成功产业的轮廓。至于检验各国产业的表现，则针对 1971 年、1978 年和 1985 年 3 个时点上，具有国际竞争优势的每一项产业加以比较。然而正如第 1 章所述，资料的不足使竞争优势的认定困难重重；加上政府的介入，有时也会使一些缺乏竞争优势的企业，仍能勉强支持。

国际市场的竞争优势，是根据明显而持续的全球出口占有率来衡量；母国所创造的技术与实力，则反映在对不同国家的出口或是海外直接投资上。[3] 我们发现，出口和实质的海外投资之间有密切的关联，所以一个国家的产业集群是否由相互竞争的产业组成，也是探讨国家竞争优势形态的一项重要指标（在附录I里，会详细描述对这些国家的研究方法）。

为了避免偏宏观经济的观点，本书依靠案例研究、密集访谈及各国研究人员的协助，分别探讨个别国家的竞争优势形态及其转变过程。这里的前提是，唯有通过检验特定产业和产业集群，才能真正了解国家竞争优势。然而，每一个国家都有数以百计的产业，要对每一种产业进行分析，是不切实际的做法。因此，虽然这里只提到一些产业，但必须特别强调，国家环境对所有产业都有重要的影响；当然对不同产业而言，国家环境是以不同的方式影响着。在探究一项针对产业（和产业集群）而发的理论时，这种做法的风险在于过度强调跨产业的思考。然而，在本书进行的研究中，事实上也没有其他更周全的办法。此外，本书所进行的每个案例研究，也能引申出更多的思考。

当本书解释一个国家的产业在国际市场上成功或失败的形态时，会特别着重演变的过程，以及该国产业的长期升级能力。没有一个国家能令它所有的产业都成功，产业丧失竞争地位的关键在于丧失的原因与本质。而国家能建立起竞争优势的关键就在于一国的企业能持续高层次的竞争优势，同时具有参与新兴先进产业的能力。唯有如此，才能更有效地运用国家资源。

本章的讨论集中在第二次世界大战及战后10年间崛起并最具竞争优势的国家。美国、瑞士和瑞典是最早的赢家。它们没有受到战争的破坏，又各自拥有相当的实力，以至于能在战后初期蓬勃发展。当德国以惊人的速度从战争中恢复时，它也成了早期赢家的一员。

本书的目的不在于为每个国家的发展作出定论，而是借着这些国家的表现，阐述竞争优势理论如何整合许多有关竞争力的影响因素（包括已被提出和新增添的重要影响），以便从新的角度审视国家竞争优势问题。因此，针对个别国家的讨论将尽可能简短，省略部分内容的情形也在所难免。所有支持个人论点的数据，作者既不可能完整引述，也无法浏览和消化所有的相关文献。但是借着接下来的概述，希望能就国家在产业中的竞争地位与可能改变的趋向，提供一个新的视角。[4]

美国：战后居主导地位

在第二次世界大战刚结束的几十年间，美国是国家竞争优势的代名词。战后的美国，在经济上的实力是当代罕见的。早在20世纪初期，美国企业就已经在许多产业中居领先地位，其中著名的例子如胜家（缝纫机）、福特（汽车）、奥的斯（电梯）等。到了20世纪50年代和60年代初期，美国部分产业进一步跨入国际市场。当时的美国，平均生产力居世界各国之冠；它的产业出口虽然不多，但是拥有相当多具备国际市场生产力的产业。事实上，相较于任何其他发达国家，美国的国内生产总值中，进出口所占百分比是比较低的。

美国过去所享有的得天独厚的条件，对其发展国际竞争型产业的帮助很大。美国产业并未受到战争的破坏，又拥有一个广大且富裕的国内市场，再加上不少为了供应战时需要而兴建的现代化厂房和设备，以及在缺乏国外竞争的情况下，适时迎合了刚萌芽的国际市场需求。另外，庞大的国防计划也提供了核心科技研究所需的经费，满足了高科技产品如飞机、电子产品的需求市场。这些新科技很快就转换成产业科技，例如，波音707的前身就是美国空军运输机，美国政府也采购许多第一代的电脑与电子零部件。

然而，这些过去所归纳出的理由，只能初步解释为何美国产业在战后能居于主导地位，本书随后将更广泛地介绍其他的影响力量。无论战后美国的成功是多么伟大或是得来全不费工夫，基本上它都是一种独特环境下自我强化的结果。

国家竞争优势形态：产业各自独当一面

要想了解美国产业竞争成功的模式，表7–2提供了重要的线索（第9章将讨论1985年的数据）。接下来讨论其他7个国家时，也将以该国全球出口占有率排名前五十大产业作为该国最具国际主导地位的产业，并依此代表该国的国际竞争优势。每个国家前五十大产业，通常在本国出口值上占有很大的分量。（附录II的表II–1，则是依据出口值评定美国的前五十大产业。这张表主要是针对每个国家列出其全球出口占有率较高的产业。有时也涵盖如石油或汽车业等少数大型产业，只是该国在这些产业上的竞争地位并不强，而且是呈现贸易逆差情形。）

1971年，美国的前五十大产业中，不少是高度依赖天然资源的产业，其中又以农业产品居多，这种情形从美国的整体经济中看得更清楚。但是，美国非比寻常的竞争实力，更在于它的前五十大产业的多样化状态，像飞机、摄影器材、电脑、化工、各类型的生产机械和零件，以及日常消费产品等一应俱全。

表 7-2　依照全球出口总额占有比例，列出美国前五十大产业（1971 年）

产业类别	占全球出口总额的比例（%）	出口值（千美元）	进口值（千美元）	占美国出口总额的比例（%）
黄豆	97.4	1 326 819	8	3.1
天然磷酸盐	95.3	94 827	2 830	0.2
染料混合物	81.9	16 243	–	0.0
飞机	77.5	2 552 652	79 887	5.9
放射性元素	76.6	167 106	–	0.4
粗锯材原木、单板原木	75.5	264 628	3 943	0.6
办公设备零件	55.9	927 810	121 151	2.1
煤（不包括煤球）	53.4	901 598	569	2.1
稳定的同位素及其化合物	50.4	68 555	73 239	0.2
飞机零件	49.3	852 619	257 888	2.0
动物性油脂	47.4	241 836	11 926	0.6
有机化学制品	44.1	989 723	400 286	2.3
大米	42.4	99 606	2	0.2
植物油渣	41.6	419 954	1 319	1.0
非化学性的煤、石油废料	41.2	183 918	39 673	0.4
未加工的烟草	41.1	466 135	88 724	1.1
玉米	39.6	746 415	7 693	1.7
非家用冷藏设备	39.3	232 303	–	0.8
抗震剂（材料）	39.0	155 789	–	0.4
糖制品	37.9	1 455	568	0.0
肉类和可食用内脏	37.7	9 094	–	0.0
牛皮纸、硬纸板	37.2	283 110	10 322	0.7
铁屑、钢屑	37.1	215 761	13 551	0.5
航空燃气轮机、涡轮喷气发动机	36.8	381 077	35 405	0.9
织品废料	35.9	49 719	5 186	0.1
小麦	35.8	1 004 729	648	2.3
挖掘用、平土用机械	35.6	711 140	–	1.6
电脑	35.2	462 382	196 190	1.1
牛、马皮革	34.5	133 176	4 852	0.3
非陆用牵引机	34.2	417 783	87 172	1.0
香烟	33.7	183 012	2 106	0.4
化学显像产品	33.7	23 339	–	0.1
谷物	33.5	176 717	2 551	0.4
软性、固态植物油	33.1	326 749	22 457	0.8
晶体管、真空管	32.7	480 147	259 160	1.1

（续）

产业类别	占全球出口总额的比例（%）	出口值（千美元）	进口值（千美元）	占美国出口总额的比例（%）
汽车零件	32.3	2 175 245	1 070 173	5.0
测量、控制仪器	32.0	463 004	61 750	1.1
非小麦制的粗粉、谷粉	30.8	15 271	–	0.0
未加工的铁、钢铸件	30.7	96 086	9 405	0.2
电子测量、控制仪器	29.7	417 330	83 370	1.0
人造奶油、烤酥油	29.6	52 092	–	0.1
其他电子通信设备	28.8	492 649	243 036	1.1
铜屑	28.1	73 832	13 143	0.2
合成橡胶	27.6	172 851	56 736	0.4
马肉、内脏、家禽肝脏	27.4	79 024	8 476	0.2
照相胶卷	27.3	259 298	111 008	0.6
非电动机械	25.8	1 187 741	921 674	2.7
氧化铝、氢氧化铝	25.7	77 659	160 070	0.2
软木底鞋	25.6	11 127	11 185	0.0
点火装置、启动设备	25.5	94 293	55 199	0.2
合计				49.1

注：进口值少于 1971 年总贸易额的 0.3%者，不列出其进口数据。

为了更清楚地呈现美国与其他国家的国家优势模式和变化过程，读者可以参考图 7–1 的产业集群图。[5] 图 7–1 所列举的产业，如果不是该国全球出口占有率高于本国平均出口占有率，就是在国外的投资具备国际市场的重要性产业。全球出口占有率超过本国平均值的产业，一般约占该国总出口额至少 2/3 以上。个别产业则依国际地位的差异而以不同的字体显示。

竞争优势理论强调的是，需求条件与产业之间的纵向结合关系对激发竞争优势会产生的影响。因此，该国的各种产业是依它的最终产品性质予以分类的。在图 7–1 最上面一排的产业称为上游部门，属于此一部门的产业产品，主要供应其他产业所需的元件材料。比如说，在国家经济中比较新颖的半导体和电脑产业，它们生产的不但是现代的新兴产品，也是许多产业的基本元件。图 7–1 居中的一排是有关产业功能和支持性功能的最终产品部门。这一类产业大多与国防或交通运输等最终产品有关。综合商业类所涵盖的测量仪器和动力机械等产业，则提供许多最终产品产业所需的附属产品或支持产品。图 7–1 的最下面一排，则是与最终消费商品和服务关联度最高的最终产品部门。每个国家的经济特性，可以从该国在国际市场上的成功产业如何分布于各级最终产品部门而显示出来。

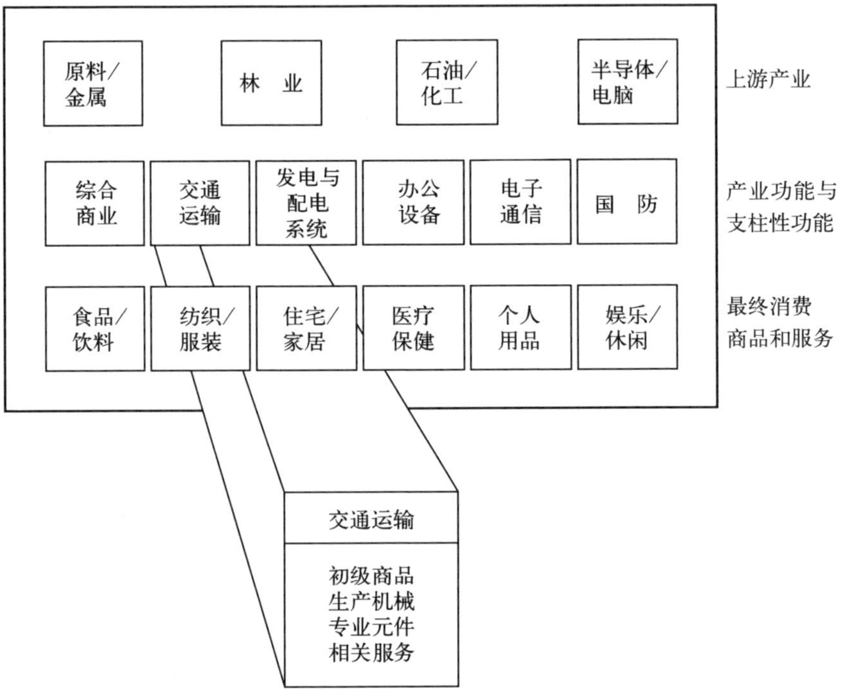

图 7–1　产业集群图

在每一大类的产业部门中，具国际竞争力的产业又细分为初级产品、制造机械（以及设备）、专业元件与产品或其生产有关的服务活动。这种分类有助于检视成功产业之间的纵向结合关系，以及国家产业集群的深度。为了呈现每个产业集群的特性，我们也在每个垂直阶段中，找出彼此关联度最高的成功产业，进行子项目的归类。

一般而言，相关产业通常会在同一类主要部门出现，如汽车和卡车产业都属于交通运输部门。不过，每个国家也有不同产业却互有关联的现象，例如，美国在半导体和电脑产业方面的地位，就与国防的实力有关。各个国家在这方面比较重要的联结关系，我们也将以阴影形式表示出来。这种产业归类方式必然引起争议；在某些情况下，我们不得不受制于过于笼统的国际贸易分类方式。

不过，产业集群表主要是为了呈现各国经济的纵切面，分析各国经济变化的途径。(附录I对如何选定产业集群图中的产业并安排其所属位置，有详细的说明。)

表 7–3 即是通过上述程序分析 1971 年的美国经济。在该年度中，美国所有被认为在国际市场上成功的产业，在表 7–3 中有大概的介绍。如果对照 1976 年的数据资料，这份资料有其不尽精确的一面，在产业分类系统上也显得笼统。不过，往后的图表都是根据 1985 年的数据做成的。

尽管有这么多问题，根据表 7–3 显示，我们以前五十大产业作为筛选成功产业的标准仍是合理的。在第二次世界大战后的 20 年间，能够展现出美国强劲实力的产业不在少数，但是能在表 7–3 中列名上榜的，均必须符合 13.8%以上的全球出口占有率标准，这些产业的表现绝对不容小觑。其中最特殊的产业有半导体和电脑、交通运输设备（汽车、飞机、搬运机械）、日常消费用品、办公设备、发电与配电系统、化工和塑胶、电子通信、国防、休闲娱乐产品、林木和农业相关产品、医疗保健用品，以及一般的商业服务。事实上，在国家竞争优势上，美国跟其他国家最大的不同点就是：美国几乎所有的产业均能独当一面，只有少数产业（最明显的是纺织/服装、住宅/家居用品）未能取得重要优势。

表 7–4 以每个产业集群中具有竞争力的产业为代表，概算出它在国家总出口中所占的比例，详细数字则见于附录 II 的图 II –2。这份产业集群表也以分属于各产业集群中有竞争力的产业，计算出全球产业集群的出口占有率。虽然这些资料的年代稍早，难以精确反映现况，但它们确实指出了美国许多具有竞争力的产业。

生产要素——后天努力承续先天体质

要说明美国产业的成功，首先得看这个国家的生产要素。美国拥有充沛的天然生产要素，包括广大的耕地、丰富的林产及天然矿产（磷酸盐、铜矿、铁矿、煤矿、石油与天然气等）。在本书所研究的 10 个国家中，除了瑞典，没有其他任何国家能像美国享有如此得天独厚的天然资源，并且能依靠这些天然资源，在精密工业产品上取得举足轻重的国际地位。

然而在资源上可与美国相比的加拿大和澳大利亚，依然略逊一筹，所以美国能维持今日的重要地位，其中的关键点绝不止于先天优越的资源。形成美国

表 7-3　美国具有国际竞争力的产业集群（1971 年）

初级商品	**原料/金属** **铁与钢** 铁块、钢块 铁、钢管家具 *未加工的铁钢铸件* **非亚铁类金属** 铝板片、细条 非亚铁类金属 铝、锌制品和零件# **精炼铜** 加工过的镍合金 **其他原料** 天然磨料 其他原材料# **废料** *铁与钢屑/铜屑*	**林业** **木制品** **锯材原木、单板原木** **纸** 涂料印刷纸 牛皮纸、硬纸板 散装涂料纸	**石油/化工** **石油制品** *非化学性的煤、石油废料* 煤、石油等的化工制品 *煤（不包含煤球）* **无机化工品** 其他无机化工制品 无机化工制品、氧化物# **有机化工品** *有机化工制品* **塑胶** 浓缩制品	**半导体/电脑** *晶体管、阀门* *电脑* **注**：这个部门里有少数产业未列在1971年的分类系统中。美国企业的表现很优异。
机械	转化炉与熔焊设备# 压钢机和辊轧机 碎矿用机械		*油田设备****	
专业元件	耐高温建材 硫黄	纸浆和废纸#		
服务	采矿		*油田服务****	*资料处理****

（续）

初级商品	**综合商业** **设备** 工具 液压机等 气压机等 离心机 电灯、手工工具等# ***电子测量、控制设备*** **仪器** *测量、控制仪器* **其他** 光学产品、医疗仪器、照相机# 活栓、阀门等 车辕、曲轴、滑轮等 滚珠、滚柱轴承#	**交通运输** *飞机燃油、喷气涡轮* **轻型飞机** *非陆用牵引机* 搬运、装卸机械 叉车 铁路车厢 巴士、道路牵引机# 货车、卡车 汽车* ***挖掘用、平土用等机械*** **车辆设备** 点火、启动设备	**发电和配电系统** 非电气的动力机械# 变速齿轮等 电动机械 绝缘设备#	**办公设备** **设备零件** 办公室用品
机械	非电力机器# 动力工具			印刷、装订机械
专业元件		*合成橡胶等*　橡胶材料 *抗震剂*　*汽车零件* 橡胶品　*飞机零件*	**放射性元素** *稳定的同位素及其化合物*#	
服务	**会计*** *广告** **管理咨询*** *商业银行**	加油站* 航空公司*		

（续）

初级商品	**电子通信** 电子通信 *其他电子通信设备#* 有线电话设备# **注**：在1971年的分类系统中，少数产业并未列入这个部门。美国企业在这些方面表现杰出。	**国防** 作战武器、弹药…… **注**：在1971年的分类系统中，少数几个产业并未列入这个部门。美国企业在这些方面则具有领先的地位。
机械		
专业元件		
服务		

（续）

初级商品	**食品/饮料**	**国防**		
	基本食品	**加工食品**		
	糙米	谷类制品		
	精米	调理食品		
	面粉	**食用油**		
	非小麦制的粗粉和谷粉	**植物油渣**	*肥皂、亮光蜡***	
	脱水水果	*人造奶油、烤酥油*		
	腌制水果	*动物性油脂*		
	黄豆	*软性、固态植物油*		
	肉类与可食用内脏#			
机械	挤奶用与其他农业机械#	*非家用冷藏设备*		
	非家用食品机械	包装、装填机器		
专业元件	磷肥#	*玉米*		*牛、马皮革*
	化学杀虫剂#	*谷物*		生棉（不含棉绒）
	天然磷酸盐#	马肉、内脏#		棉绒、棉废料#
	小麦	*加香料或色素的糖及糖制品*		未梳理的不连续合成纤维
				纤维素衍生物#
				纺织品废料
				染料混合物#
服务	**快餐***			
	农产品贸易***			

（续）

初级商品	**医疗保健** 电子医疗、X光设备 医疗产品# **注**：这个部门有少数产业未列入1971年的分类系统。美国企业在这些方面是领导者。	**个人用品** 雪茄与烟草制品# 香烟	**娱乐/休闲** *化学显像产品* 照相胶卷（不包括电影胶片） 电影 儿童图画书、地图等# 印刷书刊 报纸、音乐卡片、风景明信片# 录音媒体、乐器
机械			
专业元件		*未加工的烟草* 精油、香水	
服务		*中学与大学教育******	*旅馆与旅馆管理** *租车** *电影制片** *电视节目制作**

说明：

细体字：占全球出口额 13.8% 或以上，但低于 27.6% 者

斜体字：占全球出口额 27.6% 或以上，但低于 55.3% 者

黑体字：占全球出口额 55.3% 或以上者

\# 不列入计算的差额

* 因海外直接投资而列入

** 海外直接投资予以升级

*** 根据该国所作的研究列入

参考表 7–3 时必须注意以下几点。第一，1971 年资料所用的贸易分类系统，比 1976 年首次出现的最新版本，其聚合程度高很多（因为类别较少）。第二，要注意的部分是海外直接投资。以 1971 年为例，美国企业海外投资的程度比其他国家高出甚多。美国的出口占有率低估了美国在国际市场的实力，这在其日常消费用品产业和服务业情况更为明显。我曾增列部分反映显著海外投资的产业，不过，1971 年的资料很少有海外直接投资的详细数据，而我针对 1971 年海外投资资料所作的产业调整，也无法像 1985 年的资料这般完整。

表 7-4　在广义的产业集群下，美国具有竞争力产业的出口百分比（1971 年）

产业集群	占全国出口额的百分比	占产业集群全球出口额的百分比
上游产业（合计）	13.3	5.9
原料/金属	2.9	3.1
林业	2.1	7.1
石油/化工	6.1	6.4
半导体/电脑 ■	2.2	33.9
产业功能和支持性功能（合计）	38.7	19.5
综合商业	9.0	15.9
交通运输 ■	21.1	20.9
发电与配电系统	5.0	21.1
办公设备 ■	2.5	25.3
电子通信 ■	1.1	17.3
国防 ■	0.0	0.0
最终消费商品和服务（合计）	20.9	7.5
食品/饮料	14.4	12.1
纺织/服装	2.0	2.7
住宅/家居	0.2	0.9
医疗保健	0.7	8.6
个人用品	1.7	10.1
娱乐/休闲	1.9	5.3

■ 与国家的国际竞争地位相关的广义产业部门。

竞争优势的另一个条件是，它拥有创造和提升生产要素的机能；过去几十年间，令人瞠目结舌的巨资不断地投入可以提升生产要素。

战争的受益人 第二次世界大战时的国家危机，使得美国在生产要素的创造机制上建立了罕见的投资规模。战争刺激了许多重大突破，美国在核心科技，如电子、太空、合成材料、医疗保健用品和核能等方面的巨额投资，更使美国科技产业突飞猛进。20 世纪 50 年代与 60 年代，美国持续发展这些方面的研究，使自己在许多基础科学和科技产业上居于领先地位。这样的发展也扩及到基础设施建设上。由于科技和基础设施建设的结合，战后的美国才能拥有世界顶尖的工程和建筑业。

美国在生产技术上的发展，也因为战时要求提高了物资生产的压力而达到巅峰；美国产业就是因为战争而确立了其大批量生产技术的领导者角色。战争也有助于美国人力资源的发展，例如，数百万名讲求纪律并接受过电子、航空等方面重要技能训练的军事人员，均在战后转入产业界。

下面几个例子清楚地显示了，美国为创造出生产要素所作的投资，如何转换成产业领导者角色所需的资源。比如说，晶体管技术是在 1948 年，由美国政府大力资助贝尔实验室带头开发成功的。另外，在电子产品的测试和度量仪器方面，由于两位曾接触军方无线电的技术师有先见之明，意识到更准确的测量仪器，将是先进精密电子传动器所不可或缺的，最终使他们创办的泰克科技能与惠普及美国其他企业一起领先全球的通信业。至于在 50 年代后期手表销量居世界第一位的天美时，则是利用战时与政府签约合作开发新材料的机会，设计出革命性的新式手表；这款手表不但准确度高并且价格低廉。

两次世界大战对美国科学基础的影响还不止于此。像化学与制药等产业也是受到战争影响而蓬勃发展的产业部门。合成橡胶和青霉素的批量生产技术，根本就是为了满足战时需要而发展出来的。由于在化学和制药方面的研究经费大幅增加，美国在化学领域的教育质量更是独步全球，美国企业因此打入原属于德国企业的国际市场。德国的一些企业（如盖弗和先灵葆雅公司的前身），其专利、商标都被美国企业接收或买下。

除了专利和企业资产外，美国也汇集了科学教育界的世界顶尖人才。杰出的科学家纷纷前往美国，也成了美国公民。比如为了引进德国科学家，美国空军 1944 年的“回形针计划”，后来演变成聘用航空工程师和科学家的专门计划。

F–86 军刀式喷气式战斗机，也是大部门德国专家设计的产品。战后的美国，以其经济机会、教育权和低税收等社会条件，持续吸引能创造时势的英雄前往。

从教育开始 美国为了创造生产要素所投注的努力并未因战争结束而稍有停顿。数百万退役官兵因为《退伍军人权利法案》而提升了他们的素质（由政府负担再教育和训练的所有费用）。60 年代，也是美国在教育方面的投资期。当时的美国，教育体系质量高而且设有入学标准。它的教育质量可从前往美国求学的外籍学生（特别是大学阶段）的数量上看出来。美国政府持续不断地投资于教育，这使得更多的人有机会接受更高的教育，这种良性循环使得美国工人、工程师和管理专业人才成为全世界技术能力最高的人力资源。当时的美国，教育被视为社会进步的关键因素，为人父母努力工作以供养子女上大学，成了必然的目标。

强劲的大学研究实力、庞大的政府研究经费，以及多家民间大企业的研究实验室等条件，为美国提供了一个强有力的科学研究环境。以农业为例，高度发展的农业大学网络、积极的研究计划和高效率的技术推广制度（如农业推广服务），都有利于生产力的稳定发展。

此外，在政府的指导下，公私立大学的数量不断增加，它们除了提供教育机会，同时也成为美国研发能力的根基所在。战后的美国，联邦政府花在基础研究上的经费，是全球其他国家无法比拟的。前苏联发射斯普特尼克人造卫星的挑战、东西方的冷战等，不断为研究计划提供动机。这些情形不仅促使美国政府大力培养更多的工程师和科学家，也归结出征服太空的国家使命。与科学和技术能力紧随美国之后的德国相比，1973 年时，美国颁授的自然科学与工程领域的学士和博士学位人数要比德国多出许多。[6]政府在研究方面大量投资和投注心力，使得美国在太空、半导体、医疗器材及电脑等产业，久居独领风骚的地位。

活络的资本主义市场 对幅员广大的美国而言，发达的交通运输和通信系统是很重要的，而民营的通信、发电和交通运输公司，则是攸关投资和创新的另一项诱因，因此美国拥有全世界最先进的基础设施。凭借州际公路系统和美国电话电报公司（AT&T）等的大笔投资计划，美国基础设施不断向更高的水平迈进。

美国拥有世界上流量最大的资本市场。由于资本取得容易且利率低，大量的资本能灵活注入前景看好的产业。如表 7–5、表 7–6 所示，在 50 年代和 60 年代初期，美国市场上的长期利率仅高于瑞士。美国有利的纳税条件所带来的长期投资效益，提高了投资者长期投资的意愿。另一项市场动力是交易灵活的补贴基金，所以美国的企业界取得财力的方式相当容易。[7]

美国企业的经营环境并非完全有利，但是钻石体系的不利因素经过转换之后发挥了正面的意义。战时的资源不足或不易取得，带来了开发新原料方面的突破。另外，战后初期，美国工人和经理人的实际薪水比起其他国家高出许多，而且整个 50 年代和 60 年代的薪水成长速度极快。基于过去在战时生产压力下而建立的量产能力，美国企业积极朝生产自动化发展，并且努力寻求降低劳动成本的方式。

种种条件的结合赋予了美国全世界最多、最具实力以及最高级的生产要素条件。政府、产业界和个人为了创造生产要素而持续投资，使得生产要素条件不断提升，也因此建立了美国产业稳定繁荣的基础。

尽管如此，独特的生产要素条件并未说明，美国为什么能拥有具备国家竞争优势的先进产业。对 50 年代和 60 年代的美国产业而言，整个钻石体系的运作才是真正的关键。这也意味着美国是以创新与具生产力的方式，激活整体且充沛的生产要素。

需求条件——富裕的美国人

20 世纪 60 年代，生产要素对提升美国产业的帮助，在很多方面比不上需求条件。很多人认为，美国庞大的国内市场固然是其实力所在，但是这个庞大市场也经常阻挠美国企业向海外发展，并限制了它们在国际市场上的成功机会。

不过，就美国的竞争优势而言，比市场大小更重要的是市场的本质，即使在第二次世界大战前也不例外。早在第二次世界大战前，当欧洲各国和日本都还忙着解决物资匮乏问题、加强民生必需品的生产时，美国已是第一个大量消费的社会。巧克力就是一个典型的例子。在这个产业中，当大多数的外国企业规模还小，而且居领先地位的瑞士企业只讲求产品质量和独家口味时，美国的好时、玛氏糖果公司、瑞瑟斯以及惠特曼等品牌已开始大量生产，并且大量促销中等价位的巧克力棒。[8] 好时早在 20 世纪初，就试图用大量生产方式降低巧克力的成本，希望每个美国人都买得到它的产品。

表 7–5　1950~1987 年所研究国家的名义长期利率 *

国家	1950	1955	1960	1965	1970	1975	1978	1979	1980	1981	1982	1983	1984	1985	1986	1987
丹麦	4.53%	5.55%	5.76%	7.35%	10.57%	13.10%	14.54%	15.82%	17.66%	18.92%	20.39%	14.46%	13.93%	12.01%	10.76%	11.19%
德国	–	–	6.40%	7.10%	8.30%	8.50%	5.80%	7.40%	8.50%	10.38%	8.95%	7.89%	7.78%	6.87%	5.92%	5.84%
意大利	5.73%	6.20%	5.01%	6.94%	9.01%	11.54%	13.70%	14.05%	16.11%	20.58%	20.90%	18.02%	14.95%	13.00%	10.52%	9.65%
日本	–	–	–	–	7.19%	9.20%	6.09%	7.69%	9.22%	8.66%	8.06%	7.42%	6.81%	6.34%	4.94%	4.21%
韩国	–	–	–	–	–21.10%	21.60%	25.20%	28.80%	23.60%	17.40%	13.10%	14.30%	13.60%	11.60%	12.40%	–
瑞典	3.11%	3.70%	5.19%	6.18%	7.39%	8.79%	10.09%	10.47%	11.74%	13.49%	13.04%	12.30%	12.28%	13.09%	10.26%	–
瑞士	2.67%	2.93%	3.09%	3.95%	5.82%	6.44%	3.33%	3.45%	4.77%	5.57%	4.83%	4.52%	4.70%	4.78%	4.29%	4.12%
英国	3.00%	4.32%	5.77%	6.56%	9.22%	14.39%	12.47%	12.99%	13.79%	14.74%	12.88%	10.81%	10.69%	10.62%	9.87%	9.48%
美国	–	2.82%	4.12%	4.28%	7.35%	7.99%	8.41%	9.44%	11.46%	13.91%	13.00%	11.11%	12.52%	10.62%	7.68%	8.38%

资料来源：《国际金融统计年鉴》，1988 年。

* 长期公债收益率。这些也可代表其他债券的利率。

表 7–6　1965~1987 年所研究国家的实际长期利率 *

国家	1965	1970	1975	1978	1979	1980	1981	1982	1983	1984	1985	1986	1987
丹麦	–0.08%	2.06%	0.60%	4.26%	7.65%	8.71%	8.03%	8.89%	6.34%	7.83%	6.45%	6.30%	5.91%
德国	3.38%	0.66%	2.37%	1.43%	3.26%	3.54%	6.12%	4.39%	4.48%	5.70%	4.55%	2.74%	3.75%
意大利	2.63%	2.01%	–5.08%	–0.15%	–1.59%	–3.76%	1.73%	4.06%	2.61%	3.24%	3.74%	2.79%	3.81%
日本	–	0.22%	–0.34%	4.24%	5.45%	4.11%	4.12%	4.85%	5.41%	3.94%	2.63%	2.30%	0.17%
韩国	–	–	–2.82%	–0.01%	4.32%	2.83%	7.06%	10.11%	8.82%	10.10%	9.15%	8.72%	8.44%
瑞典	0.18%	1.96%	–4.56%	0.49%	2.34%	0.02%	3.68%	4.03%	2.36%	4.27%	5.94%	2.98%	–
瑞士	0.15%	1.06%	–0.65%	–0.27%	1.43%	2.01%	–1.26%	2.29%	1.16%	1.86%	2.02%	0.44%	1.60%
英国	1.37%	1.77%	–10.02%	1.05%	–1.32%	-4.85%	2.96%	4.93%	4.94%	6.13%	4.75%	6.06%	4.38%
美国	1.81%	1.43%	–1.71%	1.04%	0.47%	2.11%	4.06%	6.14%	7.48%	8.63%	7.70%	4.97%	5.17%

资料来源：《国际金融统计年鉴》，1988 年；经济合作与发展组织：国家报告书，1960~1987 年；世界银行：世界项目表，1988~1989 年。

* 实际利率的算法是以国内生产总值扣除通货膨胀后价格的年度变化除以长期公债收益率，但是韩国的数据则采用国民生产总值扣除通货膨胀后的价格。

大量消费的理念更进一步落实到一次性的产品生产上。美国因为物资充裕并且注重便利，可抛弃式的产品像是纸巾、圆珠笔，甚至手表（如天美时）等，一经开发就十分流行。

美国的富裕也使它成为各种消费产品最早且最先进的市场。[9]都市人口移居郊区以及独门独院房舍的大量出现，意味着对新式家电、汽车、空调设备、草坪修剪设备以及其他许多产品的需求殷切。以百得为例，这家企业就是针对“自己动手做”（DIY）的组合产品，大量促销低价位产品，而取得电动工具业的世界领导地位。百得还率先打开了这个产业环节的欧洲市场。在欧洲，高价位的机床向来是针对产业界而非个人使用设计的。

由于物资充裕、每周工时短而且传统禁忌较少，许多讲求便利或与休闲生活有关的产品在美国大行其道。电影、唱片、运动器材和彩色电视自然成为主要的出口产品。摄影器材也是在这段时期成为美国实力强大的产业，只是美国产品走的是大量促销、专为业余摄影爱好者所设计、无须对焦、容易操作的产品路线。

营销技术的先驱　美国也是培养消费服务业的温床。由于人们高收入且讲求方便的生活形态，加上消费者也偏好自助方式与不太重视个性化服务，美国的服务业因此得以发展出系统化和标准化的作业模式（见第6章）。一旦多元化经营的服务企业出现在快餐店和便利商店等行业，新式的服务观念便迅速传遍全国，甚至远播海外。美国服务业就靠运用品牌的号召力和密集的广告攻势，所到之处，莫不在该国开创出最先且真正大量促销的服务业。

美国也是发展大规模运销渠道的先驱者。由于大规模运销渠道初试啼声即告成功，激励了企业进一步对消费产品进行创新。美国人在零售业里还引领许多新观念与流行趋势，这些观念有不少扩及其他国家，但最先领悟到并且付诸行动的仍是美国人。

事实上，美国市场不但引领许多新式消费产品的需求，同时也是许多现代市场营销技术的发源地。美国民营的广播电台和电视台等大众传播媒体[10]，是大量运用促销广告策略的第一个媒介，例如，美国的商业电视台就比后继国家至少早创立12年。大众传播媒体的广告，特别是电视广告，因为欠缺法律规范，更加速了市场营销方法的创新。美国企业中的饮料、清洁剂、浴室用品、牙膏、化妆品、清洁机等大量消费产品，建立品牌形象的技巧独到，这些营销手法后来又运用到海外市场，各大美国品牌因而成为全世界家庭用品的代名词。

这种需求优势也延伸到美国的工业产品上面。由于销售对象同属美国企业，同时也是当时全球最挑剔、最先进的企业（即产业集群图中的综合商业类），美国企业因而获益很多。美国经济的多样化，对提供如商业服务和支持服务等的其他产业，十分有利。由于气候、地形，乃至产业类型的多样化，美国企业往往得面对国内既广大又多变化的市场需求与环节。这种国内需求条件的市场特性，也使美国企业从中学到满足不同需求的技巧，随后更将它们运用到其他国家的市场上。

自由竞争的好处　美国产业的需求也领先于世界的需求。在 50 年代和 60 年代初期，自动化、电脑化、电子产品的引进、新塑胶材料和其他重要发明都是首次在美国出现。因为可以近水楼台地向居于世界领导地位的国内制造企业出售生产资料和生产设备，一些美国企业取得了卓越的国际成就。这些成功企业所处的产业包括：机床、产业流程控制系统、暖气设备、通风设备和冷却设备等。

这种由专业而挑剔的国内市场客户带动供应商水平的情形，可从能源和建筑业部门中看到。由于美国工业发展得早，对能源的需求量也大，美国境内的能源探勘计划相当频繁；不断在开采难度更高的地点寻找原油，又使得相关技术快速改进，美国的石油公司和它们的供应商因此成为全球的领导者。另外，在建筑业方面，美国企业最先建起摩天大楼并开创了多种建筑技术。这些成就又反过来促进空调、电梯以及其他建筑相关产品和服务的创新，也因此使美国取得该类产业的世界性领导地位。

同样，美国财务健全的医疗保健体系，将采购权下放到众多的独立医院和诊所，也促进了挑剔的国内市场需求及自由竞争的医疗保健市场结构的形成，为创新提供了所需的有利环境。这与其他国家由政府经营或严格管制下的情况不同，美国企业因此在多种医疗保健相关产业中成为领导企业。

此外，美国的电信公司、电力和天然气事业、烟酒以及其他重要产业也都是民营形态，这些领域的国内市场需求，也让美国的许多产业从中受惠。比起其他国家常见的国有专卖机构，独立经营与利润导向的私人企业，通常更具前瞻性、要求更高。最后，强大的国防需要则刺激了半导体、电脑、电脑软件和太空工业等美国早期多项产业的发展。

美国市场的国际化　尽管美国有国内需求条件的优势，美国企业在进入国际市场时并非全不费工夫。美国企业当中固然有不少人因此而安于经营广大的国内市场，但是第二次世界大战后国际市场的真空状态，形成一股强大的吸引力，吸引美国企业去填补这个广大的海外市场需求。更重要的是，牵引美国企业的强大国际需求市场里，几乎没有任何外国竞争者的存在，有的话也只是刚起步或穷于应付重整工作的对手。

由于美国许多重要产业的国际主导力日渐增强，加上其他国家保护主义盛行，连带又形成美国企业在海外的大规模投资风潮。像美国最大的工程机械企业卡特彼勒，早在1950年间就在海外设厂生产了；只是此举并非为了降低生产成本，而是基于各国关税和进口限制的考虑。在这股风潮的驱使下，美国企业很快就成为全世界最大的海外投资者。美国企业在德国与英国等国家的海外子公司，也成为当地顶尖的企业。海外子公司在当地市场的地位，进一步带动美国母公司的销量。美国跨国企业在国际上的实力是企业相互强化的结果，而一项产业往往带动其他产业的海外市场需求。

此外，富裕的美国人也大批前往海外观光旅游或做生意，连带形成战后美国企业现成的海外需求市场，这些产业包括：快餐店、旅馆、租车和其他多种服务业。在考虑美国产业国际竞争成功的因素上，大量前往海外旅游或居住的美国人也是一项重要条件。

文化攻势　美国产业的最后一项需求条件优势是，美国文化和价值观远播海外所产生的影响。在各种语言当中，英语被视为世界性的商业语言，除了美国经济在国际上的分量外，也与大部分专业文献均以英文写作有关。另外，很多外国人在美国接受教育，回国后也偏好美国产品。正如第5章所讨论的，对美国医疗保健企业最有利的一点是，有相当多外籍医生到美国接受专业训练，因此会多方引介相关的美国仪器。最后，美国的电影、出版刊物、电视节目及广告代理商更将美式的风格、价值观和需求传输到海外。

美国的无数产业正是因为这些需求条件的累积效果，而获得重大竞争优势的。美国国内有广大、前瞻、多变、高标准的市场需求，美国市场的表现也常引领未来国外市场的需求。国际化的美国企业、人口的流动，以及战后其他国家的供需不平衡，再次引领美国企业进入国际市场。今日仍居领导地位的许多美国产业中，成功的基础就是在这段时期奠定的。此外，美国独有的需求条件，也支持既有产业与新兴产业的创新和升级。

相关产业与支持性产业——自给自足的超级大国

战后的美国经济，到处都是充满活力的产业。国际市场上，美国在成品、零件、机械器材以及服务业等产业的卓越表现，可以从汽车、飞机、能源、发电机、矿业及建筑等产业中看到。这些正在发展或已经成型的产业集群，通常集中在一两个地区，像底特律附近的汽车业、硅谷的电子业、明尼阿波利斯市和纽约的大型电脑业、波士顿的微电脑、休斯敦的油田钻探仪器和服务业，以及带状分布于纽约与费城之间的制药业等。美国企业光靠国内其他产业的支持，即可取得所需的技术和供给。美国企业虽然并未与本地供应商和顾客建立明显的合作关系，但是当地众多的世界级产业，仍是企业创新和开发新产业的一项有利条件。

美国产业的另一个有利条件是：许多产业的相关产业也具有市场领导地位。这种相关产业优势的例子之一就是电子业。战后突飞猛进的电子科技，几乎对每个经济层面都产生了影响。美国在这个领域中处处可见具规模的领导企业，这又使得美国企业不仅可与最优秀的供应商接触、交换技术，还可以拥有更多训练有素的人才。另一项重要的支持性产业是机床产业，由于美国在规模生产技术上的领先以及国内工业用户的挑剔，美国机床企业因此成为全世界的顶尖好手。第三项重要的支持产业是塑胶业，原因是战后，塑胶已经是许多产品的新原料。最后一项举足轻重但发展较迟的支持产业则是电脑软、硬件产业，美国在电脑产业上的卓越表现，也对其他产业大有帮助。

另外，美国也在现代市场营销方面，开发出种类众多的支持产业，像美国的广告代理商便大受欢迎，并且成为全球的主要领导者。美国传播媒体不但有最先进的技术，法律限制也最少。美国企业的产品纵使不见得特别突出，靠着市场营销的造势，也照样在许多竞争对手中拔得头筹。

另外，在美国的经济结构中，国防相关产品的产业集群是产业集群效果的典型代表。这个由太空、电子、通信和交通运输等产业组成的产业集群，虽然因战略气氛浓厚而给予了外界不良的印象，但其当年也确实开发出多种新产品和服务，还将人类送上月球，成就了历史上空前的灿烂。

企业战略、企业结构、同业竞争——开放的市场

走入 20 世纪的美国企业，特色之一是擅长开发标准化与大批量生产的产品

与服务，营销行动也很积极。借着这些新优势，美国企业很轻松地就在以手工制作以及不讲求市场营销的产业中称王。比如说，19世纪末，许多经营大企业的管理技巧首先出现在美国，美国企业也在40年代至60年代，不断推出新的管理方式。

企业要发展，产业本身必须能吸引大批人才。对战后的美国而言，"产业"是一个很光彩的名词，杰出的人才愿意进入美国企业服务，并伺机自行创业。

这段时期的美国劳动者和经理人也有很高的工作意愿、美国所得税率比其他国家低，更重要的，美国社会的开放程度也比其他国家高，想过更好日子并愿意冒险的人，都有成功的机会。为求更好生活而涌入的移民，也造就了美国人口的多样性。事实上，背井离乡前来新大陆的行动，就可以算是冒险家的作为，这种勇于接受挑战的共识弥漫全美。

因此，成立公司的目标就是去开发无限的机会。美国的利率比其他国家低，鼓励企业投资而提高了生产力（战时的大量投资使得许多美国产业拥有当代最现代化的设备）。在美国，企业大多是个人拥有，以现代标准来看股票交易率并不高，许多投资人也习惯长期持股。银行家或大股东一般多属公司的董事会成员；只要企业有好的经营点子，往往很容易贷到大笔资金。

支持个人和公司双方目标的基础是对企业的信心。美国不但打赢了战争，并且在科学领域有许多突破。美国人在"一定做得到"的信念下，勇于尝试新东西，并能接受艰难的种种挑战。

许多产业的持续发展，更使得企业目标和个人态度紧密结合，坚定不移。美国产业是在相互竞争的基础上发展起来的，绝大多数的重要产业必须面临激烈的国内市场竞争，市场上，四面八方围攻的竞争者争食市场大饼，迫使彼此不得不求进步。美国的《反托拉斯法》对市场垄断、合并和统一定价的做法，限制特别严格，这反映出全美对竞争的共识。[11] 美国这种受到严格监管的竞争环境，与当时欧洲国家的卡特尔模式或亚洲发展中国家的保护模式相比，显然独树一帜。

发展的目标、竞争的价值观以及资本市场条件，使美国开创了新企业的特殊环境。社会上固然追求成功，但也能认同坦荡荡的失败。文化的多元又意味着许多"外来人"正摩拳擦掌，准备挑战主流规范，产业中到处可见新开张和另立门户的竞争者。这段时期的美国，大多数新公司是由原先的公司发展出来的，并购的做法尚不多见。

政府角色——缺乏具体的产业政策

美国政府的政策反映出其强大而蓬勃成长的国家优势。美国政府在产业中直接投资的程度，是本书研究的各国中最低的，连国有企业也很少见。

但是，这并不意味着美国政府对产业的发展毫无作为。事实上，战后的美国，政府角色之一就是生产要素的创造者。美国各级政府机构在教育、科学和基础设施建设方面持续地进行大量投资，为了创造出生产要素而不遗余力。政府也在维护竞争秩序上扮演重要角色。美国政府严格执行《反托拉斯法》以维系自由开放的交易体系，并主动降低产业集团化和海外经济势力的集中程度。德、日等国的产业体系都因美国的影响而为之改观。

在前瞻性的挑战上，美国政府也很积极，并为国内产业创造了重要的间接利益，例如，太空探险、平等机会、医疗保健和环境保护等，只是其中一二而已。美国政府也努力在海外为国家利益和民主政治宣传和辩护。不过，政府角色的不断扩大，后来也影响到产业的发展需要。

美国庞大的国防计划也有助于发展科学和创造先进的市场需求。在 20 世纪 40 年代到 60 年代，国防研究计划主要在于电子、电脑和太空工业等核心科技方面，由这些领域延伸出的商业产品数量快速地增加。由于国防与太空领域的市场需求必须由广博的技术来支持，因此拥有这些知识和经验的美国企业，自然能在商品市场上建立领先的地位。

也就是说，美国政府并没有很具体的产业政策。不容否认，政府施政可以为产业界带来一些好处，但通常只是政策的边际效益而非主要目的。事实上，对美国政府而言，经济实力是手段而非目标。

机会角色——第二次世界大战的契机

没有人能小视第二次世界大战对美国国家优势的影响。但一味夸大战争的影响力，也会扭曲美国经济的表现，毕竟在 20 世纪 20 年代，美国企业就已经是汽车、钢铁、发电设备等产业的领导者，战争并非是美国产业在国际竞争中超越群雄的唯一关键因素。

事实上，战争的压力迫使美国进行重大的新科技研究工作，并发展出有效的生产方式，战争也导致美国的一些企业成为跨国企业。以可口可乐为例，它为了响应艾森豪威尔将军鼓舞士气的诉求，在世界各地设厂，以供应美军的需要。卡特彼勒能向国际扩张，则是因为美军工程人员在战争结束后，将使用过的机器设备留在国外所致。这些机器随后的零件需求，正是卡特彼勒进军国际市场的原动力。

此外，战争使得其他重要国家的产业基础化为一片瓦砾，而美国产业却毫无损伤。当迫切的国外需求出现时，美国企业纵使不投资，也能顺势打开国外市场，更多企业也因此到海外发展。当其他国家还在为满足基本需求而努力时，美国已经是世界上最挑剔、最富裕的市场。

回顾与展望——美国是否太自信了?

战后初期，美国延续着能彼此激荡的强大产业集群，这套体系创造并且提升了产业界的竞争优势。美国持续发展完整与高级的生产要素，又有领先的需求条件配合，加上产业竞争优势的互动作用，使美国经济成为当时全球经济趋势的指标，美国也成为了创新的中心。当时的美国，拥有持续数十年的优势形势，加上国内经济不断繁荣，生产力较低的产业活动，则通过国外投资方式移到海外，海外利润又源源不断地返回国内。

经济的良性循环促进了美国生活水平的不断提高、国家财富的大量增加及失业率的降低，也有能力进行国外援助、国防、太空探险、文化生活以及平等机会等方面的大规模社会投资。这些活动反过来引发了更多对新开发产品和服务的需求。

作者探讨这些使美国特别成功的原因时，心中也有一个大问题：这一切是否来得太容易了？第二次世界大战结束，美国的人均国民收入就远高于其他国家。战争对美国产业迈向成功之路大有帮助。另外，美国的经济规模庞大，加上种类众多，更让美国不需花太多的力气就能取得优势。撇开政治因素的影响，美国企业也因海外市场的真空状态，自然成为所向无敌的国际竞争者。美国企业不必是基础科学商业化的高手，但是战争造就了美国在科技上的突破，加上战后重建的大量支出，美国企业再次拥有了绝对的优势。由于战争时期的大量投资以及未受战火蹂躏，战后初期美国的工厂设备相当现代化，企业往往只需少量投资就能见到效果。与其他国家相比，战后美国独特、超前的市场需求，让各家企业很早就取得抢先进入市场的优势，并且轻轻松松地维持了数十年之久。最后要提的是，即使没有前述条件，光靠蕴藏量丰富的天然资源，美国就已经是出口大国了。

事实上，表 7–1 还提供了一些耀眼成就以外的重要信息，美国产业并非都在升级的行列之内。即使在充满希望的 1950 年，美国产业的净资本投资率低，生产率的提高也未达预期目标，人均国民收入的增长率也比其他国家低。[12] 另外，与其他国家相比，美国是以高人口增长率来带动国内生产总值的增长，生产率并未相对快速提高。

战后的美国是否太自信了？ 1960 年的大好机会，是否已让美国发展成为一个让许多产业新生与再成长的环境？美国企业是否因为表现卓越而过于自满？在探讨其他重要国家的战后经济发展情形时，这些问题将可做比较对照之用。第 9 章探讨 1970 年和 1980 年的美国经济时，也将再次提到这些问题。

晚近的美国经济，事实上是另一种面貌。

瑞士：稳如泰山的国家 [13]

美国的成就虽然显著，但并非战后唯一经济发展成功的国家。瑞士和瑞典若与美国比较，虽然是小国，但它们却凭借一些产业的成功，达到了足以挑战美国的繁荣与精细型经济的成就。

19 世纪时，瑞士还是一个贫穷的国家，主要的出口竟是佣兵和移民。但到 20 世纪初期，它已发展为一个工业国家，重要性远非狭小的国土可比。战后的瑞士跻身富国之林，而 60 年代，瑞士的人均国民收入更高居世界之冠。

瑞士的繁荣是利用小国竞争优势，发展高级制造业和服务业的结果。瑞士产业的成功让所有瑞士人拥有了高薪工作（总失业人口一直不超过 200 人），还能为外籍劳动力提供就业机会。雀巢、罗氏（瑞士著名制药厂，是世界最大的维生素C制造企业）、山德士、汽巴精化（瑞士著名化学及医药品制造商）、迅达、兰吉尔以及瑞士莲等瑞士企业已是全球知名企业。瑞士跨国企业在其他国家雇用的员工，也远超过母国总部的人数。瑞士的例子说明，幅员狭小，欠缺如美、日等国国内市场庞大的国家，依然能成为许多重要产业的全球性竞争者。瑞士的经济力也提升了国内的生活水平。

国家竞争优势形态——贸易是重点

表 7–7 是 1985 年瑞士前五十大出口产业。以小国而言，这些产业种类多

样，而且不依赖天然资源，确实令人赞叹。[14] 瑞士产业的出口主力横跨消费性和工业性产品，同时也包含各类型的机械和设备。宝石、钱币与金属品等产业也名列表中，原因是瑞士在这些产业的贸易方面占有重要的地位，但瑞士本地并不生产这些产品。这五十大产业占了瑞士总出口额的42.4%。如果剔除贸易产品，而以次级产业递补，这个数字将滑落至37.6%，这个数字会比日本和韩国低，由此可知贸易对瑞士在国际舞台上的重要性了。[15]

表 7–7　按照全球出口总额占有比例，列出瑞士前五十大产业（1985 年）

产业类	占全球出口总额的比例（%）	出口值（千美元）	进口值（千美元）	占瑞士出口总额的比例（%）
未分级的裸钻	89.3	303 694	15 548	1.10
不流通的非金质钱币	46.3	140 561	24 491	0.51
织布机	45.1	361 864	11 671	1.32
平版式印刷机	37.2	15 586	537	0.06
手表	34.1	1 413 763	47 464	5.14
生物碱及其衍生物	32.0	152 366	8 588	0.55
不包括尿素的醋胺化合物	26.6	321 689	34 613	1.17
含多醋胺的线卷纱	25.9	212 011	36 925	0.77
合成有机染料	25.3	664 318	211 208	2.42
织布、针织机器和零件	24.1	181 030	38 107	0.66
贵金属、宝石、珍珠	23.9	230 464	65 241	0.84
维生素原与维生素	21.9	191 703	74 055	0.70
除草剂	20.6	275 488	24 629	1.00
风扇、风箱、零件	19.2	180 650	87 975	0.66
电动机械式手工工具	17.6	228 209	48 674	0.83
时钟	17.3	151 578	89 838	0.55
混合香料	17.2	194 333	22 396	0.71
测量仪器	16.2	79.018	13.637	0.29
织品加工机器零件	16.0	115 147	21 044	0.42
助听器	15.9	151 006	37 710	0.55
金属切割机床	15.3	424 457	55 467	1.54
珍贵玉石、准玉石	15.2	168 344	210 450	0.61
纸制品制造机械	14.1	120 311	16 221	0.44
杂环化合物	14.0	696 186	245 601	2.53
织物压出成型，加工机器	13.9	79 438	4 542	0.29
铂系金属	13.6	158 800	90 900	0.58
蕾丝、缎带、薄纱	13.2	138 244	22 026	0.50
时钟、钟表零件	13.0	210 745	83 206	0.77

（续）

产业类别	占全球出口总额的比例（%）	出口值（千美元）	进口值（千美元）	占瑞士出口总额的比例（%）
含激素的药剂	12.3	961 084	246 227	3.50
金属钻孔机器	12.3	109 340	30 852	0.40
纺织机械	11.4	98 334	26 257	0.36
计量器和计算机	11.1	52 761	9 145	0.19
氢氧胺化合物	10.8	212 415	69 353	0.77
排版、装订机械、零件	10.5	215 268	59 212	0.78
手绘画作	10.3	169 447	121 838	0.62
光学仪器	9.9	169 289	65 462	0.62
氢氧酸、衍生物	9.6	84 020	25 579	0.31
抽丝、纺纱机器	9.6	80 521	12 182	0.29
切割后未镶座的非工业用钻石	9.6	585 833	909 277	2.13
其他金属专用的机床	9.5	314 943	85 821	1.15
铜、钢钉和螺帽	9.4	66 542	12 083	0.24
铝箔	9.3	115 170	26 552	0.42
蒸汽发动机、涡轮	9.1	117 114	12 752	0.43
其他有机、无机化合物	8.8	68 273	36 218	0.25
石油加工产品	8.7	58 789	5 533	0.21
办公室用品	8.6	65 019	25 245	0.24
非置于船体外的船舶活塞发动机	8.5	60 860	2 364	0.22
配糖类、腺、血清	8.2	93 610	47 984	0.34
贵金属宝石	8.1	372 719	531 262	1.36
珍珠	8.0	27 662	256 697	0.10
合计			42.44	

注：进口值低于 1985 年贸易总额的 0.3%者，不列出其进口数据。

无论瑞士还是其他国家，出口比重高的产业既能反映该国的竞争优势，也是出口贸易的重心。附录Ⅱ的表Ⅱ–3 是瑞士依出口值排列出的前五十大产业。其中有 29 项也名列在瑞士前五十大出口占有率之内，其余的 21 项产业（仅一项不在其内），在全球出口比重方面几乎也在瑞士的出口盈亏点（cutoff，参见附录Ⅰ的定义说明）数倍以上。在讨论各国竞争优势形态的第三篇当中，作者特别注重各国产业的全球出口占有率资料，原因是它们更能呈现该国具有竞争优势的产业，这些产业通常也都有极大比例的贸易及海外投资。

表 7–8 则更完整地呈现出瑞士经济的产业范畴，1985 年间瑞士所有具备国

表 7–8　瑞士具有国际竞争力的产业集群（1985年）

初级商品	**原料/金属** **铁与钢** 铁、钢筋 轧条 **铁与钢加工品** 铁、钢管、水管 铁、钢管家具 **金属制品** **钢、铜钉、螺帽**# **铁、钢螺帽、螺栓** 贱金属制品# **非亚铁类金属** *铝粉、铝管、水管*# *铝制品、零件* *铝条、铝丝* 铝板、铝片、细条 **铝箔**	**林业** **木制品** *再生木材* **纸浆** *未漂白的纸浆*#• 非溶解级漂白纸浆• **纸** 油毡纸、涂料纸与硬纸板#	**石油/化工** **有机化工品** **含氧酸、衍生物** *胺化合物* **胺氧化合物** **醋胺化合物** *氮化合物*# **有机硫黄化合物** **其他有机、无机化合物**# **杂环化合物** *醛类化合物* 无机酯、有机化工品 *碳酸、衍生物* **其他** 蛋白质、胶 **再生橡胶**# **聚合物** *聚氯乙烯*# *浓缩制品*#	**半导体/电脑**
机械	*铸模*	*造纸机械、零件*#		
专业元件				
服务				

（续）

初级商品	综合商业			交通运输
	工具与设备 **电动机械式手工工具** *产业专用机床* *其他手工工具* *中央暖气设备* 液压机# **仪器** **光学仪器** **计量器与计算机** **调查仪器** *测量、绘图仪器*	*测量、绘图仪器零件#* 气体、液体控制仪器 *测量、控制仪器* **贸易财物** **铂系金属#** **未加工的铂金合金** **天然磨料** 贵金属矿石、渣 **珍珠、人造玉石#** *轧制的准银制品#*	**贵金属宝石** **其他珍贵宝石#** **未分级的裸钻** 简单加工的钻石 **切割后来加座的裸钻** **珍贵玉石、准玉石** **值得珍藏的钱币** **不流通的非金质钱币•** 金饰• **手绘画作等** **其他艺术作品#**	**发动机** **非置于船体（外）的内燃发动机** **喷气式发动机** **车辆** 其他铁路车厢# *轻型飞机* **其他** *电梯、升降机#* *铅制运送厢#*
机械	*产业专业用机械#* 其他矿场机械# • **金属加工车床** *转化炉、碾压机#* **金属切割机床#** **铰孔机、金属加工机械**	金属成型机床 其他金属加工的机床# 气焊机、焊接机# **电焊机** *天然气发电机、熔炉#* *工业用电熔炉*	其他非电力机械、零件# 喷涂机械 其他电气机械# 橡胶、塑胶制造机械 其他非电气机械、工具#	
专业元件	*气体、液体过滤器* *活栓、阀门* *车辕、曲轴、滑轮*	*釉料、干燥机、锡粉* *橡胶品#* *工具的刀片、尖头*	**风扇、风箱零件** 矿产制品#	**零件** *起重、装卸机械零件#* 铁路车厢零件
服务	*贸易** *商业银行** *理财**	*再保险** *旅游业务**** *报关服务****	管理咨询* 安保服务* 临时工***	航空公司*** 机场转运站*** 后勤补给管理***

（续）

初级商品	发电和配电系统	办公设备	电子通信	国防
	发电 **蒸汽发动机、涡轮** **轮转式电厂#** *核子反应炉、零件* 配电 *感应器等#* 液体绝缘转换器• *其他电力（电流）转换器#* *静电换流机* *接电装置* 绝缘设备 储电 *主电池、备用电池* *固定、可变电阻器*	**贸易广告材料** **办公室用品#** *收款机、计算机#*		
机械		*印刷、装订机械、零件#* *轮转式印刷机* **平板式印刷机#** **纸制品制造机械**		
专业元件		其他颜料#		
服务				

（续）

初级商品	食品/饮料 **基本食品** *肉牛#* **加工食品** **奶酪及其制品** *非巧克力类糖果* **巧克力及其制品**** *可食用产品、配置品* *早餐谷类**** *其他精致包装食品**** **食用油** 动物性油脂#• **饮料** 不含酒精的饮料•	住宅/家居 **家具** *金属家具* *椅子座椅零件#* *其他材料制的家具#* **其他家庭用品** *餐具（刀、叉、匙等）* 肥皂、亮光蜡、油质品# *洗涤剂*	纺织/服装 **纺织品** *灰棉织布* *漂白过的棉织布* *无绒毛的连续再生织布* *丝织布* 毛织布 *梳羊毛织布、梳绒毛织布#•* 天然针织品# 合成纤维针织品• **蕾丝、缎带、薄纱** 塑胶涂层纺织品	**其他** **纺织用织布** **服装** *毛料服装等#*
机械	*非家庭用食品机械* **包装、装瓶机械** 农业机械#		*缝纫机* 缝纫针、零件#• **纺织压出成型、加工机器** **纺纱、抽丝机器** **织布机**	**针织、毛毡品制造机器#** 其他纺织皮革机器# **织布、针织机器零件** **织品加工机器零件**
专业元件	**杀虫剂** **除草剂** *咖啡萃取物、咖啡精*		**纤维和纱** 未梳理的合成不连续纤维 *毛、绒纱#* *棉纱* *其他棉纱#* *棉绒、废料#* 合成纤维废料#	含多醋胺的线卷纱 合成不连续纤维混纺纱 **其他** **合成有机染料** *纺织用润滑油#* 生皮#
服务				

（续）

初级商品	**医疗保健**		**个人用品**	**娱乐／休闲**
	药品	**医疗设备**	香烟	电影摄影机、放映机
	维生素原及维生素	*医疗仪器*	*易燃产品*	*摄影器材#*
	散装抗生素	*助听器*	**混合香料**	*儿童图画书、地球仪#*
	生物碱及其衍生物		*香水、化妆品*	
	散装激素**		表	
	配糖类、腺、血清		**时钟#**	
	含抗生素药剂**			
	激素药剂#		*钢笔*	
	药品#		*钢笔尖、铅笔#*	
机械				
专业元件				照相感光布
				照相板、胶卷#
服务	保健服务***		中学和大学教育***	

说明：

细体字：占全球出口额 1.6% 或以上，但低于 3.2% 者
斜体字：占全球出口额 3.2% 或以上，但低于 6.3 者
黑体字：占全球出口额 6.3% 或以上者

• 在 1978 年低于出口盈亏点
不列入计算的差额
基于在产业环节的显著出口值而列入

* 因海外直接投资而列入
** 因海外直接投资予以升级
*** 基于该国所作的研究而列入

际竞争力的产业轮廓也尽在其中。表 7–8 也是第一份采用 1985 年资料制作的产业集群表。它的特色在于更清楚地区别了特定产品领域，也比 1971 年的资料更精确地显示出不同产业的表现。另外，表 7–8 也增加了一些调整后的数据资料，目的在于反映海外投资产业，并且加入一些原本未被列入贸易类别但具有竞争力的产业。附录Ⅰ对此有更详细的说明。

研究人员对 1985 年资料的统计结果，也正是各国出口形态的基础。有关瑞士部分，读者可以参考表 7–9（更详细的资料请见附录Ⅱ的表Ⅱ–4）。在表 7–9 中呈现出下列主要信息：第一，它显示出瑞士有竞争力的产业（即单项产业全球出口占有率超过瑞士产业平均全球出口占有率者）出口分配的情形；第二，它展现了瑞士具竞争力的产业在所属产业集群中占全球总出口的比重。这项比重数据是将所有标准国际贸易分类所涵盖的产业，分别归类到主要产业集群中（即本书所列的全球产业集群表），并以瑞士各产业的出口值与所属产业集群的全球出口总额作一比较。[16] 括号内数字反映的是 1978 年以来的变化情形。要注意的是，这些统计数字并非瑞士的总出口额，而是具有竞争力的产业的成绩。从统计的观点来看，瑞士产业的表现固然因本身市场狭小而造成出口盈亏点相对较低，或因边境贸易、政府补助、设于瑞士的外籍跨国企业出口量，形成超越产业实力的竞争优势。然而在实际运作中，每个国家的贸易部分仍是依赖有竞争力的产业。

短小精悍的经济强国 以一个人口只有 600 万的国家来说，瑞士能在很多产业中占一席之地是件很不寻常的事。瑞士产业集群分布之广，远超过瑞典、丹麦和新加坡等其他小国。在瑞士具有竞争优势的产业集群中，最重要的一项是医疗保健相关产业，包括制药、助听器、整形器材、医疗器材、相关机械以及保健咨询等产业。即使不考虑瑞士在海外投资药厂的表现，这些具有竞争力的产业也已占瑞士该产业集群全球出口总量的 7.2%。其次重要的产业集群是纺织相关产业，包括纺织、纤维、毛线与布料、服饰（大多是专业产品）、纺织机械以及合成染料等产业。第三重要的产业集群是国际性商业服务，包括贸易、银行、保险、临时工、后勤（总务）事务管理、跨国企业总部服务与人力资源顾问等。第四重要的产业集群是高精密镀金属成品、工具、机床与综合商业的相关仪器设备。另外在特殊化学产业集群中，瑞士也有出色的表现，瑞士的全球出口占有率中有 0.6% 属于石油和化工产业。在这个领域中，虽然瑞士石油相

表 7-9　在广义的产业集群下，瑞士具竞争力产业的出口百分比

产业集群	占全国出口额的百分比	占产业集群全球出口额的百分比
原料/金属	3.8 (0.1)	0.7 (−0.0)
林业	1.0 (0.3)	0.6 (0.1)
石油/化工	8.0 (1.2)	0.6 (0.2)
半导体/电脑	0.0 (0.1)	0.0 (−0.1)
上游产业	12.8 (1.8)	0.6 (−0.1)
综合商业	28.1 (1.6)	6.4 (−1.4)
交通运输	2.1 (−0.4)	0.5 (−0.1)
发电与配电系统	4.4 (−0.6)	2.9 (0.1)
办公设备	2.3 (0.1)	3.8 (−0.8)
电子通信	0.0 (0.1)	0.0 (−1.0)
国防	0.0 (−0.7)	0.0 (−4.3)
产业功能和支持性功能	36.9 (0.1)	2.1 (−0.6)
食品/饮料	4.7 (0.1)	0.6 (−0.0)
纺织/服装	11.0 (−0.1)	2.4 (−0.7)
住宅/家居	0.9 (0.1)	0.6 (0.1)
医疗保健	7.0 (0.2)	7.2 (−3.4)
个人用品	8.0 (−2.2)	4.4 (−1.9)
娱乐/休闲	0.5 (0.1)（额之百分比）	0.2 (0.1)
最终消费商品和服务	32.0 (−2.7)	1.7 (−0.4)

注：括号内数字是 1978 年和 1985 年之间的变化，以有竞争力的出口情形为主，并非全部产业的表现。

■（浅灰）与国家的国际竞争地位相关的广义产业部门。■（黑）与国家的国际竞争地位相关的广义产业部门。

关产业的表现微不足道，但却占有 3.4%的全球化工产业集群总出口额，继德国、美国和英国之后，名列世界第四。

其他像加工食品（如巧克力、乳酪等）、机械与光学仪器、印刷纸制品与相关机器，以及重型电子产品，瑞士的表现也不差。瑞士比较缺乏竞争力的领域在林业产品、半导体与电脑、电子通信、休闲娱乐（旅游业除外），以及国防等方面（不过跟其他国家一样，瑞士许多国防相关贸易并没有列入联合国的统计资料之内）。

瑞士产业真正引人注目的地方，还是在于它们的实力跨越产业集群表中的三个层次，延伸范围比瑞典、丹麦、意大利、韩国和新加坡还要广泛。支持产业集群与最终产品产业实力最强。以产业的纵向关系来看，瑞士在生产机械方面具有强劲的竞争地位，读者可以从附录Ⅱ的表Ⅱ–4 中清楚看出。在 1978 年到 1985 年间，瑞士产业集群的出口量总体表现也相当稳定。

表 7–9 的阴影部分则呈现出瑞士各个产业集群间的一些联结关系。瑞士在纺织品（如染料、合成纤维等）、化工产品，以及药剂方面的产业地位都有长远的历史渊源，这与该国具有强大的化学技术有关。同样，许多高精密产品与仪器，又与手表、时钟以及其他个人用品的竞争力相关。

乍看之下，瑞士的经济形态与德国很像，这两个国家都擅长化工、机械、机床、精密机械、光学以及纺织等产业。然而，瑞士企业集中在比较专业化与复杂精密产品的产业环节；德国企业虽然也会在产品细分方面较劲，但发展领域比较广泛。另外，瑞士人在服务业与营销导向的消费产品领域，明显强过德国人；德国则在材料及运输设备方面领先瑞士。如果能区分两者在经济上的异同点，将有助于了解这两个国家的竞争优势来源。

生产要素——欧洲贸易的中心点

瑞士除了拥有地理条件带来的水力发电与吸引游客的美丽景观之外，其他的天然资源相当有限，不过，地理位置是瑞士发展竞争优势的一项重要条件。瑞士位居欧洲主要贸易路线的中心点，所以从很早前就是一个贸易、商业及金融中心。这项优势加上它进口远东地区丝织品的先见之明，而形成纺织业的重要地位，奠定了瑞士在贸易方面屹立不倒的牢固地位。交通要冲与贸易实力，又惠及它的银行和保险业。此外，瑞士的地理位置与永久中立国角色，也使欧洲主要强国愿意与瑞士企业维持商业往来。地理位置显然为瑞士带来了一连串的好处。

瑞士也拥有高学历与技术性的人力资源。一般而言，瑞士人的工作意愿高，怠工心态少见。他们的文化经验很独特，语言能力更是突出。因为这个国家包含有法语、德语、意大利语区，许多瑞士人因此能流利地使用多种语言（包括英语）。以瑞士的银行为例，为不同语系的客户服务是最起码的能力，也是其他国家银行业难以匹敌的优势。由于成长在多元文化的社会，凡事讲求磋商协调的社会哲学，不论在国内或国外，瑞士人都能与不同国籍的人共事愉快。在贸易和其他涉及复杂的出口与服务的产业方面，这些特点的影响极为重大。

瑞士人民重视储蓄，长期维持很高的国民储蓄率；稳定而强势的货币也吸引了不少国外资金，这些情形都导致瑞士利率比其他国家低而稳定。如表 7–5 显示，在本书所研究的国家中，瑞士的利率一直是最低的。瑞士企业因此投资积极，并充分发挥低贴现率的投资效益，瑞士同时也是全球最大的债权国。

瑞士的基础设施也相当完善，尤其是如机场、道路和铁路等后勤支持方面。比较落后的是电子通信领域，会出现这种落差，主要是因为瑞士的电信事业采取国家垄断制度，成本高并倾向于保障本国供应商。瑞士与瑞典两国电信产业竞争力的差异就在于此。由于瑞典政府并未保障本国企业的电信市场，瑞典电子通信供应商爱立信不但必须在国内市场力争上游，还被逼积极争取出口商机，其也因此成为这个产业中世界级顶尖的企业。与爱立信同时起步的瑞士企业哈斯勒，也曾经有过辉煌的规模，但是却在政府的保护之下，丧失了原有的国际地位，接着又因本国市场过小，而缺乏创造新产品和改善生产效率的动机。

生产要素的创造机制——学徒制度

瑞士的竞争优势来自于不断创造专业性生产要素并提升其效率，进而使产业生产力持续提高。在瑞士，教育制度是最重要的生产要素创造机制。这个国家不但国民教育普及，教育素质水平高，社会各阶层也普遍重视教育问题。瑞士的教师素质比英、美等国还高。课程的安排设计也能反映国内产业的需求，如苏黎世大学与圣加尔大学都聘有银行实务的专业教授。

更重要的是，瑞士拥有发展完备的学徒制度。这套制度类似德国的职业、技术教育，主要针对不念大学的年轻人而设计。[17] 年轻人一方面进入企业接受实务训练，一方面还有部分时间在当地的职业学校进修。因此学生既能学到高度技术性的技能，同时也能在个人专业生涯上不断成长。瑞士企业在员工训练上投入不少资源，员工通常被视为准技术人员而非所谓的“蓝领”工人。瑞士企业也注意员工福利，以瑞士纺织设备制造厂史陶比尔为例，公司一旦获利，便会优先改善员工福利。

兵役制度也是瑞士发展人力资源的重要机制。几乎所有的瑞士公民都接受过军事训练，并养成了尊重纪律的态度。许多瑞士人认为，这种制度有利于产业的发展，人们也通过军旅生活建立了终生的人际网络。

强调研发与技术　在科学研究方面，瑞士大学有深厚的研究传统，并在化学、物理以及其他多项领域中享有盛名。在许多产业领域，瑞士的大学与企业之间建立了良好的研究合作关系。瑞士在化学方面的顶尖研究实力带动了制药业的发达。长达数世纪的医学教育传统、集中在瑞士西北巴塞尔的医疗保健相关研究，以及社会上普遍重视健康的观念，都使得瑞士在很多医学相关产品和服务方面极为成功。瑞士的研发经费（大部分由产业支出）占国内生产总值的比例，也在本书研究的国家中名列前茅（见表 13–1）。

瑞士企业的高级主管大多具备技术背景，并且特别重视研究发展工作；国内缺乏特定技术时，瑞士企业也很擅长从国外取得。在本书研究的许多案例中，类似测量仪器、暖气控制设备、药剂、助听器等，瑞士企业都与国外专业科技研究中心维持着密切的关系，必要时，瑞士企业也会在其他国家设立分支研究单位，以便引进技术。例如，瑞士制药公司早期在英、美等国设立的研究中心，使他们能在开发新药剂上有卓越表现。这种借力使力的能力，源自于瑞士人清楚地意识到：小国不可能发展所有科技，因此优秀的瑞士科学家和工程师，必须扮演吸收消化外国科技的主力。另外，语言和文化上的能力也使他们擅长维系强有力的海外关系。

对瑞士而言，外籍人士的回归也是一项重要的生产要素创造机制，在瑞士产业界扮演着重要角色。第二次世界大战是瑞士人才大量流入的高峰期。直到今天，尽管瑞士政府严格限制移民资格，这个国家仍是高级人才向往的居住地点。事实上，瑞士政府目前严格限制移民资格似乎反倒不利于产业发展，如瑞士企业在电脑软件与专业理财方面的人才短缺问题，即因此而不得解困。

另一项瑞士产业升级过程的弱点是——该国提供信息的能力不足。瑞士缺乏高水平的财经报纸，大部分瑞士人必须从国外报刊获得相关信息。政府的资料统计也不够现代化，企业往往无法从国内的相关研究与报告中，掌握未来竞争与科技的发展趋势。因此，瑞士企业和企业家为了取得信息，必须比美、日等国企业花更多的力气。

不利因素的转换：缺乏天然资源

生产要素的不利部分，是刺激瑞士产业创新和升级的重要动力。瑞士缺乏天然资源，大部分的原料和能源都依赖进口。企业为了竞争，自然走上节约材料、创造高层次产品细分的竞争路线。

瑞士也可能是第二次世界大战后，第一个面临劳动力不足的国家，这类问题促使瑞士企业提早发展自动化，并且能在更细分的市场中发挥竞争能力。[18] 另外，由于瑞士的薪水高涨，瑞士企业必须节省劳动力并发挥其最大生产率。高级技术人员的缺乏，更促使瑞士企业积极寻求国外科技。

采取浮动汇率是另一个瑞士经济发展的重要里程碑。1973 年以来，由于瑞士法郎成长稳定，升值状况也比其他货币好，处于竞争压力下的瑞士企业，被迫加强产品细分与提高生产率，一般简单的加工产品也自然移到海外生产。

需求条件——以纺织业为例

瑞士产业的表现固然与生产要素的状态有关，但真正能让瑞士卓越不凡的却是它的需求条件。幅员不大的瑞士，如果没有独特的需求条件支撑，事实上很难发展出那么多的竞争性产业。需求条件使瑞士的经济能力有弹性，也使瑞士企业能在高度专业化的产业和产业环节中生存，不断提高生产力，并维持经济上的充分就业。

尽管瑞士的国民平均消费力很高，但是国内市场却很小。大部分的瑞士人认为，瑞士企业的国际观以及很早就进军全球市场，正是因为本国市场太小所致。这项原因同样也导致许多瑞士企业一开始就以比较小的市场环节为目标，进而在这些产业环节的发展上领先其他国家企业，并保持重要的地位。瑞士企业对市场环节的选择，往往反映出瑞士需求条件的独特之处。

令人惊讶的是，很多瑞士产业的起源都可以追溯到纺织业。在瑞士经济中，纺织业一直具有举足轻重的地位（1985 年，瑞士纺织品及服饰产业集群占全国总出口的11%，不过瑞士目前对纺织机械及专业元件的重视更胜于成品）。自古以来，瑞士纺织品的技术与质量即在国际上获得极高的评价。如今在高工资等不利因素的压力下，瑞士纺织品的发展重心转移至高级服饰、内衣、蕾丝、丝织品与高级毛线等较特殊的或高价位的产品上。

瑞士纺织业也提升了合成染料、纺织机械及贸易等其他产业的竞争力。瑞士企业不但是这些产业的佼佼者，而且拥有达数十年之久的竞争优势。瑞士纺织和服饰的专业能力，加上不利因素的转换压力，促使他们不断创新。瑞士的纺织机产业，就是靠不断开发新机型才巩固了世界性的领导地位。

多山、寒冷的地理环境 瑞士的地理环境和气候，也对形成该国精致型产业与细分市场的需求结构相当重要。比如说，多山地形的瑞士自然精通开挖隧道技术；国内测量作业的需要，也使得测量仪器产业特别发达。

另外，瑞士的土地测量人员是独立经营的承包商，而非政府雇员，因此有权决定使用何种仪器，既然是厂牌的老主顾，当然也就是挑剔苛求的客户了。地形与气候条件也成了瑞士暖气调节和铁路设备等产业的催动因素。（由于瑞士气候寒冷且多变化，能源费用非常高，在十分讲究工作与居住的环境下，瑞士人民对温度调节器的要求极高。同样，瑞士的火车必须克服险峻地势，并要达到全世界叹为观止的可靠标准质量。）

富裕的瑞士，引领其消费产品企业进入高级品市场环节，以及发展以高收入为诉求的产业，例如，百利瑞士制鞋企业（以生产舒适的手工制高级鞋而驰名于世）、劳力士与百达翡丽（手表业），以及汉洛与斯莫里（服装业）等。换个角度看，由于瑞士持续维持高水平的生活，这种对高级产品环节的市场需求，其实也是未来其他国家的需求；预作准备的瑞士产业，竞争起来自然从容有力。另外的重要例子是环境保护，瑞士长久以来就设有严格的环保标准。

文化多样性 瑞士的社会规范也使国内市场的需求趋于专业化与精致化。不管在或不在产业界工作，瑞士人都有挑剔与批判的习惯。他们要求产品必须质量好、实用、耐用，还要能立即交货。瑞士人不喜冒险、凡事谨慎的特点，可从这个国家在保险、消防设备及银行服务等产业的个人高平均消费额看出。瑞士人虽然喜怒不形于色，但对守时、精确、安全及耐用等性质的执著，却是相当有名。这些特性也都在民航、服务、银行、保险和贸易等成功产业中反映出来。

瑞士是一个多元文化的混合体，这也导致企业对掌握产品需求的变化十分敏锐。由于国内客户已经反映出其他国家客户的需要，瑞士法语区的企业因此在消费产品制造业特有所长，德语区企业则专精于制造精密机械和化工相关产品。文化的多样面貌也使瑞士与同属小国的瑞典相比，产业类型更为广泛，瑞典即使具备瑞士的其他重要特点，仍旧缺少文化多样性这一环。

超越国界的“国内市场”　由于地理上或文化上的密切关系，德国、法国与意大利几乎可称为瑞士的“国内市场”。瑞士企业因为这些出口市场的多样性，也养成因地制宜的做生意模式。同样，不同国家的客户对产品的挑剔程度也不同，瑞士产业因此有丰富的客户类型。另外，瑞士本身并没有制定国家标准的机构，而是就近采用德国的技术与环境保护标准；德国的严格标准进一步形成了有利于提升瑞士产业的需求压力。[19]

进一步观察，瑞士与德国、法国及意大利等国之间的密切市场关系，也使瑞士的市场地位扩张，进而协助瑞士在综合商业或对销售其他产业的设备与产品方面特别成功。以 1985 年为例，这些产业就占瑞士年度出口量的 30%左右。

瑞士本身也有发达的服务业需求。高级服务业的主要需求来源是国内大量高度国际化的企业（以及外商的区域总部），人民的高收入又带动个人服务方面的需求。即使像是保险、临时工等私人的相关服务（与瑞士对劳动市场的严格限制有关）、贸易、后勤服务以及国际银行业务等正在国际化的服务业，也是因国内需求而起带头作用的。

然而，瑞士的国内需求也有不利于产业在国际市场出头的一面。比如说，人们对质量较差、大量生产的消费品需求低，瑞士人的保守，也使他们对休闲娱乐性质的产品和服务不感兴趣。另外，有些产业因为政府垄断和强制性的法律规范，也造成国内需求质量的降低。

相关产业与支持性产业——网络集群优势

在瑞士的经济活动中，产业之间的联结互动相当紧密，在几个研究案例中，该产业的竞争优势主要源自该产业的供应商，即可看出此趋势。比如说，助听器制造商的竞争优势，必须依赖精密机械技术与零件及机械设备供应商。钟表业和相关支持产业又是前述企业专业人才的重要来源。同样，瑞士机械制造企业的表现也一直是印刷、纺织和食品产业最终成品制造商的优势源头。

瑞士有些重要产业还是由相关产业牵引出来的。像制药业是由合成染料业发展出来的：瑞士人在无意间由染料中发现药效的成分而开发出此产业；有些化学品也是染料的副产品。除草剂和杀虫剂则是随着制药业而出现的产品。调味料和芳香剂的研发，得力于瑞士的化学专家与人民对加工食品的高标准需求。瑞士对丝制品的需求，也促使企业重视仿真丝的合成纤维的发明。

瑞士产业集群内的买卖交易对提升竞争优势有很大的效果，原因不外乎下列几点。第一，瑞士国内的人际关系网络发达，而密切的人际关系是因为瑞士国土小、大学数量少以及义务兵役制所造成。第二，瑞士人的合作能力特别强。瑞士企业很清楚他们的真正挑战是要赢得国际市场，国内的客户与供应商事实上是同志而非敌人。第三，地理上的邻近有助于客户与供应商之间维持良好的关系。第四，部分瑞士产业如化学、制药与食品等，往往是由大企业内部的多元化而形成跨产业经营，进而扩展了产业集群的规模。

相较之下，瑞士的电视普及速度较慢，电视广告也受到相当大的限制。而瑞士国家小，也造成企业（雀巢除外）不擅长大众消费市场的营销手法。瑞士消费品企业大多依赖限量的市场营销方式，强调形象与质量，能在这方面成功的企业，几乎都稳坐高级品的市场环节。

企业战略、企业结构、同业竞争——以焦点战略制胜

瑞士企业的经营战略和哲学，源自于这个国家的环境与文化。他们喜欢在规模相对较小的产业中竞争，并且采用在高度细分、高质量的产品环节集中火力的焦点战略。瑞士企业在大量生产的产业领域也少有成功的例子。这种经营模式也是瑞士国内市场小、工资高，以及币值高等因素造成的。由于瑞士人作风保守，他们也对航空、半导体等风险性高的研发投资产业没有兴趣。唯一例外的是制药业，因为瑞士很早就在这个产业有所发展，并且已具备与美、德等国家积极竞争全球市场的规模。

在大部分产业中，瑞士企业是通过不断改进、精益求精的态度而达到成功的，这种追求进步的动力来自企业高层主管具备技术背景与长期在产业界的历练。一般说来，企业进步的步伐小而稳健，不是飞跃式的进展。[20] 此外，企业在需要与客户密切联系的产业里表现得特别好，不论是针对客户特定的需求定制、复杂的销售方式，还是强调售后服务和支持密集的产品，都是如此。这是企业

擅长语言、外交，以及具备高度技术能力的缘故。瑞士公司在整合机械、材料及电子等方面也信用卓著。

瑞士企业和员工之间保持开放且冲突少的关系。劳资谈判中，双方都抱持务实的态度，在外敌当前下，公司上下都具有维持竞争力的共识。事实上，瑞士早在 1937 年就有劳资协议的制度，也就是《劳动基准法》。它规定劳资冲突必须以讨论和协商方式处理，必要时可依法要求仲裁。这一规定很少妨碍到产品创新，也不至于阻碍企业自动化的发展。[21]

瑞士企业特别热衷于国际化。这与瑞士人的语言能力、文化多元性、国内市场规模小和政府没有任何限制、干预有关。此外，瑞士的对外贸易历史悠久，加上它长久以来取消外汇管制，更令瑞士企业进军海外毫无滞碍。第三个原因则是，瑞士人喜好旅游。许多瑞士企业的高层主管通常有在国外求学定居的背景，他们是先有国际经历，然后再回国创办企业或担任管理者角色的。

瑞士的人力资源和资本的稳定性很高，也就是说瑞士人对本国企业的忠诚度很强，这种情形尤其是 1970 年最为显著。瑞士人偏好长期性投资，低利率则使得时效贴现率也很低。根据表 7–1 所示，瑞士是除了日本与韩国以外，固定资产投资率最高的国家。

谨慎有余活力不足 由于瑞士的银行与其他金融机构的所有权分散并且不随意转让，也形成了投资人与经理人齐力整顿公司而非卖断或关闭公司的经营模式。瑞士的会计制度也允许企业设定充分的准备金，以帮助公司度过经营不善的艰难时期，或在改组时有能力承受数年的重大亏损。[22] 由于专断地接管企业的做法相当罕见，所以所有权人想形成特殊阶级或避免股票公开上市的可能性，几乎没有。

瑞士企业的员工与经理人大多具有高级技术背景，也很少在企业和专业领域跳槽。这种情形虽然会减缓产业界的调整速度，但稳定提高的工资与强势的货币压力，转而激励了产业变革与升级。瑞士企业很重视产品获利率，因此调整改善的步伐一直持续到 70 年代。

许多成功的瑞士产业中，国内市场的竞争是很激烈的。瑞士因为国家小，所以有时有些产业给人以垄断的印象。事实上，这种现象只存在于缺乏竞争力的产业。在许多国际上表现优异的瑞士产业中，经常有两家以上的企业以类似的经营战略彼此竞争。这类产业包括：银行业、贸易业、巧克力制造业、制药业、精密钟表业、助听器产业、空调设备以及企业后勤服务业。这些产业的企业即使不在价格和产品上硬碰硬、互相较量，也会尽力找出有利于自己的竞争方式，以期成为对方潜在的竞争对手。

70 年代，由于市场需求水平不断提高，加上市场竞争以及责任感强的经理人与投资人的相互结合，瑞士产业出现了高度发展的情况。但是，产业的问题也逐渐显露，像长期存在的卡特尔企业、保护垄断及保障市场的传统，都影响到瑞士的产业繁荣。处于前述情况下的瑞士产业（如啤酒酿造业），如果不是在国际化上遭遇障碍，就是严重丧失既有的国际市场地位，创新求变的脚步显得迟缓笨重。70 年代，各企业也纷纷开始利用合作以挽救颓势。

瑞士企业的经营模式事实上是利弊参半。对一些产业而言，国内竞争不足会使它们由享有优势转变为处于劣势。巨额的准备金也许能使有活力的公司从容规划它的长期发展，但也可能导致企业逃避改革创新；同样，公司股权过于分散会使营运不佳的公司放弃变革的念头。瑞士电气设备制造商勃法瑞就是一个很好的例子。这家公司在多年经营不善后，最后与瑞典的ASEA以合并收场。近来，瑞士企业间的合并风更为盛行，追求规模经济的态度进一步降低市场竞争的激烈程度。瑞士未来的竞争优势因这些现象而亮起红灯。瑞士产业的情况清楚显示出，优势是由一个完整的“钻石体系”形成的。如果缺少了其中任何一项关键要素（特别是市场竞争），其他的关键要素就可能对生产力产生反效果。

瑞士的问题并不单纯，它在形成新企业的能力上虽然优于瑞典甚至超越德国，但却落后于其他发达国家一截。第二次世界大战后，瑞士曾有一波成立新公司的风潮，主要是由外来的移民潮所设立的，但是比起美、日、意等国，今天的瑞士，新企业却面临许多障碍，企业缺乏取得风险资本渠道就是一例。由于瑞士银行心态保守，企业家争取风险性贷款的门路相当少。影响更大的是经理人不愿冒险。在瑞士人的心目中，公司倒闭是让人无法接受的事情，这与德国的情况一致。这种态度使许多有才华的瑞士人在开创新事业时，反而迟疑不决。这种保守心态和不愿冒险的特点，也是瑞士经济繁荣与缺乏人工的产物，当企业已具规模时，经理人在变革和创新的步调上，往往走了回头路。

政府角色——监管过严

瑞士政府对产业的国家竞争优势有相当正面的影响作用。由于瑞士的联邦体系使得中央政府很少干预大部分产业的发展，以国际标准来看，瑞士政府的产业补贴相当低，公共支出也不多。瑞士企业的国际化更不受限制，政府与企业间有就事论事、讲求实际的共识，政府一旦出面，也多半是为了解决问题。各级政府在创造生产要素方面，以推广教育的表现最佳。

瑞士的中立国立场和政治的稳定性，也对产业界带来积极效果，对一些政治立场鲜明的国家而言，来自瑞士的企业是可以接受的；瑞士企业在欧洲三大权力中心（英、法、德）更是往来自如。瑞士不但吸引国外企业前来设立区域总部，对联合国及欧洲核子研究中心等国际性组织，也同样富有吸引力。这些机构在瑞士雇用高级技术人员，创造了瑞士国内高标准的需求市场，对部分产品和服务而言，这些国内需求又可以转换为国际化的需求。

然而，瑞士政府产业政策的最大弱点是，它对产业竞争的监管过严。在电子通信、啤酒酿造、卡车制造等产业中，受地方政府保护的专卖事业，或许可的卡特尔组织，它们的经营效率差、创新不足，甚至出现大规模倒闭等问题。这类例子包括中、低价位手表业与苏拉（卡车业领导企业）。另外，一些卡特尔企业以人为方式哄抬进口产品价格，政府不但默许或干脆为此制定标准与法规，实质上形成了保护政策。这种结果使得瑞士与日本一样，出现极端的经济现象，许多有竞争力的产业，与一大群没有效率并受保护的产业，形成了强烈对比。

瑞士政府对银行业的干预也让产业发展付出了相当大的代价。由于瑞士的交易税，贵重金属买卖、欧洲公债、投资银行以及信托基金等重要市场正不断流失。另外，瑞士政府越来越倾向对环保、劳动保障和社会福利方面的立法进行规范。它们当中虽然不乏是为了提醒瑞士企业警觉未来的趋势，但是一味从严对产业发展极为不利；比如针对员工加班及轮值夜班的严格规定，已阻碍了产业发展。

机会角色——立场中立左右逢源

如同美国一般，第二次世界大战对瑞士的国家竞争优势也有很大的帮助。由于瑞士的中立国立场，它的产业未经战火蹂躏，保持得相当完整，并在供应需求方面占上有利位置。例如，由于战争，大量人才、资源和资金流入瑞士。许多瑞士产业也因德国专利的失效，以及德国产业遭国际市场排挤孤立，而取得重要优势。这种优势更因瑞士与德国产业的相似性而更为明显。战争也使一些传统上依赖德国的瑞士公司，开始在研究和生产方面国际化，进而拉开瑞士产业进军国际的序幕。由于角色中立，瑞士产业和交战双方同时来往的独特能力，因而在科技信息方面收获丰硕。

回顾与展望——经济亮起红灯

瑞士企业已在许多产业中取得竞争优势，并且维持不衰。独特的国内需求条件加上高薪与货币升值压力，迫使瑞士企业以高质量与差异化产业环节作为出路。另外，大量的高级技术专业人才，带来长期提升产业优势的能力，而企业在国际化方面的优异能力，进一步确保了竞争优势的发展。

瑞士的国家经济是因长期提升竞争优势而成功的例子。由于缺乏天然资源，瑞士企业毫无选择可言，但它们务实而审慎的调整做法随即展开。同时，国家虽小却有丰厚的需求优势，使得各企业能在许多产业的精致市场环节中崭露头角。这些产业环节吸收了因生产率提高而释放出来的人力，造成瑞士人生活水平的提升，并避开了令其他国家头痛的贫富差距悬殊等问题。

然而瑞士的经济已露疲态。从 1970 年以来，瑞士的人均国民收入增长不大，生产力的提高也不够蓬勃。许多企业丧失了原有的活力，一些产业转而强调以人为手段而非持续改革创新来保障市场地位。40 多年的持续繁荣，销蚀了瑞士发展产业的动机和冒险精神。

这些问题的预兆，可从瑞士的许多产业集群正逐渐丧失其原有全球出口占有率看出。表 7–10 是 1978~1985 年间，瑞士具竞争力的产业中，全球出口占有率得失 15% 或以上的产业数量，这项比较也适用在其他 7 个国家。由于各类产业的规模大小有别，不同贸易分类系统使每种产业部门的产业项目差异很大，而国家的大小也影响到产业的数量。对国家生产力的发展而言，产业的数量事实上远不如出口成长或衰退的产业类型来得重要。产业是否升级也可以通过新的或更专业的产业出口占有率的提高，以及对成本反应敏感的产业的流失情形窥知一二。至于某一类产业出口额的增加或减少的重要性，也不及该类型产业在市场占有率上的变化。不过，表 7–10 并未列入服务业表现，这对瑞士的贸易活动十分重要，但是因为缺乏相关资料而无法列入比较。

事实上，即使将上述因素考虑进去，瑞士在专业产业的出口市场占有率上，增加的数量仍然低于流失的程度。在机床产业（14 项衰退 7 项成长）及医疗保

表 7–10　1978~1985 年瑞士在全球出口总额所占比例增减 15% 或以上的具竞争力产业的情形 *

	原料／金属			林业			石油／化学			半导体／电脑			上游产业		
	具竞争力产业的总数	比例增加的产业数	比例减少的产业数	具竞争力产业的总数	比例增加的产业数	比例减少的产业数	具竞争力产业的总数	比例增加的产业数	比例减少的产业数	具竞争力产业的总数	比例增加的产业数	比例减少的产业数	具竞争力产业的总数	比例增加的产业数	比例减少的产业数
初级商品	11	3	5	5	4	2	15	3	11	0	0	1	31	10	19
机械	1	0	2	1	0	0	0	0	0	0	0	0	2	0	2
专业元件	0	0	0	0	0	0	0	0	0	0	0	0	0	0	0
合计	12	3	7	6	4	2	15	3	11	0	0	1	33	10	21

	综合商业			交通运输			发电与配电系统			办公设备			电子通信			国防			产业功能和支持性功能		
	具竞争力产业的总数	比例增加的产业数	比例减少的产业数	具竞争力产业的总数	比例增加的产业数	比例减少的产业数	具竞争力产业的总数	比例增加的产业数	比例减少的产业数	具竞争力产业的总数	比例增加的产业数	比例减少的产业数	具竞争力产业的总数	比例增加的产业数	比例减少的产业数	具竞争力产业的总数	比例增加的产业数	比例减少的产业数	具竞争力产业的总数	比例增加的产业数	比例减少的产业数
初级商品	29	8	20	6	1	4	11	2	7	3	1	3	0	0	2	0	0	1	49	12	37
机械	16	4	5	0	0	0	0	0	0	4	1	2	0	0	0	0	0	0	20	5	7
专业元件	8	0	4	2	0	1	0	0	0	1	1	0	0	0	0	0	0	0	11	1	5
合计	53	12	29	8	1	5	11	2	7	8	3	5	0	0	2	0	0	1	80	18	49

	食品／饮食			纺织／服装			住宅／家居			医疗保健			个人用品			娱乐／休闲			最终消费商品和服务		
	具竞争力产业的总数	比例增加的产业数	比例减少的产业数	具竞争力产业的总数	比例增加的产业数	比例减少的产业数	具竞争力产业的总数	比例增加的产业数	比例减少的产业数	具竞争力产业的总数	比例增加的产业数	比例减少的产业数	具竞争力产业的总数	比例增加的产业数	比例减少的产业数	具竞争力产业的总数	比例增加的产业数	比例减少的产业数	具竞争力产业的总数	比例增加的产业数	比例减少的产业数
初级商品	7	3	3	12	2	9	6	2	3	10	0	6	9	6	8	3	0	3	47	13	32
机械	3	1	1	9	1	4	0	0	0	0	0	0	0	0	0	0	0	0	12	2	5
专业元件	3	1	1	11	5	5	0	1	0	0	0	0	2	0	1	0	0	0	16	7	7
合计	13	5	5	32	8	18	6	3	3	10	0	6	11	6	9	3	0	3	75	22	44

* 在 1978 年或 1985 年超过出口盈亏点的产业，其中包含在 1978 年具竞争力，但在 1985 年跌至出口盈亏点以下，或在 1985 年首度出现超过出口盈亏点的占有率者。

健、发电、个人用品和化工产品等产业，瑞士一向擅长的一些先进产业更是明显地出现了问题。竞争力大幅衰退的警讯，也显现在瑞士综合商业产业中占有率的流失；产业需求的标准在不断下降。另外，瑞士原本快速成长的产业市场流失的情形更为严重，过去成长相对缓慢的其他产业反而有小幅上升的现象，这也显示了瑞士在发展新企业上遭遇到困难。部分瑞士产业出口占有率的流失，或许是海外投资造成的，而且瑞士在服务业上的竞争地位也似乎维持不坠，但是，总体说来，瑞士经济繁荣的速度渐趋缓慢的现象是非常明显的。

瑞典：资源、机会与选择[23]

与瑞士相同，瑞典也是战后初期产业蓬勃发展的小国。在许多方面，这两个国家的情形也颇为相似。它们的国土面积都很小，教育水平高，语言能力强，政治立场中立，都属于欧洲自由贸易联盟而非欧共体的成员国。但是，瑞典的国家竞争优势形态却与瑞士大不相同。

瑞典与瑞士相同的是，凭借企业国际化而在第二次世界大战后崭露头角。尽管是一个小国，瑞典却是许多国际企业的母国市场，其中重要者如沃尔沃、萨博、阿特拉斯·科普柯、斯凯孚和伊莱克斯等。在本书所研究的国家当中，瑞典也是出口集中在大型企业的国家，它的前 20 年跨国企业就占出口总额的 40%以上。[24] 瑞典的一些精密产业具有强大的国家竞争优势，像重型卡车、汽车、滚柱轴承与采矿机械设备等享誉全球。瑞典经济造就了该国的高生活水平，并且为瑞典著名的公共福利制度投注了庞大的资金。

尽管如此，瑞典的表现仍有不如瑞士之处。瑞典的人均国民收入较瑞士低，为了降低失业率，瑞典政府也一直努力地增加雇员。另外，货币的持续贬值（1976 年、1977 年、1981 年及 1982 年）已成为纸浆与造纸、铁矿与钢铁等产业赖以维持出口能力的必要条件。不过，瑞典众多完全国际化的企业，及在重要产业中享有的国际市场地位，都使得瑞典成为探讨国家竞争优势时不可缺少的重要角色。

表 7–11 列出了 1985 年瑞典前五十大出口产业。这张表也为读者提供可以立即对瑞典产业有所了解的几点。第一，瑞典具竞争优势的产业中，许多是与天然资源关系密切的产业，显然与瑞士大不相同。第二，与天然资源产业共存的，是种类繁多的生产设备与机械产业。第三，瑞典消费产品产业并不强，这

也是本书研究的国家中相当独特的情形。能名列前五十大出口产业的消费产品产业包括：家具、卫浴设备、糕饼等，都在排名名单的尾端。[25]

表 7–12 则显示出瑞典经济中具有竞争力的产业。表 7–13 与附录Ⅱ的表Ⅱ–7 是这些产业的出口数字。瑞典具有国际竞争力的产业可以分为五大产业集群。以出口额来看，规模最大的产业集群是交通运输与物流支持，这方面的产业占总出口额的 20.5%。这个产业集群包括：汽车、卡车、船舶、发动机、一般机械与专业元件、运输服务业、运送物料所用的叉车与起重机等产业，以及与金属铸造有关的产业如：焊接机械、各式各样的工具和机器人等。第二项主要产业集群是林业（占总出口的 17.9%）。这类产业包括：林木、纸浆和纸品、造纸机械及其他有关提炼纸浆和造纸的设备和化学品。组合式房屋、硬木地板以及家具等，则是与这类产业相关的终端产品。第三大产业集群是原料与金属类（占总出口的 12.5%）。这类产业包括：采矿仪器设备和产品、电熔炉、碾压机及其他有关金属加工的机械和工具，其他重要的产业集群还有医疗保健相关产品（占总出口的 2.5%，并占全球该类产业集群出口的 2.8%）及电子通信产业。另外值得一提的是发电及配电系统产业，尤其是长距离的电力传输设备，这个产业集群将瑞典的水力资源与需要大量电力的金属、纸浆、纸业等产业部门联结了起来。

表 7–11　按照全球出口总额所占比例，列出瑞典前五十大产业（1985 年）

产业类别	占全球出口总额的比例（%）	出口值（千美元）	进口值（千美元）	占瑞典出口总额的比例（%）
牛皮纸、硬纸板	41.7	545 304	13 676	1.79
牛皮纸衬	31.7	378 772	–	1.24
锯制好的针叶木板材	26.4	888 112	10 168	2.92
铁、钢粉	24.1	52 549	4 991	0.17
高碳钢厚板	22.9	147 522	7 066	0.48
谷物	20.8	63 369	–	0.21
非电动手工工具	20.8	166 970	14 088	0.55
未漂白的苏打、硫酸盐木质纸浆	18.7	53 711	624	0.18
漂白后的亚硫酸盐木质纸浆	17.6	101 983	14 984	0.34
离心机	17.2	230 085	33 056	0.76
未漂白的亚硫酸盐化学木质纸浆	16.4	14 457	846	0.05
漂白后的苏打、硫酸盐木质纸浆	15.5	818 021	16 369	2.69
涂塑纸	15.0	159 384	35 919	0.52

（续）

产业类别	占全球出口总额的比例（%）	出口值（千美元）	进口值（千美元）	占瑞典出口总额的比例（%）
动力手工工具零件	14.6	44 111	8 323	0.14
轻型飞机	14.3	155 499	14 949	0.51
铁、钢丝	14.2	100 133	9 712	0.33
组合房屋的预制木材组件	14.0	155 515	17 074	0.51
铁、钢箍、细条	13.5	134 529	17 135	0.44
高碳钢中厚度板	13.3	40 917	4 689	0.13
非置于船尾的船用发动机	13.1	93 544	22 132	0.31
其他散装涂塑纸	12.6	328 646	64 447	1.08
铜	12.2	97 945	–	0.32
汽车底盘	11.1	113 780	–	0.37
铁、钢线条	10.7	86 053	13.703	0.28
酪品业、其他农业用机械	10.6	86 659	10 450	0.28
锌矿精砂	10.0	97 415	4	0.32
工具用刀片、可替换的尖头	9.9	337 832	89 082	1.11
其他纸浆、废纸	9.8	123 529	23 136	0.41
有线电话设备	9.3	515 615	41 080	1.69
橡胶制品	9.3	68 522	16 095	0.23
加工铜合金	9.1	72 569	27 544	0.24
新闻白报纸	8.9	514 813	–	1.69
其他家具、零件	8.8	73 466	33 311	0.24
其他纸张和硬纸板	8.7	318 969	47 718	1.05
未梳理的不连续再生纤维	8.6	37 507	2 926	0.12
生貂皮	8.5	58 567	17 560	0.19
自动资料处理设备（ADP）	8.4	565 341	655 235	1.86
高碳钢条	7.7	211 841	53 283	0.70
铁矿岩块	7.7	142 702	74	0.47
木浆材	7.6	17 483	124 373	0.06
制纸机械	7.6	124 793	116 673	0.41
珍贵玉石、准玉石、珍珠	7.4	25 826	4 706	0.08
碎矿机械	7.1	19 002	2 810	0.06
非涂料笔记用纸	7.1	229 894	13 158	0.76
离心泵	6.7	69 156	23 658	0.23
船用起重机	6.6	70 167	32 784	0.23
面包、饼干、点心	6.4	13 186	6 859	0.04
水槽、洗脸盆、浴缸	6.2	24 759	4 260	0.08
油轮	6.1	148 092	1 287	0.49
纺织用织布	6.1	52 440	47 841	0.17
合计				29.53

注：进口值低于 1985 年贸易总额的 0.3%者，不列出其进口数据。

表 7–12　瑞典具有国际竞争力的产业集群（1985 年）

初级商品	原料/金属			林产
	铁和钢	加工铁和钢	金属制品	木材制品
	铁、钢粉# 铁、钢锭# *铁、钢块、厚板#* **铁、钢箍、细条#** *锻铁块、块钢* **其他钢丝、棒#** **高碳钢条#** 铁、其他钢条 其他形状的铁、钢 *铁、钢厚板* **高碳钢厚板#** **高碳钢中厚度板#** 高碳钢薄板# *角铁、角钢型铁、型钢#* 其他铁、钢通用板# *不锈钢薄板*	**其他铁、钢丝#** *铁、钢无缝管* **非亚铁类金属** 银（未加工） **铜（未精炼）** **其他已加工铜合金#** *铜板、铜片* *铜管、水管* *未加工铅合金* 加工铅合金#• 铝条、铝丝 镍合金# 其他加工过的铝合金# *铝桶等铝制容器#*	其他钢、铜钉、螺帽 铁钢结构• *铝结构* 金属储槽* 线缆、丝绳* 手工工具# **其他手工工具***** 其他贱金属制品# **工具用刀片、尖头** 锯*** *铁、钢链* 铁、钢制品* **滚珠、滚柱轴承*****	**初步切割的纸浆材** **锯制好的针叶木板材** *刨制好的针叶木板材* 再生木料 *其他木材制品#* 其他单板、合板#• 矿柱、焊材# **纸浆** **其他纸浆和废纸#** 化学木质纸浆 **未漂白的苏打、硫酸盐木质纸浆** **漂白后的苏打、硫酸盐木质纸浆**
机械	*建筑、采矿机械*** 附着碳化物的激光机*** 矿场机械#• **碎矿机械**	碾压机# 碾压机零件 产业专用机床 工业用电熔炉	压缩机*** 水力机械***	**制纸机械#** 碱液回收锅炉*** 节约能源设备、纸浆厂*** 链锯***
专业元件	矿砂 *铁矿砂* **铁矿砂岩块** 铜矿砂• **锌矿精砂**	原料 石、砂、碎石 *其他石油、沥青、焦炭#* 其他 **珍贵玉石、准玉石、珍珠#**		氯气*** 纤维素衍生物 *废材#•*
服务				

（续）

初级商品		石油／化工	半导体／电脑
	未漂白的亚硫酸木质纸浆#	有机	印刷电路#
	漂白后的亚硫酸木质纸浆	矿物焦油	自动资料处理设备#
		丙烯乙醇	
		聚乙醇***	
	纸	氧化物#	
	其他纸和硬纸板#		
	散集瓦楞纸*	无机	
	新闻白报纸	化学元素	
	非涂料笔记用纸	无机酸•	
	牛皮纸、硬纸板#	氢氧化钠•	
	其他散装涂料纸	无机酸的金属化合物	
	塑料涂料纸		
	纸箱、盒**	聚合物/其他	
	其他纸制品#	亚磷酸盐、磷酸盐	
	纸制品#	塑料材料	
		蛋白质	
		聚氯乙烯	
机械			
专业元件			
服务			

（续）

初级商品	**综合商业**		**交通运输**	
	其他橡胶树料# **其他橡胶制品** 软木制品 _其他产业专用机械_*** _离心泵_ **离心机**# 气压机*	气体、液体过滤器* _天然气发电机、熔炉_# 测量仪器 其他测量、控制仪器# 中央暖气设备 压缩设备***	**发动机** 汽车活塞发动机 **非装置于船体的船用发动机** 活塞发动机• **车辆** _载客车辆_** **卡车**** 公共汽车* _其他非机械动力车辆_ **飞机（2~15吨）**• _油轮_	**车辆设备** _船上起重机具_ _拖车_# 铁路刹车设备*** 离岸胎*** **材料搬运设备** **叉车**** **其他机械式搬运设备**# ** **建筑与采矿设备** _压路机、建筑设备_#
机械			金属成型机床 工业机器人*** **气焊机、焊接机***** _电焊机_	_其他非电力机械_# _金属切割机床_# **非电动手工工具**
专业元件			**叉车零件**# ** 雷达器材 铁路车厢零件 工业用玻璃** _起重、装卸机械零件_#	**车辆底盘** **动力手工工具、零件**# 汽车车身、零件# 飞机、摩托车轮胎#
服务	土木工程服务*** 契约服务*** 工业清洁服务*** 安保服务* 大楼清洁维护* 设备维修*		汽车运送船*** 冷藏运送服务***	

（续）

初级商品	**发电和配电系统**	**办公事务**	**电子通信**	**国防**
	发电	*收款机、计算机*#	*其他电子通信设备、零件*#	爆炸性灭火制品
	蒸汽锅炉•	贱金属办公室用品*	**有线电话设备**	*作战武器、弹药*
	交流电马达（不包括通用马达）	办公室设备***	电子通信设备*	
	发电机组•	办公室用品#	移动电话网络***	
	核子反应炉、零件	*其他印刷品*#		
	风力、水力发动机	*复印机*#		
	配电			
	其他电流转换器*			
	液体绝缘转换器			
	接电装置*			
	高压输电线***			
	蓄电器			
机械	环境控制设备***	轮转式印刷机		
专业元件	电解炭		电子通信设备零件***	
服务				

（续）

初级商品	**食品／饮料** **基本食品** 冷藏鱼、猪肉 新鲜冷藏鱼类 鸟蛋#• **加工食品** *面包、饼干、点心*# 巧克力及其制品 面食、蛋糕• **食用油** *芝麻、芥子油*# 加工动物、植物油	**住宅／家居** **住宅要件** 木板* 木制组合地板*** **组合房屋预制木材组件** *生石灰、石棉、水泥材料*#• **家具** *座椅* **其他家具及其零件**# *金属家具* *木制家具* **电气用品** 缝纫机 *家用冰箱*	家用电器设备# 电热器# *其他家居设备*#** 吸尘器*** **其他家庭用品** 家庭、旅馆玻璃 其他贱金属制家居设备 *贱金属制灯具、家具* *水槽、洗脸盆、浴缸*# 园艺设备***	**纺织/服装** **织品/其他** 其他专业织品、产品#• 牛、马皮革 *纺织用织布*
机械	**奶制品加工、农业机械**# 奶制品设备*** 非家用冷藏设备 *包装、装瓶等机械*			织品与皮革制品加工机械#
专业元件	**谷物**# 大麦• *化学肥料*# *非家用冷藏设备零件*#	其他玻璃#		**未梳理的不连续再生纤维** **生貂皮**
服务		家具零售		

（续）

初级商品	**医疗保健**	**个人用品**	**娱乐/休闲**
	医疗设备 电子医疗设备 X光器材 医用家具# 医疗仪器 *助听器* **药品** 医疗产品	**易燃性产品**** 安全火柴** 烟草#	彩色电视机 *游艇、运动类船舶*
机械			
专业元件			
服务			

说明：

细体字：占全球出口额1.75%或以上，但低于3.50%者
斜体字：占全球出口额3.50%或以上，但低于7.00%者
黑体字：占全球出口额7.00%或以上者

• 在1978年低于出口盈亏点
\# 不列入计算的差额
\#\#基于在产业环节的显著出口值而列入

* 因海外直接投资而列入
** 因海外直接投资予以升级
*** 基于该国所作的研究列入

重心集中

除了上述这些比较完整的产业集群外，瑞典还有一些规模较小的产业集群存在于食品及包装、食品制造机械等相关产品领域。这些产业集中在高度农业化的南部地区，并以紧临丹麦的斯科讷为中心（食品相关产业是丹麦的经济重心）。其他的产业集群是家用电器设备，有关净水处理与环境管理的产品和服务。

表 7–13 中的阴影部分呈现出瑞典各个产业集群间的重要联结关系。瑞典的运输和相关机械等产业的地位，可以追溯到该国拥有金属和林业等天然资源产业，以及这些产业对采矿/收割、运输和物流支持方面的需求。另外发电和电力配送系统的发展也与金属、纸浆、纸品加工过程中对电力的需求有关。

这些主要产业集群所占有的地位相当稳定。虽然在铁矿和林业等依赖天然资源的产业上，瑞典正逐步丧失原有的地位，但其他多项产业中的竞争地位则持续数十年之久。自 1978 年以来，瑞典的基本产业中，如牛皮纸衬垫、汽车、助听器、金属材料、林木产品及交通运输等方面的出口还在继续增加中。

但是，瑞典产业也有其脆弱性。一般来说，能在国际市场中表现出强大竞争优势的瑞典产业，主要集中在上游产业和加工层次。瑞典在纺织品和服饰、个人用品、休闲娱乐、食品饮料等消费产品及日用品方面，几乎全无竞争能力。相对地，也显示出电器类的伊莱克斯、家具类的宜家、水晶玻璃类的欧乐福、卡司特等企业在国际上的突出表现。[26] 除了极少数商业服务、家具零售或船务等领域，瑞典的服务业在国际竞争中的表现也很差。[27] 另外，瑞典各项产业集群也缺乏化工、半导体、电脑等产业的衔接。

与瑞士比起来，瑞典具有国际竞争力的产业类型非常有限，不过深化程度却很高，发展已趋成熟，瑞典经济重心也因此集中在少数几个领域。根据表 7–13 所示，原料/金属、林业、交通运输等产业集群就占了瑞典总出口的一半左右。

瑞典和瑞士的共同特点是擅长专业性的产业，当然瑞典也在一些依赖天然资源的大规模产业中占有一席之地。此外，瑞典企业比较倾向发展多样性的产品，这点又与瑞士不同。瑞典在机械产业的成就也较瑞士逊色。要了解瑞典的国家优势形态，读者必须先认清“钻石体系”对瑞典产业国际地位的影响，并探讨它在战后的发展情形。

表 7–13 在广义的产业集群下，瑞典具竞争力产业的出口百分比

类别	产业	占全国出口额的百分比	占产业集群全球出口额的百分比
上游产业	■ 原料/金属	12.5（−1.7）	2.4（−0.1）
上游产业	■ 林业	17.9（−2.5）	10.5（−1.3）
上游产业	石油/化工	2.6（0.5）	0.2（+0.0）
上游产业	半导体/电脑	2.1（0.9）	0.9（−0.4）
上游产业	上游产业合计	35.1（−2.9）	1.7（−0.4）
产业功能和支持性功能	综合商业	4.2（+0.0）	1.1（−0.1）
产业功能和支持性功能	■ 交通运输	20.5（−0.4）	2.3（−0.2）
产业功能和支持性功能	■ 发电与配电系统	1.0（−0.7）	1.1（−0.5）
产业功能和支持性功能	办公设备	0.7（−0.1）	1.0（−0.2）
产业功能和支持性功能	电子通信	3.7（0.6）	5.5（−1.5）
产业功能和支持性功能	国防	0.7（−0.0）	3.6（−0.6）
产业功能和支持性功能	产业功能和支持性功能合计	30.7（−0.6）	2.0（−0.2）
最终消费商品和服务	食品/饮料	2.5（0.1）	0.4（0.1）
最终消费商品和服务	纺织/服装	1.1（+0.0）	0.3（0.0）
最终消费商品和服务	住宅/家居	3.9（+0.0）	2.4（0.2）
最终消费商品和服务	医疗保健	2.5（0.6）	2.8（0.1）
最终消费商品和服务	个人用品	0.1（+0.0）	0.1（+0.0）
最终消费商品和服务	娱乐/休闲	0.5（−0.2）	0.3（−0.2）
最终消费商品和服务	最终消费商品和服务合计	10.6（0.5）	0.6（0.1）

注：括号内数字是 1978 和 1985 年之间的变化，以具有竞争力产业的出口情形为主，并非全部产业的表现。

■ 与国家的国际竞争地位相关的广义产业部门。

生产要素——衔着金汤匙的国家

绝大多数具有国际竞争力的瑞典产业，都与该国充沛的天然资源有关。瑞典拥有广大的森林、蕴藏丰富的磷与铁矿，大约30%的能源是来自低成本的水力发电。[28] 瑞典大部分的天然资源产业位于该国偏远的北部地区，距离人口集中的哥德堡和斯德哥尔摩相当遥远（瑞典南北相距达1万英里）。

很多成功的瑞典产业虽然以天然资源起家，时至今日仍以此作为竞争本钱的产业却不多（不过，对成本因素敏感的产业依然不少，这点对瑞典的未来经济发展十分重要）。比如说，瑞典铁矿在19世纪就丧失了独特的优势，取而代之的是制钢技术的进步。瑞典钢铁一度在1970年初达到出口的高峰，随后又因运输成本下跌，巴西、澳大利亚等国又开发出新矿源，而打破了瑞典对邻近欧洲市场的主控局面。林业方面的情况亦同，瑞典对林业的经营非常用心，但是气候因素使瑞典的林木比其他国家生长得慢。虽然木材材质的多样化是使瑞典纸浆质量高并且成为部分产业环节的优势，然而，到1987年时，瑞典国内造纸所需木材原料几乎有20%依赖进口。另外，瑞典的电力价格虽低，但是与挪威、加拿大和巴西等一样拥有丰富水资源的国家相比，也没有低多少。

事实上，瑞典的竞争优势形态绝不只是靠先天的生产要素而已，它还包含其他关键要素，特别是那些牵涉产业繁荣的关键要素。所以，瑞典虽然在天然资源上失去了以往的风光，反而使企业朝更专业的产业和产业环节发展，像矿业与木材业发展出特制钢铁和高级纸品，甚至转化为供应商与相关下游产业，如滚柱轴承、凿岩机和钢制品等。至于无法升级的产业则通常遭到淘汰的命运，一度举足轻重的纺织业就是最好的例子。瑞典为什么无法像瑞士一样发展出纺织业的专业路线以继续维持市场地位，其原因将于后文中讨论；目前仍在国际纺织市场中活动的几家瑞典企业，是属于专业机械领域。

平均主义 瑞典在维持竞争优势和提升竞争地位上的成败，是该国独特的“钻石体系”运作的结果。其中很重要的一点就是人力资源条件。瑞典的工资结构很特别，它实施所谓的平等工资制度。在这套制度下，不同技术层次、产业之间的工资差距，是全世界最小的。平均主义同样也反映在相对偏低的经理人薪水上（个人所得税非常高以至于造成收入降低）。瑞典的平均工资虽然高，却因平等工资制度导致瑞典在轿车、卡车和重型机械等有竞争优势的产业薪水，反而比一些主要竞争国家来得低。

瑞典教育程度向来都很高，教育程度加上共同的语言、宗教信仰与全国统一的学校课程，造就了训练有素并能充分合作的瑞典劳动力。工程教育因为沿袭德国模式，又成为各科教育中水平最高的。此外，瑞典早年和英国关系不错，后来又与德国走得很近，所以很多瑞典人曾在这两个国家受教育并在它们的重要产业工作过。今日，瑞典的注意焦点则是美国。瑞典人就像瑞士人一样精通外语。几乎每个瑞典人都能说英语，很多人（特别是老一辈的）德语也很流利。

瑞典的教育虽然在很多领域中表现出色，但是几乎完全公立化的教育系统，却有跟不上产业界发展的危机。一方面，产业界的标准不断提升、技术变革也在不断进行中。再者，平均主义拉低了教育水平，也妨碍了专业人才的培养。调适不及时的教育官僚体系，造成了信息科技和电脑软件人才的严重短缺。这又削弱了瑞典发展更专业的竞争优势与进入新产业竞争的能力。

瑞典拥有多所优秀的科技大学，这些大学的研究对本土科技的发展也有卓越的贡献。其中颇受瞩目的有查尔姆斯理工学院和瑞典皇家理工学院。另外，在政府或产业界的资助下，瑞典也有一些与重要产业有密切关系的技术学院，不过比起美国或德国，瑞典的科研机构并不算多。

瑞典的大多数研究结果可以运用在实务上，而且这些研究多半是由大企业策划，并以技术合作模式与大学共同进行研究的。至于产业集群内合作研发的成果也相当丰硕。总的说来，1987 年，瑞典的研发费用占国内生产总值的比例，是所有国家中最高的，这也反映出瑞典经济相当重视研发的产业部门。

因为是小国，所以瑞典传统上是从世界各地取得基础科技，并以购买专利方式拥有。像早期拿到贝氏钢铁专利、克虏伯的固着碳化物（焊接）技术与车辆柴油技术等，瑞典企业都是以付费方式取得的。然而，取得国外的核心科技后，瑞典企业通常会以精密机械技术加以改良并延伸运用的领域。瑞典人能发展出这么坚实的技术转移能力，原因是他们与瑞士人一样，都具有国际市场的前瞻性、优异的语言能力、扎实的技术训练，并且很少显露出“挪用”的痕迹。

不利因素的转换——自动化的原因

促使瑞典产业创新和升级的动力中，不利因素的转换非常重要。在各种不利因素中，最首要的是高工资和福利，它是促成瑞典产业自动化的主要动力。由于薪水平均化，劳动力密集型产业被迫改变产业结构。瑞典在纺织业、造船业与钢铁业的转型因而比其他国家更快，挫折也较少。既定的政策与较小的国内需求市场，固然加快了产业的转型过程，但是政策的限制，也导致保护和补助的措施出现。

员工薪水相对偏高的情况下，瑞典企业也将技术性低的生产流程自动化。由于瑞典服务业的工资和制造业不相上下，上述做法同样也在服务业中出现。[29] 另外，瑞典长期短缺技术人工的情形也导致企业不断创新生产流程，以减少对人力的需求。基于这些原因，近年来，瑞典产业大力引进机器人，它的生产效能也是本书研究国家中最高的。瑞典在自动化仓储和物料搬运方面也相当发达。[30]

瑞典漫长的冬天和寒冷的气候（纬度与阿拉斯加相当），也使节约能源与相关产品的产业技术快速发展。另外，瑞典的资源产地和城市间的距离很长，而且也与国外市场距离遥远，结果瑞典大力发展精密的物流支持相关产业，进而在运输和物流支持相关产业的国际市场中，占有重要地位。以新闻用纸为例，瑞典企业首先发明高度专业的转运设备，并率先采用专业船舶运输系统。

与国外市场距离遥远的事实，也造成瑞典企业很早就跨足海外投资。瑞典一些已全球化的顶尖企业，比其他国家企业更早建立紧密顺畅的子公司网络。如山特维克公司早在 1865 年就成立了第一个国外分公司，阿法拉伐于 19 世纪末也已在美国设厂，斯凯孚的德国分公司早在 1910 年就已成立，在 1933 年已在 5 个国家设厂。[31] 许多瑞典产业的国外工厂销售额，达总产值的 90%以上。

需求条件——走出资源密集型产业

在瑞典早期的经济中，以天然资源为基础的产业占有核心地位。这批产业也带动起相关与支持产业的成长。表 7–12 清楚地显示出一些当今世界级的瑞典产业，开始时就是林木、纸品、铁矿开采、钢铁制造等产业的支持产业。以化工产业领域为例，瑞典少数几个具有国际竞争力的产业，都是与纸浆和造纸过程相关的化工产业。瑞典是一个产业联结特性十分显著的国家，具有国际竞争力的产业之间，经常维持客户与供应商的关系。

即使在瑞典国内，市场距离也很遥远，产品出口又有航运上的需要，因此瑞典很早就出现对各式各样运输设备和服务的专业需求。制造业与物料搬运方面的高度自动化，又导致瑞典在工业机器人、特殊起重机和无人搬运车等产业的强势地位。

瑞典恶劣的气候、崎岖的地形和地理环境，都是令采矿、制造、运输企业心生畏惧的客观环境。瑞典的采矿机械必须能在世界最硬的岩石间作业；瑞典北部道路崎岖不平，木材搬运需要高吨位运输车辆，质量和耐用程度也成了最严格的要求，这也是瑞典重型卡车产业所标榜的竞争优势。瑞典的核心产业是能源需求极高的产业，但是瑞典的能源电力集中在北部水资源区，这些电力必须千里迢迢输送到下游企业所在地点；这又使瑞典各种发电和配电系统产业非常发达。不但民营的电力公司有好几家，国有电厂也相当优秀，两者对提高国内需求质量都很有帮助。此外，严寒的气候也为能源节约的设施和服务创造了强有力的市场需求；在热力转换和电器设备等产业中，瑞典企业的表现也非常出色。

早在第二次世界大战前后，瑞典许多天然资源密集型产业，就已感受到不利形势的压力。这些压力造成产业界对先进设备和供应商协助的强烈需求，也促成了支持性产业的产生。即使停留在天然资源密集型产业中的瑞典企业，也朝向更高标准的产业环节与相关产业发展，它们的行动也为机械产业和其他元件供应商带来转变的机会。

瑞典在组合式房屋方面的优势地位，就是一个很好的例子，这项产业是由木料业企业发展的结果。在建筑工人薪水高、施工天数少、需要紧密结实的建筑结构以抗恶劣气候等因素的结合下，这项产业的成长土壤特别丰沃，质量好又能迅速组装的产品自然呼之欲出。

以人为本的福利国家　瑞典企业的竞争优势，还可以追溯到瑞典人的观念态度与文化背景上。瑞典是一个非常重视安全、环境质量与公共福利的国家。这些价值观不仅显现在瑞典的法律中，也是经理人与工会双方的共识。这些价值观也反映在政府的施政上，例如，瑞典的汽车驾驶人依规定在开车时必须开车灯，瑞典也是最早规定乘车必须系安全带的国家（瑞典甚至指定装备三点式安全带）；如今又率先规定后座乘客也必须系上安全带。沃尔沃汽车就是全球第一款将三点式安全带列为标准配置的车种。

这些价值观创造了许多环保与社会福利产品，并形成新的服务业需求，像瑞典制的汽车安全带在国际市场也有很强的竞争力。另外，尊重人的观念，使瑞典有相当普及而且极为成功的医疗保健产业。以残障人用品为例，瑞典为残障者建造的公共设施遥遥领先于大多数国家，这方面的制造商自然也是国际市场的赢家。

瑞典人的价值观还反映在讲求产品安全特性和环境观念上，比如说，沃尔沃的安全汽车与卡车安全驾驶座，以及AGA设计的控制工厂煤气排放的安全阀门，都是名闻遐迩的产品。[32] 种种例子显示，瑞典这个国家的福利标准很能反映出其他发达国家的未来需求。

消费形态保守 不过，瑞典为了强调这些价值观，付出的代价也相当高。瑞典的微波炉市场早年遥遥落后于其他国家，原因是消费者对辐射外泄的高度关切。另外，瑞典是最早发展核能的国家之一，核能产业的表现也很突出，但是随着国内反核意识的抬头，这项产业反而停滞不前，最后面临丧失竞争力的威胁。反战和政治中立的立场，使得瑞典国防产业部门销售武器的对象亦受到严格的限制。

很特别的现象是，瑞典的政府部门影响力深远，横跨各大产业（瑞典的公共部门就雇用了31%的市场劳动力）。瑞典的国有事业垄断了医疗保健、托儿所与其他多项服务业。它们的存在抑制了民间对许多服务业的需求，也造成瑞典鲜有世界级的服务业公司。庞大的国有事业使得瑞典政府成为许多产品的主要客户。尽管在一些产业里，瑞典的国有事业与产业界合作良好，并扮演着挑剔的客户角色。但是，在医疗保健等其他产业方面，政府部门的僵化作风，导致效率低下，问题很多。以瑞典保健部门的费用来看，在产品和服务创新方面应该有更好的表现才是，但事实却不尽然。

消费产品的需求是瑞典产业的另一个严重弱点。瑞典的平均工资虽高，但个人所得税也高，累进税率更高；高所得税制使人民可支配的收入降低了许多，对高收入者影响更大。举例来说，一个年收入超过33 000美元的瑞典人，每年最低税率是25%，还要另加23%的加值税，这种情形降低了人民对产品创新的有效需求。[33] 瑞典的平均主义抑制了新产品或服务的需求，许多新产品在刚上市时，往往被视为是奢侈品。在瑞典，喜新厌旧的消费形态是不道德的。

瑞典的国有广播与电视频道禁止播放广告。[34] 结果瑞典企业必须到国外学习现代市场营销手法，事实上，能有这类经验的瑞典企业也很少。对于新式的零售商店和连锁店，瑞典人的接受度并不高，这类零售业的发展因此还在萌芽阶段。在消费产业的需求上，瑞典人虽然不乏高品位，但这种情况毕竟并不多。

相关产业与支持性产业——顾客与供应商的弹性空间

客观来说，瑞典经济是由相关与支持性产业构成的经济形态。很多瑞典产业是凭借下游产业的既有市场地位发展的，像碎矿机械（铁矿）与焊接机器（造船业）等就是。另外，很多与纸浆和造纸相关的产品也在国际上占得一席之地，这里面包括：制浆机器、造纸机器、烘干机器、锅炉、传送带、流程仪表、木材处理机及具特殊用途的卡车。同样，瑞典能在硬金属处理方面拥有强势地位，这和瑞典的金属铸造与开矿机械的需要有关。

瑞典的产业间进行逆向整合也是极平常的事，像特殊钢铁制品、滚柱轴承、仿金属产品、高级纸品等，都是从上游或相关产业产生的。

瑞典的产业集群特别发达，究其原因是它们能利用环境所形成的机制，使集群内部的技术交换和信息流通特别有效率。垂直或水平相关的企业间，合作和合资的情形非常频繁，阿特拉斯 · 科普柯（采矿与建筑设备）和山特维克（碎石机）两家公司在市场营销和研究发展上已有超过 40 年的合作经验，而Fläkt（烘干机）和哥塔维金（纸浆提炼锅炉）则在环境控制设备的国际营销上通力合作。企业之间非正式的合作也比正式签订协议更为普遍，事实上，瑞典人在进行这类合作时，通常是不需要正式签约的。此外，合作关系也存在于瑞典的民间企业与军方、国有部门等政府单位之间，这类客户与供应商之间既公开又具弹性的关系，是瑞典市场需求的一项长处。

形成瑞典企业高度跨产业合作的原因还有一个，那就是金融集团或大财团握有许多家企业的所有权，并促使它们形成联结关系。许多大企业的董事长，通常也掌管多家性质相关的公司，有时甚至担任经理人的角色。企业间的合作除了所有权的联结外，也与瑞典的文化特点以及主管的专业背景有关，瑞典社会重视团队合作，对组织有强烈的认同感，加上国家小，许多公司的负责人彼此认识，所以特别容易彼此合作。这种合作关系让瑞典人能够协力与国外企业竞争，并且向外扩张势力。纵使在国外，瑞典的相关或支持产业的海外分公司，也是以彼此熟识、合作无间出名。

企业战略、企业结构、同业竞争——合作强于竞争

瑞典企业的组织特点，很适合在需要子公司网络、复杂与精密技术的产业中竞争。如同日本人一般，瑞典人对企业的忠心耿耿、合作、保守、有纪律、

重信誉是瑞典企业的特色。公司里的领导人虽不强势但备受尊重，沟通渠道畅通，组织不拘泥于形式，这种企业文化也使得瑞典企业的经理人，在合作生产复杂的产品和协调遍布各地的国际分公司方面，比美国与瑞士企业容易取得独立自主的权限。许多瑞典企业在设立国外分公司时，往往只派一位经理人过去，然后一切由他全权处理。这种完全信赖而不监督的做法，在各国当中是很罕见的。[35]

由于国内的许多专业产品市场小，与国外市场又相距遥远，所以瑞典企业的国际化意愿很强烈。瑞典的中立立场和国人旅游的悠久传统，更排除了企业国际化的障碍。对瑞典人而言，到海外工作是个人事业发展上很正常而且重要的一项经历。许多大规模的瑞典公司早在 19 世纪末就已国际化了。当时的运输费用昂贵、关税制度严格，瑞典企业在海外投资设厂是必然的结果。此外，瑞典的钢铁、造纸、采矿等成功产业和国家资源有关，因此也具备了政治敏感度；这样的特性也为本地的企业及外来投资带来莫大的压力。

瑞典的企业大多是跨国经营的，如山特维克公司就在近 30 个国家生产碎石机。而瑞典出口的国家数目更多，即使出口对象是名不见经传的小国家，瑞典企业照样有本事打入它们的市场。但在碰到如德国和日本等进入障碍较大的国家，瑞典企业有时也会刻意避开。[36]

瑞典人以在产业界工作为荣，最优秀的大学毕业生大多进入大型的跨国企业工作；能代表民族成就的核心产业，更是瑞典人趋之若鹜的工作场所，所以他们一旦进入公司，就成了高度忠诚的员工。企业的高层主管普遍具有技术背景，并有不轻言放弃、锲而不舍解决问题的态度。[37] 因为企业的表现好坏关系到主管的名声，因此，企业通常以增资方式维持现代化设备。以纸业为例，在美国和加拿大纸厂中可以看到现代化和老旧过时的厂房混杂一处，而瑞典则已全部实现现代化了。

瑞典公司管理层的决策很少受到大众资本市场的影响，企业的资本投资大多属长期性并且很少转卖，而且金融集团通常拥有公司的大部分股份。瑞典的会计制度也允许企业设立免税准备金，以增加它们渡过难关的调度能力。[38] 不过，这种情形在近年来却有改变的趋势，由于瑞典金融市场的压力越来越大，国内市场也朝效率化和精致化发展，而且外商入股瑞典企业的情形也逐年增加。另外，公司合并、宁可保持财力不合作投资的做法逐渐蔚然成风。企业的高层主管也渐渐具备财务管理的背景。

瑞典的竞争优势是由许多紧密相关的产业构成的，瑞典的多数知名产业中大都有一个以上的强势者，所以也造就了战况激烈的国内市场，例如，沃尔沃和绅宝在汽车、卡车市场上厮杀。山特维克公司和费格斯塔（Fagersta）则在凿岩机市场上相互竞争。纸厂和特殊钢制造厂也有好几家。

然而，瑞典之所以独特，是因为在许多产业的国际市场上，瑞典企业往往只有一家。汽车运送船、冷藏货轮、电子通信设备、滚柱轴承、采矿机械等产业都是这种情形。原因是该国企业之间的合并造成国内市场的垄断局面。瑞典的《反托拉斯法》虽然可以平衡国内产业界的竞争，但是管不到该国的跨国产业，因为瑞典人深信，一个企业在母国的规模越大，就越容易应付全球性的竞争，这种看法在意大利也很普遍，但作者对此持反对态度。

以合作降低竞争　瑞典的纸业与钢铁业中，纵使企业是直接面对面地竞争，也有彼此合作的情形，瑞典的造纸公司有时就会在出口价格上联合一致。另外，瑞典是第一个整合钢铁与造船业的国家，由此也可看出瑞典人以合作降低竞争的态度。产业合作往往涉及产品的交换，这也是一种在彼此损失最小的情况下解决问题的方式。

这种模式根源于瑞典的社会结构和教育训练，瑞典人从小就被教导成要合作，而不是竞争。这有助于产业间垂直关系的维系，以及与相关产业的互助合作。不过，这种态度也消弭了创新所必需的冲突火花。

在瑞典的国内市场竞争中，这种利弊参半的做法因有其他关键要素搭配，而产生了弥补效应。其中之一是，瑞典虽是小国，但国民拥有宏观的国际视野。此外，瑞典本身是一个非常开放的市场，颇能接受进口产品。还有一项有关产业动力的重要刺激是，大多数具有国际竞争力的瑞典企业，海外的投资也很大。这表示它们长久以来就已在许多国家、面对面迎战国外的竞争对手了，当然也包括在对手的母国市场上竞争。

国内竞争形态的复杂也对瑞典产业的产品价格造成影响。瑞典具有竞争力的产业种类并不多，当产业以过多的合作取代竞争时，瑞典很快就丧失掉在这些领域的重要地位。此外，由于以合并取代创新成为解决竞争问题的一种方式，在需要迅速反应及产品变革频繁的产业里，瑞典企业就难以成功了。

一般看来，当国家缺少积极的国内市场竞争时，竞争优势上的损失显然是难以弥补的，瑞典因产业界与挑剔型客户的密切互动，多少解决了一部分的问题。但是，瑞典的竞争风气却因个人与企业不愿冒险而减弱，这严重限制了该国发展具有竞争力的产业数目（强调团队的观念与偏高的所得税，削弱人们争取获利的动机，也已严重地威胁到瑞典经济的进一步繁荣）。

这个问题的严重性也表现在瑞典人对新兴行业的排斥上。瑞典的大型跨国公司虽然正在蓬勃发展，高税赋却使企业主不敢放手一搏，独立的企业家作风也与社会的集体意识不融。文化上的同质性，意味着组织内部持异议者不多，换句话说，很少有人甘冒大不韪挑战既有企业的做法。瑞典人自行创业的动机不强，社会价值观也排斥拥有庞大财富的个人，加上瑞典企业缺乏风险性资本，致使新兴行业不容易出现。

在瑞典，许多企业都在初具规模之际，就卖给大公司而不继续经营，然而，庞大的企业集团并不一定是创新与企业生存的沃土。过去 20 年来，瑞典的新公司寥寥无几，而且倒闭的公司又比新开张的多得多。

政府角色——好坏参半

瑞典政府在经济发展上扮演着重要角色。在本书所研究的国家中，瑞典的国有事业比重虽然并非最高，却提供了相当多的公共服务。而瑞典政府对产业的规范涉及很广，并强烈反映出一定的社会价值观，在安全与环保方面的严格标准，更创造了瑞典客户的前瞻需求。不过，在一些领域中，由于瑞典人的价值观过于极端，产业规范与其他国家相差太大，亦形成不利于产业发展的影响。

瑞典政府对支持性产业（尤其是大型跨国企业）的态度很积极。瑞典外交人员的重要任务之一就是协助在当地发展的瑞典产业。瑞典政府视产业为国家的命脉，所以也以诸多措施协助大企业经营，例如，维持低电费与有利的税制。而且这个国家的个人所得税虽然很重，但对大企业的课税率却很低（通常为 20%~30%）。国有单位采购时也善尽挑剔型客户之责，与该国供应商合作时，会严格要求产品质量，借以带动产业的进步。

瑞典政府的政策也有它的盲点，就是它太重视大企业，小企业的问题则被忽略了。瑞典视货币贬值为一项重要的政策工具，这反映出过度重视总体经济的竞争态度。这种做法也许在短期间有效，但以长期来说却是有害的，以人为方式压低生产要素的成本，其实并非是高明的做法。

瑞典政府在经济上的直接冲击还包括：它介入服务业部门太深太广，以致服务业成本太高，几乎丧失所有竞争能力。在采矿、纸浆、钢铁、林产品、造船和船运等产业中，国有或民营的企业，占瑞典产业全部就业机会的8%，出口总额的9%。[39] 此外，政府雇员数量庞大，生产力相对偏低，又使瑞典企业因人工短缺而必须到海外设厂。

在未来的瑞典经济发展中，政府所扮演的角色将是一项重要的课题。

机会角色——大发战争财

瑞典和瑞士一样，都因第二次世界大战而获益不少。它在战时的政治中立立场，保全了产业的基础，并且因此在战后满足商品需求上，形成了重要的国际地位。

回顾与展望——守成不易

瑞典的经济是由林业和采矿业等天然资源优势而起家的。如今的瑞典，不但在这些上游产业有所成就，也在相关产业与支持性产业形成强大的产业集群。这些产业集群能够提升，主要是靠“钻石体系”的作用。瑞典有严苛、高标准的需求，水乳交融的客户与供应商的合作关系，优秀的技术和人力资源，以及经营完善的大企业，多少弥补了瑞典国内有利有弊的竞争环境，而在传统上拥有竞争优势的领域，瑞典的实力迄今依然保持着。

不过，瑞典产业目前正面对一些重要挑战：瑞典企业对生产要素成本还是很敏感，惯用的贬值战略实际上对产业升级构成威胁，赶不上需求的教育体系，国内市场竞争力消退，不支持个人进取和冒险行动，这些都是瑞典产业创新和活力的障碍。以工业机器人为例，它在瑞典产业界的普及度已落后于其他发达国家。

表7–1的数据显示，瑞典明显已有下列几个值得关注的问题。自70年代中期开始，瑞典产业的投资率已经明显下降，生产力提高不大，个人平均收入的增长也见迟缓。在表7–14中，在有关瑞典产业市场占有率得失超过15%的产业表现上，瑞典产业的流失部分也多于增加的部分。更值得重视的是，瑞典产业的得失表现并不利于产业繁荣。总的说来，瑞典表现优异的产业是那些原本就实力强劲的产业集群，特别是与天然资源相关的产品、机械及专业元件等领域。

但是它失去了更精密、专业产品（如造纸机器和一部分机床等）的市场，而在日常用品和不需要高级加工的产品市场上小胜，这充分显示出产业升级有问题。毕竟国际市场流失的责任不能完全归因于瑞典企业的国外投资。

表 7–14 也明显暴露出瑞典经济的第二个严重问题：那就是如何扩张新旧产业集群的经济基础。以瑞典的情况来看，现有产业继续提升的基础虽然仍扎实，但在开创新式的先进产业上却不见得有利。毕竟瑞典享有国际重要地位的产业还不算多，开创新式产业却是持续改善国家生产力、维持高薪水平的完全就业市场所不可或缺的。表 7–14 显示出，瑞典除了原料/金属、交通运输、医疗保健和住宅/家居用品等传统上实力依然深厚的产业外，丧失市场地位的产业比新取得重要地位的更多，在发电设备、办公设备及电子通信等方面也是如此。

国内的需求条件、媒体的限制、政府对服务业的影响，加诸新兴企业的障碍，都使得瑞典无法在原本表现优异的产业上更进一步扩展。倘若情况仍不加以改善，工作机会的创造机制将停滞不前。政府部门的大而不当，也使种种不利于瑞典产业发展的条件更加恶化。

德国：百折不挠，浴火重生 [40]

美国、瑞士和瑞典都是第二次世界大战后一举成功的例子，它们的成功归因于战争爆发前既有的条件，以及由战争形成的有利的独特环境。当代的全球性产业竞争是从 20 世纪 50 年代与 60 年代开始的，这 3 个国家因为未受到战争的破坏，战后初期很自然地取得了领先发展的优势，想要评估这种竞争优势并不容易。

不过，前联邦德国（以下称德国）与前文讨论的 3 个国家不同，它在第二次世界大战后不久，就新生为一个拥有强大竞争优势、生活水平迅速提升的国家。早在 19 世纪末，德国已是许多产业里的超级大国，其中还有很多是全球最强的。德国产业不但在战后迅速复原，甚至可说是整个战后时期表现最优秀的贸易国家。它所占的全世界出口比重高于国民生产总值的经济比重，在这一点上，美国和日本都比不上。[41] 由于德国企业在海外设厂生产的产品比例比美国企业还高，这也更加凸显了德国产业的出口能力（日本海外生产的总额虽然正在快速增加，但成果仍然不大）。

德国产业的成功应该归功于它的历史背景，所以尽管一再遭遇打击，德国

表 7–14　1978~1985 年间，瑞典在全球出口总额所占比例增减 15% 或以上的具竞争力产业情形 *

	原料／金属			林业			石油／化工			半导体／电脑			上游产业		
	具竞争力产业的总数	比例增加的产业数	比例减少的产业数	具竞争力产业的总数	比例增加的产业数	比例减少的产业数	具竞争力产业的总数	比例增加的产业数	比例减少的产业数	具竞争力产业的总数	比例增加的产业数	比例减少的产业数	具竞争力产业的总数	比例增加的产业数	比例减少的产业数
初级商品	38	10	18	23	5	12	11	4	1	2	0	1	74	19	32
机械	7	4	0	1	1	1	0	0	0	0	0	0	8	5	1
专业元件	6	4	3	2	1	1	0	0	0	0	0	0	8	5	4
合计	51	18	21	26	7	14	11	4	1	2	0	1	90	29	37

	综合商业			交通运输			发电与配电系统			办公设备			电子通信			国防			产业功能和支持性功能		
	具竞争力产业的总数	比例增加的产业数	比例减少的产业数	具竞争力产业的总数	比例增加的产业数	比例减少的产业数	具竞争力产业的总数	比例增加的产业数	比例减少的产业数	具竞争力产业的总数	比例增加的产业数	比例减少的产业数	具竞争力产业的总数	比例增加的产业数	比例减少的产业数	具竞争力产业的总数	比例增加的产业数	比例减少的产业数	具竞争力产业的总数	比例增加的产业数	比例减少的产业数
初级商品	10	3	3	13	5	5	7	3	7	4	2	3	2	0	2	2	0	1	38	13	21
机械	0	0	0	6	3	3	0	0	0	1	0	1	0	0	0	0	0	0	7	3	4
专业元件	0	0	0	8	3	3	1	0	0	0	0	0	0	0	0	0	0	0	9	3	3
合计	10	3	3	27	11	11	8	3	7	5	2	4	2	0	2	2	0	1	54	19	28

	食品／饮食			纺织／服装			住宅／家居			医疗保健			个人用品			娱乐／休闲			最终消费商品和服务		
	具竞争力产业的总数	比例增加的产业数	比例减少的产业数	具竞争力产业的总数	比例增加的产业数	比例减少的产业数	具竞争力产业的总数	比例增加的产业数	比例减少的产业数	具竞争力产业的总数	比例增加的产业数	比例减少的产业数	具竞争力产业的总数	比例增加的产业数	比例减少的产业数	具竞争力产业的总数	比例增加的产业数	比例减少的产业数	具竞争力产业的总数	比例增加的产业数	比例减少的产业数
初级商品	8	4	4	3	1	0	13	6	5	6	2	2	3	1	1	2	1	1	35	15	13
机械	3	1	2	1	0	0	0	0	0	0	0	0	0	0	0	0	0	0	4	1	2
专业元件	4	3	1	2	2	1	1	0	1	0	0	0	0	0	0	0	0	0	7	5	3
合计	15	8	7	6	3	1	14	6	6	6	2	2	3	1	1	2	1	1	46	21	18

* 在 1978 或 1985 年超过出口盈亏点的产业，其中包含在 1978 年具竞争力但在 1985 年跌至出口盈亏点以下，或在 1985 年首度出现超过出口盈亏点的占有率者。

依然能在短短几十年之间获得或恢复原有地位。德国在不到30年间，两度战败，产业基础遭到重创，丧失了大约一半的版图，连带失去了丰富的天然资源与部分最现代化的产业基础设施。[42]许多德国原有的产业专利与国外资产都被充公，德国企业在战时更遭到大多数国际市场的排斥。这使得德国无法拥有让美国、瑞典和瑞士等国家产业蓬勃发展的市场环境。此外，德国努力重建国际市场地位时，还遭到同盟国在出口许可上的百般刁难，并在一些产业中受到国外客户的敌视。同盟国在国际市场上抵制德国企业的情形，一直持续到50年代初期。

然而德国却克服了这些困难，而且困难竟成了激发它在许多产业上加强国家竞争优势的因素。尽管德国有工资高涨、每周工时缩短与货币升值等问题，许多产业还是在几十年间持续提升它们的优势，甚至某些德国企业持续领先达一世纪之久；另外借着更高级的市场区分，德国也在标准更高的市场环节中形成竞争力。

当然，德国也有它的问题。它的失业率居高不下，无法在新兴产业中形成竞争力。另外，许多德国产业的市场地位也正逐渐走下坡路。

德国确实是一个值得特别研究的国家。

国家竞争优势形态——多样化的成功模式

表7–15是1985年时，德国前五十大产业的全世界出口占有率，这里面的产业类型相当广泛，从工业用品到消费品都有，其中最引人注目的是近10种生产机器的制造业。与美国、日本的做法不同的是，德国企业虽然拥有强势的全世界出口占有率，但它们却不倾向于主导产业趋势。[43]

德国产业真正的独到之处可以从表7–16的德国经济轮廓得到全部的了解(表7–17）与附录Ⅱ的表Ⅱ–9是数据摘要)。世界上没有任何一个国家，能像德国在如此丰富的产业类型中拥有领先的国际地位。1985年，至少有345种德国产业的全球出口占有率，超过该国平均全球出口占有率的10.6%。德国另一个很特殊的地方是，依照出口值（参见附录Ⅱ的表Ⅱ–8）所列的前五十大产业仅占德国总出口的41.6%，美国是51.6%，日本则是62.7%。

表 7–15　按照全球出口总额所占比例，列出德国前五十大产业（1985 年）

产业类别	占全球出口总额的比例（%）	出口值（千美元）	进口值（千美元）	占德国出口总额的比例（%）
煤球、焦炭	70.4	121 397	1 373	0.07
钾硫酸盐	59.4	232 490	6	0.13
往复式泵	58.1	517 351	78 608	0.28
钢制高压管线	55.4	491 786	1 488	0.27
鲜奶和鲜奶油	54.5	450 280	42 272	0.25
轮转式印刷机	51.1	923 218	50 671	0.50
铁、高碳钢卷	49.8	360 894	458	0.20
铁、钢锭	49.5	82 015	8 660	0.04
合成有机亮光染料	47.1	190 485	30 882	0.10
煤炭、蒸馏炭	44.5	605 757	78 915	0.33
抽纱、纺纱等机器	42.7	358 730	18 924	0.20
干衣机	41.3	50 744	14 384	0.03
铁、钢粗箍、细条	38.8	572 830	197 373	0.31
飞机（15 吨以上）	38.1	2 377 571	2 362 416	1.30
纸制品生产机器	36.7	313 969	90 101	0.17
投币式点唱机	36.5	6 344	64	0.00
醇酸树脂	36.3	471 898	170 370	0.26
聚氯乙烯板、细条等	35.9	422 424	153 213	0.23
橡胶、塑胶加工机器	35.5	849 798	107 651	0.46
石碳酸、石碳酸乙醇及其衍生物	35.3	251 675	96 054	0.14
联合收割机	35.3	282 078	14 756	0.15
贸易广告材料、名录	34.8	374 289	102 452	0.20
其他非机械动力车辆	34.4	289 683	68 146	0.16
包装、装瓶等机器	34.1	802 409	125 408	0.44
拖车用牵引式牵引机	34.0	387 879	32 117	0.21
毛绒织布	34.0	156 152	200 866	0.09
废材	33.5	21 028	9 798	0.01
缝纫机针头	33.2	110 580	26 019	0.06
生物碱和衍生物	33.2	157 904	57 331	0.09
全载式、半载式拖车	32.6	255 402	63 684	0.14
合成有机染料	32.4	849 848	153 271	0.46
各类座椅零件	31.6	131 172	95 668	0.07
纺织品润滑剂	31.6	130 637	30 674	0.07
烘焙咖啡	31.4	185 108	11 727	0.10
耐高温砖	31.0	240 897	54 938	0.13
零售、称重机器、零件	30.7	518 447	148 074	0.28
金属钻孔机器等	30.6	271 337	106 376	0.15

（续）

产业类别	占全球出口总额的比例（%）	出口值（千美元）	进口值（千美元）	占德国出口总额的比例（%）
其他织品、皮革机械	30.4	695 398	106 094	0.38
芥子油、芝麻油	30.2	242 766	38 198	0.13
其他纺纱、压出成型机器	30.1	172 495	18 392	0.09
车辕、曲轴、滑轮	29.9	960 332	294 859	0.52
电影摄影机、放映机	29.9	53 761	12 198	0.03
氧化锌、氧化铁、氧化铅	29.8	265 179	72 224	0.14
针织、毛毡品制造机器	29.6	323 583	32 032	0.18
聚合丙烯	29.6	279 107	103 243	0.15
加工铅合金	29.6	19 340	2.562	0.01
纺织品加工机械零件	29.2	209 557	41 972	0.11
铜箔粉	29.2	232 449	82 947	0.13
气焊机	29.2	56 125	8 981	0.03
铜板片、细条	28.9	290 557	91 880	0.16
合计	10.14			

注：进口值低于 1985 年贸易总额的 0.3%者，不列出其进口数据。

德国在大型产业中并没有主导的地位，但在其他多种产业中却有强劲的市场地位。在 345 种快速崛起的德国产业中，仅有 7 项超过全国出口总值的 1%。[44，45] 这意味着德国是在高生产力的产业环节和较精致的产业中占有重要地位。在这些产业中，德国厂商通常运用产品细分的竞争战略。这项特点也使德国经济颇具竞争力，这部分随后将进一步讨论。

德国经济是高度集群化的，产业集群的数量也十分可观。而德国最具主导性的产业集群是化工产业；德国企业在多种化工及相关产品领域都是世界的佼佼者，如塑胶和专业元件、泵、液体测量和控制仪器等相关机械和设备，乃至于化工厂房的工程建筑等服务业都不例外。[46] 如果将石油和化工产业分为石油相关产业和化工相关产业，德国在化学方面具有竞争力的产业占全球化学产业集群总出口的 16%，远远超过位居第二的美国及第三的英国（参见图 9–1）。第二类重要产业集群是金属、金属制品与相关机械，以及冶金厂的建造等领域。第三类重要产业集群是由运输设备及其相关零件与机械产业构成的，不但与前述产业集群关系密切，并且实力强劲，它占德国出口总额的 23.7%，以及该类产业集群的世界出口总额 15%。第四大类产业集群则是印刷品及印刷机器产业。

表 7–16 德国具有国际竞争力的产业集群（1985 年）

初级商品	原料/金属			林业
	其他原料和废料 其他铁和钢屑# **铁和钢** 生铁、镜铁 **铁、钢锭#** 铁、粗钢块 铁、粗钢卷 **高碳钢、铁卷（重轧用）#** 铁、钢线条 其他铁、通用钢板# 铁、粗钢厚轧板 *高碳钢厚轧板#* 铁、高碳钢中厚度轧板# 铁、粗钢薄板 不锈钢板 洋铁板、片 *铁钢箍、细条* *铁、高碳钢箍、细条#* 铁、粗钢丝	其他铁钢丝（不包括盘条）# 高碳钢条# 其他形状铁、钢# **未加工的铁、钢铸件** **铁和钢加工品** 铁轨 **铸铁管、水管#** 无缝铁、钢管 铁钢管、水管• **钢制高压管线** 铁钢管家具 铁、钢缆索 其他线缆、绳索# • **非亚铁类金属** *铜条、丝* *铜板、片* *铜箔、粉#* *钢管、铜水管*	铝板、片 *铝箔* *其他已加工的铝合金#* *已加工铅的合金#* 银# • 已加工镍合金# 已加工锡合金# • **金属制品** 铁、钢结构、零件 铝结构、零件 钢制储槽 *铝制储槽* 金属钢、纱 其他钢、钢钉、螺帽# 铁、钢螺帽、螺栓 *开锁用具等* 铁、钢链、零件 其他贱金属制品#	**木制品** *简单分割的木浆材* *改进的木材薄板#* 再生原木料 **纸** 涂料印刷纸 涂塑纸• 油毡纸、涂料纸# 其他纸制品# 其他纸类、硬纸板# **废料** *木废料#*
机械	*碎矿机械* *其他矿工机械#* 铸模等	转化炉、铸锭模# 碾压机# *天然气发电机、熔炉#*	碾压零件、碾压设备 *工业用电力熔炉* *工业用非电力熔炉*	其他造纸机械# 纸制品制造机械
专业元件	煤球# 焦煤、蒸馏炭			
服务				

（续）

初级商品	**石油/化工**			**半导体/电脑**
	有机化工	**无机化工**	**聚合物**	电脑 *印刷电路板和零件#*
	碳氢化合物卤素衍生物 *丙烯乙醇及衍生物* *石碳酸及衍生物* *单酸和衍生物* *多酸和衍生物* *含氧酸及衍生物* *胺化合物* *胺氧化合物* 含醋胺化合物 其他氮化物＃ 有机硫化物 其他有机–无机化合物# 杂环化合物 醚环氧基树脂乙缩醛 醛类化合物 无机酯和有机化学品# 环式碳氢化合物	化学元素• 无机酸等 氧化锌、氧化铁、氧化铝 *其他无机碱#* 固态氢氧化钠 *无机酸的金属化合物* 金属盐和过氧盐# **其他** 釉、干燥机、锡粉 类蛋白素、胶 *其他化工产品#* *石油冻、沥青#*	合成橡胶• *再生橡胶#* *其他聚合产品#* *醇酸* *多醋胺* 多醋胺板、片# 聚丙烯单丝、板、废料# 聚丙烯 聚苯乙烯 聚苯乙烯、废料# 聚氯乙烯 聚氯乙烯、单丝、废料# 聚氯乙烯、板、细条 其他聚合产品# 聚合丙烯 其他塑胶品#	
机械				
专业元件				
服务				

（续）

	综合商业		交通运输	
初级商品	**设备** *产业专用机床* **往复式泵** *离心泵* 气压机 泵、压缩机零件 *其他泵、离心机*# *其他液压机*# *喷涂机械* **零件** *风扇、风箱、零件* *滚珠、滚柱轴承* 活栓、阀门等 垫片、其他机器零件# *车辕、曲轴、滑轮*	**仪器** 光学仪器 *计量器和计算机* 调查仪器 测量绘图仪器 *气体、液体控制仪器* 其他测量、控制仪器#	**发动机** 汽车活塞发动机 非置于船体（外）的活塞发动机 活塞发动机 **车辆** *载客车辆* 特殊用途车辆 公共汽车 自行车、轮椅# 卡车* 其他铁路车厢# *飞机（15吨以上）* *牵引机* *其他不属于机械推进的车辆*#	**车辆设备** 汽车轮胎 钢制运送厢 其他金属制运送厢# *点火、启动设备* 军用电力照明设备 *全载式、半载式拖车*# 车辆底盘 **建筑设备** 自动行驶铲土机、挖掘机 压路机## **材料搬运设备** 叉车 其他搬运、装卸机械# 船上起重机具
机械	零售、称重机器和零件# 其他产业专用机械#	*橡胶、塑胶制造机器*	*其他手工工具* *金属加工车床* *金属加工钻孔机器* *金属成型机床* *其他金属加工机床*#	其他金属切割机床# 气焊机、焊接机# 电力熔焊机 非电动手工工具 非电动手工工具零件# ***电动机械式手工工具***
专业元件	工具用叶片、刀头 气体、液体过滤器 其他矿产制品#		*其他橡胶制材料*# 未以硫作硬化处理的橡胶管 其他橡胶品# 未经硬化处理的橡胶制品 石棉、摩擦（防滑）材料	活塞发动机零件 汽车零件、配件# 铁路车厢零件 起重、装卸机械零件# 叉车零件#
服务	工程/建筑*	再保险*	航空公司*** 航空货运***	机场转运站*** 港口服务***

（续）

初级商品	发电和配电系统	办公设备	电子通信	国防
	发电 蒸汽锅炉等 蒸汽发动机、涡轮 直流电马达、旋转式变流机#• 交流电马达 交流发电机• *核子反应炉、零件* *风、水力发动机* **配电** 液体绝缘转换器 其他电流转换器# 静电换流机 感应器、电动机械# 接电装置 绝缘电线、电缆等 绝缘设备 主电池、备用电池• 蓄电器 电灯（灯丝） 其他电灯、灯泡# 电解炭 其他电动机械#	*电动打字机* *贸易广告材料、名录* 其他办公室用品# 复印机#		战舰#•
机械		*其他印刷、书籍装订机械#* **轮转式印刷机** 平版式印刷机#		
专业元件		其他颜料和印刷油墨#		
服务				

（续）

初级商品	**食品/饮料** **基本食品** 肉牛# • 带骨牛肉 *鲜奶和鲜奶油*# **可可粉（未加糖）** *可可酱*# 太白粉、菊糖、面筋# **食用油** 人造奶油和烤酥油 *芥子油和芝麻油*# 葵花子油 加工的动、植物油 *动物性油脂*#	**加工食品** *奶粉* 保鲜奶 面包、小点心# 糕饼等• 非巧克力类糖果 *速溶咖啡*# **饮料** 啤酒、麦芽酒、烈性黑啤酒、黑啤酒	**住宅/家居** **住宅** 木材制品、组合房屋 磨光玻璃 其他玻璃# 中央空调设备 **家居** 贱金属制灯具、家具 透明玻璃制品# 各种座椅 *座椅零件*# *金属家具* 木材家具 **电气设备** 家用烹饪器具 家用洗衣机	*干衣机*# 家用冰箱• 其他家庭式设备# **玻璃品和陶器** 家庭、旅馆用玻璃 其他玻璃器皿 *陶瓷家用品* 陶制装饰等 **其他家庭用品** 肥皂、亮光蜡和油制品# *洗涤剂* 餐具（刀、叉、匙等） 柳条编器、扫帚 *油漆、涂料* 其他家用设备#
机械	**农业设备** 耕种机械• 割草机、收割机# *收割和打谷机* 联合收割机、机械零件 奶制品加工及农业机械#	*车轮式牵引机* 农业用手工工具# **食品加工设备** 非家用食品机械 *包装、装瓶机器*		
专业元件	**钾肥**# *亚磷酸盐、磷酸盐* 杀虫剂 除毒菌剂、消毒剂# 除草剂	非真空玻璃瓶 *纸盒（箱）* *塑胶盒、盖* 干草、糠# 咖啡萃取物、咖啡精•	水泥、人造石制品 绝缘砖和耐高温水泥# *耐高温砖* 石灰建筑材料# *不耐高温砖*#	
服务				

（续）

初级商品	**纺织/服装** **纺织品** *鞣制、整饰的皮革* 经过漂白的其他棉织布# *绒棉布* 其他合成纤维织布# *无绒毛再生连续织布* *合成绒毛织品* 毛织布 合成针织品 其他针织品#	其他特殊纺织品# 塑胶涂层纺织品 纺织用织布 **服装** 合成纤维制服装裙	**医疗保健** **医疗设备** *X光器材* 医学仪器 **药品** *维生素原和维生素* *植物碱和衍生物* 激素 含抗生素药剂 含激素药剂#
机械	缝纫机 *缝纫针*# *压出成型和加工机械*# **抽纱、纺纱机械**#	*抽纱、纺纱机器零件* *针织、毛毡品制造机器*# *织布、针织机零件* *其他织品、皮革加工机器*#	
专业元件	*合成有机染料* 染料、制革产品 **合成有机亮光染料**# *未梳理的合成不连续纤维* 其他纺纱用合成纤维# 纺纱用再生纤维 合成纤维废料# 织品废料	*含多醋胺的线卷纱* 含多醋胺非线卷纱 *纺织用润滑油* 纤维素衍生物 *其他合成纤维纱*# 不连续合成纤维纱 不连续合成纤维纱 再生单丝纤维纱	
服务			

（续）

初级商品	**个人用品**	**娱乐/休闲**	
	香烟•	彩色电视机	录音媒体
	混合香料•	*电影摄影机、放映机*	录音CD、录音带
	眼镜镜架	无线电对讲机、电视摄影机、零件##	*投币点唱机*
	钟表零件	其他照相器材、仪器#	
	钢笔	报纸、期刊	
	钢笔尖、铅笔#	风景明信片、印刷	
	化妆品、化妆用具		
	稀有金属工艺品#		
机械			
专业元件	未镶嵌的镜片、棱镜#	照相感光布	
服务	中学和大学教育***		

说　明：

细体字：占全球出口额10.6%或以上，但低于21.2%者
斜体字：占全球出口额21.2%或以上，但低于42.4%者
黑体字：占全球出口额42.4%或以上者

• 在1978年低于出口盈亏点
不列入计算的差额
基于在产业环节的显著出口值而列入

* 因海外直接投资而列入
** 因海外直接投资予以升级
*** 基于该国所作的研究列入

值得一提的还有医疗保健相关产品的产业集群。至于食品相关产品及纺织服务业方面，德国企业擅长的虽然是机械和专业元件而非最终成品，但整体而言仍具有重要的市场地位。

图 7–17 的阴影部分显示出德国产业集群之间最紧密的联结关系。德国的化工产业与制药（医疗保健）、染料与合成纤维（纺织/服饰）等产业不但有关联，而且都拥有强势地位，这种情形与瑞士一样。此外，德国许多综合商业类的产品也与化学方面（如泵、控制阀及滤净器）的重要地位有关。德国的机械产业不但有强大的竞争优势，而且跨越所有的产业集群。在德国的例子里，有强大竞争力的最终产品产业，通常也搭配有居世界顶尖地位的机械产业。

除了这些大范围的产业集群外，德国的光学相关产品和家庭用品也具有竞争优势，其中包括部分陶瓷产业环节中与瓷器相关产品和设备，以及家具和家电用品的部分产业环节。

缺少竞争优势的产业 对德国企业而言，缺少竞争优势的产业几乎包括所有的服务业、电脑/半导体、大多数电子产品或高度依赖电子科技的产品。另外，除了高级办公设备、眼镜镜架与机械性能高的种种器具外，德国大多数最终消费产品、电子通信设备和国防产品也缺乏竞争力。

德国在钢铁、煤矿、造船与服饰业方面的地位，在过去 20 年内一落千丈（虽然纺织元件与机械方面近来颇有起色）。值得注意的是，德国正在衰退的少数产业领域，都是就业机会高的产业。更严重的情况是，德国自 1978 年以来，几乎所有产业部门的全世界产业集群出口比重都在减少，其中流失最显著的是机械业的市场。

德国的“钻石体系”是检视这个国家市场地位的切入点，通过钻石体系才能清楚地了解这个国家竞争优势的来龙去脉。一般而言，德国产业虽然遭遇到一些干扰，但是整体而言，过程还算顺利。

生产要素——和人有关

几十年来，德国的天然资源并不算多，所以在它们当中没有一项在国际竞争中成为重要优势。但是德国的焦炭矿世界一流，所以焦炭与相关产品也是德国极少数具有重要出口地位的相关产业。另外，德国化学产业一向以煤为催化材料，尽管德国已经是全球化学产业的盟主，但它的煤油主要是依赖从英国进口。

表 7–17　在广义的产业体系下，德国具竞争力产业的出口百分比

产业	占全国出口额的百分比	占产业集群全球出口额的百分比
原料/金属	10.0 (–2.3)	11.9 (–2.5)
林业	2.0 (0.3)	7.3 2.6
石油/化工	8.6 (1.2)	4.6 (–0.7)
半导体/电脑	0.6 (0.3)	1.9 (–1.4)
上游产业	21.2 (–0.5)	6.3 (–1.9)
综合商业	7.0 (0.4)	10.8 (–1.1)
交通运输	23.7 (0.5)	15.0 (–2.0)
发电与配电系统	3.8 (–1.3)	15.0 (–8.1)
办公设备	1.6 (–0.0)	16.3 (–2.5)
电子通信	0.0 (–0.2)	0.0 (–7.0)
国防	0.0 (0.0)	0.0 (0.0)
产业功能和支持性功能	36.2 (–0.7)	13.8 (–2.6)
食品/饮料	4.7 (–0.1)	4.4 (0.2)
纺织/服装	5.0 (–0.6)	7.1 (–1.6)
住宅/家居	3.3 (–0.6)	12.0 (–1.8)
医疗保健	1.9 (0.3)	13.9 (–2.2)
个人用品	1.1 (+0.0)	10.5 (–0.2)
娱乐/休闲	1.1 (–0.1)	3.6 (–1.3)
最终消费商品和服务	17.1 (–1.0)	6.8 (–0.7)

注：括号内数字是 1978 年和 1985 年之间的变化，以具有竞争力产业的出口情形为主，并非全部产业的表现。

■ 与国家的国际竞争地位相关的广义产业部门。

从德国产业竞争力的表现来看，天然生产要素是比较弱的一环。总的来说，德国缺乏蕴藏丰富的天然资源，供应国内需求的耕地更是严重不足，能源成本也高。德国的天然资源集中在北部地区，因此德国北部有整个德国最富饶的资源，但是这个地区的经济正在衰退中。不过，失去天然生产要素却使德国因祸得福，因为这个现象迫使德国必须朝技术更先进的产业与产业环节发展。

高质量的人力资源 德国虽然缺乏天然资源，却享有其他促成产业升级的决定性优势。其中一项就是人力资源，德国人工的薪水虽然高，但教育程度高、技术好又肯勤奋工作。[47] 德国人普遍尊重工作，尤其是生产高质量产品的工作。德国也拥有大批高素质的白领员工，这种情形在科学和技术领域尤其显著。德国也有深厚的科学与技术学识基础，这个基础可以追溯到 19 世纪末，德国成为现代科学的发源地时。此外，德国的基础建设不但发达而且质量优良。

对德国而言，高级与专业的生产要素创造机制，远比现成能取得的生产要素重要得多。由于生产要素创造机制的质量与垂直发展能力，德国在向来具有重要市场地位的领域，表现远远胜过其他国家。

重视技能的教育理念 公立教育体系，是发动德国的生产要素创造机制的重要源头。[48] 这个国家的教育体系不但要求严格，而且教育质量也非常高。衔接公立教育体系的则是影响深远的大学和技职教育体系。后者是比大学教育更重视实务，而学习年限较短的技术学院。与英、美两国不同的是，技术学院普遍受到重视，质量也是一流的。在有些领域中，德国的技术学院甚至比一般大学还享有更高的声誉。

德国的大学和学院教育是地方或联邦政府的权责，它们截然不同于中央集权的教育制度，能配合地方产业的需要而有所变化。在德国，个别的大学和学院倾向于专攻与当地产业有关的领域，并在这些领域里重点培养强劲的实力。

德国的大学在科学与工程方面十分杰出，培养出来的博士人才也相当多。德国颁发的博士学位平均数量高于美国，尤其当美国的博士学位数量已在萎缩时，德国仍在成长中。直到 20 世纪初期，德国的科学和技术教育都一路领先于其他各国。尽管美国最好的大学已经在这些领域迎头赶上，甚至超越德国，但德国高学历教育的高标准仍独具特色。与英、美等国相比，德国的教育工作者享有更高的声望，特别是在科学和技术领域里的老师。

德国大学教育较弱的部分是社会科学和管理科学。而有些小国，如瑞士，却很重视管理科学，并且拥有全欧洲顶尖的商学院。反观德国，却连一所商学院也没有。此外，德国的大学即使设有社会科学和管理科学，其发展方向也仍以理论为主，德国企业因此常选择聘用这些领域的外国人才。这也可能是德国在许多讲究营销的消费商品与商业服务方面居于劣势的原因。[49]

学徒教育制度　德国另一个不容忽视的生产要素创造机制是，发展完备又出色的学徒教育制度。[50]学徒教育是由企业与联邦政府资助兴办的，这个系统涵盖了德国所有的重要产业与数百万名学生。这类课程主要招收 16 岁左右的中学毕业生，修完整套课程需要 3~4 年的时间。参加学徒教育的年轻人，每周有一半的时间必须在公司里接受实务训练，另一半的时间则在职业学校学习理论课程，在这种技职教育的培训下，学生具备了高度专业化的技术能力。[51]以光学产业为例，一名学徒在结业后便可以成为精密光学仪器或镜片的制造技工。一家大型光学仪器厂通常可以提供近 12 种不同的技术训练，以及近 5 种的商品制造技术。

因此，与其他国家相比，德国工人不但在专业技术领域有独到之处，而且具备了扎实的理论基础以强化技术能力。而这又带动了生产质量的提升，并生产出更高品质的产品。全球知名的德国光学企业蔡司的总裁就指出，蔡司无法将生产线移往海外，原因就是他国缺乏符合蔡司要求的专业技术工人。德国的学徒制度，使得工人升级为技术人员，并且也赢得了社会的高度尊敬。

另一项提升德国人力资源素质的机制是，德国人有一家几代人都在同一产业工作的传统。这种情形与意大利相似，这也意味着专业经验的代代相传，增强了正规训练的成效。

因为能在技术和实务领域里有效地推行创造和提升人力资源的机制，德国成为基础技术商品化的佼佼者。在化学、物理、冶金及医学等方面，德国拥有一些世界级的研究。像化学、光学等产业的发展，就是因为相关领域重要研究的突破，另外，X 光管与现代印刷机也都是德国人发明的。[52]由于母国的一些重要科技领域成就辉煌，德国企业在多种重要产业上，才能拥有抢先进入市场的优势。德国企业也是不断改进技术的高手，这使它们在这些产业中持续保有优势。

产官学三方合作　全球知名的德国马普学会是由政府和产业界合资成立的，此协会之下又包含一群领域广泛的研究机构。尽管这些研究机构只接受政府的资助，但它们依法独立经营并且与产业界关系密切。另一个重要的机构是弗劳恩霍夫协会，它是一个比较偏重实务的研究中心。这些机构的主要任务是与产业界合作进行研发工作，一旦取得合约就能享有公家补助的优惠。在许多研究领域里，德国还有联邦级的实验室体系，年轻的研究员可以由民间公司的实验室，转到官方或半官方的研究机构，以提升其研究能力。

德国大学的研究活动不但重要而且颇为蓬勃。在德国，地方政府与联邦政府不但补助大学，并且具有支持校园内研究计划的责任。政府除了支持与产业有关的科技研究外，民间企业也与大学维持密切的联系，像巴斯夫（德国数一数二的综合化学公司）就有一个部门专门负责与各大学及研究机构间的联系工作。

企业与企业协会也是赞助大学与专业研究机构计划的重要来源。第 5 章提到与印刷产业有关的研究机构就是企业赞助的成果，像设在多特蒙德大学的包装机械协会就是一个例子。德国大学通常也会专攻与当地产业需要相关的领域，如斯图加特、汉诺威及不伦瑞克的汽车研究、达木士塔与卡尔斯鲁厄的化工研究，以及亚琛与柏林的工业工程研究等。

此外，德国企业本身也积极从事研究工作，以便夯实技术能力。1975 年，德国企业的研究经费是 145 亿马克，到 1985 年，已增加为 365 亿马克，成长速度比大学与国家资助的研究单位还要高。[53] 由于企业大力投入研究活动，德国非国防的研发经费从 1970 年占国民生产总值的 1.9%，增加到 1985 年的 2.5%；同时期的美国，研发经费的增长却不过由 1.7% 增加到 1.9%。[54]

德国虽然在产业研究上实力雄厚，但在开创新产业方面却不如美国，另外，在新产品商业化的速度上也不如日本；然而谈到改善与提升既有产业的技术方面，德国则是实至名归的领先者。可是德国的问题是，在电子、生化、新材料等比较新的领域，它的表现大幅落后于其他国家，企业因而被迫在海外设立子公司，以便通过与外国企业的合作来获取这方面的技术。

寻求突破的原动力 德国能够成功地维持与提升竞争优势，不仅得力于积极创造生产要素，也得力于它能成功地转换不利因素的压力。化学产业的成就正是一个很好的例子。从 19 世纪末开始，德国染料业因本地原料不足，第二次世界大战使得化学原料更加匮乏的情形，反倒刺激德国在合成材料方面寻求突破。当时最流行的口号就是，“要化学不要殖民”。这句话也反映出德国人以创新解决天然原料问题的态度。

德国劳动力短缺而且薪水高昂，加上劳动法对工人的保护，也是促使产业创新的重要动力。这些不利现象使得许多德国产业比美国企业更早自动化，并且催生出全球生产率最高的制造业人才，另外，工资成本高也让德国企业通过加强产品质量来提高价位，并朝技术更精密的产业环节推进。至于依赖进口原料的问题，则鼓舞企业开发复杂精密的生产流程。

需求条件——全世界的质量标准

德国的国内市场规模广大，国内生产总值在西方世界排名第三。但是在许多德国企业参与竞争的专业产业中，国内市场的饱和又促使企业必须努力开发海外市场。德国不像英国或法国，没有大量的殖民地保证出口市场。因此，德国企业必须与不易应付的外国客户打交道，甚至得在两次世界大战之后重建其海外市场地位。

德国的一般消费者或产业客户都是内行而挑剔的，他们执著于质量，并且对不满意的产品毫不保留地批评。尽管美国客户经常率先接受新产品或新式服务，但以国际标准看来，美国人对产品的要求程度并不高。德国客户的行动或许慢了一些，但是他们对产品的要求却是全世界最高的。

以家庭用品为例，德国的家用耐用品通常使用期较长，德国人也懂得保养。德国人很少用信用卡购物。1987 年，18 岁以上的德国人，信用卡持有率只有 2%，是欧洲各国中最低的国家。付现金的习惯也使得他们看重产品的耐用性，会特别选择质量较高的产品。[55] 另外，像绘图仪器与餐具等产业，专业而内行的零售商与中盘商对产品品质的坚持，也迫使企业不断地改良产品。德国产业界的工人和管理层，都具有高度的专业知识与技能，自然也成为高要求的客户。以德国塑胶模具业的技能教育为例，由于这套教育体系训练出大量的高级人才，因而德国模具企业也成为塑胶制造机械最专业的使用者和客户了。

国内市场的高标准也可以从严格的产品标准看出。德国产业标准一直是世界各国中最严格的一套标准，而且不少德国企业的成功故事，就是在这套标准下产生的。此外，德国产品的安全标准也非常高，《机械劳动保护法》就是一个例子，顾名思义，这个法律是德国政府为了防范不当使用机器而造成意外所制定的。另外，德国也很早就制定了其他国家引为表率的产品标准和环境法律，在严格法律的限制下，德国产业的环保支出是全欧之冠。

由于德国本身就拥有了很多世界级的产业集群，所以在国际市场中，对德国产品最内行，也最挑剔的顾客往往就是其他的德国企业，这种情形在机械产品与产业元件领域中尤其明显。例如，德国汽车厂对塑胶与橡胶产品之生产机械的精密程度就非常挑剔。在这种压力下，德国企业在设计和建造复杂的化学与金属处理厂时，自然也是首屈一指，这种能力也使它们成为德国人少数几种具有国际地位的服务业之一。

高劳动成本及资源缺乏等不利因素，逼使德国产业不得不努力克服障碍，这种情形同样也形成了下游客户对上游供应商的升级动力，一个很好的例子是德国农业的表现。由于德国的耕地少，加上人工昂贵，农业一直有巨大的竞争压力，但也促成德国在 1983 年成为了欧洲共同体中每公顷耕地收成量最高的国家。

在欧洲各国当中，德国在医学方面的需求条件可能是最先进的。德国花在健康保健上的费用超过 10%的国民生产总值。这个比例已接近美国水平，而且远高于日本。德国人超过 90%享有社会保险，由于这套制度的执行工作是由多家民营保险公司承办，而非全由政府总揽，所以医师与医院的竞争也非常激烈；德国企业的医疗保健相关产业占全球出口总额 10%以上，由此更可见德国人对健康保健的重视。

但是德国有些领域的需求条件表现并不佳，例如德国的消费者不太受企业营销战略的影响，个人与产业的服务需求，成长也很缓慢。不合时宜的法律更限制着商店的营业时间。另外在电子通信、交通运输、电力等产业中，过多的法律规定和政府偏重国有形态，不但妨碍新兴产业的发展，也降低了对产品的要求标准。政府的采购做法既不能持续带动产业界竞争，也无法驱使企业发展有国际竞争能力的新产品。

相关产业与支持性产业——高度集群化

由表 7–16 可明显看出，德国的产业已高度集群化。德国的化学与塑胶产业不但具有强大的竞争力，在水泵、液体测量、调节设备、塑胶制造机械、生产流程控制，以及热能转换机等相关产业的表现都很出色。德国的产业集群也有明显的地域化现象，但程度尚不如意大利。像雷姆沙伊德地区的工具制造业，费尔伯特地区的锁匠工具业，图灵根地区的医药产品业，以及维茨拉尔地区的光学产品业，都是产业地域集中性的表现（参见图4–7）。

德国有些产业集群的发展和瑞典一样是循序渐进的，强势的上游产业会带动下游产业的实力。例如，许多金属加工业就是靠传统钢铁业的优势发展起来的。另一种更普遍的现象是，供应商和客户往往一同成长，互相强化实力。许多德国首创的产业（如光学产品和X光设备）并无前例可循，这些产业的供应产业自然也是在毫无基础的情况下，一同摸索前进。

由于德国企业重视技术导向，这也导致客户和供应商双方很自然地协力开发新产品和改进现有产品的合作模式。一般供应商因为紧临客户所在地，所以也增进了彼此的合作关系。

德国的成功产业也有一些是从相关产业衍生出来的，这种情况在机械和化学方面尤其明显。前面曾经提过，德国企业倾向在产品上同中求异，这些产品上的变化通常是公司内部自行发展的，而厂商之间最普遍的做法是根据技术的相关作为变化的基础。至于像奔驰公司那种技术范围牵涉很广的产品多样化模式，在德国是少见的特例。

在相关和支持性产业中，德国最弱的领域是消费品部门。德国的电视和广播电台不重视广告，主要电视频道每天播放的电视广告大约20分钟，并且集中时段播出，星期日更没有广告节目。大多数的企业主管又属技术导向，品牌营销技巧明显落后，新的专业营销媒体以及许多新式的销售渠道也都尚待发展。有些产业需要抽象的品牌形象和大众传播作为竞争成败的关键，德国企业能成功的例子相当少见。这种情形与美国、意大利乃至日本是完全相反的。

德国在电子和电脑方面缺乏竞争力，也使相关产业遭遇到外国企业的强烈竞争压力。例如，在橡胶和塑胶制造机械方面，日本企业是凭借需要机电一体化的工业机器人而赢得了市场地位。在X光仪器方面，德国企业虽居重要地位，但一直未能成为超声波诊断仪器方面的重要竞争者，美国与日本企业反而是这方面的佼佼者。

企业战略、企业结构、同业竞争——新兴企业是当务之急

尽管德国不乏大型企业，但是能在国际市场上竞争成功的却多是中、小型企业，这一点是经济学者在观察德国的状况时，很难提出令人满意答案的问题。[56]

德国式的纪律可以从公司的管理方式中明显看出，即德国企业大多属于阶级式和家长式的组织结构，这种特点又可以追溯到德国的家庭形态。企业老板对公司的内部活动（尤其是技术方面）通常干预很多，但也与员工之间维持长久密切的关系。

德国企业特别擅长生产流程复杂的领域，例如，合成化学与精密制造机械需要的设备。因此，在产品、流程与服务需求复杂，或要求高度精确性的化工产品和机械制品上德国企业非常成功，这些产业的产品销售重点，通常也放在技术能力上（而非广告或形象）。

同样，在这些德国绝对成功的产业中，顾客对新产品的态度也是保守而谨慎的。复杂的服务要求与客户对品牌的忠诚，形成德国企业享有抢先进入的市场优势。反过来说，这些特征也意味着德国企业很难在周期短（少于3~5年）的产品，或需要强力营销的产业中出头。

德国的工人组织很有效率，历来德国的劳资关系极少发生阻挠生产率改善或产业创新的情况，原因是德国工会立场务实，很少发生劳资冲突。

不过，这种劳资关系正在转变，德国工会逐渐成为一股保守势力，并且排斥变革。问题不在于工会要求高工资与缩短每周工时，而是它们禁止周末加班，还有其他的一些决策不但使生产率降低，还阻碍了产业内的灵活应变。这也使得工会的角色逐渐成为资方的敌对者，而工会这种转变主要来自工会领导人而非工人大众，这势必对德国企业想要继续升级的希望带来负面的影响。

务实的管理作风 德国企业管理层的特点是务实。大多数德国企业的管理人具有技术或理工背景，通常他们也享有公司里的最高薪水。德国企业的技术导向也演变成要求完善的坚持，以及对产品质量的高度重视。对德国人而言，生产全世界最精良的产品是一种荣耀，在面临高昂的工资和材料成本时，这也是唯一的出路。德国企业（尤其是机械企业）愿意和顾客密切合作，目的就是为了达到这样的水平。

这种意识使得德国企业的竞争，必然注重产品差异，而不会单就成本来竞争。它们不断地改进产品，并且一致朝高性能产品的产业环节发展，餐具、汽车、印刷机等产业只是其中几个例子。德国企业也不像瑞典和日本的竞争对手那么重视整体市场占有率，而是专注于主导精密产业的市场环节并获取可观的利润。一般而言，德国企业会将精力放在一两种核心产业，并在这些产业上发展多条产品线，其中还包含代代相传的技术经验。

受到专业化的影响，大部分德国企业也有国际化倾向，因此，德国企业很早就开始开拓出口市场。当企业将战略定在全力投入高级产品的市场环节，而非以产量竞争时，它们会很自然地努力培养自己的国际观，以达到有效的规模经济。

在致力产品出口的同时，德国企业对降低成本与接近市场所必要的海外投资，也表现出积极的态度。自 20 世纪 70 年代末以来，德国产业在国外的投资大幅增长。以 1985 年为例，德国轿车总产量的 22.9% 和卡车总产量的 32.7%，是在海外设厂制造的。[57] 由于海外设厂有助于企业的效益，德国的工会与政府也支持海外投资，因此并未严格设限。

由于德国的国家声誉和精密机械与仪器产业、汽车相关产业以及化学产品等方面的成就密不可分，所以产业界是杰出人才的发展目标，其中的佼佼者更竞相投入技术领域。德国男性大学生当中，最热门的科系就是机械系或机械工程系。[58] 事实上，在许多科技领域，德国人的成就已领先一个世纪。全世界第一所研究所，要求博士论文必须作原创性研究等的规矩，就是德国首见。美国享誉全球的耶鲁大学，也在 1861 年开始引入德国的模式。

德国的劳资双方也对产业抱持高度的使命感。他们往往锲而不舍地在自己选择的领域中努力，并接受多方的训练，社会对任意离职的人士评价也不高。因为员工与经理人有技术背景，也深入参与产品和生产流程的作业，再加上他们长期不变的使命感与尽力解决问题、不轻言放弃的态度，企业界对长期投资的意愿也相对提高许多。此外，企业界愿意长期投资的另一个因素是，德国企业普遍为私人和家族企业经营，因为具有这些特色，它们在雇用高度技术性和专业性员工的产业中特别成功。但是，德国民族对权威的服从，也相对地减少了他们在强调企业风格和有冒险性的产业中获致成功的可能。

“财务导向”逐渐抬头　德国人对企业的使命感还受到国内资本市场的影响。银行与其他长期投资人持有稳定的公司股份并在董事会中扮演重要角色。由于长期投资收入不必课税，股东对公司每季的赚与赔也不重视，反而偏好维持长期竞争地位所需的经营方式，这与美国的情形截然不同。德国企业甚至不需定期公布（一季或半年的）财务报告。

值得注意的是，德国产业界步伐紊乱的征兆逐渐显现，尤其是表露在企业目标的转变上。近年来，德国产业界在管理经营方面，一种集体决策的倾向正影响企业的灵活应变能力。越来越多的公司财务主管晋升为高级管理人，例如奔驰、大众、费巴与赫斯特等。公司董事会内部也有财务导向取代技术导向的风气。评断投资决策的着眼点不再是技术条件，对维持产业中技术领先地位的使命感也不复存在，另外，大企业会选择在适当时机出版年度财务报告，更多企业开始定期发表财务报告。财务战略与不相干的多元化经营也越来越普遍。此外，德国政府还考虑修改法律，以便对长期投资收入征税，这可能助长短线投资或刺激企业合并的趋势。

具有国家竞争优势的德国产业，在国内市场上的竞争也依然激烈。德国轿车、卡车、化工产品、光学产品、文书器具等，国内至少就有三四家重量级德国企业参与竞争。企业之间不仅在销量上一较长短，也竞相追求科技领先的荣誉与最优秀的人才。[59] 即使是情况惨烈的近身肉搏战，德国产业通常也不在价格上竞争，而是在科技、产品性能与售后服务方面一争高下。有些产业的竞争者虽不多，但因经理人的倾向和所定的目标，同样驱使它们不断进步。以国际标准来看，德国对进口产品的限制相当有限，这也激起国内的昂扬斗志。

成也萧何，败也萧何 然而，德国的竞争形态也是产业未来危机之所在。在两次世界大战之间的年代，德国产业就逐渐流行团结与高度合作的关系。如今，顶尖的德国竞争者之间合并和联盟的情形越来越多，这种现象有时被解释为对统一的欧洲市场预作准备（例如，1988 年登记合并的企业有 1 159 家，比 1985 年时增加了 63%），完全没有因反托拉斯的考虑而遭禁止。这种趋势对德国竞争优势的威胁是很明显的。[60] 另一个值得注意的问题是，德国企业也倾向结合欧洲各国顶尖企业形成联盟组织。早年的德国曾经因托拉斯、卡特尔的发展而丧失产业竞争力，今日的德国，国内市场竞争再次显现危险信号。[61]

另一个令人担心的情况是，与美国相比，德国国有企业比重非常高。国有企业的项目涵盖电信、公用事业、航空与铁路运输以及其他重要产业。正如前面提到的，受到这些机构需求表现的影响，德国在这些领域的上游产业毫无国际竞争地位可言。

第二次世界大战后的德国，另一个弱点是新产业的开创能力不足。白手起家的观念在德国是负面的，社会上普遍视失败为奇耻大辱；德国人不但极度排斥风险，也不愿为新商机下赌注。这也许是二次大战的后遗症。另外，德国的创业投资市场并不发达，法律保护投资人，但限制了组织对新企业的投资。此外，与意大利相同，德国政府限制企业裁员并制定最低工资的劳动法，连带也抑制了新公司的成立。更令人忧虑的是，由于研发人才一味钻研传统的技术领域，因此缺少真正的革命性新科技，这也影响到新企业成立的可能性。在德国的产业界中，由大学扩散出来的人才极少，一方面是因为大部分大学隶属于国家单位，而公务员严格禁止参与校外活动，二来是大企业受盛名所累，不敢轻易变革。

德国经济要进一步提升，新兴企业将扮演核心的角色；德国如果没有更多的工作机会以应付人口和社会结构的改变，失业问题将会是经济的致命伤。目前德国在这方面有好转的迹象，例如，新出现的风险基金、更多股票上市的新公司，以及各大学为鼓励创办高科技公司所形成的新产业中心等。不过，在德国，新企业出现的速度仍不够快，许多阻碍也依然存在。

政府角色——干预从宽、规定从严

比起大部分的欧洲和亚洲国家，德国政府对产业的干预并不大。比如说，德国政府没有主管贸易的部门，发动经贸活动的主体是企业而不是政府。德国关税一向很低，是世界上最开放的市场，产业必须时时面对外来的竞争压力，并在这种竞争过程中增加实力。出口汇率由市场机制决定，而不是通过政府补贴。政府对企业研发的直接资助并不多，并且正逐渐减少。

在经济发展的角色上，不论德国中央政府还是各地方政府都把力气用在创造生产要素活动，其中又以发展教育和科技为首要。德国在生产要素创造机制上的表现，主要是由政府大力资助而来的。有趣的是，德国政府虽然重视这些领域，但是很少直接操控，就连国家投资成立的研究机构，也有相当程度的自主性。

绝大多数的德国法律规定以严格出名，结果迫使产业必须创新，而不至于使这些法律发生阻挠的负面效果。德国的环保标准也很高，有些方面甚至是全球要求最高的，这同样达到了刺激产业创新的效果。

不过，一味从严的法规相对地也限制了其他领域的发展，服务业的表现就是最明显的例子。处在多如牛毛的规定限制、程度复杂的证照要求与其他种种标准的环境中，德国服务性企业没有一家具有进军国际市场的实力。

德国政府对产业的态度虽然以积极、建设性为主，但也曾因为执意扶助一些委靡不振的产业而留下败笔。德国政府对钢铁业与造船业的一味补贴，不但没有成效而且还延缓产业变革的步伐。在法令放松监管方面，德国政府的行动也比其他国家慢，过时法令相对也成为产业改善与升级的阻碍。此外，德国的国有企业很多，民营化与开放竞争的速度却很慢，甚至缺乏以竞争带动效率的决心。至于政府修改税制，已经影响到企业对经营目标的态度，而新企业成立太慢的现象，更将影响德国产业的长远之计。

机会角色——战败之后奋发图强

第二次世界大战对德国造成的严重影响，最显而易见的是德国在市场、国家版图、人力资源、技术、产业发展动力与声誉上的巨大损失。纳粹当政时期，德国也流失了相当多世界级的人才。

不过，具有讽刺意味的是，德国能在战后的产业竞争中脱颖而出，战争似乎带来了正面的影响。对德国而言，两次战争的挑战迫使它在合成材料等方面有突破性的技术发展。战败的羞辱，更是自傲又有教养的德国人东山再起的刺激，这也是德国战后产业成功极为重要的动力。此外，重建海外市场地位的挑战，也是促使德国产品出类拔萃的强烈原动力。丧失领土与天然资源的匮乏，更提醒德国人“知识竞争”的重要。

同样，第二次世界大战粉碎了德国市场中卡特尔的操控，加上美国占领期间颁布的《反托拉斯法》，都是战后德国经济发展的重要利器。战争导致原有专利权的丧失、生产设备的毁损、战胜国掠夺生产机器等窘境，再一次使得德国产业必须重新开始，这又是它们在技术上汰旧换新与建造现代厂房设备的大好机会。此外，两德间的竞争也间接刺激联邦德国铆足力气去证明其体制的优越。

回顾与展望——市场流失，活力不再

德国在国家竞争优势的关键要素上相当整齐，这也使得它在化工、机械工程与物理等要求科技能力的产业上有非凡的表现。德国的经济实力主要建立在抢先进入优势的产业，这些领域的表现又离不开科技方面的成就。事实上，许多德国产业的竞争地位早在 19 世纪末就已形成了，它的独到之处就在于，能维持这些领域的重要地位历久不衰。

德国经济的另一项特点是，它能够凭借提升人力、接术资源的质量，进而改善产品、生产流程的技术，增加本身的竞争优势，要达到这个目标，德国企业自然朝越来越专业的产业环节发展。钻石体系的自我强化作用则使企业不但能维系市场地位，还延长了产业集群的触角，走到范围更广的相关产业。然而，正如瑞士的情形，数十年来的经济繁荣景况，正改变德国人的未来。

德国的产业地位早在20世纪初就已名列前茅，优良的历史条件与制度化的优势，使得德国能够很快在两次毁灭性强大的战争中复员。事实上，战争带来的挫折、困境和压力，可能是德国能够长期维持优势的真正原因。否则，德国产业也许早在几十年前就会丧失了原有的活力。第一次世界大战后德国产业的表现，要比第二次世界大战后差得多，这可能和那段时期的企业联合及市场垄断有关。[62]

长期来看，德国经济的最大弱点在于它并未在新兴产业中占有一席之地。过去这段时间，德国一直无法有效地增强那些竞争力不足的产业，它也无法以开创新企业的方式，减少成功产业在升级过程中必然发生的就业机会流失问题。在新的科学领域中，德国的创新突破能力不断衰退，加上工会态度逐渐强硬、企业合并风潮不断、国内市场竞争渐趋沉寂、经理人与投资人目标的转变，以及需求方面的限制等，都引发出德国产业未来发展的实质问题。

这些问题也可从表7–1所列的数据看出。德国的国民生产力与固定资本的比例正在急速下降中，人均国民收入的增长也渐趋减缓。产业在1978~1985年间，全球市场占有率的增减状况也不乐观。事实上，在此期间，德国产业的出口衰退数目远多于成长的巩固（见表7–18）。在德国的重要产业集群中，呈衰退状态的产业集群包括化工、交通运输、发电与配电系统、办公设备以及电脑/半导体等产业。此外。除了食品饮料和国防，其他所有产业部门都出现市场净流失现象。虽然市场流失的原因包括海外投资、企业进入高级产业环节，或从生产成本敏感的产业出走，但是，德国产业市场严重流失情形还涉及仪器、变速齿轮、电脑等制造精密产品的产业，这充分显示出德国产业的升级已亮起了红灯。

至于德国如何重新恢复经济活力，是后面章节要探讨的课题。此外，1989年的德国统一，也牵动了德国的经济发展，并为德国带来新的契机。

表 7–18　1978~1985 年德国在全球出口总额所占比例增减 15% 或以上的具竞争力产业情形 *

	原料／金属			林业			石油／化工			半导体／电脑			上游产业		
	具竞争力产业的总数	比例增加的产业数	比例减少的产业数	具竞争力产业的总数	比例增加的产业数	比例减少的产业数	具竞争力产业的总数	比例增加的产业数	比例减少的产业数	具竞争力产业的总数	比例增加的产业数	比例减少的产业数	具竞争力产业的总数	比例增加的产业数	比例减少的产业数
初级商品	50	13	18	9	2	2	44	6	23	2	0	4	105	21	47
机械	8	0	5	2	0	1	0	0	0	0	0	0	10	0	6
专业元件	2	0	3	0	0	0	0	0	0	0	0	0	2	0	3
合计	60	13	26	11	2	3	44	6	23	2	0	4	117	21	56

	综合商业			交通运输			发电与配电系统			办公设备			电子通信			国防			产业功能和支持性功能		
	具竞争力产业的总数	比例增加的产业数	比例减少的产业数	具竞争力产业的总数	比例增加的产业数	比例减少的产业数	具竞争力产业的总数	比例增加的产业数	比例减少的产业数	具竞争力产业的总数	比例增加的产业数	比例减少的产业数	具竞争力产业的总数	比例增加的产业数	比例减少的产业数	具竞争力产业的总数	比例增加的产业数	比例减少的产业数	具竞争力产业的总数	比例增加的产业数	比例减少的产业数
初级商品	19	2	8	22	3	14	20	5	13	4	0	5	0	0	2	1	0	0	66	10	42
机械	3	0	1	11	0	5	0	0	0	3	0	2	0	0	0	0	0	0	17	0	8
专业元件	3	0	1	10	0	4	0	0	0	1	0	0	0	0	0	0	0	0	14	0	5
合计	25	2	10	43	3	23	20	5	13	8	0	7	0	0	2	1	0	0	97	10	55

	食品／饮食			纺织／服装			／家居			医疗保健			个人用品			娱乐／休闲			最终消费商品和服务		
	具竞争力产业的总数	比例增加的产业数	比例减少的产业数	具竞争力产业的总数	比例增加的产业数	比例减少的产业数	具竞争力产业的总数	比例增加的产业数	比例减少的产业数	具竞争力产业的总数	比例增加的产业数	比例减少的产业数	具竞争力产业的总数	比例增加的产业数	比例减少的产业数	具竞争力产业的总数	比例增加的产业数	比例减少的产业数	具竞争力产业的总数	比例增加的产业数	比例减少的产业数
初级商品	18	8	4	14	5	8	25	2	10	7	1	3	8	1	6	9	2	8	81	19	39
机械	9	2	2	8	3	2	0	0	0	0	0	0	0	0	0	0	0	0	17	5	4
专业元件	10	5	5	16	4	7	5	1	2	0	0	0	1	0	1	1	0	1	33	10	16
合计	37	15	11	38	12	17	30	3	12	7	1	3	9	1	7	10	2	9	131	34	59

* 在 1978 年或 1985 年超过出口盈亏点的产业，其中包含在 1978 年具竞争力，但在 1985 年跌至出口盈亏点以下，或在 1985 年首度出现超过出口盈亏点的占有率者。

08

20 世纪 70~80 年代的新兴国家[1]

迈克尔 · 波特 要克服不利因素的羁绊，企业必须持之以恒地脱离标准化、简单技术和降价竞争的产业环节。

20 世纪 60 年代国运昌盛的国家如美国、瑞士、瑞典及德国，主要是以技术变革、加速全球化竞争，以及国内经济发展等形态，形成竞争优势。在此期间，另一批国家也正奋起直追，而成为新兴的发达国际竞争者，并在一些产业中逐渐取得龙头的角色。在它们当中，日本是最鲜明也最成功的例子，本章特别利用竞争优势理论重新诠释日本经济奇迹的来龙去脉。另一个较不起眼，但却在很多产业具有震撼性竞争地位的国家是意大利。

60 年代是许多国家培养或酝酿它们成为发达经济实体的阶段，其中最显著的是亚洲四小龙，本章讨论的对象是四小龙中的韩国，原因是它在 90 年代最有潜力成为真正的发达国家。在 70~80 年代期间，日本、意大利、韩国也是各国当中人均国民收入和生产力发展最快的国家。

本章的目的在于探讨：为什么这三个国家能够从远远落后的状态中，创造出自己的竞争优势，并摇身一变，成了许多先进产业和产业环节中世界最强的竞争者？在开始之前，作者必须先介绍它们成功与失败的产业类型。另一个关注的重点则是：这些国家的环境如何发挥、支持和提升它们的产业。

与前一章的问题相同，本章也无法描绘出日本、韩国、意大利三个国家经济体系的完整图像，也不可能罗列所有的考虑因素。竞争优势是由特定的产业、特定经济部门以及其他一般性的国家特点组合而成的。它们的重要性无轻重之分。然而这些竞争形态的改变，不仅为钻石体系提供重要启示，也为整个国家经济的进步，作了完备的描绘。

日本的崛起

同样为第二次世界大战战败国的日本，几乎是紧随德国之后，成为世界经济强国。但是日本的成就更受瞩目的原因在于，它的天然资源不如德国充沛，它也不像德国很早就打下化工和机械等产业的基础。

近年来，日本经济奇迹的故事是个广泛流传的话题。很多人把日本经济奇迹归因于政府的角色及管理模式的效果，我的看法却有很大的差异。日本和其他国家一样，拥有国际竞争优势的产业只占这个国家所有产业的一部分，在那些耀眼成就的背后，还有更多产业是缺乏任何国际竞争优势的。由于日本产业的表现落差如此之大，管理模式似乎并不足以解释：为何日本的某些产业竞争力那么强?!

根据前几章所建立的构架，读者事实上可以从崭新的视角，重新审视日本产业的国家竞争优势，并了解背后支撑日本产业成功的理由。我们特别关心的部分是：哪些力量使得日本企业能快速提升竞争优势，并且在新产业中成为炫目的强力竞争者？政府在这个过程中确实有它的角色，但是，其重要性与一般公认的观点出入甚大。

国家竞争优势形态：钻石体系发挥超强作用

表 8–1 列出了日本在 1985 年时在全球出口比例中最重要的五十大产业。如果与德国、瑞士和美国的情形比较，这个名单所包含的产业领域非常广泛，最著名的是许多电子产品、重机械，以及钢铁和运输相关产业。比较独特的是，在这些成功产业的名单中，大多数产业在全球市场所占的比例也相当高。这种现象只有美国的一些农业和天然资源产品的出口可与之相比。日本人能够在全球市场的制造业产品上拥有高额比重，反映出日本环境的一些因素（后面将会讨论），这些因素包括日本企业习惯使用的战略形态、它们所设定的目标，以及许多日本产业的结构形态。

在日本前五十大出口产业名单中，最独特的现象是完全没有天然资源密集型产业（最接近这个标准的是无缝铁管和钢管，日本是铁矿和煤矿的进口国）。在各国当中，美国是前五十大产业中天然资源密集型产业比重最高的，瑞典居次，德国、瑞士及意大利也有一些天然资源产业的出口表现。

表 8–1　依照全球出口总额所占比例，列出日本前五十大产业（1985 年）

产业类别	占全球出口总额的比例（%）	出口值（千美元）	进口值（千美元）	占日本出口总额的比例（%）
摩托车	82.0	2 092 416	16 684	1.19
电视录像、录音机	80.7	6 622 119	9 924	3.77
留言记录机	71.7	1 817 413	15 194	1.03
计算机	69.7	660 432	11 294	0.38
已镶嵌的光学品	67.5	579 472	29 646	0.33
照相、复印器材	65.9	2 032 389	6 055	1.16
传统式相机、镁光灯器材	62.2	1 608 936	82 174	0.92
收款机和会计计算机	62.0	351 522	1 626	0.20
装置于船尾的活塞发动机	61.0	216 878	1 448	0.12
电唱机	59.0	264 557	997	0.15
麦克风、音箱、扩音器	55.7	981 176	51 602	0.56
摩托车零件、配件	53.4	747 246	13 370	0.43
分轨牵引机	51.8	295 286	9 427	0.17
钢琴、其他乐器和零件	51.0	687 841	47 188	0.39
自动推进推土机	50.6	283 448	2 631	0.16
彩色电视机	49.5	2 691 101	6 899	1.53
手提式收音机	48.4	1 171 209	31 718	0.67
其他无线电收音机	47.9	575 146	9 443	0.33
专业用船舶	46.8	635 608	13 555	0.36
电动打印机	45.0	498 134	5 214	0.28
蒸汽锅炉辅助设备和零件	42.8	393 155	51 450	0.22
汽车收音机	42.5	908 083	3 052	0.52
电视显像管	42.2	709 509	35 503	0.40
录音媒体	41.5	1 589 513	96 184	0.90
显像化学药剂	41.5	346 817	26 170	0.20
金属加工车床	39.7	524 440	16 281	0.30
粗陶家用器皿	39.3	229 081	6 168	0.13
公共汽车或卡车轮胎	39.1	860 530	4 411	0.49
公共汽车	38.7	592 138	6 926	0.34
缝纫机	38.7	444 548	24 716	0.25
铁、钢无缝管	38.7	2 227 632	6 587	1.27

（续）

产业类别	占全球出口总额的比例（%）	出口值（千美元）	进口值（千美元）	占日本出口总额的比例（%）
自动推进铲土机和挖土机	38.4	964 654	–	0.55
自动资料处理机和配套设备	37.9	3 571 949	427 126	2.03
货车、卡车	37.5	7 956 271	16 969	4.53
叉车	36.9	612 440	–	0.35
其他电子管	36.5	313 761	95 967	0.18
金属切割机床	36.5	1 009 629	111 274	0.57
活塞发动机发电机组	36.1	377 849	9 165	0.22
其他货运船舶	35.7	4 399 729	216 601	2.50
铁、粗钢薄轧板	35.2	1 893 459	84 656	1.08
无绒毛连续合成织布	34.7	1 456 391	31 808	0.83
钟、表运转零件和外壳	33.8	296 181	62 532	0.17
碾压机零件和滚轴	33.4	203 563	3 487	0.12
液体绝缘转换器	33.4	210 792	–	0.12
车载集装箱	32.2	280 192	1 048	0.16
高碳钢线条	32.0	258 370	1 029	0.15
油轮	31.7	767 626	13 116	0.44
载客汽车	30.8	25 402 210	538 683	14.46
铁、钢管、水管	30.6	1 437 337	17 006	0.82
黑白电视机	30.3	124 238	1 374	0.07
合计				48.50

注：进口值低于 1985 年总贸易值的 0.3% 者，不列出其进口数据。

表 8–2 也显示了 1985 年时日本产业集群的情形。表 8–3 与附录Ⅱ的表Ⅱ–7 提供了一些摘要数据。这些资料显示，日本产业在横向联系上有超强的表现，这方面能与日本比拟的仅有德国，连美国也略逊一筹。在产业集群的垂直深度上，日本的表现并不如意大利、德国、瑞典等其他发达国家。不过从 1978 年起，日本的机床和零部件等产业集群的深度，已有显著的改善。[2]

日本经济中最重要也最有竞争力的产业是：运输设备及其相关机械、办公设备、娱乐和休闲产业（出口的是消费型电子产品）、钢铁和金属制品、电子零部件和电脑设备，以及光学相关产品（包括照相机和胶卷）。日本企业也在印刷设备、电信器材（尤其是硬件设备）、陶瓷相关产品、家用电器、电子产品、个人用品（如手表、钢笔、时钟等），以及许多综合商业类材料如风扇、水泵、工具等产业有令人瞩目的成绩，在这些方面，日本或已拥有强劲的地位，或正来

表 8–2　日本具有国际竞争力的产业集群（1985 年）

初级商品	**原料/金属**			**林业**
	铁与钢 *生铁等*• 铁、粗钢卷 高碳钢卷# 铁、粗钢线条 *高碳钢线棒*# 高碳钢条等# *热轧铁、其他钢条* 各种形状的铁材、钢材# *槽形、I形、H形等型钢* *其他形状的热轧钢* *通用的铁、钢板、片* *铁、粗钢厚轧板* 高碳钢厚轧板# *铁、粗钢中厚度轧板* 高碳钢中厚度轧板# *铁、粗钢薄轧板* *高碳钢薄轧板*	*不锈钢薄轧板* *洋铁板、片* 铁、粗钢箍、细条 *高碳钢箍、细条*# **加工制品** *铁、钢制铁路轨道* 铁、粗钢丝 *高碳钢丝*# *铸铁管与水管*# 无缝铁、钢管 *铁、钢管、水管* 铁、钢管等配件 钢制储槽 *铁、钢缆、钢索* *铁、钢螺帽、螺栓* *铁、钢链与零件*	**非亚铁类金属** 铜板、铜片、细条 铜箔、铜粉、薄片、家具# 铜管、水管等 铝板、铝片、细条 铝箔• **其他** 水泥	焦油涂料纸# •
机械	*碎矿等用途的机械* 碾压机# • *碾压机零组件、滚筒*	燃气发电机、熔料燃烧室* 工业用电熔炉 非电力工业用熔炉		
专业元件				
服务				

（续）

初级商品	**石油/化工** **有机化学品** 焦煤、蒸馏炭• 多酸与衍生物 胺氧化合物 杂环化合物等 **无机化学品** 氧化锌、氧化铁、氧化铅• 无机酸金属化合物 **石油制品** 石油冻、沥青# **塑胶** 醇酸片、废料# 聚苯乙烯 聚氯乙烯（塑胶）板、细条 聚合丙烯 多醋胺片、废料#	**半导体/电脑** 数字中央处理器• *自动资料处理系统配套设备* 其他电子管 二极真空管、压电晶体等 微电脑 压电晶体# 自动资料处理机零件##
机械		半导体制造设备***
专业元件		**陶瓷元件*** **
服务		

（续）

初级商品	**综合商业** 其他手动工具 工具刀片、可替换的尖头• *离心泵/气压机等* 风扇、风箱等零件 *滚珠、滚柱等轴承* 活栓、阀门等 车辕、曲轴、滑轮等 *光学仪器* 计量器与计算机 测量仪器 测量、制图仪器 矿产制品#• 测量、控制仪器##	**交通运输** **发动机** 汽车活塞发动机• **装置于船尾的活塞发动机#** *非置于船体外的船舶活塞发动机* 活塞发动机 **车辆** **分轨牵引机** 轮动曳引机• **自动推进推土机** *自动推进铲土机、挖土机* *叉车等*	起重、装卸机械# *载客车辆* *货车、卡车* 专业用车辆 公共汽车 **摩托车** *自行车、轮椅#* 铁路车厢 *各类油轮* *其他货船* **专业用船舶** 土木工程设备##*	**车辆设备** 船用起重机具 *车载集装箱*
机械	特殊工业用机械#• 零售、称重机器#•	*橡胶、塑胶加工机器* *金属切割工具机#* *金属加工车床* 钻孔器等金属加工机器•	*金属成型机床* 金属加工机床、零件# *转化炉、燃斗、铸模机器#*	气焊机、焊接机等机器#• *非电动手工工具* 电焊机等 *电动机械式手工工具* *其他电动机械*
专业元件	铸模 垫片、垫圈、非电动机器零件#•	合成橡胶 雷达器材• 活塞发动机零件 汽车轮胎• *公共汽车或卡车的新轮胎* 飞机、摩托车轮胎#	橡胶物品# 蓄电器 *点火、启动装置* *车辆电力照明设备* *电容器* *电解炭*	汽车车身、零件、配件#• 主电池、备用电池 汽车底盘 **摩托车零件、配件** **汽车用收音机**
服务	工程/建筑# 贸易*** 商业银行* 再保险#	船务***		

（续）

初级商品	**发电与配电系统** **发电** 蒸汽锅炉 **蒸汽锅炉辅助设备**#• *蒸汽式发动机、涡轮* 直流电马达、发电机、旋转式变流机、零件# 交流电马达（包括通用马达） *交流发电机* *活塞发动机发电机组* **配电** ***液体绝缘转换器*** 其他电流转换器# ***静电换流机*** 感应器、电动机器# 接电装置 *固定、可变电阻器* 绝缘电线、电缆 ***绝缘设备***	**办公设备** 电动打印机 非电动打印机、支票机# **计算机** **收银机、计算机**# *复印机、其他办公室机器*# **照相、复印器材** **留言记录机** 金属制办公室用品#	**电子通信** *有线电话设备* *电视、广播电波发射机* *无线电电话机、电视摄影机零件*#	**国防**
机械		轮转式印刷机• *平版式印刷机*#•		
专业元件				
服务				

（续）

初级商品	**食品/饮料** **基本食品** 腌制鱼肉 *鱼油、鱼脂*# **饮料** 其他发酵饮料#	**住宅/家居** **家用陶器** 瓷器 *粗陶家庭器皿* 陶制装饰品 **家用电器设备** 加热烹饪器具• *空调* 家用洗衣机• *家用冰箱*• *其他家用电器设备*# **其他** *餐具（刀、叉、匙等）* 人造纤维毛毯#	**纺织/服装** **纺织品** 漂白过的棉织布# *无绒毛连续合成织布* 合成纤维织布# *无绒毛连续再生织布* 不伸缩合成针织品 **配件** 非针织类织品配件#	
机械	农业、园艺或林业用手工工具# 非家用冷藏设备• 非家用冷藏设备零件• 收割机、打谷机#•		*缝纫机* *缝纫机针头、零件*# 纺织加工机器# *抽丝、纺织机器*	抽丝、压出成型机器的零件 织布机 *针织、毛毯品的制造机器*# *织布、针织机器零件*•
专业元件	杀霉菌剂、消毒剂#• 真空玻璃瓶#•	玻璃#•	**纤维与纱** 未梳理过不连续合成纤维 梳理过不连续合成纤维# *未梳理过不连续再生纤维* 梳理过不连续再生纤维# *非精织的多醋胺连续纤维*	不连续合成纤维 单丝再生纤维纱 **其他** 纺织用润滑剂#•
服务				

（续）

初级商品	**医疗保健** **药品** 维生素原及维生素 **医疗设备** *医疗用电子设备*• X光器材等• 医疗仪器	**个人用品** *手表* *钟表运转零件、外壳*# *钢笔等* *笔尖、铅笔*# *易燃产品等* *化妆品、化妆用具* *珍珠*# 眼镜# *金器、银器*#	**娱乐/休闲** **消费性电子产品** **彩色电视机** *黑白电视机* **手提式收音机** **其他收音机** **电子留声机** **电视、录像、录音机** **话筒、音箱、扩音器** **摄影** **照相机、镁光灯器材** 电影摄影机、放映机 *摄影及电影器材与设备*#•	**显像化学药剂**# *盒装胶卷* *卷筒胶卷* *照相感光布* **其他娱乐** **音响** 婴儿车、体育用品# 玩具、洋娃娃# *室内娱乐设施*• **钢琴、其他乐器、零件**#
机械			**电视显像管** 未经镶嵌的光学产品# **已镶嵌的光学产品** 灯丝电灯 电灯、闪光灯泡#•	
专业元件	*钟表零件*			
服务		旅馆*		

说　明：

细体字：占国球出口额 10.12% 或以上，但低于 20.24% 者

斜体字：占全球出口额 20.24% 或以上，但低于 40.48% 者

黑体字：占全球出口额 40.48% 或以上者

• 在 1979 年低于出口盈亏点

不列入计算的差额

基于在产业环节的显著出口值而列入

* 因海外直接投资而列入

** 因海外直接投资予以升级

*** 基于该国所作的研究而列入

势汹汹。

表 8–3 中的阴影部分，就表现出这种产业集群间的相关性，像半导体和电子技术就串联了许多产业。日本的半导体产业，因为抢先应用在消费型电子产品和电信产品而捷足先登，随后又应用到办公设备和电脑产业。日本医疗保健器材产业，也是在电子相关设备方面特别强劲的产业。

然而，在林业与相关产品、化工以及塑胶等产品领域，日本的国家竞争力明显不足（其中许多领域甚至还走下坡，原因将于后文叙述）。至于食品饮料、清洁剂或卫浴用品等个人消费用品，以及国防工业等方面也不起眼。另外，在国际竞争中，日本的服务业和家用家具产业普遍落后，而医疗保健、纺织成衣（纺织机械产业除外）等产业的表现也不够强。

与其他所研究的国家相比，日本事实上是非常两极化的：一方面它拥有全世界竞争力最强的产业和企业，凸显出它作为经济强国的事实。而另一方面，日本的大部分产业不仅达不到世界强国的标准，甚至落后于这些标准甚多。这两类产业表现出天壤之别的矛盾现象，正是日本政府的政策功过相抵的平衡结果，但也是日本未来经济繁荣的隐患和限制。

要了解日本的竞争优势以及这个国家的进化和发展过程，必须回归到日本人如何运用他们的钻石体系上。本章着重于日本产业如何取得国际竞争优势的剖析，也将扼要讨论欠缺竞争力的产业对日本造成的威胁。对日本而言，钻石体系的功能有其独特的系统效果，但钻石体系的各个关键要素的自我强化情形，除了意大利勉强具备之外，其他国家都看不到这项特点。

生产要素——人比形势强

讨论日本的生产要素时首先必须承认，日本的弱点很多。日本是一个缺乏天然资源或其他天然生产要素的国家；日本既缺乏可利用的土地，也没有与市场邻近的地理位置优势等。然而，因为地形多山而具备水力发电的环境，日本在 20 世纪 50~60 年代里，以水力发电满足大部分的电力供应。有效应用有限的外汇，也对日本早期的出口产业（像钢铁业）帮助很大。[3]

但是，日本除了条件良好的天然港口外，实在找不出更多有利的天然生产要素。由于缺乏天然资源，日本在林业、采矿和农业等领域的国际竞争中，毫无空间可言。但是，欠缺天然资源并不妨碍日本创造和提升竞争优势的决心，

表 8–3　在广义的产业集群下，日本具竞争力产业的出口百分比

产业集群	占全国出口额的百分比	占产业集群全球出口额的百分比
原料/金属	9.6 (–6.4)	10.8 (–1.7)
林业	0.2 (+0.0)	1.0 (0.3)
石油/化工	1.3 (–0.5)	1.0 (–0.2)
■ 半导体/电脑	4.7 (3.6)	11.3 (6.3)
上游产业	15.6 (–3.3)	4.6 (–0.4)
综合商业	3.7 (0.1)	55 (0.9)
交通运输	36.9 (1.0)	22.6 (4.2)
发电与配电系统	3.3 (–0.6)	4.6 (1.0)
办公设备	3.5 (0.5)	28.0 (8.5)
■ 电子通信	3.4 1.4	28.1 (8.8)
国防	0.0 (–0.1)	0.3 (–0.1)
产业功能和支持性功能	50.8 (2.3)	17.4 (3.5)
食品/饮料	0.7 (–0.1)	0.7 (0.2)
纺织/服装	3.2 (–1.5)	4.9 (–0.5)
住宅/家居	2.3 (0.4)	8.2 (3.4)
■ 医疗保健	0.7 (0.3)	4.7 (1.9)
个人用品	1.6 (–0.4)	5.3 (0.3)
■ 娱乐/休闲	11.8 (2.4)	32.7 (8.4)
最终消费商品和服务	203 (1.0)	69 (2.0)

注：括号内数字是1978年和1985年之间的变化，以有竞争力产业的出口情形为主，并非全部产业的表现。

■ 与国家的国际竞争地位相关的广义产业部门。

它们快速地增强生产力，并借此找到了出路。

日本生产要素的另一项弱点是资本。从第二次世界大战中重新站起来的日本，资本资源相当有限，大财阀（大型控股公司）的瓦解也造成虚弱的金融结构体质。

不过，人力资源领域是日本的优势之一。日本有重视教育的传统，人力资源也朝受过教育并且技术性越来越高的方向发展。日本人讲求纪律、工作勤奋，并且重视团队合作。社会上也赋予教师和权威专家相当高的社会地位。[4] 小型住宅社区和分租的多功能集中式寓所，又形成要求人民彼此合作和相互尊重的环境。[5]

日本也跟德国一样，因为拥有大批训练有素的工程师而提高了自身的竞争力。在日本，大学毕业生担任工程师的平均人数比美国高很多。此外，出国留学的日本人日渐增多，并且偏重在技术领域的深造上。在 1987~1988 年，美国大学中的日本籍学生就高达 18 000 人以上，居于外籍学生排名中的第六位，领先英国、德国和意大利。[6]

第二次世界大战时，日本在科学领域方面的实力并非美国或德国的对手，但它已在部分领域打下基础并有卓越的表现。由于日本在战争时期举国上下全力投入航空、通信、造船和机械等方面产业，而奠定了深厚的实力。另外，第二次世界大战中，日本曾与德国一些产业的研究人员合作，而在光学仪器等产业上获益匪浅。

生产要素的创造机制：积极创造资本

若将日本的优越性视为凭空得来，那是一种明显的偏见。日本虽然只有人力资源方面的生产要素优势，但是和拥有充沛生产要素的国家相比，日本却能以惊人的速度，创造并提升所需要的生产要素，实在是有它的过人之处。日本产业也有办法克服其他生产要素不足的问题，并且比其他国家的企业，更迅速且积极地善用既有的因素。

战后初期的日本虽然缺乏资本，但它在资本积累的速度上却非常快，原因是国内有特别高的储蓄率。日本人的储蓄习惯一方面源于社会文化的影响，另一方面则是政府政策造成的。后者包括缺乏社会安全制度、住宅数量少导致购房不易，以及对资金存放海外的种种管制。日本政府为了弥补金融体系的不足，特别推行一项金融投资政策以鼓励储蓄；一般人将钱存在邮政储蓄系统、银行和证券公司即享有减税优惠。邮政系统因为是由遍及日本各地的邮局经办，接洽便利，普遍成为民众选择储蓄存款的对象。[7]

战后初期，日本就是以邮政储蓄系统汇集资金，再由政府主导，通过日本开发银行和其他政府机构，低息贷款给钢铁、造船等特定产业部门的。资金不足的日本，就以这种方式进入了许多资本密集型的产业，并获得国际市场上的成功。到了70年代，日本持续的高储蓄率，加上它在市场竞争中不断崭露头角，使得日本产业不再有资本不足的问题。[8]银行的低利率又提高了资本投资率(有关数据可参考表7–1)，促使日本的许多企业采取资本密集战略，并积极投资大规模的厂房设备。日本在创造资本上的巨大效果，已经使日本目前的资本相当充沛，却有无处可用的烦恼（这也是日本经济发展的一项潜在威胁，见第13章)。

人力资源培训计划 日本人除了创造出资本的生产要素机制外，它在快速且持续提升人力资源方面，同样有令人赞赏的成绩。人力资源正是日趋专精的竞争市场中不可或缺的支撑力量。日本一流的中小学教育体系不但要求严格，并且强调数学和科学方面的训练。中小学教育的竞争相当激烈，母亲们[9]对这个教育阶段的关心和投入，也是本书所研究的国家当中程度最高的，能与日本相比的大概只有韩国。虽然美国人认为，日本的教育体系过于严格而使人民缺乏创造力，但是日本教育体制却为大部分学生的再深造和接受训练打下了很好的基础。日本一般高中毕业生的数学程度，实际上不亚于大多数的美国大学毕业生。

日本的大学，数量多、教育质量良好，尤其以技术领域见长。在1986年，日本共有465家四年制大学和548家两年制大学。但是，若与德国、美国、瑞士或瑞典的大学相比，日本大学在社会科学和人文方面，并非特别出色。要进大学的日本高中生，必须通过严格的全国入学考试（很多人从小学起就开始为考大学而补习)，但是，一旦进了大学，非技术领域的大学生花在读书的时间反而减少，更多时间是花在玩乐上面。至于理工科系方面，不但课程设计完善，训练也较扎实。

不遗余力追求技术 值得一提的是，日本在中学以上的教育体系中，针对企业需要而安排的劳工和管理者教育训练计划。日本的民营企业往往比其他机构更努力地研发，同时也有更丰硕的成果。企业本身进步与否，也与内部训练严谨程度有密切关系，许多日本企业的管理层必须通过考试才能升迁。至于像日本电气等企业，甚至为拥有博士学历的人员安排训练计划。企业内部的训练计划也是长期进行的，并且着重在与企业相关的技能和领域上。另外，大多数在国外求学的日籍学生，实际上是企业员工，由公司负担全额费用派遣出国深造。他们因此得以在事业生涯中积累更专业化的技能，并为企业竞争优势奠定更好的基础。

日本的民间企业也是产业研发的主力。日本大学的研发能力有限，企业和大学之间的互动，也不如其他国家显著。日本政府虽然有一系列的国家实验室，在研发上也有部分的影响力，但是，许多优秀的理工科毕业生，仍会选择进入日本知名企业的研究实验室工作，那才是日本大多数重要研究的中心所在。

与瑞士、瑞典相同，日本企业在取得海外技术方面也有过人之处。日本人一向懂得从其他文化中取其所需。日本企业虽然对实力强劲的竞争对手由衷佩服，但是对技术或原作者却缺少尊重。国内强大的竞争压力同样也造成日本企业务实地找寻更好的技术，因此，日本企业花大笔金钱参加国外研讨会，也积极考察关系良好的外国公司、探讨文献资料，甚至付专利费以取得优良技术，而不只是停留在仿制的阶段而已。

振奋人心的研发精神 随着日本技术能力的生根茁壮，企业在基础研究方面的支出比重也不断增加。根据日本政府的统计，如果以新签订的研究合作计划或协议计算，在技术转移方面，日本已经是一个净出口国，日本在研究开发方面的开支也从 1971 年占国民生产总值的 1.9%，提高到 1987 年的 2.8%，与德国、瑞典并列为发达国家中研发比例最高的国家。其中值得注意的是，日本几乎所有的研发都不属于军事性质。另外，政府的资助只占全国研发经费的 21%（美国政府资助国内研发经费达 47%），政府资助的经费中，80%以上是用在一般科学与能源方面的研究（参照表 12–1 及 13–1）。

合作研究方式 外界讨论日本经验时，常常提到日本的合作研究方式。这种合作研究是由政府机关（通常是通产省）带领一批民营企业，共同推动一些具有共通性的研究。在这些合作研究中，政府负担一小部分经费，其余的经费和人力则由参与研究的企业提供。很多人认为日本的合作研究可避免重复研究和资源浪费，并且成为日本产业取得国家竞争优势的重要源头。

我的看法却不同。我认为合作研究的功能在于指引长期研究方向，并且刺激私营企业的研究活动。一般而言，日本企业花在内部研究项目的经费，高于它在相同主题上合作研究的投资。然而，合作研究项目经常由独立的机构策划执行，产业里的从业者都有权取得研究资料，这也降低了企业间的竞争威胁。因此，各企业常常不公开本身最好的发明，也不见得调派最好的人才参与合作研究。不过，合作研究的正面功能很多，它是企业感受新兴技术的前哨，显示出竞争者务必全力以赴的研究领域，也有助于企业的研究主管向管理高层争取更多的内部研究预算。市场上的激烈竞争，也使得同业之间常把是否进行尖端研究视为面子问题。这些效应对激励技术研发非常管用，但对企业的整体利益却不见得有好处。

信息领导 信息是日本另一个关系重大的生产要素创造机制。在日本企业与社会大众之间，经济信息是广泛流通的。日本重要产业和产品的相关资料（包括市场占有率、企业发展、技术趋势等），也是到处都可取得，经济新闻更是电视黄金时段的重点（许多企业主管即使在新闻时段尚未下班，也会以录像机预录这些新闻节目和其他经济新闻专辑）。传播媒体、政府机构、行业协会与其他无以数计的机构，交织成一个活跃的信息网。各种产业白皮书与调查报告更是一本接一本地出版。介绍日本企业或由日本知名企业主管执笔的书也持续出版，并且形成一股风潮，而这类书往往是书市名列前茅的畅销书。

日本丰富的经济信息，不但美国赶不上，而且更成为国内企业竞争过程中很重要的一环。在信息的刺激下，日本企业不但要有前瞻的眼光，还要不断与竞争对手较量。一个有趣的现象是，日本企业对市场占有率排名的重视程度，竟然超过公司财务数字的排名。

不利因素的转换：反应敏捷的日本人

日本的国家竞争优势来自基本生产要素的部分并不多。虽然特定产业需要的专业化生产要素创造机制提供了部分优势，但竞争优势的另一个重要来源是，转换生产要素不利条件的刺激与挑战。

人力成本的压力 日本在第二次世界大战后还有很多待业人口，但是到了60年代末期，却出现劳动力不足的问题，尤其是高度增长的汽车与电子产业情况更为显著。劳动力不足与高涨的工资造成产业对自动化的需求压力。[10] 此外，日本大企业的终身雇佣制也逼迫主管谨慎用人，并在既有的劳动力中提高生产率。[11] 这样的处境产生一个很讽刺的结果，日本企业主动抛开它们的早期优势——廉价劳动力。另一方面，人力成本对国内市场竞争毫无帮助，更促使企业向自动化发展。

自然资源匮乏　天然生产要素的不利条件也刺激着日本产业的创新与发展。从大环境来看，日本的生存只能依靠国际贸易或依赖进口原料从事加工出口，所以产业繁荣的观念从小就深植在日本人心目中。由更具体的观察得知，自然资源匮乏的事实反而是日本许多产业发明创新的原动力。由于缺乏金属和其他原材料，日本企业在节省材料上一直保持高度的兴趣，并且鼓励使用先进材料。[12] 很自然地，日本企业是全球陶瓷、复合材料及碳纤维的领导者，产业界也对新材料有强烈且先进的需求。

日本从 60 年代起便高度依赖国外进口能源。这意味着国内能源价格偏高，以及对节约能源的重视；日本钢铁厂的能源使用效率是全世界最高的。因此，两次能源危机虽然对日本冲击特别大，但也使日本产业界更加重视节约能源，进而促成许多创新和发明。[13] 例如，第一次能源危机后，日本企业就率先改用晶体管控制技术，以便降低能源的消耗量。这项变革的边际效益也很大，日本产品的可靠性因此提高、零件减少、更适合发展自动化，同时也为后来的电视机与音响器材等方面的领导地位铺路。能源危机让许多国家意识到能源成本的影响，但是对能源成本原本就偏高的日本企业而言，却是展现领先优势的契机。

日本与市场（以及原料供应来源）之间的距离遥远，连带刺激了日本在物流运输方面的创新，日本很早就引进集装箱作业与特种运货船。产品和原料的长途运输，也提高了日本企业对可靠性的重视，以减少补救的需要。日本的地理位置也产生另一个效果，即减少日本企业进入亚洲市场的障碍（而亚洲市场是西方国家向来不重视也做不好的庞大市场），往往很多日本产业的第一个出口对象就是亚洲国家。而邻近的韩国和中国台湾，大多数产业的出口对象则是西方国家（尤其是美国）。

日本另外一个根本的不利条件是可利用的土地少、土地成本高。与其他国家相比，日本的人口密度相当高，即使以它的总面积来计算也是如此（见表 1–1）。在如此不利的形势下，日本 75%的土地还是多山地形，并不适合居住和设厂。空间不足所形成的压力不仅影响了需求条件（日本市场偏好袖珍、空间利用效率高的产品），也促使日本企业致力缩短生产线，避免非必要的仓储空间与库存量。“争取空间，即时生产”的做法就是由日本企业首创与推广的。

日元升值压力 最后一项重要的不利条件是，日元从1973年起开始升值，到了80年代中期情况更为严重。日元的升值压力迫使许多日本企业采取紧急补救措施。应对做法包括通过自动化提高生产率、向更精致化的产品环节转型，以及国际化生产作业，而这些做法对日本产业维持其长期竞争优势的帮助很大。在强大的国内竞争压力下，日本产业对日元升值的迅速回应，也加快了日本产业的繁荣步伐。[14]

事实上，对日本产业而言，每一次冲击（如尼克松总统提高美国进口税、石油能源危机、日元升值）都形成进一步的改善和创新，而每次冲击造成的影响也往往带来预想不到的收获。由于日本产业惯于以全面性警戒与审慎悲观态度来应付挑战，因此每一次冲击反而成为一波波创新的有力诱因。如果没有这些突如其来的状况，日本可能需要以本身的优势才能创造出这些效应。

与瑞士、德国及瑞典一样，由于“钻石体系”中其他关键要素的搭配作用（尤其是日本企业对产业的高度使命感与激烈的国内市场竞争），生产要素的不利条件反而激发了创造，而不是造成产业的瘫痪。日本经验的独特性就在于，它的钻石体系能在回应不利条件时，显示出积极效应，日本人在石油危机中的惊人表现，就是最好的例证。

需求条件——形成优势的火车头

生产要素反映出日本产业的部分优势，不利因素转换则显示出日本产业的过人之处。不过，日本产业的成功模式，是整个钻石体系运作的结果，形成日本的国家竞争优势最重要关键要素是需求条件。在许多实力强劲的产业中，都具有独特的国内需求特质与动力，而带动绝大多数日本产业发展的，更是国内市场而非国外市场。日本产业在出口方面的表现，通常是第二阶段的现象。[15]

需求量大的国内市场 要讨论日本的需求条件，必须先认清日本的国内市场。日本人口大约1.2亿人，狭小的土地上又聚集了大量的民间企业。强调一致性的民族性，进而凝聚与强化了购买的威力。

国内市场需求条件形成的第一种优势是，它为日本产业带来有利的时间差。在20世纪50年代和60年代，日本国内市场需求快速成长的产业，正是其他国家进入饱和状态的产业，这对日本产业发展产生了重要影响。就战后国际市场的形态而言，日本缝纫机、钢铁、造船及摩托车等产业的崛起时机，正值国内需求方兴未艾之际，当时的国内需求使业者敢大胆投资大型、最新科技的高效率厂房设备。同时期的欧美企业则是靠着老旧又无效率的工厂，进行零星的投资。许多日本产业因第二次世界大战而必须从头来过，这又使前述的情况更加显著。因此，“拆掉、重建”非但是日本产业界的普遍心态，也是政府大力提倡的政策之一。当新式现代化工厂不断取代老旧、低效率的厂房时，这股风潮带来的高生产率，自然成为日本企业的重要竞争优势。

日本许多成功的产业，都因本国市场不成比例的庞大需求而获益匪浅。先前所提的产业都是有力的证据：钢铁（日本正致力于战后重建工作）、造船（由于地理位置偏远，又要进口石油与其他原料，所以日本产业对船务需求极大）、摩托车（被当做基本的交通工具）以及缝纫机（战前的 170 万台缝纫机中，有 110 万台毁于战火；战后初期，日本人也需要缝纫机自行裁制衣服，服装出口业也开始蓬勃发展）。

在日本经济进入成长扩张期后，超乎常态的国内需求量仍有锦上添花的效果，机器人、复印机、陶瓷与半导体都是很好的例子。就以存储芯片和集成电路来说，日本国内市场的庞大需求，主要是来自大量使用芯片、规模庞大的消费型电子产品、钟表、相机和办公设备等产业。[16] 但是，广大的国内市场有着更多的竞争企业，惨烈的竞争使得日本企业不敢以既有的广大市场自满，而是持续不断地创新，最后终于走上国际化的道路。

日本市场扩散的速度很快（反过来说，市场饱和的速度也很快）。以消费产品而言，信息的快速流通、消费者以最新款式显示身份地位，以及文化的一元化现象，都造成日本人一窝蜂的购物现象。在产业客户方面，激烈的国内市场竞争和互相模仿的风气，导致任何企业一旦引进一项新产品或服务，马上会引来其他同行的跟进。快速扩散的特质，屡屡造成日本国内市场的爆发性成长。这种现象导致日本企业为了追求市场占有率，往往追求一次性的大手笔投资，以求形成产能和效率优势。

市场快速扩散的另一面向是市场提早饱和。从 60 年代后期开始，日本国内市场对产品的需求，常常比其他国家更快饱和。国内市场提前饱和，造成本国竞争者铆足劲儿在产品上推陈出新，同时还有缩短产品开发时间的压力，结果日本市场往往成为新产品能否在其他国家市场生存的试金石。

国内市场饱和也成为企业出口的一项重要动力，原因是业者必须借着出口以弥补失去的国内市场与生产过剩的产能。在本书所研究的日本产业中，几乎都是国内市场成熟饱和后，出口才显著增加。

“二元需求”架构 比市场规模和成长模式更重要的是日本市场的需求结构。日本与美国一样，气候类型和地理环境相当多样化，它的基础设施则十分奇特，是一种先进与落伍的组合，形成所谓的“二元需求”架构。这些情况让日本公司面临多重、复合的市场条件，而这些条件之间通常呈现极有趣的组合。比如说，由于日本路况不佳、习惯性超载和拥挤的空间等问题，日本在卡车、大型车辆的轮胎、叉车等产业中的产品，不仅适合日本国内市场需要，同时也适合出口到如亚洲等地区的发展中国家。在这些市场上，日本制造企业的表现也是一流的。

独特的本地需求条件也形成了日本产品的特色。由于人口密度高、居住空间小，日本人需要袖珍、手提式、安静以及多功能的产品。以家用音响为例，日本企业就专注于生产轻薄短小且具备多功能的产品。日本消费者也认为，对居住在狭小墙薄的公寓而言，袖珍机型和音质佳的音响远比输出功率更为重要。另一个好例子则是日本企业主导的电子琴产业，这种产品的特色是，体积比钢琴小，收藏方便又不占空间，还可以使用耳机，不至于打扰别人。

袖珍产品的先驱 与其他国家相比，日本的公司、办公室、工厂和仓库面积都偏小，这也导致很多日本产业需要体积较小的袖珍型产品，这种特色表现在起重机、机床和其他办公设备上。另外，多山和多岛屿的地理环境，也使日本长期重视微波和卫星通信系统。至于纺织业方面，日本企业擅长仿真丝的合成纤维和织品，正是配合国内市场的独特口味与庞大需求。

因为国内的需求特色，日本企业常走进一些被其他国家企业忽略或需求较小的市场环节。这些市场一开始并不是世界性的产业环节，但是符合全球的需求趋势。两相配合之下，日本人偏好轻薄小巧且多功能的市场需求，就成了未来市场的先驱。日本企业因此能在轿车、小卡车、收音机、电视机、复印机、摩托车、控制器、数控机床以及起重机具等产业中，发展原先不为发达国家重视的袖珍产品，进而轻松挺进其他国外市场。为什么日本企业一旦崛起，其他国家的竞争者往往无力反击，保护主义的效果也无法发挥呢？要了解这个问题，必须同时考虑日本国内需求市场的特色，以及日本企业开始出口时，正逢世界经济快速增长等因素。

挑剔的国内客户　造成日本产业成功的原因，除了国内需求强、发展特定产业环节战略之外，另一个因素是，国内客户的需求特别严格。举例来说，日本国内市场对复印机和传真机的需求特别高，原因是日本企业的商业信函中，汉字（常用字约 6 万个）、平假名和片假名混合使用。这使得打字机（以及复写纸和钢板）及电传机等传统办公设备无用武之地。[17] 在文字处理机风行之前，日本的文件大多数是手写，如今，复印机及传真机成了信息传递不可或缺的设备。日本企业起步早，在长期投资和研发下，自然成为复印机和传真机产业中的世界级领导者；日本文字处理机的发展史亦是如此。

日文的书写特质也导致日本市场对钢笔和铅笔有特别严格和专业的要求。在日本，书法是教育和文化地位的重要象征，精致好用的书写工具非常重要。另外，日本人喜欢照相是出了名的，也习惯用相机记录家庭活动，照相机于是成为日本市场上要求严格的产品。在战后初期，日本人愿意花 3 个月的薪水买一架德国产相机；在这么挑剔的客户市场督促下，日本照相机制造商理所当然成了今天的世界领导者。

日本人也把耐用消费品当成重要的社会地位象征。由于居住空间小、闲暇时间不多，没有机会住豪华住宅，所以日本人多把钱拿来购买汽车、相机、消费型电子产品和小型家电。这也导致日本消费者偏好流行产品或最先进的功能，甚至不惜更换既有产品以跟上流行趋势。为了回应市场需求，制造企业自然频频更新款式，并在变化产品的过程中，形成更细的市场细分。日本市场就因为社会地位的象征性需求与文化的一致性需求，带动了产业在小范围的产品类别中，继续分化出更多样的变化。企业内部为迎合这种生产需求，很早就开始采用弹性制造技术（当时的西方国家仍在使用传统的自动化生产线）。因此，在凭借不断推出新款式以赢得竞争优势的产业中，日本企业可说是得心应手。

对日本的消费产业而言，高标准的需求，不仅仅限于前面几项产业，还是一种普遍的压力。日本消费者会因为产品的一个小瑕疵而拒买，这种吹毛求疵的态度，使日本企业在生产产品时必须注意“精美好用”，同时还要有完善的售后服务。日本社会“注重外表”的文化，又令日本产品特别强调外观和包装。和其他国家相较，日本的消费者是善变的，他们对产品质量的兴趣更大于对品牌的忠诚度。高度流通的产品信息，又更加强化了客户的内行程度。

老练又要求严格的日本客户，对工业产品的要求如出一辙。企业通常对供应商提出很多要求，业务部门则在产品创新上对生产设计部门施压。在激烈的国内市场竞争下，业务人员需要新产品敲开客户的大门，再加上企业一向看重长远的商业关系，采购人员虽然不会因暂时的降价而轻易更换供应商，但他们会在要求协作企业配合改善的同时，也与其他供应商接头，这造成了更大的产品创新压力。在日本，赢得新顾客的唯一途径就是真正的产品改良。

发展中的产业也回过头来带动国内市场需求质量的提高。走上国际竞争舞台的日本产业，碰到的最挑剔客户还是本国的一些企业。不少日本产业的工业产品标准，也代表着最先进的需求，这种现象可以从机器人、汽车零部件、尖端材料与其他电子零件等供应商产业中看到。日本化学产业部门的表现，则是另一个反映挑剔型产业需求的重要例子。化学产业是日本在国际市场上较弱的部分，可是在几项特殊领域中，日本却占有相当高比例的全球出口额。比如说，日本的合成纤维产业在世界出口中占有极重要的地位，与电子和汽车相关的塑胶业也具有相当的竞争力。由于具有竞争力的产业越来越多，日本也出现了美国数十年前所经历的扩张，并逐渐在复合商业领域或其他产业的需求上（如水泵和工具类）崭露头角。

国内市场需求条件也同样透露出日本的某些产业为什么无法在国际市场上占有一席之地。以国防工业为例，日本在这方面的国内市场上几乎是零，这是美军占领时制定的宪法规定的结果。另外，像食品产业部门（高度依赖米、鲜鱼和其他特殊食物），由于日本国内市场需求与其他国家截然不同，也使日本的食品企业进军国际市场时事倍功半（反过来看，外国食品业者中，除了美式快餐连锁店外，其他类型大多也难在日本立足）。日本人与众不同的品位和其狭小的居住空间，造成家具等家饰产业很难打开国际市场。

不同的渠道模式　在日用品方面，美国、英国、瑞士与其他外国企业，能以外资方式在日本市场站稳脚跟的原因是：日本的国内需求起步较晚。另外，日本食品及日用品的零售与批发渠道过于零散与不够健全，使得依靠现代化营销渠道的相关产业难以发展竞争优势。但是，手表与消费型电子产品等，需要分散及多元的营销渠道以打开市场的产业，日本企业在国际市场上有出色的表现。其中部分原因是日本企业在本国时已对这种复杂的营销渠道十分内行。不过，对于需要通过超级市场、药店和其他大型销售渠道的商品，日本企业因为无法在国内市场积累经验，也找不到成功的例子。即使在消费型电子产品方面走出国门的日本企业，面临的第一项考验也是，要学习运用与日本国内市场完全不同的渠道模式。

有趣的是，日本花王、资生堂等一些日用品企业，正开始将它们的销售战略国际化。挑剔的消费大众、普及的大众传媒、日渐富裕的社会，加上国内强烈的竞争，也使日本企业在纸尿布等日用品上起了带头发展新产品的作用。但是不健全的分销系统，仍将继续妨碍日本产业的雄心壮志。

日本的医疗保健体制相当社会化和一元化。日本医师的训练方式相当一致，医疗程序和治疗方法也是采取统一监控方式，弹性不大。一般而言，日本医师的主要收入来自开处方时所取得的回扣，而不像西方国家来自按时计酬或对病人的服务，这使得日本的人均用药量居世界之冠。从国际竞争的角度来看，这种需求条件并不健康。此外，日本在医疗相关领域里缺乏创新的环境，日本的医疗保健产业中，除了电子医疗器材（例如超声波及电脑断层扫描器）外，其他并不具有国际地位。

日本服务业的不发达是由几个因素造成的。首先，日本的个人服务标准很高，必须投注大量人力，这导致它们无法像英、美两国一样系统化及标准化（见第 6 章），以及在海外运作成本高的不利现象。其次，对需要高度人际沟通的国际服务业而言，日本人的英语能力不足则是另一个阻碍。另外，日本许多重要的服务业（如金融服务业）一向处在政府管理之下，既没有竞争条件也无力创新。最后一点是，日本制造业者的海外投资是近年来的事，所以日本的商业服务公司才刚刚起步，初尝本国企业提供海外市场需求的好处而已。但对美国、英国和瑞士的服务业者而言，海外市场早已是他们经营版图的重要部分了。

相关产业与支持性产业——多元化的首要考虑

在日本的国家竞争优势中，相关与支持性产业扮演了非常重要的角色，日本许多成功产业是从其他相关产业中发展出来的。表 8–4 就提供了部分例证。

当日本产业开始往多元化经营时，几乎无一例外地向相关产业延伸。[18] 一般来说，日本社会普遍反对企业合并，企业主与企业长期投资甚至有共存亡的意识，加上天价般的并购费用，一再限制了日本企业间的并购活动。结果日本企业的多元化经营大部分是由公司内部创业而来。当企业进行内部创业时，首先选择相关产业的多元化发展，几乎是一种必然的现象。企业内的人员和设备，也经常随着企业的内部创业而重新配置，连带造成相关产业之间的技术转移，并促成产业的发展。

表 8–4　日本成功产业的起源

产　业	源起的产业
打字机	缝纫机
吊车	卡车、建筑机械
录像机	电视机、家用音响
复印机	相机
传真机	复印机
工业机器人	机床、马达
合成织品纤维（丝状）	天然织品纤维（蚕丝）
碳纤维	合成纺织纤维

相关产业的诞生时机，通常是其源头产业已经成熟，和竞争者之间也面临产能过剩的压力时。各家企业为了维护员工就业权益和本身持续成长需要，往往是同一时间转进相关产业（日本企业以相互模仿出名）。由于一个新的相关产业是由几个不同领域的产业分进合击，这个新产业出现时就已有大量的竞争者。以传真产业为例，这个产业的成员中，部分来自相机产业（佳能、理光、美能达、柯尼卡），部分来自办公设备产业（松下、夏普、东芝），另外有些来自电子通信产业（NEC、富士通）。当来自各种不同领域的竞争者汇集一堂，各自运用既有技术并汲取所欠缺的新技术，就很自然地激发出活跃的创新行动。

支持性产业也是创造日本产业竞争优势的重要力量。在日本产业中，上、下游企业结合的情形很常见，促成结合的动力就是企业内部多元化的压力。像日本的空调制造企业也是世界顶尖的压缩机供应商。在这种模式的长期发展下，许多日本最具竞争力的产业，也正是世界一流的上游供应商。

日本的大企业通常与多家中小型的承包商与供应商形成一个关系网。一般而言，由于企业与供应商的地点相距不远，彼此间的信息流通顺畅、服务完善，应变能力相对也提高。另外，一些大企业经常对供应商作部分投资，信息的流通渠道更加便利。必须注意的是，纵使日本企业与供应商的关系非比寻常，在彼此合作时照样讨价还价，所以供应企业的利润也就不高了。

对日本的竞争优势而言，相关产业的重要性可以从整个 80 年代全球重要相关产业的龙头老大多是日本企业而看出端倪。这里面比较显著的领域是半导体、机床、机器人与尖端材料。在这些产业的市场地位争夺战上，日本人主要是由最强劲的美国对手中夺得，这对提升日本既有产业的竞争优势和发展新产业方面，都创造了有利条件。

另外，日本社会强大的内聚力量也导致国家经济的产业集群化。日本企业擅长发挥本身特点，并取得应得的好处。它们强调与客户及供应商之间的长期合作关系，而非短视的机会主义作风。经联合机构（由大股东促成的企业联络网）与分包商的结构，又促成相关企业之间的信息交流（其实，管理层在战略拟定和财务支持方面的作用，并不像一些西方观察家认为的那般具有威力）。在这种不甚紧密的团体组织中，日本企业互相探寻新产品、新流程、新的商机趋向与所需元件的信息。日本的各种行业协会，也以收集信息和资助研究的方式，促进客户与供应商之间的联系。这些行业协会通常包含多种领域的产业客户、供应企业及相关产业，进一步促进产业集群的结合；日本文化中的一致性与地理的邻近性，也提高了产业集群的效率。例如，日本人的社会习性中，依附团体的强烈特点，使得他们重视并保持亲密的人际关系，像是大学或高中的校友关系。

商社和传播媒体 在支持性产业领域里，日本还有两项特别值得注意的特征。第一，是日本的贸易公司（商社）。这些拥有完善全球网络的大公司，协助许多日本业者打进国际市场；这些大商社迄今仍有助于打开一些小的、发展中国家的市场。对欠缺海外人手的公司或没有国际市场经验的小公司而言，大商社也是商业信息的主要来源。

第二项重要的支持性产业是传媒。日本与瑞典、德国的不同之处在于，它很早就创办了广播电台（于 1951 年）和电视台（于 1953 年）。日本的全国性报纸多达六七家（例如《朝日新闻》、《每日新闻》以及《日经新闻》），而且每家都有早报与晚报。至于周刊和双周刊等杂志，更是不胜枚举。

日本的大众传媒和媒体广告相当发达，日本每天的电视广告时间量世界排名第二，仅次于美国。当日本耐用消费品业者试图渗透需要大量营销专业的英、美等国家市场时，大众传播产业的基础就起了很重要的作用。很明显，日本企业因为已在国内磨炼出高超的营销技巧，它们的表现就是不同于德国与瑞士企业。

企业战略、企业结构、同业竞争——重纪律的团队

日本企业层级分明、重视纪律。这种企业形态基本上是受社会历史背景、教育体系与大公司的终身雇佣制所影响。在这种社会规范下，日本人相当团结，并且培养出独特的跨功能合作能力。他们经常在体制内设立特别小组，将一项重要计划从既有科层系统中分离出来。这些特别小组缩短了产品开发与上市的时间，也使产品从设计阶段就考虑到制造及营销等问题。

"劳资关系和谐、极少罢工"是日本产业的特色之一。在30年代和50年代初期，日本曾是劳资争议事件不断的国家。而今日本能维持良好的劳资关系，除了文化因素外，还包括雇主主动维护员工权益、让工会领袖加入董事会、劳资双方保持尊重的态度等原因。[19]以企业为单位成立的工会，也对工会与企业的合作有所帮助。因此在日本，劳资关系很少成为创新或改善工作条件等变革的阻碍。

日本最优异的人才也愿意进入产业界工作。[20]热门产业与企业虽然一直在变，但主要集中在制造业中的几个重要产业。第二次世界大战结束后，日本顶尖的工程师大多进入纺织业与稍后兴起的钢铁业。紧接着，人才又流向如索尼、松下等消费型电子企业。近年来的明星产业则是NEC与发那科等公司。

因为许多日本知名制造企业的高层主管是工程师出身，技术导向自然成为产业主流，企业的领导层普遍相信现代化厂房和设备是竞争的本钱。另外，很多领导企业的总经理还是战后创业、打天下的元老，这些管理者大多具有长远眼光，立志建立主导未来技术的全球企业。问题是，当这一代领导人退休之后，日本企业的目标可能因人而异，创新速度也将减缓。

日本企业一贯采用标准化与大批量生产战略。在相机、起重机、钢琴和电视机等多项产业中，日本企业最初就是凭借着大批量生产标准化机型，并将手工或分批制作转换成生产线技术，而奠定了竞争优势。由于企业长期投资在自动化的提升上，在推动产品标准化的产业环节中，日本产业当然具备市场的领导地位。

标准化　日本企业能在60~70年代取得成功，其中另一个因素是，相较于当时西方国家执意各行其是而言，日本企业愿意统一国内标准并跟上国际水平。像缝纫机、存储芯片及传真机等产业都是在政府协助、企业配合的情况下，完成早期标准化革新的。日本工业标准的目的就在于协助产品与零件的标准化。

事实上，标准化可以排除产品基本设计的变数，而使企业在其他功能设计和生产效率上较劲。近年来，随着日本企业稳坐技术领导宝座，它们开始自定标准。不相容的录像机与家庭用摄影机就是最好的例子。尽管如此，通产省仍在发展标准化，在刺激产业发展方面扮演着积极的角色。

为了巩固商场上的地位，日本企业往往必须不断地开发新产品，或一次推出系列性产品，而这些新产品大多是标准化产品的改良型，或是增添了新的功能。这种做法使得市场区分越来越细，甚至到了产品类型过度丰富的程度。形成这种现象的因素包括前面提过的需求压力、日本企业销售部门的惯用战略、企业重新配置人力与有效消化产能等。

日本企业在标准化与大量生产作业上齐头并进，显示出它们对产品质量的高度重视。很多日本公司认为，标准化和自动化是达到最高质量水平的唯一途径，需求方面的压力更是激发企业对质量的高度关切。值得一提的是，在 50~60 年代，日本人为了改变日本产品向来被视为便宜货的次等形象，还发起了一次“提升产品质量”的全国运动。日本产品在海外的不佳形象成了刺激产业发展的动力。重视质量的观念也因此深植于日本人心中，并且将其制度化，设立了每年为优质产品颁发的戴明奖。

日本企业经常以产量与市场占有率制定发展目标，这种做法反映出它们将员工视为固定成本、深信规模经济的优势，以及具备击败竞争对手的强烈动机。此外，与美国或其他国家不同的是，日本各种产业的生产量与市场占有率等相关资料很容易取得；这类信息的流通便于企业持续在市场占有率上互争长短，而令企业感到最难堪的事莫过于市场占有率下滑了。企业员工也以所属公司的市场占有率多寡，评断自己的社会地位。企业的主要目标一定是争取市场占有率，公司在维持永续发展上绝不可掉以轻心。

日本工人与投资者对其企业与产业的使命感很强。日本企业的所有权绝大部分掌握在法人（有时是其他企业）手上，它们在乎企业的长期获利能力，很少借转卖股权而获利。低利率降低了资金的成本，间接鼓励了企业投资。拥有企业股权的银行与其他法人，也积极参与监督企业的经营。对投资者和经营者双方而言，企业股价的涨跌远不及长期发展重要，管理层的薪水也与企业的短期获利表现无关。一旦企业发生问题，处置态度往往是讨论问题的症结，而非回避。在日本，很少会见到将公司关闭或脱手卖掉的情形，不过，近年来已有增多的趋势。

日本工人与经理人对公司的忠诚度很高，企业对员工也不苛刻。劳资同心加上合作的基本观念，使得日本在需要长期积累经验的产业上，竞争能力特别强。反过来说，对于特别需要个人表现与内部竞争的产业，日本人往往心有余而力不足。

日本企业的另一个特征是，公司内部充斥着悲观与不安全感。日本经理人通常能清楚地背出一长串公司最迫切的问题，但是若要他指出公司的长处却比登天还难。日本产业的这种危机意识，也使它们避开了随成功而来的自满陷阱。

日本国际化的原因　日本企业放眼国际的原因也与其他国家不同。美国企业国际化的原因是受到国外市场的吸引；瑞士或瑞典则是因企业有长期活跃于国际市场的传统；而日本企业的国际化，主要是国内市场条件将它们推向国外市场。日本的国内市场虽然广大，却有竞争激烈、提早饱和与产能过剩等现象，这些现象迫使业者不得不往国际市场上发展。业者一旦走入国际市场，传统重视国内市场占有率的观念，自然也延伸为对全球生产占有率的关注。[21] 日本的例子也说明了语言能力不必然是出口贸易的成因，而是贸易带来的效果。对日本人而言，学习西方语言是件极困难的事，但是出口上的迫切需要逼得他们不得不下工夫去学。

随着日本知名企业的国际市场网络不断拓宽，国内许多新兴产业也加快了全球化的过程。然而，直到最近，在日本企业的全球战略中，海外投资的程度仍然很低，贸易表现几乎全部依赖出口，这也就是日本产业的全球出口占有比例特别高的重要原因。

值得注意的是，日本企业集中在国内生产的做法，对于日用品、服务业和讲求特殊设计的产品制造业等，需要海外投资取得竞争优势的产业而言，成了成功的障碍。

受到组织结构与管理哲学的影响，日本企业倾向进入特定的产业或产业环节。一般说来，日本企业在必须高度配合客户个别需要、应用范围小、要求大量售后服务、量产规模小的产业或产业环节中，表现并不出色。

战国时代　决定日本企业成功的因素中，除了前述几点外，更关键的是日本内部的竞争。当盟军解散战前主导日本经济的财阀后，日本经济走入了名副其实的战国时代，这种竞争现象也是其他国家前所未见的。战后的日本，每一个具有国际竞争优势的重要产业，都有几家到数十家的竞争者（见表 8–5，或之前的表 3–2）。[22]

激烈的国内竞争、需求的压力以及企业高度重视市场占有率的目标导向，一再导致日本成为产业界创新与变革的温床。因此竞争对手的实力都在伯仲之间，而非领导者与跟随者清楚可辨的稳定局面。另外，企业在市场占有率上的激烈竞争、对产业的强烈使命，再加上挑剔且要求高的消费者，都使日本产业极少形成稳定垄断的情势。[23]

表 8–5　在选择的日本产业中，互相竞争的企业家数（估计）

空调	13	摩托车	4
音响设备	25	乐器	4
汽车	9	个人电脑	16
相机	15	半导体	34
汽车音响	12	缝纫机	20
碳纤维	7	造船 **	33
建筑设备 *	15*	钢 ***	5
复印机	14	合成纤维	8
传真机	10	电视机	15
吊车	8	卡车和公共汽车轮胎	5
机床	112	卡车	11
大型电脑	6	打字机	14
微波设备	5	录像机	10

资料来源：实地访问；《日本工业公报》；《日本工业年鉴》；矢野经济研究所，《市场占有比例事典》(1987)；研究者的评估。

* 企业家数因产品领域而不同。生产推土机的企业，只有 10 家；生产铲土机、吊车和 铺柏油设备的有 15 家；而日本特别擅长的水压开凿机则有 20 家企业。

** 其中 6 家企业的年生产量超过 1 万吨。

*** 集团企业家数。

在日本，企业对竞争对手的虚实往往了如指掌，任何行动很快就会被模仿跟进；企业们也经常在同一时间，针对提高产能而大胆投资。产业的龙头地位也在企业之间频繁变动。以 80 年代中期为例，3 年之间，传真机产业盟主三度易主，照相机方面则出现两次变动。由于日本消费者偏好最新、最好的产品，热门产品往往在短时间内造成国内市场占有率的重大变动。因此，只要有一家公司的新产品成功攻下市场，其他业者一定马上跟进，分食大饼。

日本企业间的竞争是高度人际化的，情绪和面子问题是推动竞争的核心。组织中的每个人都专心一意要击败头号竞争对手，企业的市场占有率更是攸关公司的荣誉。举例来说，日本索尼公司流传的口号是“BMW”（beat Matsushita whatever，不计代价，打垮松下）。白热化的竞争下，日本企业在国内市场的利润有时远低于国际市场（像日本轮胎和汽车业的国内市场蓬勃发展之前，就处于这种状态）。[24] 日本企业不只在价格方面竞争，而且拼斗所有能竞争的资源，对各自拥有销售网的消费型产业而言更是如此。因此，走向海外与外国对手竞争时，日本企业反而得以喘口气。

激烈的国内竞争为日本企业带来不少好处。因为廉价劳工、便宜钢材等各种初级生产要素优势，在激烈的国内竞争中起不了作用，所以日本企业不得不寻求自动化、高科技以及新产品，试图超越其他对手。这也是促使日本脱离初级生产要素优势，争取更持久竞争优势的来源。国内竞争的另一项好处是，它刺激支持性产业的发展，并使企业在招募员工和发展人力资源上更加尽心。

虽然在国际市场上成功的日本产业，都出现激烈的国内竞争，但其他的产业却闻不到竞争的硝烟。日本的建筑、农产、食品、造纸、化工原料和纤维等产业，都有卡特尔集团化和其他限制竞争的规定，日本政府在其间扮演了重要的角色。话说回来，这些产业几乎没有一项曾在国际上成功过。这些产业的国内市场竞争限制也造成外界的错觉，误以为所有的日本市场都是联合操纵。大型产业部门欠缺正面意义的竞争是日本经济上的警讯，也是这个国家维持经济长期发展的一项严重挑战。后面几章将对这一点作进一步的讨论。

日本的新企业也很活跃，它们当中大多数是由大企业内部分离出来另立门户的。日本企业为了灵活调配员工职务，发展多元化的范围偏向关联程度较高的领域，很少采取并购其他公司的做法。这种态度也使日本的产业集群不断地扩张和深化。

在日本，新企业的发展环境还算有利，并且在继续改善，但是要达到如美国般的活跃程度，还有一段距离。大多数受过最好教育、能力最强的日本人仍然喜欢进入大型企业工作，因为这是赢得社会地位的最快途径。在日本，拥有大学研究机构的技术而自行创业的情况很少，大公司的管理人员自立门户的情况也很罕见。至于独立经营的新公司能取得风险资本更少，日本的金融服务业者通常不愿意“冒险”提供“风险资本”支持尚未上轨道的新公司；更准确地说，日本银行家的兴趣只在规模虽小但稳定成长的公司。

近年来，日本出现不少新公司，其中又以服务业领域最显著。与瑞士或德国人相比，日本人有更高的冒险意愿，许多大企业也愿意在电脑软件等新兴产业中成立高度自主的子公司。因此，无论是点状的产业环节或完整的产业，只要具备钻石体系中的有利条件，未来的发展都将蓬勃繁荣。

政府角色——传播信号的前哨

对具有国家竞争优势的产业而言，日本政府的角色不但重要而且快速。第二次世界大战之后，日本政府扮演着主导产业发展的角色，它将国内资金和稀少的资源（例如钢材）引导到几个特定产业部门，限制外国企业进入日本市场，与外国协议技术转让、降低汇率，并提供出口上的各种援助。

对日本早期成功的产业（钢铁、造船、缝纫机）等来说，日本政府在这段期间的主导角色颇具建设性。在日本企业竞争的产业环节中，价格是很重要的竞争项目。但是，这些产业大多是资本密集的产业，竞争优势是依赖大量投资、建立现代化与大型厂房设备。由于日本政府大力支持、主动影响，这些产业因此能够摆脱对初级生产要素的依赖。

必须注意的是，在这些早期成功的例子背后，政府的力量并非绝对的，其他关键要素的优势可能产生更大的影响力。这些条件包括：需求条件（造船、钢铁和机车）、相关产业与支持性产业（缝纫机），甚至国内市场竞争等。事实上，在化工、塑胶、航天、飞机及电脑软件等其他大型的重要产业方面，由于并未具备有利条件，因此不管日本政府如何努力发展，这些产业仍旧培养不出真正具有国际视野的企业。

即使在成功的产业中，日本政府也曾经设法限制竞争企业数量，这样的情形在钢铁、汽车、机床及电脑产业中都出现过。[25] 所幸这些产业的企业并未听任政府安排，它们之间的激烈竞争反而将彼此推进更宽广的国际市场。在 80 年代，通产省虽然意识到竞争对产业发展的重要，但仍不改为市场竞争设限的意图。

整体而言，造成日本现今政策和法国的“指示型计划”不同，或有别于过去的国家经济计划的最大原因就在于：它近来承受极大的竞争压力。当国内市场中强悍的竞争对手增加时，业者自然被逼得往国际市场上发展，这是日本产业成功的不二法门。这种做法也与其他国家注重少数几个“产业龙头”的政策大相径庭，因为后者重视的是静态效能。如果日本政府保护产业的政策缺少了国内竞争的搭配，势必无法产生世界级的竞争企业；日本政府的产业政策通常是大棒加胡萝卜双管齐下的。它一方面保护国内产业，同时也有计划地逐步引进外国竞争者，并且事先公布这种自由化时间表。一个绝佳的例子是几年前，日本政府核准卡特彼勒与三菱的合作计划。此举一出，小松公司立刻展开研发行动，终于由一个产品质量不佳、低效率的建筑设备制造商，提升为世界级的竞争好手。

日本政府也很重视需求方面的配套条件。以传真机产业为例，日本政府很早就认可传真文件的法律效力，并且准许家用电话线路与传真机连线，传真机市场的需求因此在日本率先展开。另外，政府也以鼓励客户购买的做法，拉动产业的需求。其他像工业机器人等重要产业的早期需求，也是由政府协助企业租用等方式带动起来的。

出口品检查制度 另外，政府利用政策强制一些产品迅速标准化，同样引发出日本企业快速进入产品的改善与功能开发等激烈竞争。照相机与缝纫机产业就因此而获益匪浅。日本政府也是数项产业发展初期的重要客户（在政府的一声令下，所有日本公立学校都为音乐课程购置钢琴）。公家采购对供应商提升产品技术上有正面作用。日本政府也以各种宣传活动，提醒企业提升产品质量。像戴明奖与战后初期的出口品检查制度，一再迫使企业朝符合严格的需求标准发展。

日本政府也很重视相关和支持性产业的发展。在 1971~1978 年之间，日本政府实施“机械与电子产业临时因应条例”，产业政策的重心放在零件与生产制造机械等领域，这对许多产业集群的深化作用有很大的贡献。

日本产业政策的另一个特色是，政府很早就扮演起发布信息的角色。通过高曝光率的官方研究报告、产学界组成的委员会、大型宣传活动、预告新技术的合作研究计划等方式，日本政府不断设法唤起企业对新兴科技的注意，通产省更极力影响企业进行创新与变革。在政府紧锣密鼓的行动下，除了激励企业全力以赴、激发出创新的灵感，还点出产业必须克服的挑战，一个很好的例子就是善用能源运动。这个运动的结果是日本企业在节约能源上的进步与发展。

随着经济的发展与进步，日本政府的产业政策也不断地调整。很多人现在说的“日本模式”，事实上在 10 多年前就落伍了。今天的日本政府，直接干预产业的做法已经大幅减少，需求条件则相对提高。在过去 10 年间，日本政府主要扮演传播信号的角色。通产省的影响力虽然还在，权限则在逐渐消退中。这种变化其实是很正常的，因为不仅世界各国都在抱怨日本政府的做法，更重要的是，旧模式已不适合新阶段的日本经济发展（第 10 章会有更多的讨论）。今天的日本，成功已不再是凭借生产成本因素，而是靠其快速创新和投资意愿的能力。

成功的绊脚石 撇开成功的一面，日本政府的产业政策也有不光彩的一面，有一些甚至还形成对重要经济领域竞争优势的阻碍。比如说，日本政府对医疗保健产业所作的规定、实施统一控制模式，就降低了它们的创新能力。另外，教育政策的僵化，造成一般学校和大学无法有效地回应产业界的需要，局限了大学研究的重要效益。

最重要的是，政府的一些抑制市场竞争的政策保护效率低下的企业，造成日本经济整体生产力的降低。比如日本政府对零售业及分销系统的规定，不但阻碍讲求效率的企业发展，也使日本市场落后于其他国家许多。日本的“大商店法”限制大型零售商的开设地点，并限制其与小零售店的竞争。烟草业与农业更因政府的保护，本身不但缺乏效率，也连累了它们的关联性产业。

抑制竞争所造成的无效率，不只见于重大产业部门，而且还有连锁效应。由于通产省肯定集中效果与“合理化”的联合企业集团，不但任由它们排除竞争，并已形成实质的保护作用。这种做法除了使数十项产业中缺乏生产率的企业继续存在，也令日本 60 多种产业中，只有 10 种左右能在国际市场上成功。

日本的特点在于它拥有全世界竞争最激烈的国内市场，同时也存在毫无竞争可言的产业领域，这种现象是复杂的政治妥协的结果。问题是，当政治干预产业活动时，往往是以消费者的利益为代价，这种现象也显示出日本决策者在摆脱传统角色的步伐上走得太慢了。

上述两个问题都是对日本未来经济发展的警示。

机会角色——扬名国际的东京奥运会

时机是日本许多产业成功的重要因素。第二次世界大战就是日本产业发展的一个重大转折点。战后盟军解散旧财阀，解除经济市场竞争的限制。如同德国一般，日本因开放市场竞争而形成的产业动力是难以估计的。此外，战后自美国输入的技术也创造了日本产业重建的机会与条件。受到战火破坏的影响，战后日本的国内需求增长期比其他发达国家晚，企业在投资现代化设备上，也比国外竞争对手更有选择。日本政府早期也以政策要求钢铁等产业的企业，淘汰旧设备，进一步激励产业现代化。

朝鲜战争是激发日本经济发展的另一个重要因素。由于朝鲜战争，日本卡车企业终于接获第一批国外订单，因而帮助它渡过了创业期的难关。1964 年的东京奥运会则是日本产业发展的另一个里程碑，它明显提高了日本在国际市场的知名度。当时，许多日本企业都在技术方面下工夫，开发新产品，以便能在奥运会期间大显身手。比如说，精工社这家日本第一大钟表制造商，因为争取到奥运会正式计时器的供应权，不但为企业内部带来进步的动力，同时也在国际市场上崭露头角。许多重要的日本基础设施，也是当年配合奥运会大兴土木的结果。

科技的变迁也是日本产业发展的重大机会。讨论日本产业成功的先决条件，绝不能忽略这个国家在电子与现代化生产技术的专长，关键在于它们掌握了战后突飞猛进的电子与自动化科技。相比之下，外国竞争对手虽然有深厚的工业基础，但是设备与经验偏重传统技术，因而无法阻挡日本企业的迅猛攻势。

最后值得一提的是，日本产业也因为一连串的“冲击”而有惊人的成长。这些冲击包括从尼克松震撼到石油危机，以及 80 年代中期日元升值的影响。[26]每次事件都导致日本产业采取重要而有效的调整行动，进而强化它的国家竞争优势。产业界能够积极、有效地回应时机带来的各种冲击，又离不开日本国内激烈的竞争与其他种种条件有关。

回顾与展望——成功的日本模式

日本的成功源于企业界的活力。日本的企业一直处于快速而持续创新的压力下，因此发展出领先全球市场需要的竞争能力。[27]强大的竞争压力也使日本企业马不停蹄地提升竞争优势，而非坐以待毙。这些特点使日本出现了具有竞争能力的产业集群，并且带动了许多相关产业的发展。

大量的资本投资、生产率的迅速成长、个人收入的快速提高（见表 7–1），都是日本产业发展的总体性指标。另外，同样显著的是，1978~1985 年间，日本具有竞争力的产业出口比例呈消长态势（见表 8–6）。这一期间的日本，在全球出口比重成长超过 15%以上的产业，是衰退产业数量的两倍，这种现象特别表现在先进产业领域，例如半导体、电脑、交通运输、办公设备、休闲娱乐，以及家庭电器产业（包括空调）等。一般说来，如果一个国家的综合商业产品大量增加，则意味着这个国家的经济正在向高级产业扩张。而日本在机械产业领域中，市场占有率增加的项目多达 29 项，衰退的只有两项。依产业性质而言，在各国当中，日本失去市场占有率的产业规模大多比较小，也比较不重要，但是在全球出口比重增加的产业，则是大型与快速增长中的热门产业（见附录Ⅱ的表Ⅱ–5）。日本市场衰退程度较高的产业，主要是层次较低、容易受生产成本因素影响的产业，包括初级钢铁产品、渔业、黑白电视机与纺织品等。而原本就薄弱的化工业，市场地位也正在大幅衰退中。

在国家竞争优势的关键要素方面，日本产业可能是国家竞争优势各项关键要素系统性运作最佳的例子。所有成功的日本产业，“钻石体系”的有利条件都自我强化（相反，缺乏竞争力的产业则不见重要关键要素的踪影）。另外，许多重要的产业是从相关和支持性产业发展出来的，这些产业一旦建立，快速成长的国内市场随即吸引大量的新进入者。挑剔且要求高的本地客户进一步刺激业者创新，并且引发激烈的市场竞争。

日本市场的快速饱和特点使得产业竞争更加激烈，也形成企业的出口压力。同样的因素也使日本企业努力进入国内需求中尚未展开竞争的市场环节，并希望能由这些领域打进国外市场。国内无休止的激烈竞争压力，加快了产品的创新速度，使产品种类不断增多。随着企业全球化战略的奏效，国际市场的优势大增，企业所创造的高级和专业化生产要素优势，自然取代了它们原先对初级生产要素的依赖。

市场饱和、竞争激烈与维护员工就业的态度，也导致企业选择由内部密切相关领域进入新兴产业。当大量竞争者涌入产业的上游、下游或横向关联的新领域时，强烈的竞争效应往往波及其他产业。随着各种不同技术进入新兴产业，频繁的创新活动也改变了产业的基础，并朝更高层次推进。

钻石体系长期的自我强化过程，使得日本产业的集群化程度越来越高。前面提过，日本企业特别擅长利用产业集群的种种好处，因此在创新和变革的速度上不断加速。许多不利的生产要素（如能源不足、空间狭窄、劳动力短缺、

表 8–6　1978~1985 年间，日本在全球出口总额所占比例增减 15% 或以上具竞争力的产业情形 *

	原料／金属			林业			石油／化学			半导体／电脑			上游产业		
	具竞争力产业的总数	比例增加的产业数	比例减少的产业数	具竞争力产业的总数	比例增加的产业数	比例减少的产业数	具竞争力产业的总数	比例增加的产业数	比例减少的产业数	具竞争力产业的总数	比例增加的产业数	比例减少的产业数	具竞争力产业的总数	比例增加的产业数	比例减少的产业数
初级商品	38	9	16	1	1	0	13	8	11	0	6	0	52	24	27
机械	6	3	2	0	0	0	0	0	0	0	0	0	6	3	2
专业元件	0	0	0	0	0	0	0	0	0	0	0	0	0	0	0
合计	44	12	18	1	1	0	13	8	11	0	6	0	58	27	29

	综合商业			交通运输			发电与配电系统			办公设备			电子通信			国防			产业功能和支持性功能		
	具竞争力产业的总数	比例增加的产业数	比例减少的产业数	具竞争力产业的总数	比例增加的产业数	比例减少的产业数	具竞争力产业的总数	比例增加的产业数	比例减少的产业数	具竞争力产业的总数	比例增加的产业数	比例减少的产业数	具竞争力产业的总数	比例增加的产业数	比例减少的产业数	具竞争力产业的总数	比例增加的产业数	比例减少的产业数	具竞争力产业的总数	比例增加的产业数	比例减少的产业数
初级商品	13	6	1	22	17	4	15	10	6	8	7	0	3	3	0	0	0	1	61	43	12
机械	2	2	0	12	12	0	0	0	0	2	2	0	0	0	0	0	0	0	16	16	0
专业元件	8	2	0	17	11	1	0	0	0	0	0	0	0	0	0	0	0	0	19	13	1
合计	17	10	1	51	40	5	15	10	6	10	9	0	3	3	0	0	0	1	96	72	13

	食品／饮食			纺织／服装			住宅／家居			医疗保健			个人用品			娱乐／休闲			最终消费商品和服务		
	具竞争力产业的总数	比例增加的产业数	比例减少的产业数	具竞争力产业的总数	比例增加的产业数	比例减少的产业数	具竞争力产业的总数	比例增加的产业数	比例减少的产业数	具竞争力产业的总数	比例增加的产业数	比例减少的产业数	具竞争力产业的总数	比例增加的产业数	比例减少的产业数	具竞争力产业的总数	比例增加的产业数	比例减少的产业数	具竞争力产业的总数	比例增加的产业数	比例减少的产业数
初级商品	3	0	3	6	3	6	10	6	0	4	3	1	9	5	1	19	11	3	51	28	14
机械	4	4	0	8	6	0	0	0	0	0	0	0	0	0	0	0	0	0	12	10	0
专业元件	2	2	1	8	2	4	1	1	0	0	0	0	1	1	0	5	3	0	17	9	5
合计	9	6	4	22	11	10	11	7	0	4	3	1	10	6	1	24	14	3	80	47	19

* 在 1978 年或 1985 年超过出口盈亏点的产业，其中包含在 1978 年具竞争力但在 1985 年跌至出口盈亏点以下，或在 1985 年首度出现超过出口盈亏点的显著占有率者。

劳动力成本过高与日币强势等）都转换为加速产业发展和国际化的动力。

日本的成功企业普遍勇于竞争、对员工有责任感、具有持续经营的眼光，这使它们面对不利的生产要素条件时选择创新和国际化，而不会落入毁灭之途。

主导日本经济的企业 值得注意的是，钻石体系的关键要素虽然普遍存在于日本，但是并未对所有的产业发生作用。国内需求条件、经营管理模式或不利的生产要素条件并不适用于所有产业，部分原因是有些产业的外国企业已具有不可撼动的优势。另外还有一大群产业则因刻意远离这些关键要素而导致无力竞争，也缺乏进军海外市场的活力。不过，那些能自我强化的日本产业不但创造了竞争优势，并且具备长期维持这些优势的能力。

这种情形也说明一个重要事实：许多扬威国际市场、具有国家竞争优势的日本企业，并没有不可告人的手段。但是西方人却常常很天真地以新重商主义、不顾人民生活水平的国家目标等看法，解释日本的成功。与其他发达国家相比，日本虽然仍采取较高程度的国内市场保护政策，但这却不是形成日本国家竞争优势的原因（事实上，保护政策反而是日本经济进一步发展的阻碍）。主导日本经济的是企业，而不是政府。比如说，汽车等进口产品已在快速增加当中。日本政府对工作时数、居住环境、污染问题以及其他影响生活质量因素的重视，将与国家发展阶段一并考虑。

对日本而言，最重要的优势包括：激烈的国内竞争、挑剔的客户、合作的供应商，以及生产要素的快速发展。日本优势的特色是它非常系统化，这也是竞争优势理论最重要的一点。“钻石体系”运作的结果也是国家文化的一部分。日本企业与众不同的目标，有时会让外国竞争对手（尤其是美国企业）难以招架。但是这些目标是日本本国环境和资本市场条件所形成的，而不是日本政府能够塑造的。日本企业并不是全球唯一具备长期眼光和较低利润目标的企业，其他发达国家（如德国和瑞典）的情形也很近似，所以美国人必须意识到，属于特例的其实是美国而非日本。

评估日本时，也不能忽略这个国家那些失败的、低生产率的主要产业，它们是与日本式奇迹沾不上边的产业。今日的日本经济可说是两极化，其中一边活力十足，深具产业快速发展与生产率迅速成长的特色；另一边的经济则欠缺实质的市场竞争，效率普遍低下。整体而言，日本经济的生产率（以及日本的生活水平），仍远远落后于美国。

一些迹象也显示，日本产业界正在调整目标，但是政府的自由化脚步过慢，无法应对新形势的需要。有些观察家认为，日本“模式”并非真正的自由贸易与开放竞争模式，而后者则是战后贸易全球化的主要动力。事实上，日本的成功说明了竞争的重要性，以及在一国经济进步的过程中，政府政策确有必要随环境变化而作出修改。有关的议题将在第 13 章再作完整的阐述。

异军突起的意大利[28]

一直到 20 世纪 70 年代，意大利的经济实力才重回发达国家阵营。最明显的例证就是意大利的出口实力与国民生产率双双起飞，其全球出口占有率 1960 年不及 3.2%，到 1986 年已超过 5.2%。意大利在整体增长率方面仅次于日本，居发达国家的第二位。在本书研究的国家中，意大利生产力与个人平均收入的增长，也仅次于日本和韩国。

意大利的成功令人刮目相看。一般人总会觉得意大利是个缺乏竞争优势的工业国家，电话及其他公共设施质量不佳，国有企业效率低落，还有庞大的政府补助等。另外，由于意大利国内欠缺天然生产要素优势，能源与原料大多依赖进口，就连食品进口也呈现入超状态。

然而，意大利却有一股令人赞叹的产业活力，并且成功地提升了许多产业的竞争优势。在第二次世界大战结束时，廉价劳动力是意大利产业的竞争优势。然而，到了 20 世纪 80 年代初期，它的竞争优势已转移到有细分的产业环节、产品差异与流程的创新上。成长速度与日本类似的意大利，它的成功模式显示了国内环境与外界变化相辅相成的影响力。

撇开光彩的战果，意大利也有它脆弱的一面。这个国家的环境特色赋予其许多产业强有力的优势，但也有许多产业无法作出调适而导致缺乏竞争力。想要进一步发展的意大利经济，事实上仍面临着巨大的障碍。

国家竞争优势形态：高度集群化

表 8–4 列出了 1985 年意大利前五十大出口绩优产业，酒类、鞋类和羊毛料等产业名列前茅并为意大利主要出口产品。有趣的是，家电用品与各类机械项目也是意大利在国际市场上能一展实力的产业。在本书所研究的各国之中，意大利五十大出口产业仅占全国出口量的 27%，比其他国家低（如果依照出口值

列出前五十大产业，它们所占比重也没有太大出入，参见附录Ⅱ的表Ⅱ–7)。[29]

由表 8–8 读者也可以看出意大利经济的竞争优势形态，表 8–9 和附录Ⅱ的表Ⅱ–10 是相关的统计数字。有别于一般印象的是，意大利的出口产业阵容庞大，出口表现也不是由少数产业所主导的。意大利最重要的出口产业集群由纺织和服饰（如鞋类、布料、服装、手提包、旅行用品)、相关专业元件与制造机械等产业所组成。其次是家庭用品类产业集群，包括家电、家具、灯具、陶瓷制品（瓷砖或装饰品等)、洗脸池与水槽、清扫用具、天然或人工石材制品，以及相关的制造机器设备（木工机器、大理石切割机等）与元件产业。另一个重要的产业集群是食品饮料业，其中包含酒类、橄榄油、面食、加工蔬菜（如番茄）等产业。值得注意的是，意大利的食品贸易呈逆差状态，主要进口未加工的食品原料。但是在食品加工产业集群中，意大利的相关机械设备产业（如制酒设备、小型农具等)，已在国际上具有重要的市场地位。

表 8–7　依照全球出口总额所占比例，列出意大利前五十大产业（1985 年）

产业类别	占全球出口总额的比例（%）	出口值（千美元）	进口值（千美元）	占意大利出口总额的比例（%）
小麦、面粉、面团	69.5	159 765	3 631	0.20
加工过的建筑石材	62.2	701 208	5 319	0.89
其他种类的葡萄酒（饭前酒）	58.1	75 754	513	0.10
瓷器器皿	56.6	866 879	16 437	1.10
贵金属宝石	49.6	2 288 256	19 978	2.90
新鲜核果	45.5	247 385	10 159	0.31
橡胶与塑胶鞋	41.9	452 469	20 402	0.57
羊毛织品	41.8	278 003	34 861	0.35
家用洗衣机	38.2	396 595	32 123	0.50
钢制高压导管	35.9	319 193	11 271	0.40
合成纤维毛衣	34.0	631 213	5 419	0.80
手提包	33.7	343 408	3 978	0.43
羊毛毛衣	33.1	499 221	55 460	0.63
皮鞋	32.8	3 285 427	178 156	4.16
其他针织品	32.3	510 145	48 634	0.65
丝织品	31.7	215 629	53 632	0.27
水泥、人造石材产品	31.2	124 617	4 224	0.16
椅子和其他座椅	30.6	685 124	29 894	0.87
纺织服装配件	27.8	251 618	24 303	0.32
新鲜葡萄	27.8	235 494	7 105	0.30

（续）

产业类别	占全球出口总额的比例（%）	出口值（千美元）	进口值（千美元）	占意大利出口总额的比例（%）
家用冷藏设备	26.8	80 738	3 379	0.10
女式外衣	26.2	491 478	50 159	0.62
家用冰箱	26.1	314 900	16 353	0.40
木制家具	25.5	1 026 911	40 390	1.30
木材、陶器加工机械	24.7	485 500	35 141	0.61
皮革	24.6	452 233	266 542	0.57
其他种类的毛衣、套头毛衣	24.5	641 799	16 830	0.81
焦煤和由褐炭制的半焦煤	24.2	323	1 159	0.00
未经亚硫酸盐漂白的木质纸浆	23.3	20 536	36 907	0.03
鞋类部件	23.0	198 785	11 270	0.25
橄榄油	22.4	131 742	283 534	0.17
家具和组件	22.3	186 395	14 522	0.24
男式套装	22.2	145 837	17 341	0.18
眼镜镜架	22.2	164 124	30 899	0.21
针织衣服配件	22.2	186 366	25954	0.24
金属家具	21.5	174 076	11 804	0.22
葡萄酒	20.7	803 915	75 121	1.02
抗生素	20.5	321 442	228 622	0.41
陶制装饰品	20.3	114 451	23 432	0.14
含多非醋胺线卷纱	20.3	97 411	64 949	0.12
包装、装瓶机器	19.8	464 507	55 063	0.59
男式外套	19.8	435 710	99 379	0.55
水槽、洗面盆、浴缸	19.5	77 117	3 781	0.10
家庭用加热、烹饪器具	19.5	199 544	27 309	0.25
园艺	19.3	26 045	2 750	0.03
基本金属所制的灯具、家具	19.1	275 239	26 915	0.35
其他织品、特殊皮革加工机械	18.6	425 736	100 203	0.54
固态氢氧化钠	18.3	35 690	1 711	0.05
合成纤维织布	18.1	753 426	189 393	0.95
塑胶涂整织品	18.0	157 913	30 376	0.20
合计				27.16

注：进口值低于1985年总贸易值的0.3%者，不列出其进口数据。

个人用品也是意大利的重要产业集群，其中又以珠宝、眼镜架、笔、卫浴用品等实力最强。表现突出的还有各种专业金属制品、专业材料，以及相关机械设备等产业。一般人会忽略意大利在这些领域的实力，原因是这些产业的产品类别太小、过于专业化，以至于无法在贸易统计上单独分类，本书将它们归类为“专业产业用机床”。

具有竞争优势却表现每况愈下的产业集群是运输产业。在这个领域中，运输产业机械、零配件（如Pirelli集团）、专业车种（如法拉利、蓝博基尼、玛莎拉蒂）方面的表现比大型车产业优异。意大利菲亚特汽车公司的主要产品是小汽车，也是意大利唯一在欧洲市场占有一席之地的车种。菲亚特之所以能独霸国内市场，是因为意大利政府为对抗日本汽车的竞争，而采取保护政策的结果。[30]竞争力最强的意大利产业集群大多属最终消费产品领域，也就是产业集群表的最下层部分。这些产业占了全国出口总额的47.5%。事实上，在纺织/服饰、家居用品、个人用品等产业，意大利是世界上最大的出口国，它的食品饮料产业的表现，也在各国中排名第三。

深化程度高 意大利产业集群的深化程度非常高。大多数产业集群涵盖了最终商品（如服饰）、其他元件（如合成纤维）、相关的专业机械（如皮革加工机械、纺织机），以及支持性服务（如著名的商品设计）等。甚至有些意大利产业过度专业化，以至于无法自成一项贸易类别，但是这些产品都有本国的专业机械与专业元件企业配合，后者同样拥有全球出口的领导地位。这种配合完整却各自具有竞争优势（例如皮鞋、雪靴）的情形，是意大利产业集群的一大特色。

表8–9的阴影部分是意大利重要产业集群间的关联性。比如说，纺织/服饰、住宅/家居用品及个人用品等产业集群，就是在流行、时尚、设计等环节的穿针引线下，产生了强大的关联。这种关联也使意大利不但能自我强化这些产业的市场地位，还进一步激发了支持性产业的发展。

此外，意大利在国际市场成功的产业以中、小型企业为主力。这些中、小型企业的出口比重非常高，而且绝少有外商直接投资的情形。[31]至于近年来逐渐增加的大型企业，其实在意大利贸易上的地位并不高。意大利的前五大出口绩优产业中，只有一种有大型企业参与竞争，前二十大产业当中也只有五种有大企业的状况。[32]意大利虽然不乏成功的大企业，但是它们通常与国家竞争优势无关。

有关意大利产业的国际竞争力还有一项特色是，它们的地理集中性非常显著。在意大利，一种产业上百家企业齐聚同一城镇的现象是很常见的。以瓦伦

表 8–8　意大利具有国际竞争力的产业集群（1985 年）

初级商品	原料/金属 **铁与钢** *其他铁、钢条*# *铁、其他钢热轧条* *其他形状的热轧钢* 铁、粗钢板• 薄铁、粗钢板• 铁丝、粗钢丝• 薄的不锈钢板 **铁与钢的加工制品** **钢制高压线管** 未加工的铁钢铸件 • *铁、钢管家具* 铁、钢管、水管 铁、钢无缝管 *铁、钢缆、钢索*	 **非亚铁类金属** 其他加工过的铜合金# • 铜板、片、细条• 铝条、丝等 *铝箔* 铝结构、零件 **金属制品** 铁、钢结构、零件 *钢制储槽* *金属钢、砂* *铁、钢螺帽、螺栓* 工具用刀片、尖头等• 其他贱金属制品# *开锁用具* 铁、钢链、零件	林业 **木制品** *木材制品*# *木板*# **纸** *印刷用纸、包装纸等* 纸盒（箱）• **纸浆** **未经亚硫酸盐漂白的木质纸浆**# •
机械	*其他矿场机械*# 碎矿等用途的机械• 碾压机# •	碾压机零件、滚轴• 工业用电熔炉•	造纸工厂机械和零件#
专业元件	*铸模* **焦煤、由褐炭制的半焦煤**#		
服务			

（续）

初级商品	**石油/化工** **石油制品** 喷气式发动机燃油# *煤油（包括喷气式发动机燃油）* 润滑油（高石油成分） **有机化工品** *石碳酸、碳酸乙醇及衍生物* *多酸和衍生物* *复氧化酸及衍生物* 氧化氨基化合物 含醋胺化合物（不包括尿素） 醚、环氧基树脂、乙缩醛• **无机化工品** 固态氢氧化钠 *无机酸的金属化合物*• *其他无机碱*#• 其他无机化工品#• **塑胶** 其他多醋胺# 其他聚合物制品# 聚氯乙烯 *聚氯乙烯板、细条等* 塑胶加工品*** **半导体/电脑** 小型电脑***
机械	
专业元件	
服务	

（续）

初级商品	**综合商业** *轮转泵*# *气压机* 气体、液体过滤器现• *活栓、阀门* 车辕、曲轴、滑轮发• 气体、液体控制仪器 测量、控制仪器##	**交通运输** **发动机** 活塞发动机• **车辆** 赛车*** 专业车辆• *拖曳拖车的牵引机* *自行车、轮椅*#	卡车##* 小型客车## **建筑设备** *自动推进推土机* 自动推进铲土机、挖土机	**车辆设备** 车载集装箱 船运集装箱# 拖车、其他非机械动力的车辆# 船上起重机具 钢运送箱 其他金属运送箱#
机械	喷涂机械 运送机、升降机#• *其他非电力机械*#	*其他金属加工用机床*# 其他金属切割机床# 金属加工车床 *金属铰孔机* 金属成型机床 转化炉、烧斗、铸锭模#	气焊机#• *电焊机等* 非电力手动工具• *工厂自动化设备（包括工业机器人）**** *塑胶、橡胶加工机械*	
专业元件	泵、压缩机零件 风扇、风箱零件•	*摩托车及自行车零件、配件* *铁路车厢零件*• *车辆电力照明设备* 蓄电器零件# 汽车车身、零件、配件##	*其他橡胶产品*# *未经硫化、硬化处理的橡皮管* *汽车新胎* ** *巴士或卡车的新胎* ** 未经硬化处理的橡胶制品 *雷达器材* 垫片、垫圈、机械零件# 磨光玻璃	
服务	建筑/工程***	设计***		

（续）

初级商品	**发电和配电系统**	**办公设备**	**电子通信**	**国防**
	交流电马达（包括通用马达） 交流发电机• 其他电流转换器# 绝缘电线、电缆 *电解碳*	*一般电动打字机* 其他办公用品#• 印刷书刊 贸易广告材料、型录 办公设备、自动资料处理机零件##	无线电话机、电视摄影机零件##	轻型飞机 小型武器*** 飞机零件##
机械		*纸制品制造机械* 排版、装订机械、零件# *平版式印刷机*#•		
专业元件				
服务				

（续）

初级商品	**食品/饮料**		
	基本食品 *脱水、盐腌、熏猪肉* *肉类和可食用动物内脏*# *精米* 小麦面粉 **加工食品** 糕饼• 巧克力制品 *麦食、早餐谷类*# *腌制蔬菜* *果酱、腌制水果*#	**水果/蔬菜** *其他新鲜、简易处理的蔬菜* *新鲜马铃薯* *其他新鲜或脱水水果、坚果*# 新鲜或脱水柳橙• *柠檬、葡萄* *苹果* **葡萄** 可食用坚果 **新鲜核果**	**饮料** **葡萄酒** **其他葡萄酒**# *水果或蔬菜汁*# 蒸馏酒# **食用油** **橄榄油** 葵花子油• 动物性油脂#
机械	*耕种机械* 联合收割机 其他农业机械# *牵引机*	酪品、制酒和其他机械# • *非家用冷藏设备*	*非家用冷藏设备零件*# **包装、装瓶机械** *非家用食品调理机械*
专业元件	**麦粒、面粉、麦团（小麦）** 饲料# *未经碾磨的小麦*• 尿素•	氮–硫酸–钾肥料 亚磷酸盐、磷酸• 硫酸钾肥料# *非真空玻璃瓶等*•	*其他塑胶料*# 塑胶包装盒、盖 联合收割机零件• 真空玻璃瓶# •
服务			

（续）

初级商品	**住宅/家居** **家具** 椅子和其他座椅 *椅子零件*# **金属家具** **木制家具** **其他材料制的家具**# **贱金属制灯具、家具** *其他照明设备* **玻璃、陶器和石制品** **瓷器等** 其他不耐高温的砖类#• 水泥、人造石制品	**加工建筑石材** *其他石灰、水泥建筑产品*# *居家、旅馆等用的玻璃* 粗陶家庭器皿 **陶制装饰品** **水槽、洗脸盆、浴缸**# **家用设备/电器** *其他贱金属制家用电器设备*# **家用加热、烹饪器具** 空调•	**家用洗衣机** *干衣机*# **家用冰箱** **家用大型冷冻柜**# *中央暖气设备* 其他家用型设备# **其他家居用品** 柳条编织器皿、扫帚 餐具（刀、叉、匙等） 花材 **园艺**# 灯丝电灯
机械	*大理石切割机械**** *燃油发电机、熔炉**** 木材、玻璃制造机械	*非电力工业用熔炉* **木材、陶器加工机械**	
专业元件	*石块、沙、碎石* 釉料、干燥机、锡粉 其他玻璃#		
服务	设计***		

（续）

初级商品	纺织/服装 **纺织品** 棉织品 无绒毛连续合成织布 无绒毛连续再生织布 合成绒毛织品• **其他纺织织布#** *其他合成纤维织布#* *丝织品* *羊毛、细绒毛织布* **梳羊毛织品#** *其他针织品#* *无弹性的合成针织品* 特殊织品# *塑胶涂整织品* 机械用织品	其他纺织品# 亚麻布 **服装** **男式外套#** **男西装** *男长裤、半长裤#* *棉长裤* **女式套装#** *毛、棉服装#* 裙 棉衬衫# *棉内衣* **其他内衣、套头衫#**	**羊毛卫生衣** **合成纤维卫生衣** *其他女服装* *其他内衣、配件#* *其他针织内衣#* 无弹性的棉内衣• 其他非针织内衣 **其他纤维制的男衬衫#** **鞋** **鞋类部件** **橡胶、塑胶鞋** **皮鞋** *雪靴******	**行李** **手提包** *旅行用品、手提箱等#* **配件** *人造毛皮制品#* 工业皮革制品# **纺织品、服装配件#** **针织袜等服装配饰** *其他帽子、非纺织类服装#* *皮衣、配件*
机械	**织品、皮革制造机械#** 缝纫机 缝纫机针头#	*其他纺纱或成型等机械#* *抽丝、纺纱机械* 纺织加工机械零件•	*其他织布机械#* *织布机•* *织布、针织等机械、零件*	
专业元件	合成有机染料• 纤维质衍生物 *其他纺纱用合成纤维#* *未梳理、不连续合成纤维* *含多醋胺连续线卷纱*	**含多醋胺连续非线卷纱** *不连续合成纤维纱* *不连续合成纤维混纺纱*	*单丝再生纤维纱* *皮革（牛、马）* *羊毛、绒毛纱#* 棉纱# **其他皮革#**	
服务	**设计*****	专卖商店*		

（续）

	医疗保健	个人用品	娱乐/休闲
初级商品	**药品** **抗生素** *含抗生素药剂*	**宝石** 人造宝石 其他珍贵宝石# **贵金属宝石** 其他贵金属制品# **其他** **眼镜镜架** *眼镜、护目镜*# *钢笔* *化妆品、化妆用具* 表心、外壳# 雕刻品、伞#	电影摄影机、放映机等• *电影* 报纸、期刊 专业杂志*** 其他印刷品# 儿童图画书、地图、地球仪# 玩具、室内游乐器材# 婴儿推车、体育用品# *游艇、运动类船舶* 乐器、零件# **雪靴***** **高级自行车***** **迪斯科灯具*****
机械			
专业元件			电视显像管
服务			观光业

说　明：

细体字：占全球出口额4.6%或以上，但低于9.1%者
斜体字：占全球出口额9.1%或以上，但低于18.2%者
黑体字：占全球出口额18.2%或以上者

• 在1978年低于出口盈亏点
不列入计算的差额
基于在产业环节的显著出口值而列入

* 因海外直接投资而列入
** 因海外直接投资予以升级
*** 基于该国所做的研究而列入

表 8–9 在广义的产业集群下，意大利具竞争力产业的出口百分比

产业集群	占全国出口额的百分比	占产业集群全球出口额的百分比
上游产业	12.3 (–1.2)	1.6 (–0.4)
原料/金属	8.5 (–1.9)	4.2 (–0.4)
林业	1.0 (+0.0)	1.9 (0.1)
石油/化工	2.5 (0.6)	0.6 (+0.0)
半导体/电脑	0.4 (+0.0)	0.4 (–0.5)
产业功能和支持性功能	12.7 (–5.3)	3.3 (–1.1)
综合商业	3.5 (0.4)	2.4 (0.1)
交通运输	6.7 (–4.8)	3.5 (–1.5)
发电与配电系统	0.8 (–0.4)	4.0 (–0.9)
办公设备	1.0 (–0.4)	3.6 (–1.5)
电子通信	0.5 (–0.0)	1.9 (–0.8)
国防	0.3 (–0.2)	7.4 (–3.3)
最终消费商品和服务	43.7 (1.8)	6.7 (0.6)
食品/饮料	8.8 (0.1)	3.5 (0.5)
纺织/服装	19.6 (2.0)	12.0 (1.2)
住宅/家居	9.5 (–0.5)	13.8 (1.1)
医疗保健	0.6 (0.1)	1.8 (–0.3)
个人用品	4.3 (0.6)	6.6 (1.4)
娱乐/休闲	0.9 (–0.5)	13 (–1.0)

注：括号内数字是 1978 年和 1985 年之间的变化，以有竞争力的出口情形为主，并非全部产业的表现。

与国家的国际竞争地位相关的广义产业部门。

扎波和阿雷佐这两个地区为例，当地业者的贵金属宝石贸易额约 2 亿美元，这个数字已近全球宝石总出口额的半数。图 4–6 对意大利产业集中特定地理区的情况，有更清楚的介绍。

表 8–8 的意大利产业集群表也显示出这个国家缺乏竞争优势的领域，包括半导体与电脑、电子通信、国防（小型武器除外）以及林业等。[33] 在最终消费品方面，处于劣势的是消费型电子和医疗保健产品。乍看之下，意大利似乎在抗生素产业拥有强大的市场地位，但是这个现象是该国过去漠视药剂专利权的结果；由于企业不尊重外国专利，它们不但大肆仿冒国外新产品，并且以低价竞争。因此在药品业，意大利虽然也发展出优良的工艺流程，但是整个产业的市场地位来自于过去的偏差行为，而非源自真正的国家优势。

在发电与配电系统、办公设备等领域，意大利的表现也很弱，勉强值得一提的是 Olivetti 在极少数产品中的表现。意大利在化工与材料等产业的表现，也无法与其他先进国家竞争。[34] 由于意大利政府的大量补贴，也造成贸易统计数字的严重扭曲，像意大利化工产业的 EniChem 与钢铁业的 Finsider 等两家国有企业，尽管连年运营不佳，却有最高的获利率。意大利的国有事业是资本密集产业的主力，这些国有机构在全国经济中占有很大的比重，但是它们极少具备国际竞争优势。

设计界的龙头老大　除了全球知名的设计服务业外，意大利的服务业普遍缺乏国际竞争实力。而在设计服务业中，意大利的国际级龙头企业比比皆是，如家具设计的孟菲斯和阿特米德，工业设计的 Sotsass 和 Bonetto，汽车设计的宾尼法利亚、博通和 Italdesign，以及服装设计的阿玛尼、华伦天奴、范思哲和 Bellini 等。这些设计公司不但与意大利的服装、家具、珠宝和高级汽车等产业关系密切，而且也强化了产业的竞争能力。据估计，意大利设计服务业的年出口值已达百亿美元。[35]

在工程与建筑业的国际市场上，意大利虽然没有令人瞩目的地位，但是竞争实力稳健。以 1987 年为例，意大利建筑业取得国际工程合约的数量占全球市场的 12.4%。[36] 同样表现出色的还有旅游业。但是，总的说来，意大利的服务性企业大多是国内市场导向，与其他发达国家相比，缺乏国际市场的竞争优势。以金融服务业为例，意大利的银行与保险公司就还处于相当落后的经营形态。

从 1978 年以来，意大利的产业表现有强者越强、弱者越弱的两极化趋势，其中又以机械与部分专业元件等领域表现最出色（参看表 8–8）。

生产要素——自立自强的家庭企业

意大利的竞争优势虽然强劲，但源自先天或后天的生产要素却不多。除了大理石之外，意大利的天然资源并不出色，它的气候与环境虽然适合农作物生长，但大部分土地并不适合耕种。虽然酒类与面食等农产加工品也出口国外，但是却无法自给自足。

工资低廉且受过中等教育的劳动力，曾经是这个国家在战后初期的一项重要竞争优势。但是从 1969 年起，工资开始大幅上涨，政府又通过种种复杂严苛的劳动法，这些法令不但对工作时数与工作环境有严格规定，甚至造成企业界不得任意裁员。在经济合作与发展组织成员国当中，意大利社会福利与薪资的比例高居首位，达 86%。[37] 有些观察家认为，意大利今日的劳动力成本已与其他欧洲发达国家不相上下。这也使得意大利企业在许多产业领域，遭遇到来自亚洲的新兴工业化国家（NIC）和西班牙、葡萄牙等发展较慢的欧洲国家的两面夹击。

外界对意大利劳动力的印象也有偏差，人们一般认为这个国家的工会势力庞大，工人的敬业精神不足。如果从大型企业（特别是国有企业）的角度来看，这种情形确实存在，但是在具有国际竞争实力的企业中，却全然不是如此。事实上，在意大利的中、小型企业中，工会组织并不普遍，员工即使加入工会也并不热衷于劳工运动。该国现有的劳动法，很多规定也不适用于员工人数少于 15 人的小公司。[38] 此外，意大利人虽然看重公司的知名度，但是更在乎公司的内部气氛。他们喜欢有大家庭感觉的企业组织，而且一旦进入具备这种特性的企业，不但不在乎工作时间，其卖力的程度也绝不低于日本人。能在国际市场驰骋的意大利企业，大多具有这种家族企业的特征，并且是代代传承的长期经营模式。这些企业特点对意大利产业竞争优势影响巨大。

负债的政府，落后的金融　资本问题也是意大利产业长久存在的弱点。意大利并不是资本匮乏的国家，事实上意大利的国民储蓄率非常高，以 1985 年为例，家庭储蓄占收入的 19.6%，日本是 16%，美国只有 7.32%。问题的关键在于这个国家有庞大的公债，而且资本调度机制运作不当。政府的预算赤字严重耗损国民储蓄力，并造成利率长期偏高，形成小企业借贷的限制。另外，由于政府公债利率长期维持在 14%以上，利息收入又有免税优惠，也使投资人对风险性投资缺乏兴趣。[39]

早年的意大利证券市场几乎不存在，原因是法规的限制、法人投资者集中化现象，以及缺乏退休基金的投入等因素。20 世纪 80 年代以后，这个市场才开始活络，只是规模仍小、实力薄弱、效率不高，不但上市公司少，股票交易也不活跃。事实上，由于上市公司频现弊端，股市违规情形严重，一般投资人往往却步不前。而且意大利政府对内幕交易管制不足，任凭少数大户在股市呼风唤雨，同样使亟须财力的成长型企业无法由股市获得帮助。意大利的家族企业一般不愿发行股票，一来是对股市运作有疑惧，二来是怕因此失去企业的控制权。这类情形虽有改变，但变革的速度尚待加强。

影响企业资本来源的还有这个国家落后的银行体系。意大利的法律不允许银行持有股票，也不准长期放款。银行业者也就无法像日本或德国的同行，只是扮演产业界资本的辅助角色。[40] 而且大多数意大利银行具有国有或半国有性质，经营作风也相当保守，银行的大部分资金流向大企业、政府建设项目、国有企业，或填补庞大的政府赤字。风险投资难得一见。

意大利的私人资本有垄断现象。这些金融企业经过不断选择性投资，已经形成如菲亚特集团、De Benedetti 集团、弗兹集团，以及 Pirelli 集团等大规模企业集团，它们之间不但所有权相互重叠，并且有效地控制着旗下各企业的经营权。这少数几个集团强力支配着意大利的资本市场，并且通过联盟方式成为政府之外唯一能调度巨额资本的机构。

这种金融市场结构显然无法形成企业独立经营的有效机制，而且大多数的意大利企业家也不愿意与金融市场打交道；大多是在创业初期寻求资本支持，然后就靠私人积蓄、经营利润和不固定的短期贷款来应对。由于意大利资本市场的特征，一般企业家注定无法在资本密集型产业中发展。因此真正具有竞争实力的意大利产业，大多属于纺织、制鞋、瓷砖、宝石、专业用机械，乃至于家电用品等对资本条件要求不高的产业。至于涉足资本密集型产业的，则是国有企业或由大财团控制的地方性垄断事业。事实证明，它们绝少能在全球市场上取得竞争优势。

尽管意大利以“条条道路通罗马”闻名全球，但是这个国家除了道路设施外，其他的基础建设几乎毫无可取之处。意大利的电信和邮政服务效率奇慢，金融服务业不发达而且做法落伍，交通运输与物流系统有如一场噩梦。[41] 意大利基础设施无法改善的原因有两个，一是烦琐的法令和国有垄断事业的本质，使得公共设施的服务效率缩手缩脚，推动任何事情都有窒碍难行之苦；二是公共服务系统每每因罢工而停运，这种问题对交通运输和其他基础设施的影响尤其深远。

生产要素的创造机制：专业培训

意大利能立足国际，正式与非正式的生产要素创造机制举足轻重。意大利的劳动力素质高，主要是高中教育奠定了良好的教育基础。另外意大利在职业教育方面更是精心设计，即使实验设备和其他设施仍嫌不足，仍受到很高的评价。电脑课程也正在奋起直追之中。

不过，意大利教育体系真正的独到之处还是在于，一些产业对踏出校门后的年轻人的培训过程，像纺织与家具等许多在国际市场成功的意大利产业，更是特别加强专业学习培训。家族经营、代代传承的经营形态，也是使产业知识与技术发展高度专业化的原因之一。

生产要素的创造过程，以第 5 章详细叙述过的瓷砖业作为代表。意大利企业有很强烈的家族经营倾向，家族成员也有强烈的乡土意识。这种情形一方面加速技能传播的过程，而同一产业代代齐聚于一个城镇的现象，也凸显出意大利产业地理位置集中的重要特性。地理集中性一旦形成，产业知识的积累和散播速度又会加快。在珠宝产业等领域，正式的学徒制度不但历史悠久，而且奉行不辍。

意大利大学的热门科系主要在工程领域，工程背景出身并进入产业担任工程师的人备受敬重。在社会上，工程师的头衔就像美国的“博士”一样高高在上。因此，工程技术学院不但入学竞争激烈，修习年限也比其他科系多一年。由于意大利的人文传统，以及意大利人普遍对艺术、建筑和哲学的高度兴趣，理工科出身的人才往往兼具美学素养与专业技术，这也是意大利高级人力资源的独特之处。不过，在意大利的正式教育体系中，硕士和博士学位并未受到应有的重视，即使工程科系也不例外。

撇开这些优点，意大利的大学教育（无论是在欧洲还是全世界）谈不上世界一流水平。它的问题在于，绝大多数的大学属于公立学校，私立大学仅有三所，大学科系偏重传统领域，电脑和电子等较新的知识领域则长期缺乏发展空间。大学普遍的问题包括，研究设备需要推陈出新、课程要求不严、教学质量良莠不齐、进步缓慢。此外，硕士班课程太弱，博士程度的训练更是凤毛麟角。尽管不少意大利人远赴海外深造，但这个国家却是本书所研究的国家当中平均留学人口最低的国家。以 1987~1988 年为例，在美国大学就读的意大利人仅有 2 200 人，远不及新加坡的 4 870 人。[42]

造成大学教育进步缓慢的原因之一是，一般企业除了很少有完善的内部培训计划外，对支持大学研究活动的态度也不积极。因此，产业人才与其他领域一样，高级或专业的训练大多来自非正式的渠道或者直接从工作中积累。符合这种特质的意大利产业在生存竞争上毫无问题，至于需要靠正式、系统化训练的电脑与航天等人力资源，意大利企业的表现就乏善可陈了。

技术重于研发 意大利推动正式研究计划的能力也很弱，这个问题普遍存在于大学、政府研究机构或企业研究部门等各个环节。[43] 尽管大学研究的核心在研究生院与博士班，然而意大利的大学却很少有博士班，政府提供大学与国有研究机构的研究经费也很有限。意大利并不缺乏优异的研究人才，但其成果却不足以带动多数产业的竞争力。至于企业内部的研究计划，多半规模不大、专业性强，讲求实用。[44] 因此，在国际舞台上，以技术或基本产品功能的先驱者姿态出现的意大利企业，可说是绝无仅有。

意大利企业的过人之处在于它们的技术改良能力。在撷取国外技术并将其巧妙运用在最终使用产品方面，意大利企业是个中高手。这种技术能力不但表现在产品上，也表现在流程方面。因此，流程的突破和运用现代弹性制造技术生产传统产品，是许多意大利产业在国际市场崛起的原因。

意大利企业对寻找与应用外国技术的态度也很积极。通过出国访问的机会，意大利业者很快就能掌握技术变迁的脉搏。由于企业与客户之间的密切联系，这些重大的技术变革很快就被转换并应用到更专业、更实际的用途上。

这些现象也说明了一个重要事实：在意大利最有效的生产要素创造机制是特定企业或产业本身。企业集中一地的现象使得专业知识快速积累与传播。产业本身就是一切话题的焦点，企业之间的激烈竞争除了引发创意的模仿风之外，业者也不断寻求新的竞争场所。另外，地方上的职业学校与大学通常也会配合本地产业需要，规划相关课程和研究计划，厚植相关知识领域的强劲实力。由于意大利以中、小型企业为主，行业协会因此比在其他国家扮演着更多元的角色。它既要赞助技术研究机构、收集与散布产业信息、推广出口、刺激与促进基础设施发展，还要负责与政府打交道。

不利因素的转换：改善环境而非迁就现况

迅速创新变革的意大利企业，是生产要素创造机制的推动者，驱使它们行动的力量则是大环境中的各种不利因素，小型炼钢炉产业（第3章）与瓷砖业（第5章）就是很好的例子。大多数的意大利企业都面临能源成本过高、国内原料短缺、劳动力市场复杂，以及法令限制等种种问题，这些现象也培养出企业克服难题的多重能力。它们或以创新、自动化等方式提高产品竞争力，或缩小组织编制以享有小型公司在劳工和赋税法令中的特有好处，灵活应变的表现令人印象深刻。

以羊毛纺织业为例，比起英、美等出产羊毛的国家，意大利的企业在取得原料方面，不但成本高，原料质量也比较差。普拉托地区的业者因此率先采用再生羊毛、人造纤维与再生羊毛混纺等多种创新做法，形成国际市场上的重要竞争手法。值得一提的还有意大利的家电产业。这个产业的企业为了应对劳动市场条件，普遍倾向生产单一机型的小型工厂。对许多产业而言，这种全力生产少数产品的特性，也使得意大利企业更容易发展自动化，结果比生产产品种类繁多的国外企业更具生产率。劳动力条件的困扰也使意大利在汽车产业发展出几乎是全世界自动化程度最高的厂房设备。

处在不利产业发展的自然环境条件、公共设施质量低落，加上繁杂的法令，这些劣势反而驱使意大利企业发展出令人难以想象的竞争优势。意大利企业通常保持高度乐观、不屈服逆境，并且善于为应对情势而加以改进。以上的种种措施都是为了改善环境而非迁就现状。许多意大利人直言不讳地指出，意大利企业之所以能在非洲、中东和一些发展中国家打下大片江山，正是靠长年应付意大利官僚体系所练就的本事。

不利因素的转换压力也刺激意大利的经济增长。在20世纪50~60年代，意大利企业凭借低廉工资，在国际市场上进行低价竞争。但是从1969年起，新的法律大幅提高了工资及社会福利支出，并且对企业解雇员工设下重重限制。对产业薪资结构的改变，以及企业不能如往常般任意加重员工的工作负担，意大利企业的应对战略是，开始朝精密与高价位的产业环节发展，同时也积极提升工艺流程与自动化生产设备。70 年代末，里拉的贬值更刺激了产业的发展。也因此，从 70 年代中期以来，意大利的制造业在生产率增长上，高出其他国家甚多（见表 7–1）。

因此，不良的生产要素非但没有击倒意大利的企业界，反而成为它们努力的原动力。这种特色反映出挑剔的市场需求、强烈的动机，以及国内竞争激烈等钻石体系中，其他关键要素的催动力量。80 年代初的意大利，产业界的竞争优势明显提升，同时也顺利地抛开对初级生产要素的依赖，晋升到更高层次的发展阶段。

需求条件——建构品位与格调

意大利产业虽然饱受缺乏天然生产要素之苦，但国内的市场需求条件却是明显的优势。对具有国家竞争优势的消费型产品产业而言，意大利客户是全球数一数二挑剔且先进的客户。例如，在服饰、鞋类、珠宝、家具、灯具、瓷砖、食品、酒类等产业，处处显露出举世闻名的意大利风情。[45]

意大利是一个讲究品位与格调的民族，这种特点可能是意大利人热爱设计与艺术、从小耳濡目染艺术名作的结果。意大利人对流行趋势极为敏感，也常常率先采用新款式设计产品。此外，意大利人在服装、配件与鞋类的平均消费上也比其他国家高。按意大利企业的说法，意大利人并不挥霍，但比其他国家的消费者更要求质量。由于意大利是欧洲各国中自用住宅拥有率最高的国家，所以意大利人在购买家庭用品时，也是以斤斤计较出名的。[46]

专业化路线　挑战意大利服装、鞋类、瓷砖、家具等产品水平的，除了消费者之外还有国内的营销渠道。与外国的零售商相比，意大利零售商的规模较小，但更精通所卖的产品，这种特质使零售商成了上游供应商既内行又严格的中介客户。为了满足零售商要求、保住营销网点，意大利企业必须不断推陈出新，结果是各种产品样式繁多。以家具业为例，意大利的家具专卖店林立，许多店也走专业化路线，只卖卫浴、厨房或办公室用家具。专业化的结果是，零售商本身转而对定制的嵌入式电器用品、照明设备、瓷砖与办公室家具等产品要求严苛。意大利的故事有力地说明，在挑剔的消费者、严密的营销渠道与企业三者紧密互动下，产业呈现出自我强化效果。

有些意大利产业因为成功地将消费者的需求细分清楚，发展特定产业环节，而极具事半功倍的效果。比如说，菲亚特汽车为符合该国的国内需求而发展经济实惠的小型车，因此塑造出旗下最成功的车种。同样的情形也可以在家电产业中看到。由于意大利人偏爱袖珍机型，专攻这个领域的意大利家电业企业，也是国际市场相关产业环节的常胜军。近年来，意大利的嵌入式家电或能与家具组合的家电也正走红国际市场，其原因是受到意大利人强烈偏好翻修住所所致（意大利法令严格限制普通人拆屋重建）。

特殊的国内市场条件，使许多意大利产业在走上国际市场的同时，也拥有庞大的国内消费市场。像石材与瓷砖（因意大利人品位独特和气候条件所致）、面食、意大利式咖啡研磨机器（以意大利式咖啡为号召的小型咖啡馆到处可见），以及迪斯科舞厅的灯光设备（反映意大利社会习性），都是这一类型的代表。

机械设备取胜 根据表 8–8，消费型产品产业只是意大利竞争优势的一部分。事实上，有国际竞争力的意大利工业产品，有许多是与消费型产品产业有关的专业元件或机械设备，它们之间的衔接程度，构成意大利产业集群惊人的深化程度。比如说，意大利鞋业有强大的鞣制皮革、鞋类配件和制革机器等产业相互搭配。其他像布料和纺织机械、瓷砖烧窑、橄榄油制造机器、石材切割机械，以及其他多种专业用途机械等，莫不是与下游产业密切呼应。对这些产业而言，最终产品制造企业就是最先进与要求最严苛的客户；为了满足客户的要求，它们必须在产品的推陈出新上想办法，并且对时尚与新技术保持高度警觉。近年来，意大利的消费型产品产业遭到新兴工业国家的强力竞争，企业除了降低成本、加快创新速度外，也将这股压力转嫁到上游供应商。意大利能成为全球设计王国，处处都是顶尖的设计公司，也是基于同样的理由。

意大利企业的经营战略和组织结构，也导致企业对专业元件与机械设备的重视，有助于上游供应商形成特有的产业环节。意大利企业的竞争对手动辄上百，除了要不断变换产品形式取胜外，各种产业对专用定制的元件和机械需求更是殷切。[47] 以农业机械产业为例，意大利农机业者的专长是规格小、多功能、机型变换迅速的产品，这些产品与意大利的小农场和特殊农作物有密切关系。

建筑业的重要作用 受到特殊因素的影响，有些意大利客户还有超乎正常的严格需求，为了满足客户所作的努力，附带地也为供应商本身带来强劲的国际地位。比如说，意大利的地理环境使它成为建筑难度很高的国家，但也使它成了国际建筑市场的主要角色。由于意大利式建筑技术擅长以水泥结构取代钢架结构，结果意大利民营钢铁厂因此发展出混凝土强化钢筋与多种管状、条状钢材。另外，意大利的劳动法严格限制企业裁员与裁撤最低工资成本的工作，下游企业因此将这些头痛而迫切需要解决的问题，丢给上游机械企业与其他设备供应商，并因此引导出工厂自动化设备等先进且重要的产业。

意大利的另一项需求特色是，它的经济发展略迟于欧洲其他国家。如同日本的情形，意大利产业也在这种时差中获得巨大利益。例如，当战后其他国家的经济发展渐趋迟缓时，意大利经济才刚步入快速成长期。这样的环境吸引更多新进企业的投入，竞争的热度也使得企业更积极投资新式设备。国内市场一旦饱和，转进国际市场的意大利产业，自然也有更新的竞争本钱并在其中崭露头角；在意大利的产业中，普遍存在这种时间差的需求优势。例如意大利家电企业是在战后各国投资热潮结束后（也就是 1963~1964 年间），才成为积极出口企业的。同样，鞋业在 20 世纪 60 年代开始出口；建筑/工程方面的出口甚至晚至 70 年代初期，是在国内基础建设退潮后才开始的。

意大利风格与品位风行全球，也是产业界的出口优势。通过世界各地的设计与时尚杂志、意大利设计公司，以及相关产业的提升效果，许多意大利产业往往以极高的知名度走入国际市场。例如，意大利的家具业提高了照明设备业的名气，服装业则加深了世人对意大利珠宝的印象，旅游业更全面助长意大利产品需求的国际化。每年有无数的外国游客前往意大利旅游，意大利产品几乎毫不费力地攫取了他们的青睐。根据一位意大利企业家的评估，每 10 双意大利鞋中，至少有一双是由游客买走的。这种市场占有率是无法从传统的贸易数字中反映出来的。

需求条件的优劣也几乎决定了意大利产业的竞争力表现。由于意大利政府高度缺乏效率，凡由政府扮演主要客户的领域，普遍欠缺国际市场竞争力。电信、发电与配电系统、医疗保健、交通运输设备以及多种服务业的表现，清楚地说明了这个事实。

非政府部门的市场领域也存在这种现象。在意大利的产业中，如果企业客户处于缺乏竞争力产业，那么这家公司的成功机会也不大。同样，范围广泛、内容庞杂的产业在意大利也很罕见，成功的机会更是少见。在综合商业领域中，意大利的市场地位远远落后于德国、瑞士、日本、美国和英国。

相关产业与支持性产业——相互辉映打天下

前面特别强调过，意大利的经济特色在于各种产业集群都有相关与相互支持。这种由关联产业形成国际竞争优势的特色，清楚地反映在图 8–1 所列的全部产业中。

由图 8–1 可知意大利的成功产业有明显紧密的垂直关系。此外，不同于德国或日本产业（以技术共通性形成彼此间的水平关系），意大利产业的水平关系建立在顾客需求或营销渠道的共通性上，其中又以意大利时尚与各种室内用品产业之间的联系作用最强。

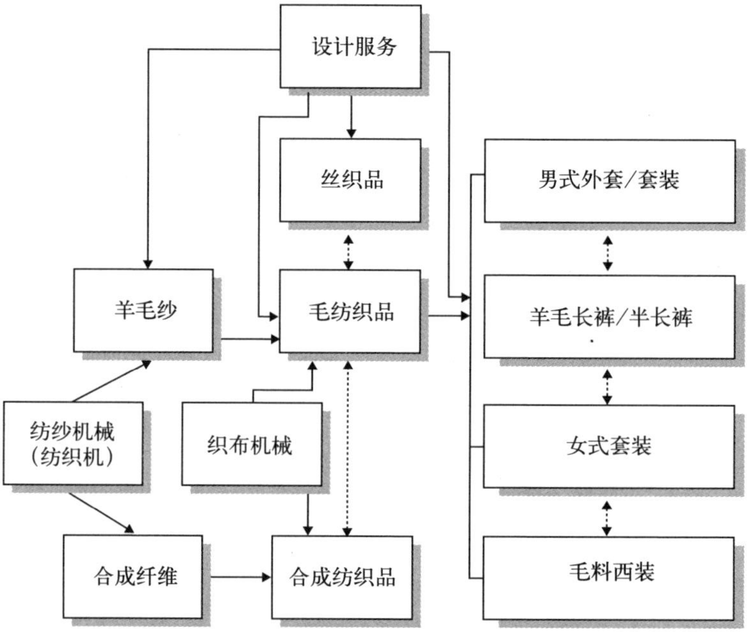

图 8–1　意大利羊毛纺织业的相关与支持性产业

注：实线代表供应商关系，虚线标明关联产业。

意大利的产业集群具有地理集中性，这使得上游供应商能对客户提供最佳、最迅速的服务。同样，任何新的机械设备与专业元件或材料，也首先由本地的客户试用，而激烈的竞争更造成客户采购价格上的优势。[48] 这种集群结构也使意大利机械产业实力特别强大。

除了地理集中性外，造成意大利产业集群内部互动效果的因素还包括：家族企业的经营模式（家族势力的扩张使企业与供应商、相关企业联结起来），以及强烈的乡土意识。从现代化的角度看，意大利并不能称为真正的国家，或许说它是许多城镇的组合体更贴切（意大利的前身就是城邦国家）。意大利人对国家的认同感远不及对家乡的热爱。客户与供应商多半有多年的交情，这在交易时起到很大的润滑作用，往往因为双方默契良好，许多交易常是一拍即合。产业集群所属的地区，因此成为一个自给自足、相互强化的经济体系。

然而意大利企业间的垂直整合率却很低。在整个价值链的活动中，通常企业只执行其中少数与特定的活动，其余的部分则外包给另一家企业（也许就坐落在同一条街上）。知名的服装公司贝纳通就是具有代表性的例子。这种现象造成企业虽小却高度专业化，能够在精通的领域内超越规模经济的限制，并具备配合市场需求随时调整产能、变更产品种类的高度应变能力。

处在同一产业集群内的企业因为没有整合关系，所以行业协会的角色变得格外重要。企业在创造生产要素的投资及合作经营的计划，通常也是由行业协会穿针引线促成的，共同举办商展是它们最常发挥的功能之一。像里米尼地区是意大利舞厅与舞场设备产业的集中区域，每年在当地举行的舞厅设备展示会，正是国际盛会。

毛料产业所在的普拉托地区的情形，更说明了意大利产业集群与创造生产要素的关系。在企业云集的普拉托，共有 5 个不同性质但是相关性高的行业协会。这些产业协会除了撮合地方企业合力研发新科技外，还集资兴建中央净化系统，并联合采购所需服务、原料与设备，成立通用仓库，持续督促当地的公共建设。与意大利其他地区一样，位于普拉托地区的企业竞争非常激烈，但因地缘关系也使得它们携手督促地方政府，并合力投资对产业发展十分重要的生产要素。

消费型产品产业的表现与大众传媒的发展有密切关系，这一点在意大利也不例外。[49] 在这个国家，全国民营电视台共有 6 家（地区电视台的数目更多），主流杂志不但对全球发行，也是意大利时装、家具等实力强大产业的主要宣传媒介。

然而，意大利相关产业的弱点在于普及不够，许多领域仍缺乏相关产业的支持。消费型电子产业的发展正说明了这个问题。对意大利家电产品业者而言，由于国内缺乏强有力的电子产业集群，目前正处于高度不利的竞争状态，唯一例外的是 Olivetti 在部分电子相关产业的成功。Olivetti 是最早发展机械式打字机的企业之一，它以洞悉先机、响亮的品牌知名度与营销渠道，建立了它在国际上的地位。这些优势随后顺利延伸到电子产品领域。

企业战略、企业结构、同业竞争

从国际标准来看，活跃于国际市场的意大利企业大多是中小企业。至于以资本密集产业为主的大企业，大多是国有与国内市场导向。具有规模优势的民间大企业虽然也能独霸国内市场，但是它们当中能像Pirelli、Olivetti、菲亚特与蒙提迪森（Montedison）等走上国际市场的却不多。意大利的大企业在全球的占有率并不高，相较之下，由“蚂蚁雄兵”构成的中小企业产业，反而是意大利在国际市场舞台上的代表。

构成意大利中小企业强劲有力的原因不少，其中之一是前面提过的，由于意大利资本市场不健全。另一个原因则是，意大利人的经营管理模式与组织形态，明显与一般西方发达国家不同。一般而言，意大利人比较不擅长层级管理，而是倾向独立作业或矩阵式管理。在公司里，老板不但发号施令而且统辖一切事宜，因此，企业内部的变动很大，组织也较松散，甚至可以用杂乱无章来形容。不但一般中小企业是如此，即使需要专业管理体制的大企业也无法幸免。由于组织松散，因此企业内的经理人的最大乐趣在于获得独立自主的权限，对于团队精神则兴趣缺乏。这种公司内的人与人之间的竞争，常令强调纪律的瑞典人或日本人诧异。话说回来，由于经理人手中的资源多，能随机应变，意大利企业因此在规避限制、适应新的游戏规则方面很有一套。

意大利企业大多着眼于高度专业化的产业环节，并且以推出新产品维持竞争力。以机械与专业元件等工业产品为例，意大利产业在强敌环伺下，因与供应商、客户等合作无间，所以常常发展出高度符合客户用途的产品。这种产品的精密程度或许不如德国或瑞士，但是仍在一定水平之上，所以也能以高价位出售。意大利企业也喜欢发展家族与私人交情关系，以使合作基础更加稳固。比如说，典型的意大利制鞋企业通常只生产一种形式的鞋子（如童鞋），并且也只出口到一两个国家，营销渠道则是与企业往来多年的经销商。

意大利企业不仅在产品设计上出类拔萃，同时也是工艺流程的创意高手。事实上，工艺流程是意大利产业竞争优势的秘密武器。企业能有这方面的能力，又与前面提过的劳动力问题有关。

这种企业战略与组织形态也显示出，意大利产业凭借着高度的市场细分、专业化，发展出差异化的产品，并形成自己的竞争优势。至于着重标准化、大批量生产或需要着重基础研究的产业领域，则非意大利产业的舞台。

意大利的社会环境也使得大企业很难登上国际舞台。一般而言，规模较大的意大利企业必须应付势力强大的工会组织，还有排斥规模、纪律，且无力资助资本密集型产业的资本市场，以及极少数财团垄断资本等难题。许多大企业与政府的关系暧昧不明，通过政商关系，这些大企业享受到政府的补贴与保护政策的好处。但一味配合政策与重视国内市场的褊狭眼光，也削弱了它们进军国际的动力，产业自然停滞不前。

出口、外商互动性不足 有竞争力的意大利企业虽然具有高度国际观，但是它们的海外投资活动却很少。能在国际上崭露头角的意大利企业，通常是以非正式的海外销售渠道发展出口，并高度依赖私人关系网络。这种贸易结构也意味着，意大利的出口表现很容易随着企业的投机做法而起伏波动。过去是靠这种方式崛起的意大利产业，想要大幅改变的可能性也不大。问题是，当国际市场地位需要海外设厂维系时，意大利企业将很难成为有力的竞争者。一个不容忽略的事实是，由于意大利政府过去严格管制货币，所以外商投资相当少见。而今，外商的投资正在成长中，这种现象一方面意味着意大利国际地位的提升，但也反映出这个国家仍有许多障碍有待解决。

意大利工人、经理人与投资人的目标，是这个国家竞争优势的重要资源。意大利企业大多属于家族企业，整个公司成员都是亲戚的情形也不稀奇。意大利企业通常不欢迎外人参与投资，除了是要维持完全的企业控制权与独立自主的经营权（也不必厘清家族与公司间的财务关系）之外，它们对股市也有根深蒂固的疑虑。

不过，意大利的企业家、经理人与员工，普遍具有坚强的产业向心力，这种向心力甚至成为一种地域性的乡土意识。对意大利人而言，公司就像个大家庭，员工之间彼此熟识并有受重视的感觉。这种企业文化导致意大利企业一直坚持持续经营的理念。当公司发生问题时，企业家可能竭尽所能地投资新机器设备，或为企业生存作任何的必要变革，唯一不可能的就是退出战场。同样，由于家族绵延不绝的关系，家族企业也不在乎短期的利润表现。

比邻而居的压力 在意大利，生产经营是社会大众关心的头条新闻，也是吸引杰出人才投入的大磁场。知名的企业人才不但家喻户晓，更是街头巷尾的传奇故事。有为者的信念自然激励出企业主更强的经营动机。

不过，如同日本的发展，促成意大利产业成功的最大原动力是国内市场的激烈竞争。几乎所有在国际市场成功的产业，国内都有数以百计的企业。它们通常齐聚一地（见图 4–6），比邻而居的压力更使商业活动成了个人表现的指标，进而出现意气用事的缠斗。意大利的产业中，私人较劲而助长市场竞争热度的情形非常普遍。

这种竞争形态促成产业的不断创新与专业化，各种创新与点子也以惊人的速度传开。供应商网络就在自家隔壁，这种方便更为竞争火上浇油，所以也就没有人能够稳坐市场龙头宝座而不被撼动的。但是，竞争归竞争，产业协会为企业组织共同推广出口等功能性合作活动、凝聚一致对外的力量。

另一方面，一些缺乏国内市场竞争的产业，也是该国无力打入国际市场的产业，这也是大多数意大利国有事业与少数民间财团的写照。它们的本国市场主导地位，主要是通过雄厚的财力与政治影响力，通过垄断与补贴赚取巨额利润。但是，舒适的环境也令它们欠缺灵活应变的能力，后者则是在国际市场拥有真正竞争优势所不能少的条件。

充满追求精神的企业家不但为意大利产业带来激烈的竞争，也形成各种产业集群发展的动力。[50] 意大利人勇于冒险、崇尚单打独斗，也热衷于拥有自己的事业。他们喜欢与熟识的人共事，如同自家人般打成一片，而抗拒做层级体系下的小螺丝钉。意大利人因为感情用事，免不了因为冲突而离开老东家自立门户，但是新公司往往仍在同一产业或相关产业中。这种现象促使市场上新产品不断，并扩展出新的产业环节、上游产业或相关行业。近年来，意大利企业人才辈出，许多财经杂志以成功企业家的人物报道为卖点，媒体的推波助澜更强化了企业人的暗中较劲。当然，激烈的竞争下，企业倒闭在所难免，有趣的是，当企业处于危急时刻，最大的支持力量正是家族的互动。

政府角色——灾难的源头

意大利的例子清楚显示出，政府的产业政策绝不是国家竞争优势的万灵丹。从国家的角度来看，意大利政府为产业带来的灾难，远大于竞争上的优势。意大利政府与国有事业的效率奇差，也造成以它们为客户或上游条件的企业缺乏竞争能力。意大利政府在创造生产要素方面不但投资少、执行不力，研发活动的赞助也微乎其微。更糟糕的是，政府反而将大笔资金用到补贴、保护等开倒车的举措上。这些问题同样发生在意大利的区域发展计划上。意大利的区域发展计划着眼点不在于建立产业集群，而是以巨额补助吸引各类企业前往落后的南部地区设厂，结果是事倍功半。此外，意大利政府一相情愿地发展"高科技"产业，不但漠视本身欠缺许多关键要素及推动条件，更忽略了 20 世纪 80 年代的意大利产业其实绝大多数已经现代化的事实。

意大利政府的政策有明显的大企业情结。政府提供补助或低利贷款时，主观偏好非常强烈，行政作业也烦琐不堪，赋税优惠等刺激产业发展的政策工具更是无心发展。由于意大利并未制定《反托拉斯法》，大企业因此在国内市场上处于支配地位，资本密集产业的表现尤其明显。同样，因为新起的竞争企业资本筹措不易，大企业纵横市场的情况就更难了，重重的贸易障碍也限制了外国竞争者进入意大利市场。意大利政府的政策通常鼓励国内市场的垄断活动，但是这却无助于产业创新与打开国际市场。[51] 受到政府的施政影响，意大利人能恣意挥洒的天空是那些不需要太多资金也能进入的产业。在这些不论有没有《反托拉斯法》都影响不大的领域，新企业如雨后春笋般纷纷冒出。

政府是扯后腿高手　意大利政府内阁、大企业的政治影响力、备受呵护的国有事业，以及政治势力庞大的工会，莫不使政府的产业政策成为妨碍企业创新的阻力。效率奇慢的意大利政府更是扯后腿的高手。受到政府的影响，意大利许多产业的既有竞争优势不但无法发挥，反而还被打了折扣。这种现象导致意大利企业纷纷自求多福。那些能够规避政策的领域，就是意大利产业出头的机会。

认真说来，在创造竞争优势上意大利政府也并非一无是处，它最具创意的做法是，以积极援助发展中国家的方式，开拓意大利产品的国外市场。意大利与许多发展中国家的关系良好，也将自己定位为发展中国家与已发达国家间的桥梁角色。其他具有正面功能的政策，大多是为了弥补原先的不当措施，例如遣散基金制度，政府补贴遭企业解雇的员工，失业工人因此能在一段时间内，继续拿到正常薪资的 80%~90%。意大利政府的主要用意是为了弥补原先限制公司裁员法令的负面影响。

相较之下，意大利地方政府的建设远大于中央政府。由于成功的意大利产业通常汇集在特定区域与城镇，当地政府对它们的重视程度也比中央政府殷切，并且积极资助当地大学发展相关的专业研究计划，或通过地方银行、公共设施投资与其他创造生产要素等方法，尽可能对产业提供协助。意大利地方政府也与其他国家地方政府一样，喜欢介入当地企业的营运活动。[52]

意大利的国家竞争优势要进一步提升，必须大幅改革政府政策（见第13章），然而许多意大利人无奈地表示，这是遥遥无期的目标。

机会角色——命运的眷顾

意大利有些产业的竞争优势，明显来自战后发展较迟的现象。这种时差绝非人为所能控制的。然而，意大利不同于日本的地方在于，它的产业界因为时间差而一举跃过需要几十年投资、积累工艺流程、渗透新兴产业环节的渐进过程。以家电业为例，当其他国家需求达到高度饱和之际，意大利市场需求却处于持续快速成长的绝佳状态。

回顾与展望——传统的成功者

意大利的崛起几乎只有短短20年。这个现象与它的历史背景有密切的关系，第10章将会进一步解释。值得注意的是，直到20世纪70年代，意大利产业还依赖低廉劳动力成本、货币贬值、各种补贴与变相交易，许多产业都因为长期陷在这些泥淖中而无法自拔。

然而，意大利的经验说明，当产业面临真正的发展压力时，产业发展活动会本能地出现。促使意大利产业寻求更高级的竞争优势因素很多，像薪资上涨、货币升值，低工资高生产力的新兴工业国家威胁、贸易全球化趋势等都是。由于意大利本身具有如人力资源、挑剔型客户、激烈的国内市场竞争等关键要素，这些来自四面八方的压力被转换成真正的国家竞争优势。

如同日本的情况，意大利的表现显现出“钻石体系”的自我强化特点。在专业挑剔的市场需求、世界一流的供应商、个人对产业深厚的使命感，以及新企业不断涌现的国内激烈竞争等条件下，产业因此出现一股难以抑制的创新力量，而且这股力量汇集在特定地区。同一类产业集中在同一地区，数百家企业天天战斗形成完整的产业集群现象，这也许不是稀奇的事，全球所有的成功产业事实上都是如此，只是它们的竞争企业数目不如意大利显著。

成功者是成功的跳板　意大利的经济也生动地展现出产业集群功能。意大利人最拿手的领域是瓷砖、鞋类等最终消费产品，这些在国际间有强大竞争力的产业，也带出世界级的专业元件与机械产业。同样，率先进入国际市场的意大利产业也是相关产业的国际化跳板。例如，家居与办公室照明设备拉动舞厅灯具产业，机床产业打开工业机器人产业大门。与其他国家相比，意大利的产业集群发展速度非常快，这又与企业的扩散效应（国内形成新企业的机制）有关。图 8–2 说明了意大利的产业集群不但活力十足，并且能在内部相互强化。

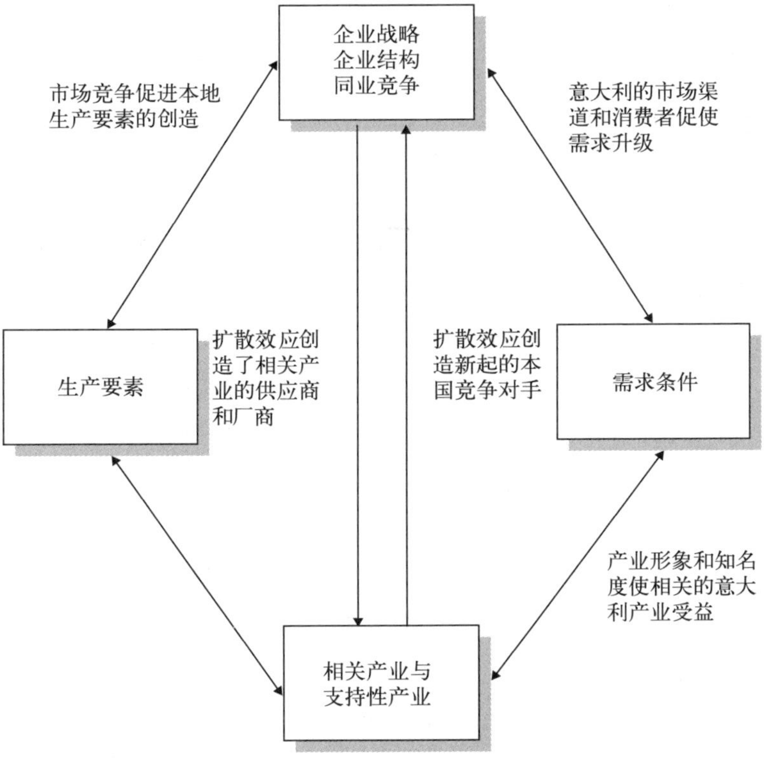

图 8–2　意大利产业集群的动力

意大利的成功还有一个特点，它通常能在鞋业、成衣、家具等所谓的传统产业中扮演赢家的角色。对许多国家而言，意大利的表现成了“传统”产业如何成功转型、如何自我提升竞争优势的楷模。对处在困境却不愿屈服的意大利企业而言，迅速采用新技术与营销技巧，是反败为胜的秘方。它们的成功，揭示了发展中国家自我检验创新与应变能力的机会。

除了传统产业的成就，意大利在精密机械产业的实力，也促使它无愧地立于工业发达国家之列。例如在全国出口总额中，与传统消费型产业相关的机械产业占了10%左右，而工厂自动化设备与专业元件等新的电机工业领域，意大利也毫不逊色。如果只强调意大利在鞋业或家具业的表现，绝对是以偏概全。

讨论意大利，另一个应该避免的陷阱是绝不能只看它在时尚设计方面的光彩，意大利的成功与许多重要的国际经济趋势也有关。例如，意大利人并不擅长标准化、大量生产的产品，而国际上也正由这方面转为更讲究客户需要、高格调、高质量的产品。另外在生产技术发展方面，国际上由固定模式、重视规模的生产流程，转为小量、更有弹性的作业方式，同样符合意大利人的工作口味。在许多产业中，意大利的成功是因为它结合产品风格、设计表现，还有积极投资于高标准的生产设备、专业化与快速改善等能力。

意大利经济发展的表现，可以从表8–10明显看出。在1978~1985年间，意大利产业在全球出口占有比例上，成长的产业数目远超过衰退的数目。这种现象在食品饮料、建材与家居用品，以及纺织成衣等实力强劲的产业集群中尤其显著。更重要的是，意大利高级产业的市场占有率正在增长，而流失的领域则是依赖生产成本或加工层次较低的产品。比如说有28种机械产业的市场占有率呈现增长态势（日本有29种），衰退的只有两种，这反映出产业集群深化的程度。另外，意大利在综合商业部门也有显著的增长，这足以证明这个国家经济发展的动力。

然而，意大利的环境条件是这股发展趋势的一大限制。意大利的国家竞争优势是由专业化的产业环节、产品不断推陈出新、消费者导向、强大的供应商等条件，形成独具特色的产业结构。

在产业集群表中，意大利的实力表现在最低层的消费型产品上。而意大利企业则是以专业化产品或细狭的产业环节创造出奇制胜的效果。问题是，这种充满特色的竞争战略，离不开意大利本身的环境特色。

前面一再提到，在意大利的经济版图中，大部分是缺乏竞争优势的，造成这种情形的因素很多，像政府的角色、金融市场特性、国内良莠不齐的竞争，以及管理模式等。不过，从表8–10可以看出，发电设备、办公设备与化工产品等在意大利曾经拥有重要地位，如今正处于快速衰退中。另外像交通运输设备产业（生产机械类除外），意大利的表现平平。这些变化显示，过去意大利最有

表 8–10　1978~1985 年意大利在全球出口总额所占比例增减 15% 或以上具竞争力的产业情况 *

	原料／金属			林业			石油／化工			半导体／电脑			上游产业		
	具竞争力产业的总数	比例增加的产业数	比例减少的产业数	具竞争力产业的总数	比例增加的产业数	比例减少的产业数	具竞争力产业的总数	比例增加的产业数	比例减少的产业数	具竞争力产业的总数	比例增加的产业数	比例减少的产业数	具竞争力产业的总数	比例增加的产业数	比例减少的产业数
初级商品	26	12	13	5	2	3	17	10	13	0	0	0	48	24	29
机械	5	3	0	1	0	0	0	0	0	0	0	0	6	3	0
专业元件	2	0	2	1	0	0	0	0	0	0	0	0	3	0	2
合计	33	15	15	7	2	3	17	10	13	0	0	0	57	27	31

	综合商业			交通运输			发电与配电系统			办公设备			电子通信			国防			产业功能和支持性功能		
	具竞争力产业的总数	比例增加的产业数	比例减少的产业数	具竞争力产业的总数	比例增加的产业数	比例减少的产业数	具竞争力产业的总数	比例增加的产业数	比例减少的产业数	具竞争力产业的总数	比例增加的产业数	比例减少的产业数	具竞争力产业的总数	比例增加的产业数	比例减少的产业数	具竞争力产业的总数	比例增加的产业数	比例减少的产业数	具竞争力产业的总数	比例增加的产业数	比例减少的产业数
初级商品	7	5	1	12	5	7	5	3	6	4	1	4	0	0	0	1	1	1	29	15	19
机械	3	2	0	10	3	2	0	0	0	3	2	0	0	0	0	0	0	0	26	7	2
专业元件	2	1	0	10	5	4	0	0	0	0	0	0	0	0	0	0	0	0	12	6	4
合计	12	8	1	32	13	13	5	3	6	7	3	4	0	0	0	1	1	1	57	28	25

	食品／饮料			纺织／服装			住宅／家居			医疗保健			个人用品			娱乐／休闲			最终消费商品和服务		
	具竞争力产业的总数	比例增加的产业数	比例减少的产业数	具竞争力产业的总数	比例增加的产业数	比例减少的产业数	具竞争力产业的总数	比例增加的产业数	比例减少的产业数	具竞争力产业的总数	比例增加的产业数	比例减少的产业数	具竞争力产业的总数	比例增加的产业数	比例减少的产业数	具竞争力产业的总数	比例增加的产业数	比例减少的产业数	具竞争力产业的总数	比例增加的产业数	比例减少的产业数
初级商品	25	12	8	57	15	22	30	13	7	2	0	1	10	3	6	10	3	6	134	45	50
机械	9	7	0	9	7	0	5	4	0	0	0	0	0	0	0	0	0	0	23	18	0
专业元件	12	7	2	13	7	1	9	1	1	0	0	0	1	0	0	1	0	1	37	15	5
合计	46	26	10	79	29	23	44	18	8	2	0	1	11	3	6	11	3	7	194	78	55

* 在 1978 年或 1985 年超过出口盈亏点的产业，其中包含在 1978 年具竞争力但在 1985 年跌至出口盈亏点以下，或在 1985 年首度出现超过出口盈亏点的显著占有率者。

表现的领域，大多是国际市场上成长速度较慢的产业。国际市场快速成长的产业，反而是意大利流失较多的领域。即使在新兴产业领域，意大利的表现也是有得有失，谈不上特别突出（见附录Ⅱ的表Ⅱ–5）。

小就是美 事实上，对意大利企业而言，只要问题能解决或是能避开，它们就有办法进军国际市场。例如，为了避开法规限制或逃税，有些意大利企业会刻意保持公司的小巧和精简。受到环境的影响，它们更倾向发展不需资本市场协助的产业。意大利流行说“小就是美”，这句话最能形容意大利产业竞争力的处境，而靠大规模产生竞争优势的企业几乎是极为罕见的。即使从出口表现来看也是如此，附录Ⅱ的表Ⅱ–5就显示出意大利的中小企业出口在增加，而大企业则在萎缩。

意大利人也警觉到这个问题。从20世纪80年代中期以来，意大利的国有与民营大型企业已经开始改组。推动这个趋势的除了经营表现外，还加上对90年代欧洲市场整合的判断。不过，这种发展趋势却可能是弊大于利。意大利人愿意放眼未来，预作准备固然是件好事，可是从全球的竞争观点来看，这些大企业仍然是缺乏真正竞争优势的一群。它们还是靠国内市场赚取利润，甚至仰仗政府介入来确保利润。当意大利人将所有的注意力放在大企业上时，可能会忽略了已有能力应付激烈竞争的中小企业，才是意大利经济活力的源头。

意大利的既有产业要进一步发展，竞争力势必要延伸到更多的新兴产业，无论企业或政府都必须作重大的变革。变革的要务之一就是，产业和政府在角色与权力上，必须出现新的平衡点。这也是第13章要详细讨论的问题。

新兴的韩国[53]

20世纪70年代与80年代，也是亚洲新兴工业国家的登场时间。这些国家并没有像日本、意大利一样，在战前即打下产业基础，但是在国际竞争舞台上的成就却毫不逊色。它们当中尤以韩国最被看好，可望在多项重要产业中出现国家竞争优势。从图7–1可以发现，这段时期的韩国，不但产业竞争优势快速发展，国民收入与生产力的发展也成绩斐然。

可是韩国离先进经济程度还有一段距离。韩国目前几乎所有的产业都还在成本价格的领域里竞争，产品创新与差异化所需要的国内需求条件、相关产业表现等也尚未起步。

国家竞争优势形态：集中最终消费型产品

表 8–11 列出了 1985 年韩国前五十大出口产业。在本书所研究的各国中，韩国已建立的产业领域最狭窄，具有竞争优势的项目主要集中在最终消费型产品，另外在渔业等与天然资源相关的产业、初级材料和极少数工业产品上，都小有表现。韩国前五十大出口产业的表现占全国出口值的 52%。这个数字比瑞士、日本还高，而且远远超过德国、瑞典、意大利、英国和美国，这显示出它在产业竞争优势上的集中化现象。[54]

表 8–11　依照全球出口总额所占比例，列出韩国前五十大产业（1985 年）

产业类别	占全球出口总额的比例（%）	出口值（千美元）	进口值（千美元）	占韩国出口总额的比例（%）
铁、钢丝	57.0	45 666	25	0.15
单色电视接收器	52.4	215 041	347	0.71
离线资料处理设备	41.8	238 310	73 350	0.79
合成纤维制的男式衬衫	40.9	292 283	–	0.97
男式夹克、运动上衣	39.4	417 910	233	1.38
其他货运船舶	36.9	4 545 449	3 296 174	15.01
附路轨货柜	32.2	279 798	11 815	0.92
投币式点唱机	31.9	5 531	9 225	0.02
女式合成纤维制外套夹克	31.8	212 399	–	0.70
皮衣、辅料	26.7	539 989	862	1.78
旅行用品、手提包	24.6	337 005	1 264	1.11
合成纤维制的毛衣	24.2	448 201	–	1.48
无绒毛连续合成织布	21.1	885 906	69 888	2.93
铁路枕木	20.5	17 050	18 640	0.06
合成纤维制的女式衬衫	16.4	149 778	–	0.49
冷冻鱼类（不包含鱼片）	15.7	260 784	58 225	0.86
棉纱（4~8 万英尺/公斤）	15.4	128 634	353	0.42
丝织品	15.4	104 845	35 892	0.35
男式棉衬衫	15.0	211 624	–	0.70
毛皮制品	14.7	161 287	994	0.53
铁、钢结构和零件	14.4	700 826	28 280	2.31
皮鞋	4.3	1 436 334	–	4.74
针织服饰	14.2	119 430	1 000	0.39
油轮	14.1	342 319	17 381	1.13
羊毛纤维制针织内衣	13.7	283 956	677	0.94
人造宝石	13.1	101 207	6 935	0.33
手提包	13.1	133 056	–	0.44

（续）

产业类别	占全球出口总额的比例（%）	出口值（千美元）	进口值（千美元）	占韩国出口总额的比例（%）
不连续合成纤维纱	12.6	128 440	23 743	0.42
铁、钢缆、钢索	12.5	124 856	8 178	0.41
氮-磷酸肥料	12.0	136 588	9 509	0.45
男式外套、外衣	11.9	261 603	160	0.86
其他类型收音机	11.9	142 529	9 432	0.47
合成纤维服装	11.7	68 662	–	0.23
棉线衫	11.4	299 388	512	0.99
纺织制品	11.2	186 546	2 054	0.62
男式套装	11.1	72 771	109	0.24
玩具、室内娱乐器材	10.8	475 254	7 283	1.57
其他合成纤维制的男式衬衫	10.6	20 507	519	0.07
钢钉、铜钉、螺帽	10.1	71 652	2 162	0.24
男长裤、半长裤	9.9	82 255	173	0.27
蒸汽锅炉	9.9	36 391	17 118	0.12
非电力炉具	9.8	185 942	12 278	0.61
腌制贝类	9.7	82 820	2 424	0.27
电视显像管	9.7	162 286	41 177	0.54
飞机、摩托车轮胎	9.6	249 212	3 175	0.82
合成绒布	9.0	38 567	4 128	0.13
羊毛、棉制女装	8.8	57 102	103	0.19
餐具（刀、叉、匙等）	8.8	109 536	2 833	0.36
汽车收音机	8.6	182 887	5 368	0.60
棉织品	8.6	122 745	2 730	0.41
合计				52.53

注：进口值低于1985年总贸易值的0.3%者，不列出其进口数据。

有关韩国前五十大出口产业的性质，读者可以参考表8–12，相关摘要统计数字可以参考表8–13与附录Ⅱ的表Ⅱ–15。在这当中，最重要的产业集群是纺织与成衣产业，出口表现几乎达到全国出口值的30%。出口表现次佳的产业集群是造船与刚崛起的汽车等运输设备产业。排名第三是消费型电子产业集群与录音带等相关产品。钢铁产业集群则排名第四。其他具有竞争实力的项目还包括：半导体（集中在存储芯片领域）、食品（渔产加工）、水泥与国际建筑服务产业。另外在玩具、钢琴、婴儿推车、餐具、陶瓷器、变电器等最终消费产品上，韩国企业也有令人刮目相看的表现。

韩国企业缺乏竞争力的领域则有医疗保健、化工塑胶、林木产品、大多数食品与日用品、建筑业以外的服务业，以及综合商业类等领域。[55] 在国防工业上，韩国虽是刚起步，但成长快速颇有潜力；电信设备与办公设备等产业的情况也很类似。

在韩国，有竞争实力的产业集群彼此的相关性也很强。从表 8–13 的阴影部分，读者可以看出，由于韩国在半导体与电脑等领域的不断壮大，直接强化了这个国家的消费型电子产业的实力。造船与汽车等运输器材产业，也与炼钢等金属产业齐头并进。

然而，韩国的竞争实力主要集中在产业集群表的下层，最终消费性产品与相关服务就占总出口的 46%。韩国已在国际竞争中站稳脚步的产业集群却非常薄弱，甚至不如瑞典。[56] 另一个不利于韩国发展竞争优势的障碍是，这些产业缺乏纵深实力。与大有收获的最终消费型产品比较，这个国家在专业元件产业的成就上相当有限，机械工业与相关的高级服务业更是付之阙如（也是本部分研究的 8 个主要国家中最差的）。韩国在竞争优势上的特征以及经济发展的状态，如同前述几个国家一般，和国内环境息息相关（详见第 10 章）。

生产要素——后天优于先天

韩国是一个缺乏天然资源的国家，它的天然资源仅止于一些天然港口、钨矿、水泥原料与差强人意的渔场。但是工业发展所需要的矿产、能源与木材等资源，几乎是零。起伏的丘陵地形，也使韩国缺乏足够的耕地。在韩国有国际竞争力的出口产业当中，撇开就地取材的水泥业与钨矿业，其他全需依赖国外进口原材料。表现不错的渔业产品，是韩国的远洋渔船远赴阿拉斯加、非洲、太平洋等深海渔场捕获的结果，它依靠的是资本密集手段而非自然资源条件。国际市场上有名的韩国毛皮大衣，事实上是韩国进口皮料加工的。

韩国在人力资源方面还算充沛。这个国家的劳动人口约 1 700 万人，薪资低廉，而且以吃苦耐劳、坚守纪律著称。过去几十年间，韩国员工的平均教育水平也很不错，以造船与建筑等产业为例，韩国企业往往能依靠员工表现而提早完工。依照国际标准需要 30 个月完成的超级油轮，韩国船坞只需 18 个月就能交货了。

形成韩国劳动力素质优异的原因如下：首先是韩国民族的同质性很高，不但种族、语言相同，而且没有明显的阶级区分；另一个重要因素是韩国成年男

表 8–12　韩国具有国际竞争力的产业集群（1985 年）

初级商品	原料/金属		林业
	铁与钢	**铁与钢加工品**	**铁路枕木**#•
	生铁•	铁轨•	木板#
	铁、粗钢块	**铁、钢管、水管**	**纸**
	铁、粗钢卷•	**铁钢结构零件**	涂塑纸•
	铁、粗钢线条•	*钢制储槽等*•	
	铁、钢条等#•	**铁、钢缆、钢索**	
	其他热轧铁钢条•	**有刺或无刺铁、钢丝网**#	
	各种形状的铁材、钢材#•	**钢、铜钉、螺帽等**#	
	槽形、I形、H型等型钢•	铁、钢螺帽、螺栓•	
	通用的铁、钢板、钢片#•		
	铁、粗钢厚轧板	**非亚铁类金属**	
	铁、粗钢薄轧板	钨矿、精砂	
	铁、粗钢丝	铜板、片、细条•	
	未加工的铁、钢铸件	铝条、丝等	
		建筑材料	
		石块、沙与碎石	
		水泥	
		加工过的建筑石材	
机械			
专业元件			
服务			

（续）

初级商品	**石油/化工** **塑胶** 聚丙烯• *聚氯乙烯*• **石油制品** 煤油（包括喷气式发动机燃油）• 喷气式发动机燃油（油精）#• 石油冻、沥青、焦煤#• **有机化工** 胺氧化合物	**半导体/电脑** **脱机数据处理设备**• *晶体管等* *微型电脑* 自动数据处理设备零件# #
机械		
专业元件		
服务		

（续）

	综合商业	交通运输	发电和配电系统	办公设备
初级商品	光学仪器 经过镶嵌的光学品• 橡胶制品#	**交通运输** 车辆 叉车等• *1.5吨以上的飞机* **油轮** **其他货船** *拖网船#* *拖船、浮船体#* *特殊用途船舶* *自行车、轮椅#* 载客车辆# #	**发电** **蒸汽锅炉•** 交流电马达（包括通用马达）• **风、水力发动机•** **配电** *液体绝缘转换器•* *其他电流转换器#* 电容器 绝缘电线、电缆 **储电** 蓄电器•	计算机 *留言记录机等* 钢笔尖、铅笔#
机械				
专业元件		**零件** 叉车等零件# • **车载集装箱** *轿车轮胎•* *公共汽车或货车轮胎* **飞机、摩托车用轮胎#**		
服务	工程/建筑*			

（续）

初级商品	电子通信	国防
	有线电话等设备•	
	电视、广播电波发射机	
	电子通信设备、零件##	
机械		
专业元件		
服务		

（续）

初级商品	食品/饮料 基本食品 新鲜冷藏、冷冻羊肉 新鲜冷藏鱼类（不包括鱼片） **冷冻鱼类（不包括鱼片）** *冷冻鱼片* *咸鱼、鱼干（不包括鳕鱼）* *新鲜、冷冻贝类* 熟、腌制鱼类 **新鲜、冷冻贝类** 熟、腌制鱼类 **煮熟、腌制贝类** 新鲜蔬菜# 加工食品 细糖等 速食品	住宅/家居 陶器 **粗陶家庭器皿** *陶制装饰品等* 电气用品 *家用冰箱*• *洗碗机、剃具、电气设备*#* 其他 **餐具（刀、叉、匙）** **贱金属制家用电器**# **灯丝电灯** **柳条编器、扫帚等** 园艺# 油毡、地毯#
机械	*手工工具*#	
专业元件	生菜材料# 氮–磷酸–钾肥料 氮–磷酸肥料 *氮–钾肥料*#•	
服务		

（续）

初级商品	纺织/服装 纺织品 **灰棉织布** 棉绒纺织品 **无绒毛连续合成织布** *合成纤维织布*# 无绒毛连续再生织布• **合成绒毛等织品**# **丝织品** **蕾丝、缎带、薄纱** *经过梳理的羊毛织布*#• 特殊纺织制品# *塑胶涂整纺织品* 纺织制品# 服装 **男式外套、外衣**# **男式西装** **男式长裤、半长裤**# **男式夹克、运动上装** **棉、羊毛女式外套、夹克** **合成纤维制的女式外套、夹克**	*女式套装、外出服* **女式棉、羊毛服装**# **非针织类合成纤维女服装** 女裙 棉、其他纤维制女式衬衫# **合成纤维制女式衬衫** *其他合成纤维制女式外衣* **男式棉衬衫** **合成纤维制的男式衬衫** **其他纤维制的男式衬衫**# *男式与女式内衣*# *羊毛、细绒毛制的卫生衣、套头衫* **棉质卫生衣、套头衫**# **合成纤维制的卫生衣、套头衫** *女式棉、羊毛服装*# **女式、合成纤维制的针织服装** **羊毛、纤维制的针织内衣**# *棉质无弹性内衣* **毛皮制品**	配件 纺织衣服配件 **针织衣服配件** **皮衣、配件** **塑胶、橡胶配件、帽子**# 鞋 *鞋子零件* **橡胶、塑胶鞋** **皮鞋** *木底鞋、软木底鞋*#• 行李 手提包 旅行用品、手提袋# 其他 工业用皮革、马具等#
机械			
专业元件	纤维／纱 *未经梳理的不连续合成纤维*• *棉纱*#	*羊毛纱*# **棉纱（4~8万英尺/公斤）** *合成纤维纱、单丝、多丝*#•	**不连续合成纤维纱** **不连续合成纤维混纺纱**
服务			

（续）

	医疗保健	个人用品	娱乐/休闲	
			电子消费产品	其他
初级商品		眼镜镜架• *眼镜*# 手表 **人造宝石** **雕刻品、伞、手工艺品**# 易燃产品等 **婴儿推车、零件**# *珍珠、宝石、准宝石*# •	**彩色电视机** **黑白电视机** **汽车用收音机** **手提式收音机** **其他种类收音机** 电视摄影、录音机• 话筒、音箱、扩音器 **投币点唱机**# 摄影 *电影* •	*音响* **玩具、室内娱乐器材**# 手绘画作• *钢琴、其他乐器及零件*# **动物园动物、宠物等** 不流通的非金质钱币
机械				
专业元件		烟丝（弗吉尼亚式）• 烟叶（弗吉尼亚式） 烟叶（非弗吉尼亚式）#	零件 **电视显像管**•	
服务				

说　明：

细体字：占全球出口额 1.74% 或以上，但低于 3.48% 者　　• 在 1978 年低于出口盈亏点　　* 因海外直接投资而列入

斜体字：占全球出口额 3.48% 或以上，但低于 6.96% 者　　# 不列入计算的差额　　** 因海外直接投资予以升级

黑体字：占全球出口额 6.96% 或以上者　　## 基于在产业环节的显著出口值而列入　　*** 基于该国所作的研究而列入

表 8–13　在广义的产业集群下，韩国具竞争力产业的百分比

产业	占全国出口额的百分比		占产业集群全球出口额的百分比	
原料/金属	9.6	(1.8)	1.8	(1.0)
林业	0.2	(–4.0)	0.4	(–1.2)
石油/化工	1.8	(1.4)	0.2	(0.1)
半导体/电脑	3.8	(0.9)	1.6	(–0.2)
上游产业	15.4	(0.1)	0.8	(0.2)
综合商业	0.3	(–0.2)	0.2	(+0.0)
交通运输	20.0	(10.4)	2.1	(1.5)
发电与配电系统	1.5	(0.5)	1.1	(0.6)
办公设备	0.5	(–0.6)	0.7	(–0.3)
电子通信	0.7	(0.3)	1.0	(0.5)
国防	0.0	0.0	0.0	0.0
产业功能和支持性功能	23.0	(10.4)	1.4	(0.9)
食品/饮料	4.3	(–4.3)	0.7	(0.0)
纺织/服装	29.4	(–10.6)	6.6	(1.3)
住宅/家居	2.6	(–0.0)	1.6	(0.7)
医疗保健	0.0	(+0.0)	0.1	(0.1)
个人用品	2.1	(–1.5)	1.4	(0.1)
娱乐/休闲	8.0	(1.6)	3.8	(1.7)
最终消费商品和服务	46.3	(–14.9)	2.7	(0.7)

注：括号内数字是 1978 年和 1985 年之间的变化，以有竞争力产业的出口情形为主，并非全部产业的表现。

■与国家的国际竞争地位相关的广义产业部门。

□与国家的国际竞争地位相关的广义产业部门。

子一律服役 3 年。韩国曾经是日本高压统治与剥削下的殖民地，战后的朝鲜半岛分成朝鲜、韩国，死伤惨重的战争更是所有人心中永远的痛。因此，无论是老一辈或年青一代的韩国人，不但有国耻的阴影，更有现实竞争的压力。此外，韩国继承儒家文化、人民肯定教育的价值、努力工作、尊重权威、追求现世成就，并肯按部就班地往上爬。

生产要素的创造机制 与其他亚洲新兴工业国家或发展中国家相比，韩国的生产要素创造机制是一项全民运动，从政府、企业到个人，都将它看成最主要的投资活动。这也是韩国经济发展并能在越来越多高级产业中竞争的原因。

在生产要素的发展过程中，教育影响最大，也是最重要的条件。在本书所研究的国家当中，韩国父母最重视子女的教育投资。根据韩国经济策划委员会在 1987 年的调查，近 84.5%的韩国家长愿意支持子女完成大学教育。[57]

全民重视教育的结果是，韩国几乎没有文盲，国民平均受教育程度也超过高中程度、逼近大学程度。每一年，韩国大约有 30 万~40 万高中毕业生进入大学就读（占毕业总数的 36%)。大学教育体系的发展也很普遍，其中又以工程教育的投资最为积极。在韩国的高等教育体系中，技术学院超过 100 所以上，毫不逊色于一般大学与学院数目。这也是韩国与所有发展中国家最大的差异。

韩国除了国内教育渠道缜密外，出国留学的风气也很盛行。韩国留学生大多专攻技术领域，并有不少人获得美国一流大学的高等学位。表 8–14 显示，在美国大学就读的外籍学生中，韩国人数位居首位，这种现象到研究所程度时，更是压倒性的多数。

表 8–14 依国别列出美国中学程度以上的外籍学生人数（1987~1988 年）

国别	学生人数	在美学生人数的世界排名	研究所学生百分比	每万名居民中的留美人数
韩国	20 520	4	72.8	5.0
日本	18 050	6	23.6	1.5
英国	6 600	12	38.5	1.2
德国	5 730	17	45.8	0.9
新加坡	4 870	20	21.6	18.7
意大利	2 200	32	–	0.4
瑞典	1 600	49	–	1.9
瑞士	1 040	61	–	1.6
丹麦	670	–	–	1.3

韩国人出国留学，不少是由政府公费或由企业赞助的。尽管有些留学生学成后直接留在美国工作，但回国服务的仍居多数，他们将学习经验、先进知识与在美国建立的人际关系带回韩国。整体来看，1987 年，韩国政府的预算中，每 5 元中就有 1 元是用在教育投资上（20.8%）。

严格遵守在职培训 另外，根据韩国法律，达到一定规模的企业必须拨出经费进行员工在职培训。[58] 韩国大财团一次投资 2 500 万~3 000 万美元发展训练设备，是件很平常的事。一般来说，韩国员工每年大约有一至两周是用在参加教育培训上。高级主管热衷进修的情形，可以从一流大学开设的高层主管培训课程里，报名人数竟是录取名额的 10 倍看出。

韩国人重视教育的程度也反映在他们对文凭的态度上，许多资深经理人具有高等学历；大企业的高级主管中，拥有工程博士学位的也很普通。当一个人拥有美国名校博士学位时，他的社会地位与身价就更高了。由于韩国企业的资深主管大多具有高等技术学位，这种特色也直接影响了韩国人重视技术，以及强调自主性的技术能力。

在技术挂帅之下，韩国基础科技的根基虽浅，但发展速度却很快。以西方标准而言，韩国大学的研究能力虽然薄弱，但正在努力强化。韩国政府也通过韩国高等技术科学院、韩国电子通信研究院、韩国汽车系统研究院、韩国生物技术研究院等财团法人机构，进行针对产业发展需求的专业化研究。这些研究机构与大学院校密切联系，并获得政府预算与民营企业的财力支持。

与其他发展中国家的同业相比较，韩国大企业以大手笔投资、提升技术能力著称，产品成本的研发比重也相当高。由于韩国拥有世界一流大学训练出来的博士级工程师，也肯通过技术合作或干脆花钱引进国外先进技术，韩国很自然地成为亚洲四小龙中，最具自行研发与发展高级先进技术实力的国家。

此外，从 20 世纪 60 年代起，韩国政府通过连续 5 年的经济建设发展计划，大笔投资现代化基础建设，这也使韩国的基础设施达到与发达国家同步的程度。时至今日，基础设施仍是韩国政府最优先的施政目标，汉城奥运会就是成果之一。韩国政府目前正积极发展朝鲜半岛的西部地区，目的在于开拓与中国以及朝鲜的经贸关系。

国民储蓄率居世界第二位 有趣的是，当战争在 20 世纪 50 年代中期结束时，韩国根本就是一个资本匮乏的国家。当时它是靠着美国支援弥补连年逆差的贸易赤字，一直到20世纪60年代初期才站稳脚跟。随后，韩国政府开始在国际上大笔举债，经济发展成果也大大提高了外国投资者的信心，为数可观的国际资本开始源源不断地涌入韩国。韩国政府通过直接或间接手段管制资本的流向，并利用补贴利率方式将它们导引到几个战略性产业中。韩国的成功说明，本国资金充沛与否已不是发展资本密集型产业的必要条件，只要有良好的资本引进渠道，并做有效的投资，资本匮乏的国家照样能在资本密集型产业中取得国际竞争优势。

从20世纪80年代以来，韩国的国民储蓄率快速增长，结果使韩国的资本更充沛。以1987年为例，韩国的国民储蓄率是32%，居世界第二位。由于年年大幅出超，韩国的国家债信也不断地提高。然而韩国迄今仍无一个有效率的民间资本市场，这将成为未来发展的重大障碍。另外在本书所研究的国家中，80年代利率最高的就是韩国，这个问题同样也会成为投资深化与扩张经济规模的绊脚石。

不利因素的转换：练就一身好本事

与其他7个国家相比较，韩国刚刚出现工资上涨、劳动力短缺的压力。这些压力也是刺激韩国产业朝自动化发展并获得更高生产率的媒介。另外，韩国因为长期缺乏资源，无法主导出口市场等客观限制，结果磨炼出企业努力提高生产技术的能力。[59]

韩国因为缺乏天然资源，也幸运地避开许多发展中国家依赖天然资源发展经济的陷阱。与同期发展的国家比较，韩国的国民生产总值大部分来自生产制造活动。[60]今日韩国的竞争优势，正是这些不利因素压力与激烈的国内竞争产物。值得注意的是，如果韩国政府主导生产要素与货币市场的态度不变，这一态度可能会成为已迈入新阶段的韩国产业的绊脚石。这部分的问题将在第10章与第12章进一步讨论。

需求条件——内外销兼顾

4 200万人集中在狭小的土地上，形成可观的国内市场，韩国许多具有竞争优势的产业，是与本国需求条件有关。水泥、铸铁与炼钢等产业，同样是先有国内需求后，再发展成重要的出口产业。

近年来逐渐成为出口产业的韩国国防工业，也是基于相同经历。韩国政府在国防安全上大量投资，因为武器制造的要求专业而且高度精密化，结果这方面的压力也带动了相关产业的发展。另外在消费型产品领域上，钢琴产业同样是因国内需求而发展出国际实力的例子。韩国的音乐教育历史悠久，加上韩国有不少国际知名的演奏家，爱乐风气导致了国内市场需求的精致化。

乍看之下，韩国大多数出口产业的内销比重并不高，然而，如果将人均国民收入、地理位置、多山地形、文化与产业种类等列入考虑，还是可以发现韩国国内市场对这些产业的影响力。像韩国企业很自然地全力发展小型车，基本家电与其他产业的特定产品环节，都是受到国内需求条件的影响。当日本企业因日元升值与贸易障碍压力而被迫采取发展市场的措施时，也给了韩国企业乘势接收相关国际市场的机会。以半导体工业为例，韩国企业的专长在于标准化存储芯片，就是因为下游消费型电子产业对存储芯片有大量且迫切的需求。类似情形也可以在其他产业领域中发现。

与其他国家相比较，在韩国产业的发展中，需求条件的影响力是比较弱的一环。第 10 章也将说明，韩国的国内市场角色不显著的原因，主要与韩国产业早期发展状态有关。直到今天，国内市场虽然是韩国产业发展的起点，但是除了市场规模与成长需求外，其并未能形成更实质的竞争优势。韩国人的需求标准虽然不断地提高，但尚未达到高级与挑剔型客户的程度。出口产业集群的单薄及项目稀少，正是韩国缺乏高标准国内需求的铁证。

韩国企业因此常撇开国内市场，一心一意放眼海外市场的需求。然而根本的问题是，国内市场不但具有发展潜力，更是韩国产业形成竞争优势的基础；毕竟，国家要形成竞争优势，国内市场需求的重要性绝对大于国外市场。国内市场需求不高，韩国企业在产品创新、发展新的产业环节上就会出现瓶颈。韩国产业发展的最大考验之一就是：如何将需求条件变为本国产业的竞争优势。

相关产业与支持性产业——支持能力不强

产业的竞争优势是有连锁效应的，韩国在这方面的表现也不例外。如果缺少上游水泥、钢铁等产业，建筑业很难形成国际竞争优势。纺织业与成衣业更是唇齿相依。另外像消费型电子产业引导出强大的半导体产业，又因半导体产业的支持而在办公设备与电信产业中占有一席之地。

此外，韩国许多企业的出口成功，必须归功于本国的大贸易商；以发展中国家的情形来看，韩国的大贸易商规模很大。它们在国际上有完整缜密的销售渠道，使制造业者打入国外市场事半功倍。韩国大贸易商也不断地联合旗下的制造商，以便形成更大型的企业集团。

但是，从规模上来看，韩国的产业集群远比发达国家单薄，竞争优势也比较脆弱。在零配件、机床、生产设备等产业领域里，韩国毫无竞争能力。由于韩国缺乏本地的精密零件与机械设备制造商，所以要在差异化的产品环节或持续创新能力上维持竞争力，事实上是相当吃力的。

同样的问题也令韩国企业在生产设备与工艺流程上，落后于发达国家的领导企业一两代之多。这种竞争战略如果不立刻改变，韩国的现有优势必将难以持续。

企业战略、企业结构、同业竞争——以国际为舞台

大多数韩国企业将大量生产与价廉的成本奉为主要竞争手段，因此韩国产品几乎全是标准型产品，而且是在价格竞争的层面上。当它们与讲求质量和性能的发达国家产品相比时，落后、次级品的印象是免不了的。不过，韩国产业的竞争力在于较低的生产成本、生产率较高的劳动力，再加上大规模、现代化以及努力争取的最好的国外技术。同时，韩国企业也肯花钱培训员工，期待他们操作精密机械的技术水平不断提高，并且资金投入速度快，设备扩充也很惊人，这些举措都有助于企业打开国际市场。在消费型电子、造船、电脑周边设备及远洋渔业等产业，韩国政府很明显地因战略正确而成功。

韩国企业的董事长也是以强势出名，他们的影响力甚至深入到组织的细部环节中。直到今日，许多韩国企业仍是由第一代创办人掌舵，这些领导人精力旺盛，亲身参与公司内外大小事务，并且勇于积极投资。在韩国企业内部，员工与高层主管每天工作时间很长，组织阶层分明、纪律严格。

另一方面，在追求成长、激烈的竞争与政府压力下，韩国企业普遍走上出口的道路。大企业即使还处于产品出口阶段，就已经开始发展它的国际化策略。绝大多数企业也是以半成品代工方式，争取到主要的出口业绩。

但是，比起过度依赖半成品代工发展模式的中国台湾、香港企业，韩国企业很早就开始在国际上建立自己的品牌。韩国大企业并不满足于代工，它们更

愿意在品牌知名度与开发技术上投资，这种投资除了反映出韩国企业对管理理论与高级技术教育的热衷外，也成了韩国提高竞争优势的重要依据。比如说，日本的索尼公司曾经为了打开知名度，不惜拒绝美国无线电公司（RCA）大宗晶体管收音机的订单。这个故事不但在韩国产业界流传，并被普遍视为打开国际知名度的典范。与日本及其他亚洲国家相比，韩国企业在国外设厂的行动也很积极。像韩国录像带与消费型电子产品的产业，很早就在国外设厂。现代汽车公司的做法更惊人，这家韩国第一大汽车厂在 1989 年时，已经在加拿大设厂生产，距离母公司开始出口汽车的时间还不到 10 年。

作风强悍的韩国人 在本书所研究的国家当中，韩国企业的冒险精神是非常独特的。韩国企业在闯入新产业时，勇气十足，甚至在大额订单尚无着落的情况下，就已展开机器、厂房、设备的大手笔投资。韩国造船业中的现代汽车公司大宇就是在还没有订单之前就先投资兴建大型船坞。另外在录像带产业中，沙汉、SKC、金星、柯龙等 4 家大厂，在已占有 1/4 全球市场的情况下，又将产能扩张两倍。韩国人的心态很像美国早期的西部牛仔，充满横扫千军的气概。

形成韩国企业敢冒风险的原因很复杂，历史背景是一个关键因素。韩国人是从战争的瓦砾中站起来的，所以危机意识特别强。这种战斗精神，是韩国企业的最大长处，大、小企业都是义无反顾地往前冲。当然，企业的倒闭与重组也频繁发生。[61]

敢拼肯干的韩国企业，对成长的重视远甚于利润，而且企业的大小是社会地位的象征，也是人民创业的原动力。追求成长的心态也使韩国人纷纷进入电视机、造船、存储芯片等大宗产品领域，至于类似瑞士、意大利、德国所专长的专业产品行业，很少有韩国人愿意涉足。追求成长的意念也使韩国更愿意削价竞争，韩国人对资金周转率的兴趣大过获利能力。

幕后操纵的大财团 韩国企业公开上市的并不多，很多大企业也将大量股权转给自己操纵的法人基金，以保障企业能够持续经营，比如说，大宇企业就有大宇基金会。这种经营模式也使韩国企业的金融市场压力较小，员工对企业的效忠程度提高，愿意尽力保护企业，使其继续存在与发展。在各国当中，韩国人与企业间的密切关系，大概只有意大利可与之相比。

大财团是韩国产业的另一个重要特色。类似现代、大宇、三星、金星等大财团，每年营业额大多在 100 亿~150 亿美元左右。它们的表现几乎占了韩国总出口值的半数，在国民生产总值上也有举足轻重的地位。[62] 以四大财团为例，在1987 年的韩国出口中，它们占了 30%的比例，第二年更增长为 32%。

韩国财团的发展基本上受到政府的支持与偏爱，在造船与半导体等产业，市场资金几乎完全流向大财团。[63] 但是大财团之间竞争激烈，只要有一家涉足新产业，其余的一定马上跟进；它们也很愿意用旗下赚钱的事业补贴赔钱事业。比起其他发展中国家大企业的瞻前顾后，韩国大财团敢冒险并灵活调度资源的做法，也是很特别的。

韩国财团也擅长事业部管理战略。由于取得资金容易、拥有一流人才，并受到政府的关爱，韩国财团往往会插手任何被看好或是政府战略性发展的新行业，即使它与本身核心能力并无关系也无所谓。这种做法也使得韩国财团与日本、德国的大公司截然不同。一般说来，日本财团下属的企业虽然具有正式联系、相互投资的事实，但是每个企业仍保有高度自主性。韩国财团则是一个大公司涵盖许多不相干的事业部，并且受到中央的高度统筹管理。

韩国大财团的战略能够运作至今，主要是符合该国的环境发展条件。大财团拥有积极大胆的经理人，加上政府大量的资金支持与廉价的劳动力等优势，使它有能力在国际市场上竞争。然而，这类企业组织结构的明天却充满问号。由大财团形成的集中型经济形态，未必有助于韩国未来的竞争优势。

这种竞争意识即使在缺乏对手的国有事业中，仍很明显，例如，韩国的钢铁业是由行业领先的浦项制铁公司主导。浦项是铸铁与炼钢的一贯化作业工厂，但是政府委任的董事长坚守服务产业界的原则，运营方针包括：为国内提供低价的钢材，努力出口赚取外汇，同时还愿意承担风险大力投资。这种以国家利益为优先考虑的经营原则，也是其他发展中国家充满官僚作风的国有企业所看不到的。

韩国企业激烈而情绪化的竞争，离不开经理人的态度与目标。绝大多数韩国企业应用相同的杀价竞争战略，使得它们不仅在国内市场捉对厮杀，到了国际市场也仍须拼命才能生存。在这种竞争形态下，韩国企业一直处于持续投资、改善生产率、引进新产品的压力之中，因此也逐渐减轻了它们对劳动力密集型产业的依赖。

事实上，韩国产业的竞争常常激烈到政府必须出面干预，以避免企业走向“毁灭”的程度。以汽车产业为例，韩国政府为了应对 1981 年的全球经济衰退，特别制定了“汽车工业合理化措施”。这项法令规定韩国小汽车厂由三家减为二家（现代与大宇），并强迫另一家起亚转入卡车制造业。次年，政府修改法令，允许起亚重回汽车业竞争，但是到了 1986 年，起亚再度被强迫重回卡车业发展。

韩国政府的专断作风，事实上威胁到相关产业的长期发展。由于多次干预，韩国汽车业的国内竞争逐渐降温，企业的投资与发展行动也相对减少。[64] 韩国产业能有今天的成就，秘诀就是激烈的国内外竞争。政府的干预倾向，是不利竞争优势的危险信号。

表 8–15　在选择的韩国产业中，互相竞争的企业数（估计）

汽车[1]	3	黑白电视机	14
电容器	45	彩色电视机	12
阴极射线管	3	合成纤维	13
水泥	9	棉纺纱	23
电脑	31	绒线纺纱	26
建筑[2]	480	羊毛纺纱	55
鞋类[3]	221	纺织品	2 046
车载收音机	18	成衣	3 270
钢琴	3	染整	144
印刷电路板[4]	200	轮胎	5
半导体[5]	21	旅行用品	328
造船[6]	250	录像带	4
钢[7]	13	假发	25

1. 韩国有 3 家企业（现代、大宇、起亚）生产载客汽车，其中大宇汽车与通用汽车合资经营（50 : 50），由大宇掌握大部分经营权。

2. 持有一般承包商执照的企业家数。

3. 26 家企业超过 5 种以上的生产线，占总产量的 51.5%。

4. 7 家企业大约占该类市场的 70%。

5. 13 家国内企业，8 家合资企业，另外还有 8 家外资超过一半的外资公司。

6. 4 家企业（现代、大宇、三星、KSEC）就占了该国总生产力的 90%。

7. 浦项是韩国唯一的流水作业炼钢厂。

资料来源：实地访问；韩国开发银行，《韩国的产业》，1988 年；韩国纺织产业联合总会，《韩国的纺织业》，1988 年；韩国银行，《经济统计年报》，1988 年；研究者的评估。

政府角色——好坏参半

与其他国家相比，韩国政府在产业发展上扮演了相当重要的角色。几十年来，韩国政府持续掌握经济发展大权，配合全国上下追求经济增长，使得韩国能在教育等需要长期投资的领域，保持稳定的政策。[65]在本书所研究的各国当中，能够长期推动既定政策的，除了韩国之外，就只有日本。即使如此，韩国政府的表现也是喜忧参半的。从好的方面看，韩国政府为长远的产业发展打下良好的基础，它在教育与基础设施上持续进行投资，应用出口退税、财务支持、信用稽核等政策鼓励企业出口，并把提升韩国的国际竞争力当成首要工作目标，达到刺激产业发展的效果。韩国政府也大手笔成立许多研发机构，并在技术与学术研究机构之间，建立商品化的工业发展中心。龟尾电子工业园区就是一例。早年韩国企业还在廉价产品环节竞争时，政府就曾刻意将韩币压低，以便拓宽国际市场的竞争空间。

此外，韩国政府也像日本政府一样，在产业发展目标与提供相关信息上扮演着重要角色。韩国政府进行了大量的调查研究并制订产业发展计划，为企业指引国际竞争潮流。韩国也从20世纪60年代起，将出口确立为国家经济发展的第一优先项目，官方还设立了许多奖项与仪式，公开肯定企业的出口表现。对韩国人而言，能在国际市场打下一片天地，不仅是为了赚钱，更是爱国心的具体表现。1986年，韩国政府还指定10项产品，希望能在3年内达到全球最佳质量水平。[66]韩国政府除了不断激发企业自行努力改进质量外，还在技术研究与国际公关上大量投资，试图加强韩国产品的国际形象。

韩国政府直接干预产业活动的效果利弊互见。当国内资金短缺时，政府主动扮演引导资金的角色，确实发挥了协助产业发展的效果。像20世纪60~70年代，韩国政府对一些产业进行补助与贷款，同时频频出招，以保护国内市场、避免外国产品与外商进入。好在韩国产业竞争激烈，所以相对地减少了一些政府干预的副作用。另外，韩国政府也设法协助一些特定企业以最佳条件引进国外技术，进而达到降低生产成本、加强国内技术能力的目的。

然而有时候，韩国政府的目标即使不是错误的，也是一相情愿的。它曾经断然投下韩国极宝贵的资源，全力发展化工、塑胶与机械等产业，成效却非常差。此外，它所选择的合作研究发展计划并非项项都成功。该国过于热衷于制定产业发展目标，反而疏忽了真正该做的事，结果常常误导产业界。事实上，由于政府的目标经常锁定在少数最下游的消费型产品，结果限制了韩国的经济，产业集群也很单薄；过度依赖大财团的表现，更是助长了这种趋势。

回溯过去的表现，韩国政府产业政策的最大长处是应变速度快。以往许多干预产业活动的法规，目前已逐渐被淘汰，保护措施也减少了，对大财团的支持也在减少，政府正逐渐淡出。尽管如此，庞大的精英模式的官僚体制依然存在，如果韩国政府缺乏足够的自制能力，继续以往的干预行为模式或破坏自由竞争形态，那么韩国未来的发展将令人忧心。

机会角色——人弃我取的契机

讨论韩国的竞争优势，绝不能忽略历史上的因缘际会。朝鲜战争将朝鲜半岛分为韩国、朝鲜两个国家。天然资源与充沛的水力发电能源多在朝鲜，韩国几乎是在无天然资源的情况下发展工业的。战争带来的另一种影响是，朝鲜战争后的美国援助是韩国经济萌芽的关键；紧接着的越战，对韩国产业发展更是推波助澜，像韩国的国际建筑业与水泥业都是因越战而崛起的。此后，由于世界各国对中东石油的依赖，当时执全球造船业牛耳的日本吃不下那么多订单，加上交货期太长，客户因而转向刚起步的韩国造船业。在石油价格飙涨之际，中东地区大力发展建设，这也为韩国的国际建筑业带来欣欣向荣的机会。

韩国经济的转型开始于第一次石油危机。当 1974 年全球经济空前低迷之际，各国政府与产业纷纷削减投资。韩国政府却反其道而行、大量投资于产业界，协助企业以较低价格取得国外技术。因此，在 1975~1976 年，国际经济开始复苏时，韩国产业已有足够产能应付国际市场的需求。韩国的经济就这样繁荣起来。

但是对韩国经济影响更为深远的是日本。当日本与其他国家发生贸易摩擦、各国开始对日本产品进口设限时，韩国的消费型电子、汽车以及半导体产业，趁机打入了传统上由日本企业主宰的国际市场。日本产业不断进行发展行动，留下来的市场也大多为韩国人所接收。日元的大幅升值，更增添了韩国与日本竞争的筹码。

日、韩之间纠结不清的关系，导致日本产业的发展趋势直接影响到韩国产业的表现。在地理邻近性与历史因素的作用下，韩国人一向将日本视为假想敌。韩国企业主管的话题也少不了日本企业的表现，只要日本企业成功投入的新产业，韩国人一定马上跟进。

在这种情结下，与曾具日本经济起飞指标作用的东京奥运会比照的结果，也使韩国人对 1988 年的汉城奥运会寄予厚望。在韩国人心目中，汉城奥运会是提升韩国国际形象与产业国际化的跳板。

回顾与展望——幽明未定的转变期

韩国是一个经济快速发展的好榜样。韩国的竞争优势主要是由初级生产要素（人力资源）、投资导向（参见第10章）、经理人的目标以及激烈的国内竞争形成的。它的独特之处在于人才快速成长、大财团带动产业、企业家敢冒险的精神与密集的市场竞争。韩国产业的成功也离不开廉价且生产率高的劳动力、积极引进科技、建造现代化的大规模生产设备，进而达到以较低成本进行竞争的模式。从20世纪70年代中期以来，在本书所研究的国家当中，韩国的产业投资额占国内生产总值的比重，一直是最高的（见表7–1）。

韩国产业的成功或多或少受到本国环境与挑战日本情愫的影响。韩国一贯的做法是，发展标准规格、大规模生产且不太需要与客户直接接触或进行售后服务的产品，使用的技术则大多来自国际市场的外国企业，或是引进西方国家过时的技术设备。韩国产业的优势在于最终消费型产品的生产实力，至于上游元件材料与周边机械设备，几乎完全依赖进口。

话说回来，韩国产业正在发展中，读者可以从表8–16看出，1978~1985年间韩国产业成长或衰退达15%以上的情形，在此期间，韩国快速成长的产业远多于衰退的产业。更重要的是，衰退型产业大多是对价格敏感与依赖天然资源的产业，如渔业产品、烟草、肥料、石材、水泥、木材制品、纤维及成衣等产业。反过来说，成长中的产业大多集中在制造业与支持产业部门，也是产业集群的中间地带，这是韩国经济发展的信号。值得注意的是，韩国在机械产业与专业元件产业的成长与衰退程度相当，而那处于相对弱势的状态则显示韩国尚未成为产业发达的国家。

未来的韩国能否持续现有的竞争优势，仍是一个高度不确定的课题。这关系到韩国人如何发展他们钻石体系中的需求条件、相关产业，也涉及韩国产业的激烈竞争能否持续。韩国人虽然以日本为师，但是在企业战略、国内市场需求的高标准程度乃至于大财团在经济中的角色，都与日本不同。如法炮制日本经验并不能保证韩国经济也能持续深化与发展。

表 8–16　1978~1985 年韩国在全球出口总额所占比例增减 15% 或以上具竞争力的产业情况 *

	原料／金属			林业			石油／化工			半导体／电脑			上游产业		
	具竞争力产业的总数	比例增加的产业数	比例减少的产业数	具竞争力产业的总数	比例增加的产业数	比例减少的产业数	具竞争力产业的总数	比例增加的产业数	比例减少的产业数	具竞争力产业的总数	比例增加的产业数	比例减少的产业数	具竞争力产业的总数	比例增加的产业数	比例减少的产业数
初级商品	27	24	6	3	2	6	7	6	1	3	1	3	40	33	16
机械	6	0	0	0	0	0	0	0	0	0	0	0	6	0	0
专业元件	0	0	0	0	0	0	0	0	0	0	0	0	0	0	0
合计	33	24	6	3	2	6	7	6	1	3	1	3	46	33	16

	综合商业			交通运输			发电与配电系统			办公设备			电子通信			国防			产业功能和支持性功能		
	具竞争力产业的总数	比例增加的产业数	比例减少的产业数	具竞争力产业的总数	比例增加的产业数	比例减少的产业数	具竞争力产业的总数	比例增加的产业数	比例减少的产业数	具竞争力产业的总数	比例增加的产业数	比例减少的产业数	具竞争力产业的总数	比例增加的产业数	比例减少的产业数	具竞争力产业的总数	比例增加的产业数	比例减少的产业数	具竞争力产业的总数	比例增加的产业数	比例减少的产业数
初级商品	3	3	1	8	5	2	8	8	1	3	0	1	3	2	0	0	0	0	25	18	5
机械	0	0	0	0	0	0	0	0	0	0	0	0	0	0	0	0	0	0	0	0	0
专业元件	0	0	0	5	4	2	0	0	0	0	0	0	0	0	0	0	0	0	5	4	2
合计	3	3	1	13	9	4	8	8	1	3	0	1	3	2	0	0	0	0	30	22	7

	食品／饮料			纺织／服装			住宅／家居			医疗保健			个人用品			娱乐／休闲			最终消费商品和服务		
	具竞争力产业的总数	比例增加的产业数	比例减少的产业数	具竞争力产业的总数	比例增加的产业数	比例减少的产业数	具竞争力产业的总数	比例增加的产业数	比例减少的产业数	具竞争力产业的总数	比例增加的产业数	比例减少的产业数	具竞争力产业的总数	比例增加的产业数	比例减少的产业数	具竞争力产业的总数	比例增加的产业数	比例减少的产业数	具竞争力产业的总数	比例增加的产业数	比例减少的产业数
初级商品	11	4	7	48	27	19	10	7	4	0	0	1	8	7	4	15	12	4	92	57	39
机械	1	1	0	0	0	1	0	0	0	0	0	0	0	0	0	0	0	0	1	1	1
专业元件	4	2	4	7	5	3	0	0	0	0	0	0	3	1	3	1	1	0	15	9	10
合计	16	7	11	55	32	23	10	7	4	0	0	1	11	8	7	16	13	4	108	67	50

* 在 1978 年或 1985 年超过出口盈亏点的产业，其中包含在 1978 年具竞争力但在 1985 年跌至出口盈亏点以下，或在 1985 年首度出现超过出口盈亏点的显著占有率者。

新版序

1. M.E. Porter with G.T. Crocombe and M.J. Enright, *Upgrading New Zealand's Competitive Advantage,* Oxford University Press, Auckland, 1991.

2. M.E. Porter with Monitor Company, *Canada at the Crossroads: The Reality of a New Competitive Environment,* Business Council on National Issues and Minister of Supply and Services, Ottawa, Canada, 1992. See also M.E. Porter and J.H. Armstrong, unpublished working paper, September 1997.

3. M.E. Porter with Monitor Company, "Construir as Vantagens Competitivas de Portugal," Forum Para a Competitividade, Lisbon, Portugal, 1994.

4. See, for example, M.E. Porter and J.H. Armstrong, "Canada Revisited," unpublished working paper, August 1997.

5. M.E. Porter with Ö. Sölvell and I. Zander, *Advantage Sweden,* Norstedts Förlag AB, Stockholm, SWEDEN, 1991; *Vaekst og dynamik i dansk erhvervsliv,* H. Pade (editor), J.H. Schultz Information A/S, København, Denmark, 1991; *Internationale Wettbewerbsvorteile: Ein Strategisches Konzept fur die Schweiz* (International Competitive Advantage: A New Strategic Concept for Switzerland), with Silvio Borner, Rolf Weder, and Michael J. Enright, Campus Verlag, Frankfurt/New York, 1991; C. van der Linde, *Deutsche Wettbewerbsvorteile,* Econ, Düsseldorf, Wein, New York, Moscow, 1992; *Korean Competitiveness: A Shortcut to an Advanced Nation*, Dong-Sung Cho, 1992.

6. M.E. Porter, "Applying the Competitive Advantage of Nations Paradigm to Norway," in PRAKTISK ØKONOMI & LEDELSE: ET KONSURRANSEDYKTIGNORGE, Number 1, February 1993, Bedrifsøkonomens Forlag A/S, Oslo, Norway.

7. "Finnish Industrial Clusters," in *National Industrial Strategy for Finland,* Ministry of Trade and Industry in Finland, Industry Department, 1993; *Advantage Finland: The Future of Finnish Industries,* Hannu Hernesniemi, Markku Lammi, and Pekka Ylä-Anttila, ETLA, Taloustieto Oy, Helsinki 1996; *Finland: A Knowledge-Based Society,* Science and Technology Policy Council of Finland, EDITA, Helsinki, Finland, 1996.

8. F.A.J. van den Bosch and A.P. de Man (eds.), *Perspective on Strategy: Contributions of Michael E. Porter,* Kluwer Academic Publishers, Boston/Dordrecht/London, 1997.

9. M. J. Enright, E.E. Scott, and D. Dodwell, *The Hong Kong Advantage*, Oxford University Press, New York, 1997.

10. For example, see M.E. Porter and Monitor Company, *The Competitive Advantage of Massachusetts,* Office of the Secretary of State, Boston, MA, 1991; "The Competitive Advantage of Euskadi," Monitor Company, Cambridge, MA, 1992; and *The Quebec Industrial Atlas,* produced by P. Gagné and M. Lefèvre with the cooperation of G. Tremblay, Publi-Relais, Montréal, 1993.

11. M.E. Porter with P. Ghemawat and U. Srinivasa Rangan, "A New Vision for Indian Economic Development: The Corporate Agenda," working paper, October, 1995; M. Porter with P. Ghemawat and U. Srinivasa Rangan, "A New Vision for Indian Economic Development," working paper, March 1995.

12. J. Hyvärinen and J. Borsos, *Emerging Estonian Industrial Transformation: Towards a Dual Industrial Strategy for Estonia,* Taloustieto Oy, Helsinki, 1994.

13. *Venezuela: The Challenge of Competitiveness,* Michael J. Enright, Antonio Francés, and Edith Scott Saavedra, St. Martin's Press, New York, 1996.

14. See, for example, R.M. Smit, "Rotterdam seen through Porter-colored glasses," in F.A.J. van den Bosch and A.P. de Man (eds.), *Perspectives on Strategy: Contributions of Michael E. Porter,* Kluwer Academic Publishers, Boston/Dordrecht/London, 1997.

15. "The Competitive Advantage of the Inner City," *Harvard Business Review,* May-June 1995; "New Strategies for Inner-City Economic Development," *Economic Development Quarterly*, Volume 11, Number 1, Sage Periodicals Press, February 1997.

16. A new organization, the Initiative for a Competitive Inner City, has been founded to pursue this agenda. A full bibliography of its research is available from the author.

17. The Latin American Center for Competitiveness and Sustainable Development has been established at INCAE, the region's leading school of business, economics, and government, to support this effort. See "Project Overview and Update," Latin American Center for Competitiveness and Sustainable Development, INCAE, Costa Rica, August 1997.

18. L.G. Thomas, "Industrial Policy and International Competitiveness in the Pharmaceutical Industry," in *Competitive Strategies in the Pharmaceutical Industry,* R.B. Helms (ed.), American Enterprise Institute for Public Policy Research, 1996; A. Shleifer, E. Glaeser, H. Kallal, and J. Scheinkman, "Growth in Cities," *Journal of Political Economy,* December 1992; V. Henderson, A. Kuncoro, and M. Turner, "Industrial Development in Cities," *Journal of Political Economy,* 1995.

19. For a bibliography of literature and cluster initiatives, see "Clusters and Competition: The New Agenda for Companies, Governments, and Institutions," in *Michael Porter on Competition,* Harvard Business School Press, Boston, forthcoming, 1998.

20. P. Kotler, S. Jatusripitak, S. Maesincee, and S. Jatusri, *The Marketing of Nations: A Strategic Approach to Building National Wealth,* The Free Press, New York, 1997.

21. M.E. Porter and C. van der Linde, "Green *and* Competitive: Ending the Stalemate," *Harvard Business Review,* September-October 1995; M.E. Porter and C. van der Linde, "Toward a New Conception of the Environment-Competitiveness Relationship," *The Journal of Economic Perspectives*, Volume 9, Number 4, Fall 1995; S. Schmidheiny with the Business Council for Sustainable Development, *Changing Course: A Global Perspective on Development and the Environment,* The MIT Press, Cambridge, Massachusetts/London, England, 1992; A.B. Jaffe, S. Peterson, P. Portney, and R.N. Stavins, "Environmental Regulation and International Competitiveness: What Does the Evidence Tell Us," draft, January 13, 1994; W. Oates, K.L. Palmer, and P. Portney, "Environmental Regulation and International Competitiveness: Thinking about the Porter Hypothesis," Resources for the Future Working Paper 94-02, 1993; R. Schmalensee, "The Costs of Environmental Regulation," Massachusetts Institute of Technology, Center for Energy and Environmental Policy Research Working Paper 93-015, 1993; T. Panayotou and J.R. Vincent, "Environmental Regulation and Competitiveness," *The Global Competitiveness Report 1997,* World Economic Forum, Geneva, Switzerland, 1997.

22. M. Fairbanks and S. Lindsay, *Plowing the Sea: Nurturing the Hidden Sources of Growth in the Developing World,* Harvard Business School Press, 1997.

23. M. Sakakibara and M.E. Porter, "Competing at Home to Win Abroad: Evidence from Japanese Industry," unpublished working paper, September 1997.

第1章

1. Throughout this book I will use Korea and Germany to refer to South Korea and West Germany, respectively.

2. In the 1950s, 1960s, and even 1970s, much literature sought to explain why the United States was so competitive and the pattern of U.S. trade. This was a reflection of the commanding position that U.S. firms enjoyed in so many industries. Today, attention has shifted to Japan and to explaining its success. Newer models examine Japanese-style policies such as temporary protection.

3. See Yoshino (1968), Athos and Pascale (1981), Ouchi (1981), and Abernathy and Hayes (1980) for discussions of the virtues of Japanese management and the shortcomings of America's. Servan-Schreiber (1968) is among the best known of the works about the superiority of American management.

4. The annual ranking of competitiveness prepared by the European Management Foundation, based on a large number of such measures, is interesting but begs the question of what a competitive nation is. Its many measures also lack an explicit theory to justify and integrate them.

5. The term *productivity* here refers to real productivity, with output adjusted for inflation.

6. Many discussions of productivity use the term more narrowly to refer to efficiency.

7. Many discussions of competitiveness stress "high-value-added" industries because these are seen as contributing most to economic prosperity. Value-added is the difference between revenue and the cost of purchased inputs. Value-added *per se* is only incidentally related to labor and capital productivity. Value-added per worker or other more direct measures of labor and capital productivity are far better and more precise indicators.

8. At the margin, the productivity of resources deployed in all industries is equalized by market forces. Crucial for national economic prosperity, however, is achieving an equilibrium in which the resulting *average* productivity of resources is as high as possible. This depends on raising the quality of factors and increasing the level of technology, broadly defined, with which factors are deployed. The opportunity to do so varies by industry and industry segment, and the productivity differences between firms in given industries and segments can also be substantial because of differences in skills and technology. A central focus of this book is the process by which the skills and techniques that underpin high average productivity are created.

9. Clearly, the capacity to improve productivity in all major sectors of an economy, not just manufacturing, is important to economic prosperity.

10. The role of growing export sectors in bidding up wages and pushing up the exchange rate is sometimes called the Dutch disease because of the popular example of the effect of natural gas exports on Dutch manufacturing. See Corden and Neary (1982). In Holland, however, export success was due to a natural resource windfall rather than to sustainable productivity increases in industry. The windfall was used to finance a bloated social welfare system rather than the education, research, or infrastructure necessary to boost future productivity. Eventually, even the natural resource windfall could not finance social spending.

11. The total value of goods, services, and financial assets a nation sells to the rest of the world must necessarily equal what it buys. This means that a positive imbalance of trade, which must be compensated for by accumulating foreign debt or foreign assets, creates self-limiting forces.

12. Purely domestic industries are also significant to national economic prosperity because their productivity contributes to or detracts from national productivity. Any nation in which many purely domestic industries, making up a significant fraction of any economy, are inefficient will face a constraint on its standard of living, as is the case in Italy and Japan. The leverage of international industries

for national productivity is normally higher, however, because of their capacity to export and thereby expand output beyond local needs. Achieving high productivity in such industries thus allows greater positive effect on national productivity.

13. The loss or shrinkage of market positions to imports and foreign investment involves especially significant adjustment costs. The shareholders, managers, and workers in less productive firms and industries face economic losses and dislocation. Government comes under political pressure to intervene.

Upgrading an economy works best when needed shrinkage occurs gradually in a range of industries rather than abruptly in a few industries, because this minimizes the social and economic adjustment costs and the likelihood of counterproductive intervention.

In part because of these adjustment costs, the process of upgrading national productivity benefits when a nation has market positions capable of expansion in a broad range of industries, instead of depending on exports from a few. This reduces the dislocation that results from structural change in a few industries and from specialization by firms in more and more productive market segments and shifting abroad of less productive activities. At the same time, the presence of firms in a wide array of industries provides many possible avenues for improvement and innovation that raise productivity. In addition, breadth creates more potential for spillovers and cross-fertilization among industries. As will become clearer in subsequent chapters, the interconnections among related industries are essential to the upgrading process. Switzerland is a nation that illustrates how an economy with a broad array of international market positions has been able to upgrade continuously for decades, while Sweden, with an economy much more concentrated in a few sectors, has experienced greater difficulty and has had to resort to periodic devaluations.

14. The evidence is compelling, moreover, that the cost of such intervention both to the national treasury and to the nation's consumers is extremely high per job saved. See OECD (1984).

15. Trade (the sum of imports and exports) represents a significant fraction of national output in all advanced economies (about 15 percent in the United States, 25 percent in Japan, and 55 percent in Germany). An even greater proportion of national economies are *exposed* to international competition. Industries and segments of industries that involve sophisticated technology and skilled employees, and thus offer the greatest potential for high productivity, tend to be more exposed to trade than most industries. A wide range of activities, from production to R&D, can also readily be performed abroad.

16. A nation's terms of trade are affected by shifting exchange rates if domestically produced and foreign goods are differentiated and not perfect substitutes, a realistic assumption.

17. We will examine these issues further for individual nations in Part III.

18. See Maddison (1987) and Nelson (1981) for surveys.

19. Most efforts to investigate the patterns of national success in industries have examined broad industry sectors such as transportation equipment, food and beverages, and machinery. The picture at this level is often hazy, because the larger nations have some exports in virtually all sectors. In fact, a much-noted finding in

nations have some exports in virtually all sectors. In fact, a much-noted finding in the literature on international trade has been the prevalence of so-called intra-industry trade, or trade between nations in similar goods. For the most comprehensive treatment, see Grubel and Lloyd (1975).

20. Governmental distortions are prevalent in such industries as apparel, agriculture, automobiles, aircraft, and telecommunications, not to mention many others. Protection and administrative regulations, for example, have significantly distorted the patterns of national advantage in Europe. The onset of 1992 in Europe, if real barriers to trade decline, will mean that national economies are likely to become more concentrated in those industries where they have true competitive advantage.

21. Use of the term *comparative advantage* today has become considerably looser. Nations are sometimes said to have a comparative advantage in an industry if the industry is a successful exporter. This *ex post* interpretation of comparative advantage, of course, explains nothing at all.

22. Modern versions of Ricardian theory have assumed one factor of production (labor) and that countries differ in the amount of labor required to produce a good. See Dornbusch, Fisher, and Samuelson (1977).

23. For the seminal statement, see Ohlin (1933). Ohlin's elegant book noted many of the complexities of actual competition in the course of focusing on factors. Later treatments, of increasing mathematical rigor, became more stylized.

24. The factors of production relevant to comparative advantage are normally defined in broad terms such as labor, natural resources, capital, and the like. There have been many efforts to sharpen and extend the theory, as well as to use it to explain statistically the broad patterns of trade among nations. For a survey of the theory and evidence, see Jones and Kenen (1984).

Much of the literature on comparative advantage takes the form of mathematical models used to derive propositions about the composition of trade and the effect on trade of changes in parameters such as the number of goods, countries, and factors of production. These models are based on assumptions that make no claim to match the richness of actual competition: for example, labor and capital are frequently the only factors of production, the products produced in all countries are assumed to be identical, and production functions (and hence productivity) are assumed constant.

Empirical tests of comparative advantage have been difficult, because of the challenges of constructing tests which derive rigorously from the theory in light of its aggregate nature. Recent examples are Harkness (1983), Sveikauskas (1983), and Leamer (1984). Empirical tests are generally confined to broad groupings of industries such as labor-intensive industries or skill-intensive industries. The results have been mixed but generally supportive of some of the broad propositions of the theory, though they do not explain much of the variation in trade patterns among countries.

Refinements of the theory have introduced the role of skilled labor, and human and physical capital as it relates to labor. More recently, efforts have been made to relax certain key assumptions in the theory, such as the absence of economies of scale, as I will discuss further later.

25. See, for example, Zysman and Tyson (1983).

26. Leontief's (1954) famous paradox, in which the capital-rich United States was exporting labor-intensive goods, is just one salvo in a long debate on whether the Heckscher-Ohlin-Samuelson model (Samuelson made important later contributions) explained which countries had comparative advantage in particular products. See Hindley and Smith's (1984) assessment. Leamer (1980) is credited by many as having resolved the paradox, by arguing that the United States was a net exporter of both labor and capital services in the period Leontief studied.

27. Relaxing this assumption to allow the mobility of factors eliminates the rationale for trade. Despite the growing mobility of factors, however, trade has continued to increase.

28. See Helpman and Krugman (1985) for a critique. The theory also predicts the equalization of factor prices (for example, wages) among nations, which clearly has not occurred.

29. Nations can create such modern infrastructure in a matter of decades, as countries such as Singapore and Korea have demonstrated. Newly developing nations, by skipping intermediate generations of technology, can even improve on the infrastructure of long-advanced nations, as is evident to anyone who compares a phone call in Singapore to one in many parts of Europe.

30. Dutch capital helped finance the British Industrial Revolution, for example, while American railroads and other industries were financed with the help of British capital.

31. While for some nations this may be the best they can hope for, the point is that factor cost-based competitive advantage is not a desirable long-run target.

32. A new paradigm will raise daunting challenges for developing nations, as I will explore in Chapters 10 and 12.

33. See Helpman and Krugman (1985). A growing literature on the relationship between imperfect competition and trade investigates the role of these and other market imperfections in determining trade. The basic theme is that virtually every market imperfection creates a rationale for trade even if factor costs are equal across nations. Market imperfections also create a role for strategy. Left indeterminate is the central issue that concerns us here, the specific patterns of trade.

A related literature, sometimes called "strategic trade theory," investigates the implications of market inperfections for government policy. The thrust of this literature is normative, and it shows how government intervention in the presence of market imperfections can influence trading patterns through influencing firm commitments. The models explored are stylized, however, and the results of the various models are highly sensitive to which of a range of plausible specific assumptions about firm behavior is chosen. See, for example, Brander and Spencer (1983), Krishna (1984), and Krugman (1986). Dixit (1984) provides a critique.

34. This observation has been made by Deardorff (1984) and others.

35. Similarly, protecting the home market is no guarantee of reaping available scale economies in global markets. Increasing returns to scale have been used to justify protection, because if production enhances a nation's position in industries with increasing returns, this will increase national welfare. See Graham (1923).

36. For a survey, see Wells (1972).

37. The original reference is Vernon (1966).

38. Other threads of research on the role of home demand are discussed in Chapter 3.

39. The view that there are different explanations for international success that apply to different industries has led some authors to divide industries into groupings such as traditional, knowledge intensive, resource intensive, scale or mass production sensitive, and high technology (or science based). One such taxonomy is due to Pavitt (1984). The aim of such categories is to reflect the varying determinants of competitive success in different industries. See, for example, Arndt and Bouton (1987).

The problem with such generalizations is that technological change and the globalization of strategy have blurred the categories. Given flexible manufacturing, information systems, and other technological developments, nearly every industry in the 1980s is knowledge intensive. "Traditional" industries such as apparel and furniture are being revolutionized by new production and distribution methods. Economies of scale are generally falling in production, though rising in marketing and distribution. No simple division of industries can capture the diversity of sources of competitive advantage and how they are achieved. As we will see, a richer theory cuts across them.

40. For surveys, see Hood and Young (1979), Dunning (1981), and Caves (1982). Dunning's (1989) paper updates his so-called "eclectic" theory.

41. Trade and foreign investment are generally employed together in the expansion of successful firms (for evidence, see Blomström, Lipsey, and Kulchycky [1988]). The same types of assets and skills create the potential for both.

42. The concept of home base refers to a particular industry. A diversified multinational may have home bases for competing in different industries in different nations.

43. Some observers see firms becoming competitive at the expense of their nation when they source parts, manufacture, or develop products abroad. Policies by a nation to prevent its firms from manufacturing or sourcing offshore, though tempting, are self-defeating. Blocking such actions will only undermine the ability to sustain advantage in an industry. The only real solution is to alter national circumstances so that firms will choose to do more at home. See Chapter 12.

44. In X-ray equipment, for example, C. H. F. Müller is owned by Philips (Holland). Yet the German subsidiary retains full strategic control and, along with Siemens, it has a strong position in the global X-ray equipment industry. Germany is home base despite foreign ownership.

45. Not only trade theory but much of growth theory is based on this view. See Romer (1987).

46. My fundamental perspective is more Schumpeterian (1934, 1942) than neoclassical. Entrepreneurship and innovation prove central to national advantage. Why some firms and individuals innovate in particular industries, and why they are based in particular nations, will be the focus of much of what follows.

47. A stream of literature has reached this conclusion. See the famous work of Solow (1957) and Denison (1962).

48. Factors are still scarce at a given point in time, but my research suggests that the possibilities for upgrading their quality or deploying them more productively are numerous and that the gains are substantial.

49. These advanced nations have had varying degrees of success in sustaining advantage. See Chapters 7 through 9.

50. The study was limited to relatively developed nations because of its focus on competition in relatively sophisticated industries. Though no less developed countries (LDCs) were examined, however, the study explored the determinants of competitive success in those industries in which LDCs aspire to compete. I believe the study carries many implications for firms and governments in developing nations. See Chapter 10.

51. Notable examples are Vogel (1985), McCraw (1986), and Prestowitz (1988).

52. See Chapters 8 and 12.

53. Trade patterns were measured at the five-digit level in the Standard International Trade Classification (SITC).

54. Most empirical studies of national competitiveness or the patterns of trade have been based on statistical tests of trading patterns at one point in time. Limits in available data have meant that only a sample of industries in a nation has been investigated. Industries are defined broadly, and explanatory variables are few. Most statistical studies have investigated trade and foreign investment separately. Results for the relationship between trade and foreign investment range from neutral to complementary.

55. An industry was designated as competitive if its share of world exports exceeded the nation's average share of world exports and the industry had a positive trade balance, with certain other conditions discussed in Appendix A. The industries that met these conditions typically accounted for two-thirds or more of a nation's total exports. We added industries based on evidence of significant outbound foreign investment, provided it was not of a passive, portfolio nature or involved acquisitions of independently managed foreign companies. A good example of portfolio investment would be the substantial Japanese investment in U.S. real estate. Similarly, the international position of a firm such as Thompson CSF (France) in television sets, consisting largely of acquired foreign companies that have been left intact, was not taken as a sign of robust French competitive advantage in international terms.

We excluded industries where there was evidence that exports were due to foreign production subsidiaries located in the nation. We also excluded industries whose international success was primarily in neighboring countries, and those in which there were chronic subsidies or chronic losses with no reasonable prospect of future profits. These were industries where international position did not reflect underlying competitive advantage. In the later phase of the research in which we investigated detailed case studies, the presence of competitive advantage could be assessed more directly.

56. These years were selected to provide the longest time period available, given changes in the Standard International Trade Classification (SITC) system. The bulk of our attention was concentrated on the 1978 and 1985 data, because we had

available the less aggregated industry classification system (SITC Revision II) introduced in 1978 which was more representative of actual industries.

57. To supplement the statistical sources, interviews were used to identify successful industries and segments and to help exclude industries where success was a reflection of foreign investment or other anomalies.

58. We also conducted interviews in each nation with senior government officials, bankers, leading industrialists, and other observers with a broad perspective on the economy, supplemented by library research. Our purpose was to gain an understanding of each nation's institutional context, attitudes toward industry, and social, political, and economic structure. Of particular interest were such areas as government policy toward industry, the nature of the health care, educational, and financial systems, the institutional structure of R&D, and the pattern of local demand for goods and services.

59. The industry histories were based on historical sources, primary company documents, and interviews with current and former industry participants, industry observers, and trade association personnel. Case studies were circulated in draft form to industry participants to solicit comments and additions. In some instances, case studies were also reviewed by experts from firms based in other nations.

第2章

1. While much has been written on all these subjects, a basic level of understanding for all readers is necessary to set the stage for subsequent chapters. My theory of competitive strategy and competitive advantage is presented most fully in Porter (1980, 1985, and 1986). What follows here condenses that theory and adds some new elements relevant to a broader theory of the dynamics of competition.

2. These concepts apply equally to products and services. I will often just use the term product to avoid repetition.

3. Indeed, entry barriers, which make an industry attractive for existing competitors, at the same time make it difficult for a new entrant to attain a good position.

4. In many consumer goods and some industrial products, there is both an immediate buyer (for example, a retailer) and an end user (for example, the household). The bargaining power of the immediate buyer determines profitability, but the end user's power and price sensitivity strongly influences that of the intermediate buyer.

5. For a complete discussion, see Porter (1980).

6. The conditions are described in Porter (1985), Chapter 1.

7. The distinction between a segment and an industry is sometimes a matter of degree, and can lead to endless discussions among managers. The essential issue, which firms must not lose sight of, is competitive advantage. The appropriate industry and segment definitions are those that highlight differences in the essential sources of competitive advantage. When in doubt, it is best to err on the side of narrow industry and segment definitions, though setting strategy with an eye to the interrelationships with other segments and industries.

One test of the appropriate definition is competitor behavior. Where none of the competitors in one segment overlap with the competitors in other segments, that segment may have sufficiently different sources of competitive advantage to constitute a strategically distinct industry.

8. There are some common (though not universal) differences in the choice of scope in many industries. German, Japanese, Swedish, and American companies tend to offer relatively wide product lines, while Italian, Swiss, and Korean companies are more likely to focus on segments. Japanese firms, in addition to having broad product lines, tend to compete in an array of related industries. These differences in scope are something that I will explore in subsequent chapters. They bear on patterns of national success in different industries.

9. These linkages, while suggesting the need for coordination with suppliers and channels, do not alter the fact that a firm must bargain with them over how profits are divided. Achieving coordination does not preclude hard bargaining; in fact, part of hard bargaining is persuading suppliers and channels to modify activities so that greater coordination is achieved. Contrary to popular assertion, Japanese companies, known for cooperative supplier relationships, maintain multiple suppliers for important inputs and bargain aggressively. Suppliers to leading Japanese companies usually earn lower returns than the firms to which they sell.

10. I discuss the structural determinants of cost relative to competitors, which I term cost drivers, in Porter (1985), Chapter 3.

11. Merely imitating competitors and basing advantage on cheap labor or raw materials, a strategy often employed by firms from developing nations, is possible in less sophisticated industries and industry segments but is rarely sustainable nor the basis for economic development beyond a certain level.

12. An innovation in my parlance is a new way of doing things (termed an invention by some authors) that is *commercialized*. The process of innovation cannot be separated from a firm's strategic and competitive context.

13. My theory and findings stress incomplete information and organizational barriers to perceiving and acting on new ways of competing. Recent research on technological innovation, with a somewhat narrower focus, illustrates a growing recognition that great uncertainty surrounds new technology, that firms in the same industry pursue widely varying technological approaches, and that much technical knowledge involves learning by doing, which is proprietary and difficult to transfer (see Nelson [1981] and Dosi [1988] for surveys). These characteristics apply even more to innovation in broader, strategic terms.

14. Investment in such specialized assets is sometimes termed *commitment* in the literature of industrial economics. Ghemawat (forthcoming) has expanded this notion to shed much light on some dynamic aspects of strategy.

15. For an interesting study of sustainability in a sample of one hundred companies, see Ghemawat (1986).

16. When the architect of the original strategy is still present, change may be virtually impossible. Richard Tedlow (forthcoming, 1990) has described, for example, how Henry Ford and Robert Woodruff (Coca-Cola) both lived to a ripe old age and blocked needed strategy changes in their companies.

17. Schumpeter's (1934, Chapter 2) marvelous description of the entrepreneur

and of leadership highlights some of these issues.

18. Sometimes the geographic scope of competition is regional (for example, European) and not fully global. The basic strategic issues, however, are the same.

19. Many of the issues here are treated in more detail in Porter (1986). That book contains extensive references to relevant literature for the interested reader.

20. For another useful treatment of the relationship between activities and global strategy, see Kogut (1984, 1985).

21. For example, governments may desire national autonomy in decision making, or to gain the spillover effects of domestic R&D and the training of skilled workers.

22. Further discussion of these organizational issues is found in Bartlett and Ghoshal (1989), Keegan (1989), and Prahalad and Doz (1987).

23. Just as the pattern of globalization can differ by industry segment, it can also differ by group of countries. There are frequently groups of countries among which the advantages of a global or regional strategy are particularly strong; for instance, countries with similar climatic conditions have similar product needs. Other relevant groupings can be based on language, state of economic development, extent of government intervention in competition, and historical or current political ties.

24. For a fuller treatment of alliances, see Porter (1986).

25. These attributes are quite different from, and often independent of, the considerations entering into neoclassical comparative advantage.

第3章

1. In view of the important role of innovation in international competition among nations, the literature on R&D and technological innovation contains many useful insights. I will cite a few selected examples in this chapter and treat the literature as a whole in note 33 in Chapter 4.

2. What is required is a theory of disequilibrium, not one that assumes a fixed set of resources and a constant technology within which firms optimize. By adopting these assumptions, much neoclassical economic theory, including growth theory, has assumed away what must be explained. In fact, technology is constantly evolving and resources are being continuously created and upgraded. The payoff is not in optimizing within existing constraints but in changing the constraints.

3. Recent developments in trade theory, by embodying market imperfections, have made a promising beginning. As I discussed in note 33 in Chapter 1, however, newer models still fall short of explaining why nations are able to export in particular industries.

4. Related industries are those where firms can share activities in the value chain across industries (for example, distribution channels, technology development) or transfer proprietary skills from one industry to another. An example of three related industries is cars, light trucks, and forklift trucks (used for material handling inside and outside factories and warehouses).

5. While globalization makes differential access to classical factors of production less likely and less significant, information is traded much less efficiently in markets,

especially if it is specialized and embodied in personnel and procedures. For an interesting study which stresses the role of differential information and rate of learning on competitive success in operations management, see Jaikumar and Bohn (1989).

6. The determinants are observable characteristics of a nation. Each has informational characteristics, bears on available resources or skills (including organizational capabilities), influences the goals of various participants (in a broad sense) in industry competition, and has a role in pressuring firms. Though it is possible to recast the theory around these four attributes, such an approach is less operational and less intuitively clear.

7. In terms familiar to an economist, the operation of the determinants and the interactions among them lead to powerful external economies within the nation, often within in a particular city or region, that are difficult to tap from another home base.

8. The systemic character of the "diamond" sometimes blurs cause and effect, a subject to which I will return.

9. An important distinction in the theory, which I noted in Chapter 1, is between absolute and comparative advantage. Absolute advantage reflects a factor endowment which makes the nation the world's low-cost producer of a good. Relative advantage is a weaker condition in which the nation exports those goods which use its relatively abundant factors intensively. It nonetheless leads to gains from trade, because it reflects the opportunity cost to the nation of deploying resources in alternative uses. A nation may import a good for which it has absolute advantage if it can deploy the factors more productively elsewhere.

10. Less aggregated accounts divide labor into a few skill classes and include a few other categories such as infrastructure. One of the least aggregated trade studies, Leamer (1984), includes capital, three types of labor, four types of land, coal, minerals, and oil. But even this level of aggregation is far too broad to capture the differences among nations that lead to competitive advantage.

11. Standard trade theory, in which technology is constant (and fixed) among nations and products are undifferentiated, puts aside these issues.

12. Mobility of skilled people and technical knowledge is far from new. Our industry case studies revealed repeated examples as far back as early in the nineteenth century. British engineers and technicians, for example, were often hired to help establish industries in other nations.

13. Some observers, citing the diminished role of basic factors and the fact that the multinational firm can tap them anywhere, argue that this eliminates a role for the nation altogether in international competition. See, for example, Reich (1989), who argues that the American economy has ceased to exist. Yet this is like throwing the baby out with the bathwater. While basic factors such as low-skilled labor are not sources of competitive advantage and will not command high returns, the growing importance of innovation, skills, and rapid change in competition that is increasingly knowledge-intensive has made the nation arguably more important.

14. Such a pool exists in the United States and to a lesser extent Britain. In continental Europe and Japan, most software firms produce custom software under contract and not general-purpose packaged software which requires sustained start-up investment for product development.

15. If advantages in advanced and specialized factors are nullified, basic factors may become decisive, though advantages in them are unstable. In shipbuilding, for example, Scandinavian design expertise and building techniques were diffused to the Far East through licensing to the extent that they could not offset the vastly lower wages of Asian workers whose skills where rising. Thus the cost of semiskilled labor, a basic factor, became decisive to competitive advantage outside of specialized segments. Japan enjoyed a labor cost advantage for a time, but the labor cost advantage shifted to Korea.

16. New financial instruments are being invented, for example, which allow finer tailoring of risk/return to the nature of the investment opportunity, and which package investments to allow funding in public markets where wealthy private investors were once the only funding source.

17. In classical and neoclassical trade theory, the stock of factors in a nation is taken as fixed. Firms optimize within the constraints of this fixed pool in deploying factors in particular industries.

A number of authors have pointed out that factors can be created, dating at least back to Friedrich List (1856). For more recent statements, see Zysman and Tyson (1983) and Scott and Lodge (1985). What is less well understood is where, how, and in what forms factor creation takes place and its link to national competitive advantage.

18. Factor creation is cumulative; one generation inherits those factors created by the previous generation.

19. Specialized factor-creating institutions are difficult to replicate, while proximity facilitates ongoing interchange with a nation's firms.

20. Where the abundance of a factor leads to its inefficient utilization, a firm is especially vulnerable to shifts in factor costs.

21. I will discuss the role of the exchange rate in economic upgrading in Chapter 12.

22. In some instances, the resources required to innovate around factor disadvantages exceed the long-term benefits. Here, basic factor disadvantages will prevent the achievement of competitive advantage. However, this very dependence on basic factors means that such industries are likely to be characterized by low or modest productivity and hence will be less important to economic upgrading.

23. A body of research has investigated the theory of induced innovation, in which firms innovate around the relatively expensive factors. This work is concerned with the role of factor costs in the direction of technological change and has rarely been linked to national competitiveness. For surveys, see Davidson (1976) and David (1975). For early studies, see Rothbart (1946) and Habakkuk (1962). Rosenberg (1976) coined the useful term "focusing devices" to refer to inducements to innovation.

There is some controversy in the literature about whether factor costs should have an impact. Some authors argue that a firm will always make profit-maximizing choices about investing in innovation to reduce factor intensity regardless of relative factor cost. This school of thought takes an overly narrow view of innovation and its causes, and makes what I believe to be a faulty assumption about the information available to firms regarding the payoffs to particular investments in innovation and its causes, and makes what I believe to be a faulty assumption about the information available to firms regarding the payoffs to particular investments in innovation and their incentives and ability to innovate. Under more realistic assumptions, the role of cross-national factor differences is an important one.

Mention of factor-saving innovation appears in the literature on international business. See Vernon (1966), who discusses labor-saving innovation by American firms, and Franko (1976), who highlights the prevalence of labor-saving innovations in Europe as a result of labor shortages.

Finally, the literature on innovation contains an important thread of work on stimuli or inducements to innovation, including some akin to factor disadvantages. A particularly insightful example is Rosenberg (1976).

24. Technological possibilities may mean that selective factor disadvantages cannot be offset or overcome at all, or not overcome economically. Swedish shipbuilders, facing high labor costs, innovated to automate the shipbuilding process. However, the Swedish firms were unable to eliminate a significant labor content. Labor cost remained a large proportion of cost, and the Swedish innovations were soon copied and improved upon by Japanese yards. The result was a loss of competitive position.

25. For an account, see Danielson (1988).

26. Airfreight is so efficient from Schipol Airport that the region has attracted other delivery-sensitive industries.

27. Vernon's product cycle theory of trade (1966) rests in part on demand-side influences. Another interesting Danish study that confirms empirically some influence of home market demand on trade patterns is that of Andersen, Dalum, and Villumsen (1981).

28. The role of home demand characteristics in trade is stressed by the insightful work of Staffan Linder (1961). Linder argues that there must be local demand for a product before a nation will export that product, because local demand is necessary to allow local firms to learn how to succeed in the industry. He goes on to observe that trade will be greatest between nations with similar demands, because the experience gained by local firms will result in goods that these nations will value. Linder argues that similarity in per capita income is the best proxy for similarity in demand, and hence that trade will be most intense between nations with similar per capita income.

Linder's theory contains important elements of truth. Since many nations have similar per capita incomes and similar demands in Linder's broad terms, however, the effect of these variables in determining patterns of trade may be somewhat less compelling today than when Linder was writing in the late 1950s and early 1960s. Moreover, similarity in per capita income is no longer as good a predictor of similarity of demand as it once was. Globalization of competition, rapid and fluid international communications, and the desire of developing nations to have the most advanced goods all mean that broad similarities in demand exist in many nations.

Linder's theory highlights the importance of local demand to trade, and that broad demand similarities are necessary for trade. Yet this does not predict the direction of trade or expose the specific attributes of local demand that allow one nation to gain advantage in a particular industry. It is specific *dissimilarities*, in demand among nations, within broadly overlapping demand structures, that are crucial to achieving competitive advantage.

29. Many studies of new product innovation document the importance of an acute understanding of buyer needs to competitive success. Understanding market needs, the timing of product introductions, and the approach taken to marketing are always at the top of the list of causes of successful and unsuccessful new products. All are variations of the same theme. For one survey, see Cooper (1986). What is less clear from past studies is *why* some firms are able to perceive needs better than others. This is the issue I stress here.

30. This influence is especially decisive when a firm is first getting established and initially creating a competitive advantage.

31. Becoming a true "insider" in another nation requires a long presence, management by local nationals, and a good deal of local autonomy. But these circumstances diminish the influence of the foreign subsidiary on the developments of global product varieties.

32. Foreign needs are dealt with through features or modification but not through altering the core product.

33. This was the conclusion of important early work on Belgium by Drèze (1961). He argued that small countries with ethnic and cultural diversity, such as Belgium, were unable to attain the scale to be competitive in style- and design-sensitive goods because local segments were too small. Instead, he argued, Belgium specialized in the production of varieties more standardized in world markets.

Grubel and Lloyd (1975) also emphasize this fact in their valuable work on intra-industry trade, or trade among nations in similar goods. They argue that such trade is difficult to explain with conventional trade theory. Where there are economies of scale in producing individual product varieties, Grubel and Lloyd reason that nations will specialize and trade among themselves.

34. Ethier (1979) argues, based on such a view, that national scale is unimportant.

35. Sophisticated and demanding buyers are frequently associated with rapid penetration of improved products and short product life cycles.

36. The role of demanding buyer can also be played to some extent by subsidiaries of foreign firms located in a country. Singapore has a very high concentration of the world's leading electronics companies that use Singapore as a manufacturing base. These represent a unique asset that Singapore has yet to exploit.

37. See, for example, Scott and Lodge (1985) and Wells (1972).

38. The reference to Japan is curious given the large relative size of the Japanese home market, the second largest in the world. I will have more to say later about why Japanese firms export.

39. While his focus is narrower, Schmookler (1966) contains an illuminating discussion of the role of market size and growth in stimulating technological innovation.

40. The advantage of early demand in a nation has been discussed by a number of authors. Vernon's product cycle of international trade (1966) is a prominent example. The United States, as the most advanced country, was seen as having

the earliest demand for advanced goods. As Vernon himself has recognized, however, early demand does not necessarily occur today in the United States.

41. Where firms from a nation are already internationalized in other product lines, saturation at home is less necessary to encourage overseas sales of new products and models.

42. Hirschman (1958), in his insightful book on economic development, emphasizes the importance of complementarities and linkages among industries to the development process, primarily through providing a volume of demand for one another's products. I broaden the nature of such linkages, and assign them an important role not only to the composition of the domestic economy but to the industries in which a nation can succeed internationally.

43. Locating subsidiaries in a supplier's home nation suffers from similar problems in reverse.

44. New entry is also often stimulated, an important influence I will treat in the next chapter.

45. See, for example, Lieberman (1988).

46. There have been some efforts to measure international differences in management practices, a task fraught with complexities. I cannot hope to provide a complete framework here, but our research highlights the importance of such differences and their relevance to a complete theory of national advantage. The important point stressed here is that the prevailing management practices in a nation will be an advantage in some industries and a disadvantage in others.

47. Chandler's (forthcoming) historical research on the rise of the multinational firm, which has proceeded in parallel to my own, stresses the development of internal skills and managerial capabilities in the growth of successful international competitors. My stress is more on the environment surrounding firms, and how this influences the creation of strategy, skills, organizational arrangements, and success in particular fields.

48. Chandler's research provides further illustrations of the role of social factors and tradition on the way in which firms are managed and their *modus operandi*. In Britain, for example, Chandler's research has shown that British firms were more likely to resist the adoption of managerial hierarchies than firms in Germany and the United States. In the end, this constrained their competitive advantage in some industries as competition became more complex and global. See Chandler in Porter (1986) and Chandler (forthcoming).

49. While much economic theory views goals as identical among firms and frames them in terms of profit or utility maximization, in practice goals are much more complex. Involved are such questions as time horizon, required rate of return, perceived prestige, and the amount of effort expended. The sorts of considerations embodied in Leibenstein's notion of *X*-efficiency are quite important. See Leibenstein (1966) and Franz (1988).

50. I will use this term to refer to companies whose shares are owned by private individuals and other corporations and are traded on public capital markets. Private firms refer to those that are closely held by a few individuals. State-owned corporations are those owned by government.

51. Leveraged buyouts (LBOs), which have proliferated in the 1980s in America, are seen as a solution to the faulty incentives of managers. By offering substantial ownership to managers and removing the pressures of the public capital market, LBOs provide accountability and motivation. Other things being equal, LBOs will tend to improve motivation and lead to the sale of underperforming assets. Because the firm takes on high levels of debt whose proceeds are not invested in the business, however, the pressure to generate short-term cash flow is severe. The potential impact on investment and risk-taking may mean that the LBO cure is worse than the disease. A better overall solution for national competitive advantage would be to shift the goals of public investors and improve the governance process.

52. See Ravenscraft and Scherer (1987). A supporting perspective is found in Porter (1987).

53. The trend, reflecting these views, is to relax constraints on mergers and cooperative agreements among domestic rivals. These policies are often a serious mistake, as will be discussed further in Chapter 12.

54. Local rivals may not necessarily compete head-on in every segment but are potential entrants into one another's product segments. In the Italian machinery industry, for example, one or two firms tend to be strong in each specialized segment, but many others could potentially take their place.

55. It is interesting to note that in Japan, some of the most dramatic successes (such as autos, steel, and machine tools) occurred in industries where government actively attempted to limit entry but failed.

56. For a survey and discussion of the ample evidence that national champions usually fail in international competition, see Adams and Brock (1988).

57. The literature on the economics of innovation contains strong empirical and theoretical support for the idea that competition is associated with greater rates of innovation. See Arrow's (1962) early theoretical demonstration and the excellent review by Scherer (1980). An interesting recent study of the pharmaceutical industry by Thomas (1989) finds that both greater domestic rivalry and strict national regulation speeds up the rate of innovation by one nation's firms relative to others.

58. The rapid mobility of technology across nations has been emphasized in recent years. As I will discuss further, this is true primarily in less sophisticated segments and does not threaten competitive advantage in industries where the home environment supports continued innovation. Much innovation also involves learning that is specific to particular segments and strategies and is slower to diffuse than technology embodied in product designs or manufacturing equipment.

59. Schumpeter (1942), while stressing the importance of innovation, argues that a large firm with market power will be the more innovative, not a group of rivals. The literature on innovation does not support this view, nor was it borne out in the industries we studied. Innovation is not undertaken because of stability and only with ample resources, as Schumpeter argued, but because of pressures and challenges. A minimum scale threshold is necessary for R&D to be effective, varying by industry, but it is smaller firms and "outsiders" who are the real engines of creative destruction.

60. In an industry such as central office telephone switches, for example, economies of scale (principally in R&D) are huge. Japan has several competitors as does the United States, but small nations such as Sweden (Ericsson) and Canada (Northern Telecom) have just one.

61. Economic theory stresses the incentives to innovate due to appropriability, which are diminished by the presence of many rivals. While such incentives are necessary, in imperfect competition a firm has the incentive to innovate if it can gain sustainable advantage in its narrow target market segment, even though others imitate or adopt the innovation to compete in different segments. The first mover in innovation also gains advantages that justify innovation though others follow. An incentive to innovate is also created by the penalty of *not* innovating if others do, something not stressed in many treatments. This negative incentive, in our research, is as or more important than positive incentives in determining the rate of innovation because of the inertia and complacency of many companies.

My theory, moreover, suggests that domestic rivalry and its impact on the national "diamond" make investment in innovation more effective. Even discounting the arguments made above, greater effectiveness of investments in innovation where there is domestic rivalry may outweigh lower appropriability and lead to greater innovative effort. See, for a careful discussion, Enright (1990).

Many discussions of appropriability also nave an implicit domestic focus. In global competition, a group of national competitors who collectively innovate more rapidly than foreign rivals can *all* earn profits through exporting, especially if they each compete in somewhat different segments.

62. Cartels and extensive cooperation among direct rivals will be consistent with sustaining competitive advantage only in the rare case where vigorous rivalry on important variables, notably technology, can be preserved.

63. The likelihood of spin-offs is usually greatest during early phases of industry development, or when structural changes in markets or technology occur.

64. Occasionally, established firms acquire smaller companies and develop them, creating effective new business formation. This approach to acquisitions, while benefiting national advantage, is the exception and not the rule. Empirical evidence (Ravenscraft and Scherer [1987], for example) and our own case studies confirm that many acquisitions are not a beachhead for growth but are milked for cash. In the process, innovation slows.

65. These may be partly influenced by local conditions.

66. This point has also been stressed by Olson (1982), who focuses on the disruptive effect of wars on cartels and coalitions that freeze change. I believe the effect of wars is much broader and will explore some of the reasons why in Chapters 7 and 8.

67. Government's role is frequently overstated because the economic underpinnings of success are not examined in studies that set out to examine the influence of government. Most studies also have focused on a few large, highly visible industries such as steel, shipbuilding, automobiles, and semiconductors, where government

attention is inevitable. Such industries are far from a representative sample of any nation's economy. Most studies also examine only one or two countries, selected because government seems important. Our sample of industries and nations seeks to be more representative.

第4章

1. The size and quality of public investments in generalized factors can be and are influenced by the attitudes of the business community and private citizens.

2. In Europe, professorships are few in number, and a department will often have only one professor who supervises numerous other faculty. The mix of professorships by specific field varies among nations and is often an interesting indicator, with a lag reflecting the pace of academic institutions, of the areas where factor creation is most developed.

3. Investments in factor creation are subject to public good or externality problems, in which firms are unable to capture all the benefits. Domestic rivalry, however, helps shape the institutional structure to overcome such problems, because it influences the formation and behavior of independent institutions as well as the incentives of outside actors considering factor-creating investments.

4. Each firm, through its many contacts with outside parties, transmits information about itself and its industry. One large firm will not attract double the attention of two smaller ones whose sizes exceed some minimum threshold, so that multiple rivals will normally lead to more effective signaling.

5. The economic theory of location shows how firms will locate close to each other to gain access to the broadest array of customers. The rationale here is similar.

6. This point dates back to Adam Smith (1776). See Stigler (1951) for a more recent treatment.

7. In this way, a group of rivals helps reduce transactional failures.

8. For example, see Marshall ([1890] 1920).

9. To state the point more technically, domestic rivalry has signaling benefits, reduces transactional failures, and improves the incentives of individuals, suppliers, and factor creating institutions.

10. For supporting data, see Jerusalem Institute of Management (1987).

11. Leamer (1984), in the process of creating aggregates of traded commodities with which to test trade models, discovered ''clusters'' of commodities with highly correlated exports. Leamer noted that trade models are hard-pressed to explain the phenomenon.

12. A number of French writers (see Toledano [1978]) have coined the term *filières* to refer to families of technologically interdependent sectors. Their importance is seen in the fact that technological interdependencies may mean that technological strength in one sector is dependent on strength in another. The notion of *filières* is a valuable precursor to the broader notion of clustering. It highlights one reason why clusters might occur, because technical connections are close, and why presence in related sectors in a nation might be necessary for their mutual advantage.

Other literature on innovation, though not addressing international competitiveness, is also suggestive of clustering by stressing technological interdependencies among industries. See, for example, Abernathy and Utterback (1978) and Rosenberg (1979).

Other useful antecedents to the notion of clusters appear in literature by Swedish writers. This reflects, in part, the structure of the Swedish economy in which the activities of the large Swedish multinationals are often closely connected. An early contribution is Dahmén's (1950, 1988) concept of development blocks. Dahmén stresses the necessary link between the ability of one sector to develop and progress in another. In his examples, Dahmén often also talks of stages or vertical activities within a given industry. This interesting work is suggestive that connections among industries can be important to achieving advantage.

A more recent line of work is that by Lars Gunnar Mattsson (1987). He has charted networks or relationships among firms and some of their characteristics. This work is suggestive of the interchange among firms within clusters.

Finally, recent empirical research on diversification patterns within nations provides evidence that diversification often follows the input-output matrix, or between industries with supplying and buying relationships. This is consistent with the mechanisms that lead to clusters. See Lemelin (1982) and MacDonald (1985).

13. It is important to note at this point that the process also works in reverse. The uncompetitive industry can undermine other industries through its role as a buyer.

14. External economies, which I described earlier, extend within clusters and not just within individual national industries. The presence of clusters helps mitigate some of the public good problems that constrain factor creating investments.

15. Part of the problem is also what economists call "impacted information," or information which is blocked from being credibly transmitted to another entity because there is no way for the holder of the information to convince the other entity that the information is valuable without disclosing it.

16. These ease transactional difficulties in the parlance of Williamson (1975, 1985).

17. These also encourage greater information exchange.

18. Large groups also present in such nations as Belgium and France are less beneficial for competitive advantage, because they are primarily financial holding companies.

19. Lars Gunnar Mattsson's (1987) interesting work on "networks" involving independent firms is a reflection of interchange within clusters. Working in Sweden, it is perhaps not surprising that his attention was drawn to them.

20. Sabel, a student of Italian industry, has highlighted the importance of regionalized "industrial districts" and argued for their increasing importance based on falling scale economies. See Sabel (1987) and Piore and Sabel (1983).

21. See Marshall ([1890] 1920).

22. Geographic proximity of rivals raises interesting questions about whether a city or region instead of the nation is the proper unit of analysis. There are significant differences in economic prosperity between regions in many nations, and resource-rich regions are declining relative to resource-poor ones. I will explore this question further below.

23. A long tradition of work in location theory and economic geography contains useful parallels. Weber (1929) set forth a theory in which the objective of industrial location was to minimize total costs including transportation. Lösch (1954) developed a stylized model in which spatial supply and demand considerations entered into optimal location. Economic geographers identify "agglomeration economies" of concentrated plants in a region, which stress economies of specialization. See O'Sullivan (1981) and Lloyd and Dicken (1977).

Related literature on regional development in high technology industries also contains useful insights. The Silicon Valley phenomenon has been particularly investigated. See, for example, Hall and Markusen (1985).

My theory sees geographic concentration as part of the more general process by which advantage is created and sustained. While economic geography has not been seen as a core discipline in economics, my research suggests that it should be. Enright's (1990) doctoral dissertation takes a deep look at the phenomenon of geographic concentration both through formal modeling and expirical work.

24. Geographic proximity also has important reputational effects which limit opportunistic behavior. This facilitates vertical interchange within clusters (see Enright 1990). Lundvall (1985, 1988) has stressed the interdependence between users and suppliers in a region or country as important to technological innovation.

25. These arguments also help explain why external economies are most significant within a nation (or region within a nation) and not across nations.

26. The work of Jacobs (1984) appropriately highlights the important role of cities in economic development. Cities or regions are often the locus of competitive advantage in an industry. I have described how the city, as a locale for a given industry, is part of the process of competition. Trade between a city or region and others within the nation plays a parallel role to international trade in affecting local productivity.

27. The impact of new technologies such as information systems in even "mature" industries represents a fundamental threat to the normal role of nations in the developing world, who have competed in traditional and mature industries. Yet these same technologies are widening the potential range of industries in the world economy and hence the overall size of the pie, and slow population growth in the advanced nations is constraining the pool of human resources and thus the extent of industries in which such nations can participate. Which forces prove to be stronger will be important to future prosperity in developing nations. See Chapter 12.

28. Olson (1982) provides a fascinating description of this process. See also Etzioni (1985).

29. The Swiss premium watch competitors have sustained position all along.

30. I am grateful to Richard Tedlow for suggesting this term.

31. For a description, see Lazonick (1983).

32. Rising factor costs and upgraded pressure on the nation's currency help to shift resources to higher-productivity industries.

33. The literature on technological innovation contains many insights for understanding international competition though it has been developed largely in a domestic

context. It has identified individually the role of users, suppliers, and firms themselves as innovation sources. See, for example, von Hippel's (1988) interesting book as well as classics by Schmookler (1966), Abernathy and Utterback (1975), Rosenberg (1976), Freeman (1982), Nelson and Winter (1982) and others. An extended debate has pitted "demand pull" against "technology push" explanations.

My theory integrates these sources and others into a broader framework. Innovation cannot be decoupled from its strategic and competitive context. Much innovation does not involve technology in the narrow scientific sense but improvements in ways of doing things. The environment surrounding a firm is as or more important to innovation than what goes on inside. Exposure to and interpretation of information is central to the innovation process. Innovation is an unnatural act in firms that results only from pressures on unusual motivation. My theory shows how a range of determinants all interact to shape the innovation process. Demand pull and technology push are both necessary, as is the proper competitive environment and access to appropriate factors.

34. The "diamond" also provides a broader view of the determinants of investment. Investment is influenced by capital costs, but Korea and Italy illustrate that the causes of investment are much broader. Rivalry, demand-side pressures, corporate and managerial goals, and other influences have an arguably more important role.

35. This same theme emerges from studies of social progress in a range of disciplines. Max Weber wrote about the motivation arising from the Protestant ethic. David McClelland's (1969) work on achievement motivation contains this notion. What I have attempted to do here is to make it concrete in the context of industrial competition.

36. The local "diamond" bears centrally on the learning and diffusion process in a national industry. The spread of information through the diamond feeds back to affect the directions of technology development.

37. In this respect, the framework here generalizes a theme that has begun to appear in other work. Spence (1983) stresses the effects of history in industrial organization. A number of authors have stressed the "path dependence" of industry development for products that are part of networks or must be compatible with other products. An initial lead in such a market often creates substantial entry barriers because of the importance of the installed base. See Saloner (1986).

38. In some respects, the situation is similar to recent "chaos" theories, in which the path is predictable though the initial conditions are unknown.

第5章

1. A collection of other selected case studies is available in Porter and Enright, *Studies in National Advantage*, forthcoming.

2. Research for this case was conducted by Claas van der Linde, St. Gall Graduate School of Business, Switzerland.

3. Japan was second with a 19.1 percent share of world exports.

4. All figures are converted from deutsche marks at early 1988 exchange rates.

5. Wolf (1981).

6. This was typical in Germany at the time, due to the strong desire of Germans for higher education.

7. Wolf (1981).

8. Ibid.

9. The two machines were installed secretly to prevent unrest among the many printers who were made redundant. See Goebel (1956).

10. Wolf (1981).

11. Koenig, F. G., letter of November 1816, quoted in Ibid.

12. Goebel (1956).

13. Wolf (1981) is the basic reference for much of this section.

14. Company documents.

15. Koenig & Bauer AG, *Details and Facts on the Development and Structure of the Enterprise*, company history.

16. Industry source, May 18, 1987.

17. Wolf (1981).

18. VDMA (1986).

19. Manufacturing efficiency had also received a boost after World War II. Most German factories needed to be rebuilt, and German firms designed and built the world's most advanced production facilities.

20. Industry source, May 18, 1987.

21. Wolf (1981).

22. Bundesverband Druck, *Annual Report 1985* (Wiesbaden, 1986), p. 33.

23. *Frankfurter Allgemeine Zeitung*, June 7, 1988.

24. Wolf (1981).

25. BASF was estimated to hold a 14 percent share of the European printing ink market and 17 percent of the U.S. market. Foreign sales accounted for about 80 percent of total sales.

26. Industry source, September 9, 1988.

27. Harris was acquired in 1988 by Heidelberg for $300 million.

28. Industry source, September 9, 1988.

29. Research for this case study was conducted by Research Assistant William M. McClements.

30. In 1987, exports represented approximately 10 percent of total domestic production, estimated at about $650 million.

31. A doctor in Australia developed a similar idea at the same time, but the practice took off first and fastest in the United States.

32. Interview with industry executive, August 25, 1988.

33. Frost and Sullivan (1984).

34. Germany was one of the most sophisticated European health care markets, as were Sweden and Denmark.

35. Interview with industry executive, April 22, 1988.

36. Interview with industry executive, September 8, 1988.

37. This case was prepared by Michael J. Enright with the assistance of Paolo Tenti.

38. In 1987, Italy produced some 29 percent of the world's ceramic tiles by quantity (350 million square meters), well ahead of second-place Spain's 15 percent and Brazil's 14 percent (Assopiastrelle estimates). Italian share of world exports (by value) reached 59 percent in 1986, compared to second-place Spain with 11 percent and third-place Germany with 10 percent. United Nations (1988).

39. In 1987, the Emilia-Romagna region accounted for 85 percent of Italian production and 79 percent of Italian employment in the industry. The overwhelming majority of firms was located in a very small area in the provinces of Modena and Reggio Emilia, which extended for roughly 10 kilometers (6 miles) from the epicenter of Sassuolo.

40. Interview with Giorgio Saltini, June 25, 1986; interview with Antonio Camellini, July 22, 1986.

41. Banca Nazionale del Lavoro (1973).

42. In the years following World War II, it was easy to sell tiles without regular invoices. The small size of many of the firms involved made it difficult for the government to trace these transactions. For a time, firms benefited from this additional form of tax avoidance.

43. Interview with Graziano Sezzi, July 22, 1986.

44. Bursi (1984).

45. Interview with Mauro Poppi, July 22, 1986.

46. Saltini; Camellini.

47. Home demand was boosted by the availability of good tile installers in Italy at a relatively low cost. Italian tile manufacturers gave seminars and provided detailed instructions for tile installation. All this was a function of the size and sophistication of Italian demand.

48. Based on data contained in Sezzi (1979).

49. Camellini; interview with Pedro Riaza, October 26, 1988.

50. Estimates based on a sample of 152 firms and 500 retailers. See CRESME (1986).

51. CRESME (1986).

52. CRESME (1986).

53. Camellini.

54. These estimates reflect recent conditions but are indicative of earlier ratios. (The average was 35 percent for all U.S. manufacturing establishments.) Lukes (1983).

55. Utili (1983).

56. Prodi (1966).

57. Databank (1985).

58. Utili (1983). Firing times of forty minutes were common by 1987.

59. Based on Assopiastrelle data.

60. Interview with Luciano Galassini, October 20, 1988.

61. *Business Week*, October 15, 1984.

62. *Il Giornale*, September 19, 1988.

63. Bursi (1984).

64. Based on Assopiastrelle data (April 1988).

65. Baccarani (1985) used a similar taxonomy.

66. Roncaccioli (1986).

67. Databank (1985). By September 1988, *cassa integrazione* represented some 2.4 percent of total employment.

68. Lukes (1983).

69. Interview with Pedro Riaza, October 26, 1988.

70. Nomisma (1983).

71. Ibid.

72. This section is based on a case study prepared by Associates Fellow Michael J. Enright, in collaboration with a research team at Hitotsubashi University.

73. This figure used a broad definition of a robot.

74. Sadamoto (1981).

75. Ibid.

76. Ibid.

77. Interview with industry expert, February 27, 1987.

78. Automatic printed circuit board insertion machines were included in the total.

79. Taken from Yonemoto (1987).

80. Sadamoto (1981).

81. United Nations Economic Commission for Europe (1985).

82. Robotics producers from other nations had entered into such arrangements as well.

83. U.S. Department of Commerce (1987).

84. Ibid.

85. Databank (1986).

第6章

1. See United States Office of Technology Assessment (1986). The statistical problems in measuring services trade are numerous. Many international service transactions go unmeasured, because there are no goods crossing borders to inspect and count. Transactions involving both goods and services are typically assigned to the goods sector. Much foreign activity of service firms takes place through foreign affiliates. This activity is lumped under broad categories such as license fees or repatriated profits in national accounts. For a discussion of some of the measurement problems in services trade, see Sapir (1982) and Schott (1983).

2. Many service industries involve a tangible element or component, for example, an accountant who delivers a chart of accounts.

3. Many authors have debated the precise definition of what is or is not a service, and how services can be distinguished from manufactured goods. There are indeed many shades of grey in defining services, but these are not particularly important for my analysis.

4. A body of research has documented the typical pattern of growth in the service sector as economies develop. For the standard reference, see Chenery and Syrquin (1975). Services grow in importance as a nation develops for similar reasons to those I discuss here. Our interest here is in *international* competition in services, not the role of services in the domestic economy. But the particular role of individual services in the economy is linked to the capacity to compete internationally.

5. A positive association between the percentage of total employment in a nation represented by the service sector and per capita income and urbanization is demonstrated by Thompson and Stollar (1983).

6. Many of the same forces that lead to the de-integration of services are also tending to reduce the extent of vertical integration in many manufacturing industries.

7. Theodore Levitt has termed this mass production the "industrialization" of services. See Levitt (1976).

8. In Sweden, interestingly, there have been some efforts to export "bureaucracy," such as systems for issuing drivers' licenses and management of health care institutions. While foreign sales have occurred, however, most have been to third world nations and have been comparatively minor.

9. Other taxonomies of international service competition, which overlap to varying degrees with mine, are given in Riddle (1986), Sapir (1982), and Gray (1983), among others.

10. An international company has discretion about where it places warehouses, sales and service offices, and regional headquarters to serve a group of countries. Singapore, for example, is actively competing to attract such regional sales and distribution centers to serve Southeast Asia. Switzerland has a strong position in European headquarters, as does Belgium (Brussels).

11. See Sölvell (1979).

12. Government sources are highly aggregated, lumping together many service industries into each category. Data on services trade also normally include license fees, repatriated profits, and other financial flows that often have little to do with services. Data on foreign investment in service industries are essentially absent.

13. There has been relatively little theoretical or empirical work on comparative advantage in service industries. Most authors argue that conventional trade theory largely applies to services; see Sapir (1982) and Katouzian (1970). Sampson and Snape (1985), among others, point out that mobility of factors and buyers, prevalent in services, complicates the problem. The efforts to apply conventional trade theory to services are a start, but the problems I identified in Chapter 1 remain.

14. For a review of the literature on social differences that may bear on services, see Riddle (1986).

15. The whole notion of standardized products (some would say to a low common

denominator), disposability, mass production, and mass marketing are deeply embedded in American demand patterns. See Chapter 7.

16. International Financial Law Review (1985).

17. Particularly important is regulatory freedom to develop new services and to operate internationally. Regulations to ensure capital adequacy or to protect against fraud, on the other hand, enhance instead of inhibit genuine innovation and rivalry.

18. The role that services play as a national economy develops is discussed in Chapter 10.

19. This section draws on project case studies including William McClements, *The U.S. Engineering and Construction Industry*, Paolo Tenti, *The Italian Engineering and Construction Industry*, and Dong-Sung Cho, *The Korean Heavy Construction Industry*.

20. *Engineering News-Record*, July 7, 1988, and *International Construction Week*, July 11, 1988.

21. See Nukazawa (1980).

22. While buying goods tied up capital, serving purely as a middleman did not. Instead, it created incentives for moving a large volume of goods.

23. With less indigenous art from the United Kingdom, tight restrictions to protect national treasures were less likely.

第7章

1. The international division of labor has become more specialized, in the parlance of trade theory.

2. For a preliminary report of the research on Denmark, see Pade and Møller (1988).

3. Domestic profitability is not a good indication of true international competitive advantage for three important reasons. First, government intervention can impede international competition and artificially support domestic profits. In Italy, for example, some large firms are highly profitable because they have *de facto* local monopolies and are protected in some way from foreign competition, yet they lack competitive advantage in international terms. Second, in an industry or economy where many firms are following harvesting strategies, firms may maintain profitability though they are losing competitiveness. Finally, differences in accounting standards in preparing financial statements make cross-national comparisons in profitability problematic, as does the lack of systematic data in many countries.

4. It should be noted that all the nations I will discuss are important trading nations with considerable strengths when compared to the total community of nations. That I will be noting many advantages does not imply that many nations possess them.

5. The cluster chart has some similarities to Leontief's input-output tables because it seeks to represent vertical flows among industries. The ways in which industries are grouped and displayed, however, has broader purposes.

6. National Science Foundation (1986).

7. See McCraw (1986).

8. Interestingly, the other nation with international success in mass-produced confectionery products was the United Kingdom (for example, Cadbury's and Rowntree's). Some of the reasons why will become apparent in Chapter 9.

9. That the United States was an early market for advanced goods has been emphasized in many accounts and is the basis for Vernon's life cycle theory of international trade. See Vernon (1966).

10. In most advanced nations, electronic media was government owned or controlled, and advertising was absent or limited. In nations such as Germany and Sweden, severe restrictions on television advertising continue today, though changes are under way.

11. Some aspects of U.S. antitrust policy such as the Robinson-Patman Act (covering resale price maintenance), it must be noted, were less helpful and tended to protect inefficient competitors rather than preserve competition.

12. Maddison's (1987) survey of historical growth and productivity data concludes that the United States passed the United Kingdom around 1890 and its performance was strong until 1950, slowing markedly thereafter.

13. Michael J. Enright and Professor Silvio Borner contributed significantly to this section.

14. Aluminum products and chemicals are made from imported raw materials.

15. The top fifty Swiss industries in terms of export value account for 51.2 percent of total Swiss exports after elimination of traded goods, also relatively low compared to Japan, Korea, and Sweden.

16. These data necessarily cover only exports, and not the sales of overseas production subsidiaries either in industries with high export shares or in low export share industries added to the cluster chart because of substantial foreign direct investment.

As discussed in Appendix A, industries were occasionally classified differently on the cluster chart in different nations, based on the segments in which the nation's firms competed. In cases such as this, the world cluster chart was adjusted by adding or subtracting industries before calculating the nation's export share. The resulting figures are approximations but in practice represent a good indication of each nation's position in clusters.

17. Interestingly, the percentage of Swiss who do go to university is lower than that of many other advanced nations.

18. Labor shortages were so severe that Swiss firms began employing migrant workers for less skilled jobs. This practice was a drag on productivity improvement, in the long run, and may have been as much a detriment as a benefit to Swiss industry.

19. In some important consumer-related industries, in contrast, standards have been established at the behest of Swiss trade associations and trade unions that represent nontariff barriers to imports. These sap innovation and Swiss firms in such industries are not internationally successful.

20. The only exception is perhaps the pharmaceutical industry, where the Swiss have won a number of Nobel Prizes in recent years.

21. Danthine and Lambelet (1987).

22. Adjusting for these reserves, many Swiss companies with apparently modest profits are actually quite profitable.

23. My co-researcher in Sweden, Örjan Sölvell, has contributed significantly to this section.

24. The seventeen largest Swedish multinationals also accounted for one-third of Swedish industrial employment and 60 percent of industrial R&D spending. *Regeringens Proposition* (1986–1987).

25. Table B-4 gives the top fifty Swedish industries by export value. Sweden has large absolute exports of cars and trucks though modest world export shares. Foreign production by Swedish firms in trucks is significant. Exports of petroleum products are also large, but the Swedish trade balance is significantly negative. Only two industries made the top fifty value list that did not exceed the Swedish export share cutoff to qualify as a competitive industry. Both have negative trade balances.

26. There are only three significant consumer goods manufacturers among the large Swedish companies: Electrolux (appliances, vacuum cleaners, garden implements); Wasabröd (hard rye bread, acquired by Sandoz [Switzerland]), and Mölnlycke (diapers and sanitary napkins, linked to forest products). Volvo and Saab produce passenger cars, but their other businesses are industrial. Swedish Match produces some consumer goods (matches and lighters) but is more linked to forest products.

27. Sweden once had a positive trade balance in services due to a large general cargo shipping industry.

28. Sweden also generates about 40 percent of its electricity from nuclear power, the highest in the world. However, due to strong environmental and safety concerns, a hallmark of Sweden, a plan has been put in place to phase out nuclear power by 2010. This not only is likely to raise Swedish energy costs but may lead to a loss of the existing Swedish position in nuclear power generation equipment. The Swedish position in nuclear generating equipment provides yet another illustration of the role of home demand.

29. Automated gas stations, automated payment systems in parking garages, and automated banking machines are common in Sweden, for example.

30. Devaluations have brought Swedish unit labor costs to a relatively low level compared to other advanced OECD countries. The move to devaluation has contributed to a slowing up of these beneficial pressures for upgrading. It has likely contributed, for example, to a lagging rate of penetration of robots in recent years.

31. Vahlne (1986).

32. Volvo sends a team to investigate every major truck accident in Sweden, for example.

33. This marginal rate combines federal and local taxes. A proposal in early 1989 would lower the marginal tax rate for low- and moderate-income families.

34. Television advertising is just beginning to make some inroads into Sweden via satellite dishes and cable systems that receive foreign programming.

35. One problem of this structure is that Swedish multinationals often have autonomous "country kings" that make global integration of strategy more difficult.

36. See Sölvell (1987).

37. There has been a trend toward top managers coming more from nontechnical backgrounds, a danger signal in the context of the other nations we studied because goals may shift away from technical advancement toward financial results. See Carlson (1986).

38. The pressures of a relatively open market have led to these reserves serving a more constructive purpose in recent years than in Switzerland. Yet some of the same risks are present.

39. *Regeringens Proposition* (1986–1987).

40. Claas van der Linde, my co-researcher in Germany, and Michael J. Enright contributed significantly to this section.

41. Germany's location undoubtedly helps, bordered by several other nations. Yet trade with neighboring countries does not account for Germany's remarkable export intensity for a large country. Its industries typically export to a very large number of nations.

42. During the pre–World War II industrial buildup, attention had been focused on the eastern part of Germany for security reasons.

43. Table B-5 shows the top fifty German industries in terms of export value. Only seven of fifty fail to make the German cutoff, of which four have substantial negative trade balances. Trucks (where there is heavy FDI), roadrollers, TV cameras, and radiotelephonic receivers are segmented industries in which German firms have significant advantages. These industries have been included on the cluster chart.

44. The only individual German industries accounting for more than 2 percent of German exports are related to passenger cars. Cars represented 10.4 percent of German exports in 1985, while auto parts were 3.5 percent. Other industries accounting for more than 1 percent were trucks, switchgear, measuring and controlling instruments, miscellaneous chemical products, and aircraft over 15,000 kilos.

45. The lack of dominant positions in large industries contributes modestly to the number of German industries that exceed Germany's average share of world products. But an absolute cutoff in terms of world export share reveals the same conclusion relative to other nations.

46. The German share of world exports in this sector is held down by extensive foreign investment.

47. Germans do not have just a job, but a *Beruf,* a term with a meaning akin to having a calling.

48. Compulsory public education began in Germany. Large governmental investments in general and technical education date back to the nineteenth century. See Landes (1969).

49. The student movement beginning in the late 1960s has led to a growing gridlock in decision making within German universities. Some top professors are leaving German universities to take jobs in other nations or to enter other fields, a matter of concern.

50. The Swiss system is modeled after Germany's.

51. Recently, the system has been modified so that the apprentice spends a couple of months in the company and then a couple of months in school.

52. Today, such breakthroughs are rarer. Innovations are steady but more incremental, an area of weakness, in part because Germany is not a leader in a number of newer technical fields such as semiconductors, computing, and biotechnology.

53. Figures in historical prices. Statistisches Bundesamt (1982, 1987).

54. National Science Foundation (1986).

55. MAC Group (1988). The use of consumer credit is rapidly rising in Germany, one of a number of indications of changing German attitudes that I will discuss later.

56. Of the nations we studied, Germany was most like Italy in the importance of family firms.

57. Measured in units. Verband der Automobilindustrie (1986).

58. Electronics, computer science, physics, and chemistry are also high on the list. Interestingly, economics is far down the list, the major field of less than 2 percent of German university students.

59. An apprentice with one firm would rarely join another. Most employees are jealously loyal to their companies.

60. Monopolkommission (1988); *Frankfurter Allgemeine Zeitung*, June 14, 1989, page 17.

61. There have been some efforts in the German government to tighten antitrust enforcement (see Adams and Brock [1988]), but leniency toward mergers persists. Cartels are permitted under certain conditions and the federal minister of economics can override a cartel office merger prohibition with no court challenge. Ministerial override was used in the Daimler-Benz-MBB merger.

62. See Maddison (1987).

第8章

1. Hirotaka Takeuchi, my co-researcher in Japan, has contributed significantly to this section. Michael J. Enright also made numerous suggestions.

2. Japan's top fifty industries in terms of export value are shown in Table B–6. Only two fail to make the Japanese cutoff: measuring and controlling instruments and road rollers. Both are segmented industries in which Japan's trade balance is positive, and so they have been added to the cluster chart (Figure 8–1). There is a large overlap of industries on the export value and the export share lists.

3. Today, about 15 percent of electric power is generated from hydroelectric sources, down from about 50 percent as late as 1960. Nuclear power represents a growing percentage.

4. Confucian teachings, which stress education, self-betterment, hard work, and reverence for family, were influential in the pre-World War II period. They have been less important to the postwar generation, and are more influential in the 1980s in nations such as Korea and Taiwan.

5. Japan's cooperative farming heritage, in contrast to the individualistic hunting tradition in countries such as Germany, is also cited by some observers as explaining the willingness to cooperate. See Lodge and Vogel (1987).

6. Zikopoulos (ed.) (1988). It was estimated that there were only 800 U.S. citizens studying in Japanese universities in 1987.

7. In many developing countries, capital is not available for industry due to capital flight and because savings are not deposited in institutions where they can be redeployed but are kept "under the mattress."

8. The tax break for postal savings was eliminated on April 1, 1988.

9. Japanese mothers are sometimes called "education mamas," or *kyōiku-mama*.

10. Unlike other nations such as Germany and Switzerland, government policy has precluded the importation of workers. In 1985, registered foreign workers and managers represented 0.7 percent of the population, compared to 14.5 percent in Switzerland and 7.2 percent in Germany. The effect has been to create even greater pressures to boost productivity, instead of using foreign workers to fill low-productivity jobs. Korean workers who came to work in Japan during the Japanese occupation of Korea were classified as registered aliens and not granted Japanese citizenship.

11. Part-time work, a further boost to productivity, developed quite early in Japan for similar reasons.

12. Facing shortages of materials, machinery, or other needed items, Japanese companies have also been adept at sourcing raw materials, components, and machinery from anywhere in the world where it was cost effective.

13. A high dependence on imported oil also meant that the oil shocks led to a depreciation of the yen.

14. The positive response of Japanese industry to revaluation has depended on strengths in other determinants, notably factor upgrading, goals that lead to intense commitment by firms to their industries, and intense domestic rivalry. In other nations without these conditions, revaluation can lead to stagnation and pressures for government intervention, which in turn dampen adjustments.

The intense domestic rivalry in Japan also meant that the periods of devaluation led to no slacking of innovation.

15. Even today, exports represent less than 15 percent of Japanese GDP, compared with 28 percent in Germany and 40 percent in Switzerland.

16. American semiconductor firms have maintained a strong position in complex logic chips, such as microprocessors, where U.S. strength in computers, aerospace, and defense creates large home demand, but not in ordinary memory chips.

17. While U.S. firms were early competitors in both industries, market penetration was faster in Japan than in the United States. In copiers, for example, intense need led to greater adoption in Japan of the messy, smelly diazo copying process, a forerunner of plain paper copying.

18. There are exceptions, such as Yamaha's (originally a musical instrument product) entry into motorcycles. Yet other elements of the "diamond" were at work. Yamaha's home base is located in Hamamatsu, near Honda. Suzuki is based in Hamamatsu as well. Honda's success in motorcycles convinced Yamaha that it could also succeed in the industry.

19. The Japanese case raises interesting questions about the future of Korean labor-management relationships, now in a period of unrest.

20. The most elite jobs in Japan are in the ministries, the most prestigious of which are the Ministry of Finance and MITI.

21. Japanese (and German) company handbooks routinely include the export ratio for each company, a statistic not typical in U.S. publications.

22. Statistical evidence suggests that concentration in Japanese industries decreased at least through the 1960s and 1970s and that Japanese industry is less concentrated overall than that in the United States. See Caves and Uekusa (1976) and Iguchi (1987).

23. The exceptions tend to be in older industries such as musical instruments, where Yamaha has a large share advantage over Kawai and others.

24. Some observers have pointed to lower prices in the United States than in Japan in industries such as cameras and copiers as evidence of domestic collusion. This view is incorrect. Prices are sometimes lower in the United States than in Japan because of the inefficient multistage Japanese distribution system and during periods of intense scramble for U.S. share. Exchange rate swings also lead to a "grey market."

25. When this occurred, companies were at least chosen on the basis of competitiveness. The number of Japanese competitors allowed to export was also restricted in some industries; again, the criterion was domestic strength and efficiency. Some incentives for improvement and upgrading were preserved.

26. Many other smaller chance events have affected individual industries.

27. Shinohara (1982) rightly focuses on the ability of Japanese industry to transform itself.

28. Paolo Tenti, my co-researcher in Italy, has contributed substantially to this section, as has Michael J. Enright.

29. Twelve of the top fifty Italian industries in terms of value had export shares that fell below the cutoff. Six had negative trade balances, while three others had marginal trade surpluses. Italy's problems in large industries will be discussed below. Trucks are included in the cluster chart because of significant FDI which increases Italy's true position. Passenger cars and parts are also included, though Italy's position in larger cars benefits from domestic protection and subsidies.

30. In Class A vehicles, the smallest size category, Fiat held 35 percent of the European market outside of Italy in 1987 and 87 percent of the Italian market. Fiat holds over 50 percent of the total Italian market. DRI-McGraw-Hill (1987).

31. Piore and Sabel (1983) were early foreign observers of the distinctive structure and performance of Italian industry.

32. See Table B-7.

33. The exception is Olivetti's European position in personal computers.

34. Onida (1985) has demonstrated the dependence of successful Italian producers on imported chemicals and electronic components.

35. *Business Week* (October 15, 1984).

36. *Engineering News Record* (July 7, 1988).

37. European Management Foundation (1986).

38. Such companies are important participants in many Italian exporting industries.

39. In 1988, a 12.5 percent tax was instituted on government bond and treasury bill interest, but the interest rate has adjusted to keep the net yield the same.

40. Mutual funds were only allowed to buy government bonds in a limited way in Italy in 1983. Italian banks have been prevented from holding corporate equity and making extensive long-term loans since the 1933 bank panic. Long-term loans are the province of special credit institutions who lend principally to large companies and the government.

41. Few Italians use checks, for example, because they are slow to clear. Italy has only 0.3 bank accounts per capita, compared to 0.8 in Belgium and France, 0.9 in Germany and the Netherlands, and 1.8 in the United Kingdom. Britain's strength in financial services is reflected by these figures, which illustrate the role of domestic rivalry in boosting home demand. See Eurostat Dafsa (1988).

42. Zikopoulos (ed.) (1988).

43. A recent move to award research doctorates is embryonic.

44. Survey evidence suggests that formal research is heavily oriented to products. See Sirilli (1984, 1987).

45. For one source, see *Advertising Age* (1985). This view was universally held among industry observers.

46. MAC Group (1988).

47. Italian firms who supply them almost invariably compete themselves in specialized niches or in providing highly customized machinery and other inputs.

48. Though Italian firms complained to us that their Italian suppliers made the latest technology available overseas, in practice it was apparent that a special relationship was present within Italy, particularly in technological and idea exchange.

49. The leading Italian television entrepreneur, Berlusconi, exploited a loophole in Italian law prohibiting direct competition with government-owned stations.

50. A strong entrepreneurial and competitive spirit dates back at least to the intense competition between the republics (such as Genoa, Pisa, and Venice) that predates the unification of Italy.

51. For example, when government-owned Alfa Romeo was recently privatized, it was sold to Fiat despite strong interest from Ford.

52. While socialist in orientation, it should be noted that the Italian Communist Party is a far cry from what most would identify as communist.

53. Dong-Sung Cho, my co-researcher in South Korea, has contributed substantially to this section.

54. The top fifty exports by value account for 65 percent of Korean exports (see Table B-8). All but five exceed the Korean export share cutoff, with three having negative or minor trade balances. One industry, passenger cars, has been added to the cluster chart because its exports are significant and rapidly growing, and Korea holds a strong position in its segment.

55. Korea's large general trading companies are successful but are almost exclusively involved in trade in and out of Korea. They have not yet achieved the truly

global status of the Swiss, Dutch, and some Japanese trading companies that are involved in substantial amounts of trade not involving the home nation.

56. Another indication is that Korea is represented by 178 industries which meet the cutoff, of which 76 are either iron and steel or textiles and apparel. In contrast, Switzerland is represented by 189 industries, and no one sector is close to dominant.

57. Economic Planning Board (1987).

58. Some executives state that the law is unnecessary because companies would engage in training of their own volition.

59. *De facto* division took place before the war.

60. See Mason et al. (1980).

61. The Korean government has been willing to step in to assist some of those who failed.

62. Seok Ki Kim (1987).

63. For example, the *chaebol* received the lion's share of export incentives, subsidized loans, and investment licenses. They also were asked to take over ailing or state-owned enterprises on favorable terms.

64. Outside observers of Korea have also had a tendency to see the excess capacity caused by competitive investments as wasteful, instead of the impetus for upgrading by Korean industries.

65. For a discussion see Mason et al. (1980).

66. The ten products are pianos, athletic footwear, microwave ovens, eyeglass frames, fishing rods, travel goods, toys, porcelain, color TV sets, and VCRs.